Weitere Publikationen des Academic Network

T. Bieger · N. Bickhoff · R. Caspers
D. zu Knyphausen-Aufseß · K. Reding (Hrsg)
Zukünftige Geschäftsmodelle
XII, 279 Seiten. 2002. ISBN 3-540-42744-9

N. Bickhoff · C. Böhmer · G. Eilenberger
K.-W. Hansmann · M. Niggemann · C. Ringle · K. Spremann · G. Tjaden
Mit Virtuellen Unternehmen zum Erfolg
VI, 125 Seiten. 2003. ISBN 3-540-44246-4

G. Corbae · J. B. Jensen · D. Schneider
Marketing 2.0
VI, 151 pages. 2003. ISBN 3-540-00285-5

R. Caspers · N. Bickhoff · T. Bieger (Hrsg.)
Interorganisatorische Wissensnetzwerke
XI, 353 Seiten. 2004. ISBN 3-540-20182-3

L. Schuster · A.W. Widmer (Hrsg.)
Wege aus der Banken- und Börsenkrise
X, 527 Seiten. 2004. ISBN 3-540-21106-3

N. Bickhoff · M. Blatz · G. Eilenberger
S. Haghani · K.-J. Kraus (Hrsg.)
Die Unternehmenskrise als Chance
X, 440 Seiten. 2004. ISBN 3-540-21433-X

Klaus Spremann
Herausgeber

# Versicherungen im Umbruch

## Werte schaffen, Risiken managen, Kunden gewinnen

Mit Beiträgen von

Günter Bamberg • Beat Bernet • Werner Bonadurer • Marco Brück • Hubert Dichtl • Gregor Dorfleitner • Thomas Eichelmann • Markus Faulhaber • Roland Folz • Pascal Gantenbein • Claudia Garschhammer • Holger Glaab • Antje Henne • Stefan Kassberger • Rüdiger Kiesel • Oliver P. Pfeil • Stefan Rapp • Erik Rederer • Peter Reichling • Gerhard Scheuenstuhl • Christian Schlenger • Klaus Schredelseker • Burkhard Schwenker • Sönke Jost Siemßen • Klaus Spremann • Jochen Sutor • Niklas Wagner • Christoph Winter • Rudi Zagst • Dietmar Zietsch • Hans-Joachim Zwiesler

Springer

Roland Berger
Strategy Consultants

Professor Dr. Klaus Spremann
Schweizerisches Institut für Banken und Finanzen
Universität St. Gallen
Rosenbergstrasse 52
9000 St. Gallen, Schweiz

Mit 85 Abbildungen und 44 Tabellen

---

Lektorat: Andrea Wiedemann, Roland Berger Strategy Consultants

---

Bibliografische Information Der Deutschen Bibliothek
Die Deutsche Bibliothek verzeichnet diese Publikation in der Deutschen Nationalbibliografie; detaillierte bibliografische Daten sind im Internet über http://dnb.ddb.de abrufbar.

ISBN 3-540-22063-1 Springer Berlin Heidelberg New York



Springer ist ein Unternehmen von Springer Science+Business Media
springer.de



Umschlaggestaltung: Erich Kirchner, Heidelberg
Herstellung: Helmut Petri
Druck: Betz-Druck

SPIN 11010425 Gedruckt auf säurefreiem Papier - 42/3130 - 5 4 3 2 1 0

Für *Peter Gessner* – einen Pionier des Versicherungswesens

## INHALTSVERZEICHNIS

# Teil I: Einführung

# Der Zielkonflikt als strategisches Dreieck

**Klaus Spremann**

## 1 Zu diesem Buch

Lebensversicherungen und Einrichtungen für die institutionelle Altersvorsorge sind durch die abträglichen Entwicklungen an den Kapitalmärkten bei praktisch unverändert gebliebenen Leistungszusagen in arge Bedrängnis geraten. Die Branche als Ganzes befindet sich in einem Umbruch. In dieser Situation muss sie ihre Strategie für die Zukunft genau abstimmen, um einen dramatischen *Zielkonflikt* zu bewältigen, der die gesamte Industrie vor drei wesentliche Herausforderungen stellt:

- Jedes Institut muss Werte schaffen, das Kapital langfristig sichern und Reserven stärken. Werte und Reserven sind nicht nur für Aktionäre wichtig, sondern letztlich auch für Mitarbeiter und Kunden. Welcher Mitarbeiter oder Kunde wollte bei einer Institution bleiben, deren finanzieller Spielraum immer enger wird? Werte zu schaffen und Reserven zu stärken verlangt indessen entsprechende Erträge, die letztlich aus den Kapitalanlagen erwirtschaftet werden müssen.

- „Wer wagt gewinnt", weiß der Volksmund – und an den Finanzmärkten kann nur derjenige hohe Renditen erwarten, der entsprechende Risiken eingeht. Hohe Risiken, jenseits der Tragfähigkeit der Einrichtung, gefährden aber langfristig die Existenz. Ein zweites Ziel der Versorgungsträger ist daher, die Risiken so zu managen und dabei auch zu begrenzen, dass die Existenz und die Funktionsweise der langfristig angelegten Versorgung gesichert bleiben. Diese Risikobegrenzung lässt aber die Kapitalerträge nicht in den Himmel wachsen, alles muss knapper kalkuliert werden. Risiken zu managen, heißt allerdings nicht, dass die Institution nicht mehr bewusst einzelne Exposures eingehen könnte. Doch die Risikotragfähigkeit der Institution muss effizient, also haushälterisch, eingesetzt werden. Das verlangt ein integriertes Risikomanagement, eine tiefe Kenntnis auch der Feinheiten der Risiken von Asset-Klassen wie Bonds, Aktien, Immobilien, Krediten, Hedge Funds sowie eine überlegene Politik des Risikotransfers und der Kapitalallokation.

- Es müssen Kunden gewonnen werden, und das setzt unter anderem voraus, dass immer wieder „gute" Leistungen geboten, also Mittel ausgezahlt werden.

Die gut geführte Institution soll also wegen der Erfordernis, die Risiken zu managen und letztlich zu begrenzen, mit geringen Erträgen zurechtkommen – im Vergleich zur Vergangenheit der goldenen Jahre an den Kapitalmärkten – und sie soll diese ohnehin schon geringen Erträge einerseits thesaurieren, Reserven bilden und die Risikotragfähigkeit stärken und andererseits immer wieder Leistungen an ihre Kunden ausschütten. Das geht, wie man so sagt, nicht unter einen Hut. Wer hohe Leistungen ausschüttet und damit heutige Kunden befriedigt, lässt die Gesellschaft ausbluten, vernichtet ihre Risikotragfähigkeit, schwächt ihre finanzielle Solidität und gefährdet zukünftige Leistungen. Wer (zu) hohe Risiken eingeht, setzt zunächst die Garantien und dann die langfristige Existenz der Gesellschaft aufs Spiel. Wer alle Mittel thesauriert, verliert seine Kunden.

Angesichts der hohen volkswirtschaftlichen Bedeutung der Versicherungen und der kapitalgebundenen Altersvorsorge mag verwundern, dass die Menschen im Alltag diesen Zielkonflikt verdrängen. Niemand nimmt den Zielkonflikt wahr; und gelegentlich scheint es, dass auch die politische Ebene die Versicherungen als Kühe betrachtet, die auf lange Sicht Milch geben, selbst wenn die Weide ausgedörrt ist.

Die Menschen unsrer Zeit wünschen sich natürlich gesunde und wachsende Einrichtungen – denn welcher Mitarbeiter oder Kunde bliebe schon gern bei einer Unternehmung, deren fallender Börsenkurs eine geringere finanzielle Solidität signalisiert. Andererseits hofft die Gesellschaft als Ganzes und die Politik, dass die Versicherungsunternehmen nur Geldmarktanlagen tätigen und nur Bonds mit einem AAA-Rating, damit es da „nicht auch noch Probleme gibt". Zugleich erwarten alle munter eine Rendite, die der eines Aktienportfolios entspricht. Kunden möchten zusätzlich zur Beteiligung an möglichst hohen Überschüssen noch einen garantierten Mindestzins, ungeachtet der Situation an den Kapitalmärkten.

Dieses strategische Dreieck – Werte schaffen, Risiken managen, Kunden gewinnen – wird überlagert von der Volatilität der Börsen sowie der Rentenmärkte, der Malaise im Immobilienbereich und den Lockrufen der Hedge Funds. Die Geschäftsplanung ist in diesem Umfeld angesichts des Zielkonflikts deutlich schwieriger geworden. Früher gab es saftige Kapitalmarktrenditen und gute Margen, da ließ der Zielkonflikt noch viel Freiraum und gab Beweglichkeit. Die genaue Steuerung eines Autos ist nicht so wichtig, wenn die Straße sehr breit ist und geradeaus führt. Doch mittlerweile haben sich die Renditen an den Finanzmärkten verändert: Das Zinsniveau ist deutlich zurückgegangen, mit den einst sehr hohen Aktienrenditen ist heute nicht mehr zu rechnen; und wer mietet in einer nur schwach wachsenden Wirtschaft Immobilien? Auch die früheren Margen sind mit dem härteren Wettbewerb (Deregulierung) passé. Die Straße ist sehr eng geworden und führt durch überraschend kurvenreiches Gelände. Hier ist eine ganz genaue und auf die richtige Basis eingestellte Steuerung der Geschäfte verlangt, um ohne Karambolagen und Blessuren durch dieses Terrain kommen. Erfahrungen und Faustformeln aus der Vergangenheit sind heute zu grob und zu distanziert vom Gelände. Auch der früher bei der Strategiefestlegung und Geschäftsplanung vorherrschende Blick auf die Bilanz, kombiniert mit einer aktuarischen Kalkulation der versicherten Risiken, genügt inzwischen nicht mehr, ja kann sogar fehl leiten. Denn weder durch „Vorgaben des Vorstands" noch durch ihre „Bilanzen" kann sich eine Institution am Kapitalmarkt vorbei mogeln.

Verlangt ist eine kapitalmarktbasierte Neuerfindung der Versicherung und der kapitalgedeckten Altersvorsorge. Gemeint ist eine Neufindung der Grundlagen für die Strategiefestlegung und Geschäftsplanung dieser Institutionen im Spannungsfeld der drei Imperative: Werte schaffen, Risiken managen, Kunden gewinnen.

Dreißig Autoren haben sich gefunden, um Grundelemente und Bausteine einer kapitalmarktbasierten Versicherung darzustellen und zusammenzufügen. Dazu war keine Innovation der ersten Stunde verlangt: Das in diesem Buch Gezeigte ist State-of-the-Art und trotz seiner Aktualität längst nicht mehr nur Idee, sondern mittlerweile bewährt. Denn in der letzten Dekade sind zahlreiche Einzelarbeiten zum *Wertmanagement*, zum *Risikomanagement* und zum *Kundenmanagement* entstanden. Die meisten dieser Einzelarbeiten bezogen sich auf Banken, die schon vor einigen Jahren schmerzlich erkennen mussten, dass sie ihre Geschäfte nicht am Kapitalmarkt vorbei führen können. Sie und andere Institutionelle verwenden inzwischen ausgereifte Instrumente, um ihre Strategie in Übereinstimmung mit den Märkten zu definieren und die Performance am Markt zu messen. Was jedoch bislang fehlte und heute auf Grund der erwähnten Vorarbeiten in ausgereifter Weise möglich ist, kann als „Lehre der finanzmarktbasierten Versicherung" bezeichnet werden.

Eine solche Lehre bietet dieses Buch. Es ist ein Angebot, sich über die neue Denkweise zu orientieren, über die Ansätze und Instrumente der kapitalmarktbasierten Führung von Versicherungen. Gleichzeitig haben sich die dreißig Autoren gefunden, mit diesem Buch Peter Gessner (*1939) zu ehren, einen Pionier auf dem Gebiet des Versicherungswesens, der stets Praxis und Wissenschaft kraftvoll verbindet. Bereits vor Jahrzehnten, als die Welt noch in Ordnung war, hat Peter Gessner die Notwendigkeit für Versicherungen erkannt, sich dem Wandel zu stellen.

Damit unterbreiten die Autoren ihre Offerte zunächst dem obersten Management der Versicherungsunternehmen und anderer Einrichtungen der Altersvorsorge. Sie orientieren über die neue Perspektive der kapitalmarktbasierten Führung von Versicherungen und zeigen, dass es Wege gibt, auf denen diese Institutionen zu einer dauerhaften und erfolgreichen Existenz gelangen. Doch die Unternehmen und Einrichtungen müssen dazu die entsprechenden, in diesem Buch dargestellten Instrumente auch wirklich einführen.

Sodann wendet sich dieser Band – wie eine Lehre der finanzmarktbasierten Versicherung – an die Studierenden unserer Hochschulen in den Bereichen Finanzwirtschaft, Bank und Versicherung, institutionelle Altersvorsorge. Es legt in Grundzügen dar, wie diese für unsere Gesellschaft so wichtigen Einrichtungen in Zukunft strategisch und operativ planen, wie sie gestaltet sind, und wie sich der Zusammenhang zwischen Märkten und Institutionen auswirkt.

# 2 Das strategische Dreieck

Über Jahrzehnte hinweg waren Versicherungsunternehmen der Stolz der Börse, von ihrer Kundschaft geschätzt und vom Staat heimlich beneidet, weil sie auf prospere Weise die *volkswirtschaftlich wichtige Funktion der Altersvorsorge* mit ihrer privaten Säule stützten.

## 2.1 Alles kam zusammen

Doch die Lebensversicherungen und andere Einrichtungen der kapitalgedeckten Vorsorge sind jüngst in Bedrängnis, teils sogar in eine Krise geraten. Im Umfeld sind mehrere abträgliche Veränderungen zeitlich zusammengefallen und haben die Bedingungen für kapitalgedeckte Formen der Altersvorsorge dramatisch verändert.

### 2.1.1 Entfaltung der Finanzmärkte

Zunächst haben sich in den letzten Jahrzehnten die Finanzmärkte auch in Europa stark *entfaltet*; und keine Unternehmung (nicht einmal eine Familienunternehmung) kann heute noch eine Strategie einschlagen, die an den Kapitalmärkten vorbeiginge. Das war früher noch anders, als Reserven, Margen und ein konservatives Verhalten aller Beteiligten es den Versicherungen – wie übrigens auch anderen Unternehmungen – gestattete, ohne besondere Rücksicht auf das Marktgeschehen nach eigener Vorstellung Systeme und Produkte zu etablieren und auf Dauer zu sichern. Doch Märkte sind *unerbittlich* (weil es die Marktteilnehmer ebenfalls sind) und sie disziplinieren die Unternehmen heute recht deutlich: *Nur solche Systeme, Produkte und Strategien haben die Chance auf eine nachhaltige Existenz, deren Kalkulationen und wirtschaftliche Projektierungen die im Markt gebildeten Relationen zwischen Rendite und Risiko erfüllen.* Kurz gesagt: Versicherungen können ihre Strategien und Geschäftspläne nur noch unter jenen auswählen, die dem Kapitalmarkt entsprechen.

Dabei geht es nicht darum, ob sich die Menschen *wünschen*, dass das gesamte Wirtschaftsleben nur noch „vom Kapital bestimmt" wird. Die gezeichnete Entwicklung ist *unausweichlich*, denn das Kapital ist *beweglich*. Wenn eine Unternehmung ihre Investoren verliert, verschwinden bald auch Mitarbeiter und Kunden. Der Markt lässt uns keine andere Wahl, als uns marktkonform zu verhalten. Allerdings besteht auch nicht die Option, den Markt abzuschaffen oder heimlich zu behindern. Denn dann ginge in erheblichem Umfang Wohlfahrt verloren.

Der Test, ob Strategien dem Kapitalmarkt entsprechen, wird bestanden, wenn ein Investor oder eine Person (die rational in Renditen rechnet) praktisch indifferent ist zwischen der Entscheidung, eine Aktie eines Versicherungsunternehmens zu kaufen (und mit anderen Instrumenten zu kombinieren) oder eben ein Produkt, eine Police dieser Gesellschaft, zu erwerben. Diese simple Betrachtung verlangt ganz andere Kalkulationen innerhalb des Versicherungsunternehmens. Hier geht es nicht um Aktuarwissenschaft im Sinn der mathematischen Kalkulation der versicherten Risiken. Notwendig ist eine Kalkulation aus Sicht der grundlegenden, in Finanzmärkten geltenden Zusammenhänge zwischen Rendite und Risiko. Diese neue Form von Kalkulation wird auch wenig durch Gewinn- und Verlustrechnung und Bilanz unterstützt, weshalb traditionelle Planungsinstrumente in ihrer Aussagekraft heute relativiert sind.

### 2.1.2 Deregulierung

Sodann wurden – praktisch zeitgleich, und die eine Strömung im Wirtschaftsleben und in der Gesellschaft nährt die andere – Versicherungen *dereguliert*. Der Wettbewerb um Kunden hat in den letzten Jahren an Schärfe zugenommen. Übrigens ist nicht der „Markt" hart, sondern die Kunden sind es – und mit ihnen und für sie die Verbraucherverbände. Sie vergleichen, wählen aus, lassen sich beraten, und selbstverständlich bestehen sie weiterhin auf einer Mindestverzinsung oder wenigstens einen Schutz der eingezahlten Gelder – ungeachtet der drei Fragen, was eine solche Garantie in Finanzmärkten kostet, ob es überhaupt geeignete Instrumente gibt (etwa über Jahrzehnte laufende Optionen), die einen solchen Schutz zu replizieren gestatten und – wenn ja, wie die Kehrseite der Medaille aussieht und welche Konsequenzen sich für die Stabilität des Finanzsystems ergeben.

Zudem wünschen die Kunden verschiedene Wahlmöglichkeiten (Optionen), wie Storno oder Verlängerung im Verlauf der langfristigen Verträge, und es stellen sich heute in der Kalkulation komplexe Abwägungen zwischen den (finanzmarkttheoretischen) Kosten solcher Wahlmöglichkeiten und der tatsächlich damit für Kunden verbundenen Wohlfahrt.

### 2.1.3 Rückbildung des Zinsniveaus

Der Hauptpunkt des verlangten Kapitalschutzes und der Mindestverzinsung jedoch ist, dass sich im letzten Jahrzehnt die Inflationsrate und mit ihr das Zinsniveau überall stark zurückgebildet haben. Die weitere Öffnung der Weltwirtschaft bringt es mit sich, dass die Produktion von Gütern in Länder mit geringeren Produktionskosten abwandert und daher für lange Zeit das Preisniveau für Produkte einem internationalen Wettbewerbsdruck ausgesetzt ist. Das spricht gegen Vermutungen höherer Inflation und höherer Zinsniveaus. Auf Grund der Situation der Weltwirtschaft darf keine Rückkehr zu jenen paradiesischen Zuständen erwartet werden, in denen deutsche Renten mit 8% Rendite so viel abwarfen wie ein weltweit diversifiziertes Aktienportfolio.

Doch wie kann Kunden Versicherungsschutz geboten werden, eine günstige Verwaltung angelegter Gelder, Betreuung und Beratung, eine Mindestgarantie für die Rendite und schließlich diverse Wahlmöglichkeiten, wenn die Anlagerendite an den Kapitalmärkten die vom Kunden gewünschte Garantieverzinsung kaum übertrifft?

In der eigentlich nicht besonders tief schürfenden Erkenntnis (auch wenn sie von der Öffentlichkeit gern negiert wurde), dass diese beiden Entwicklungen – hin zur kapitalmarktbasierten Strategie, mehr Wettbewerb im Kundengeschäft und Garantien bei sich zurückbildenden Renditen im Rentenmarkt – keinen gemeinsamen Nenner haben, leuchtete hier und da in den Instituten wie ein Irrlicht im Moor die Versuchung, eine höhere Renditeerwartung mit mehr Risiken zu erkaufen. Doch eine höhere Rendite*erwartung* bedeutet nicht, dass die dann *realisierte* Rendite höher ausfällt. Die Instrumente zur Risikokontrolle, auch die Ansätze des integrierten Risikomanagements, waren noch vor einigen Jahren zu elementar und zu sehr an den einfachen Vorstellungen der von Harry Markowitz um 1955 geschaffenen Portfoliotheorie orientiert. Inzwischen sind die wissenschaftlich fundierten Mess- und Steuerungsmethoden für das Risiko in Finanzinstitutionen, die Assets und Liabilities integriert managen – der frühere Begriff der Aktiv-Passiv-Steuerung ist zu sehr auf die Bilanz bezogen – weiter entwickelt.

### 2.1.4 Risiken kontrolliert eingehen

Die Devise lautet indessen nicht, Risiken gänzlich zu meiden. Paulo Coelho lässt eine seiner Romanfiguren sagen: „Das Schiff ist am sichersten im Hafen, doch dafür ist es nicht gebaut." Die Passagiere werden sich einem Schiff gern für eine längere Reise anvertrauen, wenn dieses die Kraft hat, Wind und Wellen zu trotzen und wenn es moderne Navigationsinstrumente gibt. Selbstverständlich, und das ist ein wichtiger Punkt, muss die Besatzung die Funktionsweise der Instrumente verstehen. Ruder und Maschinenraum müssen dem folgen, was die Instrumente sagen. So lautet die Forderung an die Versicherungsunternehmen, kapitalmarktbasierte Steuerungsinstrumente wirklich zu übernehmen und zu akzeptieren. Die Strategie und das Monitoring der Geschäfte müssen auf einem State-of-the-Art-Risikomanagement basieren. Das Risikomanagement darf nicht als Alibi-Übung an eine Fachabteilung delegiert werden. Es muss zur Grundlage der Planung und Navigation werden.

## 2.2 Wie den zukünftigen Weg festlegen?

So ist heute für Versicherungen die nicht leichte Aufgabe entstanden, drei Ziele zu verfolgen:

1) *Werte schaffen*: Einschlagen einer Strategie, bei der die Unternehmung nachhaltig in marktgerechter Weise für ihre Investoren und Risikokapitalgeber rentiert. Wenn es hier nicht gelingt, attraktiv zu sein, verschwinden nicht nur

die Kapitalgeber und der Börsenkurs verfällt. Mitarbeiter und mit ihnen das Wissen gehen verloren, denn niemand möchte bei einer Unternehmung arbeiten, deren Schicksal ungewiss ist, weil sie in einen finanziellen Engpass geraten ist. Und es gibt wohl keinen Kunden, der sein Geld einer Firma anvertraut, die Investoren und Mitarbeiter bereits verlassen.

2) *Risiken managen*: Navigation in Finanzmärkten, auch die Planung einer langfristigen Reiseroute, darf nicht mehr anhand intuitiver Daumenregeln erfolgen. Die engeren Margen im Wettbewerb, die Komplexität der Produkte, die Verzahnung von Leistungen und Asset-Management lassen nur einen feinen Weg zum Licht. Mit alten Formeln kommt die Versicherung nicht durch die Enge hindurch. Moderne Instrumente bringen es mit sich, dass sie im Innern komplex und studiert sind. Das heißt, dass es im Risikomanagement ohne Mathematik nicht geht. Doch keine Angst – in diesem Buch soll die Führungspersönlichkeit nicht zum Mathematiker mutieren – das ist nicht ihre Rolle in einer arbeitsteiligen Welt, die Verantwortung und Beurteilungsvermögen von technischen Funktionen trennt. Doch die Führung soll sich orientieren können, gerade um urteilen und bewerten zu können. Dazu muss sie einen Blick in die grundlegenden Denkweisen im modernen Risikomanagement werfen.

3) *Kunden gewinnen*: Hier ist das Primat darin zu sehen, was Kunden wirklich Nutzen bringt, was Beratung bedeutet, wie moderne Vertriebswege aussehen. Alles Wünschenswerte muss den (finanzmarktorientierten) Kosten gegenübergestellt werden, diese Leistungen anzubieten. Dabei gibt es viele Feinabstimmungen: etwa die, wie werbende Beispielrechnungen behandelt werden sollen, die Leistungen in Aussicht stellen und Erwartungen wecken. Oder sollte sich eine Institution auf den Mindestzins zurückziehen? Gleichermaßen gibt es Abwägungen zwischen Gegenwart und Zukunft. Heutige Leistungen reduzieren jene Reserven, die beim Tragen von Risiken eine wichtige Funktion für die Rendite haben und zukünftige Beteiligungen zu Gunsten der Kunden erwarten lassen.

Alle drei Ziele sind wichtig, doch offensichtlich ziehen sie die Strategie und die Planung in verschiedene Richtungen. Wer Kunden gewinnen will, denkt vielleicht an Akquisitionen, um einen breiten Finanzkonzern zu schmieden; doch alle Untersuchungen sprechen vom Wertverlust, der regelmäßig mit einer Verschmelzung verbunden ist. Das Risikomanagement, für sich allein betrachtet, kann leicht in einen technokratischen Führungsstil münden, bei dem das Anliegen, nachhaltig Werte zu schaffen und dabei auch Mitarbeiter und ihr Wissen für eine verstetigte Politik zu gewinnen, auf der Strecke bleibt. Und selbstverständlich war es immer schon eine Thematik, welcher Teil der Überschüsse der Unternehmung entzogen werden soll, um Kundenwünsche zu erfüllen, und wann das geschehen soll. In diesem Sinn spannen die drei Ziele – Werte schaffen, Risiken managen, Kunden gewinnen – ein Dreieck auf: Sie liegen gewiss nicht auf einer Linie. Ähnlich wie bei den gesamtwirtschaftlichen Zielsetzungen darf dieses Dreieck der Strategiebestimmung deshalb als „magisch“ bezeichnet werden.

Gibt es eine Lösung? Oder anders formuliert – können die drei Ziele gleichzeitig mit einem jeweils akzeptablen, vielleicht sogar hinreichend guten Grad erreicht werden? Die Antwort lautet *ja*. Mehr noch, es gibt sogar eine Vielzahl von Lösungen oder von „zulässigen“ Strategien. Doch die Bestimmung dieser Strategien im strategischen Dreieck verlangt, die *kapitalmarktbasierte Sicht zum Primat* zu erheben und durch *moderne Navigationsinstrumente* in der Praxis zu leben.

# 3 Inhaltlicher Aufbau dieses Readers

Alle Autoren haben sich der integrierten Sicht des strategischen Dreiecks – Werte schaffen, Risiken managen, Kunden gewinnen – verpflichtet. Indessen haben sie *Schwerpunkte* gesetzt, um die Gesamtthematik differenziert zu entfalten. Diese Schwerpunkte, die in jedem Beitrag gesetzt werden, erlauben es, das Buch in drei Hauptteilen zu betrachten. Der erste Teil betont das Ziel, *Werte* zu schaffen, der zweite Teil betont das *Risiko* und der dritte Teil setzt sich mit den *Kunden* auseinander. Nochmals sei hervorgehoben: Jeder Beitrag trägt die drei strategischen Richtungen in sich, und doch wird dann die eine oder andere vertieft angegangen. Deshalb wäre der Versuch einer strengen Trennung nicht angemessen. Nur weil es den schnellen Überblick erleichtert, wurden die Einzelbeiträge gruppiert.

## 3.1 Werte schaffen

Das Buch lenkt nach dieser Einführung und der Laudatio „Peter Gessner – ein Pionier des Versicherungswesens“ den Blick zunächst auf das erste strategische Ziel, Werte zu erhalten und zu schaffen.

- Burkhard Schwenker (Sprecher von Roland Berger Strategy Consultants) eröffnet mit dem Imperativ „Versicherungen zu Werten führen“. Er argumentiert, dass alle Bausteine eines Wertmanagement-Systems, wie etwa das wertorientierte Portfolio-Management und eine an Wertsteigerung ausgerichtete Organisationsstruktur, *integriert* werden müssen. Ein Unternehmen muss nicht nur auf Grund seiner Struktur wachsen können, es muss auch wachstumsbereit sein, und der dies begünstigende mentale Prozess fordert herausragende *Führung*. Nach der Präsentation der generell gültigen Ergebnisse einer von Roland Berger Strategy Consultants durchgeführten Querschnittsuntersuchung geht Schwenker detailliert auf Versicherungsunternehmen ein. Auch hier gibt er konkrete *Empfehlungen* für Maßnahmen und belegt ihre *Wirksamkeit*.
- Die Frage, wie Wertschaffung genau zu messen ist, beantworten Stefan Rapp und Erik Rederer (beide Allianz) in ihrer Darstellung „Wertorientierte Steue-

rungsansätze in Versicherungsunternehmen". Rapp und Rederer betonen die Messungen der Performance mit dem *Economic Value Added* (EVA) und dem *Embedded Value*, zeigen die Eigenschaften dieser beiden Größen und begründen, weshalb EVA in der Sachversicherung, dem Embedded Value hingegen in der Lebensversicherung der Vorzug gehört.

- In der Wissensgesellschaft hängt die Schaffung von Werten primär vom Wissenskapital, seiner Pflege und seinem Einsatz ab. Oliver P. Pfeil (Deutsche Bank) beginnt in „Intellektuelles Kapital – ein Modell zum Management immaterieller Werte" mit dem Versagen der Management-Tools von gestern (die sich auf die Betrachtung des Sachvermögens beschränken). Pfeil klassifiziert das Intellektuelle Kapital, entwickelt Performance-Indikatoren und rückt die *Balanced Scorecard* von Winterthur und den *Navigator* von Skandia in den Mittelpunkt.

## 3.2 Risiken managen

Risikomanagement, so wurde früh erkannt, muss integriert erfolgen und ist daher in jedem Unternehmen an zentraler und hoher Stelle anzusiedeln. Insbesondere dürfen das Vermögen und die Verpflichtungen nicht separat behandelt werden. Die erste Aufgabe, die im Zusammenhang mit dem Risikomanagement steht, verlangt daher die simultane Betrachtung von Assets und Liabilities.

- Die Gesamtthematik eröffnet Markus Faulhaber (Allianz Lebensversicherung) mit „Risikosteuerung in Lebensversicherungsunternehmen". Er geht der Entwicklung der Aufgaben des Verantwortlichen Aktuars in den letzten zehn Jahren nach. Die Herausforderungen sind gewachsen, zum einen durch die Deregulierung, zum anderen durch die Veränderungen der Kapitalmärkte. Faulhaber betont die Notwendigkeit, die Risiken der Kapitalanlagen und der Verpflichtungen *gemeinsam* zu bewerten und durch die Risikosteuerung das benötigte Risikokapital und die vorhandenen Eigenmittel des Unternehmens in der *Balance* zu halten.

**Assets und Liabilities managen**

- Hans-Joachim Zwiesler (Universität Ulm) zeichnet in „Asset-Liability-Management" (ALM) den Weg der Versicherung von der alten Planungsrechnung zum Risikomanagement, das Vermögen und Leistungsverpflichtungen *integriert*. Nach Vorläufern des ALM gibt es mittlerweile verschiedene Spielarten, doch Zwiesler erläutert die gemeinsame *Grundlage* aller heute gebräuchlichen Ansätze zum ALM.
- Besonders für Renten oder eben den Fixed-Income-Bereich ist seit der ersten Einführung durch MacCauley die Duration immer mehr zur wichtigsten Orientierungsgröße für das Exposure gegenüber Zinsrisiken geworden. Sönke Jost Siemßen (WestLB Asset Management) widmet sich der „Durationssteuerung

als integraler Bestandteil des Asset-Liability-Managements". Innerhalb eines integrierten Risikomodells ist die Duration ein *eigenständiger Risikofaktor* und erfüllt die daran geknüpften Anforderungen. Sodann präsentiert Siemßen die sich heute bietenden *Prognosemodelle,* und in der Tat ist die *taktische Asset Allocation* an den Bond-Märkten erfolgreich.

- Marco Brück (Bâloise Asset Management) widmet sich in seinem Text „Asset-Management und neue aufsichtsrechtliche Standards für die Lebensversicherung" dem Zusammenhang zwischen dem Portfoliomanagement, also den Risiken der Vermögensanlage, und der Aufsicht. Diese wichtige Thematik stellt Brück nicht nur dar, vielmehr gibt er konkrete *Empfehlungen.* Sie münden letztlich in der Erfordernis, die Anlagen der Versicherung *neu zu strukturieren.*

- In Finanzmärkten lassen sich Risiken und damit verwandte Größen, etwa Korrelationen, wesentlich genauer bestimmen als Renditeerwartungen. Wir wissen daher über die Risikoeigenschaften verschiedener Asset-Klassen genau Bescheid. Die neuen Erkenntnisse sagen zum Beispiel, dass die *Korrelationen in Abschwungphasen* (Bear Market) *andere* sind *als im Aufschwung* (Bull Market) – ein Phänomen, das als *Decoupling* bezeichnet wird. Pascal Gantenbein und der Herausgeber (beide Universität St. Gallen – HSG) betrachten die Allokation aus Bonds verschiedener Währungsgebiete und Kombinationen aus Bonds und Aktien. Verfolgt der Investor das Ziel des Kapitalschutzes (Protection-Management), so müssen für die Portfolioselektion jene Korrelationen herangezogen werden, die für Bear Markets herausgefunden werden, und nicht die durchschnittlichen Korrelationskoeffizienten.

**Die Risiken von Asset-Klassen genauer beurteilen**

Generell ist das heute verfügbare, empirisch begründete Wissen über das Risikoverhalten der einzelnen Asset-Klassen Voraussetzung für den immer wieder gestellten Anspruch „know your risks". Die wichtigsten Asset-Klassen für Versicherungen sind neben *Bonds* – die bereits in den Beiträgen über die Duration und über das Protection-Management behandelt wurden – *Aktien*, *Immobilien*, *Hedge Funds* und *Kredite*.

- Der Herausgeber dieses Bandes geht in „Rendite und Wirtschaftsentwicklung" der nicht so oft hinterfragten Vorstellung nach, dass die Aktienrenditen die Wirtschaftsentwicklung widerspiegeln.

- Sodann betrachtet Niklas Wagner (TU München) in „Aktienmarktrisiko im Wandel der Zeit" explizit die *Volatilität* und untersucht das untere *Verteilungsende* am Beispiel des deutschen Aktienmarktes. Wagner begründet, dass im Verlauf der Zeit die normale Schwankungsbreite (das traditionelle Risiko) für Aktien zwar zugenommen hat, aber das *Downside-Risk* stabil geblieben ist.

- Immobilien: Welche Versicherung hätte nicht, besonders in früheren Jahren, stets auf diese Asset-Klasse gesetzt und wäre inzwischen nicht den Sirenenklängen des Outsourcing verfallen? Pascal Gantenbein (Universität St. Gallen – HSG) geht dem nach und liefert die Resultate umfangreicher empirischer Datenstudien. Seine Darstellung räumt mit hergebrachten Vorstellungen über die Rendite von Immobilien auf. Einer seiner Punkte: Immobilien bieten *keinen wirksamen Schutz gegen Inflation*, was für Versicherungen mit Teuerungsanpassung der Leistung wichtig ist.

- Hedge Funds: Hubert Dichtl und Christian Schlenger (beide alpha portfolio advisors) analysieren in „Hedge Funds – Rendite- und Risikopotenzial für Versicherungsunternehmen" diese moderne Klasse von Anlageinstrumenten. Ihre differenzierte Untersuchung rät zur Vorsicht: Auf Grund der bisher berichteten Renditen wirken Hedge Funds interessant. Doch die historische Durchschnittsrendite *überschätzt* auf Grund der stochastischen Eigenschaften von Hedge Funds tendenziell die (wahre) erwartete Rendite, wogegen die wahre Streuung von Hedge Funds durch die empirische Volatilität eher *unterschätzt* wird. Dichtl und Schlenger gelangen daher zu dem Schluss, dass (denkbare) erhöhte *Ausfallrisiken* von Hedge Funds vielfach *übersehen* werden.

- Versicherungen haben als Kapitalanleger stets auch *Kredite* gegeben. Doch wie sollte ein Kredit, ein an eine Unternehmung gegebener Kredit bewertet werden? Antje Henne und Peter Reichling (beide Otto-von-Guericke-Universitaet Magdeburg) vergleichen: „Kreditbewertung: optionspreistheoretischer versus ratingbasierter Ansatz". Sie gehen auf die Faktoren ein, die einmal für den *Optionsansatz*, ein andermal für das *Rating* sprechen. Henne und Reichling schlagen eine interessante Brücke zwischen beiden Ansätzen: Der Optionsansatz basiert auf der Volatilität, das Rating auf der Ausfallwahrscheinlichkeit.

### Die Allokation der Risiken muss effizient werden

Als dritte Aufgabe innerhalb des Imperativs, Risiken zu managen, wendet sich das Buch der effizienten Verwendung der (begrenzten) Risikotragfähigkeit zu. Hierbei ist die Rückversicherung einzubeziehen, die Kapitalallokation innerhalb eines divisionalen Versicherungskonzerns sowie das Design der Versicherungsverträge. Diesen drei Richtungen innerhalb der genannten Aufgabe widmen sich Zietsch, Kassberger/Kiesel, sodann Bamberg/Dorfleitner/Glaab sowie Garschhammer/ Zagst.

- Zu allen Zeiten war ein einzelnes Versicherungsunternehmen nie auf sich ganz allein gestellt: Die Rückversicherung gestattet den gleichsam globalen Risikoausgleich. Dietmar Zietsch (Vorsitzender des Vorstandes der SCOR Deutschland) erläutert in „Rückversicherung als Instrument des Financial Engineering" neue Deckungskonzepte, die in der heutigen Zeit besser den Absicherungsbedürfnissen der Kunden entsprechen als der traditionelle Risikotransfer. Zietsch belegt, wie die Idee des „Ausgleichs im Kollektiv" zu erweiterten Deckungsformen führt, bei denen der Kollektivgedanke in den Hintergrund tritt. Das *Financial Engineering* tritt mit Instrumenten wie *Derivaten* an seine Stelle, und die neuen Konzepte des Risikoausgleichs strahlen auf die Produktgestaltung aus.

- Stefan Kassberger und Rüdiger Kiesel (beide Universität Ulm) stellen sich die Entdecker der analytischen Formel für den Preis eines Calls, Fischer Black und Myron Scholes, als Aktuare vor und behandeln „Anwendungen der Optionspreistheorie in der Lebensversicherungsmathematik". Diese Anwendungen gestatten neben einer generellen Solvency-Analyse vor allem die *Bewertung von Lebensversicherungsprodukten* mit unterschiedlichem Design. Kassberger und Kiesel zeigen in Grundzügen, wie komplexe Risiken *zerlegt* werden können, sodass die Komponenten bewertet und faire Prämien für die Übernahme der komplexen Risiken gefunden werden. Ihr Beitrag zeigt die Grundlagen der *kapitalmarktbasierten Kalkulation von Produkten.*

- Günter Bamberg, Gregor Dorfleitner (beide Universität Augsburg) und Holger Glaab (Münchener Rückversicherungs-Gesellschaft) wenden sich der *Allokation von Kapital* auf die einzelnen Teile oder *Sparten* eines größeren Versicherungsunternehmens zu. Diese Zuweisung von Kapital soll eine effiziente Ausschöpfung der insgesamt gegebenen Risikotragfähigkeit gestatten. Wie schon in anderen Beiträgen betont, ist für Versicherungen die Semivarianz (als Maß für das Downside-Risk) wichtiger als die Varianz. Bamberg, Dorfleitner und Glaab zeigen, dass deshalb die Diversifikation ebenso wie die Kapitalallokation auf der Co-Semivarianz beruhen muss und wie die entsprechenden Ansätze in der Praxis eingesetzt werden können. So der Titel: „Risikobasierte Kapitalallokation in Versicherungsunternehmen unter Verwendung des Co-Semivarianz-Prinzips".

- Auch Claudia Garschhammer und Rudi Zagst (beide TU München) widmen sich der Allokation von Risikotragfähigkeit. Sie entwickeln „Ein stochastisches Modell zur Ertragsoptimierung bei Versicherungen". Dieser Ansatz geht von einem Zusammenhang aus, der zwischen dem Gewinn eines Versicherungsunternehmens und seinem Kapitalbedarf besteht, der als Schadenreserve fungiert. Garschhammer und Zagst können so Aussagen über das *optimale Unternehmensportfolio* treffen.

## 3.3 Kunden gewinnen

Damit wird es Zeit, dass sich die Leserinnen und Leser vom Ziel, Risiken zu managen, dem Ziel der Gewinnung von Kunden zuwenden. Zu diesem dritten Ziel im strategischen Dreieck bietet das Buch vier Beiträge. Sie befassen sich mit Point-of-Sale-Systemen, mit Produktvarianten (Restschuldversicherung), dem Allfinanz-Gedanken und werfen einen Blick in die Entwicklungen in den USA.

- Thomas Eichelmann und Christoph Winter (Roland Berger Strategy Consultants) weisen mit ihrer Untersuchung „Erhöhung der Profitabilität bei Versicherungsunternehmen durch Point-of-Sale (POS)- Systeme" den Weg zur effizienten Anbindung des Vertriebs. Hierzu müssen Beratung, Angebotserstellung, Abschluss sowie Verwaltung und Schadenbearbeitung IT-Unterstützung erhalten. Frontoffice und Backoffice müssen vereinheitlicht und vernetzt werden. So werden die Geschäftsprozesse durchgängig und integriert, Medienbrüche vermieden. Eichelmann und Winter zeigen die strategische Bedeutung der so erreichbaren Kostensenkungen im Innendienst auf, diskutieren die Voraussetzungen für Point-of-Sale-Systeme und stellen die Kosten für die Entwicklung und den Betrieb den Potenzialen gegenüber.

- Beat Bernet sieht eine Renaissance des Gedankens integrierter Finanzdienstleistungen. In „Open Architecture und Allfinanz" nimmt er eine Analyse der strategischen Erfolgsfaktoren für Allfinanzkooperationen vor und weist nach, dass es vor allem auf die Umsetzung einer *offenen Architektur* ankommt. Bernet favorisiert netzwerkorientierte Allfinanzmodelle, weil nur sie *strategische Flexibilität* bieten, die verlangt ist, weil verschiedene Makro- und Mikrofaktoren immer wieder zu Veränderungen zwingen.

- Kunden zu gewinnen und zu halten verlangt vielfach, die Produkte mit *interessanten Merkmalen* auszustatten. Als ein wichtiges Beispiel behandeln Roland Folz und Jochen Sutor (DaimlerChrylerBank) „Die Restschuldversicherung als Bestandteil moderner Finanzdienstleistungspakete im Privatkundengeschäft". Hier geht es also um Finanzierungsverträge. Folz und Sutor spüren dem Verhalten von Anbietern und von Kunden nach, nicht immer nach dem ökonomischen Wert dieser Merkmale zu entscheiden.

- Nun wird es Zeit, einen Blick ins Ausland zu werfen und die Erfahrungen anderer Länder sprechen zu lassen. Werner Bonadurer zeichnet die „Entwicklungen der Lebensversicherungsbranche in den USA" nach. Zunächst geht er auf den *Konsolidierungsprozess* ein, der noch nicht abgeschlossen ist. Dann behandelt Bonadurer *Mehrkanalvertriebsformen* und betont die Bedeutung von Geschäftsmodellen mit hoher „brand awareness".

## 3.4 Ideengeschichte

Eine Besonderheit zum Schluss des Buches ist die Geschichte finanzwirtschaftlicher *Ideen*.

- Sie wird nachgezeichnet von Klaus Schredelseker (Universität Innsbruck) in „Finanz- und risikowirtschaftliches Denken in der Betriebswirtschaftslehre". Schredelseker identifiziert die Ideen mit bekannten Forschern: Irving Fisher (1867-1947), Franco Modigliani (1918-2003), Merton Miller (1923-2000), Harry Markowitz (*1927), James Tobin (1918-2002), William Sharpe (*1934), Louis Bachelier (1870-1946), Paul Samuelson (*1915), Robert Engle (*1942), Eugene Fama (*1939), Friedrich von Hayek (1899-1992), Fischer Black

(1938-1995) und Myron Scholes (*1961), Robert Merton (*1944), Joseph Stiglitz (*1943), George Akerlof (*1940), Michael Spence (*1943), Amos Tversky (1937-1996), Daniel Kahneman (*1934). Wie immer schreibt Schredelseker geistreich und entschädigt mit seiner faszinierenden *Reise durch die Entdeckungen* für so manche Formel, die in den vorhergehenden Beiträgen vielleicht einige Leserinnen und Leser dieses Buches verschreckt hat und verdaut werden muss.

# 4 Dank

Eine finanzmarktbasierte Neusicht der Versicherungen zu entfalten kann kaum das Werk einer Einzelperson sein. Wir haben schon an der Kurzbeschreibung der Beiträge gesehen, dass die drei Schwerpunkte, *Werte schaffen*, *Risiken managen*, *Kunden gewinnen* den wissenschaftlich geläuterten Blick von Autoren verlangen, die das jeweilige Thema auf Grund ihres Wissens und ihrer Erfahrung auf den Kern bringen und verständlich machen können. Ein solches Werk verlangt schon auf Grund des Arbeitsziels die Bereitschaft von Fachautoren, gerne ihren Part im Gesamtkonzept zu übernehmen. Es ist mir als Herausgeber eine freudig übernommene Pflicht, allen Autoren Dank auszusprechen.

An der Entstehung dieses Werkes haben neben den Autoren weitere Personen mitgearbeitet. Einige haben assistiert, und ich bin hier dem Schweizerischen Institut für Banken und Finanzen sowie der Universität St. Gallen für die Unterstützung meiner Arbeit dankbar. Andere Personen haben teils ausgesprochen schöpferische Arbeit eingebracht, so Nils Bickhoff (Hamburg), Christian Krys (Düsseldorf), Volker Priebe (Stuttgart), Andrea Wiedemann (München). Der Dank geht auch an den Springer-Verlag, namentlich an Werner A. Müller und Irene Barrios-Kežić, für die Betreuung auch dieses Bandes der vom *Roland Berger Academic Network* herausgegebenen Reihe.

# Peter Gessner – ein Pionier des Versicherungswesens

**Klaus Spremann**

## 1 Die Dinge beim Namen nennen

Dieses Buch ist einem Pionier des Versicherungswesens gewidmet. Doch ich folge der Best Practice, nicht gleich mit dem Lebenslauf wie mit der Tür ins Haus zu fallen. Denn das Leben, so wie es sich dann im Auf und Ab realisiert, hängt immer von „skurrilen Zufällen" ab (wie es Peter Gessner ausdrückte), eben von Möglichkeiten, die sich unerwartet bieten. Es kommt dann darauf an, ob wir die zufälligen Möglichkeiten *ergreifen* oder *vorbeiziehen* lassen. Dieses Entscheidungsverhalten charakterisiert die Persönlichkeit, und sie hat es verdient porträtiert zu werden.

Der *Name*, so definiert das Lexikon, dient der eindeutigen Bezeichnung, Identifizierung und Benennung. Die Namensgebung gestattet es, Objekte, Personen, Vorgänge, Phänomene der realen Welt auf die Ebene der Sprache zu heben und dort zu betrachten. Auf der Ebene der Sprache können nach der Namensgebung die Objekte und Phänomene behandelt oder untersucht werden. Hierzu dient der logische und verständige Umgang mit der Sprache. Auf diese Weise werden die bezeichneten Objekte eingeordnet, es werden Zusammenhänge zwischen ihnen dargelegt und es können Veränderungen und Entwicklungen der Objekte besprochen werden. Was ist die Ursache, was die Wirkung? Wie geht es weiter? Was ist prognostizierbar?

Der Mensch ist nicht nur ein Beobachter dieser Welt, sondern er greift in das Geschehen ein. Deshalb bezweckt die Erörterung der Veränderungen der Dinge seiner Umwelt letztlich, die Umwelt so zu gestalten, dass sie ihm, dem Menschen, besser dient. Aus den Wünschen erwachsen gestalterische Aufgaben. Was sich der Mensch vornahm, beschrieb er als *Problem*, und um Probleme klar erkennend zu beschreiben, zu formulieren und zu *lösen*, mussten zuvor die Dinge eindeutig benannt werden. So dient die Namensgebung letztlich der *Problemlösung*. Erst nach einer Namensgebung ist es möglich, die Probleme klar zu beschreiben und Lösungen zu finden.[1] Je stärker das Problem zur Beschreibung und zur Lösungs-

---

[1] Michael Ende (1929-1995) führt uns in seiner „Unendlichen Geschichte" zu diesem Punkt: Die kindliche Kaiserin leidet unter unbestimmten und unklaren Umständen, und niemand weiß Rat. Der Schlüssel für die Lösung besteht darin, der kindlichen

findung der Präzision bedarf, desto klarer und direkter muss Sprache greifen. Gelegentlich ist die Sprache dann so exakt und trifft den Punkt so genau ins Schwarze, dass die Betroffenen viel lieber eine wortreiche Umschreibung gehört hätten, bei der alles beim Alten hätte bleiben können. Der Begriff der Diplomatie kommt in den Sinn. Wir benutzen eben die Sprache nicht nur für die Präzisierung von Problemen und um klar den schnellsten Weg zu benennen, der zur Lösung führt. Wir verwenden die Sprache auch, um uns einlullen zu lassen, der Musik der Worte zu lauschen, kunstvoll zu fabulieren – und nichts zu verändern.

Peter Gessner ist kein Mensch des unklaren Herumredens. *Er nennt die Dinge beim Namen und packt zu.* Er hat nie gescheut, zu zeigen, wo man sich bewegen muss – auch wenn viele andere dachten, man könne doch durchaus noch etwas auf die Seite schauen und eine Weile zuwarten, wenigstens so lange, bis die Dinge wirklich unausweichlich werden. Ihm, dem dieser Band gewidmet ist, geht es in allem, was er angepackt hat, um den klaren Weg zum Ziel. Vermutlich schaut er mit – durchaus gerechtfertigter – Befriedigung darauf, was er alles „bewegt" hat, und was ihm gelungen ist. Der gelegentlich mutige, direkte Weg hat ihm große Anerkennung gebracht, Bewunderer sind ihm gefolgt. Sicher haben auch einzelne in seiner Umwelt, die eher den *Status quo* erhalten und die Dinge lieber nicht so klar aussprechen wollten, Mühe mit seiner Kraft, die Dinge voranzutreiben.

Gessner ist ein Pionier des Versicherungswesens. Das konnte er nur werden, weil er die Dinge klar benannt und kraftvoll auf dem direkten Weg einer Lösung zugeführt hat. Vier Pionierleistungen stechen hervor:

1) Er hat frühzeitig erkannt, dass die Versicherungsunternehmen besondere Steuerungsinstrumente benötigen, weil sie sehr langfristig laufende Produkte konstruieren und vertreiben. Einen Vorläufer des heutigen Asset-Liability-Managements (ALM) hat er vor 25 Jahren vorgestellt. Danach sollten Versicherungsunternehmen, die mit attraktiven Beispielrechnungen warben, die interne Verzinsung – die in diesen Beispielrechnungen implizit unterstellt wurde – verdeutlichen und der tatsächlichen Rentabilität ihrer Kapitalanlagen gegenüberstellen. Dieser so genannte *Finanzierungsnachweis* war das erste ALM-Verfahren für das Versicherungswesen. Dieser Finanzierungsnachweis und das damit zusammenhängende Planungsinstrument wurden stark diskutiert. Es gab in jenen Jahren viele, die es lieber gesehen hätten, wenn Gessner die Dinge nicht beim Namen genannt hätte.

2) Später hat er gesehen, welche Bedeutung IT für das Versicherungswesen hat, schon auf Grund der besonderen Vertriebsstruktur. Heute sprechen wir vom Point-of-Sale. Der herkömmliche Leistungsprozess mit seinen zahlreichen Medienbrüchen und althergebrachten Kommunikationsformen war, so sah es Gessner bereits frühzeitig, nicht lange für die Zukunft zu retten. Diese Erkenntnis verlangte natürlich, gegen eine Armada anzutreten. Viele hatten in

Kaiserin einen Namen zu geben.

den gewachsenen Strukturen ihre Rolle gut ausgefüllt (ich sage nicht: es sich in ihrer Rolle bequem gemacht) und nun hörten sie, man solle die Geschäftsprozesse mit Informatik neu erfinden. Das Re-Engineering ruft vielleicht immer Gegenwind hervor, besonders wenn man zu den frühen Verfechtern des Wandels gehört.

3) Eine dritte, große Pionierleistung im Bereich des Versicherungswesens ist der Aufbau einer großen Lebensversicherung, nach völlig neuen Bauplänen gleichsam aus dem Nichts, auf der grünen Wiese. Gessner wurde berufen, von 1987 bis 1990 die Gesamtverantwortung für den Aufbau der Lebensversicherung der Deutschen Bank zu übernehmen. Alle Geschäftsprozesse wurden vom Reißbrett neu gestaltet. Diese Neuschöpfung gehörte vom Start weg in puncto Neugeschäft zu den fünf größten Unternehmen der Branche und bereits nach vier Jahren betrugen die laufenden Beitragseinnahmen eine Milliarde DM.

4) Unter den herausragenden Leistungen ist schließlich die Gründung des Instituts für Finanz- und Aktuarwissenschaften zu sehen. Hier hat er als Professor an der Universität die dortige Wirtschaftsmathematik mit diesem Fachgebiet bereichert. Es sind unter seiner Anleitung verschiedene wissenschaftliche Untersuchungen zu sehr modernen Fragestellungen entstanden, zum Beispiel zur optionspreistheoretischen Bewertung von Wahlrechten, die Kunden bei ihren Verträgen haben.

# 2 Peter als Bergsteiger

Wer einem zielstrebigen und kräftigen Menschen einen „passenden" Sport empfehlen sollte, wird im Bergsteigen schnell das Passende finden. Wohl bemerkt, weder im vergnüglichen Wandern (wie ich es liebe), auch nicht in einem riskanten Spiel mit dem eigenen Leben, sondern in *Bergtouren*, die *Kraft* und *Ausdauer* unter Beweis stellen. Bergtouren, die in *neue* Gebiete führen: *Erstbesteigungen*. Peter liebt Bergtouren und meinte einmal: „Die größte Leistung war dabei jeweils, mich loszureißen." Für die mehrmonatigen Expeditionen bedurfte es nämlich stets besonderer Ausnahmeregeln für die Beurlaubung. Drei seiner Touren sollen nachgezeichnet werden: Die Anden-Kundfahrt 1966, die Nepal-Expedition 1970 und die Dolpo-Reise (Nepal/Tibet) 1979.

## Anden 1966

Die Anden-Kundfahrt 1966 (wie auch die Nepal-Expedition im Rahmen der Sektion Bad Aibling des Deutschen Alpenvereins organisiert) dauerte drei Monate. Gessner hat zusammen mit seinen Kameraden „sehr schöne Berge" teilweise erst-erstiegen. Die bergsteigerische Krönung war die Erstbegehung des Westgrats auf den berühmten Alpamayo (6.100 m). Nach dem Bergsteigen sind sie noch im Einbaum und in alpiner Ausrüstung – mit Pullovern, aber ohne Moskitonetze – die Quellflüsse des Amazonas hinabgefahren.

## Nepal 1970

Die Nepal-Expedition 1970 hat ebenfalls drei Monate gedauert. Die Reise ging in das Rolwaling, ein Gebirgsmassiv westlich des Mount Everest. Die Gruppe hatte als erste Bergsteigergruppe überhaupt eine Einreisegenehmigung in dieses dicht an der tibetanischen Grenze liegende Gebiet erhalten; zuvor waren in den 50er-Jahren einmal Engländer dort, die auf der Suche nach einem Südzugang zum Everest durch das Gebiet kamen. Sehr lebhaft hat Peter Gessner die Begegnungen mit den Sherpas in ihren (damals) vom Tourismus unberührten Dörfern in Erinnerung. Die Berge des Rolwaling sind nur bis 7.000 Meter hoch, aber alle ausgesprochen schwierig. Die Gruppe konnte die Berge Panbuk (6.800 m) und Dankuru (6.400 m) erstersteigen.

## Dolpo 1979

Die Dolpo-Reise (Nepal/Tibet) 1979 fiel in die Zeit, als Peter Gessner Mitglied des Vorstandes der Allianz Leben war. Für den damaligen Vorstandsvorsitzenden Arno Paul Bäumer war es unvorstellbar, dass ein Vorstand sieben Wochen abwesend wäre. Der Kompromiss bestand schließlich darin, dass Gessner stets telefonisch erreichbar sein sollte – eine gewagte Bedingung, bestand doch nicht einmal nach Kathmandu eine zuverlässige Telefonverbindung, geschweige denn zu den verlassenen Gegenden nördlich des Himalaja, die das Ziel der Bergsteiger waren. Diesmal sind sie nur zu zweit mit einem einheimischen Begleiter im Westen Nepals aufgebrochen. Sie überquerten den Hauptkamm des Himalaja nach Norden. Von dort zogen sie an der Nordseite des Hauptkammes entlang nach Osten durch das verbotene Land Dolpo. Für dieses zwischen Nepal und Tibet gelegene Gebiet werden keine Einreisegenehmigungen erteilt. Weder Europäer noch Amerikaner waren wohl je zuvor dort gewesen. Der Luftlinie nach marschierten Gessner und seine Begleiter etwa 200 km an der Nordflanke mehrerer 8.000er Gipfel vorbei nach Osten und überschritten sieben Pässe über 5.000 Meter, bis sie wieder auf die Südseite des Hauptkammes wechseln konnten.

Bis heute hat Peter Gessner das Bergsteigen nicht aufgegeben. Doch er beschränkt sich nun auf die Alpen und schätzt die Annehmlichkeiten, die die Zivilisation im Tal bietet.

# 3 Orte des Wirkens

Peter Gessner ist am 29. Oktober 1939 in Niederschlag (Erzgebirge) geboren und hat Maschinenbau und Mathematik an der Technischen Universität München studiert. Nach dem Diplom in Mathematik 1967 folgten fünf Jahre als Assistent und Dozent in *München* am Institut von Josef Heinhold. Die Promotion[2] und die Habilitation[3] in Mathematik fielen in diesen Zeitraum.[4]

Bereits im Alter von 32 wurde Gessner Professor und übernahm den Lehrstuhl für Operations Research an der Technischen Universität Karlsruhe. Schon ein Jahr später, 1973, folgte er der Berufung in den Vorstand der Allianz Lebensversicherungs-AG nach *Stuttgart*. In diesem Gremium wirkte er bis 1983.

## Zeitanteilige Finanzierung der Gewinnversprechen

Ihm, dem 33-jährigen Vorstandsmitglied, kam gleich die Aufgabe zu „fürchterliche Verkrustungen aufzubrechen" und „heilige Kühe zu schlachten" (wie er unmissverständlich formuliert). Auf diese Herausforderung fühlte er sich durch das Mathematikstudium und die Universität gar nicht vorbereitet.

Offiziell war Professor Gessner als Vorstand der Allianz Leben für Versicherungsmathematik, Vertragsverwaltung und Gruppenversicherung zuständig. Ein einheitliches Rechnungswesen wurde von ihm zum Instrument der Planung entwickelt.[5] In jenen Jahren hat er wissenschaftlich mehrfach über ordnungspolitische Themen publiziert.[6] Es ging darum, Regeln für den Wettbewerb über zukünftige

---

2 Mehrdimensionale Entscheidungsmodelle, auszugsweise veröffentlicht in Zeitschrift für Angewandte Mathematik und Mechanik 50 (1970), 6/7, S. 351-257.

3 Optimierungsprobleme in unitären Räumen, München 1970.

4 Eine bekannte Publikation, entstanden gemeinsam mit Hans Jörg Wacker, ist das Buch: Dynamische Optimierung – Modelle und Computerprogramm. München: Hanser. 1972. Ein weiteres Buch, gemeinsam mit Klaus Spremann verfasst: Optimierung in Funktionenräumen, Lecture Notes in Economics and Mathematical Systems. Vol. 64, Berlin: Springer. 1972.

5 Ein integriertes Gesamtmodell eines Lebensversicherungsunternehmens – Ansatz zur Unternehmensplanung in der Lebensversicherung. Übersichtsartikel in Zeitschrift für Operations Research 23 (1979), S. B67-B87.

6 Zur Anwendung der neuen Richtlinien für die Darstellung der Gewinnbeteiligung; Versicherungswirtschaft 13 (1975), S. 835-838. Modell zur Analyse der Gewinnreserve eines Bestandes. Blätter der DGVM, Band XII (1976), S. 317 ff. Analyse der Gewinnreserve eines Lebensversicherungsunternehmens; Versicherungswirtschaft (1977) 1, S. 20-23.

Gewinnversprechen an die Versicherungsnehmer zu entwickeln. Diese bei Abschluss von Verträgen für eine weite Zukunft in Aussicht gestellten Gewinnbeteiligungen bewegten sich ohne aktuellen Bezug zu Bilanzdaten „auf einer *scala mobile* nach oben“: Jede Gesellschaft versprach das Blaue vom Himmel.

Die Allianz hat daraufhin ein selbstverpflichtendes Testat unter ihre Bilanz gesetzt. Es besagte, dass alle zukünftigen Gewinnversprechen an die Versicherungsnehmer zeitanteilig finanziert waren. Darauf tobte zwei Jahre ein „wütender Kampf“ in den einschlägigen „Versicherungsgazetten“. Unter dem Druck des Aufsichtsamtes kam schließlich ein weicher Kompromiss zu Stande, den der inzwischen emeritierte Professor und dreifache Ehrendoktor Dieter Schneider (Ruhr-Universität-Bochum) als „amtlich bewilligtes Gewinnversprechen entgegen den Grundsätzen ordnungsgemäßer Buchführung“ kommentierte. Trotzdem war einiges erreicht: Die Sensibilisierung für das Thema war da. Es war nun anerkannte Aufgabe zu untersuchen, ob die in der Werbung vorgeführten Beispielrechnungen und die bei Kunden geweckten Erwartungen überhaupt mit der erzielten Anlagerendite harmonierten. Um diese Frage beantworten zu können, wurden in der Lebensversicherungsbranche zunächst einmal die internen IT-Voraussetzungen geschaffen, um die zeitanteiligen bilanziellen Verpflichtungen ermitteln zu können.

Über sein Fachressort hinaus war Gessner maßgeblich an der Einführung neuer Personalkonzepte beteiligt – so der Führungsgrundsätze und des leistungsorientierten Beurteilungssystems. Seit 1982, dem letzten Jahr seiner Allianz-Zeit, war er auch für die Leistung der Vorstandskommission „Strategische Planung“ des Gesamtkonzerns verantwortlich.

## Ulm und Frankfurt und nochmals Ulm

1984, nach zehn Jahren Vorstandstätigkeit, hat Gessner an seine Karlsruher Zeit als Professor angeknüpft und einen Ruf an die Universität Ulm angenommen. Sie hatte als erste Universität in Deutschland 1977 den Studiengang Wirtschaftsmathematik eingeführt. Gessner hat in *Ulm* seine Verbindungen zu zahlreichen Managern genutzt, um den Studiengang bekannter zu machen. Dieses Ziel verfolgt auch der von ihm und Rolf Heffner angeschobene Alumni-Club.

In diese 20 Jahre in Ulm fällt die Zeit von 1987 bis 1990, in denen Peter Gessner beurlaubt war, um die Lebensversicherung der Deutschen Bank zu schaffen. Der Aufbau erfolgte unter großem Zeitdruck. Ein großes Unternehmen völlig frei von den Zwängen gewachsener Strukturen gestalten zu können, eröffnet aber auch große Chancen. Alle Geschäftsprozesse unter Einbeziehung der optischen Archivierung wurden neu überdacht[7] – die Lebensversicherung der Deutschen Bank gewann dafür den renommierten BIS-European Imaging Excellence Award.

---

7 Lebensversicherungsverwaltung im Umbruch; Versicherungswirtschaft (1991) 20,

Der Aufbau erfolgte unter strikter Geheimhaltung. Die deutschen Lebensversicherer spuckten „Gift und Galle", als die Deutsche Bank mit ihrem neuen Produkt herauskam. Für ihre Lebensversicherung gewann die Deutsche Bank den „Preis des Jahres" 1990 – als erste Finanzdienstleistung seit Bestehen dieses Wettbewerbs. Vergeben wurde der Preis für das Transparenzkonzept. Damit war gemeint, dass der Kunde einmal im Jahr einen Kontoauszug erhielt – damals eine Innovation. In ihm wurde aufgeschlüsselt, wie sich das Guthaben des Kunden im Verlauf des Jahres entwickelt hatte.

Nach Abschluss dieser Aufbauarbeit ging Gessner 1990 wieder an die Universität Ulm zurück.[8] Als einen „Glücksfall" sieht er die Arbeitsverbindung mit Hans-Joachim Zwiesler, mit dem zusammen es gelang, den Schwerpunkt Aktuarwissenschaften an der Universität Ulm zu etablieren[9] sowie das Institut für Finanz- und Aktuarwissenschaften (IFA) zu gründen. Das IFA widmet sich der beruflichen Weiterbildung, Professor Gessner ist Vorsitzender des Kuratoriums. Außerdem wird er unternehmerisch tätig; 1990 gründete er die Peter Gessner & Partner GmbH, die sich auf die strategische Beratung von Versicherungsunternehmen konzentriert. Die Beratungsgesellschaft wird dann zur COR AG Insurance Technologies, und seit 1998 ist er Vorsitzender des Aufsichtsrats dieser Aktiengesellschaft.

In diesen Jahren entstehen verschiedene Publikationen über die Frage des Outsourcing, die Riester-Police, neue Finanzdienstleistungen und IT im Versicherungsbetrieb.[10] Weitere Aufsätze behandeln den Markt für die betriebliche Altersversorgung, die Gessner jüngst zusammen mit Markus Wulf (2002) und Ulrich Wörner (2003) veröffentlicht hat.

Wie bei allen Menschen, die für ihre Botschaft eintreten, ist auch Peter Gessner auf seinem Weg nicht am Ziel angelangt: Er arbeitet weiterhin am Institut für Finanz- und Aktuarwissenschaften (IFA) in Ulm und im Aufsichtsrat der COR

---

S. 1275-1278 (Gemeinsam mit Georg Weippert). Lebensversicherung: Starre Verwaltungssysteme behindern zunehmend die Marktentwicklung; Versicherungswirtschaft (1996) 5, S. 319-321.

8 Lebensversicherungstarife im deregulierten Markt und ihre Anforderung an die Vertragsverwaltungssysteme; Versicherungswirtschaft (1994) 12, S. 738-742. Welche Zukunft hat die private Rentenversicherung? Versicherungskaufmann (1996) 3, S. 26-27. Das Außendienstbüro: Mehr Schlagkraft durch Integration; Versicherungswirtschaft (1997) 4, S. 246-249.

9 Berufsbild Aktuar – Eine Alternative für Wirtschaftsmathematiker. Karriereführer Special, Ausgabe 1997/98, S. 39-40 (gemeinsam mit Hans-Joachim Zwiesler).

10 So die Schriften (Auswahl): Stärkung der Schlagkraft; Versicherungskaufmann (1997) 9, S. 54-56. Jahresabschluss per Datenbankabfrage? Versicherungswirtschaft (1999) 9, S. 603-605 (gemeinsam mit Karl-Heinz Reck). Outsourcing der Bestandsführung bei Lebensversicherern; Versicherungswirtschaft (2000) 12, S. 850-852.

AG. Vor allem begleiten ihn die Schüler, denen er in seinem akademischen Wirken den Weg gezeigt hat. Und dabei geht der Umbruch der Versicherungen, wie jeder Prozess des Wandels, in einer „unendlichen Geschichte“ weiter.

# Teil II: Werte schaffen

# Versicherungen zu Werten führen

**Burkhard Schwenker**

*Zusammenfassung:*
*Die Ausrichtung der Unternehmensführung an dem Ziel der Wertsteigerung ist heute gängige Praxis in zahlreichen Unternehmen. Die Grundlage von Wertsteigerung ist Wachstum in Umsatz und Gewinn. Unternehmen, die hier überdurchschnittlich abschneiden und den Gewinn stärker steigern als den Umsatz, erzielen auch die höchsten Wertzuwächse – dies ist das Ergebnis einer Studie zum Unternehmenswachstum, die Roland Berger Strategy Consultants durchgeführt hat. Die Wertorientierung muss außerdem im gesamten Unternehmen verankert sein. Hierzu ist es notwendig, alle Bausteine eines Wertmanagement-Systems zu integrieren, zum Beispiel ein wertorientiertes Portfolio-Management und eine an Wertsteigerung ausgerichtete Organisationsstruktur. Diese Aussagen gelten auch für den Versicherungssektor – hier haben insbesondere die Ereignisse vom 11. September 2001 Kapital zu einem knappen Gut gemacht und die Entwicklung forciert, dass Versicherungen den Erfolg ihres Geschäfts an Renditen im Vergleich zu Kapitalkosten messen. Die Besonderheiten des Versicherungsgeschäfts, etwa die Differenzierung nach stark unterschiedlichen Bereichen wie dem Lebensversicherungs- und dem Nichtleben-Geschäft, erfordern allerdings eine charakteristische Ausgestaltung des Wertmanagements im Versicherungssektor.*

*Schlüsselwörter: Transformationsprozess, Wertmanagement, Wertorientierung, Wertsteigerung, Wertsteigerungskultur.*

## 1 Warum spielt Wertmanagement eine Schlüsselrolle?

Das Konzept der wertorientierten Unternehmensführung (Wertmanagement) ist in den vergangenen Jahren intensiv in Wissenschaft und Praxis diskutiert worden. Die theoretischen Ansätze sind daher mittlerweile ausgereift. Und zahlreiche Unternehmen nehmen heute für sich in Anspruch, wertorientiert zu führen:

- Konzerne richten ihre Portfoliostrategien (Fokussierung, Börsengang, Restrukturierung/Desinvestment usw.) an nachhaltiger Wertsteigerung aus.

- Vorstände, Geschäftsführer usw. treffen unternehmerische Entscheidungen zunehmend auf Basis kapitalmarktorientierter Kriterien.
- Das Streben nach operativer Exzellenz, das die Unternehmen in den letzten Jahren beherrschte, zielt ebenfalls auf langfristige Wertsteigerung ab und – noch wichtiger – wird anhand von wertorientierten Kriterien gesteuert und gemessen.

In einer groß angelegten Studie hat Roland Berger Strategy Consultants Unternehmen im deutschsprachigen Raum zum Thema Unternehmenswachstum befragt. Die Ergebnisse bestätigen die hohe Bedeutung, die Wertmanagement mittlerweile erlangt hat: 97% aller teilnehmenden Unternehmen beschäftigen sich mit Wertmanagement, 15% davon schon seit mehr als fünf Jahren. Und bei fast 60% der Unternehmen basieren Entscheidungen in hohem Maße auf wertorientierten Prinzipien (vgl. Bötzel 2001, S. 5). Insgesamt ist Wertmanagement heute fest etabliert: Die Zeiten, als die Ausrichtung am Shareholder Value noch umstritten war und von Gewerkschaftsseite als Rückfall in den Frühkapitalismus oder von Wissenschaftlern lediglich als neue Verpackung eines betriebswirtschaftlichen Klassikers kritisiert wurde, sind vorbei.

Die betriebswirtschaftlichen Eckpunkte für Wertmanagement sind also überzeugend und klar. Dabei bedeutet Wertmanagement die Orientierung aller unternehmerischen Entscheidungen – über die Allokation von Faktoren bis zur Zusammensetzung des Geschäftsportfolios – an dem Ziel, den Unternehmenswert zu steigern: Nur, wer mindestens seine Kapitalkosten verdient – oder dieses Ziel mit vertretbarem Aufwand (Zeit und Geld) erreichen kann –, erhält weitere Mittel, um zu wachsen. Hieraus folgt, dass die Erfolgsbeiträge *einzelner* Geschäfte wertorientiert gemessen werden müssen.

Wertmanagement basiert dabei auf folgenden Spielregeln (vgl. Bötzel 2001, S. 3):

- Wachstum/Investment ist nur dort sinnvoll, wo positive Beiträge zum Unternehmenswert erzeugt werden (Projektrendite > Kapitalkosten).
- Wert reduzierende Geschäfte (Rendite < Kapitalkosten) erhalten nur dann Investitionsmittel, wenn die Restrukturierung mindestens zur Marktrendite führt.
- Nachhaltig Wert reduzierende Geschäfte ohne strategische Relevanz/Perspektive sollten desinvestiert, verkauft oder in Partnerschaften eingebracht werden.

Dauerhafte Wertsteigerung ist in einer wachsenden Volkswirtschaft nur möglich, wenn Unternehmen wachsen. Wertmanagementkonzepte orientieren sich daher am Cashflow: ein Maß, das von den zukünftigen Erträgen von Projekten bestimmt wird und den Wachstumsimperativ beinhaltet. Nur Geschäfte, die wachsen, vermögen die Abzinsung, die – bezogen auf die Gegenwart – von Periode zu Periode steigt, auszugleichen oder überzukompensieren. Wertorientierte Unternehmensführung ist also immer wachstumsorientierte Unternehmensführung. Dieser Kerngedanke wird im nächsten Abschnitt ausführlich diskutiert.

# 2 Richtiges Wertmanagement führt zu Wachstum

Kurzfristig kann der Wert eines Unternehmens aus zahlreichen Gründen steigen. So können beispielsweise Schwierigkeiten der Wettbewerber, wie Lieferengpässe oder Qualitätsprobleme, die Nachfrage nach den Produkten des Unternehmens anheizen, was wiederum seinen Wert in die Höhe treibt. Meldungen über Prozessoptimierungen oder sinkende Preise für Rohstoffe oder Vorprodukte sind ebenfalls dazu geeignet, das Interesse von Anlegern zu wecken. Auf Dauer kann Wertsteigerung jedoch nur auf Wachstum basieren (vgl. Schwenker et al. 2004; Coenenberg/Salfeld 2003, S. 102 ff.). Dafür gibt es mehrere Gründe:

- *Wertsteigerung im Shareholder-Value-Konzept benötigt Wachstum:* Vereinfacht gesprochen, basiert der Shareholder-Value-Ansatz auf der Diskontierung zukünftiger Cashflows. Wachsen sie, wird (zusätzlicher) Wert geschaffen. Die Quelle der Cashflows spielt dabei zunächst keine Rolle. Allerdings ist klar, dass stetig steigende freie Cashflows (das heißt nach Bedienung bestehender Verpflichtungen) auf Dauer nicht allein durch Restrukturierung produziert werden können, da Kostenpotenziale bei ständiger Optimierung kleiner werden. Steigende Cashflows setzen damit Wachstum voraus.

- *Größe und Faktorkostenvorteile fördern den Unternehmenswert:* Größenvorteile steigern das Wertsteigerungspotenzial eines Unternehmens beträchtlich: Economies of Scale sorgen für niedrige Kosten bei Produktion, Vertrieb usw.; bei einem großen Output lassen sich Standards bei Produkten setzen, und eine große Kundenzahl zeugt von Reputation und ermöglicht besonders umfassendes Feedback, sodass die Kundenbedürfnisse optimal antizipiert werden können. Um derartige Vorteile voll auszuschöpfen, ist es notwendig, international tätig zu sein. Gleichzeitig gilt, dass die Nutzung globaler Faktorkostenvorteile – ein weiterer Treiber für den Unternehmenswert – ebenfalls Größe und somit internationales Wachstum voraussetzt. Die wertvollsten Unternehmen der Welt sind international tätig: Microsoft, IBM, Nokia, Exxon, General Motors, Vodafone etc.

- *Wachstum, Innovation und Wertsteigerung gehen Hand in Hand:* Wachstum ohne Innovation ist undenkbar. Innovative Produkte überwinden die Schwelle der Marktsättigung und sorgen für neue Nachfrage. Innovative Prozesse senken die Kosten in allen Teilen der Wertschöpfungskette und setzen so Mittel frei, die in die Erschließung neuer Wachstumsmärkte investiert werden können. Welch großen Einfluss Innovation auf die Wertsteigerung eines Unternehmens hat, lässt sich am Beispiel von Pharmakonzernen zeigen, wenn diese die erfolgreiche Entwicklung eines bahnbrechenden

Medikaments bekannt geben. Das sich daraus ergebende Wachstumspotenzial wird sofort von Investoren antizipiert, und die Nachfrage nach Aktien des Unternehmens steigt (zum Einfluss der Innovationsleistung auf den Unternehmenswert vgl. Vartanian 2003).

- *Wachstum zieht Wert steigerndes Humankapital an:* Wachsende Unternehmen sind nicht nur im Rahmen des Shareholder-Value-Ansatzes für Investoren attraktiv. Wachstum motiviert auch die Mitarbeiter und zieht leistungsfähige Bewerber an. Beides trägt zur Wertsteigerung bei, denn Humankapital ist die bedeutendste Unternehmensressource – besonders für wissensintensive Unternehmen in entwickelten Volkswirtschaften.

Überdurchschnittliches profitables Wachstum ist der längere Hebel, um überdurchschnittliche Wertsteigerung zu erzielen. Dies unterstreicht eine von Roland Berger Strategy Consultants durchgeführte Studie zum Wachstum der 1.700 Topunternehmen in der Triade, also der 900 führenden Firmen in Westeuropa, der Unternehmen des US-Kapitalmarkt-Index S&P500 sowie der Unternehmen des japanischen Börsenbarometers Nikkei-300 (vgl. Schwenker et al. 2004). Betrachtet wurde die Entwicklung aller relevanten Indikatoren von 1992 bis 2002 – insbesondere die Wachstumsraten der Umsätze und des Gewinns vor Steuern sowie des Unternehmenswertes (gemessen als Total Shareholder Return, also Kurssteigerungen plus Ausschüttungen), aber auch die Entwicklung von Operating Cashflow, Mitarbeiterzahlen und Produktivität. Der gewählte Untersuchungszeitraum deckt einen gesamten konjunkturellen Zyklus ab, beginnend mit dem Ende der Rezession zu Beginn der 1990er-Jahre, über die anschließende Aufschwungphase und das globale Wachstumshoch ab 1998 sowie den erneuten Niedergang ab der zweiten Hälfte des Jahres 2000, bis zu den konjunkturell schwierigen Jahren 2001 und 2002. Abbildung 1 zeigt die Verteilung der Unternehmen nach Umsätzen und Vorsteuergewinn.

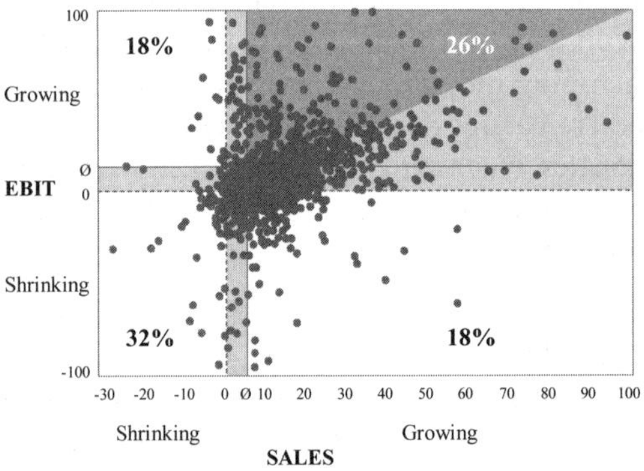


**Abb. 1:** Verteilung der Unternehmen in der Wachstumsstudie

Ein zentrales Ergebnis der Studie ist, dass die Outperformer – das sind diejenigen Unternehmen, die sowohl im Umsatz als auch im Gewinn stärker wachsen als der Durchschnitt *und* deren Gewinn schneller wächst als deren Umsatz – im Untersuchungszeitraum eine wesentlich höhere Wertsteigerung erzielten als die übrigen Unternehmen. 26% aller untersuchten Unternehmen gehören zu den Outperformern: Der Wert dieser Unternehmen (Total Shareholder Return) ist mit einer Rate von durchschnittlich 18,2% p.a. gewachsen, der Wert aller anderen Unternehmen dagegen nur mit 9,6%. Und der Cashflow der Outperformer – und damit die Quelle für deren weiteres Wachstum – weist eine jahresdurchschnittliche Wachstumsrate von 53,8% auf, während es die übrigen Firmen nur auf 35,0% bringen.

Auch wenn die weiteren unternehmerischen Indikatoren betrachtet werden, hebt sich die Gruppe der Outperformer mit herausragenden Resultaten ab. Die Umsätze und der Vorsteuer-Gewinn der Outperformer wachsen mit durchschnittlich 16,5% bzw. 42,0% p.a. – die der übrigen betrachteten Unternehmen nur mit 5,1% bzw. 9,2%. Die Zahl der von den Outperformern neu geschaffenen Arbeitsplätze erhöhte sich um durchschnittlich 13,6% pro Jahr – gegenüber 4,3% im übrigen Panel. Und die Produktivität in der Topgruppe stieg um durchschnittlich 4,6% p.a. – bei den übrigen Unternehmen dagegen nur um 2,4%.

Die empirischen Ergebnisse unterstreichen zweierlei: Zum einen, dass Wachstum und Wertsteigerung nicht garantiert sind – wenn lediglich 26% aller betrachteten Unternehmen sich signifikant abzusetzen vermögen, dann zeigt sich, welche Bedeutung einer guten Unternehmensführung im Wettbewerbsvergleich zukommt. Zum anderen wird klar, dass die erheblichen Unterschiede zwischen den Werten der Spitzengruppe und dem restlichen Feld ein unzureichend ausgeschöpftes Potenzial markieren, das Hoffnung auf neue unternehmerische Wachstumspotenziale rechtfertigt.

Betrachten wir noch einmal die Outperformer. Hier war zu sehen: Um überdurchschnittliche Wertsteigerungsraten zu erreichen, müssen zusätzliche Umsätze überproportionale Gewinne generieren. Die Umsätze müssen daher entweder selbst besonders profitabel sein oder dazu beitragen, das Gesamtgeschäftssystem überprofitabel zu machen (über Synergievorteile, Cross Selling, Erreichung von Mindestgrößen, Shared Services usw.).

Wenn Wert geschaffen werden soll, müssen die zusätzlichen Umsätze außerdem mindestens die Kapitalkosten verdienen – dies ist zwar bei Projekten, die überproportionale Gewinne generieren, *regelmäßig*, aber *nicht zwangsläufig*, der Fall. Für interne Wachstumsprojekte sind damit die Kapitalkosten selbst das Benchmark; für externes Wachstum durch Unternehmenskäufe gilt, dass die Akquisitionsprämie – also jener Preis, der über den eigentlichen Wert des zu kaufenden Unternehmens hinausgeht – nie größer sein darf als die prognostizierten Synergien (die dann natürlich auch realisiert werden müssen).

Da Wachstum in aller Regel Investitionen erfordert, muss entweder genügend freier Cashflow im Unternehmen sein (oder rechtzeitig durch Restrukturierung und Optimierung geschaffen werden), oder die Passivseite muss Finanzierungsspielräume eröffnen. Beide Fälle bedeuten im Kern, dass nur profitable Unternehmen einen Wachstums- und Wertsteigerungskurs einschlagen können.

An diesem Punkt lässt sich ein Wachstumsalgorithmus erkennen (vgl. Schwenker et al. 2004, S. 8): Richtig gemanagtes Wachstum treibt sich selbst an, weil eine exzellente operative Performance – erkennbar beispielsweise an hoher Produktivität oder Stückkostenvorsprüngen – die Basis für höhere freie Cashflows bildet, die in Wachstum investiert werden können. Das Wachstum führt zu Skalen- und Erfahrungskurveneffekten sowie zu anderen Größenvorteilen wie Internationalität, Attraktivität für leistungsfähige Mitarbeiter bzw. Bewerber usw. All dies steigert kontinuierlich operative Exzellenz, sodass wiederum zusätzliche freie Cashflows generiert werden (vgl. zum Thema der operativen Exzellenz insbesondere Coenenberg/Salfeld 2003, S. 148 ff.).

Was nach einem *Perpetuum mobile* klingt, wird als Handlungsmuster von den oben erwähnten Outperformern tatsächlich eingelöst: Sie haben es verstanden, ihr fortwährendes Wachstum zu verstetigen. Sie sind besser als andere „wachstumsfähig", weisen also organisatorische Eigenschaften auf, mit denen sie ihren Erfolg systematisch wiederholen können. Und sie haben – basierend auf ihrem besonders profitablen Wachstum – eine signifikant höhere Wertsteigerung realisiert als ihre Wettbewerber: Die unternehmerische Kernfrage aus dieser Erkenntnis lautet: Wie ist ein solcher Prozess zu starten und wie kann er in Gang gehalten werden?

Ein wesentlicher Teil der Antwort liegt in der Erkenntnis, dass Wachstumsstrategien und Restrukturierungsinitiativen voneinander abhängen. Den Wachstumsalgorithmus in Gang zu setzen bedeutet, Geld in die Hand nehmen zu können – er erfordert also (freien) Cashflow. Um dies zu erreichen, muss ein Unternehmen eines tun: intelligent die Kosten senken, d.h. wettbewerbsfähige Kostenstrukturen schaffen, ohne dabei relevante Substanz zu vernichten. So werden die notwendigen Mittel freigesetzt, die anschließend Wert steigerndes Wachstum aktivieren können. Die Outperformer beherrschen diesen Prozess besser als die anderen Unternehmen. Und sie verfolgen Wachstumsstrategien, die stets zwei Wirkungsrichtungen haben: Einerseits begründen sie Wachstum, gleichzeitig fördern sie andererseits die operative Wettbewerbsfähigkeit.

Zur Verdeutlichung werden zwei Beispiele aus den sechs grundlegenden Wachstumsstrategien führender Unternehmen herausgegriffen (verbesserte Markt- und Kundendurchdringung, Innovation, Globalisierung, Fokussierung des Portfolios und Konzentration auf Kernkompetenzen, aktive Marktbereinigung, Forcierung von Netzwerken; vgl. Schwenker et al. 2004, S. 16 ff.):

- Das Vorgehensmuster „Globalisierung" gestattet es einerseits, weltweite Faktorkostenvorteile auszunutzen und so die Wettbewerbsposition auf der Kostenseite zu verbessern. Zum Beispiel durch Global Sourcing oder globale Fertigungskonfigurationen, die verbunden sein können mit internen Wettbewerbsbedingungen (globale Ausschreibung von Fertigungsaufträgen) oder

der kosteninduzierten Schließung inländischer Standorte. All dies trägt zur operativen Exzellenz bei, die ein zentraler Generator von Cashflow ist. Andererseits erschließt die Globalisierung neue Märkte und bietet damit ein hohes Wachstumspotenzial.

- Netzwerke, Kooperationen und virtuelle Wertschöpfungsverbünde sind die Basis, um einerseits Fixkosten zu reduzieren oder Kapitalkosten zu senken. Gleichzeitig bringen sie virtuelle Größenvorteile mit sich, die die Kostenposition wie auch die operative Exzellenz verbessern. Andererseits schaffen sie Möglichkeiten, über zusätzliches Know-how zu besseren Produktangeboten zu gelangen, neue Kundenschichten zu erschließen oder den Wettbewerb klein zu halten – also interne Wachstumsstrategien zu realisieren.

Voraussetzung für die Realisierung beider Wirkungsweisen von strategischen Optionen ist das richtige Timing. Wenn eine Restrukturierung notwendig wird, um die Überlebensfähigkeit zu sichern, stehen die gewonnenen Mittel nicht für Wachstumsinvestitionen zur Verfügung. Die freigesetzten Potenziale dienen dann dazu, Verpflichtungen aus der Vergangenheit (Kredite usw.) zu bedienen, schaffen also keine Wachstumsperspektive. Das Überleben des Unternehmens wie auch seine Profitabilität sind dann zwar kurzfristig gesichert, doch muss die wiedergewonnene Profitabilität erst kumuliert werden, um genügend Cashflow für Zukunftsinvestitionen zu schaffen. Bestenfalls geht also Zeit verloren, im schlechteren Fall führt dieser Zeitverlust zu einer Downsizing-Spirale, die nicht durchbrochen werden kann.

Nahe liegender Weise besteht die bessere Strategie darin, durch *ständige* Verbesserung der Kostenposition genügend freien Cashflow zu produzieren, um Wachstumsfelder zu erschließen. Restrukturierung und Kostenoptimierung müssen also gleichzeitig ablaufen. Entscheidend ist demzufolge, den richtigen Mix aus Kostensparen und Wachsen zu realisieren. Was zunächst noch etwas abstrakt klingt, zählt de facto zu den Kernaufgaben des Topmanagements: Hier nämlich werden die Strategien formuliert, mit denen das Unternehmen seine Position nicht nur absichern, sondern ausbauen soll. Hier gilt es demnach auch, Kosten- und Effizienzziele und dadurch ermöglichte Wachstumsziele integrativ zu bestimmen, d.h., sie zu definieren und zu quantifizieren.

Gelingt es also, den Wachstumsalgorithmus anzustoßen und in Gang zu halten, ist die wesentliche Basis für eine kontinuierliche Wertsteigerung gelegt. Welche weiteren Voraussetzungen ein erfolgreiches Wertmanagement erfordert, wird im nächsten Abschnitt geschildert.

# 3 Herausforderungen für das Wertmanagement in Unternehmen

Die erfolgreiche Implementierung von Wertsteigerungskonzepten ist keine Selbstverständlichkeit – selbst wenn über die Notwendigkeit solcher Konzepte Konsens im Unternehmen herrscht. Die handelnden Akteure müssen sich vor allem darüber im Klaren sein, auf welchen Voraussetzungen die erfolgreiche Anwendung von Wertsteigerungskonzepten basiert. Aus der Praxis lassen sich dabei – neben der im vorangegangenen Abschnitt geschilderten Notwendigkeit, Wachstumsstrategien zu verfolgen – folgende Elemente eines Wertmanagement-Systems als wesentliche Erfolgsfaktoren identifizieren (vgl. Schwenker et al. 2004; Coenenberg/Salfeld 2003; Stührenberg et al. 2003; Bötzel 2001, Bötzel/Schwilling 1998):

(1) Alle Portfolioentscheidungen unter wertorientierten Gesichtspunkten treffen,

(2) Wertmanagement im gesamten Unternehmen verankern und nicht auf das Controlling beschränken,

(3) Wertsteigerung in ausreichendem Maße durch Vergütungskonzepte incentivieren,

(4) die Bausteine des Wertmanagements integrieren,

(5) Wertmanagement unternehmensspezifisch ausgestalten und durch Transformationsprozesse umsetzen,

(6) die organisatorischen Voraussetzungen für Wertsteigerung schaffen.

Diese Elemente werden im Folgenden näher beleuchtet.

*(1) Alle Portfolioentscheidungen unter wertorientierten Gesichtspunkten treffen*

Wertorientiertes Management macht Portfolioentscheidungen eindeutig an den Wertbeiträgen einzelner Geschäfte fest: Entsprechend der genannten wertorientierten Spielregeln können nur solche Aktivitäten im Portfolio verbleiben, die langfristig eine Verzinsung über den Kapitalkosten erwirtschaften (vgl. Coenenberg/Salfeld 2003, S. 189 ff.; Bötzel 2001, S. 7; Bötzel/Schwilling 1998, S. 94 ff.). Dabei ist die Stellung der einzelnen Geschäftsfelder im Lebenszyklus zu berücksichtigen, denn die zu erwartende Rentabilität unterscheidet sich in den verschiedenen Phasen: Von mit hohem Marketingaufwand neu eingeführten Geschäften kann noch keine oder nur eine geringfügig über den Kapitalkosten liegende Rendite erwartet werden – im Gegensatz zu etablierten Geschäften, bei denen schon Erfahrungskurveneffekte wirken.

Die Trennung von Wertvernichtern wird begleitet von der Suche nach zusätzlichen Werterzeugern außerhalb des Unternehmens. Daraus können Akquisitionen ebenso folgen wie strategische Allianzen oder Kooperationen. In Konsolidierungsphasen liegt der Schwerpunkt auf der Konzentration der vorhandenen Werterzeuger, also auf einer Bereinigung des Portfolios. Auch in dieser Phase darf jedoch das Ziel langfristigen Wachstums nicht aus den Augen verloren werden.

Eine wertorientierte Messgröße, nach der Portfolioentscheidungen getroffen werden können, ist der so genannte Value Spread (Überrendite). Dieser gibt an, um wie viele Prozentpunkte die Verzinsung des investierten Vermögens über bzw. unter der vom Unternehmen geforderten Minimalrendite liegt, die das Investitionsrisiko angemessen berücksichtigt. Geschäftsbereiche mit einem positiven Value Spread sind Wertschaffer, solche mit einem negativen Value Spread sind Wertvernichter. Nur mit derartigen Messgrößen lässt sich Wertorientierung im Portfoliomanagement sicherstellen. Die noch vielfach verwandten Kriterien Return on Investment, Marktanteile, Gewinn- oder Umsatzwachstum sind dafür nicht geeignet.

In einem Wertportfolio können grafisch die einzelnen strategischen Geschäftsfelder dargestellt werden. Eine Dimension eines solchen Portfolios muss eine wertorientierte Messgröße sein, etwa der erwähnte Value Spread. Die andere Dimension sollte wiedergeben, wie groß die Übereinstimmung des Geschäftsfeldes mit der strategischen Grundausrichtung des Unternehmens ist – zu beantwortende Fragen sind hier beispielsweise, ob das Geschäft zum Kernbereich des Unternehmens zählt, ob es zur Unternehmenskultur passt oder welche Synergien mit anderen Geschäftsfeldern existieren.

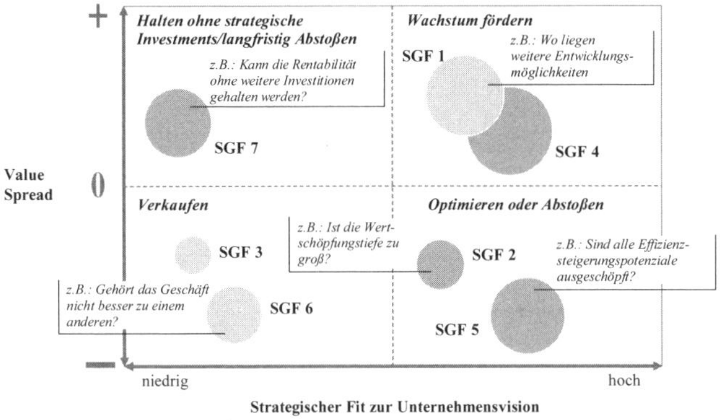


Kreisgröße = investiertes Kapital

**Abb. 2:** Wertportfolio

Für die in den verschiedenen Quadranten des Wertportfolios liegenden Geschäftsfelder lassen sich unterschiedliche Normstrategien definieren (vgl. Abbildung 2). Eine feste Reihenfolge, in der die unterschiedlichen Quadranten bearbeitet werden sollten, lässt sich dabei nicht angeben. Oberste Priorität sollte allerdings haben, das Portfolio um solche Wertvernichter zu bereinigen, die der Unternehmensstrategie nicht entsprechen. Deren Verkauf stärkt gleichzeitig die finanzielle Basis für die Verfolgung von Wachstumsstrategien.

*(2) Wertmanagement im gesamten Unternehmen verankern und nicht auf das Controlling beschränken*

Entscheidend ist, dass Wertmanagement im gesamten Unternehmen verankert ist. In vielen Unternehmen ist es bislang noch zu stark auf das Controlling beschränkt (vgl. Bötzel 2001, S. 8): Die fehlende Verankerung lässt jedoch das Potenzial von Wertmanagement weitgehend ungenutzt: *Alle* Mitarbeiter müssen sich über die Folgen ungenutzter und vor allem unrentabler Assets auf die Mittelbindung und die Kapitalkosten im Klaren sein, ihren Beitrag zur operativen Exzellenz in ihrem Arbeitsbereich erkennen und sich dem Prinzip der Wertsteigerung verpflichtet fühlen.

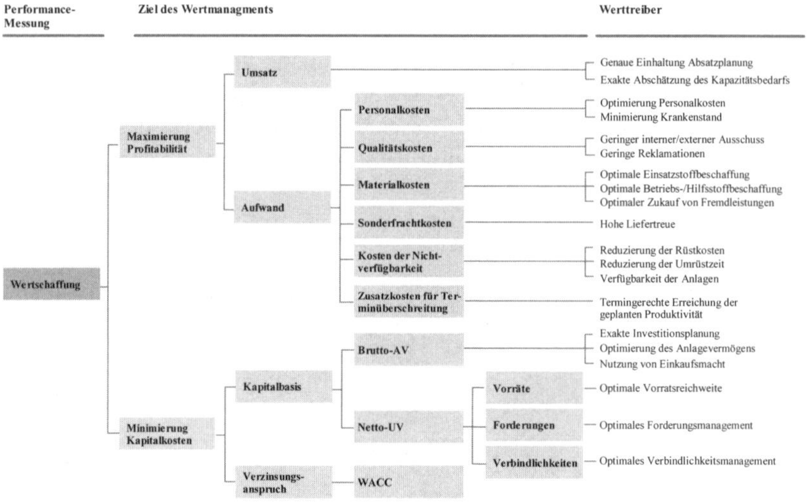


**Abb. 3:** Beispiel eines operativen Werttreiberbaumes

Wie ist die Verankerung nun möglich? Sind die finanziellen Zielvorgaben zur Wertsteigerung auf Unternehmens- und Geschäftsbereichsebene nicht zu abstrakt und zu weit von den alltäglichen Tätigkeiten der Mitarbeiter entfernt? Die Lösung liegt in der „Übersetzung" dieser Zielvorgaben in Werttreiber (vgl. Bötzel 2001, S. 9 ff. und Abbildung 3): Dies sind geschäftsspezifische Stellhebel, in deren Umgang Manager und Mitarbeiter aus ihrem Alltagsgeschäft geübt sind. So kann Wertsteigerung dort beeinflusst werden, wo sie zuallererst entsteht, nämlich in den operativen Unternehmenseinheiten, also im Vertrieb, in den Produktionsbetrieben, in Labors, in Logistikeinheiten usw. Mit geschäftsbezogenen Werttreibern wird allen Managern ein Instrumentarium an die Hand gegeben, um ihr eigenes Geschäft besser zu steuern.

Nur wenn operativ tätige Manager das Prinzip der Wertsteigerung akzeptieren und umsetzen, steigen die Wertbeiträge nachhaltig. Werttreiber sind aber nicht nur für die operativen Einheiten zu ermitteln, sondern auch für das Management auf Unternehmens- und Geschäftsbereichsebene zu definieren (Portfolioziele, Wachstum usw.) und in der Umsetzung zu überwachen.

Um einen Beitrag zur Wertsteigerung zu leisten, müssen die Werttreiber über spezifische Eigenschaften verfügen (vgl. Bötzel 2001, S. 11):

- Werttreiber müssen durch das Management beeinflussbar sein – Wertsteigerung erfolgt nur dann, wenn das Management auch die „richtigen" Stellhebel bewegen kann.
- Werttreiber müssen einen signifikanten Einfluss auf die Top-Performance-Kennzahl besitzen.
- Führungskräfte müssen die quantitativen Auswirkungen ihrer Stellgrößen auf den Wertbeitrag kennen. Nur wenn ihnen die Folgen unterschiedlicher Hebel bekannt sind, können sie entsprechend Prioritäten setzen.
- Operative Werttreiber müssen in den Zielvereinbarungsprozess eingebunden werden: Das finanzwirtschaftliche Target Setting wird auf die Werttreiber übertragen, damit für die Führungsebenen ein „anfassbarer" Input vorliegt.

Erfolgreiche wertorientierte Unternehmensführung hat also einen deutlich höheren Anspruch als die akribische Definition von Kennzahlensystemen. Letztere sind notwendig, um messen und vergüten zu können; aber wirkliche Akzeptanz wird letztlich nur erreicht, wenn das wertorientierte Führungskonzept durchgängig im Unternehmen und den einzelnen Einheiten installiert wird.

*(3) Wertsteigerung in ausreichendem Maße durch Vergütungskonzepte incentivieren*

Damit Wertmanagement in der Unternehmensstrategie auch umgesetzt wird, sollte die Vergütung der Mitarbeiter an wertorientierte Größen gebunden werden (vgl. Pape 2004, S. 172 ff.; Plaschke 2003; Coenenberg/Salfeld 2003, S. 231 ff.; Bötzel 2001, S. 13). Es ist wichtig, das gesamte Anreiz- und Entlohnungssystem so zu gestalten, dass die Mitarbeiter motiviert werden, den Wert des Unternehmens bzw. ihrer Unternehmensbereiche zu steigern. Neben der Motivationsfunktion kommt einem wertorientierten Vergütungskonzept auch die Aufgabe eines Signals zu: Wenn der einzelne Mitarbeiter am Wertzuwachs des Unternehmens partizipieren kann, erkennt er, dass es der Unternehmensführung mit der Wertorientierung ernst ist.

Grundprinzip einer wertorientierten Entlohnung ist die Verknüpfung variabler Vergütungsbestandteile mit den individuellen Wertbeiträgen der einzelnen Mitarbeiter. Auf Ebene des Managements sind dabei Stock Options die wichtigste Form der variablen Vergütung. Allerdings sind sie in jüngster Zeit wegen gravierender

Nachteile in die Kritik geraten: Sie nahmen – insbesondere in den USA – eine übergroße Dimensionierung an, sie vernachlässigen die langfristige Unternehmensentwicklung, und sie veranlassen Manager, auf Kosten der Aktionäre hohe Risiken in Kauf zu nehmen (vgl. Coenenberg/Salfeld 2003, S. 234 ff.). Darüber hinaus beeinflussen externe Effekte den Aktienkurs in großem Maße. All diese Kritikpunkte führten dazu, dass es neue Bilanzierungsregeln für Stock Options gibt und viele Konzerne mittlerweile dazu übergehen, Stock Options zu streichen.

Auf Grund der Problematik von Stock Options sollte die variable Vergütung anders vorgenommen werden, etwa durch den direkten Erwerb von Aktien oder virtueller Unternehmensanteile (dies schließt auch Unternehmen ein, die nicht börsennotiert sind; vgl. Coenenberg/Salfeld 2003, S. 238 f.) oder durch die Koppelung an die „innere Wertsteigerung" des Unternehmens, also über Konzepte, die nicht den Börsenwert sondern andere Kennzahlen als Wertmaßstab zu Grunde legen (EVA-Ansatz, CFROI-Ansatz, Bonusbank-Systeme usw. (vgl. hierzu insbesondere Plaschke 2003)).

Welchen Anteil am Gesamtgehalt die variable Vergütung ausmacht, sollte vom Umfang des Handlungsspielraumes abhängig gemacht werden: Bei Entscheidungsträgern der oberen Führungsebene ist dementsprechend ein großer Teil variabel zu gestalten, bei den nachgelagerten Ebenen ein geringerer.

*(4) Die Bausteine des Wertmanagements integrieren*

Die Erfolgsvoraussetzungen für die Implementierung eines erfolgreichen Wertsteigerungskonzeptes entfalten ihre Wirkung erst im Zusammenspiel (vgl. Bötzel 2001, S. 18). Mit anderen Worten: Die Handlungsempfehlungen stehen in einem komplementären Verhältnis zueinander, nicht in einem substitutiven: Mangelndes Wachstum kann zum Beispiel nicht durch eine verbesserte Kennzahlendefinition kompensiert werden. Wertorientierte Portfolioentscheidungen gleichen die fehlende Verankerung von Wertorientierung im Unternehmen nicht aus. Die Komplementarität zeigt sich dagegen beispielsweise darin, dass wertorientierte Vergütungskonzepte erst dann greifen, wenn das Unternehmen durch Wachstum auf einen nachhaltigen Wertsteigerungspfad gelangt ist. Und die Voraussetzung für die Verfolgung von Wachstumsstrategien ist die wertorientierte Optimierung des Portfolios.

Abbildung 4 zeigt ein integriertes Wertmanagement-System. Dass sich dessen Elemente in einem komplementären Verhältnis zueinander befinden, bedeutet für die Implementierung vor allem zweierlei: Nach der Festlegung des Performance-Measurement-Konzepts (zunächst muss man wissen, was man optimieren möchte und wie man die Optimierung misst) sollten alle anderen Elemente möglichst zeitnah eingeführt werden; dabei sind ihre Wechselwirkungen zu berücksichtigen. Es würde unnötige Reibungsverluste mit sich bringen und die Effizienz des Systems beeinträchtigen, wenn beispielsweise die wertorientierte Vergütung erst in einem zweiten Schritt realisiert würde.

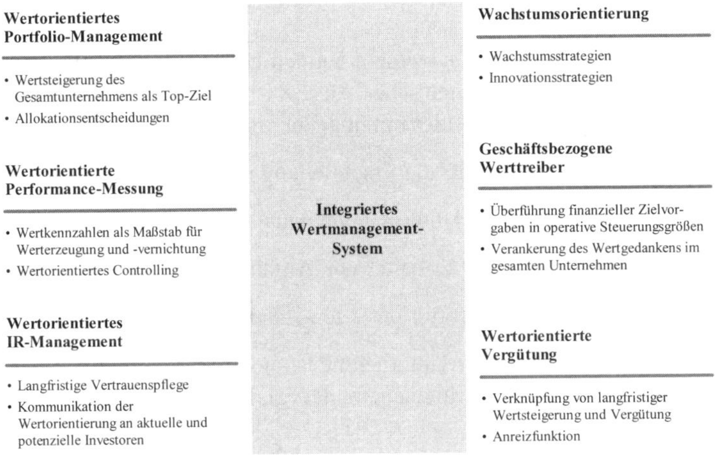


**Abb. 4:** Integriertes Wertmanagement-System

Ein wichtiger Bestandteil eines integrierten Wertmanagement-Systems ist auch das wertorientierte Investor-Relations-Management (vgl. Pape 2004, S. 178 ff.; Coenenberg/Salfeld 2003, S. 276 ff.; Bötzel/Schwilling 1998, S. 183 ff.). Denn der Wert eines Unternehmens spiegelt sich in der Attraktivität für aktuelle und potenzielle Investoren wider. Und um diese Attraktivität sicherzustellen, muss das Unternehmen professionell über seine Ziele, Handlungen und Ergebnisse informieren – Transparenz, Aktualität und Glaubwürdigkeit sind hier die entscheidenden Stichworte.

*(5) Wertmanagement unternehmensspezifisch ausgestalten und durch Transformationsprozesse umsetzen*

Wertmanagement kann nur Erfolg haben, wenn die Spezifika der Geschäfte bei der Ausgestaltung berücksichtigt werden. Ein „One-fits-all-Wertmanagement" kann und wird es nach unserer Erfahrung nicht geben: Es ist etwas anderes, wertorientiertes Denken in Geschäften mit altem Anlagenbestand einzuführen als in einem Unternehmen, das am Anfang seines Lebenszyklus in Wachstumsgeschäften agiert.

Um Wertmanagement nachhaltig und langfristig zu implementieren, ist zudem ein tief greifender Wandel des gesamten Unternehmens notwendig. Dieser umfasst nicht nur die Ebenen von Strategie, Struktur und System: Besonders wichtig ist es, ein Umdenken in den Köpfen aller Führungskräfte und Mitarbeiter zu erreichen. Nur wenn sie davon überzeugt sind, dass es sich lohnt, das Ziel der Wertsteigerung zu verfolgen, werden sie auch ihre Fähigkeiten mit ganzem Herzen dafür einsetzen. Und mit „lohnen" ist nicht in erster Linie das wertorientierte Vergütungskonzept gemeint. Vielmehr geht es um den Wandel hin zu einer „Wertsteigerungskultur".

Bei der Implementierung von Wertmanagement handelt es sich also um eine Unternehmenstransformation – ein ganzheitlicher Ansatz ist notwendig, der in diesem Falle vier wesentliche Aufgabenfelder miteinander verbindet:

- Er schafft die Voraussetzungen für die Erschließung neuer Geschäftsfelder.
- Er gestaltet die Kernprozesse im Unternehmen neu.
- Er bindet die Fähigkeiten aller Mitarbeiter von Anfang an ein.
- Er realisiert einen Wandel zum wertorientierten Handeln.

Die allgemeinen Erfolgsfaktoren einer Unternehmenstransformation gelten natürlich auch für den Wandel hin zum Wertmanagement (vgl. Bötzel/Schwilling 1998, S. 235):

- Setzen von anspruchsvollen Zielen und das Verständnis von der Transformation als einem Quantensprung, der auf einer klaren Unternehmensvision basiert,
- die Mobilisierung möglichst aller Mitarbeiter durch hierarchie- und bereichsübergreifende Teams,
- die Anwendung strukturierter und gut kommunizierbarer Konzepte,
- ein ergebnisorientiertes Arbeiten, das die regelmäßige Überprüfung der Erreichung von Zwischenzielen erlaubt und gegebenenfalls Korrekturen oder ein Gegensteuern ermöglicht,
- die Vorgabe realistischer Termine,
- das Schaffen von Vertrauen durch eine offene und ehrliche Kommunikation,
- die Weiterentwicklung der Fähigkeiten von Mitarbeitern durch Trainings.

Transformationsprojekte sollten in solchen Phasen durchgeführt werden, dass der Anteil der involvierten Mitarbeiter von Phase zu Phase steigt. So lässt sich der Prozess am ehesten strukturiert gestalten. Für die Transformation zu einem wertorientierten Unternehmen bietet sich ein dreistufiges Vorgehen an (vgl. Bötzel/Schwilling 1998, S. 236 ff.):

In Phase 1 gilt es, die instrumentelle Ebene zu operationalisieren. Die hier involvierten Führungskräfte bestimmen zunächst, welche Kennzahlen sie der Messung der Wert-Performance zu Grunde legen werden. Dafür ist das Verständnis der „business economics" der einzelnen Geschäftsfelder notwendig, also das Begreifen, wie deren Geschäftsmodelle funktionieren. Die Führungskräfte der Bereiche sind daher in dieser Phase neben dem Topmanagement unbedingt zu beteiligen. Anhand der festgelegten Größen – auch „Key Performance Indicators" genannt – werden anschließend die aktuellen Geschäftsfelder des Unternehmens evaluiert.

Es werden Business-Pläne erstellt, freie Cashflows berechnet sowie Kapitalkosten und -renditen kalkuliert. Am Ende von Phase 1 sollten folgende Ergebnisse stehen:

- Ein Gerüst der steuerungsrelevanten strategischen und operativen Kennzahlen steht.
- Die Positionen der einzelnen Geschäftsfelder im Wertportfolio sind bestimmt.
- Der Shareholder Value ist berechnet, und zwar sowohl für das Gesamtunternehmen als auch für die einzelnen Geschäftsbereiche.
- Der finanzielle Rahmen zur Verfolgung strategischer Maßnahmen (zum Beispiel von Innovationsstrategien) ist abgesteckt.
- Durch die Zusammenarbeit von Topmanagement und Bereichsführungen ist schon eine Basis für die unternehmensweite Verankerung der „Wertsteigerungskultur" geschaffen.

Phase 2 stellt den Kern der Implementierung eines Wertsteigerungssystems dar. Basierend auf den Ergebnissen der Analyse in Phase 1 gilt es nun, Entscheidungen über das zukünftige Portfolio zu treffen, konkrete Wertsteigerungsmaßnahmen zu entwickeln, das Führungs- und Kontrollsystem zu erweitern, ein Cultural-Change-Programm zu konzipieren und den Bereich Investor Relations aufzusetzen oder weiterzuentwickeln. In Phase 3 geht es darum, die in der Phase 2 eingeleiteten Veränderungen einerseits unumkehrbar zu verankern und andererseits zu detaillieren. Für die Verankerung ist die Einbindung aller Mitarbeiter in den Transformationsprozess nötig. Die Führungskräfte wiederum müssen Commitment zeigen und bei Trainings und Schulungen den Transformationsprozess aktiv (vor)leben.

Insgesamt ist die Transformation eines Unternehmens hin zu einer wertorientierten Führung ein langfristiger Prozess. Insbesondere Phase 3, die der tief greifenden Verankerung der Neuorientierung dient, braucht ihre Zeit. Doch steht am Ende ein lohnendes Ziel: ein Unternehmen, das sich seiner Geschäftsgrundlagen bewusst ist und die Basis für nachhaltige Wertschaffung gelegt hat.

### *(6) Die organisatorischen Voraussetzungen für Wertsteigerung schaffen*

Wertmanagement ist stets integriert zu sehen, es entfaltet sich von der Strategie über die Struktur bis hinein in die einzelnen Prozesse eines Unternehmens. Aus diesem Grund kommt der organisatorischen Umsetzung von Wertmanagement eine zentrale Bedeutung zu. Und hier lässt sich wiederum die in Abschnitt 2 ausführlich beschriebene Verknüpfung von Wachstum und Wertsteigerung erkennen: Nur eine Organisation, die Wachstum fördert, erfüllt die Voraussetzungen für dauerhafte Wertschaffung.

Die Analysen der oben besprochenen Wachstumsstudie von Roland Berger Strategy Consultants zeigen, dass überdurchschnittliches und überprofitables Wachstum – und damit eine überdurchschnittliche Zunahme des Unternehmenswertes – eine hervorragende Führung voraussetzt. Denn ein Unternehmen muss nicht nur strukturell wachstumsfähig sein (durch eine entsprechende organisatorische Flexibilität, durch Marktorientierung usw.), es muss auch „wachstumsbereit" sein – und dies ist primär ein mentaler Prozess. Wer sich allein darauf verlässt, dass kleinere Modifikationen am Angebotsportfolio oder den Prozessen als Wachstumsbasis ausreichen, lässt viele Potenziale brachliegen, wie der 74%-Anteil der „Nicht-Outperformer" erkennen lässt. Starkes Wachstum und nachhaltige Wertsteigerung gelingt nur den Firmen, die Führung wieder in den Mittelpunkt rücken – getreu der Regel „fordern und fördern".

Auf Basis unserer Analysen konnten wir die organisatorischen Stellhebel identifizieren, die die erfolgreichen Unternehmen anwenden (vgl. Schwenker et al. 2004, S. 19 ff.). Sie tragen die Wachstums- und Wertziele des Vorstands in die Organisation hinein und sorgen für das notwendige leistungsorientierte Klima. Kernvoraussetzung ist die offensive Planung. Nur anspruchsvolle Vorgaben erzeugen die notwendige Herausforderung und mobilisieren die Ressourcen. Wer zaghaft herangeht oder keine Sanktionen hat, wenn Ziele nicht erreicht werden, wird keinen ausreichend starken Wachstumsstimulus erzeugen. Die Topunternehmen haben ergänzend dazu Programme mit folgenden Schwerpunkten durchgeführt:

- *Eine dezentrale Organisation und flache Hierarchien schaffen:* Wachstumsfähig ist eine Organisation nicht ohne Vorleistung – es bedarf einer strukturellen Vorbereitung, um Wachstumsimpulse zu verarbeiten oder auf differenzierte Nachfrageveränderungen flexibel zu reagieren. Dezentrale Strukturen und flache Hierarchien eignen sich dafür am besten, weil sie eine hohe unternehmerische Orientierung erzwingen, kurze Reaktionszeiten ermöglichen und Bereichsegoismen unterwandern. Je mehr Verantwortung in der Fläche liegt, desto besser wirkt der Impuls: Die Spitzenteams werden zeigen wollen, was sie können – und so bei maximaler Motivation für Wachstum sorgen.
- *Eine Innovationskultur fördern:* Um Innovationsführer zu werden, müssen Unternehmen eine Kultur pflegen, die Kreativität einen hohen Stellenwert einräumt. Unternehmen müssen außerdem wissen, wo sie in drei bis fünf Jahren stehen wollen – sie brauchen eine Vision. Das Management muss sich verpflichten, diese Vision zu verwirklichen, und zugleich den Mitarbeitern die nötigen Freiräume gewähren, die Umsetzung zu realisieren. Wo Freiheit und Neugierde bewusst zugelassen und der Austausch mit Dritten (Kunden, Universitäten und vielen anderen mehr) gefördert werden, lassen sich Innovationsrenten einfahren. Dabei geht es nicht darum, den Innovationsprozess ungesteuert laufen zu lassen. Breite Kreativitätsfreiräume einerseits und strategisch definierte Leitplanken wie Zeitvorgaben, Priorisierungen, Geschäftspläne andererseits gehören zusammen. *Vertrauen signalisieren:* Transparenz ist die wichtigste Voraussetzung für Vertrauen, und Vertrauen ist das wichtigste Kapital, das ein Unternehmen braucht, um wachsen und Wert schaffen zu können. Wenn, wie Umfragen zeigen, große Teile der Be-

völkerung Misstrauen gegenüber der „corporate world" hegen, dann ist die einzige Antwort, jetzt Vertrauensorganisationen zu schaffen, die nach innen wie nach außen den offenbar verspielten Kredit wieder aufbauen. Intern bedeutet dies: eine hervorragende Corporate Governance als effizientes System aus „checks and balances" mit klaren Verantwortlichkeiten auf Basis eines expliziten und gelebten Wertesystems. Und ebenso heißt es, Leistungen transparent zu beurteilen und Fehler offen, aber fair anzusprechen.

- *Präsenz zeigen:* Vertrauensbildend wirkt gerade die physische Präsenz. Der Vorstand muss für die Mitarbeiter greifbar sein, er muss Strategien und Ziele selbst direkt vermitteln: Was auf diese Weise in den Köpfen verankert wird, wird als Wachstumsbasis wirken. Offene Kommunikation setzt allerdings voraus, auch wirklich etwas sagen zu können. Vor der Kommunikation steht daher die klare Formulierung einer Wachstumsstrategie und der konkreten Schritte zu ihrer Realisierung.

- *Den Einzelnen motivieren:* Wachstum benötigt hoch motivierte Mitarbeiter, die ein gemeinsames Ziel verfolgen. Die beste Grundlage dafür ist ein System, das ein unternehmerisches, hochgradig kompetitives Umfeld mit starken Anreizen für Spitzenleistungen schafft. Gezielte Incentives – etwa ein Challenge Club für eine streng ausgewählte Gruppe von High Potentials – und das Wissen aller darum, dass Leistung der Maßstab für Karrieren ist, wirken hier nachhaltig wachstumsfördernd.

Fazit: Die Umsetzung von Wertmanagement ist anspruchsvoll, denn es sind zahlreiche Voraussetzungen zu erfüllen, um ein Unternehmen erfolgreich wertorientiert zu führen. Aber Wertmanagement lohnt sich: Ein konsequent an Wertsteigerung ausgerichtetes Unternehmen hat das beste Fundament, um sich dauerhaft im Wettbewerb durchzusetzen und die Interessen seiner Stakeholder bestmöglich zu befriedigen. Und dies gilt für Unternehmen aller Branchen, also auch für Versicherungen: Mit den Besonderheiten der wertorientierten Unternehmensführung in diesem Sektor beschäftigt sich der nächste Abschnitt.

# 4 Wertmanagement in Versicherungen

Auch Versicherungen sehen sich heute mit der Notwendigkeit wertorientierter Unternehmensführung konfrontiert: Dabei unterscheiden sich die oben skizzierten Elemente eines Wertmanagement-Systems und dessen Implementierung zwar nicht grundlegend von anderen Unternehmen – ein Wertmanagement-Konzept weist aber im Versicherungssektor dennoch Charakteristika auf, die besondere Herausforderungen für seine Umsetzung darstellen.

Schon beim Performance Measurement zeigt sich deutlich, dass Versicherung nicht gleich Versicherung ist, sondern jede Business Line (Leben, Nichtleben,

Asset-Management) völlig unterschiedliche analytische Herausforderungen mit sich bringt. Beispielhaft werden nachfolgend die Bereiche Nichtleben und Lebensversicherung herausgegriffen:

Im Nichtleben-Bereich existieren drei wesentliche Zielindikatoren, die der Erreichung des übergeordneten Wertsteigerungsziels vorgeschaltet sind: der Return on Equity (ROE), das Netto-Prämienwachstum und die Summe aus Schaden und Kostenquote, die so genannte Combined Ratio. In den letzten Jahren wechselte der Fokus des Managements von Versicherungsunternehmen vom Prämienwachstum auf die Combined Ratio, doch ist letztlich eine wohl balancierte Kombination aus allen drei Zielindikatoren notwendig, um auch ROE-Ziele angemessen zu berücksichtigen und somit Wertsteigerungsziele nachhaltig sicherzustellen. Die Ergebnisse der drei Indikatoren werden im Nichtleben-Bereich typischerweise in Produkte und Kanäle zerlegt, damit auf dieser Basis operative Ziele definiert und Portfolioentscheidungen gefällt werden können. Zu berücksichtigen sind dabei stets die Wechselwirkungen der Produkte – ein wichtiger Werttreiber auf der Absatzseite ist daher zum Beispiel auch die Cross-Selling-Rate.

Im Bereich Lebensversicherung sind üblicherweise die folgenden drei Messziffern für den Wertsteigerungserfolg ausschlaggebend: der Return on Embedded Value (RoEV; der Embedded Value eines Versicherungsunternehmens setzt sich aus dem Nettovermögen und dem Ertragswert des Bestandes zusammen), die Marge des Neugeschäfts und das Wachstum des Neugeschäfts. Speziell der RoEV ist ein Maß für die Wertsteigerung im Lebensversicherungs-Bereich und dieses Maß ist in letzter Zeit auch stark in den Vordergrund gerückt, da die Eigenkapitalbasis bei vielen Versicherungen als zu schwach angesehen wird (dadurch drohen Herabstufungen von Seiten der Rating-Agenturen). Wie im Nichtleben-Bereich ist aber auch hier die ausgeglichene Betrachtung aller drei genannten Kennzahlen notwendig.

Die Hauptziele, die im Versicherungswesen heute zu Zeiten von Kapitalknappheit erreicht werden müssen, um eine kontinuierliche Steigerung des Unternehmenswertes sicherzustellen, sind neben positiven Ergebnisbeiträgen vor allem weiteres Wachstum und Kapitaleffizienz, also der Entzug von Kapital für Wertvernichter und die Allokation von Kapital in Wert steigernde Geschäfte. Ein auf Kapitaleffizienz fokussiertes Portfoliomanagement und Wachstum hängen eng zusammen, da die wachstumsträchtigsten Bereiche auch das größte Potenzial zur Wertsteigerung besitzen – dies wurde oben schon allgemein festgestellt und gilt auch für Versicherungen. Allerdings vernachlässigen viele Versicherungsunternehmen dieses Thema noch immer, obwohl Wachstum auch und gerade für sie von enormer strategischer Bedeutung ist.

Wie bei anderen Unternehmen geht es auch bei Versicherungen darum, profitabel bzw. – noch besser, wie unsere Wachstumsstudie gezeigt hat – überprofitabel zu wachsen, um Wert zu generieren. Dies stellt Versicherungsunternehmen vor besondere Herausforderungen, denn üblicherweise zählen Versicherungen zu den

Niedrigmargengeschäften, die erst auf Grund der Finanzerträge einen Return on Equity erzielten.

Tatsächlich war bei vielen Unternehmen im Nichtleben-Geschäft über lange Zeit in Europa eine Negativmarge (Combined Ratio >100) üblich, sodass eine Subventionierung des Kunden durch den Aktionär stattfand. Teilweise ging dies so weit, dass eine Verschlechterung des operativen Ergebnisses so lange in Kauf genommen wurde, wie die Kapitalmarktergebnisse noch ausreichend positiv waren.

Wert schaffen können Versicherungen im Nichtleben-Bereich aber nur, wenn sie in der Lage sind, zu wachsen und gleichzeitig die Kosten- und die Schadenquote zu senken und so systematisch unter der Combined Ratio von 100 zu bleiben. Profitables Wachstum und eine dadurch induzierte Wertsteigerung lassen sich also nur bei vollem Verständnis der Ertragsmechanik durchsetzen.

Noch anspruchsvoller als im Nichtleben-Bereich ist es, das Konzept „Profitables Wachstum" bei Lebensversicherern zu etablieren. Die beiden wesentlichen Profitabilitätshebel sind Kosten- und Kapitalmarktrenditen – und dies über einen Zeitraum von zwanzig bis dreißig Jahren. Ein weiterer Hebel sind die Altersreserven. Wachstum bedeutete nun in den letzten Jahren, Produkte anzubieten, die Renditegarantien vorsahen, die man langfristig am Kapitalmarkt kaum erzielen konnte. Eine ganze Branche offerierte also Wert vernichtende Produkte: Regelmäßig entstanden negative Cashflow-Situationen dadurch, dass Garantien eingelöst wurden, deren Verluste nicht der Policeneigentümer sondern der Aktionär zu tragen hatte. Ein weiteres Phänomen des Lebensversicherungsgeschäfts ist es, dass die Abschlusskosten im Wesentlichen im ersten Jahr anfallen – bei einer nur kurzfristigen Betrachtung wird Wachstum daher kritisch angesehen.

Bei der richtigen Gegenwartwertbetrachtung wird Wachstum im Lebensversicherungssektor dagegen zu Recht positiv bewertet, wenn erstens die Kostenstrukturen ausreichend niedrig sind, zweitens die Reservemodelle zukünftige Alterungstrends mitberücksichtigen und drittens die erzielte Rendite am Kapitalmarkt abzüglich der Eigenkapitalkosten und der Kosten für die Renditeabsicherung sowie abzüglich der risikofreien Rendite immer noch größer als null ist.

Die Erzielung profitablen Wachstums als Basis für nachhaltige Wertsteigerung ist im Versicherungssektor also mit besonders hohen Ansprüchen an das Management und das Controlling verbunden. Und ebenso an die Prognosefähigkeit der von Versicherungen benutzten mathematischen Modelle. Doch unterliegen auch Versicherungen dem Zwang zu wachsen, wenn sie nicht langfristig an Wert verlieren wollen. Erfüllen sie die oben genannten Voraussetzungen, um profitables Wachstum anzustoßen, so können auch sie die Vorteile des Wachstumsalgorithmus nutzen: Selbstantreibendes Wachstum und Erzielung operativer Exzellenz.

Wie erwähnt sind die beiden Hauptziele zur Steigerung des Unternehmenswertes von Versicherungen – Wachstum und Kapitaleffizienz – eng miteinander verknüpft. Und dies gilt nicht nur wegen des Wertsteigerungspotenzials besonders wachstumsstarker Geschäftsfelder. Wie in anderen Branchen müssen auch Versicherungen ihr Augenmerk ebenso auf Wertvernichter – und deren Eliminierung – legen. Allerdings hilft dem Management von Versicherungsunternehmen die bloße Erkenntnis, dass Teile eines Versicherungsportfolios nachhaltig Wert vernichten, wenig. Denn anders als im Industriebetrieb können die vertraglichen Verbindlichkeiten einer Versicherung nicht ohne weiteres beseitigt werden. Deshalb muss im Long-Tail-Geschäft, also bei Versicherungen, bei denen zwischen Vertragsabschluss und Schadenfall ein langer Zeitraum liegt (zum Beispiel bei der Berufshaftpflichtversicherung), und im Lebensversicherungsgeschäft der Embedded Value des Portfolios klar vom Neugeschäft differenziert und getrennt geführt werden.

Dieser Trennung und der damit verbundenen vorwärts gerichteten Betrachtungsweise trägt das heutige IAS Accounting (International Accounting Standard) keine Rechnung, da dessen Buchhaltungsregeln stichtagsbezogen und rückblickend sind. Erst die Weiterentwicklung von IAS in Richtung IFRS (International Financial Reporting Standard) berücksichtigt die Zukunftsorientierung: Nach dem Rechnungslegungsstandard IFRS, der für börsennotierte Unternehmen in der EU ab 2005 vorgeschrieben ist, werden Versicherungsverträge buchhalterisch auf der Basis ihrer Gegenwartswerte behandelt. Mit diesem Ansatz wird dem Management ein präziseres Instrument zur Verfügung stehen, das allein schon auf Grund der gesetzlichen Vorgaben ein Benchmarking von Versicherungsunternehmen ermöglicht.

Bei vielen Versicherungsunternehmen sind darüber hinaus Bewertungs- und Simulationsinstrumente bereits heute feste Bestandteile ihrer Management-Informations-Systeme. Mit diesen Instrumenten lassen sich sowohl Stresstests als auch Sensitivitätsanalysen durchführen und somit die Auswirkungen einzelner Handlungen auf das Ziel der Wertsteigerung simulieren. Und damit werden auch Erkenntnisse darüber gewonnen, welchen Wertsteigerungsbeitrag etwa Kostensenkungen, Änderungen des Portfoliomixes (zu Zeiten niedriger Kapitalmarktrenditen sollte beispielsweise von Longtail- zu Shorttail-Risiken umgeschichtet werden) oder Wachstumsstrategien liefern. Das Management kann so quantitativ fundierte Entscheidungen treffen.

Nicht vernachlässigt werden darf schließlich die Diskussion sowohl über die Höhe des Risikokapitals und der Kapitalkosten als auch über das Asset-Liability-Management. Diese Begriffe, die im Wertmanagement der Banken schon seit zehn Jahren gängig sind, kommen erst heute im Versicherungsbereich vermehrt zum Tragen, nachdem der Niedergang der Börse und der Terroranschlag vom 11. September 2001 – und seine Folgeereignisse – Kapital im Versicherungswesen zu einem knappen Gut gemacht haben.

# 5 Fazit

Die enorme Bedeutung wertorientierter Unternehmensführung ist heute unbestritten, und zahlreiche Unternehmen haben sich Wertmanagement auf die Fahnen geschrieben. Grundlage aller Wertsteigerungsbemühungen ist möglichst profitables Wachstum: Die höchsten Wertzuwächse erreichen die Unternehmen, die in Umsatz und Gewinn überdurchschnittlich zunehmen und deren Gewinn gleichzeitig schneller wächst als deren Umsatz. Richtig gemanagtes Wachstum hält einen Wert steigernden Wachstumsalgorithmus in Gang, der Mittel freisetzt, um gleichzeitig die operative Exzellenz eines Unternehmens sicherzustellen – Wachstum, Kostenoptimierung und Wertsteigerung sind daher aufs engste verknüpft.

Daneben gibt es weitere Voraussetzungen für die erfolgreiche Implementierung von Wertsteigerungskonzepten. Hierzu zählt insbesondere die Verankerung der Wertorientierung im gesamten Unternehmen. Um diese zu erreichen, müssen Unternehmen einen Transformationsprozess durchlaufen, der nicht nur zur Identifikation der relevanten Werttreiber und der Verbreitung der notwendigen Systeme führt, wie etwa eines funktionierenden Investor-Relations-Managements oder einer wertorientierten Vergütung, sondern mit der Schaffung einer „Wertsteigerungskultur" auch die mentale Seite berücksichtigt. Darüber hinaus ist es erforderlich, die Elemente eines Wertmanagementsystems zu integrieren und ihre Wechselwirkungen zu beachten. Wertmanagement in Versicherungen folgt den gleichen Grundprinzipien wie das Wertmanagement in anderen Branchen. Doch erfordern die Besonderheiten des Versicherungsgeschäfts auch eine charakteristische Ausgestaltung des Wertmanagements, zum Beispiel bezüglich der Performance-Messung. Auch stellt das Verfolgen von Wachstumsstrategien zur Wertsteigerung hohe Anforderungen – insbesondere an das Management und das Controlling von Versicherungsunternehmen. Und schließlich haben die Ereignisse vom 11. September 2001 und deren Nachwirkungen speziell im Versicherungssektor Kapital zu einem knappen Gut gemacht und somit die Entwicklung forciert, dass Versicherungen den Erfolg ihres Geschäfts an Renditen im Vergleich zu Kapitalkosten messen.

# Literaturverzeichnis

Bötzel, S. (2001): Value up! – Wertmanagement erfolgreich verankern. Hamburg: Roland Berger Strategy Consultants.

Bötzel, S./Schwilling, A. (1998): Erfolgsfaktor Wertmanagement – Unternehmen wert- und wachstumsorientiert steuern. München: Hanser.

Coenenberg, Adolf G./Salfeld, Rainer (2003): Wertorientierte Unternehmensführung – Vom Strategientwurf zur Implementierung. Stuttgart: Schäffer-Poeschel.

Pape, Ulrich (2004): Wertorientierte Unternehmensführung und Controlling. 3. Auflage. Berlin: Verlag Wissenschaft & Praxis.

Plaschke, Frank J. (2003): Wertorientierte Management-Incentivesysteme auf Basis interner Wertkennzahlen. Wiesbaden: Deutscher Universitäts-Verlag.

Schwenker, Burkhard/Schneider, Felicitas/Kleppel, Christoph (2004): Finding the formula for growth – Operational excellence and successful growth strategies go hand in hand. München: Roland Berger Strategy Consultants.

Stührenberg, Lutz/Streich, Daniel/Henke, Jörg (2003): Wertorientierte Unternehmensführung – Theoretische Konzepte und empirische Befunde. Wiesbaden: Deutscher Universitäts-Verlag.

Vartanian, Vatchagan (2003): Innovationsleistung und Unternehmenswert – Empirische Analyse wachstumsorientierter Kapitalmärkte. Wiesbaden: Deutscher Universtäts-Verlag.

# Wertorientierte Steuerungsansätze in Versicherungsunternehmen

**Stefan Rapp, Erik Rederer**

*Zusammenfassung:*
*Der Beitrag befasst sich mit aktuellen wertbasierten Ansätzen zur Steuerung von Versicherungsunternehmen. Vor dem Hintergrund der jüngsten Branchenkrise kommt solchen Ansätzen besondere Bedeutung zu. Dabei müssen für Sach- und Lebensversicherer jeweils unterschiedliche Methoden angewendet werden. Zu betrachten sind außerdem die Stärken und Schwächen der einzelnen Ansätze. Besonderer Wert wird auf die Darstellung der Werttreiber gelegt.*

*Schlüsselwörter: Appraisal Value, Assigned Capital, Economic Value Added, Embedded Value.*

## 1 Einleitung

Versicherungsunternehmen vereinen in sich zwei Geschäftsfelder: auf der einen Seite den versicherungstechnischen Bereich, in dem gegen Bezahlung Risiken übernommen werden, und auf der anderen Seite den Kapitalanlagebereich, in dem die Prämieneinnahmen am Kapitalmarkt investiert werden.

Bis auf die Tatsache, dass der eine Bereich den anderen mit den notwendigen finanziellen Mitteln versorgt und der andere dafür die Reserven für künftige Auszahlungen des anderen bereithält, haben die beiden Bereiche wenige ökonomische Gemeinsamkeiten. Die Risiken und Renditen, die mit der Kapitalanlage in Verbindung stehen, unterscheiden sich bezüglich ihrer Natur (zu Grunde liegende Einflussfaktoren, Wahrscheinlichkeitsverteilungen etc.) fundamental von jenen, die sich aus der Absicherung von Gefahren im Leben- oder Sachbereich ergeben.

Das grundlegende Problem ist, dass Eigenkapitalgeber in Versicherungsunternehmen als Ganzes investieren, d.h. in beide Bereiche. Dazu müssen zu Steuerungszwecken Ansätze gewählt werden, die den gesamthaften Erfolg abbilden, ohne dabei die Charakteristika des jeweiligen Bereichs aus dem Auge zu verlieren. In einem modernen Finanzmarktumfeld muss dies zudem auf Basis von Unternehmenswertveränderungen geschehen.

Da Peter Gessner die profitorientierte Steuerung von Versicherungsunternehmen stets besonders am Herzen lag, soll dieses Thema hier aufgegriffen werden. Zunächst wird gezeigt, wie das Konzept des Economic Value Added (EVA) in Sachversicherungsunternehmen eingesetzt werden kann, um das oben angesprochene Problem zu lösen. Anschließend wendet sich der Beitrag den Lebensversicherungsunternehmen zu und erörtert, warum EVA auf diesem Gebiet kein adäquates Steuerungsinstrument darstellt. Stattdessen wird mit dem Embedded Value ein besser geeignetes Instrument aufgezeigt, um der geforderten Gesamtsicht des Erfolgs gerecht zu werden. Der Beitrag endet mit einigen zusammenfassenden Bemerkungen.

# 2 Der Economic Value Added als wertbasierter Steuerungsansatz in Sachversicherungsunternehmen

## 2.1 Das Konzept des Economic Value Added (EVA)

Die Bewertungstheorie befasst sich mit objektiven Verfahren zur Beurteilung von Unternehmen aus der Sichtweise eines Anlegerkollektivs. Auf Grund dieser sozialen Verankerung ist ein Modell dann als „richtig“ zu betrachten, wenn es von einer ausreichend großen Zahl von Marktakteuren akzeptiert und angewendet wird.

Die obige Aussage impliziert jedoch, dass die Ansichten bezüglich des „richtigen“ Modells einem ständigen Wandel unterworfen sind: Wurden früher noch buchhalterischer Gewinn, Deckungsbeitrag oder Return on Equity als entscheidend angesehen, lehnt man sie heute als oberste Zielgrößen ab, da sie

- den Umfang des zur Geschäftszweckerfüllung notwendigen Kapitals und die Effizienz seines Einsatzes nicht angemessen berücksichtigen,
- das einer geschäftlichen Aktivität zu Grunde liegende Risiko nicht als ein den Erfolg relativierendes Element begreifen.

Die eben erwähnten früheren Konzepte werden für bestimmte Zwecke auch heute noch eingesetzt. In den meisten börsennotierten Unternehmen sind sie jedoch einem neuen Metaziel untergeordnet: der Schaffung von Unternehmenswert.[1]

Der Wert eines Unternehmens lässt sich üblicherweise anhand der Discounted-Cashflow-Methode ermitteln. Bei ihr werden die zukünftigen freien Cashflows –

---

[1] Für eine sehr gute Übersicht zum Wandel von Erfolgsmaßstäben seit 1920 vgl. Spremann (2002): Finanzanalyse und Unternehmensbewertung, Oldenbourg, S. 135.

die Cashflows nach Subtraktion allfälliger Investitionsauszahlungen – mit den risikoadäquaten Kapitalkosten diskontiert. Ein Nachteil dieser Methode besteht jedoch darin, dass sie keine direkte Aussage über den periodenbezogenen Erfolg liefert, also beispielsweise über den während eines Geschäftsjahres geschaffenen Unternehmenswert. An dieser Stelle setzt EVA an: EVA ist mit der DCF-Methode kompatibel, weist die Wertsteigerung darüber hinaus aber periodisch aus und ist somit für Geschäftssteuerungszwecke besser geeignet.[2]

EVA erhebt dabei den Anspruch, im Gegensatz zu traditionellen Profitabilitätsmaßen die „wahre Profitabilität" eines Unternehmens zu messen, indem es auf den Residualgewinn abzielt, der nicht nur um die Fremd- sondern auch um die Eigenkapitalkosten reduziert wurde. Die absoluten Kosten des Eigenkapitals ergeben sich einerseits aus dem Kapitalkostensatz (Cost of Capital; COC) und andererseits aus dem Volumen des eingesetzten Haftungs- bzw. Risikokapitals. Auf Letzteres, hier bereits als Assigned Capital bezeichnet, wird später detailliert eingegangen.

Algebraisch kann EVA auf zwei Wegen dargestellt werden: entweder als Differenz zwischen Gewinn (Return) und den Kosten des Eigenkapitals – Assigned Capital multipliziert mit dem Eigenkapitalkostensatz (COC) – oder als Differenz zwischen Eigenkapitalrendite (ROE) und Eigenkapitalkosten (COC) multipliziert mit dem Assigned Capital.

$$EVA = \text{Return after Tax}^{*} - AC \cdot COC$$

oder:

$$EVA = AC \cdot (ROE - COC)$$

wobei:

EVA = Economic Value Added

AC = Assigned Capital

ROE = Return on Equity

COC = Cost of Capital

* = Corporate Tax Rate

Die nachfolgenden Ausführungen setzen sich damit auseinander, wie die eben genannten EVA-Komponenten im Kontext eines Sachversicherers konkretisiert und operationalisiert werden können.

---

2 Der EVA-Ansatz wurde im Jahre 1982 von Joel Stern und G. Bennett Stewart III entwickelt und erlangte seine Popularität unter anderem durch das Werk „The Quest for Value".

## 2.2 Die Anpassung des EVA-Konzeptes auf Sachversicherungsunternehmen

Abbildung 1 stellt übersichtsartig dar, von welchen grundlegenden Treibern der EVA-Wert eines Sachversicherungsunternehmens beeinflusst wird.

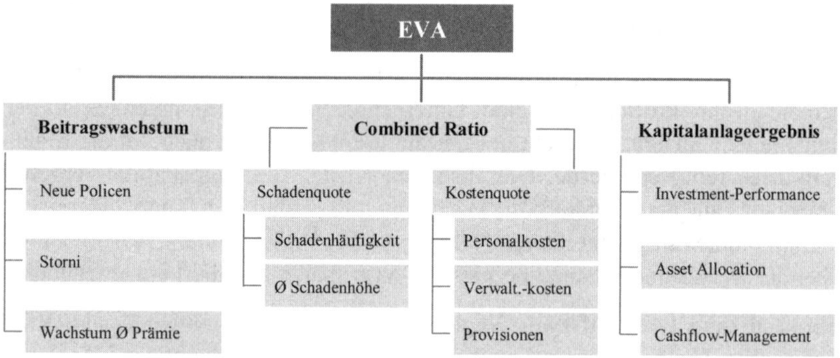


**Abb. 1:** EVA-Werttreiber

**Versicherungstechnischer Bereich**

Der Erfolg der versicherungstechnischen Seite (Underwriting Result) manifestiert sich in der Combined Ratio, d.h. dem Verhältnis von Schadenzahlungen und Aufwendungen für den Versicherungsbetrieb einerseits und den Nettoprämien andererseits. Sie ist ein Indikator dafür, wie gut es einem Versicherungsunternehmen gelingt, über die Stellhebel Preispolitik, Marketing, Risikoselektion, Kostensteuerung und Schadenmanagement einen Gewinn aus dem eigentlichen Versicherungsgeschäft zu generieren.

Während der Jahre 1995 bis 1999 lagen die Combined Ratios in den bedeutendsten internationalen Versicherungsmärkten meist deutlich über 1, d.h., die Aufwendungen für den Versicherungsbetrieb und die Schadenzahlungen überstiegen die Prämieneinnahmen.

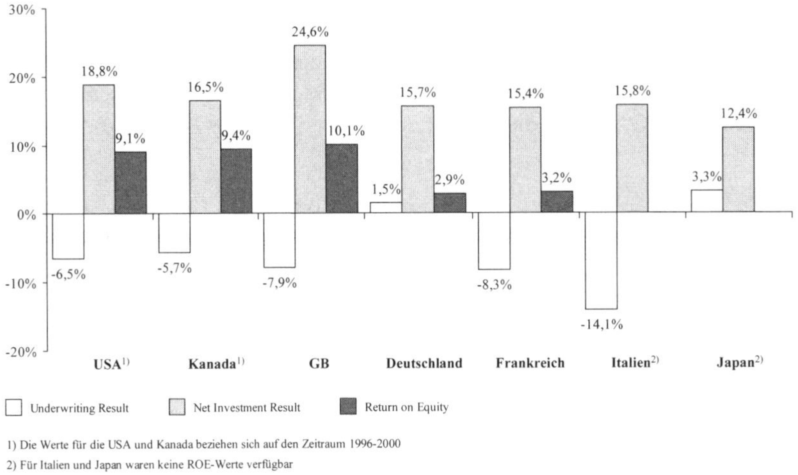


**Abb. 2:** Underwriting Result, Net Investment Result und ROE für ausgewählte Länder 1995-1999[3]

### Kapitalanlagebereich

Dass während desselben Zeitraums 1995 bis 1999 dennoch positive Eigenkapitalrentabilitäten ausgewiesen wurden, lag unter anderem am Kapitalanlageergebnis. Die Beitragseinnahmen konnten unter derart rentablen Bedingungen am Kapitalmarkt investiert werden, dass deren Erträge die Verluste aus dem versicherungstechnischen Bereich teilweise überkompensierten (vgl. hierzu Abbildung 2).

Ein solches Verhalten wird auch als Cashflow-Underwriting bezeichnet: Hohe Investment-Returns erlauben es den Versicherern, Underwriting-Verluste einzugehen und dennoch ein positives Gesamtergebnis auszuweisen. Da die meisten Versicherer ähnlich handeln, führt dies am Markt zu einem erheblichen Preisdruck. Die erhöhten Verluste im Underwriting sind in einer derartigen Phase somit unter anderem auf die folgenden Faktoren zurückzuführen:

- Die Versicherer akzeptieren Risiken, die sie unter normalen Umständen ablehnen oder nur unter spürbaren Prämienzuschlägen in ihr Portfolio aufnehmen würden.
- Die verschärfte Konkurrenzsituation am Versicherungsmarkt – alle betreiben Cashflow-Underwrtiting – führen zur Prämienerosion.
- Der Personalbestand im Außendienst wird aufgestockt und die Agentenprovisionen weisen eine Tendenz nach oben auf.

---

3 Datenquelle: SwissRe (2001): Sigma, No. 5, S. 8.

Sobald die Anlagerendite wieder sinkt – oder sogar einen negativen Schock erfährt – geht die Strategie nicht mehr auf: Auch der versicherungstechnische Bereich muss wieder profitabel arbeiten. Kundenbeziehungen werden saniert, Prämien erhöht und Kostensenkungsprogramme in Gang gesetzt. In diesem Zusammenhang kann ein Grund für die Existenz von Versicherungszyklen gesehen werden.[4]

Es ist möglich, das Kapitalanlageergebnis, ebenso wie die Combined Ratio, im Verhältnis zum Prämienaufkommen anzugeben. Der Quotient aus investierten Assets und verdienten Nettoprämien repräsentiert in diesem Fall den Asset Leverage. Multipliziert man ihn mit der Kapitalanlagerendite, dann erhält man das Kapitalanlageergebnis als Prozentsatz der Nettoprämien.

$$\text{Asset Leverage} = \frac{\text{Investierte Assets}}{\text{Nettoprämien}}$$

$$\text{Kapitalanlageergebnis} = \text{Kapitalanlagerendite} \cdot \text{Asset Leverage}$$

$$\text{Solvabilitätsquote} = \frac{\text{Assigned Capital}}{\text{Nettoprämien}}$$

Das versicherungstechnische Ergebnis und das Kapitalanlageergebnis zusammen ergeben die Gewinnmarge vor bzw. nach Steuern. Da der Gewinn ausschließlich den Eigenkapitalgebern zusteht, berechnet sich deren Rentabilität (ROE) als Quotient aus Gewinnmarge nach Steuern und Solvabilitätsquote. Letztere wiederum gibt Auskunft über das Verhältnis von notwendigem Assigned Capital und Nettoprämien (vgl. hierzu Abbildung 3).

---

4 Zum Thema Versicherungszyklen vgl. zum Beispiel SwissRe (2002): Der Versicherungszyklus als unternehmerische Herausforderung, Technical Publishing

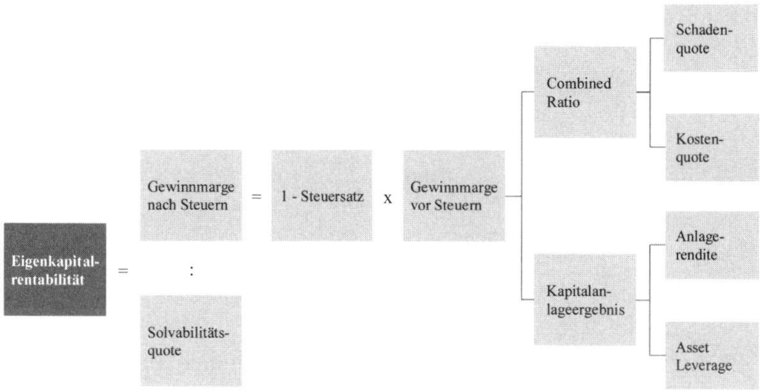


**Abb. 3:** ROE-Treiber

## Assigned Capital

Der zentrale Unterschied zwischen EVA und ROE ist darin zu sehen, dass EVA den Einsatz des Risikokapitals weiter untersucht und unter Risikogesichtspunkten ökonomisch bewertet. Die Erweiterung zum Economic Value Added vollzieht sich somit anhand des Assigned Capital (geläufige Synonyme wären etwa „Economic Capital" oder „Risk Capital").

Unter dem Assigned Capital versteht man das unter Berücksichtigung seines spezifischen Risikoprofils notwendige Haftungskapital zum Betrieb eines Versicherungsunternehmens. Durch das Assigned Capital wird neben dem Gewinn eine zweite Dimension eingeführt, welche die Wertschöpfung abgreift.

Beispielsweise könnte eine Sachversicherungsgesellschaft vor der Überlegung stehen, ob sie ihre Aktivitäten in einer bestimmten Sparte weiter ausdehnen soll. Bisher erwirtschaftete sie einen Gewinn von 15, bei Kapitalkosten von 10% und einem Assigned Capital in Höhe von 100. Nach der Ausdehnung der Geschäftstätigkeit würde sich der Gewinn zwar um 5 Einheiten (von 15 auf 20) erhöhen, doch gleichzeitig entstünde ein zusätzlicher Bedarf an Assigned Capital in Höhe von 80 (Erhöhung von 100 auf 180), sodass der geschaffene Wert (EVA) von 5 auf 2 sänke.

Unter Wertschöpfungsgesichtspunkten lohnt sich Expansion folglich nur, wenn der dadurch generierte Gewinn nicht durch ein überproportionales Assigned-Capital-Wachstum geschmälert wird.

$$EVA = AC \cdot (ROE - COC)$$

Bisher:

$$5 = 100 \cdot \left( \frac{15}{100} - 10\% \right)$$

Nach Expansion:

$$2 = 180 \cdot \left( \frac{20}{180} - 10\% \right)$$

Bezüglich des Assigned Capital sind zwei Aspekte von zentraler Bedeutung: Solvabilitätsziel und Risikostruktur.

(1) Wie viel Assigned Capital zum Betrieb eines Sachversicherers notwendig ist, ergibt sich einerseits aus dem von der Unternehmung selbst gesetzten *Solvabilitätsziel*, das sich unter anderem aus dem Rating-Ziel ableitet. Das Solvabilitätsziel legt fest, mit welcher Wahrscheinlichkeit der Versicherer dazu in der Lage sein möchte, seinen Zahlungsverpflichtungen gegenüber Versicherungsnehmern und Fremdkapitalgebern jederzeit nachkommen zu können. Gefährdet wird diese Bereitschaft durch die Volatilität des Net Asset Value (NAV), also der Differenz zwischen risikoadjustiertem Barwert der Vermögenswerte (Assets) und risikoadjustiertem Barwert der Verbindlichkeiten (Liabilities). Der Insolvenzfall tritt ein, wenn der NAV kleiner als null wird.

Als Risikokapital hat das Assigned Capital die Funktion, Schwankungen des NAV aufzufangen: Je mehr Risikokapital im Verhältnis zur Bilanz zur Verfügung steht, umso geringer ist die Wahrscheinlichkeit einer Insolvenz. Rating-Agenturen knüpfen bei Ihrer Bewertung der finanziellen Stärke eines Unternehmens deshalb direkt an dessen Solvabilität an und differenzieren ihre Ratings nach der Wahrscheinlichkeit, dass innerhalb eines Jahres der Insolvenzfall ($NAV < 0$) eintritt.[5] Um ein „AAA"-Rating zu erzielen, müsste das Assigned Capital demgemäß so hoch sein, dass die Wahrscheinlichkeit einer Insolvenz innerhalb eines Jahres höchstens 0,01% beträgt (vgl. Tabelle 1).

---

[5] Für eine gute Übersicht zum Thema Rating in Versicherungsunternehmen vgl. SwissRe (2003): Insurance company ratings, Sigma No. 4.

| Rating | Ein-Jahres-Ausfallwahrscheinlichkeit |
|---|---|
| AAA | 0,01% |
| AA | 0,03% |
| A | 0,07% |
| BBB | 0,18% |

**Tabelle 1:Konfidenzintervalle für Ratings**

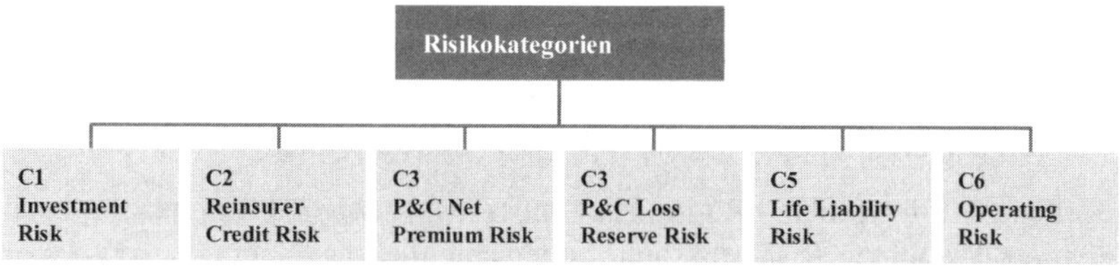


**Abb. 4:** Risikofaktoren

(2) Andererseits wird die Wahrscheinlichkeitsverteilung des NAV (und damit auch das aus ihr abgeleitete Assigned Capital) von der *Risikostruktur* der Aktiv- und Passivseite beeinflusst. Die folgenden Faktoren tragen maßgeblich zur Volatilität des NAV bei (vgl. Abbildung 5):[6]

- *C1 Investment Risk*: Das Investment Risk umfasst alle Unsicherheiten, die mit der Anlage von Kapital einhergehen: Aktienkursschwankungen, Zinsänderungsrisiken, Ausfall von Bond-Emittenten, usw.
- *C2 Reinsurer Credit Risk*: Wie der Name schon besagt, wird unter dem Reinsurer Credit Risk die Gefahr verstanden, dass die Rückversicherungs-Vertragspartner des betrachteten Versicherers ihren Pflichten nicht oder nicht in vollem Umfang nachkommen können. Das Reinsurance Credit Risk spielte beispielsweise bei einigen Insolvenzen in den USA während der 80er-Jahre eine sehr bedeutende Rolle.
- *C3 P&C Net Premium Risk:* Mit dem Begriff Net Premium Risk ist das Risiko gemeint, dass die von den Versicherungsnehmern verlangten Prämien gemeinsam mit den Kapitalanlageerträgen nicht ausreichen, die Schadenzahlungen und Betriebskosten des Versicherungsunternehmens zu decken. Das Underwriting Risk kann sich beispielsweise in Katastrophenereignissen manifestieren, aber auch im plötzlichen Auf-

---

6 Vgl. zum Thema Risikofaktoren beispielsweise auch Cummins, David J./Harrington, Scott (1995): Risk based capital requirements, Irwin, S. 125 ff.

treten von Schadenursachen, die bei Vertragsabschluss noch nicht absehbar waren (zum Beispiel Asbest-Haftpflichtschäden oder Terroranschläge).

- *C4 P&C Loss Reserve Risk*: Mit dem Loss Reserve Risk ist das Risiko angesprochen, dass die anlässlich von Schadenvorfällen gebildeten Reserven nicht zur tatsächlichen Deckung der Schäden ausreichen.
- *C5 Life Liability Risk*: Unter dem Life Liability Risk wird die Gefahr verstanden, dass versprochene zukünftige Auszahlungen nicht in vollem Umfang geleistet werden können (zum Beispiel auf Grund von Veränderungen in der Lebenserwartung).[7]
- *C6 Operating Risk*: Das Operating Risk (C 6) teilt sich auf in das allgemeine Geschäftsrisiko (Marktveränderungen, regulatorische Veränderungen, etc.) und das operative Risiko (Betrug, Systemausfall, etc.).

Bei gegebenem Solvabilitäts-/Rating-Ziel muss das Assigned Capital, je nach Konstellation der obigen Risikofaktoren, unterschiedlich hoch sein. Es existieren verschiedene Modelle zur Ermittlung des Haftungskapitals, wobei hier aus Gründen der Anschaulichkeit ein einfaches Vorgehen beschrieben werden soll.[8]

Dabei werden die Risikopositionen innerhalb jeder Kategorie ermittelt und gemäß ihrem Risikogehalt mit einem entsprechenden Faktor gewichtet. Summiert man alle derart gewonnenen Haftungskapitaleinzelanforderungen, erhält man das gesamthaft notwendige Assigned Capital.

$$AC_X = V_X \cdot RF_X$$
$$AC = \sum_X AC_X$$

wobei:

$AC_X$ = Zur Deckung der Risikoposition x (z.B. B - Bond) notwendiges Assigned Capital

$AC$ = Gesamtes Assigned Capital

$V_X$ = Risikoposition x (z.B. Bestand an B - Bonds in Euro)

$RF_X$ = Risikofaktor (z.B. y %)

---

7 Das Life Liability Risk (C5) spielt in diesem Abschnitt keine Rolle, da vorläufig nur Sachversicherungsunternehmen betrachtet werden. Vgl. zu diesem Thema Abschnitt 3.

8 Die grundsätzliche Vorgehensweise basiert auf dem Standard & Poor's-Modell, wurde diesem gegenüber jedoch stark vereinfacht, zum Beispiel blieben Diversifikationseffekte unberücksichtigt.

Zusammenfassend kann festgehalten werden, dass das Assigned Capital je nach Sichtweise zwei unterschiedliche Funktionen erfüllt:

- Aus *interner* Sicht dient es als Steuerungsinstrument des Unternehmens: Möchte ein Geschäftsbereich beispielsweise expandieren, dann benötigt er hierfür zusätzliches Assigned Capital. Dies erhält er jedoch nur, wenn dem Wachstum des Haftungskapitals ein dazu mindestens proportionales Ertragswachstum gegenübersteht. Andernfalls wird ökonomischer Wert vernichtet.
- Aus *externer Sicht (zum Beispiel Rating-Agenturen, Aufsichtsbehörden)* hat das Assigned Capital die Funktion, die Risikoaufnahmekapazität von Versicherungsunternehmen zu beschränken. Wenn das vorhandene Haftungskapital für bestehende Versicherungsverträge und Kapitalanlagen gemäß obigem Schema „aufgebraucht" ist, dann muss neues Risikokapital beschafft werden, sofern bei einer Geschäftsausdehnung oder Kapitalanlagenumschichtung eine Abstufung vermieden werden soll.

An dieser Stelle sei noch eine Warnung ausgesprochen. Das Assigned Capital soll das aktiv- und passivseitige Risiko eines Versicherungsunternehmens reflektieren, das sich in der Volatilität der einzelnen Positionen manifestiert. Die Verwendung von fixen Risikofaktoren dient dabei lediglich als ein leicht umsetzbares Hilfskonstrukt, um sich dem „wahren" Assigned Capital anzunähern. Genauere Modelle würden zahlreiche zusätzliche und situative Faktoren in die Betrachtung mit einbeziehen, wie beispielsweise die komplexen Korrelationsbeziehungen der Risikopositionen untereinander.

**Kapitalkosten**

Der letzte noch fehlende Baustein zur EVA-Berechnung sind die Kapitalkosten. Wie bereits erwähnt, bewertet EVA den Kapitaleinsatz unter Berücksichtigung des Risikos.

Ein Investor, der einer Versicherungsgesellschaft Haftungskapital zur Verfügung stellt, wägt ab, ob er in einer alternativen Anlage nicht einen höheren Nutzen erzielen könnte. Ein wertorientierter Steuerungsansatz muss deshalb berücksichtigen, wie viel Rendite ein Kapitalgeber unter den gegebenen Risikoumständen in einem kompetitiven Kapitalmarktumfeld fairerweise erwarten könnte.

Bei der Beantwortung diese Frage wird oft auf das Capital Asset Pricing Model (CAPM) von Sharpe (1964) und anderen abgestellt, also auf ein Gleichgewichtsmodell, das die Bestimmung der erwartbaren Rendite auf eine Finanzanlage in Abhängigkeit vom ihr zurechenbaren *relevanten* Risiko erlaubt.

Nach dem CAPM besteht der folgende lineare Zusammenhang zwischen der erwarteten Rendite einer Anlage i und ihrem Risiko:

$$E(R_i) = r_F + \left( \frac{E(R_M) - r_F}{\sigma_M^2} \right) \cdot Cov(R_i, R_M) = r_F + \left( E(R_M) - r_F \right) \cdot \beta_i$$

wobei :

$E(R_i)$ = Erwartete Rendite der Anlage i

$E(R_M)$ = Erwartete Rendite des Marktportfolios

$r_F$ = Risikofreier Zinssatz

$\sigma_M^2$ = Varianz der Rendite des Marktportfolios

$Cov(R_i, R_M)$ = Kovarianz zwischen der Rendite der Anlage i und der Rendite des Marktportfolios

$\beta_i$ = Betafaktor der Anlage i

Die erwartete Rendite einer Investition in ein Versicherungsunternehmen in Form von Haftungskapital kann also berechnet werden als die Summe aus einem risikolosen Zinssatz $r_F$ und einer Risikoprämie. Diese Risikoprämie entspricht dem Marktpreis des Risikos ($E(R_M) - r_F$) multipliziert mit dem Ausmaß des individuellen Risikos $\beta_i$. Beta ist ein Ausdruck für die Kovarianz zwischen der Rendite der Anlage i mit der Rendite des Marktportfolios M geteilt durch die Varianz des Marktportfolios $\sigma^2_M$ und steht für das Ausmaß ihres systematischen Risikos. Ein $\beta$ von 1,5 besagt zum Beispiel, dass die Rendite der Anlage i um das 1,5-fache stärker schwankt als die Rendite des Gesamtmarktes.

Angenommen, der risikofreie Zinssatz beträgt 5%, der Marktpreis des Risikos 4% und das Beta einer Sachversicherung 1,3. Die Kapitalgeber der Firma könnten in diesem Beispiel eine Rendite von 10,2% erwarten, und folglich sind dies die relevanten Eigenkapitalkosten zur EVA-Berechnung.

## 2.3 Die Berechnung des EVA-Wertes – ein einfaches Beispiel

Im Folgenden soll nun anhand eines stark vereinfachten Beispiels die Berechnung des EVA-Wertes illustriert werden. Dabei sind für ein fiktives Versicherungsunternehmen die folgenden Daten gegeben (Geschäftsjahr 2003):

| **Gegebene Informationen**<br>**XY Sachversicherung Geschäftsjahr 2003** | |
|---|---|
| Schadenquote | 70,0% |
| Kostenquote | 33,0% |
| Combined Ratio | 103,0% |
| Nettoprämien Motor | 400 Mio. € |
| Nettoprämien Liability | 300 Mio. € |
| Schadenreserven Motor | 150 Mio. € |
| Schadenreserven Liability | 200 Mio. € |
| Ø Kapitalanlagerendite | 7,0% |
| Asset Leverage | 120,0% |
| Steuersatz des Unternehmens | 35,0% |
| Risikoloser Zinssatz | 5,0% |
| Erwartete Marktrendite | 8,5% |
| Betafaktor XY Sachversicherung | 0,9 |

**Tabelle 2:** Daten eines fiktiven Versicherungsunternehmens

Wie man sieht, ist das Versicherungsunternehmen lediglich in zwei Sparten tätig (Motor und Liability). Gleichzeitig investiert es nur in jeweils eine Art von Government Bonds und Corporate Bonds und unterhält auch nur Geschäftsbeziehungen mit zwei Rückversicherern unterschiedlicher Bonität. Das operative Risiko (C6) soll in diesem Beispiel ausgeklammert bleiben.

| **Investments** (Market Values)<br>**XY Sachversicherung Geschäftsjahr 2003** | |
|---|---|
| Government Bonds | 500 Mio. € |
| Corporate Bonds rated "A' | 300 Mio. € |

| **Reinsurance**<br>**XY Sachversicherung Geschäftsjahr 2003** | |
|---|---|
| Reinsurer rated 'AAA' | 500 Mio. € |
| Reinsurer rated 'BBB' | 300 Mio. € |

**Tabelle 3:** Investitionen und Geschäftsbeziehungen zu Rückversicherern des fiktiven Versicherungsunternehmens

In einem ersten Schritt wird der Return on Equity anhand des in Abbildung 3 dargestellten Schemas ermittelt:[9]

9 Das nachstehend ermittelte Assigned Capital ist bereits in die Berechnung der Solvabilitätsquote eingeflossen.

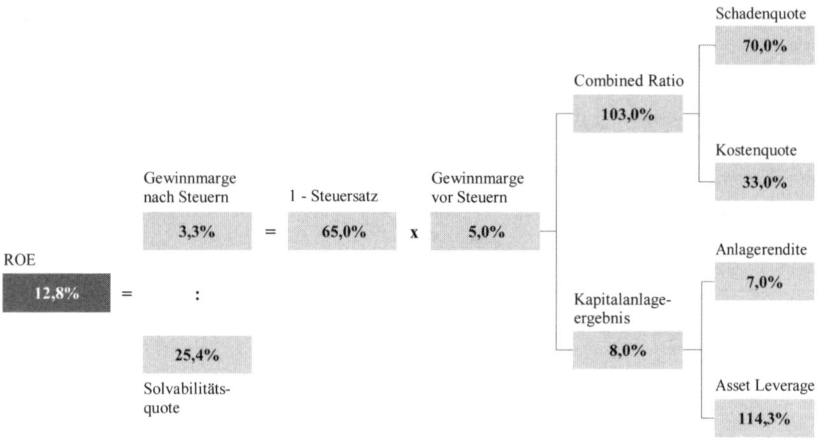


**Abb. 5:** Gewichtung der einzelnen Risikopositionen mit einem entsprechenden Risikofaktor

Als Nächstes muss das Assigned Capital bestimmt werden. In Abbildung 6 ist dargestellt, wie die einzelnen Risikopositionen mit einem entsprechenden Risikofaktor gewichtet werden. In der Summe ergibt sich ein erforderliches Assigned Capital in Höhe von 177,9 Mio. EUR.

| **Berechnung Assigned Capital** (stark vereinfacht) | **Risikopositionen** [Mio. EUR] | **Risikofaktoren** [%] | **Erforderliches AC** [Mio. EUR] |
|---|---|---|---|
| **Required capital for investment risk (C1)** | *Net premiums* | | **1,2** |
| Government and government agency bonds | 500,0 | 0,0% | 0,0 |
| Corporate bonds rated 'A' or better | 300,0 | 0,4% | 1,2 |
| **Required capital for reinsurer credit risk (C2)** | *Recoverables* | | **9,7** |
| Reinsurers rated 'AAA' | 50,0 | 0,5% | 0,3 |
| Reinsurers rated 'BBB' | 200,0 | 4,7% | 9,4 |
| **Required capital for non-life net premium risk (C3)** | *Net premiums* | | **129,0** |
| Motor | 400,0 | 12,0% | 48,0 |
| Liability | 300,0 | 27,0% | 81,0 |
| **Required capital for non-life loss reserve risk (C4)** | *Net loss reserves* | | **38,0** |
| Motor | 150,0 | 12,0% | 18,0 |
| Liability | 200,0 | 10,0% | 20,0 |
| **TOTAL** | | | **177,9** |

**Abb. 6:** Berechnung des Assigned Capital

Die Kapitalkosten errechnen sich mit Hilfe des CAPM. Bei einem risikolosen Zinssatz von 5,0%, einer Marktrendite von 8,5% und einem Betafaktor von 0,9 erhält man Kapitalkosten in Höhe von 8,2%.

$$COC = E(R_i) = r_F + \left(E(R_M) - r_F\right) \cdot \beta_i$$

$$8{,}2\% = 5\% + (8{,}5\% - 5\%) \cdot 0{,}9$$

Schließlich kann der EVA-Wert berechnet werden:

$$EVA = AC \cdot (ROE - COC)$$

Ein EVA-Wert von 8,3 sagt aus, dass während des Geschäftsjahres 2003 mehr Rendite erwirtschaftet wurde, als es unter Risiko/Rendite-Gesichtspunkten unbedingt erforderlich gewesen wäre (ROE > COC). Obwohl die Combined Ratio über 1 lag, konnte das Management dank des Kapitalanlageergebnisses insgesamt überperformen.

Hätte der EVA-Wert null betragen (ROE = COC), wäre weder eine Über- noch eine Unter-Performance zu verzeichnen gewesen. Das Management hätte genau so gewirtschaftet, wie man es mindestens von ihm erwartet hätte.

## 2.4 Die Stärken und Schwächen des EVA-Ansatzes

Wie jedes Steuerungsinstrument weist auch EVA Vorteile und Nachteile auf, die im konkreten Fall gegeneinander abzuwägen sind.

Zu den Stärken des EVA-Ansatzes zählen:

- Die vorrangige Stärke des EVA-Ansatzes ist darin zu sehen, dass er zum risikoadjustierten Abwägen zwischen den erwarteten Vorteilen operativer Maßnahmen und den damit einhergehenden Nachteilen erhöhten Kapitalbedarfs zwingt. EVA schärft somit den Blick auf die Profitabilität geplanter Strategien.
- EVA überführt die Ergebnisse des versicherungstechnischen Bereichs und des Kapitalanlagebereichs in ein einheitliches Ergebnis. Dies ist an sich nichts Besonderes, da dies der klassische ROE ebenfalls vermag. Der Unterschied besteht jedoch darin, dass EVA parallel dazu die mit bestimmten Strategien (zum Beispiel Cashflow-Underwriting) einhergehende Risikenakkumulation korrigierend offen legt.

Als Schwäche des EVA-Ansatzes werden folgende Eigenschaften angesehen:

- Es besteht ein Trade-off zwischen der Genauigkeit der quantitativ-modellhaften Annäherung an das „wahre" stochastische Verhalten eines Versicherungsunternehmens und der Verständlichkeit, Umsetzbarkeit und Kommunizierbarkeit derart gewonnener Steuerungstools.

- Große Versicherungsunternehmen haben häufig das Problem, den EVA-Ansatz konsistent über alle Organisationseinheiten und -strukturen umsetzen zu können. Wenn beispielsweise die Holding das alleinige Management der Kapitalanlagen übernimmt und die operativen Einheiten sich auf den versicherungstechnischen Zweig beschränken, dann stellt sich die Frage, ob den operativen Einheiten bei der EVA-Berechnung nicht auch eine kalkulatorische Kapitalanlagerendite zugerechnet werden müsste und wie hoch diese gegebenenfalls anzusetzen wäre.
- Die Idee der Risikomessung über entsprechende Instrumente (zum Beispiel Assigned Capital) darf nicht darüber hinwegtäuschen, dass bei einfacheren Modellen unzählige Risikofaktoren unberücksichtigt bleiben (zum Beispiel Korrelationseigenschaften). Mit anderen Worten: Es sollte nicht die „Illusion der absoluten Beherrschbarkeit" entstehen.
- Schließlich ist anzumerken, dass die alleinige Betrachtung des periodenbezogenen EVA nicht ausreicht. Stattdessen müssen bei Investitionsvorhaben auch die EVA-Werte zukünftiger Perioden mit in die Entscheidungsfindung einbezogen werden.

# 3 Wertbasierte Steuerungsansätze in Lebensversicherungsunternehmen

## 3.1 Performance-Messung in der Lebensversicherung

Lebensversicherungsprodukte unterscheiden sich von anderen Versicherungsprodukten nicht zuletzt durch ihre lange Laufzeit. Trotz der speziellen Ausprägung wird das Lebensversicherungsgeschäft sowohl in der internen als auch externen Berichterstattung häufig auf Basis von Ergebnissen aus der Rechnungslegung bzw. daraus abgeleiteten Größen beurteilt. Diesen Indikatoren, zu denen auch der EVA gehört, ist jedoch eigen, dass sie das Ergebnis einer Zeitscheibe abbilden, aber nicht das einer gesamten Vertragslaufzeit. In letzter Konsequenz heißt dies, dass Einperiodenmaße im Rahmen der Performance-Messung nur so lange sinnvoll einsetzbar sind, wie sich die Wertschöpfung eines Vertrags in hohem Maße in der betrachteten Periode einstellt. Während sich die kurzfristig orientierten Verträge der Sachversicherung dafür eignen, werden Einperiodenmaße dem Lebensversicherungsgeschäft nicht gerecht, da wesentliche Ergebnisteile nicht aufscheinen.

Ein Indikator, der die Langfristigkeit des Lebensversicherungsgeschäfts einbezieht, ist der Embedded Value. Der Embedded Value zeigt den inneren Wert eines Lebensversicherungsvertrags und gewährleistet die ökonomisch notwendige langfristige Perspektive. Zukünftige Ergebnisse aus einem geschriebenen Lebensversicherungsvertrag werden geschätzt und zum Zeitpunkt des Verkaufs des Vertrags ausgewiesen. Das Konzept des Embedded Value wurde in den 80er-Jahren in Großbritannien entwickelt. Anlass zur Änderung der Beurteilungsbasis des Lebensversicherungsgeschäftes war die Erkenntnis, dass der innere Wert des Geschäftes im Börsenkurs nicht adäquat abgebildet ist. Ziel der Embedded-Value-Rechnung war somit die Steigerung des Börsenkurses – nicht zuletzt, um sich vor Übernahmen zu schützen. Seit den späten 90er-Jahren publizieren immer mehr Versicherungsunternehmen den Embedded Value als Performance-Maß.[10]

## 3.2 Das Embedded-Value-Konzept

### 3.2.1 Einordnung des Embedded Value als Performance-Maß

Das Ergebnis aus einem Lebensversicherungsvertrag verteilt sich über die gesamte Laufzeit der Police. Bezüglich der Zahlungswirksamkeit ist festzustellen, dass die Einnahmen und Ausgaben nicht gleichmäßig anfallen. Das Versicherungsunternehmen tätigt eine Anfangsinvestition in Form von Abschlusskosten und Agentenprovision, die im Abschlussjahr bei weitem die Einnahmen aus Prämie und Kapitalanlagen übersteigt. In den Folgejahren kehrt sich das Verhältnis um, und die Einnahmen sind deutlich höher als die Verwaltungskosten für den Vertrag. Die Investition wird somit über die gesamte Laufzeit des Vertrags amortisiert. Grundsätzlich findet sich die zahlungswirksame Betrachtung im statutorischen Ergebnis wieder.

Abbildung 7 zeigt, dass ein klassisches, an der Rechnungslegung orientiertes Performance-Maß wie das statutorische Ergebnis im ersten Jahr deutlich negativ ausfällt. Bei Fokussierung auf die Periode des Vertragsabschlusses dürfte die Police nicht geschrieben werden, da sie vordergründig keinen Wert schafft. Andere Rechnungslegungssysteme wie IAS oder US-GAAP belasten die Abschlusskosten nicht in voller Höhe der ersten Periode, sondern verteilen sie über die Vertragslaufzeit. Positive Beiträge zum Ergebnis werden zeitlich nach vorne geschoben. Damit ergibt sich nicht zuletzt in der Periode des Vertragsabschlusses eine geringere Belastung. Unter dem ökonomischen Kriterium zeigt jedoch alleine der Embedded Value den gesamten Wert einer verkauften Police in der Periode des Abschlusses.

Noch eingängiger lässt sich die Verzerrung durch klassische Indikatoren beim Rückkauf eines Vertrags darstellen. Hat der Kunde Stornogebühren zu tragen, die teilweise die Anfangsinvestition des Versicherungsunternehmens decken, wird in der Rechnungslegung ein entsprechend positives Ergebnis ausgewiesen. Wäre der Vertrag länger gelaufen, hätte er in der Regel zusätzliche, die Stornogebühren

---

10 Vgl. hierzu Schroder Salomon Smith Barney (2002): Pan-European Life Assurance, Embedded Value – the Case for the Defence, S. 19 f.

überkompensierende Ergebnisse generiert. Diese fehlenden Ergebnisse werden als Opportunitätskosten im Rahmen des Embedded Value deutlich gemacht.

Die Diskussion um das Ergebnis aus verschiedenen Messkonzepten ist schlussendlich eine Frage des Zeitpunktes des Ausweises. Die Summe der Ergebnisse über die Vertragslaufzeit ist bei allen Messkonzepten dieselbe. Im Hinblick auf die Steuerung kommt aber gerade dem Zeitpunkt des Ausweises des Ergebnisses hohe Relevanz zu.

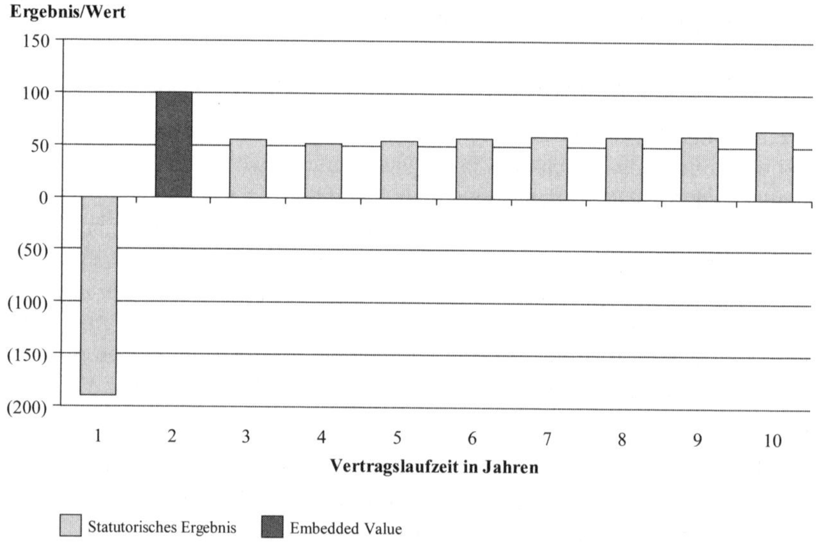


**Abb. 7:** Ergebnisverlauf einer Lebensversicherung nach statutorischer Rechnungslegung und nach Embedded-Value-Konzept

## Berechnung

Der Embedded Value setzt sich in einer vereinfachten Darstellung und hoher Granularität aus zwei Komponenten zusammen:

$$EV = NAV + PVFP$$

wobei:

| | | |
|---|---|---|
| EV | = | Embedded Value |
| NAV | = | Net Asset Value |
| PVFP | = | Present Value of Future Profits |

Der Net Asset Value enthält die dem Shareholder gehörenden Mittel, d.h. Eigenmittel, nicht ausgeschüttete Gewinne der Vergangenheit sowie Bewertungsreserven. Bei Letzteren sind in erster Linie die Kapitalanlagen angesprochen, die nach Abzug des Anteils der Versicherungsnehmer sowie latenter Steuern in den Net

Asset Value eingehen. Der Net Asset Value folgt den Marktwertveränderungen der Aktivseite und bringt eine vergangenheitsbezogene, volatile Komponente in den Embedded Value ein. Alternativ bzw. zu Steuerungszwecken kann der Net Asset Value in ein zugewiesenes Kapital, das sich am Risiko orientiert (Assigned Capital), sowie ein Überschusskapital geteilt werden. Als Bezugsbasis für die Embedded-Value-Rechnung unter Performance-Gesichtspunkten bietet sich das stabilere Assigned Capital an.

Als zweite Komponente geht der Present Value of Future Profits (PVFP) in den Embedded Value ein. Der PVFP errechnet sich aus dem Barwert der zukünftigen Gewinne der geschriebenen Versicherungsverträge unter Abzug der Kosten für das eingesetzte Kapital.[11] Grundsätzlich kann der PVFP in zwei Bestandteile zerlegt werden:

- Operatives Ergebnis, das sich aus Storno, Sterblichkeit und Kosten generiert. Das operative Ergebnis gliedert sich wiederum in drei Komponenten auf. Erstens fließt die Aufzinsung des Bestandes ein, die ausdrückt, dass der Shareholder dem Eintritt des zahlungswirksamen Eingangs des Betrages aus dem bis zur letzten Periode geschriebenen Geschäft um eine Periode näher gekommen ist. Zweitens gehen mit Bezug zum Bestand die Abweichung der projizierten Erwartungen zum Periodenergebnis sowie veränderte Modellannahmen ein. Drittens ist der Beitrag aus dem Neugeschäft berücksichtigt, d.h. die abgezinsten zukünftigen Ergebnisse aus den in der aktuellen Periode geschriebenen Verträgen.
- Varianz der Kapitalanlagenerträge, die sich aus der Abweichung der projizierten Annahmen zum Periodenergebnis sowie den erwarteten Veränderungen der künftigen Ergebnisse auf Grund der Kapitalmarktsituation errechnet.

Beim Bestands- und Kapitalanlagenergebnis spielt die Abweichung zu den Annahmen in zweierlei Hinsicht eine wichtige Rolle. Erstens wird das Periodenergebnis beeinflusst, und zweitens sind die Modellannahmen zu verifizieren. Bei der Formulierung der Annahmen gilt die Ausrichtung am „Going concern". Vor allem bei Festlegung der Kosten kommt diesem Prinzip große Bedeutung zu, indem von der momentanen Infrastruktur auszugehen ist bzw. für die Zukunft dasselbe Kostenniveau wie in der aktuellen Periode unterstellt wird. Im Umkehrschluss kann durch eine realisierte, verbesserte Kostenposition in zukünftigen Perioden Wert geschaffen werden.

Die Kapitalanlagenerträge werden in der Regel mit Bezug zu den die mathematischen Rückstellungen bedeckenden Kapitalanlagen ausgewiesen. Das Ergebnis aus den Kapitalanlagen, die dem Net Asset Value gegenüberstehen, wird gegen die entsprechende Kapitalkostenbelastung gerechnet. Unabhängig von der Zuordnung stellt sich die Frage, wie die Kapitalanlagenerträge, insbesondere diejenigen

---

11 Vgl. die Ausführungen zu den Kapitalkosten in Abschnitt 2.2.

aus Aktien, zu projizieren sind. Als beste Annahme für die Aktien-Performance zum Zeitpunkt der Ausstellung eines Vertrags erscheint die langjährige durchschnittliche Aktien-Performance (normalisierte Performance). In der Regel arbeiten Lebensversicherer mit einer normalisierten Aktien-Performance von 7 bis 9%.[12]

Der Diskontierungssatz spielt bei der Berechnung von Bestands- und Neugeschäftswert eine tragende Rolle. Beim Neugeschäft werden die zukünftigen Ergebnisse auf die aktuelle Periode abgezinst, und beim Bestand wird um eine Zeitscheibe aufgezinst. Der Diskontierungssatz drückt einerseits den Zeitwert des Geldes und andererseits das Risiko des Verfehlens der Annahmen aus.[13]

Abhängig vom Produkt bzw. den nationalen aufsichtsrechtlichen Rahmenbedingungen ist der Versicherungsnehmer in bestimmtem Maße an den Ergebnisquellen zu beteiligen. Besondere Relevanz hat die Überschussbeteiligung am Kapitalanlagenergebnis. Bei Festlegung der Annahmen hierfür sollte das bisherige Verhalten des Managements Orientierungspunkt sein. Nur bei einer klaren strategischen Neuausrichtung im Hinblick auf die Überschussbeteiligung empfiehlt sich eine Abweichung vom Erfahrungswert.

Grundsätzlich ist bei Formulierung der Annahmen auf Konsistenz zu achten. Besonders zu berücksichtigen sind die Zusammenhänge zwischen Zinsniveau, Aktienmarkt-Performance und Marktrisikoprämie, die in den Diskontierungs- und Kapitalkostensatz bzw. in das Kapitalanlagenergebnis eingehen. Konzeptionell finden sich alle Parameter im CAPM wieder.[14]

### 3.2.2 Abgrenzung zum Appraisal Value

Der Wert eines Lebensversicherungsunternehmens ist nicht ausschließlich mit dem Embedded Value zu bestimmen. Der Embedded Value bildet das bereits geschriebene Geschäft ab, jedoch nicht das zukünftige Potenzial. In Abgrenzung zum Embedded Value ist für den Unternehmenswert der Begriff des Appraisal Value geprägt worden. Die Komponente der Unternehmensbewertung drückt sich durch den eingerechneten originären Goodwill aus. Der Appraisal Value setzt sich in der bereits eingeführten vereinfachten Darstellung aus drei Komponenten zusammen:

AV = NAV + PVFP + Goodwill

wobei:

---

12 Vgl. hierzu Schroder Salomon Smith Barney (2002): Pan-European Life Assurance, Embedded Value – the Case for the Defence, S. 33 f.

13 Zum Diskontierungssatz vgl. die Ausführungen zu den Kapitalkosten in Abschnitt 2.2.

14 Zum CAPM vgl. die Ausführungen zu den Kapitalkosten in Abschnitt 2.2.

AV = Appraisal Value

NAV = Net Asset Value

PVFP = Present Value of Future Profits

Die Goodwill-Komponente spiegelt das Potenzial eines Lebensversicherers wider, Neugeschäftsabschlüsse über die aktuelle Periode hinaus zu tätigen oder beispielsweise Kosteneinsparungen und Synergieeffekte zu realisieren.

## 3.3 Analyse und Geschäftssteuerung

### 3.3.1 Werttreiberansatz

Der absolute Betrag des Embedded Value am Ende einer Periode enthält noch keine steuerungsrelevante Information. Vielmehr ist an dieser Stelle zu fragen, wie der Mehrwert im Vergleich zum Anfangswert generiert wurde. Es gilt zu analysieren, inwiefern sich die Annahmen materialisiert haben, welche Managementleistung dahinter steht und welche operativen Maßnahmen daraus abzuleiten sind. In Abbildung 8 findet sich eine Form der Management-orientierten Darstellung des Embedded Value.

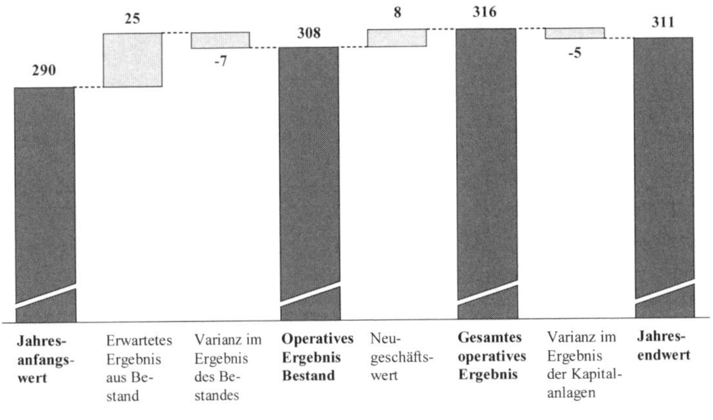


**Abb. 8:** Werttreiber des Embedded Value

Im Hinblick auf die Steuerungsrelevanz stehen die operativen Größen im Vordergrund. Das operative Bestandsergebnis sowie das Neugeschäft sind aus dieser Sicht vom Management beeinflussbar. Beim Kapitalanlagenergebnis hingegen wird davon ausgegangen, dass es nur zu einem kleineren Teil vom Management steuerbar ist. Daher scheint es nach dem Block „Operatives Ergebnis" auf.

Im aufgezeigten Beispiel müsste das Bestandsgeschäft annahmengemäß 25 zur Mehrwertschaffung beitragen. Die Annahmen tragen aber nicht und führen zu einer negativen Abweichung von -7. Die eingerechneten Erfahrungswerte für Storno, Sterblichkeit oder Kosten haben sich somit in der aktuellen Periode nicht materialisiert bzw. die Annahmen mussten revidiert werden. Das Neugeschäft generiert einen positiven Wert von 8. Aus dem Neugeschäft dürften ausschließlich positive Beiträge entstehen. Ansonsten würde beim Verkauf jeder neuen Police systematisch Wert vernichtet. Im nicht operativen Teil erscheint das Kapitalanlagenergebnis, das einen negativen Wert von -5 beisteuert. Die Beteiligung des Versicherungsnehmers an den einzelnen Größen ist aus dieser Darstellung nicht ersichtlich und muss in einer Analyse zusätzlich aufgegriffen werden.

Sofern die Annahmen vom eingetretenen Ergebnis nicht variieren, erhöht sich der Embedded Value aus der Aufzinsung sowie dem Neugeschäft, wobei Letzterem in der Regel die größere Aufmerksamkeit zuteil wird. Abbildung 9 zeigt eine Möglichkeit, die Neugeschäftsmarge steuerungsorientiert aufzugliedern.

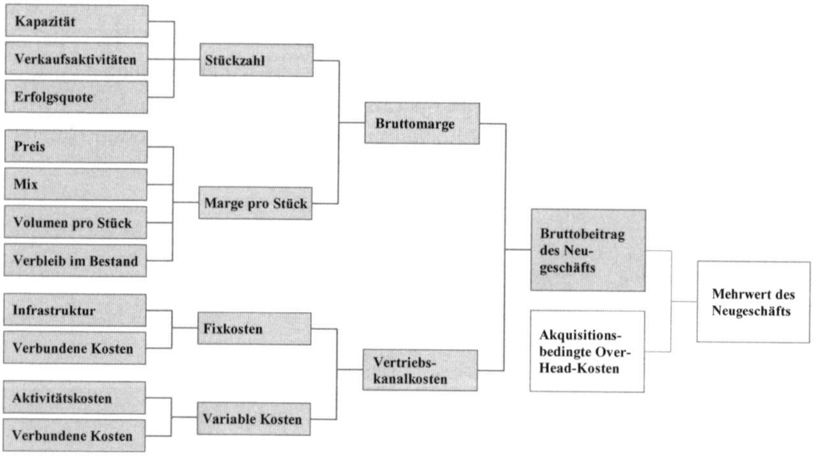


**Abb. 9:** Treiber des Neugeschäftswertes

Die Werttreiberanalyse des Neugeschäfts eignet sich insbesondere zur Vertriebsplanung und -steuerung. Treiberanalysen sind eine optimale Basis, um Ziele zu operationalisieren, beim Mitarbeiter anzubringen und konsequent nachzuhalten.

### 3.3.2 Maßstab für die Wertschaffung

Aus ökonomischer Perspektive gilt es zu fragen, inwiefern eine Steigerung des Embedded Value in einer Periode die Erwartungen des Shareholders bereits per se erfüllt. Vergleichbar mit dem EVA-Konzept ist an dieser Stelle die Messlatte der Opportunitätskosten anzulegen. Das eingesetzte ökonomische Kapital des Shareholders entspricht hier dem Embedded Value am Anfang der Periode. Auf diese Basisgröße müssen mindestens die Kapitalkosten verdient werden:

$$\text{Return on EV} = \frac{EV_t - EV_{t-1}}{EV_{t-1}} > COC$$

$$\begin{aligned} &\text{wobei:} \\ &EV = \text{Embedded Value} \\ &COC = \text{Cost of Capital} \end{aligned}$$

Der bloße Anstieg des Embedded Value bedeutet eine Zunahme des Unternehmenswertes. Wertgenerierung für den Shareholder ist aber erst dann gegeben, wenn dessen Mindestanforderungen übertroffen werden. Dieser Beitrag über die Mindestanforderung hinaus lässt sich über Neugeschäft oder Outperformance gegenüber den Annahmen erzielen. Die Aufzinsung des Bestandsgeschäftes mit den Kapitalkosten kann per se keinen Mehrwert schaffen.

## 3.4 Akzeptanz des Embedded Value als Steuerungsinstrument

Die bisherige Diskussion lässt den Embedded Value als ideales Steuerungsinstrument für Lebensversicherungsgesellschaften erscheinen. In Abbildung 10, die schematisch die verschiedenen Anwendungsmöglichkeiten bzw. Phasen einer Implementierung des Embedded Value aufzeigt, müsste sich folglich die Mehrheit der Unternehmen in Phase drei befinden.

| | **PHASE 1**<br>**Aktuarische Berechnung** | **PHASE 2**<br>**Berichterstattung, aber keine Steuerungsrelevanz** | **PHASE 3**<br>**Steuerungsrelevanz** |
|---|---|---|---|
| ANWENDUNG | • Aktuare führen Berechnung durch<br>• Späte Veröffentlichung der Ergebnisse<br>• Keine Einbindungen operativer Abteilungen | • Embedded-Value-Ergebnisse im Unternehmen transparent<br>• Teilweise externe Publikationen<br>• Fehlende Akzeptanz bei Teilen des Managements vor allem auf Grund des starken Bezugs zu Annahmen sowie nicht eingeschlossener Risiken | • Embedded Value als Steuerungsinstrument implementiert<br>• Planung und Zielvereinbarungen auf Basis Embedded Value<br>• Externe Publikation |
| WIRKUNG | • Nachvollziehbarkeit für operative Bereiche nicht gegeben<br>• Keine Steuerungsrelevanz | • Embedded Value im Rahmen der Berichterstattung eingesetzt<br>• Partiell für Steuerung verwendet, aber keine konsequente und konsistente Einbindung | • Steuerung vollkommen an Embedded Value bzw. Werttreibern ausgerichtet<br>• Variable Vergütung an Wertschaffung geknüpft |

**Abb. 10:** Implementierungsphasen des Embedded Value

Trotz der beschriebenen Stärken des Embedded Value sind die meisten Lebensversicherungsgesellschaften in die Phasen eins oder zwei einzuordnen. Auch Unternehmen, die Embedded Value extern publizieren, steuern oft nicht konsequent nach dieser Kennzahl. Dies hat einerseits mit dem Misstrauen gegenüber der hohen Abhängigkeit von Annahmen zu tun. Andererseits ist neben den unbestreitbaren Stärken des Instruments auch auf einige Schwächen hinzuweisen.

Zur Einordnung des Embedded Value als Steuerungsinstrument sind nachfolgend Stärken und Schwächen angeführt, wobei die Darstellung der Ersteren etwas kürzer gehalten wird.

Zu den Stärken des Embedded Value zählen:

- Ökonomische Abbildung von Neugeschäfts- und Bestandswert bzw. Gewährleistung wertorientierter Steuerungsinformation,
- klare Zuordnung der Managementverantwortung; dagegen zeigen die an der Rechnungslegung orientierten Verfahren Ergebnisse, die auf Entscheidungen in der Vergangenheit zurückzuführen sind,
- externe Transparenz und in der Folge Vergleichbarkeit der Wertschaffung über einzelne Lebensversicherungsgesellschaften hinweg.

Folgende Eigenschaften werden als Schwächen des Embedded Value betrachtet:

- Er liefert keine Beurteilung zu Liquidität und Kapitalisierung.
- Der in diesem Beitrag vorgestellte deterministische Ansatz bildet Risiken nicht adäquat ab:
    - Risiken aus der Anlage in höher rentierende, aber risikoreichere Kapitalanlagen (Unternehmensanleihen, Aktien) werden nicht adressiert.
    - Keine Optionen und Garantien im Embedded Value berücksichtigt. Die Annahmen in der Embedded-Value-Rechnung zu den Kapitalanlagen sehen in der Regel positive Spreads vor. Ein Absinken des Zinsniveaus und in der Folge die Materialisierung einer Garantie werden nicht abgebildet.
    - In der Regel keine Differenzierung des Diskontierungsfaktors nach Produktart bzw. -risiko. Die Anwendung eines uniformen Diskontierungssatzes kann zu falschen Steuerungsimpulsen führen.

Für die aufgezeigten Schwächen sind mittlerweile Lösungsansätze bekannt. Die Risiken auf Aktiv- und Passivseite lassen sich mit einem stochastischen Embedded-Value-Ansatz kalkulieren. Für die Bemessung des Risikos per se empfiehlt sich das Einbeziehen von Risikokapital.[15] Im Hinblick auf die Diskontierungssätze ist eine Differenzierung nach Produktart denkbar. Bei allen Erweiterungen des Standard-Embedded-Value-Ansatzes ist jedoch regelmäßig abzuwägen, inwiefern die dadurch generierte zusätzliche Komplexität die Vorbehalte beim Management nicht dermaßen erhöht, dass der Indikator insgesamt abgelehnt wird.

Den Vorbehalten gegenüber der Verwendung von Annahmen kann auf einfachere Weise begegnet werden. Um mehr Sicherheit zu gewinnen, empfiehlt es sich, mit konservativen Ansätzen zu arbeiten (zum Beispiel beim Diskontierungsfaktor und der Kapitalanlagenrendite). Zudem lässt sich über Sensitivitätsanalysen ein besseres Gefühl für die Wirkung und Bedeutung der Parameter entwickeln.

# 4 Zusammenfassung und Fazit

Ziel dieses Beitrags war es, einen groben Überblick über aktuelle Steuerungsansätze in Sach- und Lebensversicherungsunternehmen zu vermitteln.

Für die Sachversicherungsunternehmen wurde zunächst der Economic Value Added vorgestellt und in seine zentralen Werttreiber zerlegt. Anschließend folgte eine Begründung, warum EVA für Lebensversicherungsunternehmen weniger geeignet ist. Als Alternative wurde stattdessen der Embedded Value empfohlen.

Zusammenfassend kann gesagt werden, dass alle diskutierten Instrumente über belastbare Theoriefundamente verfügen und bei sorgfältiger Umsetzung sehr gut zur Erfüllung der entsprechenden Aufgaben geeignet sind. In einer Gesamtschau ist jedoch einschränkend festzustellen, dass das wahre Potenzial teilweise nicht genutzt wird: Statt die Ansätze konsequent zu Steuerungszwecken einzusetzen, dienen sie oftmals nur dazu, die aus Reporting-Anforderungen heraus entstehenden Informationsbedürfnisse zu befriedigen.

# Literaturverzeichnis

Cummins, David J./Harrington, Scott (1995): Risk based capital requirements, Irwin.

Grant, James L. (2003): Foundations of Economic Value Added, John Wiley & Sons.

Schroder Salomon Smith Barney (2002): Pan-European Life Assurance, Embedded Value – the Case for the Defence.

Spremann, Klaus (2002): Finanzanalyse und Unternehmensbewertung, Oldenbourg.

---

[15] Zu Berechnung und Anwendung von Risikokapital vgl. die Ausführungen in den Abschnitten 2.2 und 3.2.

SwissRe (2001): Profitability of the non-life insurance industry: it's back-to-basics time, Sigma, No. 5.

SwissRe (2002): Der Versicherungszyklus als unternehmerische Herausforderung, Technical Publishing.

SwissRe (2003): Insurance company ratings, Sigma No. 4.

# Intellektuelles Kapital – ein Modell zum Management immaterieller Werte

**Oliver P. Pfeil**

*Zusammenfassung:*
*Die Finanzberichterstattung von Unternehmen erweist sich als zunehmend ungeeignet für die Anforderungen einer Wissensgesellschaft, da immaterielle Vermögenswerte nur unzureichend berücksichtigt werden können. Der Begriff „Intellectual Capital", also das in Unternehmen vorhandene Wissen und Know-how, versucht den konzeptionellen Brückenschlag zwischen der finanzwirtschaftlichen und strategischen Sichtweise auf immaterielle Faktoren. Immer mehr Firmen, allen voran Versicherungsunternehmen, messen ihr „Intellectual Capital" und implementieren ein Intellectual-Capital-Management. Der Beitrag erläutert die Theorie der Messung und Kommunikation von Intellectual Capital im Versicherungswesen und beschreibt detailliert zwei Beispiele aus der Praxis.*

*Schlüsselwörter: Immaterielle Vermögenswerte, Intellectual Capital, Human Capital, Organizational Capital, Stakeholder.*

## 1 Einleitung

Prozesse des gesellschaftlichen Wandels werfen vielfältige Probleme auf. Der Paradigmenwechsel zur Wissensgesellschaft hat mannigfaltige Konsequenzen für das Management von Unternehmen. Schließlich werden Unternehmen immer noch größtenteils mit den Management-Tools von gestern gelenkt – immaterielle Vermögenswerte finden darin auf Grund ihrer bilanziellen Behandlung selten Beachtung. Die Bilanzen von Unternehmen beinhalten so gut wie keine Informationen über wissensbasierte Aktiva bzw. Wissen, sondern beschränken sich auf vergangenheitsorientierte Informationen über fast ausschließlich materielle Vermögenswerte und den finanziellen Erfolg.[1] Die Aussagekraft der Finanzberichterstattung von Unternehmen wird deshalb von vielen Seiten angezweifelt.

---

[1] Auch wenn neuerdings internationalen Rechnungslegungsvorschriften die Aktivierung ausgewählter immaterieller Werte verlangen, vgl. Pfeil/Vater (2002); Protzek (2003).

Zudem haben Unternehmen mit dem Aufkommen des Stakeholder-Ansatzes[2] auch andere Erwartungen zu befriedigen als nur die der Kapitalgeber. Die diversen Stakeholder (beispielsweise Anwohner oder Kunden) eines Unternehmens haben überwiegend nicht-finanzielle Ansprüche. Daraus folgt, dass die traditionelle finanzielle Perspektive um eine aussagekräftige nicht-finanzielle Sichtweise zu ergänzen ist.

Auch für das Management ergeben sich durch den Wandel neue Herausforderungen, denn das interne Berichtswesen erweist sich zunehmend als ungeeignet – wenn nicht gar als irreführend – für Unternehmen in der Wissensgesellschaft. Die traditionelle Unternehmensführung orientiert sich weitgehend an finanziellen Kennzahlen, wie zum Beispiel dem Return on Investment. Vernachlässigt wird hingegen der wichtigste Erfolgstreiber: das Wissen. Firmen aber, die ihr Wissen nicht messen und deshalb auch nicht managen können, werden im globalen Wettbewerb nicht bestehen können. Finanzielle Messgrößen sind außerdem Spätindikatoren, d.h., sie geben nur zeitlich verzögert Auskunft über die finanziellen Folgen früherer unternehmerischer Entscheidungen. Dadurch schränken sie die Fähigkeit von Unternehmen ein, schnell und flexibel auf Änderungen der volatilen Wissenswirtschaft reagieren zu können.[3]

Das Intellektuelle Kapital ist das in den Unternehmen vorhandene Wissen und Know-how. Begrifflich stellt es eine konzeptionelle Brücke zwischen der bilanziellen und finanzwirtschaftlichen Perspektive auf Immaterialgüter und der strategischen Sichtweise auf immaterielle Faktoren dar.[4] Angeführt von Versicherungsunternehmen als Vorreiter messen und publizieren immer mehr Firmen ihr „Intellectual Capital" (IC) und führen ein gezieltes IC-Management ein. Zumeist werden Kennzahlensysteme finanzieller und nicht-finanzieller Indikatoren zu einer ausgewogenen Darstellung des gesamten, also des materiellen, finanziellen und intellektuellen Unternehmensvermögens kombiniert. Im Folgenden wird die zu Grunde liegende Theorie der Messung und Kommunikation von IC im Versicherungswesen detailliert erläutert und mit Hilfe von zwei Management-Tools aus der Praxis beschrieben.

---

2 Vgl. Spremann (1996), S. 484 ff. für eine Definition und einen Überblick über den Stakeholder-Ansatz.

3 Vgl. Kaplan/Norton (1997), S. 18 ff.

4 Vgl. Spremann/Pfeil/Weckbach (2001), S. 245 ff.

# 2 Der Intellectual-Capital-Ansatz – ein Modell zur Messung von immateriellen Vermögenswerten

Beim IC-Measurement werden anhand spezifischer Indikatoren und Kennzahlen der Wert und die Wertveränderung der im Unternehmen vorhandenen immateriellen Aktiva quantitativ dargestellt. Einerseits erfolgt dies zum Zwecke der Publikation an externe Stakeholder, um positive Signale über das Unternehmen und das Management an diese zu kommunizieren. So kann zum Beispiel einem Investor vermittelt werden, dass sich ein Kauf von Aktien des Unternehmens lohnt, oder einem Gläubiger angezeigt werden, dass das Unternehmen weiterhin kreditwürdig ist.[5]

Andererseits kann das IC-Measurement durchgeführt werden, um Führungsinformationen bereitzustellen. Möglichkeiten zur Steigerung des Unternehmenswertes durch gezielte Investitionen in immaterielle Werte sollen offen gelegt und bewertet werden können. Mit den traditionellen Management-Tools war es unmöglich, die Auswirkungen von Investitionen in immaterielles Vermögen in vollem Umfang zu messen. Zudem beeinflussen sich das Intellektuelle Kapital und die Unternehmenskultur mit den darin entwickelten Prozessen gegenseitig, sodass unerwartete oder unerwünschte Entwicklungen auftreten können. Deshalb muss das Management präzise und zeitgerechte Informationen zur Steuerung des IC und zum frühzeitigen Gegensteuern negativer Entwicklungen erhalten. Um die (Führungs-) Informationen, die dem Management zur Verfügung stehen, zu verfeinern und um präzisere Rückschlüsse auf Werttreiber zu erlauben, empfiehlt sich eine Einteilung des IC in verschiedene Klassen.

## 2.1 Klassifikation des Intellektuellen Kapitals

Der Marktwert eines Unternehmens setzt sich zusammen aus den physisch vorhandenen, monetär bewertbaren Aktiva (im Folgenden unter Finanzkapital zusammengefasst) und dem Intellektuellen Kapital. Die Unterteilung des IC in verschiedene Klassen sollte je nach Handhabbarkeit und Beeinflussbarkeit durch das Unternehmen erfolgen, d.h., sollten zwei immaterielle Aktiva eine unterschiedliche Behandlung erfordern, dann sollten sie auch unterschiedlichen Klassen angehören.[6]

Jede Organisation wird deshalb eine eigene, den spezifischen Bedürfnissen angepasste Klassifizierung des IC vornehmen. Eine häufig gewählte Unterteilung ist

---

5 Vgl. Sveiby (1997), S. 163.

6 Vgl. Stewart (1997), S. 224.

die in *Human Capital*, *Customer Capital* und *Organizational Capital*.[7] Einen Überblick über die von dem Vorreiter des IC-Reporting, der schwedischen Skandia-Versicherung, gewählte Einteilung bietet Abbildung 1.

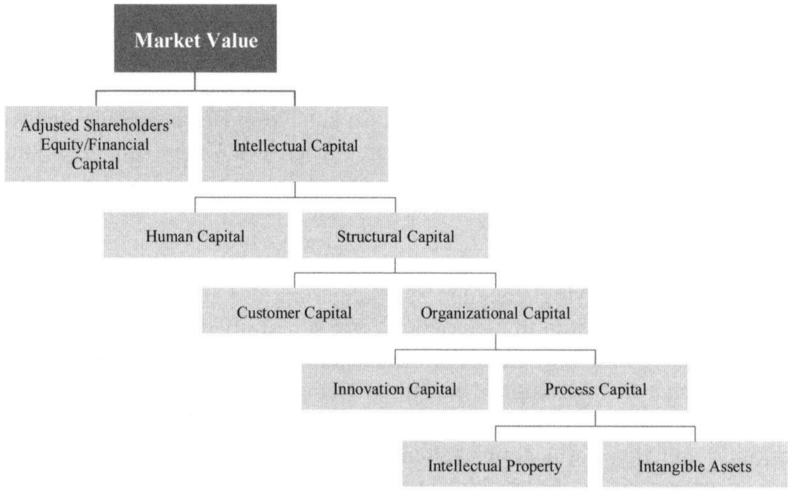


**Abb. 1:** Klassifizierung des Intellektuellen Kapitals sowie des Marktwertes[8]

*Human Capital* umfasst das Know-how, die Fähigkeiten, Kenntnisse, Innovationsfähigkeit und die Erfahrung der Mitarbeiter einer Organisation, die zur Problemlösung eingesetzt werden können. Des Weiteren werden die Unternehmenskultur und die kollektiven Wertvorstellungen des Unternehmens zum Human Capital gezählt. Es ist das in den Köpfen der Mitarbeiter vorhandene Wissen und deren Fähigkeit, ständig neues Wissen, Ideen und Innovationen zu generieren. Da es sich um personenbezogenes Kapital handelt, kann es nicht Eigentum des Unternehmens sein.[9]

Im Gegensatz dazu ist *Structural Capital* Eigentum des Unternehmens; es wird auch als der Teil des Unternehmenskapitals bezeichnet, der im Unternehmen zurückbleibt, nachdem die Mitarbeiter (und das „in ihnen" enthaltene Human Capital) das Unternehmen verlassen haben. Structural Capital stellt für das Human Capital die unterstützende Infrastruktur bereit und umfasst, wie bereits erwähnt, als externe Perspektive das Customer Capital und als interne Perspektive das Or-

---

7 Um Übersetzungsprobleme zu vermeiden, werden im Folgenden die Begriffe der ausschließlich englischsprachigen Literatur beibehalten.

8 Vgl. Skandia (1996a), S. 5; Skandia (1997a), S. 4.

9 Vgl. Edvinsson/Malone (1997), S. 11.

ganizational Capital. Damit gehören beispielsweise alle der im Eigentum der Organisation befindlichen Systeme (vor allem IT-Systeme), Markenrechte, Patente, Datenbanken, aber auch wertvolle Kundenbeziehungen zum Structural Capital. Es ist zur Wiederverwendung „verpacktes“ Human Capital bzw. organisatorisches Wissen und gleichzeitig der „Enabler“ für den wertvollen und Nutzen stiftenden Einsatz des Human Capital.[10]

*Customer Capital* beschreibt sämtliche Beziehungen zu Personen, die außerhalb des Unternehmens stehen (Kunden, Lieferanten, Investoren usw.) und deren Loyalität zum Unternehmen. Es geht hierbei also um Zielgrößen wie zum Beispiel Marktanteil im Kundensegment oder Kundentreue. Der Wert des Customer Capital ergibt sich als Barwert aller Kundenbeziehungen des Unternehmens.[11] Da erst durch hervorragende Kundenbeziehungen nachhaltige Gewinne möglich sind, hat das Customer Capital einen besonderen Stellenwert, denn schließlich zeigt es den Erfolg des Marktauftritts und die zukünftigen Ertragspotenziale auf. Deshalb wurden gute Kundenbeziehungen auch bisher schon durch einen hohen Goodwill abgegolten. Eine genaue Messung ihres Wertes mit Hilfe traditioneller Management-Tools, wie zum Beispiel der Discounted-Cashflow-Methode, war jedoch nicht möglich.[12]

*Organizational Capital* beinhaltet das vom Unternehmen in Strukturen, Prozessen oder der Kultur erfasste und institutionalisierte Wissen. Es umfasst sämtliche Systeme, Tools, Netzwerke mit Kunden und Lieferanten (Allianzen), Distributionskanäle und alle anderen organisatorischen Fähigkeiten, die das Unternehmen dazu befähigen, auf dem Markt zu agieren und gegenüber der Konkurrenz zu bestehen.[13] Auch die klassischen Immaterialgüter (Copyrights, Marken und Patente) gehören zum Organizational Capital, das sich wiederum in Innovation Capital und Process Capital unterteilt.

Unter *Process Capital* versteht Skandia den Gesamtwert aller Kern-, Unterstützungs- und Führungsprozesse, unabhängig davon, ob sie zur Wertsteigerung beitragen oder nicht. Darunter fallen sämtliche Arbeitsprozesse, Arbeitstechniken und Kenntnisse, die den Produktionsprozess oder die Dienstleistung am Kunden verbessern, zum Beispiel auch die Erfüllung der ISO-9000 Norm.[14]

*Innovation Capital* ist die Fähigkeit des Unternehmens zur Innovation und umfasst auch das Ergebnis der Innovationsprozesse, d.h. alle klassischen Immaterialgüter

---

10 Vgl. Roos et al. (1997), S. 29.

11 Vgl. Skandia (1997a), S. 4.

12 Vgl. Edvinsson/Malone (1997), S. 36 f.

13 Vgl. IFAC (1998), § 26; SMAC (1998), S. 13.

14 Vgl. Edvinsson/Malone (1997), S. 36.

(Copyrights, Marken, Patente) und sonstige immaterielle Aktiva, wie zum Beispiel Geschäftsprozesse, Produktionsabläufe oder besondere Talente, die zur Entwicklung neuer Produkte und Dienstleistungen genutzt werden können.[15]

| **Human Capital** | **Customer Capital** | **Organizational Capital** |
|---|---|---|
| **Know-how** | Brands | Copyrights, Patents & Trademarks |
| **Education** | Customers (names, purchase history) | Corporate strategies & methods |
| **Vocational qualification** | Customer loyalty | Trade secrets |
| **Work-related knowledge** | Customer penetration and breadth | Management philosophy, corporate culture and values |
| **Occupational assessments** | Company names | Design rights |
| **Psychometric assessments** | Distribution channels | Management processes |
| **Work-related competencies** | Business collaborations | Information systems |
| **Models and frameworks** | Licensing agreements | Networking systems |
| **Cultural diversity** | Favorable contracts | Financial relations |

**Tabelle 1:** Wesentliche Elemente der Hauptklassen des Intellektuellen Kapitals[16]

Generell gibt eine Klassifizierung dem Unternehmen die Möglichkeit, die einzelnen Bestandteile des Intellektuellen Kapitals ihrem Zusammenhang nach zu ordnen, zu messen und zu managen. Tabelle 1 gibt einen Überblick über die zu den drei Hauptklassen des IC (Human Capital, Customer Capital und Organizational Capital) gehörenden Elemente.

Die Klassifizierung der Bestandteile alleine kann jedoch nur eine höchst unbefriedigende Übersicht über das im Unternehmen vorhandene IC geben. Im Sinne einer Inventurliste können nur die entdeckten Bestände vermerkt und überwacht werden. Es fehlen also aussagekräftige Kennzahlen, anhand derer Aussagen über die Effektivität und Qualität des Managements getroffen werden können. Dabei werden zwei Ansätze zur Messung des IC unterschieden.

Einerseits kann IC als „Ganzes" anhand komparativer Indikatoren dargestellt werden. Die einfachste, bereits vorgestellte Messgröße des IC ist die Differenz

---

15 Vgl. Edvinsson/Malone (1997), S. 35 f.

16 Vgl. SMAC (1998), S. 14.

zwischen dem Marktwert und dem Buchwert des betrachteten Unternehmens.[17] Der Ansatz besticht durch seine Einfachheit und die breite Verfügbarkeit der Zahlen (zumindest für börsennotierte Gesellschaften), weist aber gerade deshalb einige Nachteile auf, da er die Komplexität der Realität vernachlässigt. So bleiben exogene Einflussfaktoren des Marktwertes unbeachtet, wie zum Beispiel Zinsänderungen, eine generelle Marktnervosität oder sonstige Informationen, die einen Einfluss auf die Anlageentscheidungen von Investoren ausüben können, beispielsweise Gerüchte, Berichte in den Medien oder die allgemeine politische Situation im In- und Ausland (man denke an die Kursbewegungen an den internationalen Märkten während des Golfkriegs). Des Weiteren sind die bilanzierten Buchwerte auf Grund des in der Rechnungslegung geltenden Vorsichtsprinzips zumeist stark unterbewertet. Die materiellen Vermögensbestandteile sind nämlich meist zu historischen Kosten (Anschaffungskosten) verbucht und werden oftmals mit einem über dem tatsächlichen Wertverzehr liegenden Abschreibungssatz belegt. Der Buchwert spiegelt deshalb nicht den „wahren" oder fundamental gerechtfertigten Wert der bilanzierten materiellen Aktiva wider. Die aufgeführten Nachteile und insbesondere die extremen Schwankungen des IC, ausgelöst durch schwer erklärbare und irrationale Kursbewegungen, lassen den Schluss zu, dass diese indirekte Berechnungsmethode lediglich als grobe Überschlagsrechnung taugt, denn die errechneten Größen bewerten das Intellektuelle Kapital zu hoch und den Wert des materiellen Vermögens (d.h. das Finanzkapital) zu niedrig.[18]

Eine weitere komparative Kennzahl wurde ursprünglich von dem amerikanischen Nobelpreisträger James Tobin entwickelt, um Investitionsentscheidungen von Unternehmen vorauszusagen. Das „q" entspricht dem Verhältnis des Marktwertes zu den Wiederbeschaffungskosten der Aktiva eines Unternehmens. Ist der Marktwert höher als der Wiederbeschaffungswert, d.h. $q>1$, dann wird unterstellt, dass das im Unternehmen vorhandene IC Wert steigernd genutzt und der Unternehmenswert entsprechend erhöht wurde. Vorteilhaft an dieser Kennzahl ist vor allem die Umgehung des Problems unterschiedlicher Abschreibungsraten von Unternehmen, denn die Berechnung des Wiederbeschaffungswertes verlangt die Rückrechnung der Abschreibungen auf die historischen Buchwerte und die Berücksichtigung eines Inflationsausgleichs. Dennoch ist auch Tobins q eine indirekte Berechnungsgröße und sollte ebenso wie die MB-Kennzahl vorwiegend zum brancheninternen Vergleich über einen längeren Vergleichszeitraum verwendet werden.[19]

Die Messung der IC-Klassen anhand spezifischer Kennzahlen (Performance-Indikatoren) wird im folgenden Abschnitt näher betrachtet.

---

17 Vgl. Edvinsson/Malone (1997), S. 13.

18 Vgl. Stewart (1997), S. 224 f.

19 Vgl. SMAC (1998), S. 40.

## 2.2 Performance-Indikatoren

Um das IC managen zu können, muss sich das Unternehmen einen Überblick über die Bestände an Immateriellen Aktiva verschaffen. Überwiegend in der Praxis wurden bisher verschiedene Ansätze zur Messung der Bestandteile des IC entwickelt. So werden häufig verschiedene finanzielle und nicht-finanzielle Indikatoren und Kennzahlen zur Visualisierung des IC in einem übersichtlichen Report bzw. einer Scorecard zusammengefasst und teilweise sogar veröffentlicht, zum Beispiel von Skandia oder Dow Chemical.[20] *Edvinsson/Malone* präsentieren in ihrem Buch sogar einen „Universellen IC Report" mit 164 Indikatoren, aus denen sich jede Organisation die für sie relevanten Kennzahlen aussuchen kann.[21] Jedoch sollten die Indikatoren, wie bei der BSC, die Geschäftsstrategie des Unternehmens widerspiegeln, und können deshalb nicht einfach vorformuliert aus fremden Quellen übernommen werden. Jedes Unternehmen und jede Geschäftseinheit muss eigene, den spezifischen Bedürfnissen entsprechende Indikatoren und Kennzahlen entwickeln und diese ständig überprüfen.

Ein neuerer Vorschlag ist die Konsolidierung der Performance-Indikatoren zu einer gewichteten Messgröße. Ein solches Konzept wurde von *Intellectual Capital Services Ltd.* unter dem Namen „IC-Index" entwickelt.[22] Ziel dieses IC-Index ist es, einen Überblick über den gesamten Bestand und die Veränderungen des IC einer Organisation in einer einzigen Kennzahl zu geben. Dabei können unterschiedliche Aggregationsniveaus gewählt werden, die Auswirkungen von Veränderungen einer Teilgröße auf eine andere aufzeigen. „Trade-offs“ von Investitionsentscheiden, d.h., welche Auswirkungen eine Investition (Reduktion des Finanzkapitals) im Gesamtbestand und in den Teilgrößen des IC hervorruft, können ebenfalls sichtbar gemacht werden. Der Vorteil einer solchen Konsolidierung gegenüber den zuvor vorgestellten komparativen Indikatoren liegt darin, dass die resultierende Größe nicht von Marktschwankungen, sonstigen externen Einflüssen oder einem geschätzten Diskontfaktor abhängig ist. Bei einer Konsolidierung müssen jedoch Gewichtungen für die Teilelemente festgelegt werden.

Der IC-Index ist auf Grund dieser subjektiven, empirisch nicht validierten Gewichtung der Elemente ein sehr unsicherer Indikator und kann deshalb schlimmstenfalls sogar zu Fehlsteuerungen führen. Durch die Aggregation der Teilgrößen gehen zudem Detailinformationen verloren. Außerdem ist er eine dimensionslose Größe, was zur Folge hat, dass monetäre Teilelemente zunächst in nicht-finanzielle Indexgrößen transformiert werden müssen. Schließlich wird jede Organisation ihren eigenen IC-Index, bestehend aus spezifischen Indikatoren mit subjektiven Gewichtungen entwickeln, sodass ein externes Benchmarking unmöglich

---

[20] Vgl. Roos et al. (1997), S. 23.

[21] Vgl. Edvinsson/Malone (1997), S. 151 ff.

[22] Vgl. Ross et al. (1997), S. 93.

wird. Eine behelfsmäßige Lösung ist der externe Vergleich von relativen Änderungen des IC-Index. Der Vergleich der prozentualen Veränderungen mit denjenigen der Konkurrenz soll Rückschlüsse auf die Qualität des Managements und das Wertsteigerungspotenzial ermöglichen, indem von Bewegungen des IC-Index auf Änderungen des Marktwerts geschlossen wird.[23]

# 3 IC-Tools im Versicherungswesen

IC-Tools sind relativ neue Management-Tools und werden in der Praxis bislang nur von wenigen Unternehmen eingesetzt. Deshalb existieren auch keine empirischen Untersuchungen über den Erfolg ihres Einsatzes. Im Folgenden werden zwei in der Praxis eingesetzte IC-Tools beschrieben und bewertet, nämlich die Ansätze von Winterthur International und Skandia Assurance & Financial Services (AFS), dem Vorreiter bei der Entwicklung und dem Einsatz von IC-Tools. Sie wurden ausgewählt, da es sich bei beiden um Finanzdienstleister handelt und somit vergleichbare Zielsetzungen hinter dem Einsatz der IC-Tools vermutet werden können. Zudem liegen von beiden Unternehmen Informationen über die implementierten Tools vor.

Gerade Finanzdienstleistungsunternehmen haben sich als Pioniere auf dem Gebiet des Intellektuellen Kapitals etabliert. Dies ist wenig erstaunlich, da gerade die Dienstleistungen von Banken und Versicherungen reine „Wissensprodukte" sind, d.h. immaterielle Verbindungen des Spezialwissens über Kunden, Märkte und Prozesse, wie man sich am Beispiel einer Versicherungspolice oder eines Sparbuchs leicht vor Augen führen kann. Besondere Bedeutung erlangt dabei das Wissen über den Kunden, weil dieser Dienstleistungen erwartet, die speziell auf seine Bedürfnisse zugeschnitten sind. Auch das zunehmende Aufkommen von Direktversicherungen, die nahezu ganz ohne persönlichen Kundenkontakt auskommen, verdeutlicht, dass die Zukunft der Finanzdienstleistungsbranche mehr denn je auf der Fähigkeit beruht, Intellektuelles Kapital Wert steigernd zu managen. Finanzkapital und physisches Kapital (zum Beispiel repräsentative Verwaltungsgebäude) hingegen werden kaum oder nur noch in Teilsegmenten des Marktes für Finanzdienstleistungen zum Erreichen von Wettbewerbsvorteilen genügen.[24]

Die beiden Tools werden einer dreistufigen Betrachtung unterzogen. Zuerst werden die gewählte Strategie und der Kulturwandel beschrieben, danach das Management-Tool samt Messsystem und Prozessmodell. Abschließend wird das jeweils verwendete Konzept in den Gesamtkontext eingeordnet und evaluiert.

---

23 Vgl. Bontis et al. (1999) S. 399 ff.

24 Vgl. SMAC (1998), S. 22 f.

## 3.1 XL Winterthur International

Die Winterthur International (WI) ist eine ehemalige Division der Schweizer Winterthur Versicherungen, in der das Versicherungsgeschäft mit multinationalen Großkunden zusammengefasst war. Im Rahmen einer Refokussierung auf das Lebensversicherungsgeschäft wurde die WI 2001 an die in den Bermudas ansässigen XL Capital Ltd. verkauft. Mit ihren über 1200 Mitarbeiterinnen und Mitarbeitern ist die XL Winterthur International einer der führenden Versicherer im Bereich Risk-Management für multinationale Großkunden. WI betreut ihre Kunden weltweit nach dem „Key-Account-Konzept", d.h., jeder Kunde hat jeweils nur einen Ansprechpartner bei WI.[25]

### 3.1.1 Strategie und Kulturwandel

Die Übernahme durch die Credit Suisse Group im Jahre 1997 führte bei der Winterthur Gruppe zu einer Neuformulierung der Unternehmensstrategie. Gleichzeitig initiierte das Topmanagement einen Wandel hin zu einer offenen, freien und auf Teamarbeit basierenden Firmenkultur mit einer stark ausgeprägten Kundenorientierung. Zudem erhielt WI ein neues Informationssystem („Genius") zur Erleichterung und Beschleunigung des globalen Informations- und Wissenstransfers. Das neue IT-System ist auf die Anforderungen der Betreuung multinationaler Großkunden abgestimmt. Des Weiteren wurde ein internationales Benchmarking-Projekt gestartet, um für die Kernprozesse des Versicherungsgeschäfts die weltweit besten Lösungen zu finden. Zur Erweiterung des Vertriebsnetzes wurden außerdem mehrere strategische Allianzen mit ausländischen Partnern geschlossen. Diese Entwicklungen waren schließlich der Auslöser für die Einführung eines neuen Management-Tools auf Basis der Balanced Scorecard.

### 3.1.2 Klassifikation und Messung des Intellektuellen Kapitals

Das Vorgehen zur Entwicklung und Implementierung des neuen Management-Tools richtete sich im Wesentlichen nach dem Prozessmodell von Kaplan/Norton. Die neu formulierte Unternehmensstrategie und die Vision wurden in ein „Mission Statement" übersetzt. Dieses trifft eine Aussage über das Geschäft, in dem das Unternehmen aktiv sein will und identifiziert die Werte und die zu befriedigenden Bedürfnisse der Stakeholder.

Um die im Mission Statement aufgeführten strategischen Ziele zu verwirklichen, wurden zunächst die Bestimmungsfaktoren des Wettbewerbs (*sources of industry leadership*) identifiziert und den vorher festgelegten IC-Klassen zugeordnet. Daraus konnten schließlich die für den zukünftigen Erfolg erforderlichen Kernkom-

---

25 Die Ausführungen zu WI basieren – sofern nicht anders vermerkt – auf einer Fallstudie mit dem Titel „Intangibles in Insurance", die Wolfgang Schmidt-Sölch, Mitglied der Geschäftsleitung von Winterthur International, vorstellte.

petenzen abgeleitet werden. Tabelle 2 gibt einen Überblick über die von WI identifizierten Bestimmungsfaktoren des Wettbewerbs, IC-Klassen und Kernkompetenzen.

| Source of Industry Leadership | Intellectual Capital | Core Competency |
|---|---|---|
| **Intelligence and knowledge** | **HUMAN CAPITAL**<br>*Individual talent*: personal expertise and experience, the ability to transform it into new knowledge<br>*Shared, new knowledge*: created, transferred and communicated among many people | Expertise |
| **Innovative underwriting and solution orientation** | **RENEWAL CAPITAL**<br>*Intellectual properties*: patents, licenses, etc. (not that relevant for insurance)<br>*Marketable innovations*: products, services and technologies, brand name | Developing others concern for quality |
| **Top administrative quality** | **STRUCTURAL CAPITAL**<br>*Work processes*: institutionalized knowledge in the form of procedures and policies, process technologies, etc.<br>*Documentation*: databases, records and knowledge documents of various forms | Developing others concern for quality |
| **Customer relationship management in a globally integrated network** | **RELATIONSHIP CAPITAL**<br>*Networks*: resources for information and influence<br>*CustomersI* particularly the most innovative in their industries | Integrity |

**Tabelle 2:** Wettbewerbsfaktoren, IC-Klassifikation und Kernkompetenzen von WI

Die in den IC-Klassen enthaltenen Elemente stehen inhaltlich in folgendem Zusammenhang mit den zuvor vorgestellten, von Skandia entwickelten Klassen:[26]

| Winterthur International | Skandia |
|---|---|
| Human Capital | Human Capital |
| Renewable Capital | Innovation Capital |
| Structural Capital | Process Capital |
| Relationship Capital | Customer Capital |

**Tabelle 3:** Vergleich der IC-Klassen von XL Winterthur International und Skandia

---

26 Vgl. Edvinsson/Malone (1997), S. 34 ff.

Gleichzeitig nutzte WI die Balanced Scorecard als strategischen Handlungsrahmen, um die in der Mission wiedergegebenen strategischen Ziele zu operationalisieren. Die finanziellen Zielgrößen von WI, die weiterhin im Zentrum des unternehmerischen Handelns stehen, wurden durch eine Kausalkette mit den entsprechenden Leistungstreibern (*Lead Measures*) und Ergebniskennzahlen (*Lag Measures*) in Verbindung gebracht. Das Herunterbrechen der strategischen Ziele bis auf die Mitarbeiterebene in konkrete operative Zielvorgaben gewährleistet die durchgängige Ausrichtung aller Handlungen auf das Erreichen der gesetzten Ziele. Tabelle 4 zeigt einen Auszug aus der aggregierten BSC mit den strategischen Zielen, Leistungstreibern und Ergebniskennzahlen. Die operativen Ziele sind vertraulich und wurden nicht veröffentlicht.

| | **Intellectual Capital** | **Intellectual Capital** | **Core Competency** |
|---|---|---|---|
| **Financial Perspective** | • Manage overall risk portfolio<br>• Grow profitable premiums in target | | • Net operating profit<br>• Expense ratio<br>• Combined ratio |
| **Customer Perspective** | • I want solutions for my company<br>• I want reliable, quality service | • Satisfaction with offers<br>• Market perception & satisfaction | • Retention ratio |
| **Internal Perspective** | • Sell solutions through teams<br>• Manage broker/consultant relations | • Account plans developed<br>• Qualified referrals from Partners<br>• Claims cost ratio | • Sales pipeline<br>• Loss ratio<br>• Cost per policy<br>• Re-insurance costs |
| **Learning & Growth Perspective** | • Build profit/cost transparency culture<br>• Identify & focus on profitable customers | • Cost transparency<br>• Cashflow ageing<br>• Knowledge development | • Competency coverage<br>• Follow-up on lost and unsuccessful offers |

**Tabelle 4:** Auszug aus der Balanced Scorecard von XL Winterthur International

Des Weiteren entwickelte WI ein umfassendes Performance-Modell, das die anhand der BSC identifizierten, vertikal angeordneten Kausalketten horizontal integriert und mit den erforderlichen Fähigkeiten und Kompetenzen (die wiederum mit den verschiedenen IC-Klassen verbunden sind) in Verbindung setzt.

Die horizontale Abstimmung der Kausalketten lässt erkennen, ob die Perspektiven und die darin enthaltenen KEF kohärent „zusammenspielen" oder sich einzelne Ziele gegenseitig beeinträchtigen. Das Performance-Modell ermöglicht einerseits einen ganzheitlichen Überblick über den Wertsteigerungsprozess, andererseits lassen sich anhand der hinter den Kausalketten stehenden Kennzahlen zeitnah strategische Entscheidungen treffen. Die Leistungstreiber zeigen zudem Störungen des operativen Geschäfts frühzeitig auf; so können rasch Gegenmaßnahmen eingeleitet werden.

Mit der Vorgabe „Manage overall risk portfolio" in der Finanzperspektive wird die besondere Bedeutung des Risikomanagements betont. Auf den unteren Ebenen werden dementsprechend entlang einer Kausalkette weitere Risikomanagement-Ziele formuliert. Zudem werden entsprechende Messgrößen zur Kontrolle des Erreichens der Zielvorgaben ausgegeben (siehe Tabelle 4). Gerade in einem Geschäftsfeld, das sich vornehmlich mit der Übernahme größerer Risiken und dem Hedging auf dem Finanzmarkt beschäftigt, ist dieser Schritt von herausragender Bedeutung.

Ergänzt wird das Performance-Modell durch ein Handlungsmodell für ein strategisches Personalmanagement, mit dem die Auswahl und Entwicklung der Mitarbeiter koordiniert wird. Zudem unterstützt es die Ausrichtung aller unternehmerischen Handlungen auf die langfristigen strategischen Ziele. WI führte zu diesem Zweck eine erfolgsabhängige Vergütung und ein Kompetenz- und Wissens-Mapping ein. Dieses *Mapping* ist auf die IC-Klassen ausgerichtet und legt anhand eines grafischen Modells die Zielvorgaben für die Personalentwicklung fest, indem es die zur Realisierung der strategischen Ziele benötigten Kompetenzen und Fähigkeiten bestimmt. Benötigte, aber nicht vorhandene Fähigkeiten können dann gezielt aufgebaut und gefördert werden.

### 3.1.3 Bewertung

Das von WI eingesetzte Management-Tool basiert auf drei Pfeilern: der BSC als Measurement-Tool und Handlungsrahmen, dem strategischen Personalmanagementkonzept und dem Performance-Modell. Zusammen ermöglichen sie ein auf die langfristigen Ziele abgestimmtes, proaktives Management. Die nicht-finanziellen Kennzahlen und Wissensindikatoren spielen bei WI nur eine untergeordnete Rolle. Die aufzubauenden Kernkompetenzen werden zwar direkt aus den IC-Klassen abgeleitet und später der Personalentwicklung vorangestellt, aber das Measurement-Tool ist ausschließlich auf das Erreichen langfristiger finanzieller Ziele ausgerichtet. Das Wissens-Reporting ist nur schwach ausgeprägt und auf interne Adressaten beschränkt.

Die konsistente Ableitung der Indikatoren aus Strategie und Vision ist durch den Handlungsrahmen der BSC gewährleistet. Kennzahlen auf Mitarbeiterebene und IC-Indikatoren werden nicht ermittelt, und somit lässt sich das IC auch weder messen noch aktiv managen. Die Mitarbeiterpotenziale und das in den Köpfen der Mitarbeiter vorhandene Wissen werden nicht entsprechend ihrer überragenden Bedeutung zum Aufbau von Wettbewerbsvorteilen berücksichtigt.

## 3.2 Skandia AFS

Skandia AFS ist die größte und wachstumsstärkste Geschäftseinheit im weltweit operierenden Skandia-Konzern und vertreibt innovative Finanz- und Versicherungsprodukte. Als erste Geschäftseinheit von Skandia begann AFS damit, ein IC-Tool zu entwickeln und zu implementieren. 1991 ernannte AFS den mittlerweile weltweit als „IC-Leitfigur" anerkannten *Leif Edvinsson* zum „Direktor für Intellektuelles Kapital".[27] Unter *Edvinsson's* Federführung entwickelte AFS das nachstehend beschriebene IC-Tool sowie wesentliche theoretische Grundlagen des IC-Ansatzes. 1994 schuf AFS zudem den Posten des „Intellectual Capital Controllers"; er hat zur Aufgabe, ein systematisches IC-Berichtswesen aufzubauen.

### 3.2.1 Strategie und Kulturwandel

Erklärtes Ziel von Skandia ist es, durch ein neu ausgerichtetes Führungsverhalten (*Leadership*) des Managements eine Kultur des Lernens zu etablieren. Außerdem soll sowohl intern, d.h. unter den Mitarbeitern, als auch extern, gegenüber Geschäftspartnern und Aktionären, eine Vertrauenskultur (*High trust culture*) gefördert werden. Die Vertrauenskultur soll den Wissensfluss im Unternehmen erleichtern, dadurch die Generierung von Innovationen beschleunigen und schließlich zur Steigerung des Unternehmenswertes beitragen. Zum Wandel der Unternehmenskultur trägt aber auch die Anwendung einer angemessenen Sprache und Terminologie bei, die von Skandia konsistent auf das Thema „Intellektuelles Kapital" ausgerichtet wird.

Gleichzeitig soll Kreativität freigesetzt werden und ein Schub neuer Innovationen entstehen – Innovationsfähigkeit soll sogar zu einer Kernkompetenz aufgebaut werden. Außerdem sollen die Erneuerung der Unternehmenswerte (*Renewal*) und der Wandel hin zur Vertrauenskultur (*Development*) vorangetrieben und in einer abgeschlossenen „Wandelarena", dem SFC, erprobt werden.[28] *Renewal & Development* ist deshalb auch der zukunftsorientierte Fokusbereich des IC-Tools, der eine besondere Bedeutung für das Überleben des Unternehmens in der Zukunft bzw. seine langfristigen strategischen Ziele besitzt.[29]

### 3.2.2 Klassifikation und Messung des Intellektuellen Kapitals

Die Klassifikation des IC erfolgte wie oben angeführt. Skandia wählte als Prozessmodell ein an das Standard-Prozessmodell angelehntes Modell. Dieses ordnet die aus Strategie und Kritischen Erfolgsfaktoren (KEF) abgeleiteten Indikatoren in die Fokusbereiche des Measurement-Tools (den *Skandia Navigator*) ein. Aus der Analyse der in den Fokusbereichen festgehaltenen Indikatoren werden Aktionspläne und operative Ziele festgelegt.

---

27 Vgl. Probst et al. (1997), S. 326 f.

28 Vgl. Edvinsson/Malone (1997), S. 61 f.

29 Vgl. Skandia (1996b), S. 2.

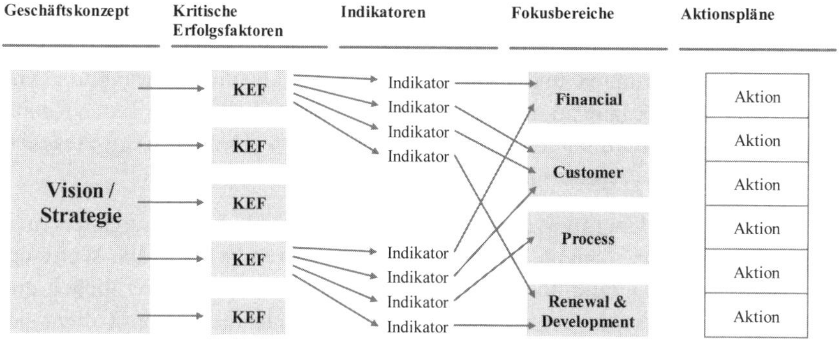


**Abb. 2:** Das Prozessmodell von Skandia[30]

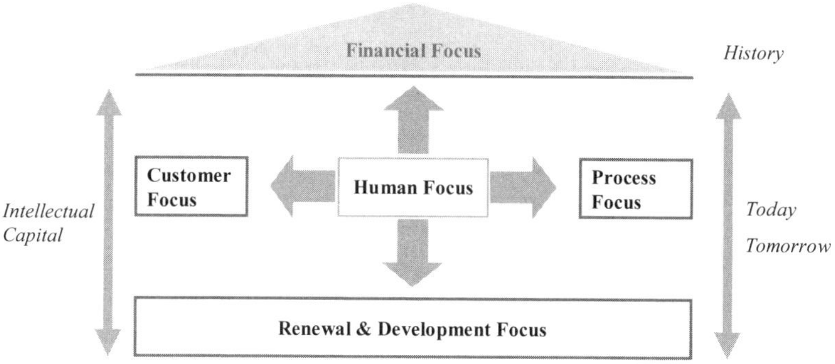


**Abb. 3:** Das Prozessmodell von Skandia[31]

Die Messgrößen der KEF werden dem inhaltlichen Zusammenhang gemäß in den Fokusbereichen zusammengefasst. Dadurch wird deutlich, dass die KEF einen mehrdimensionalen Charakter haben. Die vier Fokusbereiche des IC und der Finanzfokus werden im Navigator in übersichtlicher Weise dargestellt (vgl. Abbildung 3).

Der Navigator kombiniert vergangenheits-, gegenwarts- und zukunftsorientierte Indikatoren in einem übersichtlichen Berichtsbogen, der die Balanced Scorecard als Vorbild hat. Er enthält zusätzlich zu den von der BSC entwickelten Perspektiven bzw. Fokusbereichen den Human Focus als zentrales Element. Der Human Focus ist für Skandia von besonderer Bedeutung, da als Hauptaufgabe des IC-Managements die Umwandlung von Human Capital in Structural Capital identifi-

---

30 Vgl. Skandia (1995), S. 6.

31 Vgl. Skandia (1995), S. 6.

ziert wurde. Ziel ist einerseits die Verbreiterung der Wissensbasis durch die Umwandlung von individuellem Wissen in kollektives Wissen, andererseits die Kodifizierung von Erfahrungen und implizitem Wissen, d.h. die Umwandlung von Human Capital in Organizational Capital. Dadurch bleiben Skandia die Kenntnisse und Fähigkeiten von Mitarbeitern auch dann noch erhalten, wenn diese das Unternehmen bereits verlassen haben.[32]

Tabelle 5 gibt einen Überblick über die im IC-Report 1998 veröffentlichten Indikatoren von American Skandia, der US-Tochter von Skandia AFS. Die Werte der Indikatoren werden laufend überwacht, mit internen Benchmarks verglichen und mit Hilfe von Charts auf Trendentwicklungen hin untersucht. Somit dient der Navigator auch als Frühwarnsystem, der durch die Einbeziehung von Leistungstreibern auch schwache Signale von diskontinuierlichen Entwicklungen erkennen lässt und dadurch frühzeitig Gegenmaßnahmen ermöglicht.

| **Financial Focus** | **Customer Focus** | **Human Focus** | **Process Focus** | **Renewal & Development Focus** |
|---|---|---|---|---|
| Return on capital employed | Number of contracts | Number of employees (full time) | Number of contracts/ employee | Share of gross premiums written from new launches |
| Operating result | Savings/contract | Number of managers | Administration expense/gross premiums written | Increase in net premiums written |
| Value added/ employee | Points of sale | Training expense/ employee | IT expense/administration expense | Development expense/administration expense |

**Tabelle 5:** Kennzahlen des Navigators von American Skandia[33]

Der Navigator wurde von AFS entwickelt und auch zuerst eingesetzt. Danach wurde er in anderen Geschäftseinheiten und auch auf Konzernebene eingeführt und entsprechend adaptiert. Die Navigatoren sind auf jede Geschäftseinheit spezifisch zugeschnitten und fließen gewichtet in einen konsolidierten IC-Index[34] ein. Selbst gestecktes Ziel von Skandia ist es, jedem Mitarbeiter einen persönlichen Navigator bereitzustellen: Die strategischen Ziele werden durch einen partizipativen Prozess von Management und Mitarbeitern bis auf die kleinstmögliche Ebene heruntergebrochen und exakte operative Zielvorgaben entwickelt. Je nach dem Grad der Erfüllung der Vorgaben für den einzelnen Mitarbeiter und für das Team

32 Vgl. Skandia (1995), S. 20.

33 Vgl. Skandia (1999b), S. 20.

34 Skandia verwendet den von *Intellectual Capital Services* entwickelten und patentierten IC-Index.

erfolgt deshalb die Personalbeurteilung. Das neu eingeführte Bonussystem richtet sich ebenfalls nach der Erfüllung dieser Kriterien. Bei American Skandia beispielsweise wird der Erfüllungsgrad jedes Fokusbereiches mit 20% für die Ermittlung des jährlichen Bonus gewichtet. Gerade in diesem Zusammenhang wird die Bedeutung des Führungsverhaltens des Managements deutlich, denn Ziele, Anreize, Beurteilung und Feedback müssen harmonisch mit den strategischen Zielen des Unternehmens abgestimmt sein.[35]

### 3.2.3 Bewertung

Ursprünglich wurde der Navigator dazu entwickelt, der Außenwelt den wahren, vollständigen Unternehmenswert von AFS zu vermitteln. Heute erfüllt er einen mehrfachen Zweck: Er dient dem Performance Measurement und IC-Reporting, der Unternehmenssteuerung (Navigation), der Geschäftsplanung, der Frühaufklärung und der Mitarbeitermotivation. Die Fülle der (mit der Zeit gewachsenen) Aufgaben zeigt es deutlich: Der Navigator hat sich von einem reinen Measurement-Tool zu einem ganzheitlichen Management-Tool entwickelt.

Zwar wurde mit dem IC-Ansatz ein ganzheitliches Modell gewählt, der das gesamte Unternehmenskapital sichtbar werden lässt. Wie bei allen anderen bekannten IC-Tools wird aber weiterhin auf die kreativen Fähigkeiten der Mitarbeiter bei der Generierung neuer, unkonventioneller Bottom-up-Methoden des Feedback verzichtet. Zur Geschäftsplanung und für Investitionsentscheidungen werden weiterhin ausschließlich quantitative Kennzahlen verwendet, die nie die Bandbreite an Informationen und Details vermitteln können wie qualitative Informationen, zum Beispiel Berichte (*Stories*), Gespräche oder Erzählungen.

Ein weiterer Kritikpunkt ist die große und unübersichtliche Anzahl verwendeter Indikatoren. Der erste IC-Report von Skandia enthielt gemäß Edvinsson/Malone 91 Messgrößen aus den verschiedenen Geschäftsbereichen. Für ihren universellen IC-Report schlagen die beiden Autoren gar 164 Indikatoren vor, 111 Hauptindikatoren und 51 ergänzende Kennzahlen.[36] Sie argumentieren, dass mit Hilfe neuester IT die Überwachung auch einer derartig großen Anzahl von Kennzahlen problemlos zu bewältigen sei. Allerdings bestehen einige Zweifel an dieser These. So werden Mitarbeiter und Investoren leicht durch die zu große Zahl von Indikatoren verwirrt und es kann dadurch zu einer Überbewertung des IC kommen, zumal die Angaben des Unternehmens nicht oder nur schwer zu überprüfen sind und nicht auditiert werden. Aus ihrer Erfahrung mit der Implementierung von BSC-Projekten schlagen Olve et al. eine maximale Anzahl von fünf bis zehn Indikatoren je Fokusbereich vor; andernfalls besteht die Gefahr, dass sich die Organisation

---

35 Vgl. Skandia (1997a), S. 9.

36 Vgl. Edvinsson/Malone (1997), S. 147 ff.

nicht ausreichend auf die identifizierten KEF konzentriert und ein überfordertes Management die Kennzahlen falsch interpretiert.[37]

Des Weiteren wird von Skandia keine monetäre Größe des IC bzw. kein komparativer Indikator berechnet. Die Aggregation der Kennzahlen im IC-Index hingegen birgt die bereits zuvor angesprochenen Nachteile in sich. Der größte Nachteil des IC-Tools von Skandia ist allerdings die undifferenzierte Betrachtung der Fokusbereiche. Anders als die BSC erlaubt das Prozessmodell von Skandia, wie auch das Standard-Prozessmodell, weder eine hierarchische Anordnung der Fokusbereiche noch deren Verknüpfung zu einer kohärenten Strategie. Viele Indikatoren können nicht aus der Strategie bzw. der Vision abgeleitet werden, da die Ursache-Wirkungsketten weitgehend fehlen oder nur rudimentär vorhanden sind.

Die Aussagekraft der Kennzahlen ist deshalb stark eingeschränkt und ihre Bedeutsamkeit für das Management zweifelhaft. Eine wohl abgestimmte Balanced Scorecard hingegen ermöglicht durch das rigide Prozessmodell die vertikale und horizontale Integration aller Kausalketten und die kohärente Ausrichtung aller Initiativen auf die langfristigen strategischen Ziele. Diese strategischen Ziele sind notwendigerweise finanzieller Natur – schließlich ist es auch das erklärte Ziel von Skandia, durch die Umwandlung von Intellektuellem Kapital in Finanzkapital letztlich den Unternehmenswert zu steigern.[38]

# 4 IC-Management-Modelle in Wissenschaft und Praxis

Die Praktikabilität von IC-Management-Tools wird durch die genannten Beispiele glaubhaft unterlegt. Wie aber sieht es mit der wissenschaftlichen Relevanz der Messgrößen und Indikatoren aus? Kann die Performance nachhaltig durch den Einsatz von IC-Tools beeinflusst werden?

Aktuelle Forschungsergebnisse zeigen den Link zwischen Investitionen in immaterielle Vermögensgegenstände und finanzieller Performance auf.[39] Immaterielle Investitionen stärken die wichtigen immateriellen Werttreiber des Unternehmens. So lassen sich in empirischen Analysen nachhaltige Übergewinne anhand von immateriellen Ausstattungsunterschieden zwischen Firmen erklären.

Im Hinblick auf die in diesem Aufsatz dargestellten Management-Tools muss jedes Unternehmen diejenigen Werttreiber identifizieren, die eine dauerhafte Out-

---

37 Vgl. Olve et al. (1999), S. 129 ff.

38 Vgl. Skandia (1997a), S. 3.

39 Vgl. Pfeil (2004); Villalonga (2001).

performance ermöglichen. Es gilt also, die Unternehmensstrategie empirisch auf die finanziellen Folgen zu verifizieren. Die Beschäftigung mit dem „Performance-Link" ist notwendig, denn die neuen Management-Modelle können nur mit Hilfe empirischer Studien wissenschaftliche Glaubwürdigkeit erhalten. Die ersten Ergebnisse sind ermutigend – hier kann die Unternehmenspraxis von der Theorie profitieren.

# Literaturverzeichnis


Bontis, Nick/Dragonetti, Nicola C./Jacobsen, Kristine/Roos, Göran: The Knowledge Toolbox: A Review of the Tools Available to Measure and Manage Intangible Resources. European Management Journal, Vol. 17, No. 4, August 1999, S. 391-402.

Edvinsson, Leif/Malone, Michael S. (1997): Intellectual Capital: Realizing Your Company's True Value by Finding its Hidden Brainpower. New York: Harper Business.

International Federation of Accountants (IFAC) (1998): The Measurement and Management of Intellectual Capital: An Introduction. New York. http://www.ifac.org/ StandardsAndGuidance/FMAC.html.

Kaplan, Robert S./Norton, David P. (1997): Balanced Scorecard: Strategien erfolgreich umsetzen. Stuttgart: Schäffer-Poeschel.

Olve, Nils-Göran/Roy, Jan/Wetter, Magnus (1999): Performance Drivers: A Practical Guide to Using the Balanced Scorecard. Chichester et al.: John Wiley & Sons.

Pfeil, Oliver Peter (2004): Earnings from Intellectual Capital as a Driver of Shareholder Value., Bern et al.: Haupt.

Pfeil, Oliver Peter/Vater, Hendrik: Die kleine Unternehmensbewertung oder die neuen Vorschriften zur Goodwill-Bilanzierung nach SFAS No. 141 und SFAS No. 142. Kapitalmarktorientierte Rechnungslegung, 2/2002, S. 12-25.

Probst, Gilbert/ Romhardt, Kai/Raub, Steffen (1997): Wissen managen: Wie Unternehmen ihre wertvollste Ressource optimal nutzen. Zürich: Verlag Neue Zürcher Zeitung.

Protzek, Heribert: Der Impairment Only Ansatz – Wider der Vernunft. Kapitalmarktorientierte Rechnungslegung, 11/2003, S. 495-502.

Roos, Johan/Roos, Göran/Dragonetti, Nicola Carlo/Edvinsson, Leif (1997): Intellectual Capital: Navigating in the New Business Landscape. London: Macmillan Business.

Skandia (1995): Visualizing Intellectual Capital in Skandia – Intellectual Capital Supplement to Skandia's 1994 Annual Report. Stockholm.

Skandia (1996a): Value Creating Processes – Intellectual Capital Supplement to Skandia's 1995 Annual Report. Stockholm.

Skandia (1996b): Power of Innovation – Intellectual Capital Supplement to Skandia's 1996 Interim Report. Stockholm.

Skandia (1997a): Customer Value – Intellectual Capital Supplement to Skandia's 1996 Annual Report. Stockholm.

Skandia (1997b): Intelligent Enterprising – Intellectual Capital Supplement to Skandia's 6-month Interim Report 1997. Stockholm.

Skandia (1999a): Annual Report 1998. Stockholm.

Skandia (1999b): Human Capital in Transformation – Intellectual Capital Prototype Report 1998. Stockholm.

Society of Management Accountants of Canada, The (SMAC) (1998): The Management of Intellectual Capital: The Issues and the Practice. Issues Paper # 16. Hamilton: The Society of Management Accountants of Canada.

Spremann, Klaus (1996): Wirtschaft, Investition und Finanzierung. München: Oldenbourg.

Spremann, Klaus/Pfeil, Oliver Peter/Weckbach, Stefan (2001): Lexikon Value-Management. München: Oldenbourg.

Stewart, Thomas A. (1997): Intellectual Capital – The New Wealth of Organizations., New York et al.: Doubleday/Currency.

Sveiby, Karl Erik (1997): The New Organizational Wealth: Managing and Measuring Knowledge-Based Assets. San Francisco: Berrett-Koehler Publishers, Inc.

Villalonga, Belen (2001): Intangible Resources and the Sustainability of Competitive Advantage. Working Paper UCLA.

# Teil III: Risiken begrenzen

# Risikosteuerung in Lebensversicherungsunternehmen – die Entwicklung der Aufgaben des Verantwortlichen Aktuars seit 1994

**Markus Faulhaber**

*Zusammenfassung:*
*Art und Umfang der Risiken, die deutsche Lebensversicherungsunternehmen beherrschen müssen, haben sich in den vergangenen zehn Jahren gewandelt. Die gewachsenen Herausforderungen haben mehrere Ursachen: Zum einen sind sie eine Konsequenz der Deregulierung des deutschen Lebensversicherungsmarktes im Jahr 1994, die zu einem verschärften Wettbewerb mit geringeren Sicherheitsmargen in den Produkten und zu einer ertragsorientierteren, aber riskanteren Kapitalanlagepolitik geführt hat. Zum anderen ergeben sie sich aus den tief greifenden Veränderungen der Kapitalmärkte. Diese Veränderungen erforderten die Entwicklung von aktuariellen Methoden für die gemeinsame Bewertung der Risiken von Kapitalanlagen und Verpflichtungen, auf deren Basis die Risikosteuerung das benötigte Risikokapital und die vorhandenen Eigenmittel des Unternehmens in der Balance halten kann.*

*Schlüsselwörter: Asset-Liability-Management, Bewertung von Garantien, Risikobewertung, Verantwortlicher Aktuar.*

## 1 Einleitung

Lebensversicherungsprodukte haben typischerweise lange Vertragslaufzeiten: Zum Beispiel können die Laufzeiten von Rentenversicherungsverträgen bei fünfzig oder mehr Jahren liegen. In der Regel sind dabei Leistung und Beitrag über die gesamte Laufzeit garantiert. Das Lebensversicherungsunternehmen spricht damit gegenüber dem Kunden mehrere Garantien aus: eine langfristige Zinsgarantie, biometrische Garantien (zum Beispiel im Hinblick auf die Absicherung von Langlebigkeits- oder Invalidisierungsrisiko) und die Garantie, die im Beitrag eingerechneten Kosten nicht zu erhöhen. Grundlegendes Ziel der Risikosteuerung in einem Lebensversicherungsunternehmen muss es sein, die dauernde Erfüllbarkeit der sich aus diesen Versicherungsverträgen ergebenden Verpflichtungen jederzeit gewährleisten zu können.

Art und Umfang der Risiken, die deutsche Lebensversicherungsunternehmen, ausgehend von diesem grundlegenden Ziel, bewerten und steuern müssen, haben sich seit 1994 deutlich gewandelt:

- Der Wettbewerbsdruck, der sich seit der Deregulierung des Lebensversicherungsmarktes 1994 immer weiter verschärfte, führte zu verringerten Sicherheitsmargen in den Rechnungsgrundlagen (Biometrie, Kosten), zur Absicherung neuer Risikoarten und zu einer ertragsorientierteren, aber riskanteren Kapitalanlage.
- Die Renditen festverzinslicher Wertpapiere gingen seit 1990 kontinuierlich zurück.
- Im Jahr 2000 setzte ein einschneidender Kursverfall an den Aktienmärkten ein.

Diese Entwicklungen führten dazu, dass sich die wesentlichen Risiken des Lebensversicherungsgeschäfts kumuliert realisierten. Dies bedeutete neue Anforderungen an die aktuarielle Risikosteuerung. Insbesondere wurde klar, dass der traditionelle aktuarielle Fokus auf die Berechnung der Deckungsrückstellung für die Risikosteuerung eines Lebensversicherungsunternehmens in diesem veränderten Marktumfeld nicht mehr ausreichte. Diese Veränderungen erforderten die Entwicklung von aktuariellen Methoden für die gemeinsame Bewertung der Risiken von Kapitalanlagen und Verpflichtungen (Asset-Liability-Management), auf deren Basis die Risikosteuerung das benötigte Risikokapital und die vorhandenen Eigenmittel des Unternehmens in der Balance halten kann.

# 2 Vom regulierten zum deregulierten Lebensversicherungsmarkt – die neue Funktion des Verantwortlichen Aktuars

## Die Situation vor 1995: materielle Aufsicht

Bis 1994 galt in der Bundesrepublik Deutschland für Lebensversicherungsunternehmen das Prinzip der uneingeschränkten materiellen Staatsaufsicht, die durch das Bundesaufsichtsamt für das Versicherungswesen (BAV) wahrgenommen wurde: Lebensversicherungsunternehmen mussten neue Tarife durch die Vorlage eines Geschäftsplans vorab durch das BAV genehmigen lassen. Dieser Geschäftsplan enthielt für jeden Tarif die Grundsätze der Berechnung der Beiträge und der Deckungsrückstellungen. Damit unterlagen neben der Art des abzusichernden Risikos und dem Formelwerk insbesondere die Annahmen zu biometrischen Rechnungsgrundlagen, zu eingerechneten Kosten und zum Zins der Genehmigung durch das BAV. Aufgabe des Chefmathematikers in den Lebensversicherungsunternehmen bei der Risikobewertung war es, als aktuarieller Sachverständiger gemäß § 65 Abs. 2 VAG (in der Fassung vor 1994) unter der Bilanz die korrekte Berechnung der Deckungsrückstellungen in Übereinstimmung mit dem Geschäftsplan zu bestätigen.

Als Folge der uneingeschränkten materiellen Staatsaufsicht wurde durch das BAV für die Rechnungsgrundlagen Biometrie und Kosten eine nahezu markteinheitliche Festlegung herbeigeführt; die Bruttoprämien der deutschen Versicherungsunternehmen waren damit letztlich fixiert. In diesem Marktumfeld blieb die Höhe der Überschussbeteiligung das wesentliche Wettbewerbsmerkmal. Ende der siebziger Jahre entbrannte eine intensiv geführte Diskussion, wie ein sinnvoller Nachweis zu führen sei, dass die in den Modellrechnungen eines Unternehmens dargestellte Überschussbeteiligung durch das Unternehmen dauerhaft finanziert werden kann. Das hierbei von Gessner vorgeschlagene Modell stellte wegen seines konsequenten Going-Concern-Ansatzes bei der Behandlung überrechnungsmäßiger Abschlusskosten den sicher plausibelsten Ansatz dar.

## 1994: Die Funktion des Verantwortlichen Aktuars wird definiert

Seit der Deregulierung des deutschen Lebensversicherungsmarktes im Jahr 1994 in Folge der Umsetzung der europäischen Dritten Richtlinie Lebensversicherung im deutschen Versicherungsaufsichtsgesetz (VAG) und anderen Gesetzen sind deutsche Lebensversicherungsunternehmen verpflichtet, einen Verantwortlichen Aktuar zu bestellen. Seine Aufgaben und Pflichten sind abschließend in § 11a VAG geregelt, der unter anderem in Abs. 3 Nr. 1 festlegt:

> „[Der Verantwortliche Aktuar] hat sicherzustellen, daß bei der Berechnung der Prämien und der Deckungsrückstellungen die Grundsätze des § 11 und der auf Grund des § 65 Abs. 1 erlassenen Rechtsverordnungen sowie des § 341f des Handelsgesetzbuchs eingehalten werden. Dabei muß er die Finanzlage des Unternehmens insbesondere daraufhin überprüfen, ob die dauernde Erfüllbarkeit der sich aus den Versicherungsverträgen ergebenden Verpflichtungen jederzeit gewährleistet ist und das Unternehmen über ausreichende Mittel in Höhe der Solvabilitätsspanne verfügt.“

Die zentralen Aufgaben und Pflichten des Verantwortlichen Aktuars in der Risikosteuerung, die sich aus diesem gesetzlichen Rahmen ergeben, werden in Abbildung 1 dargestellt:

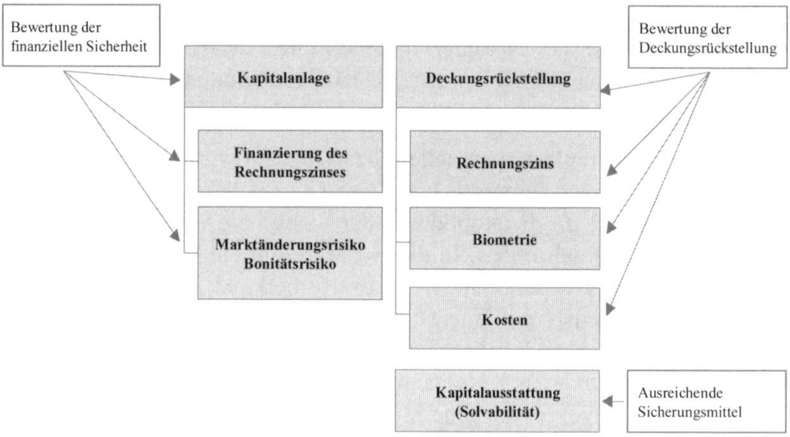


**Abb. 1:** Aufgaben und Pflichten des Verantwortlichen Aktuars in der Risikosteuerung

Der Verantwortliche Aktuar überprüft regelmäßig, ob die Deckungsrückstellung ausreichend dotiert ist. Hierzu muss er die folgenden Analysen durchführen:

- Auswertung der biometrischen Bestandsdaten und Nachweis, dass die biometrischen Rechnungsgrundlagen langfristig ausreichend vorsichtig sind;
- Überprüfung der Kostensituation des Unternehmens, beispielsweise auf Basis einer Kostenträgerrechnung: Die in der Deckungsrückstellung eingestellte so genannte Verwaltungskostenreserve muss so hoch sein, dass zusammen mit den in die zukünftigen Beiträge eingerechneten Kosten die tatsächlichen Kosten gedeckt werden können;
- Analyse der Kapitalerträge im Hinblick darauf, ob die Finanzierung des durchschnittlichen Garantiezinses des Bestandes auch langfristig sichergestellt ist;
- Überprüfung, ob für Leistungen wie garantierte Rückkaufswerte oder Optionen, die dem Versicherungsnehmer nach den Bedingungen des Vertrags zur Verfügung stehen, zusätzliche Rückstellungen gebildet werden müssen.

Der Verantwortliche Aktuar muss zudem überprüfen, ob auf Basis der Kapitalanlage auch bei Berücksichtigung der Kapitalanlagerisiken (Marktänderungs- und Bonitätsrisiken) für das Unternehmen eine ausreichende finanzielle Sicherheit gegeben ist. Dies umfasst unter anderem den Nachweis, dass das Unternehmen über ausreichende Mittel in Höhe der Solvabilitätsspanne verfügt.

## Notwendigkeit eines Asset-Liability-Managements

Der gesetzlich festgelegte Rahmen der Aufgaben und Pflichten des Verantwortlichen Aktuars erfordert also die integrierte *Bewertung der Risiken* der Kapitalanlagen und der Verpflichtungen, die sich aus den Versicherungsverträgen ergeben, das so genannte Asset-Liability-Management. Bei der Bewertung der Verpflichtungen werden neben dem Zinsgarantierisiko auch das versicherungstechnische Risiko (Biometrie) und das Kostenrisiko zu berücksichtigen sein, in einer Gesamtschau der Unternehmensrisiken auch die operationalen Risiken.

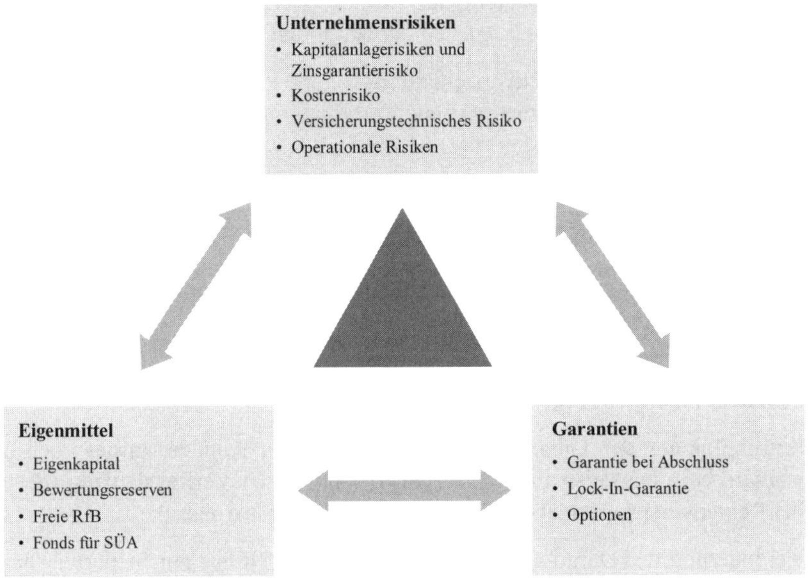


**Abb. 2:** Risikobewertung und -steuerung eines Lebensversicherungsunternehmens

Aufgabe der *Risikosteuerung* ist es letztlich, die „Ecken" des in Abbildung 2 skizzierten Steuerungsdreiecks in Balance zu halten:

- die Unternehmensrisiken,
- die Garantien, die gegenüber den Kunden durch die Produktgestaltung bzw. den Lock-In-Charakter bereits zugeteilter Überschussbeteiligung ausgesprochen sind, sowie die Optionen, die den Versicherungsnehmern nach den Bedingungen des Vertrags zur Verfügung stehen,
- die Eigenmittel des Unternehmens: das sind die aktivischen Bewertungsreserven, die passivischen Reserven (das heißt der verfügbare, „freie" Teil der Rückstellung für Beitragsrückerstattung sowie der Fonds für Schlussüberschussanteile) sowie das Eigenkapital.

*Kurzfristig* bestehen folgende *Möglichkeiten der Risikosteuerung*:

- Änderung der Kapitalanlage-Struktur sowie Einsatz von Absicherungsstrategien an den Kapitalmärkten zur Steuerung der Risiken der Kapitalanlage (Marktänderungs- und Bonitätsrisiko),

- Striktes Management der Kostenrisiken und der versicherungstechnischen Risiken im Bestand,
- Anpassung der Überschussbeteiligung (auch der aus Kosten- und Risikoüberschüssen) und Änderung der Struktur der Überschussbeteiligung; beispielsweise kann durch Umverteilung der laufenden Überschussbeteiligung hin zu Schlussüberschussbeteiligung erreicht werden, dass die Eigenmittel gestärkt und gleichzeitig der Anstieg der Garantien verlangsamt wird,
- Abschluss geeigneter Rückversicherungsverträge zur Beschränkung der Unternehmensrisiken bzw. zur Stärkung der Eigenmittel (Finanzrückversicherung),
- Kapitalaufnahme zur Stärkung der Eigenmittel.

*Mittel- und langfristig* bestehen folgende Möglichkeiten:

- Höhere Sicherheitsmargen bei neuen Tarifen zur Reduktion von Kostenrisiko und versicherungstechnischem Risiko,
- Steuerung der Zusammensetzung des Produktportefeuilles (Produkte mit hohem oder niedrigem Eigenmittelbedarf),
- Einschränkung der Garantien, die gegenüber den Kunden ausgesprochen werden, beispielsweise auf festgelegte Abschnitte der Vertragslaufzeit (etwa bei Rentenversicherungen nur bis zum Ende der Ansparphase),
- Veränderung der Duration des Kapitalanlageportefeuilles zur Steuerung des Mismatch-Risikos zwischen Kapitalanlagen und Verpflichtungen.

## Die Situation seit 1994: Die Risiken steigen

Seit Beginn des deregulierten deutschen Lebensversicherungsmarktes im Jahr 1994 lassen sich vier Phasen mit steigendem Risiko für die Lebensversicherungsunternehmen unterscheiden:

*Phase 1:* Für eine kurze Zeit nach der Deregulierung boten die Lebensversicherungsunternehmen die im regulierten Lebensversicherungsmarkt eingeführten Tarife nahezu unverändert an: Für diese Tarife waren die Rechnungsgrundlagen Biometrie und Kosten mit großen Sicherheitsmargen festgelegt worden. Entscheidendes Wettbewerbsmerkmal blieb die Höhe der Überschussbeteiligung. Die Kapitalanlagepolitik war weiterhin sicherheitsorientiert; die Kapitalmärkte waren noch weitgehend stabil.

*Phase 2:* Im sich dann verschärfenden Wettbewerb gingen Marktteilnehmer dazu über, neben einer weiterhin hohen Überschussbeteiligung auch eine möglichst hohe garantierte Leistung darzustellen. Die Deregulierung erlaubte es den Lebensversicherungsunternehmen bei den nach 1994 konzipierten Tarifen, die Rechnungsgrundlagen Biometrie und Kosten unternehmensindividuell festzusetzen, sodass immer mehr Tarife angeboten wurden, bei denen die Sicherheitsmargen verringert waren. Zudem stieg in den Beständen der Anteil der Berufsunfähigkeits- und der Rentenversicherungen. Beide können neue versicherungstechnische Risiken für Lebensversicherungsunternehmen bergen: Bei Berufsunfähigkeitsversicherungen spielt unter anderem eine Rolle, wie kundenfreundlich die Versicherungsbedingungen gestaltet sind und wie restriktiv das Underwriting gehandhabt wird; bei Rentenversicherungen muss die Entwicklung des Langlebigkeitsrisikos eingeschätzt werden.

*Phase 3:* An den Kapitalmärkten gingen die Renditen festverzinslicher Wertpapiere kontinuierlich zurück (vgl. Abbildung 3). Um weiterhin eine hohe Überschussbeteiligung darstellen zu können, wurde vielfach die Asset Allocation in Richtung eines höheren Anteils an ertragsorientierten, aber riskanteren Kapitalanlagen wie Aktien verändert.

*Phase 4:* Im Jahr 2000 setzte bei anhaltend niedrigem Renditeniveau festverzinslicher Wertpapiere ein einschneidender Kursverfall an den Aktienmärkten ein.

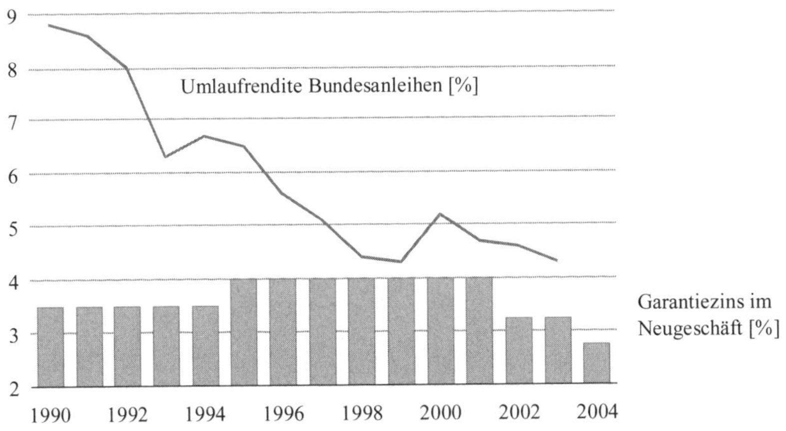


**Abb. 3:** Vergleich der Umlaufrendite von Bundesanleihen mit der Garantieverzinsung von Neugeschäftsverträgen; im Bestand der Lebensversicherungsunternehmen lag der durchschnittliche Garantiezins 1990 bei knapp über 3,0%, er wuchs langsam und liegt heute bei knapp 3,5%.

Anhand des in Abbildung 2 dargestellten Steuerungsdreiecks lässt sich nachvollziehen, dass sich für viele Marktteilnehmer schon vor Phase 4 die Risikosituation des Unternehmens deutlich verschlechtert hatte:

- Die bei Vertragsabschluss ausgesprochenen Garantien wurden bei unverändert hohem Niveau der Überschussbeteiligung immer weiter erhöht.

- Gleichzeitig erhöhten sich auch die Unternehmensrisiken, denn die Sicherheitsmargen zur Abfederung des versicherungstechnischen Risikos und des Kostenrisikos wurden reduziert und die Kapitalanlagerisiken erhöht, ohne dass entsprechend höhere Eigenmittel zur Verfügung standen.

Phase 4 verstärkte diese erhöhte Risikosituation schließlich bis hin zu im Einzelfall kritischen Unternehmenssituationen durch

- Verlust von Eigenmitteln auf Grund des deutlichen Abschmelzens von Bewertungsreserven auf Aktienanlagen;
- deutliche Erhöhung des Zinsgarantierisikos auf Grund einer immer kleiner werdenden Differenz zwischen Kapitalmarktzinsen und Garantiezinsniveau des Bestandes.

# 3 Aktuarielle Methoden der Risikobewertung und Risikosteuerung

Auf Grund der im vorangehenden Abschnitt geschilderten Entwicklungen in den letzten Jahre war es notwendig, neue Methoden für eine umfassende Risikobewertung und Risikosteuerung von Lebensversicherungsunternehmen zu entwickeln bzw. die existierenden Ansätze im Asset-Liability-Management zu verfeinern. Diese Methoden sind konsequent in der Risikosteuerung der Unternehmen einzusetzen.

## 3.1 Stresstest

Der von der Deutschen Aktuarvereinigung (DAV) konzipierte Stresstest bewertet die Kapitalanlagerisiken (Marktänderungsrisiko und Bonitätsrisiko) eines Lebensversicherungsunternehmens, indem er die Auswirkungen adverser Kapitalmarktveränderungen quantifiziert. Es wird im Stresstest ermittelt, wie sich der Marktwert der nach Zeitwert bilanzierten Anlageklassen verändert, wenn bestimmte Krisenszenarien gleichzeitig eintreten, nämlich

- Marktwertverlust bei Aktien von 35% (die nach § 341b HGB mögliche Zuordnung der Anlageklasse Aktien zum Anlagevermögen darf nicht berücksichtigt werden);
- Zinsanstieg von 2% bei festverzinslichen Wertpapieren, die nicht im Anlagevermögen gehalten werden; dieser Zinsanstieg entspricht, abhängig von der unternehmensindividuellen durchschnittlichen Duration des Wertpapierportefeuilles, einem Marktwertverlust von etwa 10%;

- Abbildung des Bonitätsrisikos durch einen Buchwertabschlag bei festverzinslichen Wertpapieren, der, abhängig vom Rating des Papiers, zwischen 0% und 30% liegt.

Der so ermittelte Marktwertverlust der Kapitalanlagen quantifiziert, wie viel Risikokapital das Unternehmen benötigt, um die durch die Szenarien modellierten Kapitalanlagerisiken auszugleichen.

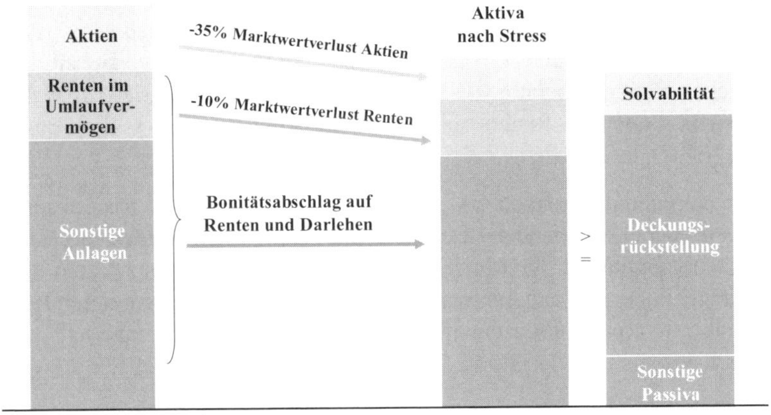


**Abb. 4:** Schematische Darstellung des DAV-Stresstests; der Stresstest wird in diesem Beispiel bestanden.

Der Stresstest gilt als bestanden, wenn das folgende Kriterium erfüllt ist: Das Unternehmen kann auf Sicht eines Jahres auch nach Eintritt der berechneten Marktwertverluste seine bilanziellen Verpflichtungen gegenüber den Kunden sowie die gesetzlichen Solvabilitätsanforderungen erfüllen. Die Verpflichtungen werden hierbei auf den nächsten Bilanztermin unter Berücksichtigung schon zugeteilter bzw. verbindlich deklarierter Überschussbeteiligung sowie unter realistischen Neugeschäftsannahmen fortgeschrieben. Äquivalent bedeutet das genannte Kriterium, dass im Fall eines bestandenen Stresstests die Eigenmittel (im Sinne von Abbildung 2) ausreichen, um die Summe aus dem benötigten Risikokapital und den Solvabilitätsanforderungen zu überdecken.

Besteht ein Lebensversicherungsunternehmen den Stresstest nicht, so muss es Maßnahmen der Risikosteuerung ergreifen, um die Risikotragfähigkeit des Unternehmens wieder herzustellen. Ein Nachteil des Stresstests ist, dass er prozyklische Maßnahmen der Risikosteuerung, zum Beispiel Änderungen der Asset Allocation, begünstigt.

## 3.2 Frühwarnsysteme

Der im vorangegangenen Abschnitt beschriebene Modellierungsansatz des Stresstests ist sehr einfach und kann in vielerlei Hinsicht verfeinert werden, um eine präzisere Risikosteuerung des Lebensversicherungsunternehmens zu ermöglichen. Zur Realisierung eines Frühwarnsystems wird der Modellierungsansatz des Stresstests in den folgenden Punkten modifiziert:

- Umfassendere Bewertung der Unternehmensrisiken: Neben den Kapitalanlagerisiken werden alle in Abbildung 2 genannten Unternehmensrisiken (Kapitalanlagerisiken und Zinsgarantierisiko, Kostenrisiko, versicherungstechnisches Risiko, operationale Risiken) explizit und integriert bewertet. Das hierfür benötigte Risikokapital wird in Abbildung 6 als Risk-Based Capital (RBC) dargestellt.

- Das für Kapitalanlagerisiken und Zinsgarantierisiko benötigte Risikokapital wird realistischer als im Stresstest modelliert: Zum einen werden die Kapitalmarktentwicklungen bei Aktien und festverzinslichen Wertpapieren korreliert abgebildet, zum anderen wird bei der Berechnung des benötigten Risikokapitals die Reaktionsgeschwindigkeit des Unternehmens innerhalb des Frühwarnsystems berücksichtigt.

- Die Betrachtung der vorhandenen Eigenmittel ist differenzierter: Es wird durch mehrere Klassifikationsstufen unterschieden, wie leicht die aktivischen und passivischen Reserven verfügbar sind bzw. wie das Unternehmen beabsichtigt, sie zum Ausgleich von Risiken einzusetzen. Die erste Stufe umfasst die am leichtesten verfügbaren Reserven, zum Beispiel Bewertungsreserven auf Aktien, Renten und nicht strategische Beteiligungen. Die letzte Stufe umfasst diejenigen Eigenmittel, die zur Bedeckung der gesetzlichen Solvabilitätsanforderungen herangezogen werden; siehe Abbildung 5.

Das Frühwarnsystem ermöglicht, die Risikosituation des Unternehmens täglich zu kontrollieren. Dabei wird unter Zugrundelegung realistischer Kapitalmarktentwicklungen überprüft, ob die vorhandenen Eigenmittel das benötigte Risikokapital überdecken. Die Eigenmittel sind dabei bilanzorientiert auf Sicht eines Jahres zu modellieren. Wenn zudem Kapitalertragserfordernisse sowie eine mögliche Senkung der Überschussbeteiligung in die Modellierung integriert werden, erlaubt das Frühwarnsystem auch die laufende Feinsteuerung der strategischen Asset Allocation.

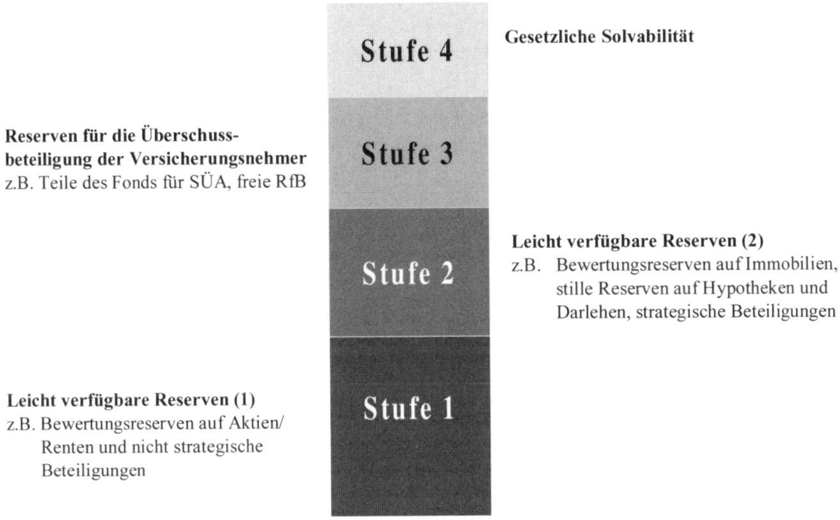


**Abb. 5:** Beispiel für eine differenzierte Betrachtung vorhandener Eigenmittel im Frühwarnsystem

Abbildung 6 auf der folgenden Seite zeigt am Beispiel zweier fiktiver Unternehmen mögliche Analysen des Frühwarnsystems: Im ersten Fall sind zu Jahresbeginn kaum aktivische Reserven vorhanden, die sich zudem im Jahresverlauf in stille Lasten verwandeln. Die passivischen Reserven des Unternehmens reichen zwar aus, um das benötigte Risikokapital (RBC) zu überdecken, hierfür muss jedoch auf Eigenmittel der Stufe 3 zurückgegriffen werden, die im Unternehmen für die Überschussbeteiligung der Versicherungsnehmer vorgesehen waren. Das Unternehmen versäumt in der ersten Jahreshälfte, durch aktive Risikosteuerung das benötigte Risikokapital zu reduzieren. Im zweiten Fall sind zu Jahresbeginn zwar aktivische Reserven vorhanden, aber auch in diesem Beispiel gehen sie im Jahresverlauf stark zurück. Auf Grund einer frühzeitigen Risikosteuerung kann das benötigte Risikokapital stets durch Eigenmittel der Stufen 1 und 2 überdeckt werden.

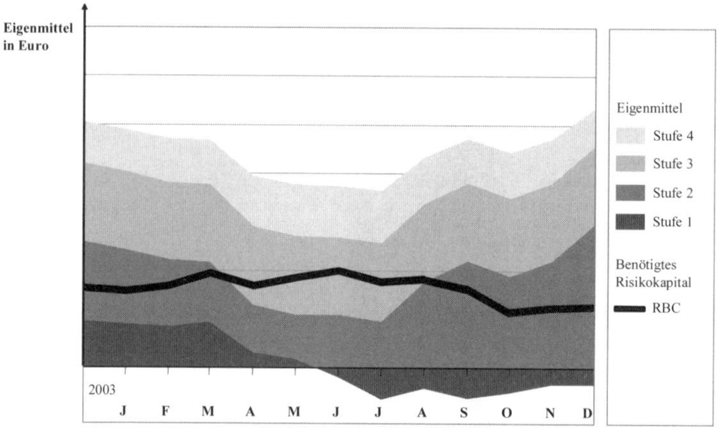


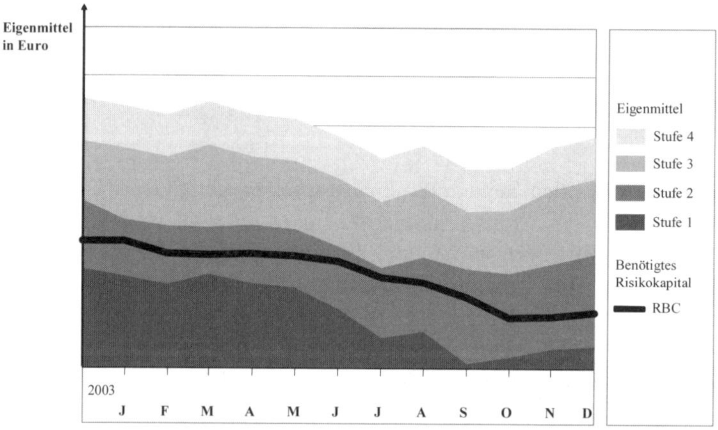


**Abb. 6:** Analysen des Frühwarnsystems am Beispiel zweier fiktiver Lebensversicherungsunternehmen. Oben: verspätete Risikosteuerung bei geringen aktivischen Reserven; unten: angemessene Risikosteuerung.

## 3.3 Mittelfristige Prognoserechnung

Ziel dieser aktuariellen Methode ist es, die mittelfristige Risikosituation eines Lebensversicherungsunternehmens zu prognostizieren.

Hierzu werden Bilanz sowie Gewinn- und Verlustrechnung über einen Zeitraum von drei bis fünf Jahren auf Basis der aktuell deklarierten Überschussbeteiligung, der Neugeschäftsplanung und unter realistischen Annahmen zu den Rechnungsgrundlagen Biometrie und Kosten modellhaft fortgeschrieben. Bei den Kapitalanlagen werden festverzinsliche Wertpapiere, Aktien und restliche Kapitalanlagen unterschieden, wobei für jede Asset-Klasse aktuelle, zu begründende Ertragserwartungen zu Grunde gelegt werden. Die Asset Allocation wird anhand der vorhandenen Eigenmittel und des Bedarfs an benötigtem Risikokapital bewertet und modellhaft gesteuert. Die Wiederanlage des Saldos aller Zahlungsströme (Kapitalanlagen, Versicherungstechnik, Rückversicherung, Liquiditätswirkung der sonstigen Aufwände und Erträge einschließlich der Steuern) wird unter hierzu konsistenten Annahmen zu Asset Allocation und Ertragserwartungen modelliert.

Auf Basis der projizierten Bilanzen können die folgenden Fragestellungen für das Lebensversicherungsunternehmen analysiert werden:

- Kann es während des Prognosezeitraums jederzeit die gesetzlichen Solvabilitätsanforderungen erfüllen?
- Ist die Finanzierung des durchschnittlichen Garantiezinses des Bestands durch die Kapitalerträge ausreichend sichergestellt? Aus Gründen der aktuariellen Vorsicht dürfen als Kapitalerträge nur die laufenden Erträge aus Zinsen und Dividenden, nicht aber Kursgewinne aus Aktien angesetzt werden.
- Reichen die projizierten verbleibenden Eigenmittel in jeder Bilanzperiode aus, um die Risiken, insbesondere der Kapitalanlage, zu beherrschen?

## 3.4 Asset-Liability-Management auf Basis eines stochastischen Unternehmensmodells

Alle in den vorhergehenden Abschnitten diskutierten Methoden des Asset-Liability-Managements basieren auf einer deterministischen Modellierung der zu bewertenden Risikofaktoren.

Ein umfassendes Unternehmensbild ergibt sich jedoch erst bei einer detaillierten Unternehmenssimulation unter stochastischer Modellierung der zentralen Risikofaktoren. Dabei werden eine Vielzahl verschiedener Risikosituationen analysiert, wobei idealerweise die Korrelationen zwischen den unterschiedlichen Risikofaktoren berücksichtigt werden. Die Betrachtung der sich daraus ergebenden Verteilungsfunktionen für die zentralen Bilanzgrößen ermöglicht eine differenzierte Bewertung von Unternehmensentscheidungen und der damit verbundenen Risiken.

Eine solche stochastische Unternehmenssimulation umfasst zumindest die folgenden Komponenten:

- Ein *Kapitalmarktmodell*, in dem die künftigen Zinsen und Aktienkurse ermittelt werden. Hier sind stochastische Modelle anzusetzen, die auf eine möglichst realistische Simulation der mittel- und langfristigen Entwicklung ausgerichtet sind.
- Ein *Asset-Modell*, in dem die Kapitalanlagen des Unternehmens fortgeschrieben werden. Dabei ist eine einfache Abbildung der Kapitalanlage in Form prototypischer Anlageklassen für die meisten Zwecke ausreichend.

- Ein *Wettbewerbsmodell*: Ziel ist es, realistische Annahmen für die künftige Entwicklung von Neugeschäft und Storno in Abhängigkeit von den getroffenen Managemententscheidungen und Kapitalmarktdaten zu erhalten. Dabei wird insbesondere versucht, das Verhalten des Wettbewerbs und der Kunden in einer gegebenen Kapitalmarktsituation zu prognostizieren. Die Beschreibung und Abbildung dieser Abhängigkeiten erweist sich – alleine schon wegen der fehlenden harten Daten aus der Realität – in der Praxis als äußerst schwierig.

- Ein *Liability-Modell*, in dem die Passiva des Unternehmens fortgeschrieben werden. Da die eingegangenen Verpflichtungen von Lebensversicherungsunternehmen in der Regel nur geringen Schwankungen ausgesetzt sind, genügt meist eine deterministische Modellierung der Passiva.

- Ein *Managementmodell*, das die Reaktionen des Unternehmens auf die Entwicklungen der Unternehmens- und Marktkennzahlen beschreibt. Es enthält zumindest Entscheidungsregeln für die Überschussbeteiligung und für die Kapitalanlagesteuerung. Mit der Realitätsnähe der Entscheidungsregeln steht und fällt die Stabilität des Gesamtmodells und damit die Brauchbarkeit seiner Ergebnisse. Wichtig ist dabei, dass insbesondere harte Entscheidungskriterien – wie die Bedeckung des Stresstests, die Bedeckung der Solvabilitätsspanne, die Erzielung einer Mindestverzinsung für die Aktionäre – angemessen abgebildet werden.

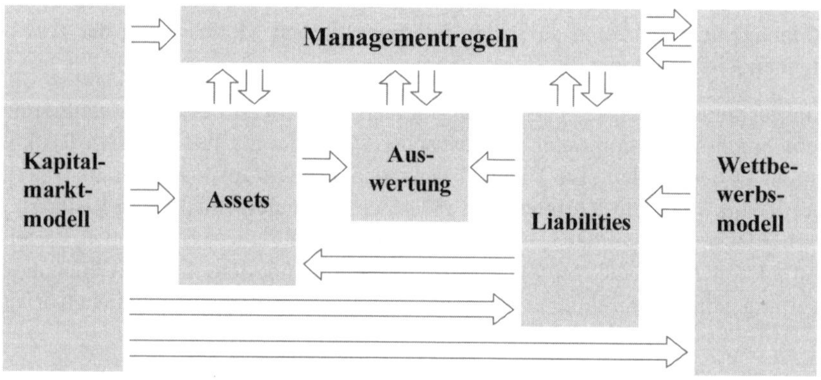


**Abb. 7:** Zusammenspiel der wichtigsten Module für Asset-Liability-Matching auf Basis eines stochastischen Unternehmensmodells

Die Ergebnisse der Simulationen fließen in ein Modell von Bilanz und Gewinn- und Verlustrechnung ein. Darauf aufbauend können zentrale Unternehmenskennzahlen, wie insbesondere die Solvaquote, das verfügbare Risikokapital, der Unternehmensertrag und die Nettoverzinsung dargestellt werden. Auf Grund der Stochastizität des Modells ergeben sich für alle Kennzahlen Verteilungsfunktionen, die mit wachsender Simulationsdauer immer weiter auffächern. Zur Verdichtung dieser Funktionen werden meist Quantilswerte bzw. Shortfall-Maße herangezogen.

Die Modelle eignen sich insbesondere zur Bewertung des stabilisierenden bzw. destabilisierenden Einflusses konkreter Entscheidungen bzw. Entscheidungsregeln, soweit diese im Managementmodell abbildbar sind. Sie liefern darüber hinaus quantitative Aussagen zum gesamten Risikokapitalbedarf unter frei wählbaren Ruinmaßen. Auf Grund der Vielzahl der Modellparameter, der hohen Sensitivität der langfristigen Entwicklung auf die konkrete Modellierung (vor allem der Zinsen) und der grundsätzlich stochastischen Ergebnisdarstellung ist allerdings die Ableitung unmittelbarer Entscheidungen aus dem Modell oftmals nicht möglich. Die wachsende Verbreitung der Asset-Liability-Matching-Modelle steht daher noch in deutlichem Widerspruch zur geringen Anwendung der entsprechenden Simulationsergebnisse.

Daher besteht – zumindest kurzfristig – noch Bedarf an schlankeren Modellen, die ein Gleichgewicht zwischen Einfachheit und finanzmathematischer Fundierung finden, um für einzelne konkrete Fragestellungen Grundsatzentscheidungen eines Unternehmens zu bewerten. Ein Beispiel hierfür wird im nächsten Abschnitt dargestellt.

## 3.5 Bewertung der Risikosituation langfristiger Garantien

Die in den Abschnitten 3.1 bis 3.3 diskutierten Methoden analysieren kurz- und mittelfristige Betrachtungszeiträume. Sie können daher nur eingeschränkt Antwort auf die grundlegende Frage nach der dauernden Erfüllbarkeit der sich aus diesen Versicherungsverträgen ergebenden Verpflichtungen geben. Zentraler Bestandteil einer Methode, die bei der Einschätzung dieser grundlegenden Frage helfen kann, muss die finanzmathematische Bewertung der langfristigen Garantieverpflichtungen des Lebensversicherungsunternehmens und der daraus resultierenden Risiken sein.

Das im Folgenden diskutierte Modell konzentriert sich auf die kapitalmarktkonforme Bewertung der im Bestand ausgesprochenen Garantien und der sie bedeckenden Aktiva (reine Marktwertsicht). Es analysiert Kapitalmarktrisiken, die sich aus einer Inkongruenz (Mismatch) des Cashflows von Garantien und der sie bedeckenden Aktiva ergeben. Hierzu werden der Marktwert der Aktiva und der Barwert der Garantien konsistent ermittelt: Der Barwert der Garantien ergibt sich durch Diskontierung der versicherungstechnischen Zahlungsströme mit der Zinsstrukturkurve des Kapitalmarktes. Damit werden die Verpflichtungen wie Anleihen behandelt, die sowohl positive als auch negative Cashflows haben. Einzelvertraglich werden neben dem nicht stornierten Vertragsverlauf auch die jeweils über die Vertragslaufzeit möglichen Verläufe bewertet, die mit Rückkauf im ersten, zweiten usw. Jahr enden. Als Barwert der Garantien wird dann das Maximum aller

Bewertungen angesetzt. Es werden ausschließlich die im Bestand bereits eingegangenen Garantien inklusive zugeteilter bzw. verbindlich deklarierter Überschussbeteiligung bewertet (Run-off-Ansatz).

Das Modell geht von einer statischen Bewertung zum Jahresbeginn aus. Die Differenz aus Marktwert der Aktiva und Barwert der Garantien zum Jahresbeginn ist das vorhandene (anfängliche) Risikokapital. Das so definierte Risikokapital berücksichtigt also neben den aktivischen und passivischen Reserven auch das Verhältnis von vorhandener Deckungsrückstellung zum Barwert der Garantien.

Es wird anschließend eine stochastische Bewertung zum Jahresende vorgenommen, um den Einfluss von Kapitalmarktschwankungen auf den finanzmathematischen Wert der Verpflichtungen bzw. der Aktiva zu bestimmen. Die stochastische Bewertung basiert auf einer Monte-Carlo-Simulation von Kapitalmarktszenarien (Wertentwicklung von Aktien, festverzinslichen Wertpapieren, Immobilien nach Standardmodellen) für den Zeitpunkt Jahresende. Für jedes Kapitalmarktszenario werden der Marktwert der Aktiva und der Barwert der Garantien berechnet, und es wird das verbleibende Risikokapital bestimmt, indem von der Differenz aus Marktwert der Aktiva und Barwert der Garantien in diesem Szenario noch ein Risikozuschlag subtrahiert wird:

Verbleibendes Risikokapital = Marktwert Aktiva - Barwert Garantien - Risikozuschlag.

Im Risikozuschlag werden gemäß RBC-Ansatz das Kostenrisiko und operative Risiken berücksichtigt, außerdem das Konzentrations- und das Ausfallrisiko (als Teil des Kapitalanlagerisikos). Im Gegensatz zum Ansatz des RBC-Modells werden im hier diskutierten Modell das Marktänderungsrisiko und das Zinsgarantierisiko simultan finanzmathematisch bewertet. Versicherungstechnische Risiken (Biometrie) werden implizit durch Verwendung ausreichender Sicherheitszuschläge bei der Berechnung des Barwerts der Garantien berücksichtigt.

Ist das zum Jahresende verbleibende Risikokapital positiv, so sind die Garantien aktuell hinreichend mit Aktiva bedeckt. Das (Markt-)Risiko der Garantien gilt (im Modell) bei gegebener Struktur der Aktiva als tolerabel, wenn die relative Häufigkeit derjenigen Szenarien, in denen das zum Jahresende verbleibende Risikokapital positiv ist, ein vorgegebenes Sicherheitsniveau erreicht.

Zur Illustration betrachten wir ein fiktives Musterunternehmen mit folgendem Bestand aus

- Kapitallebensversicherungen mit/ohne garantierte(n) Rückkaufswerte(n),
- aufgeschobenen Renten und
- laufenden Renten,

wobei die Kapitallebensversicherungen mit garantierten Rückkaufswerten den Bestand dominieren. Simulationen auf den Beständen dieses Musterunternehmens erlauben die Bestimmung des Risikokapitals, das für die wirtschaftliche Erfüllbarkeit der langfristigen Garantien benötigt wird. Dessen Höhe hängt von der Art der betrachteten Teilbestände ab; siehe hierzu Abbildung 8. Um zum Beispiel für den Bestand an Kapitallebensversicherungen mit garantierten Rückkaufswerten ein Sicherheitsniveau von 99,0% zu erreichen, ist ein anfängliches Risikokapital von 8,2%, bezogen auf den anfänglichen Barwert der Garantien, nötig. Das im Gesamtbestand benötigte Risikokapital ist nochmals höher, weil junge Bestände mit laufenden Beiträgen, bezogen auf die geringe vorhandene Deckungsrückstellung, einen hohen Bedarf an Risikokapital haben.

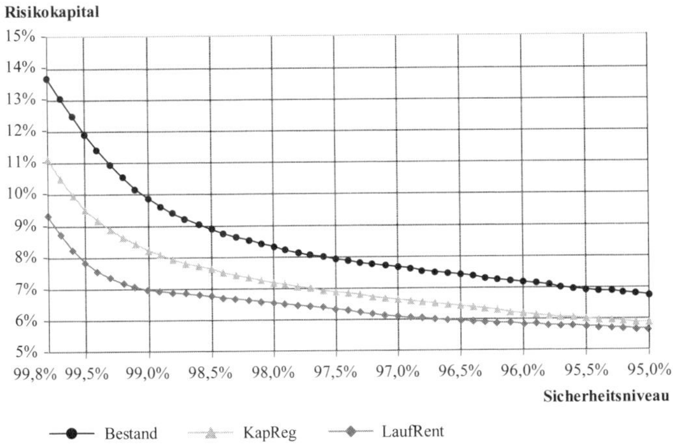


**Abb. 8:** Mindestanforderung an das anfänglich vorhandene Risikokapital (in % des anfänglichen Barwerts der Garantien) in Abhängigkeit vom vorgegebenen Sicherheitsniveau für das fiktive Musterunternehmen. Die Simulationsrechnungen für den Gesamtbestand (Bestand), den Teilbestand an Kapitallebensversicherungsverträgen mit garantierten Rückkaufswerten (KapReg) und den Teilbestand laufender Renten (LaufRent) basieren auf 1000 Szenarien.

Es seien abschließend zwei wichtige Schlussfolgerungen aus den Simulationsrechnungen diskutiert, die sich im Rahmen des Modells auch quantitativ bewerten lassen.

*Durch Duration Matching kann der Risikokapitalbedarf durch garantierte Ablaufleistungen beherrscht werden:* Ist die Differenz zwischen Kapitalmarktzinsen und Garantiezinsniveau klein, dann kann (bei gegebenem Sicherheitsniveau) die Höhe des benötigten Risikokapitals deutlich reduziert werden, indem der Unterschied zwischen der durchschnittlichen Duration des Kapitalanlageportefeuilles und derjenigen der Garantieverpflichtungen verringert wird. Eine Risikosteuerung, die allein die Kapitalanlagen betrachtet, sie also nicht gemeinsam mit den Verpflichtungen bewertet, wird in dieser Kapitalmarktsituation nicht notwendig diese Maßnahme ergreifen.

*Garantierte Rückkaufswerte erfordern ein wirtschaftlich nicht vertretbares Risikokapital:* Wird bei Verträgen mit garantierten Rückkaufswerten die Duration der Kapitalanlagen so gewählt, dass das Risiko durch endfällige Garantien klein ist, dann entstehen hohe Verluste, wenn die Kunden bei steigenden Zinsen frühzeitig stornieren. Wird andererseits die Duration so gewählt, dass das Risiko durch frühzeitiges Storno reduziert wird, dann erleidet das Unternehmen bei sinkenden Zinsen hohe Verluste. Als Konsequenz ergibt sich ein unverhältnismäßig hoher Risikokapitalbedarf für Verträge mit garantierten Rückkaufswerten. Dies zeigt, dass garantierte Rückkaufswerte aus aktuarieller Sicht nicht vertretbar sind, da das benötigte Risikokapital nicht vorhanden ist. Es ist auch zweifelhaft, ob eine Beschaffung des erforderlichen Risikokapitals zu wirtschaftlich vertretbaren Bedingungen möglich wäre.

# Assets und Liabilities managen

# Asset-Liability-Management – die Versicherung auf dem Weg von der Planungsrechnung zum Risikomanagement

**Hans-Joachim Zwiesler**

*Zusammenfassung:*
*Zentraler Gegenstand des Asset-Liability-Managements ist das Zusammenspiel aus Kapitalmarktzins, Volatilität der Aktienmärkte und Höhe der Überschussbeteiligung. Der Beitrag befasst sich mit der zentralen Rolle, die das Asset-Liability-Management im Risikomanagement von Versicherungsunternehmen spielt. Dabei wird ein Bogen gespannt, der von der Entwicklung des Asset-Liability-Managements in Deutschland bis zur Darstellung eines Grundmodells reicht, das der jeweiligen Situation und Fragestellung angepasst werden kann. Ein Fallbeispiel schildert die Umsetzung des Asset-Liability-Managements in der Praxis.*

*Schlüsselwörter: Asset-Liability-Management, ALM-Grundmodell, Stresstests.*

## 1 Einleitung

Asset-Liability-Management (ALM) hat sich in den letzten Jahren zu einem Modewort der deutschen Versicherungsbranche entwickelt. Es scheint, als ob sich hinter diesen drei Buchstaben eine Zauberformel verbirgt, mit der all diejenigen Probleme gelöst werden können, die die deutschen Versicherer in eine ihrer größten Krisen der letzten Jahrzehnte getrieben haben.

Hauptauslöser dieser Krise war die extreme Kapitalmarktentwicklung der letzten Jahre. In den 90er-Jahren entwickelte sich eine Niedrigzinsphase, die bis heute anhält und deutlich länger ist als frühere derartige Phasen. So sank die Durchschnittsverzinsung in Deutschland von ca. 7% auf ca. 5%. Um die Überschussbeteiligung trotzdem so hoch halten zu können, dass der Versicherungsnehmer eine Gesamtverzinsung von ca. 7% erhält, weiteten viele deutsche Versicherer ihre Aktienengagements deutlich aus, um von der damaligen Rallye an den Aktienmärkten zu profitieren. Der drastische Einbruch der Aktienmärkte seit 2001 hat nicht nur diese Hoffnungen zunichte gemacht, sondern bei etlichen Versicherern für erhebliche bilanzielle Schieflagen gesorgt. Praktisch alle deutschen Lebensversicherer haben inzwischen ihre Überschussbeteiligung deutlich gesenkt.[1]

Die deutschen Versicherer waren auf diese Entwicklung weitestgehend unvorbereitet. In den vergangenen Jahrzehnten gab es keine so ausgeprägte Niedrigzinsphase wie in den letzten Jahren. Zusätzlich wirkte sich der Umstand aus, dass sich die Bestände in Deutschland zu 75-80% aus Kapital-Lebensversicherungen zusammensetzten. Dadurch hatten die deutschen Lebensversicherer eine große Kapitalmasse zur Verfügung, mit der sie satte Zinsüberschüsse erwirtschaften konnten. Durch stille Reserven konnten Schwankungen ausgeglichen werden, sodass das Ziel erreicht wurde, eine möglichst konstante (hohe) Rendite an die Kunden weiterzugeben.

Modelle zum Umgang mit einer sich fundamental verändernden Kapitalmarkt-Situation gab es zwar durchaus, wie wir nachfolgend sehen werden, doch war das diesbezügliche Know-how in den Unternehmen nur schwach vertreten und vor allem fehlte eine ausgeprägte Unternehmenskultur, in der die entsprechenden Risikoanalysen angemessen und vernünftig in die unternehmerischen Entscheidungsprozesse eingebunden wurden.

Dieser Beitrag hat deshalb insbesondere zum Ziel, die zentrale Funktion von ALM als Prozess im Risikomanagement der Versicherer zu beleuchten und verstärkt ins Bewusstsein zu rücken.

Ganz grundsätzlich bezeichnet Asset-Liability-Management Verfahren zur Steuerung des Unternehmens anhand der zukünftigen Entwicklung von Aktiva und Passiva.

Dabei werden wir im Folgenden stets ALM auf Unternehmensebene betrachten (Makro-Sicht). Varianten davon existieren auch für die Analyse einzelner Produkte (Mikro-Sicht), wie zum Beispiel bei der Aktienindex-gebundenen Lebensversicherung, bei der Leistungsverpflichtungen und Kapitalanlagen unmittelbar aneinander gekoppelt sind. Der interessierte Leser sei hierzu auf die entsprechende Literatur verwiesen (zum Beispiel Ruß (1999)).

# 2 Die Entwicklung des Asset-Liability-Managements in Deutschland

Als erstes wirkliches ALM-Konzept für Versicherungen kann Redingtons Immunisierungs-Konzept gelten (Redington 1952). Der britische Aktuar Frank M. Redington prägte den Begriff Immunisierung 1952. Um den Überschuss eines Be-

---

1 Gerade dieses Zusammenspiel aus Kapitalmarktzins, Volatilität der Aktienmärkte und Höhe der Überschussbeteiligung ist ein zentraler Gegenstand des ALM.

standes gegen Zinsänderungen „immun" zu machen, schlug er vor, die mittlere Anlagedauer von Kapitalanlagen (Assets) und Verpflichtungen (Liabilities) aufeinander abzustimmen, und zwar unter der Bedingung, dass die Cashflows der Assets breiter gestreut werden sollten als die der Liabilities. Redingtons Begriff der mittleren Anlagedauer ist heute besser als Duration bekannt.

In Deutschland findet sich die erste breite Diskussion praktisch anwendbarer, quantitativer Verfahren zur Steuerung von Versicherungsunternehmen in den Artikeln von Peter Gessner (1979, 1986, 1987). Hier entwickelt er ein Konzept der Planungsrechnung für die Lebensversicherung, das auf Projektionen der Passiv-Seite beruht, wobei für die Entwicklung der Aktiva eine über die Zeit konstante Verzinsung (von damals ca. 7%) unterstellt wird. Die Entwicklung dieser Konzepte ging einher mit der Einführung des Finanzierbarkeitsnachweises, an dem Peter Gessner ebenfalls maßgeblich beteiligt war (Gessner 1978). Im Lichte der obigen Definition stellt der Finanzierbarkeitsnachweis in klarer Weise ein ALM-Verfahren dar, bei dem allerdings die Aktivseite nur sehr rudimentär in Form des Hardy-Zinses modelliert wird.

Danach stagnierte die Entwicklung wieder, bis sie durch die Deregulierung des deutschen Versicherungsmarktes 1995 einen neuen Schub erhielt. Erster zentraler Schritt war dabei die Übertragung der im angelsächsischen Raum entwickelten Theorien des Profit-Testings auf die deutschen Gegebenheiten (Zwiesler 1996). Hierdurch wurden neue Methoden entwickelt, die sich für eine Vielzahl von Fragestellungen einsetzen lassen, von der Analyse von Versicherungsprodukten bis hin zur Bewertung von Versicherungsunternehmen durch Größen wie den Embedded Value oder den Appraisal Value. Kerngedanke dabei ist die Übertragung der grundsätzlichen Überlegungen der Investitionstheorie (Spremann 1996) auf die Gegebenheiten der Versicherungsbranche mit ihren Besonderheiten (insbesondere Stochastizität der Versicherungsrisiken, lange Laufzeiten, spezifische Formen der Aktiva, Puffergrößen in Form von RfB und stille Reserven).

Die fundamentalen Veränderungen an den Kapitalmärkten in den Neunziger Jahren und zu Beginn dieses Jahrzehnts (lang anhaltender Rückgang des Zinsniveaus, drastischer Anstieg der Aktienmärkte mit anschließendem Crash) führten dann zur Ergänzung der bestehenden Konzepte um Modelle für die Aktivseite, und damit hin zu „echten" ALM-Modellen.[2] Dabei hat sich in den letzten Jahren eine enorme Fülle von Modellen, Methoden und Konzepten im Asset-Liability-Management und damit zusammenhängenden Software-Systemen entwickelt, von der „Dynamic Financial Analysis" über „Value Based Management" und „Risk Based Capital" bis hin zum „Stress-Test" der BaFin. Alle diese

---

2 Wichtige Grundlagen hierfür finden sich insbesondere in den Arbeiten von Wilkie (1986) über stochastische Asset-Modelle, siehe auch DGVM 02, Albrecht (1995) für den deutschen Versicherungsmarkt und Panjer et al. (1997) als Übersicht über die entwickelten Modelle und Methoden.

Konzepte stellen indes nur Spielarten eines einzigen grundlegenden ALM-Modells dar, das wir in Abschnitt 4 genauer vorstellen werden.

# 3 Asset-Liability-Management als Prozess

Bevor wir das Grundmodell des ALM näher diskutieren, wollen wir uns aber zunächst mit dem ALM-Prozess beschäftigen. In vielen Fällen wird ALM mit einer teueren Software gleichgesetzt, die ein kompliziertes mathematisches Modell enthält. Dies ist ein gefährliches Missverständnis!

Asset-Liability-Management ist ein zentraler Prozess im Rahmen der Planung und Steuerung des Unternehmens. ALM liefert dabei quantitative Risiko-Analysen als Basis und Instrument zur Information und Entscheidungsunterstützung des Managements.

Damit ist klar, dass ALM einen grundlegenden Prozess im Risikomanagement darstellt, der sorgfältig in die Unternehmensprozesse und -entscheidungen eingebaut werden muss. Modelle und Software sind dabei „nur" Hilfsmittel; sie stellen zwar eine wichtige Basis für die Durchführung der quantitativen Analysen dar, sind aber eben nicht Selbstzweck!

Im Folgenden wollen wir den ALM-Prozess näher beschreiben und dessen organisatorische Einbindung kurz skizzieren.

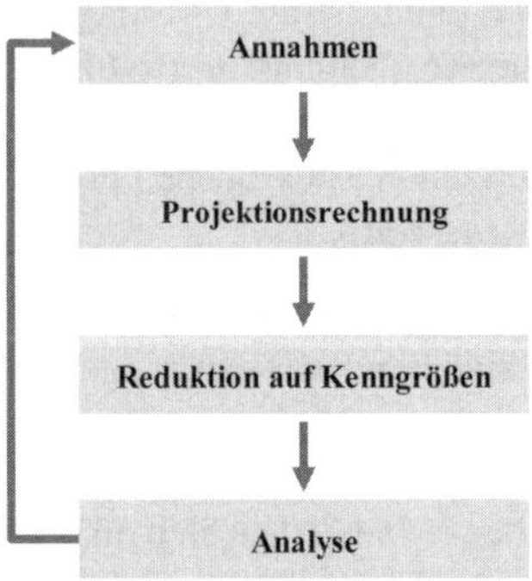


**Abb. 1:** Funktionsweise des Asset-Liability-Managements

Zunächst muss die zukünftige Entwicklung von Assets und Liabilities abgeschätzt werden. Dafür benötigt man Annahmen über deren Entwicklung. Mit Hilfe der Annahmen wird im zweiten Schritt eine Projektionsrechnung für Assets und Liabilities über einen festzulegenden zukünftigen Zeitraum durchgeführt. Sie liefert als Ergebnis ein im Allgemeinen sehr umfangreiches Zahlenmaterial. Um hieraus Aussagen ableiten zu können, müssen die Daten in einem dritten Schritt auf wenige Kenngrößen reduziert werden. Diese werden dann zur Analyse verwendet.

Durch regelmäßige Kontrolle (Soll/Ist-Vergleiche) können künftige Annahmen der Realität besser angepasst werden. Dies ist entscheidend für die Qualität der Projektionsrechnung, da ihre Ergebnisse auf der Qualität der Annahmen beruhen.

Das Verfahren ermöglicht es, die Auswirkungen verschiedener Maßnahmen über einen Zeitraum zu erkennen, und erfüllt damit eine der zentralen Funktionen des ALM, nämlich die Unterstützung der strategischen Entscheidungen.

## 3.1 Verankerung im Unternehmen

Die Anwendungen des Asset-Liability-Management lassen sich in zwei Kategorien aufteilen: Zum einen lässt es sich zur Beantwortung einzelner Fragestellungen einsetzen, zum anderen sollte es im Rahmen von Planung und Kontrolle regelmäßig erfolgen. Daher sollte ALM verbindlich in die Unternehmensorganisation eingegliedert sein, sodass die Zuständigkeit, Zeitpunkt und Frequenz für die Prüfung geklärt sind.

Grundsätzlich kann ALM auf zwei Arten im Unternehmen verankert werden[3]:

- Eingliederung in eine bestehende Abteilung: Der Wirkungsradius wäre auf diese Weise jedoch begrenzt und würde nicht ausreichen, wenn das Unternehmen ALM als grundlegendes und wichtiges Ziel betrachtet.
- Eingliederung als eigene Einheit (Stabsfunktion): Diese wiederum kann an verschiedenen Stellen im Unternehmen angesiedelt sein:
  - im Controlling: Da es sich beim ALM eigentlich um eine Controlling-Funktion handelt, ist diese Lösung folgerichtig. Im Controlling-Bereich fehlt aber oft das fachliche Spezialwissen (zum Beispiel Ausgestaltung der Versicherungsprodukte), daher kann es zu Problemen mit der Qualität und der Akzeptanz im Aktiv- und Passiv-Bereich kommen,
  - im Kapitalanlage-Bereich: In diesem Fall würde ALM im Wesentlichen zum Kapitalanlagen-Controlling genutzt werden,
  - im versicherungsmathematischen Bereich: Dies ist heute häufig der Fall, da dieser Bereich für Versicherer der bedeutendste ist. Allerdings wird ALM dann hauptsächlich zum Produktdesign verwendet,
  - in einem eigenen Bereich: Um alle Akzeptanz-, Durchführungs-, Motivations- und Qualifikationsprobleme zu vermeiden, sollte ALM als eigene Stabsabteilung eingerichtet werden. Eine mögliche Organisationsform ist

---

[3] Nähere Hinweise zur Einführung von ALM bei Versicherern findet der Leser bei Busson (2002).

dann die Einrichtung eines Asset-Liability-Komitees, das zum Beispiel dem Management direkt untersteht. Dieses sollte aus einigen festen Mitarbeitern bestehen, die sich mit dem ALM-System auskennen und aus den involvierten Bereichen rekrutiert werden. Hierzu zählen alle Bereiche, die relevanten Input haben oder Schlüsse aus dem Output ziehen, also Controlling, Kapitalanlage, Versicherungsmathematik, Unternehmensplanung.

## 3.2 Grundsätzliche Anmerkungen

Um ALM in der Praxis richtig anwenden zu können, müssen einige grundsätzliche Anmerkungen beachtet werden:

- Projektionsrechnungen sind immer „Wenn-Dann-Aussagen". Wenn die gemachten Annahmen eintreffen und die Realität sich wie das Modell verhält, dann ergeben sich die errechneten Ergebnisse und Konsequenzen (diese sind keine Realität, sondern nur eine Approximation!).
- ALM ist ein quantitatives, d.h. ein von Zahlen und Werten ausgehendes Hilfsmittel zur Entscheidungsunterstützung; es ersetzt nicht die Entscheidung. Welche Schlüsse und Konsequenzen aus den Analysen gezogen werden, ist die Entscheidung des zuständigen Menschen.
- Hieraus folgt unmittelbar die Frage, die man sich bei jedem Einsatz des ALM stellen sollte: Sind die Annahmen und Modelle ein sinnvolles Abbild der Realität? Was dabei „sinnvoll" heißt, ist unter anderem abhängig von der Fragestellung und dem Zeithorizont. Gerade damit man dies einschätzen kann, muss man die Modelle verstanden haben.
- Perfekte Genauigkeit an einzelnen Stellen nützt nichts, wenn an anderen Stellen größere Unsicherheiten bestehen (kein unsinniger Perfektionismus!).
- ALM ist ein Prozess, kein Software-Tool!

Natürlich spielt sich der ALM-Prozess im Rahmen der für Versicherungen geltenden Vorschriften und Gesetze ab. Da die Darstellung dieser Rahmenbedingungen für diesen Beitrag nicht von zentraler Bedeutung ist, sei der interessierte Leser auf die einschlägige Literatur verwiesen (zum Beispiel Dollhopf 1999, Wengert 2000).

# 4 Das Grundmodell des Asset-Liability-Managements für Versicherungen

Inzwischen hat sich eine große Bandbreite an Konzepten und Begriffen im ALM entwickelt. Sie alle lassen sich aus dem folgenden ALM-Grundmodell ableiten, und dies für alle Sparten unter Einschluss der betrieblichen Altersvorsorge. Das Projektions-Modul bildet den Kern des ALM. In ihm werden alle relevanten Größen (Bestände, Kapitalanlagen...) fortgeschrieben. Hierfür wird Input benötigt: zum einen sind das die Bestände (Versicherungsverträge und Kapitalanlagen), die je nach Fragestellung real oder fiktiv (zum Beispiel Neugeschäft) sein können, zum anderen die Annahmen.

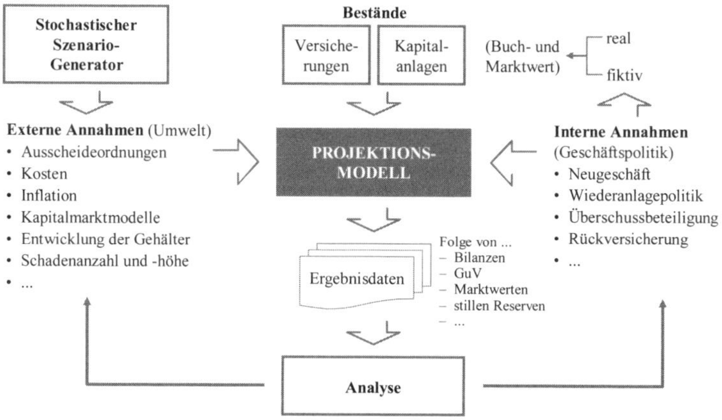


**Abb. 2:** ALM-Grundmodell für Versicherungen

Bei den Annahmen unterscheidet man externe (all das, was durch die Umwelt vorgegeben wird) und interne[4] (all das, was durch geschäftspolitische Entscheidungen beeinflusst wird). Während das Unternehmen die internen Annahmen durch seine Geschäftspolitik vorgibt, sind die externen Annahmen gar nicht oder kaum beeinflussbar. Etliche der Annahmen beschreiben zufällige Ereignisse (zum Beispiel Ausscheideordnungen, Schadenanzahl und -höhe, Kapitalmarktmodelle). Kann oder will man diese Zufälligkeit nicht modellieren, wird die Rechnung mit Erwartungswerten erfolgen (deterministische Betrachtung).[5] Dies ist insbesondere immer dann gerechtfertigt, wenn über längere Zeiträume stabile Vorgänge betrachtet werden (zum Beispiel Sterbewahrscheinlichkeiten). Gerade die Entwicklungen der Kapitalmärkte oder die Schäden in der Nichtlebensversicherung unterliegen jedoch beträchtlichen Schwankungen, sodass bei allen Fragen, die enger an diese Entwicklungen gekoppelt sind, Erwartungswerte nicht ausreichen. Hier wird

---

4 Diese Unterscheidung ist nicht völlig eindeutig. So können zum Beispiel die Kosten durch das Management beeinflusst werden, allerdings im Allgemeinen nicht kurzfristig.

5 Beispiele hierfür sind der Finanzierbarkeitsnachweis oder der Stresstest der BaFin.

dann ein stochastischer Szenario-Generator eingesetzt. Er erzeugt bei jedem Durchlauf des Modells ein Szenario mit Werten für die externen Annahmen.[6]

In jedem Durchlauf produziert das Projektions-Modul aus seinem Input Ergebnisdaten (Bilanz, GuV etc. – häufig sowohl Buchwerte als auch Marktwerte) in einer zeitlichen Abfolge. Diese müssen nun analysiert werden. Hierzu werden aus den Daten einige einfache Größen generiert, die dann die Basis für geschäftspolitische Entscheidungen sein können, aber auch zur Kontrolle der externen Annahmen geeignet sind.[7]

Der große Vorteil des hier dargestellten Modells liegt in seiner universellen Anwendbarkeit. So existiert zum Beispiel mittlerweile eine große Zahl von (teilweise sehr komplexen) Modellen für die Kapitalmärkte. Für das ALM-Grundmodell ist dies jedoch unerheblich. Vielmehr erlaubt es, das jeweils am besten geeignete Modell zu verwenden.

## 4.1 Stochastische Modelle

Genauer betrachten wollen wir nun die Ergebnisse stochastischer Modelle, da diese nicht eindeutig und damit oft deutlich schwerer zu interpretieren sind.

Bei Verwendung eines stochastischen Szenario-Generators sind die Ergebnisgrößen ebenfalls Zufallsvariablen und bei jedem Durchlauf (üblich sind je nach Fragestellung 100 bis 10.000 Simulationen) entsteht eine Realisierung dieser Zufallsvariablen. Aus diesen Realisierungen können dann empirisch Aussagen über die Verteilung dieser Zufallsvariablen gewonnen und zur Analyse verwendet werden. Als Ergebnis der Analyse erhält man Risikokennzahlen wie den Erwartungswert, Standardabweichung, Value at Risk, Quantile etc., welche einen Ergebniskorridor beschreiben. Bei Solvabilitäts-Untersuchungen oder für Ratings werden oft einzelne (häufig) prozentuale Auf- bzw. Abschläge verwendet als Maß für Abweichungen nach unten, da hierdurch der Aufwand umfangreicher Projektionen vermieden wird. Insofern stellen auch diese Verfahren einfache Varianten von ALM-Modellen dar, die sich in den Rahmen dieses Grundmodells einfügen.

Zwar legen die zufälligen Schwankungen von Schäden und Kapitalmärkten nahe, dass die stochastische Betrachtungsweise die überlegene ist, tatsächlich gibt es aber auch viele Situationen, in denen die deterministische Betrachtungsweise von Vorteil ist. Der Vorzug einer Beschränkung auf einzelne wenige (statt vieler stochastischer) Szenarien liegt darin, dass deren Ergebnisse leichter zu interpretieren sind: Es ergeben sich einfache „Wenn-Dann-Aussagen“, die das Verständnis für

---

6 Auch die deterministische Betrachtungsweise kann hierunter subsumiert werden, indem man sie als ein Ereignis mit der Ergebniswahrscheinlichkeit 1 ansieht (also nur ein einziges Szenario betrachtet).

7 Ein Beispiel, das diese Vorgehensweise verdeutlicht, findet sich in Abschnitt 5.

die Zusammenhänge zwischen internen und externen Einflussgrößen fördern. Die Stärke von Abhängigkeiten kann durch Sensitivitätsanalysen untersucht werden, bei denen jeweils ein einzelner Parameter in den Szenarien variiert wird. Nachteil jedoch ist, dass Schwankungen am Markt und Volatilitäten nicht berücksichtigt werden.

Eine zusätzliche Schwierigkeit bei stochastischen Projektionen ergibt sich daraus, dass die Ergebnisse der Projektion stark durch die zukünftig vorgesehene Geschäftspolitik (zum Beispiel Höhe der Überschussbeteiligung) beeinflusst werden. Die Entscheidungen, die in der Zukunft getroffen werden, hängen aber ganz wesentlich von dem Zustand des Systems zu der Zeit ab, in der die Entscheidung getroffen werden muss. Für eine realistische Hochrechnung ist es daher notwendig, die Geschäftspolitik vom Zustand abhängig festzulegen, d.h. vom Szenariopfad abhängige Entscheidungsregeln zu definieren. Starre, vom Verlauf der Projektion unabhängige Entscheidungsregeln führen schnell zu sinnlosen Projektionsergebnissen.

Die Verwendung dieser auch unter dem Begriff Managementregeln bekannten pfadabhängigen Entscheidungsregeln hat zur Folge, dass die Projektionsrechnungen dann nicht mehr separat erst für die Passiv- dann für die Aktivseite erfolgen können, sondern vielmehr müssen beide Seiten chronologisch Jahr für Jahr gemeinsam fortgeschrieben werden.

Die Festlegung der Entscheidungsregeln stellt eine der größeren Herausforderungen beim ALM dar. Sie setzt zum einen voraus, dass ein Unternehmen bereits klare Vorstellungen darüber hat, wie es sich unter den jeweiligen Marktbedingungen zu verhalten beabsichtigt. Zum anderen wird unterstellt, dass solche Entscheidungen ausschließlich nach rationalen Kriterien erfolgen, die sich anhand des Szenarios überprüfen lassen. Tatsächliche Entscheidungen berücksichtigen nicht nur die Entwicklung am Kapitalmarkt, sondern auch etwa das Verhalten der Konkurrenz (was macht der Marktführer?), den Einfluss des Vertriebs, die persönliche Einschätzung über zukünftige Marktentwicklung u.ä. Dinge. Fraglich ist auch, inwieweit theoretisch verfügbare Entscheidungsspielräume in der Praxis tatsächlich genutzt werden. So kann etwa die Gewinnbeteiligung bis auf den Garantiezins gesenkt werden, bei unterschiedlichen Tarifgenerationen bedeutet dies dann aber eine unterschiedliche Gewinnbeteiligung für die Versicherungsnehmer. Solche Entscheidungsregeln können deshalb beliebig komplex werden und sind dann kaum noch darstellbar. Es gilt daher, eine vernünftige Abwägung zwischen Detaillierungsgrad und Aufwand für die Umsetzung zu finden.

## 4.2 Stresstests

Mittels Projektionsrechnung können die Ergebnisgrößen für beliebige Szenarien hochgerechnet werden. Eine besondere Kategorie von Szenarien bilden die so genannten Stress-Szenarien. Dabei handelt es sich um Szenarien mit extrem hohen und ungünstigen Abweichungen von der jeweils erwarteten Entwicklung. Die Projektionsrechnung mit solchen Szenarien wird Stresstest genannt.[8]

Interessant ist dabei vor allem die Untersuchung, wie sich extreme Entwicklungen in der Anfangsphase der Projektion bei langfristig optimalen Strategien/Entscheidungsregeln auswirken.

Es gibt mehrere Möglichkeiten, solche Stress-Szenarien zu entwerfen. Zum einen können sie aus historischen Entwicklungen am Kapitalmarkt gewonnen werden, zum anderen können diejenigen Szenarien aus der stochastischen Projektion verwendet werden, die zu den schlechtesten 1% oder 5% der Ergebnisse geführt haben. Des Weiteren können geeignete Szenarien unter Berücksichtigung der spezifischen Kapitalanlagesituation und Fälligkeitsstruktur des jeweiligen Unternehmens konstruiert werden.

## 4.3 Analyse

### 4.3.1 Auswertung und Interpretation

Ergebnisse einer stochastischen Projektion sind die empirischen Verteilungsfunktionen für die betrachteten Kennzahlen (Bilanz, etc.). Dieses Zahlenmaterial wird mit Hilfe von geeigneten Risikomaßen verdichtet.

Es muss nun geklärt werden, welche Bedeutung die so erhaltenen Ergebnisse haben. Ergibt sich etwa „eine Ruinwahrscheinlichkeit von 3% in den nächsten drei Jahren“, so ist zunächst unklar, ob es sich darum um einen guten oder schlechten Wert handelt.

Des Weiteren muss die Qualität der Ergebnisse kritisch hinterfragt werden:

- Welche Auswirkung hat die Verdichtung des Vertragsbestands? Wie ändert sich das Ergebnis, wenn andere Methoden zur Verdichtung angewandt werden?
- Wie wirken sich Änderungen einzelner Annahmen bzgl. des Kapitalmarkts aus?
- Wie kommen die schlechtesten 5% der Ergebnisse zu Stande? Wie sehen die dafür zu Grunde liegenden Szenarien aus?

### 4.3.2 Optimierung der Entscheidungsregeln

Ein zentrales Anliegen des ALM ist die Unterstützung der Unternehmenssteuerung. Der Umfang der möglichen Stellgrößen im Unternehmen wird durch die internen Annahmen definiert. In der Analysephase des ALM geht es nun darum, hier

---

[8] Ein Beispiel hierfür ist der Stresstest der BaFin.

mögliche Verbesserungen zu finden. Theoretische Optimierungsansätze stehen dabei wegen der hohen Komplexität des Problems nicht im Vordergrund.

Ein pragmatischer Ansatz ist ein iterativer Prozess, bei dem durch Anpassung/ Veränderung der internen Annahmen bzw. der Managementregeln versucht wird, das Ergebnis zu verbessern. Diese Suche nach den „optimalen Entscheidungen" ist beim Aufbau des ALM ein mühsames und zeitaufwendiges Unterfangen. Erst Erfahrung ermöglicht es, genauer abzuschätzen, welche Auswirkungen die Veränderung einzelner Parameter auf das Ergebnis hat.

### 4.3.3 Back-Testing

Zur Qualitätssicherung des Modells und seiner Annahmen sollte regelmäßig ein Abgleich zwischen Projektion/Simulation aus den Vorjahren mit den tatsächlichen Ergebnissen erfolgen. Analysiert werden sollte, ob die tatsächlichen Ergebnisse im Rahmen der Erwartungen lagen. Bei zu großen Abweichungen stellt sich umgehend die Frage nach ihren Ursachen.

Allerdings muss bei der Analyse immer berücksichtigt werden, dass auch Ergebnisse, denen in der Projektion nur eine geringe Wahrscheinlichkeit zugeordnet wurde, tatsächlich eintreten können. Solche Ergebnisse sollten aber Anlass sein, das Modell und dessen Annahmen genau zu überprüfen.

# 5 Ein Fallbeispiel

Das nachfolgende Beispiel ist aus Wengert (2000) entnommen. Ausgangspunkt waren damals im Jahr 1999 die Fragen:

- Wie lange können die deutschen Lebensversicherer ihr aktuelles Überschussniveau halten?
- Und welcher Anteil an riskanteren Anlagen ist dafür sinnvoll?

Diese Fragen wurden 1999 mit einem entsprechenden ALM-Modell untersucht. Die Ergebnisse, die seinerzeit auch publiziert wurden, waren eindeutig. Es war bereits damals klar absehbar, dass die deutschen Lebensversicherer ihr Überschussniveau mit deutlicher Wahrscheinlichkeit nicht würden halten können. Und dabei bewirkte eine Erhöhung ihrer Aktienquote ein deutlich höheres Risiko, ohne eine signifikant bessere Rendite zu ergeben.

Diese Ergebnisse basierten unter anderem auf einem Ausgangsstand des DAX von 5.000 Punkten und einer angenommenen durchschnittlichen DAX-Steigung von jährlich 9% – also kein Crash-Szenario. Die Behauptung, dass die aktuelle Misere der deutschen Versicherer durch den Crash der Aktienmärkte verursacht wurde, ist demnach falsch! Wohl hat der Crash die Schwierigkeiten der Unternehmen drastisch beschleunigt und vergrößert, ihre Ursachen liegen gleichwohl anderswo. Bereits seit Mitte der Neunzigerjahre begann das durchschnittliche langfristige Zinsniveau deutlich zu sinken. Da gleichzeitig die Aktienmärkte boomten, gelang es den Versicherern zunächst, mit diesen Gewinnen ihr höheres Überschussniveau zu halten. Unter Risiko-Aspekten war dies jedoch fatal, da die gesetzlichen Vorschriften für die Überschussbeteiligung eine mindestens 90-prozentige Beteiligung der Kunden am Gewinn, aber keine Beteiligung der Kunden am Verlust vorgeben, was bei volatilen Kapitalanlagen ein gravierendes Risiko-Potenzial bewirkt.

Dass ALM-Modelle (die ja durchaus vorhanden waren, siehe Wengert 2000) von den Unternehmen nicht angemessen eingesetzt wurden oder bei Entscheidungsprozessen nicht vernünftig berücksichtigt wurden, führte zu den bekannten Problemen.

Basis des Fallbeispiels waren die nachfolgenden aggregierten Daten der deutschen Lebensversicherer zum 31.12.1998.

| **Kapitalanlagenseite („Aktiva“)** | | **Leistungsseite („Passiva“)** | |
|---|---|---|---|
| Aktien | 154.250 | Eigenkapital | 11.600 |
| Renten | 161.448 | Freie RfB | 26.434 |
| Darlehen und Sonstige | 445.873 | Gebundene RfB | 61.680 |
| Hypotheken | 113.200 | Deckungskapital[1)] | 803.526 |
| Immobilien | 31.705 | Sonstige Passiva[2)] | 3.23 |
| **Summe AKTIVA** | **906.476** | **Summe PASSIVA** | **906.476** |

1) Deckungsrückstellungen und Ansammlungsguthaben abzüglich der Forderungen an VN
2) Hier werden alle restlichen Bilanzpositionen zusammengefasst

**Tabelle 1:** Angaben für das Fallbeispiel

Da Deckungskapital und gebundene RfB den Wert der an die Versicherungsnehmer zugesagten Leistungen darstellen, fassen wir sie im Folgenden unter dem Begriff Rückstellungen zusammen. Ihr (Buch-)Wert muss in jedem Fall durch die Buchwerte der Aktiva bedeckt werden.

Diese Daten wurden unter Verwendung eines realistischen, stochastischen Modells für fünf Jahre (1999-2003) fortgeschrieben.[9] Dabei wurden folgende Grundannahmen gemacht:

- Die Versicherer behalten ihre aktuelle Überschussbeteiligung bei.

9 Der interessierte Leser findet die Details hierzu bei Wengert (2000).

- Die Aufteilung der Aktiva (Asset Allocation) bleibt unverändert bzw. sie nähert sich schrittweise einem vorgegebenen Verhältnis.
- Zu jedem Bilanzstichtag wird geprüft, dass der Buchwert der Aktiva die Rückstellungen bedeckt, notfalls werden stille Reserven aufgelöst.

Als zentrale Größe für die Analyse wurde dann die Differenz aus Marktwerten der Aktiva und den Marktwerten der Passiva betrachtet (bezeichnet als SURPLUS). Er stellt ein Maß für die reale wirtschaftliche Situation des (aggregierten) Unternehmens dar.

Die Abbildung 3 zeigt den (empirischen) Quantilfächer des SURPLUS über einen Zeitraum von fünf Jahren.[10] Dabei entspricht die unterste Linie dem 5%-Quantil, d.h. sie wurde nur in 5% aller Simulationen unterschritten. Des Weiteren sind das 25%- und das 50%-Quantil (Median) sowie das 95%-Quantil eingetragen. Man sieht, dass die realisierten Werte des SURPLUS 2003, also bereits nach fünf Jahren, eine extrem große Streuung aufweisen.

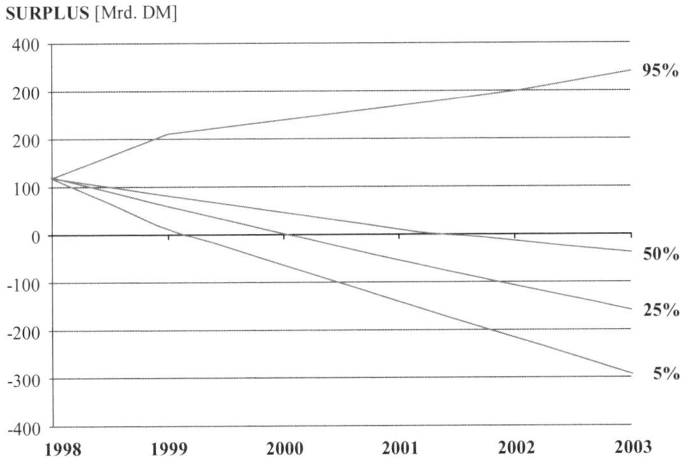


**Abb. 3:** Quantilfächer des SURPLUS

Verwenden wir zum Beispiel das 50%-Quantil als Entscheidungskriterium – d.h., wir wollen mit 50-prozentiger Wahrscheinlichkeit einen positiven SURPLUS erreichen – so konnte bis maximal 2001, also noch drei Jahre, die Gewinnbeteiligung unverändert aufrechterhalten werden.[11]

---

[10] Man beachte, dass sich der SURPLUS aus Martkwerten berechnet und damit durchaus negativ werden kann, obwohl das Unternehmen bilanziell – also nach Buchwerten gerechnet – noch keine Unterdeckung aufweist.

[11] Interessanterweise fanden tatsächlich 2002 die ersten massiven Senkungen der Über-

Vergleicht man das 5%-, das 25%- und das 50%-Quantil des SURPLUS am Ende der betrachteten fünf Jahre und verwendet dafür verschiedene Aufteilungen der Aktiva (gesteuert durch die Aktienquote), so ergibt sich das in Abbildung 4 dargestellte Bild.[12] Insbesondere erkennt man, dass der Median (50%-Quantil) mit zunehmender Aktienquote nur unwesentlich ansteigt, während das 5%-Quantil (als Maß für das Risiko) drastisch nach unten absinkt.

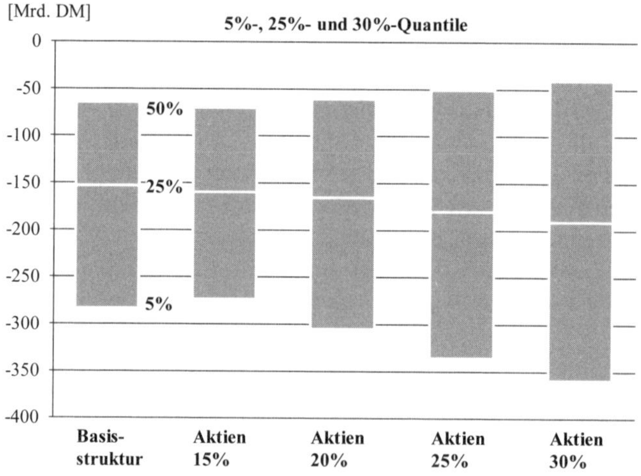


**Abb. 4:** SURPLUS am Ende des betrachteten Zeitraums 1999 bis 2003

# 6 Vier Thesen als Zusammenfassung

- Asset-Liability-Management ist ein zentraler Prozess im Risikomanagement eines Versicherers.
- Als solcher muss ALM sorgfältig in alle relevanten Unternehmensprozesse und -entscheidungen einbezogen werden.
- Aufgabe von ALM ist dabei, quantitative Grundlagen für die Entscheidungsfindung zu liefern.
- Die verwendeten Methoden basieren dabei auf einem gemeinsamen Grundmodell, das der jeweiligen Situation und Fragestellung entsprechend angepasst werden kann.

---

schussbeteiligung statt.

12 Die Basisstruktur war dabei die unveränderte Aufteilung der Kapitalanlagen, wie sie am 31.12.1998 bestand (Aktienquote ca. 17%).

# Literaturverzeichnis


Albrecht, Peter (1995): Ansätze eines finanzwirtschaftlichen Portefeuille-Managements und ihre Bedeutung für Kapitalanlage- und Risikopolitik von Versicherungsunternehmen. Karlsruhe: Verlag Versicherungswirtschaft.

Busson, Michael/Ruß, Jochen/Zwiesler, Hans-Joachim: Modernes Asset Liability Management. Versicherungswirtschaft 2/2000, S. 104-109.

Deutsche Gesellschaft für Versicherungsmathematik (DGVM) (Hrsg.) (2002): Investmentmodelle für das Asset-Liability-Modelling von Versicherungsunternehmen – Abschlussbericht der Themenfeldgruppe Investmentmodelle. Karlsruhe: Verlag Versicherungswirtschaft.

Dollhopf, Alexander (1999): Gesamtunternehmensbezogenes Risikomanagement bei Lebensversicherungsunternehmen unter Berücksichtigung des KonTraG. Institut für Finanz- und Aktuarwissenschaften, Ulm.

Gessner, Peter (1978): Überschusskraft und Gewinnbeteiligung in der Lebensversicherung. Karlsruhe: Verlag Versicherungswirtschaft.

Gessner, Peter (1979): Ein integriertes Gesamtmodell eines Lebensversicherungsunternehmens – Ansatz zur Unternehmensplanung in der Lebensversicherung – Übersichtsartikel. Zeitschrift für Operations Research, Band 23, S. B67-B87.

Gessner, Peter (1986): Zahlungsströme als Grundlage der Planung bei Lebensversicherungsunternehmen. ZOR Zeitschrift Operations Research, Vol. 30, S. B147-B168.

Gessner, Peter (1987): Gesamtkonzept eines ergebnisorientierten integrierten Planungssystems in der Versicherungswirtschaft. ZOR Zeitschrift Operations Research, Vol. 31, S. B55-B69.

Panjer, Harry (Hrsg.) (1997): Financial Economics. The Actuarial Foundation, Schaumburg, Illinois.

Redington, Frank M. (1952): Review of the Principles of Life-Office Valuations. Journal of the Institute of Actuaries, Vol. 78.

Ruß, Jochen (1999): Die Aktienindexgebundene Lebensversicherung mit garantierter Mindestverzinsung in Deutschland. Institut für Finanz- und Aktuarwissenschaften, Ulm.

Spremann, Klaus (1996): Wirtschaft, Investition und Finanzierung. 5. Auflage, München/ Wien: Oldenbourg.

Wengert, Holger M. (2000): Gesamtunternehmensbezogenes Risikomanagement bei Lebensversicherungsunternehmen. Institut für Finanz- und Aktuarwissenschaften, Ulm.

Wilkie, David A. (1986): A Stochastic Asset Model for Actuarial Use. Institute of Actuaries, London.

Zwiesler, Hans-Joachim (1996): Der Profit-Test in der Lebensversicherung. Institut für Finanz- und Aktuarwissenschaften, Ulm.

# Durationssteuerung als integraler Bestandteil des Asset-Liability-Managements

**Sönke Jost Siemßen**

*Zusammenfassung:*
*Die Bedeutung und Stellung des Durationsmanagements innerhalb der gesamten Asset-Liability-Steuerung wird anhand mehrerer Kriterien analysiert. Asset-Liability-Management wird dabei als ein Steuerungssystem verstanden, das auf einem hierarchisch strukturierten Risikomodell aufbaut. Innerhalb dieses Risikomodells stellt die Duration einen eigenständigen Risikofaktor dar. Die Darlegungen zeigen, dass die Duration die an einen solchen Faktor zu stellenden Anforderungen erfüllt: weit gehende Unabhängigkeit und Abgrenzbarkeit von anderen Risikofaktoren, Messbarkeit, Berechenbarkeit und die Möglichkeit der aktiven Steuerung. Die Möglichkeiten der erfolgreichen aktiven Steuerung des Durationsrisikos werden anhand eines über verschiedene Prognoseverfahren diversifizierten Investmentprozesses für die taktische Asset Allocation näher betrachtet.*

*Schlüsselwörter: Duration, Durationsmanagement, Prognosemodelle, taktische Asset Allocation.*

## 1 Einleitung

Der steigende Anteil der zinsabhängigen Kapitalanlagen sowie die Diskussion um die gesetzliche Mindestverzinsung von Kapitallebensversicherungen haben das Augenmerk wieder verstärkt auf das Management von Zinsänderungsrisiken gelenkt. Innerhalb der Zinsänderungsrisiken kommt dem Durationsrisiko herausragende Bedeutung zu. Dies gilt trotz der Vielzahl der oft technisch aufwendigen und nicht immer unproblematischen Ergänzungen, Verbesserungen und Erweiterungen dieses aus den 30er-Jahren stammenden Ansatzes.[1] Deshalb soll in diesem Aufsatz noch einmal näher beleuchtet werden, warum die Duration als Risikofaktor innerhalb eines modernen Asset-Liability-Managements wichtig ist, welche

---

1 Um nur einige zu nennen, vgl. die interessanten Ansätze in Langewand/Nielsen (1998), Zagst (1997), Simmeth/Traccucci (1998), Noris/Epstein (1989), Mulvey et al. (2003).

Annahmen dem zu Grunde liegen und was man bei der Steuerung dieses Risikofaktors beachten sollte.

Zuerst wird die Stellung der Durationssteuerung innerhalb des Asset-Liability-Managements und dem zu Grunde liegenden Risikomodell betrachtet. Im zweiten Abschnitt werden dann die Herleitungen, Varianten und die daraus resultierenden Eigenschaften der Duration beschrieben. Der dritte Abschnitt begründet, warum die Duration auch als Risikokennziffer direkt verwendet werden kann und welchen Erklärungsgehalt sie bei verschiedenen Anwendungen hat. Der vierte Abschnitt diskutiert die lang- und mittelfristigen Steuerungsmöglichkeiten. Abschließend werden dann im fünften Abschnitt Ansätze und Kriterien für eine erfolgreiche Steuerung der Duration im Rahmen der taktischen Asset Allocation dargelegt.

# 2 Duration als Risikofaktor

Eine weitere Verbesserung der Risikosteuerung wird in den kommenden Jahren bei den Versicherungen im Vordergrund stehen. Der Risikosteuerung zwischen Verbindlichkeiten und Kapitalanlagen, dem Asset-Liability-Management (ALM), kommt hierbei die dominante Bedeutung zu. Kernaussage dieser Herangehensweise ist, dass Kapitalanlagerisiken einerseits (Aktivseite der Bilanz) und Versicherungsrisiken andererseits (Passivseite der Bilanz) nicht getrennt voneinander betrachtet werden dürfen. Dies würde zu einer falschen Einschätzung des Unternehmensrisikos durch das Management führen. Vielmehr sollten beide Bilanzseiten anhand derselben Risikofaktoren bewertet werden. Das Management erhält damit erst die Möglichkeit, unternehmerische Entscheidungen gezielt zu den einzelnen aktiven Risikopositionierungen zu treffen („know your risks"). Dies sollte nicht nur in der Theorie sondern auch in der täglichen Praxis zu einer Verbesserung der Ertrags-Risikosteuerung führen.

Ein denkbarer Ansatz für die Aufteilung in Risikofaktoren ist in der Abbildung 1 dargestellt.[2] Ausgehend von den bekannten und vertrauten Risiken von Kapitalanlagen kann man diesen Ansatz zu einer vollständigen Darstellung der Risiken auf der Aktiv- und Passivseite der Bilanz erweitern. Ein geeignetes Risikomodell muss mehreren Anforderungen genügen. So müssen die einzelnen Risikofaktoren *messbar* sein. Deshalb wird hier auch auf marktübliche und damit leicht

---

2 Der vorgestellte Ansatz für ein Risikomodell ist nur einer von vielen Möglichkeiten. Eine Aufteilung der Risiken auf makroökonomische Faktoren wie Wachstum und Inflation ist zum Beispiel auch denkbar. Der Vorteil ist, dass Asset-Klassen-übergreifende Risiken verdeutlicht werden, zum Beispiel das eines stark steigenden Ölpreises. Dieser Ansatz ist aber nur ergänzend zu empfehlen, da die Makrofaktoren oft nur einen sehr begrenzten Anteil der Risiken beschreiben, nur mit Verzögerungen messbar und stärker anfällig für Scheinkorrelationen sind.

beobachtbare Faktoren zurückgegriffen. Zudem muss eine direkte Beziehung zwischen den Anlagen und Verbindlichkeiten einerseits und den ihnen zugeordneten Risikofaktoren andererseits bestehen. Dies wird im Folgenden als *Bewertbarkeit* bezeichnet.

Ein weiterer Punkt ist die *Unabhängigkeit* der Risikofaktoren voneinander. Ist diese nicht gegeben, so führt dies möglicherweise zu erheblichen Problemen bei der Bewertung. Eine klare Beziehung von Wertpapier und Risikofaktor ist dann nicht mehr nachweisbar. In der Praxis dürften die oft heuristisch bestimmten Faktoren jedoch zum Teil Abhängigkeiten aufweisen. Solange man sich dieses Problems bewusst ist, kann man es durch die Zuordnung einzelner Anlagen oder Verbindlichkeiten ausschließlich zu einer Risikogruppe reduzieren. Dies ist einer der praktischen und wesentlichen Gründe für den hierarchischen Aufbau des Risikomodells. Kritischer ist dagegen das Fehlen von Risikodimensionen zu beurteilen, d.h. die Unvollständigkeit der zu betrachtenden Risiken.

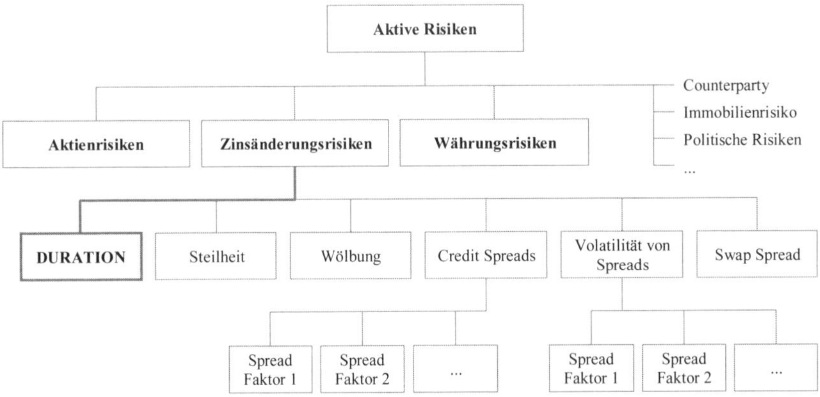


**Abb. 1:** Risikofaktoren zur Steuerung der Anlagen und Verbindlichkeiten

Von zentraler Bedeutung ist die Prognostizierbarkeit der Erträge und Risiken der betrachteten Faktoren. Dies wird im Folgenden als *Steuerbarkeit* bezeichnet. Der Bezug zu marktüblichen Größen erleichtert die Prognostizierbarkeit. Rein theoretische, aus abstrakten Modellen generierte Faktoren erfüllen dieses Kriterium oft nicht.

Diese Darstellung der Risikofaktoren hat bewusst einen hierarchischen Aufbau. Ein wesentlicher Vorteil des hierarchischen Aufbaus ist die Möglichkeit, die Entscheidungen entsprechend den einzelnen Ebenen aufzuteilen. Hierauf wird in Abschnitt 4 noch näher eingegangen.

Faktoren, die eine hinreichend große Ähnlichkeit haben, werden dabei in diesem hierarchischen Aufbau zu Risikogruppen zusammengefasst. „Ähnlichkeit“ kann dabei zum Beispiel über die Korrelation der Erträge definiert werden. Dies verringert das Problem der fehlenden Unabhängigkeit. Auch die verfügbaren Anlageinstrumente oder Verbindlichkeiten können die Zusammenfassung zu einer Risikogruppe begründen. So sind zum Beispiel bei Anleihen Zinsstrukturkurvenrisiken, Spread-Risiken und Kreditrisiken in einem Instrument vereint, wenn auch nur gering korreliert. Dies rechtfertigt die Zusammenfassung zu einer Risikogruppe. Ein weiteres Kriterium ist die Art und Größenordnung der betrachteten Risiken. So sind die Volatilitäten von Aktien ein Mehrfaches der bei Zinsänderungsrisiken gemessenen Volatilitäten. Bei der Gruppierung der Faktoren spielen also praktische Überlegungen eine wichtige Rolle. Letztendlich sollten die aggregierten Faktorerträge und Risiken jedoch nur gering korreliert sein.

Nun zur Stellung des Durationsrisikos innerhalb dieses Risikomodells. Das Durationsrisiko ist im Rahmen der zu steuernden Risiken ein wesentlicher Teil der allgemeinen Zinsänderungsrisiken. Diese können unterteilt werden in die Risiken von kredit- und liquiditätsrisikolosen Staatsanleihen, genannt Zinsstrukturkurvenrisiken, und die diversen Spread-Änderungsrisiken. Zinsstrukturkurvenrisiken lassen sich wiederum zerlegen in drei Faktoren: die Parallelverschiebung der Zinsstrukturkurve – hier vereinfachend als „Duration"-Faktor bezeichnet –, die Änderung der Steilheit sowie die Änderung der Wölbung der Kurve.[3] Der Duration-Faktor ist der bedeutsamste der drei Faktoren, da er als erster Faktor zur Erklärung der Ertragsrisiken herangezogen wird. Die anderen Faktoren erklären nur die verbliebenen Ertragsschwankungen. Diese Vorzugsbehandlung der Duration liegt in der besseren Berechenbarkeit des Faktors, wie in Abschnitt 4 noch gezeigt wird. Die Spread-Risiken sind dagegen gegenüber der Duration gleichberechtigt. Je nach Ausmaß der Kreditrisiken können sie die Durationsrisiken auch übersteigen. So ergibt sich zum Beispiel für High-Yield-Anleihen, dass in der Regel das Durationsrisiko geringer ist als die Spread-Risiken. Umgekehrt gilt für Investment-Grade-Anleihen, dass hier in der Regel die Durationsrisiken überwiegen. Im Folgenden soll aber das Durationsrisiko isoliert betrachtet werden. Dies ergibt sich aus der unterstellten Unabhängigkeit von anderen Faktoren, insbesondere den Spread-Faktoren.

---

3 Die Zinsstrukturkurvenrisiken werden häufig auch anhand von drei ortogonalen, d.h. unkorrelierten Faktoren beschrieben, die sich aus der Principal-Component-Analyse ergeben. Diese Faktoren können mit den oben beschriebenen, direkt beobachtbaren Faktoren assoziiert werden. Der Shift-Faktor entspricht weitestgehend dem Duration-Faktor, der Twist-Faktor der Änderung der Steilheit und der Buttefly-Faktor der Änderung der Wölbung. Vgl. u.a. Bühler/Zimmermann (1994), Litterman/Scheinkman (1991). Da die Prognose für diese abstrakten Faktoren keiner intuitiven Kontrolle unterliegt und damit besondere Schwierigkeiten aufweist, werden sie in Entscheidungsprozessen bisher nicht verwendet.

# 3 Duration

Um das Risiko-Ertragsprofil einer Anlage in verzinslichen Wertpapieren zu beurteilen, wurde früher ausschließlich die Laufzeit ins Verhältnis zur Rendite gesetzt. Die Laufzeit ist dabei ein sehr ungenaues Maß für die Preissensitivität eines Wertpapiers[4] auf Renditeänderungen und damit auch für das Risiko. In den 30er-Jahren hat Macauley (1938) das dafür geeignetere Maß der Duration entwickelt. Es wird nach ihm auch als Macauley Duration bezeichnet.

## 3.1 Duration als gewichtete Restlaufzeit

Es gibt zwei Herleitungen für die Duration (D), die beide unterschiedliche Aspekte der Kennzahl hervorheben. Die ursprüngliche Ableitung von Macauley fasst die Duration als eine gewichtete Laufzeit einer Anleihe auf. Wie die folgende Gleichung zeigt, dienen die Barwerte der einzelnen Cashflows (CF) dabei als Gewichte, genauer gesagt die mit dem Preis der Anleihe normierten Barwerte. Die Rendite (y) und der Preis (P) einer Anleihe müssen also gegeben sein.

(1) $$D = \frac{\sum_t^T t \times \frac{CF_t}{(1+y_T)^t})}{\sum_t^T \frac{CF_t}{(1+y_T)^t}} = \frac{\sum_t^T t \times \frac{CF_t}{(1+y_T)^t})}{P} = \sum_t^T t \times \frac{\frac{CF_t}{(1+y_T)^t}}{P})$$

In der Tabelle 1 ist dies anhand eines einfachen Beispiels einer 5-jährigen Anleihe mit einem Kupon von 5% und einer Rendite von 4% dargestellt. Die Duration einer 5-jährigen Anleihe beträgt also nur 4, 56 Jahre und nicht 5 Jahre.

| t | Cashflow | Diskontfaktor | Barwert des CF | t* Barwert des CF |
|---|---|---|---|---|
| 1 | 5 | 1,040 | 4,81 | 4,81 |
| 2 | 5 | 1,082 | 4,62 | 9,25 |
| 3 | 5 | 1,125 | 4,44 | 13,33 |
| 4 | 5 | 1,170 | 4,27 | 17,10 |
| 5 | 105 | 1,217 | 86,30 | 431,51 |
| **Summe** | **125** | | **104,45** | **476,00** |
| **Preis** | **104,45** | | | |
| **Duration** | **476/104,45** | **= 4,56** | | |

**Tabelle 1:** Preis und Durationsberechnung einer 5-jährigen Anleihe

4 Im Prinzip kann man hier jeden festgelegten Zahlungsstrom als Wertpapier auffassen.

Anhand der Tabelle kann man folgende Eigenschaften der Duration leicht nachvollziehen:

- Die Duration steigt mit der Endfälligkeit einer Anleihe, jedoch in der Regel unterproportional, da spätere Cashflows stärker abdiskontiert werden.
- Fällt die Rendite einer Anleihe, so steigt die Duration an, da die Diskontfaktoren kleiner werden.
- Je kleiner der Kupon einer Anleihe ist, desto länger wird die Duration, da der Anteil an späteren Cashflows größer ist. Der Grenzfall ist die Nullkupon-Anleihe, bei der die Duration gleich der Laufzeit ist.[5]
- Die Duration unterstellt eine einheitliche Rendite für alle Laufzeiten. Dies resultiert aus der verwendeten Preis-Renditegleichung. Eine Verbesserung des Konzeptes würde die Verwendung laufzeitspezifischer Null-Kuponrenditen für die Ermittlung der einzelnen Barwerte darstellen. Dem Vorteil der höheren Genauigkeit des Maßes würde der Nachteil der fehlenden direkten Beobachtbarkeit der Null-Kuponrenditen gegenüberstehen.

Am Rande sei angemerkt, dass sich aus Gleichung (1) ergibt, dass die Duration die Einheit des Faktors (t) beibehält und deshalb in der Regel in Jahren ausgedrückt wird.

## 3.2 Duration als Preiselastizität

Außerdem kann man die Duration im Rahmen einer mikroökonomischen Definition als Preiselastizität eines Wertpapiers auffassen, d.h. als die prozentuale Änderung des Preises bei einer prozentualen Änderung des Diskontfaktors (1+y).

$$(2) \qquad D = \frac{\partial P}{\partial(1+y)} \times \frac{(1+y)}{P}$$

Aus Gleichung (1) wird deutlich, dass die Duration entscheidend von der ersten Ableitung der Rendite-Preisgleichung (3) abhängt. Diese Ableitung (4) ergibt wieder die Gleichung (1), allerdings mit zwei kleinen Unterschieden.

$$(3) \qquad P = \sum_{t=1}^{T} \frac{CF_t}{(1+y_T)^t}$$

---

[5] So kann man zum Beispiel die Renditestrukturkurve von Nullkuponanleihen alternativ sowie rechen- und datentechnisch wesentlich weniger aufwendig mit einer Rendite-Durationskurve approximieren.

$$D = \frac{\partial P}{\partial(1+y_T)} \times \frac{(1+y_T)}{P} = \sum_{t=1}^{T} -t \times \frac{CF_t}{(1+y_T)^{t+1}} \times \frac{(1+y_T)}{P}$$

$$(4) \qquad = \sum_{t=1}^{T} -t \times \frac{CF_t}{(1+y_T)^t} \times \frac{(1+y_T)}{(1+y_T)} \times \frac{1}{P}$$

$$= \sum_{t}^{T} -t \times \frac{\frac{CF_t}{(1+y_T)^t}}{P})$$

Die Ableitung ist negativ – was nicht überraschen sollte: steigt die Rendite, sinkt der Preis und umgekehrt. Die Duration ist deshalb immer negativ. Da die Richtung der Sensitivität eindeutig ist, wird jedoch die Duration immer als absolute Zahl wie in Gleichung (1) verwendet. Außerdem hat die Duration in dieser Herleitung keine Einheit, da eine Preiselastizität als Verhältnis zweier prozentualer Veränderungen keine Einheit besitzt.

Diese Herleitung veranschaulicht zudem, dass die Duration als erste Ableitung der Preis-Renditegleichung immer nur ein Näherungswert für die tatsächliche Änderung des Preises bei einer Änderung der Rendite bzw. des Diskontfaktors ist. Die Güte und Eigenschaft dieser Näherung spielen in den folgenden Abschnitten immer wieder eine wesentliche Rolle. Es gilt dabei Folgendes:

- Auf Grund der Konvexität der Preis-Renditebeziehung (siehe Abbildung 2) überschätzt die Duration Preisverluste und unterschätzt Preissteigerungen. Aus Sicht des Investors ist die Duration damit ein konservatives Maß für die Preissensitivität, nicht jedoch aus Sicht eines Schuldners.
- Bei Renditeänderungen über 1,5% wird die Duration spürbar ungenau. Der Grad der Ungenauigkeit hängt dabei von der Laufzeit der Anleihe, genauer gesagt von der Konvexität ab, d.h. von der Krümmung der Preisgleichung.
- Bei 30-jährigen Anleihen ist die Konvexität nicht mehr vernachlässigbar. Bei einem üblichen Renditeanstieg um 0,75% überschätzt die Duration den Verlust bereits um über 0,9%. Dies entspricht einem Schätzfehler von ca. 10%.
- Bei Anleihen mit impliziten Optionen kann die Konvexität der Preisgleichung sehr hoch bzw. nicht stetig sein und Knicke aufweisen. Hier ist die Duration als Maß nicht oder zumindest nur bedingt geeignet.

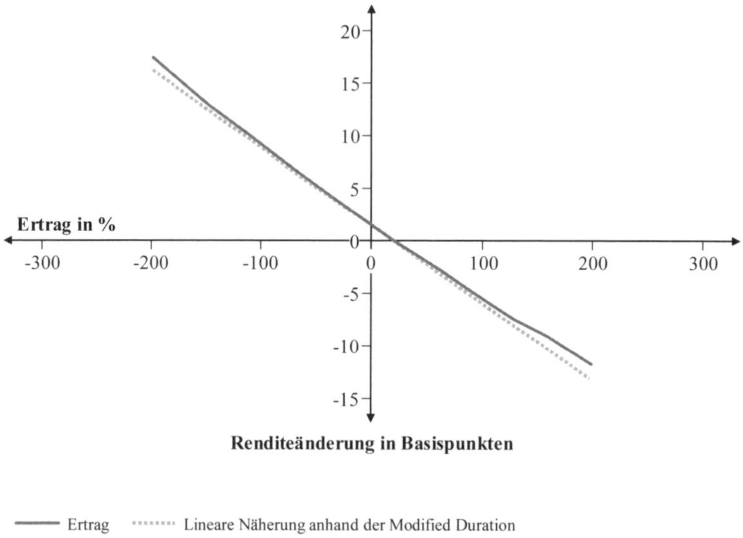


**Abb. 2:** Ertrag und Renditeänderung einer 10-jährigen Anleihe (Kupon = Rendite = 6%)

## 3.3 Modifizierte Duration

Die Duration misst die prozentuale Änderung des Preises bei einer Änderung des Diskontfaktors um einen Prozentpunkt. Dies ist eine recht umständliche Ausdrucksweise. Üblicherweise wird die Duration so modifiziert, dass sie die prozentuale Änderung des Preises bei einer Änderung der Rendite um einen Prozentpunkt ausdrückt. Formal lässt sich die Modifizierte Duration (MD) analog zur Gleichung (2) leicht darstellen.

$$
\begin{aligned}
MD &= \frac{\partial P}{\partial y} \times \frac{1}{P} \\
&= \frac{\partial P}{\partial (1+y)} \times \frac{\partial (1+y)}{\partial y} \times \frac{(1+y)}{P} \times \frac{1}{(1+y)} \qquad (6) \\
&= \frac{D}{1+y}
\end{aligned}
$$

Die modifizierte Duration ist also immer um den Faktor (1+y) kleiner als die Duration einer Anleihe. Ein kleines Beispiel kann dies veranschaulichen: Steigt die Rendite der in Tabelle 1 verwendeten Anleihe um 1% von 4% auf 5% an, so wird der Preis um 4,38% fallen, ein Anstieg des Diskontfaktors von 1,04 um ein Prozent führt aber nicht zu einem Diskontfaktor von 1,05 sondern zu 1,04·1,01 = 1,0504. Der Renditeanstieg ist damit größer und der Preisabschlag mit

4,56% ebenfalls. In den folgenden Ausführungen wird nicht unterschieden zwischen der Macauley Duration und der Modifizierten Duration, da alle Eigenschaften und Einschränkungen gleichermaßen für beide gelten.[6] Bei den Berechnungen wird ausschließlich die Modifizierte Duration verwendet.

## 3.4 Portfolioduration

Eine Stärke der Duration liegt darin, dass diese Kennzahl relativ einfach für ein gesamtes Portfolio ermittelt werden kann. Die Portfolioduration $D_P$ ist einfach das mit den Anteilen am Portfolio[7] (g) gewichtete Mittel der Duration ($D_i$) der einzelnen Anleihen (i).

$$(10) \qquad D_P \approx \sum_{i=1}^{N} g_i D_i \qquad \text{mit} \sum_{i=1}^{N} g_i = 1$$

Damit erlaubt die Duration eine sehr einfache und auch gegebenenfalls ohne technische Hilfe zu ermittelnde Abschätzung der Preissensitivität eines gesamten Portfolios von Wertpapieren.

Gleichung (10) ist nur eine lineare Näherung. Für den am deutschen Markt verbreiteten Rentenmarktindex REX wird die exakte Duration täglich in Reuters veröffentlicht. Sie beträgt 4,77 Jahre (Stand 3. März 2004) während die Näherungslösung eine Duration von 4,64 Jahre ergibt. Dieser Unterschied von 0,13 Jahren ist vernachlässigbar, da im Durationsmanagement immer nur die Differenz der Duration vom Aktiv- und vom Passivportfolio zählt. Werden beide mit derselben Methode ermittelt, hebt sich der Näherungsfehler fast vollständig auf. Der Näherungsfehler resultiert aus der Verwendung der Renditen der einzelnen Anleihen statt einer einheitlichen Portfoliorendite. Andererseits kommt die Verwendung verschiedener anleihespezifischer Renditen der als ideal angesehen Verwendung von laufzeitspezifischen Null-Kuponrenditen sehr nahe. Die Näherung ist also als sehr gut einzuschätzen.

## 3.5 Zusammenfassung der Eigenschaften der Duration

Die Duration misst die Sensitivität des Preises auf eine Veränderung der Rendite einer Anleihe.[8] Die Duration hängt dabei von der Endfälligkeit (positiv), der

---

6 Für weitere Varianten der Duration vgl. Eller/Spindler (1994, S. 44 ff.) und Campbell et al. (1997, S. 405 f.).

7 Die Anteile am Portfolio leiten sich dabei aus dem Marktwert der einzelnen Positionen ab, nicht etwa aus den Nominalbeträgen der Anleihen.

8 Dies gilt auch allgemein für alle Barwerte (statt Preis) von ex ante definierten Zahlungsströmen (statt Anleihen).

Kuponhöhe (negativ) und der aktuellen Rendite (negativ) ab. Grundsätzlich gilt, dass der Preis fällt, wenn die Rendite steigt (und umgekehrt); die immer als absolute Zahl dargestellte Duration ist deshalb immer entsprechend zu interpretieren.

Die Duration misst die Preissensitivität nur näherungsweise, da sie ausschließlich auf der ersten Ableitung der Preis-Renditegleichung basiert. Diese Näherung ist alleine nicht mehr ausreichend für Renditeänderungen von deutlich über 1%, für Anleihen mit sehr langen Laufzeiten und für Anleihen mit impliziten Optionen. Für diese Fälle muss die Duration um andere Risikofaktoren ergänzt werden. Im Regelfall sind die Renditeänderungen am Markt aber geringer als 1% und die Laufzeiten im Durchschnitt so kurz, dass für viele praktische Anwendungen die Duration eine sinnvolle Kennzahl ist.

Die wesentliche Kritik an der Duration basiert aber auf dem zu Grunde liegenden Renditekonzept selbst. Es wurde wiederholt angemerkt, dass die Duration eine horizontale Renditestrukturkurve bzw. deren parallele Verschiebung unterstellt. Dies würde aber nicht mit den empirischen Beobachtungen von Renditestrukturkurven übereinstimmen. In Deutschland ist die Renditekurve im Durchschnitt der letzten vierzig Jahre für Staatsanleihen positiv ansteigend und erheblich gekrümmt.[9] Auch die Renditeänderungen bei kurzen und langen Laufzeiten würden sich erheblich unterscheiden. Die Kritiker verkennen dabei allerdings, dass dies nicht ein Problem der Duration ist, sondern das Konzept der Rendite im Sinne des internen Zinsfußes als Erklärungsfaktor der Preisbewegung an sich in Frage stellt. Nicht die Duration ist damit das Problem, sondern die Verwendung der Kennzahl Rendite. Auch wenn im Folgenden gezeigt wird, dass für normale endfällige Anleihen dieser Einwand empirisch vernachlässigbar ist, so verdeutlicht er doch die Grenzen des gesamten Konzepts.

Für strukturierte Anleihen und solche mit erheblichen Optionselementen ist die Duration keine ausreichende Kennzahl. Sie kann in diesen Fällen nur einen begrenzten Teil der Ertragsschwankungen erklären und muss um andere Faktoren ergänzt werden. Diese Faktoren sind zum Beispiel Renditeänderungen von anderen Laufzeiten wie in dem Ansatz der Key-Rate-Duration. Volatilitäten oder Parameter, die stochastische Prozesse steuern, kommen als weitere Faktoren in Betracht. Verfolgt man diesen Ansatz weiter, so ist man sehr schnell bei der Bestimmung von Preisänderungen durch Szenariorechnungen und Monte Carlo-Simulationen. Diese liefern oft eine sehr gute Beschreibung des Risikos, insbesondere wenn Interdependenzen vorliegen. Am Anfang des Artikels wurde aber gerade gefordert, Risikofaktoren zu verwenden, die möglichst wenige Interdependenzen aufweisen, d.h. unabhängig sind. Tendenziell gilt, dass die Chancen einer erfolgreichen Prognose und Steuerung mit dem Grad der Unabhängigkeit zuneh-

---

9 Dies muss aber nicht so sein: In Großbritannien ist die Kurve im Durchschnitt sehr viel flacher und oft auch invers. Auch in der Zeit des Goldstandards waren oft inverse Zinsstrukturkurven zu beobachten.

men.[10] Fehler bei der Bestimmung der Preissensitivität von 10% sind vertretbar, wenn der Prognosefehler für die erwarteten Volatilitäten erheblich größer sein dürfte.[11]

Die Vorteile der Duration bleiben jedoch gültig:

- klarer Bezug zu dem Risikofaktor „Renditeänderung",
- einfache Berechenbarkeit,
- unproblematische Anwendung auf Portfolios,
- sehr geringe Abweichungen zwischen tatsächlichen Preisänderungen und auf der Basis der Duration und theoretisch erwarteten Preisänderungen für normale Anleihen und der Portfolios.

Die Duration wird auf Grund dieser Vorteile ihren dominierenden Stellenwert im Management von Zinsrisiken behalten.

# 4 Der Erklärungsgehalt der Duration

In diesem Abschnitt soll gezeigt werden, warum und unter welchen Annahmen die Duration auch direkt als Synonym für das Zinsänderungsrisiko verwendet werden kann.

Analytisch ist die Duration eine Sensitivitätskennzahl und keine Risikokennzahl. Das Risiko wird vielmehr bestimmt aus dem Produkt von Faktorsensitivität, der Modifizierten Duration, und dem Risikofaktor, also der Renditeänderung. Ausgehend von einer einfachen Umformung der Gleichung für die Modifizierte Duration, Gleichung (11), kommt man zu einem einfachen Modell für die Beschreibung der Preis- bzw. Ertragsrisiken.

$$(11) \qquad \Delta P_t / P_t \cong MD \times \Delta y_t$$

Die prozentuale Preisänderung ΔP/P(t) ist dabei der 1-Periodenertrag (r).

$$r_t \cong MD \times \Delta y_t$$

---

[10] Dies liegt daran, dass die Schätzer für die Interdependenzen den Prognosefehler erheblich erhöhen. Während unabhängige Prognosefehler gute Diversifikationseigenschaften aufweisen, so verstärken verbundene Schätz- und Prognosefehler sich oft gegenseitig – ein Grund, warum neuronale Prognosemodelle so schlecht performen.

[11] In Tabelle 2 führen bereits die Autokorrelationen zu einer Korrektur der geschätzten Volatilitäten von über 10%.

Die Duration ist zwar nicht im Zeitablauf konstant, sie ist jedoch eine ex ante determinierte Größe. Das Ertragsrisiko $\sigma_r$ lässt sich deshalb aus der Volatilität der Renditeänderungen $\sigma_{\Delta y}$ erklären:

$$(12) \qquad \sigma_r \cong MD \times \sigma_{\Delta y}$$

Das Risiko wird also nicht, wie man meinen sollte, von der Volatilität der Renditen bestimmt, sondern von der Volatilität der Rendite*änderungen*.[12]

## 4.1 Duration als Risikomaßzahl

Unter der Annahme, dass gilt $\sigma_{\Delta y} \approx 1$, kann man die Duration auch direkt als Maßzahl für das Ertragsrisiko verwenden. Die Gültigkeit dieser Annahme kann anhand der in Tabelle 2 dargestellten Volatilitäten für verschiedene Restlaufzeiten und des REX-Index überprüft werden. Tabelle 2 zeigt die Statistiken für die Renditeänderungen seit 1980 und für die letzten fünf Jahre.[13]

Neben den Standardabweichungen ist die Autokorrelation 1. Grades (AR1) mit angegeben. Der positive AR1-Wert für Monats- und Quartalswerte impliziert, dass die Standardabweichung das tatsächliche Risiko tendenziell überschätzt. Die Schätzung der Standardabweichung auf Basis der Tageswerte ist deshalb zu bevorzugen. Für den Zeitraum seit 1980 erscheint die Annahme der Volatilität nahe 1 etwas hoch gegriffen aber gerade noch haltbar, insbesondere für die 5-jährigen und die Index-Rendite des REX. Die Duration als Risikomaß würde das tatsächliche Risiko um gut 10% zu hoch darstellen. In den letzten fünf Jahren ist die Volatilität zudem tendenziell gesunken. Die Annahme „Duration = Risiko" schätzt anhand dieser Daten das Risiko sogar um ca. 20% zu hoch ein. Bei den 30-jährigen würde das Risiko sogar über 30% überschätzt. Bei der Berechnung von Risikomodellen ist dies schon ein nennenswerter und ohne viel Aufwand vermeidbarer Schätzfehler. In der praktischen Anwendung, etwa bei Überschlagsrechnungen für Risikopositionen, ist ein Schätzfehler von ca. 20% jedoch ein durchaus vertretbarer Wert. Erstens auf Grund der ohnehin hohen Schätzunsicherheit für die erwartete Volatilität,[14] zweitens auf Grund der sehr großen Unterschiede zum

---

12 Dies wird häufig nicht korrekt dargestellt, so auch bei Cuthbertson (1996), S. 236, wo Renditevolatilität der Ertragsvolatilität gegenübergestellt wird.

13 Die Wahl des Zeitraums sollte immer mindestens einen vollen Zinszyklus umfassen und möglichst einige größere „Schocks". Sonst würde nur ein bedingter und kein unbedingter Risikoschätzer ausgewiesen. Diese Kriterien gelten für die Daten seit 1980, die Ölkrise und Wiedervereinigung mit einschließen, sowie für die letzten fünf Jahre. Diese Periode umfasst einen relativ kurzen Zinszyklus, ungefähr von Renditetiefpunkt zu Renditetiefpunkt.

14 Das Risiko wird bestimmt durch die zukünftige Volatilität, die lediglich anhand der historisch beobachteten Volatilität geschätzt wird. Der Schätzfehler ist dabei recht

Beispiel zu Aktien- und Immobilienrisiken. Unternehmerische Entscheidungen auf Basis von Ertrags- und Risikokennzahlen werden deshalb durch diesen Schätzfehler nicht nennenswert beeinflusst.

| | 2-jährige | 5-jährige | 10-jährige | 30-jährige[1)] | REX[2)] |
|---|---|---|---|---|---|
| Tageswerte 1980-2003 | | | | | |
| Standardabweichungen p.a. | 0,94 | 0,86 | 0,75 | 0,71 | n.a. |
| *AR1 – Koeffizient* | *0,07* | *0,06* | *0,07* | *0,00* | *n.a.* |
| Monatswerte 1980-2003 | | | | | |
| Standardabweichungen p.a. | 1,14 | 1,02 | 0,89 | 0,64 | 0,94 |
| *AR1 – Koeffizient* | *0,25* | *0,20* | *0,12* | *-0,02* | *0,16* |
| Quartalswerte 1980-2003 | | | | | |
| Standardabweichungen p.a. | 1,25 | 1,09 | 0,90 | 0,65 | 0,97 |
| *AR1 – Koeffizient* | *0,25* | *0,22* | *0,20* | *0,02* | *0,25* |
| **Tageswerte 1999-2003** | | | | | |
| Standardabweichungen p.a. | 0,80 | 0,82 | 0,71 | 0,65 | 0,74 |
| *AR1 – Koeffizient* | *0,00* | *0,00* | *0,00* | *0,00* | *0,00* |
| **Monatswerte 1999-2003** | | | | | |
| Standardabweichungen p.a. | 0,81 | 0,82 | 0,86 | 0,57 | 0,72 |
| *AR1 – Koeffizient* | *0,15* | *0,14* | *0,13* | *0,01* | *0,17* |
| **Quartalswerte 1999-2003** | | | | | |
| Standardabweichungen p.a. | 0,85 | 0,80 | 0,62 | 0,58 | 0,70 |
| *AR1 – Koeffizient* | *0,34* | *0,28* | *0,30* | *-0,08* | *0,30* |

1) Daten ab 1994 2) Daten ab 1988; Tagesdaten ab 1993

**Tabelle 2:** Volatilität der Renditeänderungen deutscher Staatsanleihen

## 4.2 Ein einfaches 1-Faktormodell

Dieses einfache Risikomodell unterstellt, dass jedes Wertpapier seinen spezifischen Risikofaktor hat. Dies würde bei n Papieren n Risikofaktoren bedeuten. Die Duration als ein 1-Faktormodell impliziert die Verwendung einer einzigen Renditevolatilität. Dies ergibt sich aus der bei der Berechnung der Duration bereits verwendeten Annahme der Parallelverschiebung der Renditekurve. Die REX-Rendite eignet sich auf Grund der Konstruktionsweise als Constant-maturity-Index hierfür besonders gut.[15] Gleichung (12) kann deshalb auch als ein 1-Faktor-Risikomodell verwendet werden, wenn $\sigma_{\Delta y}$ durch $\sigma_{\Delta y(REX)}$ ersetzt wird.

$$(13) \qquad \sigma_r \cong MD \times \sigma_{\Delta y(REX)}$$

Diese Darstellung ähnelt nicht nur zufälligerweise der des Capital-Asset-Pricing-Modells. Die Duration lässt sich deshalb mit dem Beta des CAPM vergleichen.

groß, deshalb verlangt die BaFin als Puffer für diese Schätzfehler Risikoaufschläge von 10% bei den Risikokennzahlen von Spezialfonds.

15 Der REX-Index wurde zur Verbesserung der Schätzung der Umlaufrendite konstruiert, vgl. Deutsche Börse (2004).

Unter bestimmten Annahmen lassen sie sich ineinander überführen (Siemßen 2000, S. 69). Anhand der Daten in Tabelle 2 lässt sich die Annahme identischer Volatilitäten für die Renditeänderungen verschiedener Restlaufzeiten überprüfen.[16] Für den Zeitraum der letzten fünf Jahre sind die Abweichungen von der REX-Volatilität kleiner als 10%. Dies gilt selbst für die 30-jährigen. Berücksichtigt man die Daten seit 1980, so steigen die Abweichungen bis auf 20%. Auch dies ist ein vertretbarer Wert. Die Duration dürfte deshalb in einem 1-Faktormodell mit der Volatilität der Rex-Renditeänderungen als Faktor einen sehr hohen Erklärungsanteil haben. Dies soll nun direkt getestet werden.

## 4.3 Duration als wesentlicher Risikofaktor

Wünschenswert für die Steuerung des Risikos ist ein komplettes n-dimensionales Risikomodell, das jedem Instrument – sei es eine Anleihe, eine Aktie oder ein Versicherungsvertrag – n-Faktorsensitivitäten und n-Faktorladungen zuweist. Ansätze zu solchen Modellen gibt es. So führt zum Beispiel die Firma Barra die Risiken sehr vieler Anlageklassen mit eigenen Mehrfaktorenmodellen neuerdings in einem Modell zusammen. Um das Problem der Scheinkorrelation zu reduzieren, sind diese Modelle aber alle, wie in dem skizzierten Modell in Abbildung 1, hierarchisch aufgebaut. Letztendlich werden jedem einzelnen Instrument nur bestimmte, wenige Risikofaktoren zugeordnet. So werden Staatsanleihen drei Zinsstrukturrisikofaktoren zugeordnet. Unternehmensanleihen haben zusätzlich die Faktoren „Swap-Spread“ und „Credit-Spread“. Ein 1-Faktorenmodell wie in Gleichung (13) stellt deshalb nur eine partielle Betrachtung des Gesamtrisikos dar. Im Folgenden sollen deshalb die Stärken und die Grenzen des Modells aufgezeigt werden.

Die Aussagekraft eines Risikomodells kann anhand des erklärten Anteils der Ertragsvarianz bestimmt werden. Als Referenz für die Gültigkeit der Duration soll zuerst Gleichung (12) in leicht erweiterter Form getestet werden. Hier wird noch die eigene Rendite als Faktor verwendet.

$$(14) \qquad r_t = y_{t-1}dt + MD_t \times \Delta y_t + \varepsilon$$

Der 1-Periodenertrag $r_t$ wird erklärt aus der laufenden Verzinsung der Periode dt =(t-1)→t (approximiert anhand der anfänglichen Rendite[17]) und der Renditeänderung. Der nicht erklärte Teil wird durch den Störterm ε abgebildet. Die laufende Verzinsung ist ex ante determiniert und damit wie eine Konstante nicht Teil der Risikobetrachtung. Tabelle 3 stellt den Anteil der erklärten Varianz (das $R^2$) für

---

16 Die strengere Annahme der Parallelverschiebung wird damit allerdings nicht überprüft, lediglich eine Konsequenz aus dieser Annahme.

17 Dies ist zwar nicht exakt, aber der Fehler ist minimal. Die Verwendung von durchschnittlichen Kupons wäre dagegen nicht sachgerecht.

2-, 5-, 10- und 30-jährige Benchmarkanleihen dar. Darüber hinaus wurde die Gleichung auch für zwei Index-Portfolios geschätzt. Für Einzelanleihen ist der Erklärungsgehalt erwartungsgemäß sehr groß: ca. 90% in der Schätzung seit 1988 und sogar 99% in den letzten fünf Jahren.

Die Reduzierung auf ein 1-Faktormodell mit dem Faktor der Rex-Renditeänderung wie in Gleichung (15) ergibt dagegen etwas schlechtere Werte.

$$(15) \qquad r_t = y_{t-1}dt + MD_t \times \Delta y_{REX,t} + \varepsilon$$

Wie die moderaten Unterschiede in den Volatilitäten in Tabelle 2 schon vermuten ließen, ist der Erklärungsgehalt nach wie vor sehr hoch, selbst für die 30-Jährigen beträgt der Anteil noch über 55%. Die Duration ist damit der einflussreichste, bei den 5- und 10-Jährigen sogar der dominante Risikofaktor unter den Zinsstrukturrisiken. Weitere zusätzliche Faktoren sind deshalb nur für die kurzen und extrem langen Laufzeiten notwendig.

| | $R^2$ Eigene Rendite-änderung 1988-2003 | $R^2$ Rex-Rendite-änderung 1988-2003 | $R^2$ Eigene Rendite-änderung 1999-2003 | $R^2$ Rex-Rendite-änderung 1999-2003 |
|---|---|---|---|---|
| **2-jährige** | 89% | 71% | 98% | 78% |
| **5-jährige** | 89% | 92% | 98% | 91% |
| **10-jährige** | 98% | 89% | 99% | 86% |
| **30-jährige** | 99% | 63% | 100% | 55% |
| **iBoxx €-Sovereign Eurozone** | n.a. | n.a. | 96% | 73% |
| **iBoxx €-Corporate Non Financial** | n.a. | n.a. | 95% | 56% |

**Tabelle 3:** Erklärungsgüte der Duration für das Risiko von Anleihen (Quelle: Datastream, Deutsche Bank, eigene Berechnungen)

Verwendet man die Gleichungen direkt für die Portfoliokennzahlen, die dem iBoxx € Sovereign Eurozone Index und den iBoxx € Corporate Non-financial Index zu Grunde liegen, so ergibt sich auch hier ein sehr hoher Erklärungsanteil. Bei dem iBoxx Sovereign beträgt der Erklärungsanteil auch bei der Verwendung der Rex-Rendite noch 76%. Neben dem Anteil der 30-Jährigen von gut 10% ist der Spread zwischen den Staatsanleihen für den geringeren Erklärungsanteil gegenüber den Einzelanleihen verantwortlich. Dass andere Risiken eine erhebliche Rolle spielen können, wird an dem iBoxx Corporate Non-Financial Index deutlich. Hier erklärt die Duration in Verbindung mit der Index-Rendite zwar noch 95%, mit der reinen Staatsanleihen-Rendite des REX-Index jedoch nur 56%. Dies zeigt erstens, dass das Konzept der Duration auch hier gültig bleibt und zweitens, dass die Staatsanleihenrenditen auch bei Investment-Grade-Unternehmensanleihen den wichtigsten Erklärungsfaktor darstellen. Darüber hinaus muss der verbliebene unerklärte Anteil der Volatilität von zusätzlichen Faktoren – hier den Kredit-Spreads – erklärt werden.

Um die Erklärungsgüte zu verbessern, kann man weitere Faktoren hinzunehmen, zum Beispiel die Steilheit der Zinsstrukturkurve Δs. Die Faktorsensitivität muss dabei allerdings erst anhand der Gleichung (16) geschätzt werden. Als Faktor wird hier die Änderung der Renditedifferenz zwischen 2- und 10-jähriger Rex-Rendite verwendet. Die Verwendung der Renditen synthetischer Anleihen schließt unerwünschte Laufzeitverkürzungseffekte aus, und die Daten sind leicht verfügbar.

$$(16) \qquad r_t - y_{t-1}dt - MD_t \times \Delta y_{REX,t} = \alpha + \beta \Delta s_{REX,t} + \varepsilon$$

Die Schätzung der verbliebenen Faktorsensitivitäten aus den Residuen der Gleichung (15) hat dabei zwei wesentliche Konsequenzen. Zum einen wird damit sichergestellt, dass die verbliebenen Risikofaktoren unabhängig von der Duration sind. Gilt dies nicht, so werden die geschätzten Koeffizienten α und β sich nicht signifikant von null unterscheiden. Außerdem muss der verbliebene unerklärte Teil der Volatilität ausreichend groß sein, um eine sinnvolle Bestimmung der Faktorsensitivitäten zu ermöglichen. Die mit Gleichung (16) geschätzten Koeffizienten sind beide nicht signifikant von null verschieden. Auch das $R^2$ der Gleichung ist nahe null. Dies zeigt, dass die Berechenbarkeit weiterer Risikofaktoren nicht oder nur mit sehr großen Problemen möglich ist, wenn der erste festgelegte Faktor bereits einen hohen Erklärungsanteil aufweist. Dies unterstreicht noch einmal die dominante Stellung der Duration innerhalb der Zinsrisikofaktoren.

# 5 Steuerung des Durationsrisikos

## 5.1 Ermittlung der Risikoposition

Der erste Schritt zur Steuerung der Risiken im Rahmen des Asset-Liabilty-Managements ist die Zuordnung aller Aktiv- und Passiv-Positionen der Bilanz[18] zu den einzelnen Risikogruppen. Gegebenenfalls müssen sie so in separierbare Teile zerlegt werden, dass eine angemessene Zuordnung stattfinden kann. Innerhalb der Risikogruppen erfolgt dann die Bewertung der einzelnen Faktorrisiken anhand der jeweiligen Faktorsensitivitäten. Auf der Passiv-Seite einer Versicherung wird es bei den Durationsrisiken unter anderem aufgenommene Kredite und Anleihen sowie die Kapitallebensversicherungen (ohne den Risikoversicherungsanteil) geben. Letztere sind mit Zero-Kuponanleihen vergleichbar. Eine 30-jährige Kapi-

---

[18] Dazu zählen auch außerbilanzielle Risiken, die einen erwarteten zukünftigen Cashflow haben.

tallebensversicherung mit einer garantierten Mindestverzinsung hat anfänglich also eine Duration von 30 Jahren. Auf der Aktivseite sind im Wesentlichen die im Bestand befindlichen Anleihen, Schuldscheindarlehen und Hypotheken. Das nicht zu unterschätzende Problem ist die Vollständigkeit der erhobenen Anlagen und Verbindlichkeiten. Der durch die mangelnde Vollständigkeit verursachte Fehler sollte kleiner sein als die in Abschnitt 3 dargestellten Approximationsfehler.

Hervorzuheben ist, dass die Steuerungsgrößen die Differenz der Risiken auf der Aktiv- und Passivseite sind. Im Falle der Duration kommt es also nur auf die „aktive" Duration an und nicht auf das absolute Durationsniveau der Aktiv- oder Passivsportfolien. Nun kann die Differenz aus den unterschiedlichen Volumen der berücksichtigten Aktiva und Passiva, der unterschiedlichen Duration der Einzelpositionen oder aus einer Kombination der beiden Punkte resultieren. Auf Grund der linear additiven Eigenschaft der Duration stellt dies für die Risikosteuerung jedoch kein Problem dar.

Nimmt man an, dass die Durationsrisiken der Passivseite im Wesentlichen aus anderen Entscheidungsprozessen resultieren, d.h. exogen gegeben sind, so kann man diese als Ausgangsgröße für die Beurteilung der Durationsrisiken verwenden. Sie stellt damit den Maßstab – oder in der Terminologie der modernen Portfoliotheorie das „Benchmark" – dar, gegenüber dem die aktive Anlageentscheidung getroffen (und bewertet) wird. In einer Benchmark-Betrachtung kann man der Volumensdifferenz ein synthetisches Asset mit der Duration Null zuweisen. Das Ergebnis für die aktive Duration ist identisch mit der Betrachtung innerhalb eines Portfolios, wo die Passiva als „Short"-Positionen eingehen. Die Verwendung der Passiva als Benchmark für die Anlagepolitik bei den Aktiva erleichtert es, den Fokus auf die aktiven Anlagenentscheidungen zu lenken.

## 5.2 Langfristige Steuerung der Risiken

Prognosefreie Entscheidungen gibt es nicht.[19] Wer Risiken eingehen und steuern will, der muss für die einzelnen Risiken und die damit verbundenen Ertragschancen Prognosen abgeben. Die Prognose der erwarteten Erträge und der damit verbundenen Risiken resultiert letztendlich in einer aktiven und bewussten Anlage- oder Produktentscheidung. Außer dem reinen Prognoseprozess gehört dazu auch ein Entscheidungsprozess, der die Ertrags- und Risikoprognosen in konkrete Anlageentscheidungen überführt.[20] Die moderne Portfoliotheorie, wie Markowitz (1952) sie mit seinem Entscheidungsmodell begründet hat, ist hierfür ein gutes Beispiel. Zur erfolgreichen Steuerung von Risiken gehören: Ertragsprognosen, Risikoprognosen und eine gute Diversifikation, d.h. die Ausnutzung von geringen

---

[19] Es gibt zwar immer wieder Artikel mit entsprechenden Titeln, doch wird dort in der Regel eine explizite durch eine implizite Prognose ersetzt.

[20] Für Untersuchungen zu Prognose- und Entscheidungsmodellen vgl. Siemßen (2000).

Korrelationen. Diese drei Bausteine werden auf den verschiedenen Entscheidungsebenen immer wieder verwendet.

Eine komplette simultane Entscheidung aller Risikopositionen ist zwar theoretisch optimal, hat aber in der Praxis den Nachteil, dass die vielen Entscheidungsdimensionen das Problem verwässern und unübersichtlich machen. Vielmehr ist entsprechend der jeweiligen hierarchischen Stufe eine separate Entscheidung sinnvoll, auch im Hinblick auf die unterschiedliche Fristigkeit, mit der Entscheidungen umgesetzt werden können. Entsprechend der hierarchischen Struktur des Risikomodells wird deshalb die Entscheidung oft aufgeteilt in eine langfristige Entscheidung zwischen den Risikogruppen, eine mittelfristige Entscheidung zwischen den Risikofaktoren einer Gruppe und eine kurzfristige Entscheidung innerhalb der einzelnen Risikoarten.[21]

Die ausschließliche Betrachtung von Risikogruppen für eine langfristig orientierte Asset Allocation resultiert aus den relativ geringen Unterschieden der Anlagen innerhalb dieser Risikogruppen, d. h. aus der hohen langfristigen Prognoseunsicherheit in Relation zu den erwarteten Ertragsunterschieden (Baum/Leser 2000). Ein Beispiel für die geringen Unterschiede in der langen Frist wäre hier der Unterschied zwischen deutschen Pfandbriefen und Staatsanleihen. Die strategische Asset Allocation bringt die Unternehmensziele[22] – zum Beispiel Liquidität, geringe Versicherungsbeiträge, Sicherheit der Versicherungsleistung auch in der sehr langen Frist, aufsichtsrechtliche Bestimmungen, Bilanzrestriktionen – in Übereinstimmung mit dem verfügbaren Risikokapital, den langfristig erwarteten Erträgen und der Unsicherheit innerhalb jeder Risikogruppe.

Für die Risikogruppe der Zinsrisiken wird dabei der größte Einzelfaktor, die Duration, als Proxy verwendet. Die langfristigen Ertragserwartungen ergeben sich aus der langfristigen Rendite, adjustiert um erwartete Renditeänderungen, die sich aus den erwarteten durchschnittlichen Inflations- und Wachstumsraten ergeben.[23] Schwankungen der Inflationserwartungen und der Wachstumserwartungen bestimmen dabei das Risiko des Faktors. Ein Beispiel: Ist die Zentralbank glaubwürdig, so haben alle Wirtschaftsteilnehmer nur gering schwankende Inflationserwartungen. Zur Steuerung der Inflationsrisiken reichen in diesem Fall immer geringe

---

21 Vgl. unter anderem Leibowitz et al. (1995) zur mehrstufigen Asset Allocation für Pensionskassen. Sie unterscheiden eine sehr langfristige „Politik"-Entscheidung, eine mittelfristige strategische Entscheidung und eine kurzfristig orientierte taktische Entscheidung.

22 Zur Operationalisierung von mehrdimensionalen Zielen schlägt Siemßen (2000, S. 28 ff.) eine auf erweiterten Nutzenfunktionen basierende Optimierung vor. Dies stellt damit eine Erweiterung des Markowitz-Ansatzes dar. Matthes/Klein (2000, S. 290) sowie Leibowitz (1995) empfehlen dagegen einen Shortfall-Risk-Ansatz.

23 Zusätzlich ist normalerweise eine kleine Korrektur für die Berücksichtigung der Spread-Risiken üblich.

Leitzinsänderungen aus. Der erwartete Ertrag dürfte dann nahe der jetzigen langfristigen Rendite liegen. Ist die Glaubwürdigkeit der Notenbank gering, wie zum Beispiel in einer Währungskrise, kann die Notenbank die Erwartungen nur durch signifikante Signale, d.h. durch große Leitzinsänderungen, steuern. Die Renditeänderungen werden größer, volatiler und die Erträge dürften mittelfristig unter den jetzigen Langfristrenditen liegen. Diese Herangehensweise für die langfristige Anlageentscheidung zeigt noch einmal, dass die gute Messbarkeit, die gute Bewertbarkeit und die langfristige Prognostizierbarkeit entscheidend für die hohe Bedeutung die Durationsrisiken sind.

Die langfristige Anlageentscheidung resultiert in der Festlegung der „großen" Risikopositionen. Diese können oft nur allmählich und unter Inkaufnahme von erheblichen Transaktionskosten verändert werden. Deshalb auch der längere Horizont. Ein typisches Ergebnis ist die klassische Fristentransformation: längere Laufzeiten bringen durchschnittlich höhere Erträge, deshalb wird sich kurzfristig verschuldet und langfristig angelegt. Die Kernannahme ist hierbei, dass im Durchschnitt die Risikoaversion gegen Marktwertschwankungen größer ist als die Risikoaversion gegen veränderte Wiederanlagezinssätze.[24] Auch die langfristig orientierte Positionierung muss regelmäßig, zum Beispiel jährlich, anhand der sich verändernden Umweltzustände überprüft werden. Das Ergebnis der langfristigen Anlageentscheidung wird wiederum als Benchmark für die mittelfristige Entscheidung verwendet.

## 5.3 Mittelfristige Steuerung – Diversifikation innerhalb der Zinsrisiken

Bevor im Abschnitt 6 näher auf die Bestimmung der Durationsrisiken in einem isoliertem taktischen Ansatz eingegangen wird, sollen hier noch einmal die Chancen aus der Diversifikation mit anderen Risikofaktoren erörtert werden. Diversifikation von Risiken ist nicht nur in der Theorie gut, sondern hat sich auch in der Praxis bewährt. Der hierarchische Aufbau der Faktoren und damit der Entscheidungsprozesse zielt letztendlich auf eine gute Diversifikation der Risiken aus den Anlageentscheidungen. Dies gilt auch innerhalb der Zinsänderungsrisiken. Traditionell kommt hier den Zinsstrukturrisiken die dominante Bedeutung zu. Dies ist theoretisch nicht optimal. Vielmehr ist eine ausgewogenere Verteilung der aktiven Risiken aus Anlageentscheidungen auf alle Risikofaktoren wünschenswert. Dies setzt natürlich voraus, dass man sich für die betroffenen Faktoren – hier die Spread-Faktoren – in der Lage sieht, gute Entscheidungen zu treffen. Da jede Entscheidung zwar ex ante gut sein kann, aber ex post das Ergebnis sehr stark vom Zufall beeinflusst wird, so werden damit nicht nur die einzelnen Faktor-

---

24 Dies muss nicht immer so sein, wie die Erfahrungen aus der Zeit des Goldstandards und in jüngster Zeit die schon seit Jahren unter den 10-jährigen liegenden 30-jährigen Gilt-Renditen zeigen.

Risiken besser diversifiziert, sondern auch die Chancen guter Entscheidungen erhöht. Dieses Prinzip, möglichst viele unabhängige Entscheidungen zu treffen, wird als „first law of active management“ bezeichnet (Grinold/Kahn, 1995). Ein gutes Asset-Liability-Management wird deshalb in den kommenden Jahren die Bedeutung der Zinsstrukturrisiken tendenziell zu Gunsten einer stärkeren Gewichtung von Kredit- und Spread-Risiken reduzieren.

# 6 Methoden der taktischen Durationssteuerung

Die taktische Anlageentscheidung ist eine wichtige Ergänzung der beiden zuvor diskutierten Entscheidungsebenen. Während die langfristige Entscheidung mit sehr vagen und mit hohen Unsicherheiten einhergehenden Prognosen arbeiten muss, kann die taktische Asset Allocation flexibler auf Änderungen der wirtschaftlichen Lage oder auf Schocks – wie die Terroranschläge vom 11. September 2001 – reagieren. Sie hat damit wesentlichen Einfluss auf die Ertrags- und Risikoposition einer Versicherung.

Ganz entscheidend ist auch hier die Vorstellung der Risikodiversifikation, diesmal nicht zwischen einzelnen Risikoklassen, sondern zwischen Prognosehorizonten. Alle Prognosen sind ihrer Natur nach unsicher. Es ist deshalb wichtig, nicht alle Risiken auf eine Entscheidung zu konzentrieren. Die taktische Asset Allocation, d.h. in diesem Fall die kurzfristige Steuerung von Durationsrisiken, ist aus diesem Grund eine wichtige Ergänzung der strategischen Entscheidungsebene.[25] Die systematische und höherfrequente Aufbereitung und Analyse von Information für die kürzerfristige Risikosteuerung führt außerdem bei den oft nur jährlich oder halbjährlich aktualisierten mittel- und langfristigen Anlageentscheidungen zu „Economies of scope“, d.h. Erfahrungsvorteilen bei der Informationsauswertung. Die taktische Asset Allocation trägt damit auch auf dieser Ebene dazu bei, schwer wiegende Fehler zu vermeiden.

## 6.1 Investmentprozess

Ein Investmentprozess für die taktische Durationssteuerung umfasst die Festlegung der Ziele, den Prognosegegenstand, den Prognosehorizont, die Prognose-„Modelle“, die Entscheidungsregeln, ein effizientes Umsetzungsverfahren und

---

[25] Ein Verzicht auf diese kürzerfristigen Entscheidungen wird als „passives“ Management bezeichnet. Die Ergebnisse der strategischen, auf aggregierten Risikogruppen basierten Asset Allocation werden als Benchmark gesetzt und im passiven Management möglichst genau abgebildet (Benchmark Tracking). Vertreter der passiven Managementstile unterstellen effiziente Kapitalmärkte und auf Grund der höheren Transaktionskosten eine geringere Ertragskraft des aktiven Managements.

einen Lernprozess anhand der Performance- und Entscheidungsanalyse. Ein solcher Anlageprozess ist in Abbildung 2 dargestellt.

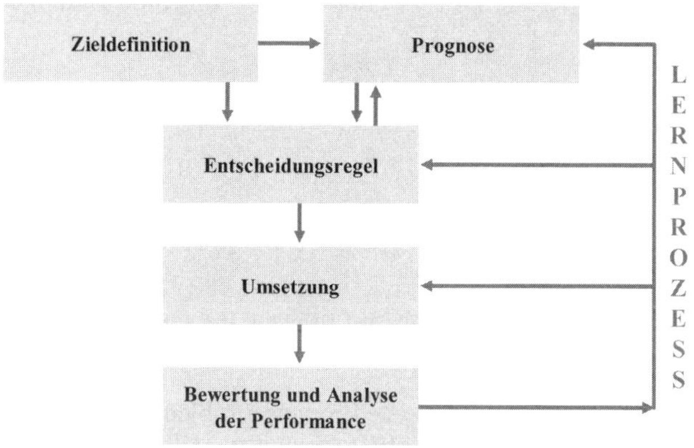


**Abb. 2:** Investmentprozess – schematische Darstellung (Quelle: Siemßsen 2000)

Die Ziele sind ähnlich wie bei den anderen Entscheidungsebenen: Mehrertrag gegenüber der Benchmark, Begrenzung der Verlustwahrscheinlichkeit, Einhaltung von Bilanzkennzahlen und von aufsichtsrechtlichen Anlagegrenzen. Der Prognosegegenstand ist bei der Durationsentscheidung die Änderung der Marktrendite. In den Berechnungen in Abschnitt 3 ist hierfür die REX-Rendite verwendet worden. Statt der Marktrendite können aber auch der Geldmarktsatz, die 5- oder die 10-jährige Rendite verwendet werden. Die Unterschiede sind im Vergleich zur Prognoseunsicherheit vernachlässigbar. Die Verwendung des Geldmarktsatzes wird weiter unten noch näher begründet. Problematisch ist die Festlegung des Prognosehorizontes. Theoretisch ist der Prognosehorizont festgelegt durch die Entscheidungs- bzw. Umschichtungsfrequenz. Würde täglich umgeschichtet, so wäre ein Tag der richtige Horizont. Anderseits werden Änderungen von Erwartungen der Anleger prognostiziert. Diese Erwartungen reichen jedoch bis zur Fälligkeit des längsten Papiers, in der Regel also bis zu 30 Jahren. Üblich sind für die taktische Asset Allocation dagegen Betrachtungszeiträume von drei bis zwölf Monaten. Dies hat seinen guten Grund. Tabelle 2 zeigt, dass tägliche Renditeänderungen kaum autokorreliert sind, und man sie statistisch damit als „weißes Rauschen", d.h. als „Zufallsvariable" beschreiben könnte. Monats- und Quartalsdaten zeigen jedoch eine positive Autokorrelation. Demnach folgen Renditen über bestimmte Perioden Trends. Dies bietet die Möglichkeit, nach entsprechenden Mustern, zum Beispiel bei realen Wirtschaftsvorgängen zu suchen.[26] Die Frist darf

---

[26] Theoretisch ist dies ein Signal-Extraction-Problem. Je kürzer die Frist, desto stärker wird das Prognosesignal vom weißen Rauschen überlagert; je länger die Frist, desto besser ist das Signal zu erkennen. Ist die Frist zu lang, kann sich das Signal jedoch

aber nicht zu lang sein, da sich ansonsten die Prognoseindikatoren selbst zu stark ändern würden.[27]

Für die Prognose der Renditeänderung gibt es grundsätzlich folgende Herangehensweisen:

- Fundamentale Prognose auf Grund von makroökonomischen Erklärungsmodellen für die Marktrendite,
- quantitative Prognose
  - mit ökonometrischen Modellen, basierend auf wirtschaftlichen Zusammenhängen,
  - mit Hilfe von technischen, d.h. lediglich auf Preisen und Umsätzen basierenden Modellen.

Es gibt nicht *die* richtige Herangehensweise an das Prognoseproblem. Deshalb gilt auch hier das Diversifikationsprinzip. Man sollte möglichst mehrere Herangehensweisen parallel verwenden und diese intelligent miteinander verbinden. Dies setzt voraus, dass jede der verwendeten Herangehensweisen positive Ertragsaussichten haben. Dies wird dadurch erleichtert, dass es in erster Linie auf die richtige Richtungsprognose ankommt und erst in zweiter Linie auf die richtige Prognose des Ausmaßes der Renditeänderung.

## 6.2 Fundamentale Prognose

Das fundamentale Prognosemodell, das hier vorgestellt werden soll, basiert auf der Erwartungstheorie. Der Kerngedanke der Erwartungshypothese ist, dass jede am Markt beobachtbare n-Perioden-Rendite (yn) sich als Sequenz der durchschnittlich erwarteten Einperioden-Renditen $E_{t=0}(y1_{t=n})$ beschreiben lässt.[28]

$$(17) \qquad (1+yn_t)^n = \prod_{\tau=0}^{n}(1+E_t(y1_{t+\tau}))$$

Zum einen lässt sich mit diesem Modell die näherungsweise Parallelverschiebung der Renditestrukturkurve gut erklären. Zum anderen verbindet es die Marktrenditen mit den – aus der Sicht des Marktes exogen durch die Zentralbank festgelegten – Geldmarktsätzen.

Eine Änderung der Marktrendite ist eine Änderung der erwarteten geldpolitischen Maßnahmen der Zentralbank über die nächsten zehn Jahre. Es gilt also, die Reak-

---

bereits verändert haben.

27 Für eine ausführlichere Diskussion der Ziele, Prognosegegenstände und des Horizontes vgl. Siemßen (2000, S. 15 ff.).

28 Eine gute Darstellung und Literaturhinweise siehe Campbell et al. (1997, S. 413 ff.).

tionsfunktion der Zentralbank zu ermitteln und die geldpolitischen Schritte zu prognostizieren. Das dominante Ziel der EZB ist die Preisstabilität. Eine exakte Kontrolle der Inflation ist der Zentralbank auf Grund existierender exogener Schocks nicht möglich. Die EZB wird deshalb immer versuchen, die Inflationserwartungen mithilfe ihres geldpolitischen Instrumentariums zu stabilisieren. Die Analyse konzentriert sich deshalb auf die Prognose der Änderungen in den Inflationserwartungen. Die Inflation muss dafür nicht direkt prognostiziert werden.

Bei einem fundamentalen Prognoseansatz stehen eine große (und wachsende) Anzahl an wirtschaftlichen Indikatoren zur Verfügung. Die Interdependenz der Wirtschaft suggeriert, möglichst das komplette und komplexe Wirtschaftsgefüge zu modellieren. Dieser in den 70er-Jahren verfolgte Ansatz hat sich aber nicht bewährt. Erfolg versprechender ist es, die Prognose anhand weniger ausgewählter Indikatoren zu erstellen.[29] Diese Indikatoren sollten

- ökonomisch relevant für eine Reaktionsfunktion der Zentralbank sein,
- einen guten empirischen Zusammenhang mit der Zins- und Renditeentwicklung aufweisen,
- eine genügend große Volatilität zur Erklärung von Renditeänderungen besitzen.[30]

Der hier gewählte Ansatz konzentriert sich dabei erstens auf Indikatoren, die die Nachfragelücke beschreiben, d.h. den zu erwartenden Preisdruck auf Grund konjunktureller Entwicklungen, und zweitens auf Indikatoren, die besondere Auswirkungen auf die Kosten haben und damit die Angebotskurve verschieben. Die Erwartung einer stagnierenden Inlandsnachfrage würde zum Beispiel sinkende Inflationserwartungen signalisieren. Die Änderung der Nachfragelücke und der Kostenentwicklung wird dann anhand eines Scoring-Modells bewertet. Dies vereinfacht die Prognose, ohne die qualitativen Aussagen zu beeinträchtigen.

Wichtig ist, dass sowohl die potenzielle Aussagefähigkeit der Indikatoren als auch die Qualität der Bewertungen/Score anhand von Backtests regelmäßig überprüft und dokumentiert werden müssen. Nur die Verwendung weniger Scores erlaubt eine aussagefähige Performance-Analyse und damit einen Lernprozess. Würden viele Faktoren verwendet, dann könnten die Ursachen von guten und falschen Entscheidungen nicht ermittelt werden. Ein Lernprozess würde unmöglich.

---

[29] Andere Ansätze konzentrieren sich zum Beispiel auf den Einfluss des Wachstums auf die Renditen. Trotz des unterschiedlichen theoretischen Modells sind die Erklärungsfaktoren oft sehr ähnlich. Dies liegt vermutlich an der Cointegration der betrachteten Variablen.

[30] Diese Anforderung allein schließt viele häufig zitierte Größen wie Verschuldungs- und Haushaltskennziffern aus, aber auch Inflationsraten innerhalb der EMU waren in den letzten Jahren nicht volatil genug, um als Erklärungsfaktoren für die Renditeänderungen geeignet zu sein.

Ein weiterer Vorteil dieses auf der Erwartungshypothese basierenden fundamentalen Ansatzes liegt in der messbaren Erfassung der Markterwartungen. Die vom Markt erwarteten geldpolitischen Schritte der nächsten drei bis zwölf Monate sind aus den Forward-Sätzen der Geldmarktkurve (oder den Geldmarkt-Futures) leicht zu ermitteln und jederzeit verfügbar. Diese Forwards müssen anschließend in Scores überführt werden, um einen Vergleich mit den fundamentalen Scores zu ermöglichen. Dies stellt lediglich ein Skalierungsproblem dar, das man mit Hilfe von historisch beobachteten Volatilitäten und einigen heuristischen Annahmen lösen kann. Die oft unbestimmte Aussage, dass die erwarteten wirtschaftlichen Entwicklungen bereits in die Renditen eingepreist sind, wird damit nicht nur operabel, sondern auch anhand von Backtests und Performance-Analysen überprüfbar. Aktive Anlageentscheidungen sollten immer auf der Differenz zwischen den eigenen Erwartungen für die geldpolitischen Maßnahmen und den Erwartungen des Marktes beruhen. Dies impliziert, dass der Markt sich in den kommenden Monaten an die eigenen Erwartungen anpasst. Je schlechter die Markterwartungen, desto größer sind die eigenen Ertragschancen.[31]

## 6.3 Ökonometrische Prognosemodelle

Bei den quantitativen Prognosemodellen ist zu differenzieren zwischen den fundamentalen ökonometrischen und den technischen Modellen. Unter fundamentalen ökonometrischen Modellen werden hier alle Modelle subsumiert, die Renditen aus anderen wirtschaftlichen Faktoren erklären bzw. prognostizieren. Die Aussagen des fundamentalen Modells über die Auswahl der relevanten Wirtschaftsfaktoren gelten also auch hier. Das ökonometrische Modell selber kann dabei ein multivariater Ansatz, ein neuronales Netz etc. sein. Es muss vor allem möglichst einfach und sparsam parametrisiert sein. Dies ist als das KISS-Prinzip bekannt: „keep it sophisticatedly simple“ (Diebold 1998, S. 48). Der wesentliche Unterschied zu dem klassischen fundamentalen Ansatz ist die fehlende subjektive Komponente. Während in dem obigen fundamentalen Ansatz die Scores anhand subjektiver, sich im Zeitablauf auch verändernder Vorstellungen über wirtschaftliche Zusammenhänge vergeben werden, so sind diese Zusammenhänge in einem ökonometrischen Modell fixiert. Ein ökonometrisches Modell ist deshalb stringenter bei der Interpretation der verfügbaren Indikatoren. Der Nachteil ist die vollkommene Inflexibilität bei großen exogenen Schocks und eventuellen Strukturbrüchen. Diese unterschiedlichen Eigenschaften machen ökonometrische Modelle zu einer guten Ergänzung des fundamentalen Ansatzes.

Viele der von Wertpapierhäusern verwendeten ökonometrischen Renditemodelle sind keine echten Prognosemodelle. Sie übertragen lediglich exogene Prognosen für Inflation und andere exogene Faktoren in konsistenter Weise in Renditeprog-

---

31 Anders ausgedrückt: Der Markt ist nicht im strengen Sinne effizient. Eine schwache Markteffizienz ist Voraussetzung für die taktische Asset Allocation.

nosen.[32] Das Prognoseproblem wird damit nicht gelöst, sondern auf die Prognose bestimmter wirtschaftlicher Indikatoren vorverlagert. Echte Prognosemodelle verwenden nur Daten, die zum Prognosezeitpunkt bekannt sind. So kann die Prognose am 1. Januar 2004 für die Renditeänderung bis zum 1. Januar 2004 zum Beispiel nur auf den Daten der deutschen Industrieproduktion bis einschließlich Oktober 2003 basieren.[33]

## 6.4 Technische Prognosemodelle

Technische Prognosemodelle unterstellen, dass sich die zukünftigen Renditeänderungen aus den vergangenen ableiten lassen. Hierunter fallen alle Zeitreihen-Modelle (zum Beispiel die ARIMA-Modelle) aber auch die der klassischen technischen Analyse. Die positive Korrelation der Renditeänderungen (vgl. Tabelle 2) deutet darauf hin, dass Trendfolgemodelle tendenziell gewisse Erfolgsaussichten haben. Während ARIMA-Modelle sich in umfangreichen Tests als nicht erfolgreich erwiesen haben, zeigen Moving-Average-Modelle in Backtests positive durchschnittliche Erträge (Siemßen 2000, S. 263 ff.). Allerdings unterperformen solche Moving-Average-basierten Modelle bei Trendwenden und in Seitwärts-Märkten. Diese negativen Eigenschaften kann man durch die Verwendung unterschiedlicher Frequenzen, durch einen selbstlernenden Gewichtungsalgorithmus und durch eine asymmetrische Übertragung der Trendsignale in Scores reduzieren. Die große Stärke der Modelle liegt in der guten Performance in Phasen mit lang anhaltenden Trends. So waren sie in der großen Renditerückgangsphase von 1996 bis 1998 sehr erfolgreich und, was noch wichtiger war, sie zeigten die Renditeanstiegsphasen von 1994 und 1999 immerhin so rechtzeitig an, dass größere Verluste vermieden werden konnten. Gerade im Hinblick auf das Ziel, größere Kursverluste und deren negative Auswirkung auf die Bilanz zu vermeiden, sind die Trendfolgemodelle deshalb erfolgreich.

## 6.5 Entscheidungsmodell

Die verschiedenen Prognosemodelle können in einem Bewertungsmodell leicht zusammengefügt werden. Man muss dabei nur das Ergebnis jedes Modells in einen Score übertragen. Der Einfluss der einzelnen Modelle auf die Gesamtpositionierung wird dabei durch die Skalierung der Scores, durch die Volatilität der Scores und durch die prozentuale Gewichtung der einzelnen Scores bestimmt. Die

---

[32] Der strukturierte fundamentale Scoring-Ansatz aus Abschnitt 6.2 entspricht genau dieser Philosophie. An Stelle einer nur scheinbar mathematisch exakt geschätzten Renditegleichung wird in Abschnitt 6.2 ein weniger exaktes, jedoch robusteres Übertragungsmodell verwendet.

[33] Eine detaillierte Beschreibung der Entwicklungsstufen und Kriterien für ein ökonometrisches Prognosemodell findet man bei Siemßen (2000).

Gewichtung der Scores ist so zu wählen, dass eine optimale Diversifikation über die verschiedenen Prognosemodelle erreicht wird und der maximale Score innerhalb des durch die mittelfristige Anlageentscheidung festgelegten Risikobudgets liegt. Die in Abschnitt 3.1 begründete Approximation, dass eine aktive Duration von einem Jahr einem aktiven Risiko von (maximal) 1% entspricht, ermöglicht dabei eine einfache und anschauliche Skalierung der Scores.

Die Gewichtung ist in Backtests und bei der regelmäßigen Performance-Analysen zu überprüfen. Der besseren Nachvollziehbarkeit halber sollten die Scores entsprechend ihrer erwarteten Volatilität so skaliert werden, dass der Einfluss der sichtbaren Gewichtung entspricht. Die gewichtete Summe aller Scores entspricht dann der Positionierung. Diese einfache lineare Übertragungsregel resultiert aus der isolierten Verwendung eines 1-Faktormodells. Aufwendigere Entscheidungsmodelle sind angesichts der fehlenden Diversifikationsmöglichkeiten mit anderen Anlagen nicht notwendig. Die Ergebnisbeiträge jeder einzelnen Komponente können in diesem linearen Gewichtungsschema regelmäßig berechnet und kontrolliert werden.

# 7 Zusammenfassung

Die Bedeutung und Stellung des Durationsmanagements innerhalb der gesamten Asset-Liability-Steuerung wurde in diesem Aufsatz anhand mehrerer Kriterien analysiert. Asset-Liability-Management wird dabei als ein Steuerungssystem verstanden, das auf einem hierarchisch strukturierten Risikomodell aufbaut. Innerhalb dieses Risikomodells stellt die Duration einen eigenständigen Risikofaktor dar. Die Darlegungen zeigen, dass die Duration die an einen solchen Faktor zu stellenden Anforderungen erfüllt: weitgehende Unabhängigkeit und Abgrenzbarkeit von anderen Risikofaktoren, Messbarkeit, Berechenbarkeit und die Möglichkeit der aktiven Steuerung.

In Abschnitt 3 wurde gezeigt, dass die Duration nicht nur auf die Volatilitäten von Preisen und Renditeänderungen, sondern ohne großen Rechenaufwand auch auf ganze Portfolios von Wertpapieren und Forderungen angewendet werden kann. Dies ist die Grundlage für die Berechenbarkeit des Faktors, d.h. der Ermittlung des Risiko-Exposures der einzelnen Wertpapiere und von Wertpapierportfolien.

In Abschnitt 4 wurde die Messbarkeit untersucht. Das Durationsrisiko ergibt sich als das Produkt aus der Preissensitivität, der Duration und der Volatilität der durchschnittlichen Renditeänderungen. Die Volatilität der Renditen spielt bei diesem Faktor entgegen der landläufigen Meinung keine oder höchstens eine sehr indirekte Rolle. Die Volatilität der Renditeänderungen beträgt für die meisten Laufzeiten derzeit ca. 0,8% p.a. und liegt damit nicht sehr weit unter der 1%-Marke. Deshalb kann die Duration selbst als konservativer Schätzer für das Risiko verwendet werden. Messungen anhand von Benchmark-Anleihen und Index-Portfolios zeigen, dass das Durationsrisiko einen großen Teil, aber nicht alle Ertragsschwankungen erklären kann. Der Durationsfaktor ist deshalb zwar der wichtigste Teil der Zinsrisiken, muss aber um andere Faktoren ergänzt werden.

Die Berechnung des gesamten Durationsrisikos einer Versicherung ist einfach, da alle Positionen nur mit ihren Marktwerten gewichtet aufsummiert werden müssen. Diese einfache Berechenbarkeit ist ein wesentlicher Vorteil des Risikofaktors Duration. Die aktive Durationsposition, die sich aus der Summe der Verbindlichkeiten und Anlagen ergibt, ist der zentrale Gegenstand der Steuerung. Die Verbindlichkeiten kann man dabei auch als Benchmark im Rahmen der modernen Portfoliotheorie interpretieren. Hierauf bauen dann die lang-, mittel- und kurzfristigen Anlageentscheidungen auf. Auf Grund der weitgehenden Unabhängigkeit des Durationsfaktors von anderen Risikofaktoren kann die kurzfristige taktische Asset Allocation im Rahmen des zugewiesenen Risikobudgets isoliert betrachtet werden. Dies erleichtert das Steuerungsproblem erheblich.

Die Möglichkeiten der aktiven Steuerung des Durationsrisikos werden anhand eines Investmentprozesses für die taktische Asset Allocation gezeigt. Der vorgestellte Investmentprozess berücksichtigt folgende wichtige Eigenschaften, die alle Entscheidungsmodelle aufweisen sollten:

- Diversifikation über verschiedene nicht oder nur gering korrelierte Prognoseansätze,
- Reduktion der Einflussfaktoren auf eine sehr geringe Anzahl,
- Verwendung unscharfer Scoring-Modelle, die die Richtung der Renditeänderung in den Vordergrund stellen und keine mathematische Scheingenauigkeit suggerieren,
- klar definierte Entscheidungsregeln,
- Überprüfbarkeit des Erfolges der einzelnen Einflusskomponenten, unter anderem durch ein festes Gewichtungsschema,
- gute intuitive Nachvollziehbarkeit sowohl der Prognoseansätze als auch der Entscheidungsregeln.

Berücksichtigt man diese Eigenschaften, so kann man die Duration erfolgreich steuern. Gegenüber alternativen Risikofaktoren, insbesondere den aus der Principal-Component-Analyse generierten Faktoren oder rein makroökonomisch basierten Faktoren wie Inflation, hat die Duration den Vorteil der einfachen Berechen- und Messbarkeit, des hohen Erklärungsanteils am Zinsänderungsrisiko sowie der guten und intuitiv überprüfbaren Steuerbarkeit. Ergänzt werden muss die Duration um weitere Faktoren für die Zinsrisiken. Angesichts des hohen Anteils der betroffenen Volumina an der Bilanz einer Versicherung wird die Duration auch zukünftig ein zentrales Thema der Unternehmenssteuerung sein.

# Literaturverzeichnis

Bühler, A./Zimmermann, Heinz (1994): Factors Affecting the Term Structure of Interest Rates: Switzerland and Germany. Working Paper, Version 12/94, St. Gallen.

Campbell, John Y./Lo, Andrew W./MacKinlay Craig A. (1997): The Econometrics of Finacial Markets. Princeton.

Cuthbertson, Keith (1996): Quantitative Financial Economics: Stocks, Bonds, and Foreign Exchange. Chichester.

Deutsche Börse (2004): Leitfaden zu den REX-Indizes.Version 3.8, Februar 2004.

Diebold, Francis X. (1998): Elements of Forecasting. Cincinnati.

Eller, Roland/Spindler, Christian (1994): Zins- und Währungsrisiken optimal managen. Stuttgart.

Grinold, Richard C./Kahn, Ronald N. (1995): Active Portfolio Management. Chicago.

Langewand, Jens/Nielsen, Frank (1998): Ein Mehrfaktorenmodell zur Analyse des Risikos deutscher Rentenportfolios. In: Kleberg, J. M./Rehkugler, H. (Hrsg.) (1998): Handbuch Portfoliomanagement 1998. 1. Auflage, S. 653-672.

Leibowitz, M. L./Bader, L. N./Kogelman, S. (1995): The Hierachy of Benchmarks – Structuring Retirement Fund Risk. May 1995, Salomon Brothers.

Litterman Robert/Scheinkman Jose A. (1991): Common Factors Affecting Bond Returns. The Journal of Fixed Income, 1991 (June), S. 54-61.

Loskant, O. (1999): Das Programmsystem RenTop zur Optimierung des Bondmanagements. Münster.

Macauley Frederick (1938): Some Theoretical Problems Suggested by the Movements of Interest Rates, Bond Yields and Stock Prices in the United States since 1856. National Bureau of Economic Research. New York.

Markowitz, Harry M. (1952): Portfolio Selection. The Journal of Finance, 7, S. 77-91.

Mulvey, John M./Pauling, William R./Madey, Ronald E. (2003): Advantages of Multiperiod Portfolio Models- Journal of Portfolio Management, Winter 2003, S. 35-45.

Norris, P. D./Epstein (1989): Finding the Immunizing Investment for Insurance Liabilities: The Case of the SPDA. In: Fabozzi, Frank J. (Hrsg.) (1989): Fixed-Income Portfolio Strategies. Chicago.

Siemßen, Sönke J. (2000): Prozessorientierte Asset Allocation von Bondportfolios – Prognose, Optimierung und Beurteilungskriterien. Bad Soden/Ts.

Simmeth/Traccucci (1998): Mehrfaktormodell zur Bewertung von Rentenportfolios. Risk and Reward, 3/98.

Zagst, Rudi (1997): Effiziente Value at Risk Berechnung für Rentenportfolios., Finanzmarkt und Portfoliomanagement, 11, Nr.2, S. 165-178.

# Asset-Management und neue aufsichtsrechtliche Standards für die Lebensversicherung

**Marco Brück**

*Zusammenfassung:*
*Der Anlageentscheid der Versicherung fokussiert zwar die Marktsicht, wird jedoch stark durch aufsichtsrechtliche Vorgaben und Rechnungslegungsstandards beeinflusst. Die Aufsichtsbehörden wahren – auch in Anbetracht der Krise an den Kapitalmärkten – die Interessen der Versicherten und überprüfen deren Schutz sowohl bei Abschluss und während der Laufzeit eines Vertrags (Missbrauch durch Versicherungsanbieter), als auch bei Vertragserfüllung (Insolvenz von Versicherungsanbietern). Aus Sicht des Asset-Managements einer Lebensversicherung liegen die aufsichtsrechtlichen Herausforderungen beim Sicherstellungsrecht, bei den Solvenzanforderungen sowie bei der Trennung der Sondervermögen.*

*Schlüsselwörter: Aufsichtsrecht, International Association of Insurance Supervisors (IAIS), Minimalsolvenz, Retentionsrecht, Sicherstellungsrecht, Solvenzanforderungen, Sondervermögen, Versicherungsaufsichtsgesetz (VAG), Zielkapital.*

## 1 Überblick

Das Asset-Management ist verantwortlich für die professionelle, selbstständige, dauerhafte und zielorientierte Verwaltung definierter Finanzvermögen von Mandanten auf Grund eines Vollmachtsvertrags. Die Wertschöpfungskette im Asset-Management umfasst die Analyse von Anlageobjekten, den Anlageentscheid und folgend den eigentlichen Geschäftsabschluss mit der Gegenpartei (Frontoffice). Weiter gehören Funktionen des Middle Office (Risiko-Controlling, Performance-Messung, Compliance) und des Wertschriften-Accounting dazu. Schließlich werden im Anlageprozess Aufgaben wie die Abwicklung und Verbuchung (Backoffice), das Settlement und die Verwahrung (Custody) wahrgenommen.

Das Aufsichtsrecht beschäftigt sich bereits seit längerem direkt mit dem Asset-Management in Versicherungen. Die International Association of Insurance Supervisors (IAIS) hat bereits 1999 einen Aufsichtsstandard für das Asset-Management bei Versicherungsunternehmen definiert. Dort sind Anforderungen an das Asset-Liability-Management, das Kapitalanlageverfahren (Arten von Vermögenswerten[1], anlagebezogene Risiken, strukturiertes Investitionsverfahren, Asset-Management-Strategien), an anlagepolitische Grundsätze und Verfahren sowie an die Überwachung und Kontrolle festgelegt.[2]

Dem Einsatz von Derivaten durch Versicherungsunternehmen widmete sich die IAIS mit dem Supervisory Standard on Derivatives (October 1998). Der Schwerpunkt liegt beim Risk-Management, wobei die Themen Risikopolitik und Richtlinien, die Aufgaben von Verwaltungsrat und Geschäftsleitung sowie die Funktionen Risikomanagement, interne Kontrolle, Revision und Aufsicht vertieft behandelt werden.[3]

Die Krise an den Kapitalmärkten hat in der gesamten Versicherungsbranche zu (Buch)Verlusten geführt, verbunden mit einer entsprechenden Reduktion des Eigenkapitals, einer verminderten Solvabilität und einer geringeren Überdeckung der Sondervermögen. Die Aufsichtsbehörden wahren die Interessen der Versicherten und überprüfen deren Schutz sowohl bei Abschluss und während der Laufzeit eines Vertrags (Missbrauch durch Versicherungsanbieter) als auch bei Vertragserfüllung (Insolvenz von Versicherungsanbietern).

Die IAIS verabschiedete in den Jahren 2002 und 2003 verschiedene Grundsätze, Standards und Wegleitungen, die zum Schutz des Versicherungsnehmers eine Stärkung der Aufsicht und der Solvenz von Versicherungsunternehmen vorsehen.[4] Dieses Regelwerk schafft einen harmonisierten Rahmen, insbesondere für die Umsetzung der Solvenzanforderungen auf internationaler, europäischer und nationaler Ebene.

Die EU hat das Projekt „Solvency II“ lanciert[5], wobei eine Drei-Säulen-Struktur des Solvabilitätssystems vorgeschlagen wird.

- *Säule 1:* Quantitative Anforderungen werden für versicherungstechnische Rückstellungen, Kapitalanlage- und Eigenkapitalvorschriften sowie für die Kohärenz der Vorschriften zwischen den Sektoren definiert. Es wird unterschieden zwischen dem Mindestkapital (Minimum Capital Level) und der

---

1 Die zulässigen Vermögenswerte für Lebensversicherungen sind in Europa durch die Richtlinie 2002/83/EG und in der Schweiz durch Art. 24 LeVV geregelt.

2 Supervisory standard on asset management by insurance companies (12/1999).

3 Auf nationaler Ebene wurde der Einsatz von derivativen Finanzinstrumenten ebenfalls geregelt, zum Beispiel in Deutschland durch das Derivate-Rundschreiben 3/2000 und in der Schweiz durch die Verordnung über den Einsatz von derivativen Finanzinstrumenten durch die Versicherungseinrichtungen (11/1997).

4 Principles on capital adequacy and solvency (1/2002), Solvency control levels guidance paper (10/2003), Stress testing by insurers guidance paper (10/2003).

5 MARKT/2535/02: Considerations on the design of a future prudential supervisory system, 28.11.2002.

wünschenswerten Kapitalausstattung (Target Capital Level), die sich an einem BBB-Rating orientiert. Die Investment Issues werden ebenfalls aufgegriffen, indem zum einen „asset risk be captured in a more explicit way in the calculation of the target capital level" und zum anderen „the capital requirement (i. e. the target level) should be covered by safe, diversified and adequately spread assets" postuliert wird.[6]

- *Säule 2:* Qualitative Anforderungen werden für Grundsätze der internen Kontrolle und des Risikomanagements sowie hinsichtlich der Instrumente der aufsichtsrechtlichen Überprüfung festgelegt.
- *Säule 3:* Marktdisziplin als Steuerungsinstrument (Transparenz und Finanzberichterstattung). Es erfolgt eine Abstimmung mit dem Bankensektor und dem International Accounting Standards Board (IASB).

Der Anlageentscheid in der (Lebens)versicherung ist stark durch aufsichtsrechtliche Vorgaben und Rechnungslegungsstandards (lokale und internationale) geprägt. Die Marktsicht ist zwar die zu optimierende Größe, aber insbesondere in der aktuellen Umbruchsituation treten die erwähnten Standards – obwohl eigentlich Nebenbedingungen – häufig in den Vordergrund. Die verschiedenen Stakeholder fordern dann verstärkt ihre Ansprüche ein. Aus Sicht des Asset-Managements einer Lebensversicherung liegen die Schwerpunkte beim Sicherstellungsrecht (Abschnitt 2: Erhöhung des Konsumentenschutzes), bei den Solvenzanforderungen (Abschnitt 3: Verbesserung des Risikomanagements) sowie bei der Trennung der Sondervermögen (Abschnitt 4: Stärkung der Transparenz).[7]

## 2 Konsumentenschutz und Sicherstellungsrecht

Der Konsumentenschutz basiert im Versicherungsbereich immer noch auf einer weitgehend präventiven Produktkontrolle, d. h. auf einer Bewilligungspflicht für neue Versicherungsprodukte, Prämienanpassungen und Änderungen bei Versicherungsbedingungen durch das Bundesamt für Privatversicherungswesen (BPV). Im neuen Versicherungsaufsichtsgesetz (VAG) soll durch eine Erhöhung der Transparenz, eine Verbesserung des Wettbewerbs sowie ausreichende finanzielle Si-

---

[6] MARKT/2509/03: Design of a future prudential supervisory system in the EU. 3.3.2003.

[7] Neuausrichtung der Versicherungsaufsicht: konzeptionelle Elemente zur Revision des Bundesgesetzes betreffend die Aufsicht über Versicherungsunternehmen. BPV, 2003. Beispielhaft wird auf die regulatorischen Änderungen in der Schweiz eingegangen. In anderen Ländern stehen jedoch gleiche oder ähnliche Fragestellungen im Zentrum des Wandels der Versicherungsaufsicht.

cherheit ein Wandel in Richtung Solvenzaufsicht erreicht werden.[8] Das Fundament hiervon ist das Sicherstellungsrecht, das die Ansprüche der Versicherten durch Vorschriften über Vermögenswerte der Versicherungsunternehmen schützt. Es unterscheidet zwischen Anforderungen zur physischen Errichtung von Sondervermögen zu Gunsten der Versicherten einerseits und generellen Eigenmittelvoraussetzungen (Mindestkapital, Solvabilitätsspanne, Garantiefonds, Organisationsfonds gemäß Art. 4ff. LeVG) andererseits, die in Abschnitt 3 behandelt werden.

Die (inländischen) Lebensversicherungsunternehmen in der Schweiz sind verpflichtet, einen Sicherungsfonds auszuscheiden, der in erster Linie für die durch den Fonds sicherzustellenden Ansprüche der Versicherten haftet (Art. 14 des Sicherstellungsgesetzes SG). Lediglich ein allfälliger Überschuss steht im Falle des Konkurses des Versicherungsunternehmens den übrigen Gläubigern zur Verfügung. Das Versicherungsunternehmen überweist dem Sicherungsfonds die Werte durch Eintragung in ein gemäß Weisung der Aufsichtsbehörde zu erstellendes „Register" (Art. 7 SG). Die Werte gehören zum Sicherungsfonds, solange der Registereintrag besteht und nicht Dritte gutgläubig Rechte daran erworben haben (Art. 8 SG). Art. 11 SG ermächtigt das Versicherungsunternehmen, dem Sondervermögen Werte im Umfang der Überdeckung zu entnehmen, auch ohne Anzeige an das BPV (Art. 48 der Lebensversicherungsverordnung LeVV).[9]

Diese Konstellation führt zu Problemen bei Wertpapiergeschäften, wenn die Gegenpartei von dem Versicherungsunternehmen ein Pfandrecht an Vermögenswerten erhält (zum Beispiel Sicherheiten bei Derivatgeschäften). Sind Depotbank und Gegenpartei identisch, so kann die Bank Werte aus Depots des Sicherungsfonds identifizieren und als Sicherheit zurückweisen (Fremdverwahrung gemäß Art. 45 Abs. 2 LeVV). Häufiger hat die Gegenpartei jedoch keinen Einblick in das Register des Sondervermögens. Sie nimmt Vermögenswerte dann gutgläubig als Sicherheiten entgegen, und wegen Nichtöffentlichkeit des Registers besteht keine Nachforschungspflicht.

Bei wenigen Einzelgeschäften ist dies praktikabel und es werden jeweils separate Sicherheiten gestellt. Umfangreiche Derivattransaktionen erfordern für eine effiziente Abwicklung jedoch ein „Netting" von gegenseitigen Forderungen und Ansprüchen. Hier erweist sich die Nichtöffentlichkeit in Verbindung mit Art. 11 SG (Verfügungsmacht des Versicherungsunternehmens über das Sondervermögen) als Hindernis. Die Gegenparteien verlangen separate Verträge pro Teilvermögen und

---

[8] Neuausrichtung der Versicherungsaufsicht: konzeptionelle Elemente zur Revision des Bundesgesetzes betreffend die Aufsicht über Versicherungsunternehmen. BPV, 2003, S. 32.

[9] Staehelin, Daniel (2003): Gutachten über den Schutz der Ansprüche der Versicherten aus Versicherungsverträgen, insbesondere im Konkurs des Versicherungsunternehmens. Basel S. 5 ff.

Garantien sowie Informationspflichten des Versicherungsunternehmens über die Zugehörigkeit von Werten zu Sondervermögen.

## 2.1 Verrechnungsrecht

Grundsätzlich besteht bei erfüllbaren, gegenseitigen Forderungen, zum Beispiel im Konkursfall eines Versicherungsunternehmens, ein Verrechnungsrecht der Schuldner (vgl. Art. 120ff. des Schweizerischen Obligationenrecht OR). Keine gesetzliche Regelung schließt die Verrechnung von Forderungen des Schuldners des Sondervermögens mit Forderungen gegen sonstige Vermögensmassen des Versicherungsunternehmens aus. Die Vermögenswerte des Sondervermögens könnten dann zur Tilgung von Drittforderungen eingesetzt werden, wodurch die sicherzustellenden Ansprüche der Versicherten gefährdet wären.

Bei Schuldnern mit Wohnsitz im Inland ist neben Forderungen aus Versicherungsvertrag zu unterscheiden zwischen verrechenbaren Forderungen der Depotbank sowie anderer Parteien. Die neue Mustervereinbarung des BPV, die den Verträgen zwischen Depotbank und Versicherungsunternehmen vorgeht, ermöglicht eine Geltendmachung von Ansprüchen einzig im Zusammenhang mit der Führung von Depots und Konten. Ansonsten verzichtet die Depotbank vertraglich auf das Verrechnungsrecht, selbst wenn das Versicherungsunternehmen nach Übergabe der Werte oder Zuweisung an das Sondervermögen zahlungsunfähig (Konkurs) wird. Diese Regel greift jedoch nur bei Forderungen, die durch die Depotbank geschuldet sind (Passivgelder und eigene Emissionen der Depotbank). Hingegen sind die Forderungen aus (verbrieften und nicht verbrieften) Wertpapieren, die zwar bei der Depotbank verwahrt, jedoch durch Dritte emittiert wurden, nicht vom Verrechnungsverzicht betroffen. Eine Vereinbarung des Verrechnungsausschlusses mit der Gegenpartei einer Forderung, auch im Konkursfall, ist eher die Ausnahme. Auch die rasche Veräußerung aller vom Verrechnungsrecht betroffenen Vermögenswerte im Falle des Konkurses ist kaum umsetzbar. Vielmehr ist eine Gesetzesänderung in Anlehnung an die Regelung im Bundesgesetz über die Anlagefonds (Art. 16 Abs. 2 AFG) zu prüfen. Dort wird die Verrechnung von Schulden der Fondsleitung, die sich nicht aus dem Kollektivanlagevertrag ergeben, mit Forderungen des Anlagefonds ausgeschlossen.[10]

Bei Schuldnern mit Wohnsitz im Ausland ist die Rechtsstellung von Forderungen des Versicherungsunternehmens noch schwieriger zu beurteilen. Im Einzelfall sind Gerichtsstand und Rechtsanwendung zu klären, die Einfluss auf eine mögliche Verrechnung von Forderungen haben könnten. Eine „Legal Opinion“ kann im Einzelfall die Verrechnungsproblematik analysieren, jedoch internationale oder bilaterale Vereinbarungen nicht ersetzen. Vielmehr ist die Anwendung des inlän-

---

[10] Vgl. Staehelin (2003), S. 18.

dischen Konkursrechts (Privileg der Vermögenswerte des Sondervermögens) im Ausland nicht gewährleistet.

## 2.2 Retentionsrecht

Das Retentionsrecht (Zurückbehaltungsrecht) besteht gemäß Art. 895 ZGB (Schweizerisches Zivilgesetzbuch) für bewegliche Sachen und Wertpapiere, die sich mit Willen des Schuldners im Besitze des Gläubigers befinden, sofern die Forderung fällig ist und ihrer Natur nach mit dem Gegenstand der Retention in Zusammenhang steht. Unter Kaufleuten besteht dieser Zusammenhang, sobald sowohl der Besitz als auch die Forderung aus ihrem geschäftlichen Verkehr herrühren.

Die Depotbank kann daher ein Zurückbehaltungsrecht an den Werten des Sicherungsfonds geltend machen, obwohl ihre Ansprüche nicht aus einem Versicherungsvertrag stammen. Gemäß Art. 895 Abs. 3 ZGB steht dem Gläubiger das Retentionsrecht jedoch nur dann zu, wenn er gutgläubig handelt. Dies ist bei einer Depotbank fraglich, sofern sie auf Vermögenswerte (Depots und Konten) zugreift, die eindeutig dem Sicherungsfonds zugeordnet sind.

Weiter ist die Retention ausgeschlossen, falls eine vertragliche Verpflichtung, eine einseitige Vorschrift durch den Schuldner oder die öffentliche Ordnung dem entgegenstehen (Art. 896 Abs. 2 ZGB). Die Mustervereinbarung des BPV, die zwischen Depotbank und Versicherungsunternehmen zur Verwahrung von Vermögenswerten des Sicherungsfonds abgeschlossen wird, fokussiert auf eine vertragliche Regelung.

Schließlich wird auch das Retentionsrecht bei nachträglicher Zahlungsunfähigkeit („Notretentionsrecht") des Art. 897 ZGB ausgeschlossen: „Die Depotbank nimmt zur Kenntnis, dass [...] die Werte zur Sicherung der Ansprüche der Versicherungsnehmer der Deponentin bestimmt sind, und erklärt daher ausdrücklich, keine Pfand-, Zurückbehaltungs-, Verrechnungsrechte [...] geltend zu machen, selbst wenn die Deponentin nach Übergabe der Werte oder Zuweisung an den Sicherungsfonds zahlungsunfähig wird. Vorbehalten bleibt die Geltendmachung solcher Rechte einzig für Ansprüche im Zusammenhang mit der Führung der Depots bzw. Konten."[11]

## 2.3 Vermögenswerte im Ausland

Das Versicherungsunternehmen kann für die Verwahrung der Werte des Sicherungsfonds die Form der Eigen- und Fremdverwahrung verwenden. Der Verwah-

---

11 Mustervereinbarung zur Sammelverwahrung von Wertschriften für Versicherungseinrichtungen. BPV, 2003.

rungsort sowie die Verwahrungsart unterliegen bei Lebensversicherungen der Genehmigung durch die Aufsichtsbehörde (Art. 13 SG).

Bei einer inländischen Verwahrung wird über die Mustervereinbarung und de lege ferenda der Schutz der Versicherungsnehmer sichergestellt. So ist es der inländischen Depotbank gestattet, „die Werte des Sicherungsfonds [...] in ihren eigenen Räumen, bei einer inländischen Korrespondenzbank, bei einer in- oder ausländischen Clearingstelle oder bei einem ausländischen Verwahrer einzeln oder gesammelt zu verwahren beziehungsweise zu verbuchen“.[12] Es wird jedoch eine Haftung der Depotbank als Beauftragte, insbesondere bei Übertragung der Besorgung auf einen Dritten, vereinbart (Art. 399 Abs. 2 OR). Hierdurch gewinnt eine erstklassige Bonität der inländischen Depotbank an Bedeutung.

Anders ist die Situation bei ausländischen Depotbanken. Das Verrechnungs- sowie das Retentionsrecht können völlig anders geregelt sein. Insbesondere im Fall des Konkurses können Kompetenzkonflikte bezüglich der „vollstreckungsrechtlichen Belegenheit“ zwischen den in- und ausländischen Aufsichts- sowie Zwangsvollstreckungsbehörden zu einer Gefährdung der Ansprüche der Versicherten führen.[13]

„Das Beste wäre, wenn die Schweiz mit den wichtigsten ausländischen Staaten bi- oder multilaterale Staatsverträge über die Anerkennung von Versicherungskonkursen und die Beachtung ausländischer Vorschriften über die dem Schutz der Versicherten dienenden Sondervermögen abschließen würde“.[14] Die bi- oder multilaterale Regelung ist gemäß BPV kaum kurzfristig umsetzbar, weshalb mittels regulatorischer, vertraglicher sowie gesetzlicher Maßnahmen Vermögenswerte im Ausland und Hinterlegungen bei ausländischen Depotstellen eingeschränkt werden. So ist es den Schweizer (Lebens)versicherungen inskünftig verboten, ausländische Depotverwahrstellen respektive Depotbanken zu beauftragen. Vielmehr müssen die Werte der Sondervermögen bis Ende 2004 zu einer von der Eidgenössischen Bankenkommission (EBK) bewilligten Bank transferiert werden. Ab 2008 sind neben ausländischen Liegenschaften auch nicht verbriefte ausländische Wertpapiere (zum Beispiel Darlehen) in den Sondervermögen nicht mehr anrechenbar.[15]

---

12 Mustervereinbarung zur Sammelverwahrung von Wertschriften für Versicherungseinrichtungen, BPV, 2003.

13 In der EU unterliegt das Liquidationsverfahren einem einzigen Konkursrecht, nämlich dem des Herkunftsmitgliedstaats (Richtlinie 2001/17/EG).

14 Vgl. Staehelin (2003), S. 28.

15 Mustervereinbarung zur Sammelverwahrung von Wertschriften für Versicherungseinrichtungen. BPV, 2003.

Für Lebensversicherungen ist es somit weiterhin möglich, in ausländische Kapitalanlagen zu investieren, solange eine inländische Depotbank als Verwahrer auftritt. Hingegen wären folgerichtig (OTC-)Derivative mit ausländischen Gegenparteien nicht mehr anrechenbar. Problematisch ist auch der Erwerb von Anteilen an Anlagefonds (zum Beispiel Hedge Funds), die bei ausländischen Banken verwahrt werden. Diese Maßnahmen führen zwar zu einer größeren Sicherheit für den Versicherungsnehmer, können jedoch die notwendigen Staatsverträge nicht ersetzen. Vielmehr besteht ein Interessenkonflikt zwischen der Sicherstellung der Vermögenswerte und der Ertragsoptimierung durch ein breit diversifiziertes Portfolio.

## 2.4 Beschränkung der Wertpapierleihe

Die Wertpapierleihe wird definiert als „darlehensähnliches Rechtsgeschäft, mit welchem sich [...] der Darleiher dem Borger gegenüber vorübergehend zur Übertragung des Eigentums an bestimmten Effekten verpflichtet, während der Borger zur Rückerstattung von Effekten gleicher Art (Titelgattung und Valor), Menge und Güte verpflichtet ist und während der Dauer der Effektenleihe anfallende Erträge dem Darleiher zu überweisen hat.“[16] Der de jure stattfindende Eigentumsübergang ist aus aufsichtsrechtlicher Sicht kritisch, da die ausgeliehenen Wertpapiere nicht mehr im Sicherungsfonds sind. Der Schutz der Vermögenswerte des Sicherungsfonds führte zu einer Einschränkung der Wertpapierleihe durch das BPV. Die Lebensversicherungsunternehmen dürfen seit 2002 lediglich bis zu einem Maximum von 30% der Deckungswerte des Sollbetrags Wertpapierleihgeschäfte eingehen. Zudem ist die Rückerstattung der ausgeliehenen Wertpapiere über ein Collateral sicherzustellen, wobei drei Kriterien zu erfüllen sind.[17]

- Es muss bei der Clearingstelle ein Collateral im Namen des Versicherungsunternehmens zugeordnet oder beim Vertragspartner (Bank) auf ein im Namen der Gesellschaft lautendes Depot bzw. Konto geliefert werden.
- Die Höhe des Collateral muss jederzeit mindestens 105% des Verkehrswerts der ausgeliehenen Effekten betragen. Dieser Wert liegt über internationalen Standards, die in der Regel ein Collateral in Höhe von 102% verlangen.
- Die Sicherheiten müssen den Anlagerichtlinien (Art. 23 ff. LeVV) entsprechen, wobei ein Barcollateral bei sofortiger Wiederanlage durch den Principal/Agent möglich ist. Kritisch ist die Art der Wiederanlage, da über eine risikoreichere Anlage der Sicherstellung zwar ein höherer Ertrag erwirtschaftet werden kann, gleichzeitig aber das Kreditrisiko ansteigt.

---

[16] Art. 21 Verordnung der EBK über Anlagefonds (AFV-EBK) vom 24. Januar 2001.

[17] Rundschreiben des BPV vom 28. August 2001.

Des Weiteren sind für Lebensversicherungen auch die Bestimmungen des Bundesamtes für Sozialversicherungen (BSV) einzuhalten, die zusätzlich folgende Voraussetzungen an die Wertpapierleihe (Securities lending) stellen:[18]

- Die beauftragte Depotbank verfügt über eine anerkannte Bonität und ist verpflichtet, Wertpapierleihgeschäfte ebenfalls nur mit Vermittlern erstklassiger Bonität durchzuführen. Das BPV bewilligt die Depotbank und kennt somit die Solvenz der Banken.

- Die Lebensversicherungen, die die Wertpapierleihe direkt mit dem Vermittler abschließen, müssen über qualifiziertes Personal verfügen oder sich in geeigneter Weise beraten lassen.

- Neben der einwandfreien Bonität der Vermittler (Clearing-Organisation oder anerkannte Bank) muss eine Absicherung der ausgeliehenen Wertpapiere durch ein entsprechendes Collateral (Verpfändung von Wertpapieren oder Hinterlegung eines Geldbetrages) erfolgen. Dies garantiert im Fall des Untergangs von Wertpapieren, was höchst selten vorkommt, die Rückerstattung in Höhe des Marktwerts via Barforderungsrecht.

- Das Recht auf Zins- und Dividendenzahlungen muss beim Ausleiher (wirtschaftlich Berechtigter) verbleiben. Dies schließt auch rückforderbare Quellensteuern ein. Hingegen kann beispielsweise das Stimmrecht während der Ausleihe nicht ausgeübt werden. Weiter ist der Ausleiher bei der Disposition über die Wertpapiere eingeschränkt. Eine vertragliche Vereinbarung zwischen dem Versicherungsunternehmen und der Bank kann jedoch eine Rückgabefrist von 48 Stunden ab Rückruf garantieren. Dies bedingt jedoch eine reibungslose Organisation des Ausleihers, da bei einem geplanten Verkauf von ausgeliehenen Titeln die Instruktionen teilweise bereits am Handelstag und nicht erst Handelstag plus 1 erfolgen müssen.

- Die Lebensversicherung hat eine ausreichende Liquidität unabhängig von der Wertpapierleihe sicherzustellen (maximale Leihfrist sechs Monate). Noch weiter gehen die Regeln für Anlagefonds. So wird in Art. 26 Abs. 1 AFV-EBK die effektive Dauer der Wertpapierleihe auf 30 Tage und umfangmäßig pro Titelgattung auf 50% begrenzt, sofern eine Kündigungsfrist einzuhalten ist.

- Die Bilanzierung der Wertpapierleihe erfolgt ebenso wie für nicht ausgeliehene Wertpapierbestände. Zur Prüfung der aufgeführten Voraussetzungen sind der Kontrollstelle die im Berichtsjahr getätigten Ausleihungsgeschäfte offen zu legen. Verstöße werden der Aufsichtsbehörde gemeldet.

---

[18] Mitteilungen über die berufliche Vorsorge Nr. 16 vom 28.9.1990, S. 7-9.

# 3 Risikomanagement und Solvenzanforderungen

Für die Versicherungsaufsicht soll „im Rahmen des Risikomanagements mit einer genügend hohen Wahrscheinlichkeit sichergestellt werden, dass die Versicherungsunternehmen die abgeschlossenen Verträge auch einhalten können. Dieser zentrale Auftrag der Versicherungsaufsicht wird durch die Überwachung der Solvenz der Versicherungsunternehmen wahrgenommen.“[19]

In Anlehnung an die EU ergibt sich auch für die Schweiz ein doppelter Standard für die Kapitalanforderungen. Einerseits bleibt die Minimalsolvenz (Solvency I) bestehen, andererseits kommt das Zielkapital hinzu.[20]

| **Kapitalanforderung** | **Minimalsolvenz** (Solvency I) | **Zielkapital** |
|---|---|---|
| **Instrument** | Heutige Solvabilitätsspanne | Standardverfahren, interne Modelle |
| **Ansatz** | Regeln | Prinzipien |
| **Rechnungsbasis** | Statutarisch | Marktnah |
| **Bewertung** | Inkonsistent | Konsistent |
| **Kapitalunterlegung** | Volumenbasiert | Risikobasiert |
| **Risikomaß** | Statisch | Dynamisch |
| **Kompatibilität** | Anpassung an EU-Standards | Länderspezifisch, Marktteilnehmer (Basel II) |

**Übersicht 1:** Schweizer Standard für Kapitalanforderungen

## 3.1 Minimalsolvenz

Neben dem Sondervermögen beinhaltet das Sicherstellungsrecht Vorgaben zur Eigenmittelausstattung von Versicherungsunternehmen. Das Lebensversicherungsgesetz (LeVG) verlangt als Voraussetzung für den Geschäftsbetrieb ein Mindestkapital von 5-10 Mio. Franken (Art. 4 LeVG) sowie für die Kosten der Gründung, des Auf- oder Ausbaus des Geschäftes einen Organisationsfonds von bis zu 50% des Mindestkapitals (Art. 6 LeVG). Den größten Teil der Eigenmittelanforderungen stellt in der Regel jedoch die Solvabilitätsspanne samt Garantiefonds dar (Art. 5 LeVG).

---

19 Neuausrichtung der Versicherungsaufsicht: konzeptionelle Elemente zur Revision des Bundesgesetzes betreffend die Aufsicht über Versicherungsunternehmen. BPV, 2003, S. 2.

20 Schweizer Solvenztest. Unveröffentlichtes Manuskript. BPV, Dezember 2003.

Die Solvabilitätsspanne ermittelt sich auf statutarischer Basis und berechnet sich im Lebensversicherungsbereich insbesondere nach den mathematischen Rückstellungen sowie dem erforderlichen Risikokapital (Minimalsolvenz), wobei der Versicherungszweig inklusive Zusatzversicherungen sowie in Rückversicherung und Retrozession gegebene Anteile berücksichtigt werden (Art. 3-7 LeVV).

Grundsätzlich basiert die statutarische Rechnung auf dem Vorsichtsprinzip. Bei der Bestimmung der Eigenmittel, die für die Deckung der Solvabilitätsspanne anrechenbar sind, weicht die bestehende LeVV jedoch von diesem Prinzip ab. Bei Wertpapieren kommt der Börsenwert und nicht der Bilanzwert zum Ansatz. Weiter können auf Antrag und mit Zustimmung des BPV stille Reserven berücksichtigt werden, die sich aus der Unterbewertung der Aktiven und der Überbewertung von anderen Passiven als den mathematischen Rückstellungen ergeben (Art. 9 LeVV). Das Regelwerk beinhaltet somit Inkonsistenzen bei der Bewertung. Zusätzlich erfolgt die Risikopositionierung des Versicherungsunternehmens schematisch, basierend auf quantitativen Beschränkungen.

Schließlich ist die Kompatibilität mit den EU-Standards wichtig, weshalb eine laufende Anpassung an die aktuellen Bestimmungen (Richtlinie 2002/83/EG) für Lebensversicherungen angestrebt wird. Dies betrifft insbesondere Eingriffs- und Informationsrechte der Aufsicht sowie die Anforderungen an Berechnung und Höhe der Solvabilität.

## 3.2 Zielkapital

Im Gegensatz zur Minimalsolvenz ist die Definition des Zielkapitals eher länderspezifisch. In der Schweiz erfolgt die Umsetzung durch den Schweizer Solvenztest (SST). „Als risikotragendes Kapital (RTK) bezeichnet man den Anteil des Gesamtkapitals, der über den marktnahen Wert der versicherungstechnischen Verpflichtungen hinausgeht. Das Zielkapital ist so definiert, dass das Versicherungsunternehmen nach Jahresfrist mit einer ausreichenden Sicherheit (das verwendete Risikomaß ist Expected Shortfall) noch über genügend RTK verfügen wird.“[21]

Bei den Risikomaßen war das Aufsichtsrecht bis dahin dominiert von statischen Ansätzen, die auf Zahlen der Rechnungslegung sowie einer pauschalen Anrechnung fundieren. Der Einsatz dynamischer Verfahren, die bisher meist nur für die interne Unternehmenssteuerung verwendet wurden, stellt einen methodischen Wandel im Aufsichtsrecht dar. Die Szenariotechnik (Stresstests) und die stochastischen Verteilungen (Interne Modelle) geben den Versicherungsunternehmen prinzipienbasiert die Möglichkeit, eigene Ansätze im Risikomanagement einzubringen.

21 Schweizer Solvenztest. Unveröffentlichtes Manuskript. BPV, Dezember 2003, S. 5.

Im SST wird mit Expected Shortfall (ES) ein kohärentes Risikomaß gewählt. Die Approximation erfolgt über die Worst Conditional Expectation (WCE); sie ist definiert als die schlimmsten aller erwarteten Verluste, die mit einer Wahrscheinlichkeit von $\alpha$ eintreten können (Konfidenzlevel 1-$\alpha$ wird durch die Aufsichtsbehörde vorgegeben). Die WCE kann robust geschätzt werden und liegt jeweils zwischen Value at Risk (VaR) und ES (VaR $\leq$ WCE $\leq$ ES). Neben diesem Standardverfahren ist die Verwendung interner Modelle möglich.[22]

Über die Kompatibilität der Risikoansätze mit den regulatorischen Anforderungen anderer Marktteilnehmer sollen Wettbewerbsverzerrungen und Anreize zu aufsichtsrechtlicher Arbitrage verhindert werden. So orientiert sich der SST beispielsweise bei den Kreditrisiken an Basel II.

Das Zielkapital basiert zudem auf einer konsistenten Bewertung von Aktiv- und Passivseite sowie auf den für das Versicherungsunternehmen relevanten Risiken. Im Folgenden wird auf diese zwei Aspekte insbesondere aus Sicht des Asset-Managements eingegangen.

### 3.2.1 Bewertung von Assets

Die IAIS fordert, dass „assets have to be appropriate, sufficiently realisable and objectively valued."[23] Auch der SST verlangt wegen der Risikobasiertheit und der Bewertungskonsistenz von Zielkapital und RTK eine marktnahe Bewertung. Für die Assets wird dies durch eine Aufteilung in drei Klassen umgesetzt:

- Marking-to-Market (Klasse 1): Der Marktwert lässt sich sicher bestimmen, da liquide Märkte zu einer eindeutigen Preisbildung führen.
- Mix von Marking-to-Market und Marking-to-Model (Klasse 2): Der Marktwert ist nicht direkt über Marktpreise zu bestimmen. Jedoch existieren kotierte Finanzinstrumente, die eine Ableitung der Preise erlauben.
- Marking-to-Model (Klasse 3): Fehlen vergleichbare Wertschriften und sind die Märkte illiquid, wird auf finanzmathematische Modelle zurückgegriffen.

Je unsicherer die Bewertungsmethode der Assets, desto höher die Zuschläge in der Zielkapitalbildung. „Je höher die Bewertungsklasse, desto höher die Bewertungsunsicherheit der Assets. Dies fließt in das Zielkapital ein, indem durch eine geeignete (zum Beispiel affine) Transformation der Wahrscheinlichkeitsverteilung die Varianz der Asset-Wertänderung entsprechend der Bewertungsklassen erhöht wird."[24]

---

[22] Schweizer Solvenztest. Unveröffentlichtes Manuskript BPV, Dezember 2003, S. 25.

[23] Principles on capital adequecy and solvency, IAIS, January 2002, S. 5.

[24] Schweizer Solvenztest. Unveröffentlichtes Manuskript. BPV, Dezember 2003, S. 26.

### 3.2.2 Risiken im Asset-Management

Die IAIS verweist neben den Asset Risks (Principle 3) auf das ALM-Matching (Principle 4), das für Währungen und Cashflows notwendig ist. In der EU wird die Risikothematik im Sharma-Report vertieft behandelt. Die Risikokategorisierung erfolgt über mehrere Levels für Investment Risks. Insbesondere das zweite Modell berücksichtigt nicht nur direkte Asset Risks, sondern weist auch auf Risiken im Zusammenhang mit Planung und Hochrechnung sowie mit Informations- und Kontrollsystemen hin. Der SST wiederum unterteilt die Risiken nach Klassen (zum Beispiel Finanzrisiken), Typen (zum Beispiel Markt- und Kreditrisiken) und Faktoren. Einen Überblick gibt die Tabelle 1.

| **IAIS**<br>(Asset risks) | **Sharma-Report I+II**<br>(Investment risks) | | **Swiss Solvency**<br>(Finanzrisiken) |
|---|---|---|---|
| **Concentration risk** | Market Risk<br>– Mismatching risk<br>– Interest risk<br>– Liquidity risk<br>– Permanent losses | SAA, TAA, planning/ forecast-related risk | Marktrisiken<br>– Zins<br>– Aktienpreis<br>– Wechselkurs<br>– Immobilenpreise<br>– Implizite Volatilität<br>– Bewertungsunsicherheit<br>– Liquiditäts-, Konzentrations- und Modellrisiko (nur qualitativ) |
| **Credit risk** | | ALM, Mismatch risk | |
| **Market risk** | | Market risk | |
| **Liquidity risk** | | Information and control system (investment) | |
| **Liquidation risk** | | Liquidation risk | Kreditrisiken<br>– Spreads<br>– Ausfall Obligors<br>– Ausfall Rückversicherer<br>– Konzentrations-/Modellrisiko (qualitativ) |
| **Matching of assets and liabilities** | Counterparty risk | Risks associated with credit standing, credits, counterparty risks | |

**Tabelle 1:** Überblick über die Risikokategorisierung

# 4 Transparenz der Sondervermögen

Die Task Force des BPV versteht „Transparenz als notwendige Voraussetzung für den gesamten Informationsaustausch zwischen den Akteuren im Versicherungsmarkt", um ein ordnungsgemäßes Funktionieren dieses Marktes zu ermöglichen.[25]

---

25 Neuausrichtung der Versicherungsaufsicht: konzeptionelle Elemente zur Revision des Bundesgesetzes betreffend die Aufsicht über Versicherungsunternehmen, BPV, 2003, S. 15.

Eine Konkretisierung der Transparenzanforderungen für die Lebensversicherungsunternehmen erfolgt über die Trennung der Sondervermögen für Verpflichtungen aus der beruflichen Vorsorge und aus dem übrigen Lebengeschäft.[26] Dies führt zu einer höheren Produkttransparenz für Kunden und Aufsicht. Für die Lebensversicherungsunternehmen (Asset-Management, Risikomanagement, Rechnungswesen) bedeutet dies die Trennung von Sicherungsfonds, Liquiditätsströmen und der Kapitalanlagen.

Im Folgenden wird unter Berücksichtigung der gesetzlichen und aufsichtsrechtlichen Vorgaben[27] sowie der Ergebnisse aus den Abschnitten 2 und 3 ein mögliches Vorgehen zur Trennung der Sondervermögen aufgezeigt.

Die Segmentierung der Geschäftsfelder in der Lebensversicherung steht am Anfang einer Aufteilung. Folgende Fragen stellen sich: Welche Segmente sollen weitergeführt werden? Zu welchen Konditionen können die Leistungen angeboten werden? Wer trägt die Risiken? Welches ist die geeignete Rechtsform? Was passiert mit der anteilgebundenen Lebensversicherung, mit Lebenpolicen in Fremdwährung sowie mit ausländischen Beständen? Erst wenn diese und weitere Fragen eindeutig beantwortet sind, kann der Versicherungsbestand in die neue Segmentierung eingefügt oder abgegrenzt werden.

Die Segmentierung findet eine Vertiefung in der Strukturierung der Verpflichtungen. Im Ergebnis entstehen Subportfolios pro Segment. Die Spezifizierung der Subportfolios erfolgt über das notwendige Renditeniveau (Zins-/Umwandlungsgarantien etc.) sowie über das Risikoniveau (Risikofähigkeit, Laufzeiten etc.). Mithin entsteht eine Risikolandschaft der Subportfolios auf der Verpflichtungsseite. Dies ist die Basis für eine aktive Strategie aus Sicht des Asset-Liability-Managements, die risikobehaftete Produkte ermöglicht. Das Versicherungsunternehmen kann so den eigentlichen Kundenwünschen besser entsprechen als Konkurrenten mit passiver oder negativer Strategie.

Das ALM sucht im Rahmen des Risikomanagements nach geeigneten Maßnahmen, um die aus dem Kundengeschäft übernommenen Risiken wieder abgeben zu können, respektive soweit gewünscht in die eigene Exposure zu integrieren. Die Finanzrisiken lassen sich insbesondere über die Definition der geeigneten Anlagekategorien, die jeweils spezifische Risiko-Rendite-Eigenschaften aufweisen, weiter an die Märkte transferieren. So entsteht eine Asset Allocation pro Subportfolio.

---

26 Gemäß Gesetzesentwurf „Transparenz in der beruflichen Vorsorge" Art. 6a Abs. 1 LeVG müssen private Lebensversicherer für die Sicherstellung der Verpflichtungen aus der beruflichen Vorsorge einen eigenen Sicherungsfonds errichten.

27 Insbesondere Bundesgesetz über die direkte Lebensversicherung (LeVG), Verordnung über die direkte Lebensversicherung (LeVV) und Transparenz in der beruflichen Vorsorge: Erläuterungen zum Verordnungsentwurf. BPV, Stand 14. Januar 2004.

Die Aggregation der Anlagekategorien aller Subportfolios innerhalb eines Segments führt zur Bestimmung der Segmentquote pro Anlagekategorie und damit zur Asset Allocation pro Segment.

Basierend auf den Risiken der Subportfolios (marktnahe versicherungstechnische Verpflichtungen) und der aus ALM-Sicht risikoadäquaten Asset Allocation kann nun pro Segment das ökonomisch notwendige Risikokapital (vgl. 3.2 Zielkapital) ermittelt werden. Ausgehend vom Going Concern wird die Änderung des RTK (Verlust) resultierend aus der Wertänderung der Kapitalanlagen, den Ausgaben, den Einnahmen aus dem Versicherungsgeschäft sowie der Änderung der versicherungstechnischen Rückstellungen analysiert.[28] Unter Verwendung von auf den Betrachtungszeitpunkt diskontierten zukünftigen Zahlungsströmen und Vermögenswerten entsteht eine notwendige Kapitalausstattung, die bei allen Segmenten mit einer ausreichenden Sicherheit erwarten lässt, auch nach Jahresfrist noch über genügend risikotragendes Kapital (RTK) zu verfügen.

Der Beitrag der einzelnen Segmente zum gesamten Zielkapital (ZK) definiert den Schlüssel für die Aufteilung der marktnahen freien Eigenmittel. Das RTK wird somit proportional zum ZK der Segmente zugeteilt, wobei jeweils eine (Über)Deckung notwendig ist.

RTK Segment x / ZK Segment x= RTK Segment y / ZK Segment y = 1.

| Zu deckende Größe | Bewertung | Trennungsdimension |
|---|---|---|
| **Zielkapital** | Marktnah | RTK (ZK + marktnahe freie Eigenmittel) |
| **Solvabilitätsspanne** | Statutarisch, LeVG, LeVV | Ansprechbare Eigenmittel (Solvabilitätsspanne + statutarische freie Eigenmittel) |
| **Sollbetrag** | Statutarisch, SG, LeVV | Bedeckende Kapitalanlage |

**Tabelle 2:** Aufteilung der freien Eigenmittel nach Segmenten

Neben dem Marktwert hat jede Position auch einen statutarischen Wert. Letzterer ist gemäß Gesetz und Verordnung sowohl bei der Solvabilitätsspanne als auch beim Sicherungsfonds anzuwenden. Die Solvabilitätsspanne muss gemäß Gesetzentwurf nicht getrennt ermittelt werden und ist auf Grund der statutarischen Berechnung auch nicht geeignet für die Aufteilung des risikotragenden Kapitals. Gleichwohl müssen die anrechenbaren Eigenmittel für die gesamte Lebensversicherung stets größer oder gleich der Solvabilitätsspanne sein (Abschnitt 3.1).

---

[28] Schweizer Solvenztest. Unveröffentlichtes Manuskript. BPV, Dezember 2003, S. 25.

Die Aufteilung des Sicherungsfonds wird im neuen Art. 6a LeVG verlangt. Die Berechnung des separaten Sollbetrags orientiert sich am technischen Jahresabschluss (statutarische Rechnung) und nicht an einer marktnahen Bewertung. Der Sollbetrag wird gemäß Art. 3 SG sowie der Art. 15 ff. LeVV bestimmt und berücksichtigt zudem mögliche Konkurs- und Abwicklungskosten. Er hat grundsätzlich im Falle einer Insolvenz die Verpflichtungen des Versicherers gegenüber den Versicherten zu decken.[29]

Bei der Trennung der Sondervermögen für Verpflichtungen aus der beruflichen Vorsorge und aus dem übrigen Lebengeschäft wird der statutarische Sollbetrag als Verteilschlüssel pro Anlagekategorie verwendet. Die Aufteilung der bedeckenden Kapitalanlagen (BK) erfolgt für die statutarischen Werte proportional zum Sollbetrag (SB) der jeweiligen Segmente.[30] Als Nebenbedingung muss die Summe der Deckungswerte jeweils größer oder gleich dem Sollbetrag für jedes Segment sein:

BK Segment x / SB Segment x = BK Segment y / SB Segment y = 1.

Die Bestellung der Sicherungsfonds orientiert sich grundsätzlich an den zulässigen Werten (Art. 24 LeVV). Neu dürfen auch Barmittel auf einem dem Sicherungsfonds zugeordneten Konto angerechnet werden. Die Vermögenswerte im Ausland sind ab 2005 respektive 2008 nicht mehr oder nur noch unter bestimmten Voraussetzungen im Sicherungsfonds anrechenbar (vgl. Abschnitt 2.3). Das Asset-Management der Versicherung kann durch geeignete Maßnahmen (zum Beispiel Transfer der Assets zu einer inländischen Depotbank, Wechsel der Gegenparteien, Umgestaltung von Beteiligungsstrukturen, Anpassung der Asset Allocation oder einer Bereinigung auf Portfoliostufe) zur Anrechenbarkeit der Vermögenswerte beitragen.

Die getrennten Sicherungsfonds haben jeweils die Begrenzungen gemäß Art. 25 ff. LeVV einzuhalten. In den neuen Anlagerichtlinien sollen die quantitativen Begrenzungen jedoch aufgehoben und durch risikobasierte Stresstests ersetzt werden.

Die Bewertung der Kapitalanlagen für den Sicherungsfonds richtet sich grundsätzlich nach Art. 29 ff. LeVV. Mithin ist der Anrechnungswert für den Siche-

---

[29] Neu ist vorgesehen, neben dem statutarischen einen marktnahen Sollbetrag des gebundenen Vermögens (SDGV) einzuführen. Letzterer muss jedoch nur auf Verlangen der Aufsichtsbehörde (zum Beispiel bei Unterschreitung des Zielkapitals) berechnet und verwendet werden. Im Insolvenzfall soll hierdurch die Übernahme des Portfolios der Verpflichtungen durch ein anderes Versicherungsunternehmen ermöglicht werden. Der marktnahe SDGV deckt die zusätzlichen regulatorischen Solvenzanforderungen (Zielkapital) ab. Schweizer Solvenztest. Unveröffentlichtes Manuskript. BPV, Dezember 2003, S. 27 ff.

[30] Transparenz in der beruflichen Vorsorge: Erläuterungen zum Verordnungsentwurf. BPV, Stand 14. Januar 2004, S. 5.

rungsfonds im Zeitpunkt vor Aufteilung maßgebend. Insbesondere die festverzinslichen Kapitalanlagen werden mit der Kostenamortisations- oder der mathematischen Methode bewertet. Gemäß Art. 34a des Entwurfs der revidierten LeVV können inskünftig (nach Trennung der Sondervermögen) börsenkotierte Beteiligungspapiere und Grundstücke im Sicherungsfonds für die Verpflichtungen aus der beruflichen Vorsorge zu 100% des jeweiligen Kurses respektive Wertes angerechnet werden.[31] Dies führt zwar zu einer höheren Überdeckung des Sollbetrags der beruflichen Vorsorge, hat jedoch auf das marktnahe Zielkapital keine Auswirkung.

| Anlagekategorie | Mögliche Kriterien für Rendite-/Risikoklassen |
|---|---|
| **Immobilien** | Region, Nutzungsart, Objektgröße, Liquidität, Bruttorendite |
| **Hypotheken** | Kanton, Liegenschaftseigenschaft, internes Rating, Laufzeit, Effektivverzinsung |
| **Darlehen** | Rating, Fungibilität, Effektivverzinsung, Zinsänderungsrisiko |
| **Obligationen** | Emittententyp, Rating, Bewertungsreserve, Yield to maturity, Duration, Währungen |
| **Aktien** | Länder, Branchen, Renditesteuerung |

**Tabelle 3:** Zuordnung einzelner Anlagepositionen zu Rendite-/Risikoklassen

Basierend auf der für jedes Segment festgelegten Quote pro Anlagekategorie wird in einem zweiten Schritt die detaillierte Zuordnung der einzelnen Vermögenswerte auf die Segmente vorgenommen. Die Richtlinien des BPV sehen eine physische Aufteilung der bedeckenden Kapitalanlagen vor, während eine anteilmäßige Trennung von Vermögenswerten nur im Ausnahmefall möglich ist. Dies bedeutet eine direkte Zuordnung der einzelnen Anlagepositionen zum Sicherungsfonds für Verpflichtungen aus der beruflichen Vorsorge und den übrigen Sicherungsfonds. Gleichzeitig ist das Register des Sicherungsfonds anzupassen, wobei für die neuen Fonds separate Register zu führen sind. Der Übertrag der Werte hat durch Löschung und Eintragung gemäß Registerführung zu erfolgen.

Die Auswahl der Anlagepositionen für die jeweiligen Sicherungsfonds berücksichtigt neben einem genügenden Ertrag[32] und einer Deckung des Liquiditätsbe-

---

31 Dies führt zu einer Angleichung an die Kapitalanlagevorschriften für autonome und teilautonome Vorsorgeeinrichtungen. Bislang galt für die direkte Lebensversicherung eine 90%-Anrechnungsregel für diese Vermögenswerte (Art. 30/33 LeVV).

32 Die Kapitalerträge folgen grundsätzlich den Kapitalanlagen, die einem Sicherungsfonds zugeordnet werden. Die Kapitalerträge aus nicht sicherungsfondsfähigen Kapitalanlagen, die jedoch den Verpflichtungen des Versicherers zugeordnet sind, können

darfs eine ausreichende Sicherheit und Diversifikation der Asset Allocation (Art. 23 LeVV). Für jede Anlagekategorie sind Kriterien bezüglich Markt- und Kreditrisiken, Fungibilität sowie Renditemaßen festzulegen, was eine geeignete Zuordnung der einzelnen Anlagepositionen zu Rendite-/Risikoklassen ermöglicht (vgl. Tabelle 3).

Schließlich sind die Klasseneigenschaften aller Anlagekategorien für jedes Segment in geeigneter Weise zu aggregieren, was die Angabe des Rendite- und Risikoniveaus für jeden Sicherungsfonds erlaubt. In einem iterativen Prozess wird die bestehende Anlagenstruktur aufgebrochen, und im Ergebnis sind folgende Anforderungen zu erfüllen:

- Das risikotragende Kapital ist proportional zum Zielkapital aufgeteilt.
- Die bedeckenden Kapitalanlagen sind proportional zum Sollbetrag aufgeteilt.
- Das Renditeniveau erreicht mindestens die Garantien für jedes Segment.
- Diversifikation und Liquidität der Vermögenswerte sind über die Asset Allocation, die Anlagekategorien sowie die Risikoklassen sichergestellt.
- Der Risikokapitaleinsatz ist für jedes Segment optimiert.
- Die Vorgaben auf Gesetzes- und Verordnungsebene werden eingehalten.

In der Regel werden eine Anpassung der Anlagekategorien sowie interne wie externe Umstrukturierungen in den einzelnen Risikoklassen notwendig sein. Mithin entsteht eine neue Anlagestruktur (Strategische/Taktische Asset Allocation, Zusammensetzung der Portfolios).

Generell ist die finanzwirtschaftliche Steuerung (Cashflows, Cash-Management, Asset Allocation, Realisierungspolitik etc.) segmentspezifisch aufzubauen und zu unterhalten. Dies betrifft zunächst die vertiefte Einbindung der Anlageentscheide in ein versicherungsbereichsspezifisches Asset-Liability-Management, das die Eigenkapitalausstattung der Segmente sowie die Risikoansätze bei den Kapitalanforderungen fokussiert. Weiter kann das Asset-Management durch eine risikobasierte Steuerung der Asset Allocation und durch die Auswahl von gut bewertbaren Assets zu einer Optimierung der Eigenkapitalanforderungen beitragen. Schließlich sind Anpassungen bei den Prozessen (Risiko-/Anlagemanagement, Betriebsablauf) und bei den Systemen (Abbildung der Strukturen, Registerführung und Verwahrung sowie Investitionen in geeignete Bewertungstools) erforderlich.

---

proportional zum Sollbetrag zugeteilt werden.

# Protection-Management bei variabler Korrelation

**Pascal Gantenbein, Klaus Spremann**

*Zusammenfassung:*
*Innerhalb des Asset-Managements haben die Asset-Klassen Aktien und Bonds große Bedeutung. Die Korrelation der Renditen dieser beider Asset-Klassen ist jedoch weder im Verlauf der Zeit konstant, noch stimmen die Semi-Korrelationen in Marktentwicklungen nach oben beziehungsweise nach unten überein. Diese neueren empirischen Befunde können für eine auf Schutz bedachte Asset-Allokation genutzt werden. Folgende vier Punkte sind für ein solches Protection-Management verwendbar: Die Risikoprämien verändern sich zusammen mit den Korrelationen. In fallenden Aktienmärkten kommt es zu einem für den Investor vorteilhaften Decoupling. Der Beitrag der internationalen Diversifikation ist bei Bonds größer als bei Aktien. International diversifizierte Bonds bieten auf Grund der tieferen Korrelationen untereinander in Bärenmärkten einen stärkeren Schutz als Aktien. Für die Asset-Allokation hat die Inflationsrate auf die Korrelation der Renditen zwischen Aktien und Bonds einen signifikanten Einfluss.*

*Schlüsselwörter: Decoupling, Inflation, Portfolio-Insurance, Semi-Kovarianz.*

## 1 Downside-Risk

Von Versicherungen wird erwartet, dass sie ihre vertraglichen Zahlungsverpflichtungen ohne Verzug und in vollem Umfang erfüllen können, sobald das jeweils auslösende Ereignis wie Fälligkeit oder Tod eintritt. Auch wenn die Auszahlungsgründe häufig zeitlich zufällig eintreffen, besitzen Versicherungsunternehmungen Möglichkeiten zur Steuerung ihrer Liquidität[1] und ihrer Solvenz. Viele

---

[1] Selbstverständlich wird bereits über die große Zahl der Verträge eine zeitliche Diversifikation der Differenz periodischer Ein- und Auszahlungen angestrebt. Das Aktienkapital des Versicherungsunternehmens beziehungsweise die entsprechenden Aktiva haben dabei die Funktion eines finanziellen Puffers. Außerdem ist die in liquider Form anfallende Rendite wichtig: Bei Pensionskassen wird häufig vom „dritten Beitragszahler" gesprochen – neben den Beiträgen durch Arbeitnehmer und Arbeitgeber.

Versicherungskontrakte sind mit einem Ansparvorgang kombiniert, und bei vielen Kontrakten werden Garantien oder Versprechungen hinsichtlich der *Anlagerendite* gemacht. Daher kommt es für die Solvenz oder den Deckungsgrad nicht nur auf die erwartete Rendite an, die sich hoffentlich langfristig auch in der erwarteten Höhe realisieren wird, sondern vor allem auf den unteren Teil der Wahrscheinlichkeitsverteilung der Rendite.[2]

Die Anlagepolitik muss daher neben der Renditeerwartung besonders den unteren oder linken Teil der Verteilung der zukünftigen Rendite kontrollieren. Eine besondere Kontrolle dieses *Downside-Risks* war stets das Anliegen der Portfolio-Insurance, die etwa um 1985 aufkam. Hierzu wurden traditionellen Anlagen mit „symmetrischem Risiko" wie Aktien und Bonds Derivate hinzugefügt.

- Derivate wie Futures oder Terminkontrakte oder die ihnen ähnlichen Optionen mit geringem Ausübungspreis erlauben ein *Einfrieren* des Vermögens und bieten sich daher an, wenn der Portfoliomanager bewusst durch aktive und taktische Maßnahmen von der strategischen Asset-Allokation abweichen möchte.

- Der Einsatz von Optionen ermöglicht hingegen die Erzeugung *asymmetrischer Renditeverteilungen*, insbesondere solcher, die nach links unten geringere Wahrscheinlichkeiten aufweisen. Bekannt ist das Kaufen von Put-Optionen zur Portfolio-Insurance.[3] Selbstverständlich kann das Kaufen von Puts auf Aktien gemäß der Put-Call-Parität durch eine Reduktion der Aktienquote und den Kauf von Calls ersetzt werden. Jedenfalls verlangt diese Portfolio-Insurance eine *Long-Strategie* in Puts oder in Calls. Nur zu erwähnen ist, dass diese Optionsstrategien auch durch eine dynamische Strategie repliziert werden können; eine Long-Strategie verlangt dann ein *prozyklisches* Exposure im Markt.

- Interessant ist, dass selbst durch eine *Short-Strategie* in Optionen in einem gewissen Umfang Schutz nach unten erzeugt wird. Denn durch Short-Strategien – am bekanntesten ist das Schreiben gedeckter Calls – werden immer

---

[2] Selbstverständlich hängen Liquidität und Solvenz auch vom Neugeschäft ab, und das kann mit gewissen Maßnahmen gesteuert werden. Im Bereich der Lebensversicherung kann durch die allfällige Gewährung einer Überschussbeteiligung die zukünftige Zahlungsverpflichtung je nach Anlageergebnis nach oben angepasst werden. Allerdings lassen sich einmal gewährte Überschüsse in der Regel nicht mehr nach unten korrigieren. In der Sachversicherung werden zuweilen Versicherungsderivate eingesetzt, deren Auszahlungen an den Verlauf der Schadenentwicklung gekoppelt sind. Beispiele sind etwa Anleihen, deren Kupon und allenfalls auch deren Kapital von dem in einer Periode registrierten Ausmaß von Hagelschäden oder Erdbeben abhängt.

[3] Dass hierzu Puts *gekauft* werden, unterstreicht: Im Gegensatz zum Einfrieren, das abgesehen von den Transaktionskosten gratis ist, wird es teuer, wenn der Investor Schutz nach unten möchte und gleichzeitig die Chance nach oben behalten will.

wieder Prämien eingenommen. Selbstverständlich wird dadurch die Renditeverteilung nach rechts oben verändert (wenn man so will: gekappt), weil die Chancen mit dem Schreiben von Calls verkauft werden. Doch durch die periodischen Prämieneinnahmen wird die gekappte Renditeverteilung nach rechts verschoben, weshalb das Downside-Risk verringert wird.[4] Auch diese Politik lässt sich dynamisch replizieren und verlangt dann ein *antizyklisches* Exposure.

Der letzte Effekt – durch das Schreiben von Calls und die Prämieneinnahmen verringert sich das Downside-Risk – fällt natürlich nicht so hart und deutlich aus wie bei der klassischen Portfolio-Insurance. Deshalb sollte man „harte" oder „weiche" Formen der Kontrolle des Downside-Risks unterscheiden. Für das erste ist der Begriff der *Portfolio-Insurance* vergeben, weshalb wir für die weicheren Formen der Kontrolle des Downside-Risks den Begriff des „*Protection-Managements*" verwenden wollen. Eine Form des Protection-Managements ist wie gesagt das Schreiben gedeckter Calls oder eben die Strategie, das Exposure antizyklisch zu verändern.

In diesem Beitrag wenden wir uns einer zweiten Form des Protection-Managements zu. In der traditionellen Portfoliotheorie werden die wichtigsten Asset-Klassen wie Aktien und Bonds als risikobehaftet betrachtet, und die gemeinsame Wahrscheinlichkeitsverteilung der Renditen wird als normal und *symmetrisch* angesehen. Die linke oder untere Wahrscheinlichkeitsverteilung eines aus diesen beiden Asset-Klassen gebildeten Portfolios stimmt daher mit der rechten oder oberen Wahrscheinlichkeitsverteilung überein – wenn von den Effekten der Rechtsschiefe bei längeren Horizonten abgesehen wird, die sich bei normalverteilten stetigen Renditen einstellen.[5] In der Tat kennt die traditionelle Portfoliotheorie, wie sie um 1960 von Markowitz, Sharpe, Tobin und anderen geprägt wurde, nur die Beurteilung des Risikos anhand der Standardabweichung. Neuere empirische Befunde zeigen indessen, dass die Korrelationen der Renditen dieser Asset-Klassen nicht konstant in der Zeit sind. Außerdem stimmen die Semi-Kovarianzen für Marktentwicklungen nach oben beziehungsweise nach unten nicht überein. Diese empirischen Befunde können dazu verwendet werden, eine weiche Portfolio-Insurance zu erzielen, eben Protection-Management zu betreiben.

## 2 Die Risikoprämie

Aktien stellen für den Investor bekanntlich ein größeres Risiko dar als Bonds. Zur Kompensation dieses Risikos lassen Aktien für die Zukunft eine höhere Rendite

---

4 Scheuenstuhl/Spremann (2002).

5 Hierzu etwa Spremann, Portfoliomanagement (2003), Kapitel 15.

als Bonds erwarten und sie haben im historischen Rückblick im Mittel höhere Renditen erbracht als festverzinsliche Papiere: Die *Risikoprämie* (Equity Premium) ist positiv. Sie wird entweder als Differenz zwischen der erwarteten Aktienrendite und dem Einjahreszinssatz oder als Differenz zwischen der erwarteten Aktienrendite und der Rendite von Bonds (mittlerer Laufzeit) definiert. Die Risikoprämie war der Gegenstand zahlreicher Untersuchungen. Es ging um ihre empirische Höhe – der empirische Befund lautet 4% bis 5% – und um das Rätsel, das ihre Höhe darstellt.[6] Eine Synthese vieler Einzelarbeiten bieten Hunt und Hoisington (2003) sowie Ilmanen (2003). Diese Autoren zeigen, dass sich die deutlich höhere Rendite von Aktien auf drei Faktoren zurückführen lässt:

1. Die Inflation,
2. die Differenz zwischen Dividendenrendite und Coupons,
3. das Price-Earnings-Ratio.

Wie aus Abbildung 1 ersichtlich, ist die Risikoprämie nicht in allen Ländern gleich hoch und unterliegt über die Zeit gewissen Schwankungen. Peter L. Bernstein (2003) nennt für die Periode von 1802 bis 1900 annualisierte nominale Renditen von 5,1% für Bonds und 7,0% für Aktien. Bezogen auf die zwei Jahrhunderte 1802 bis 2002 liegen die Werte höher, nämlich bei 5,3% und 9,3%. Dimson, Marsh und Staunton (2002) zeigen, dass die Risikoprämie mit der Inflationsrate zusammenhängt. Besonders die festverzinslichen Papiere in Deutschland, Frankreich, Italien, Japan und Belgien haben unter der starken Geldentwertung in der ersten Hälfte des 20. Jahrhunderts gelitten. Doch auch die Jahre zwischen 1950 und 1980 waren in vielen Ländern durch eine hohe Inflationsrate geprägt, und mit Bonds ließen sich daher in jenen Jahren kaum attraktive

---

6 Das Equity Premium Puzzle, 1985 von Mehra und Prescott entdeckt, lautet: Warum bieten Aktien gegenüber Anleihen oder gegenüber dem Geldmarkt für sehr langfristig orientierte Investoren dermaßen ausgeprägte Renditevorteile, die sich mit ökonomischen Modellen und mit sonstigen empirischen Daten nicht in Einklang bringen lassen? Als Versuch, das Risikoprämien-Puzzle zu lösen, wurde vorgebracht, dass Aktienrenditen schwanken und die damit verbundenen hohen Risiken von Investoren ungern übernommen werden, weil sie risikoavers sind. Damit in der Wirtschaft angesichts der Risikoaversion der Investoren doch noch Kapital als Risikokapital investiert wird – weltweit gesehen ist immerhin die Hälfte des Finanzkapitals in der Form von Equity zur Verfügung gestellt – muss dieses Risikokapital gegenüber den risikoarmen Anlageinstrumenten eine höhere Rendite erwarten lassen. Qualitativ ist diese Argumentation richtig. Der Punkt jedoch ist die empirisch festgestellte Höhe der Risikoprämie von 4% bis 5%. Um eine dermaßen substanzielle Risikoprämie zu erklären, muss die Risikoaversion der Investoren ausgesprochen hoch sein, und zwar erstens noch höher, als sie in direkten Messungen und Beobachtungen von Investoren ermittelt worden ist, und zweitens höher, als sie durch ökonomische Modelle theoretisch begründbar ist. Anders ausgedrückt: Direkte Messungen der Risikoaversion sowie andere ökonomische Modelle rechtfertigen allenfalls eine Risikoprämie von 1% bis 2%, nicht aber die Höhe der beobachtbaren 4% bis 5%.

Renditen erzielen. In den letzten Jahren hat sich die früher stark ausgeprägte Vorteilhaftigkeit von Aktien jedoch zu Gunsten festverzinslicher Papiere verschoben.

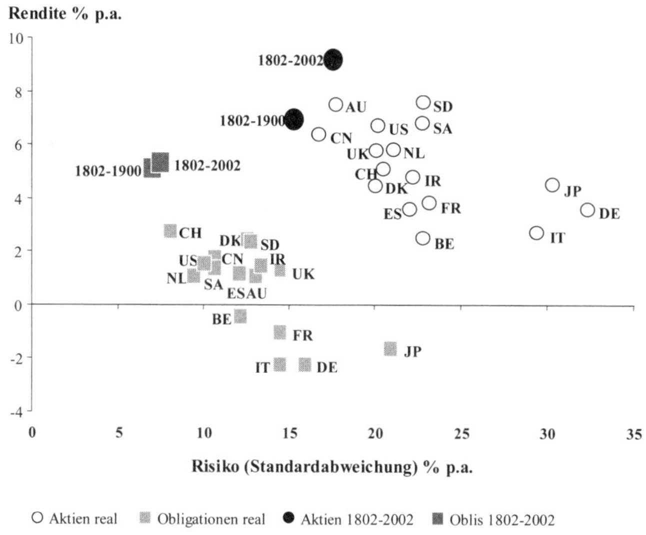


**Abb. 1:** Aktien- und Obligationenrenditen 1900-2000[7]

So betrachtet ist das Equity Premium gegenüber den Bonds ausgesprochen variabel. Um die daraus entstehenden Risiken zu kontrollieren, muss der Anleger diversifizieren. Dabei sollten aber drei Erkenntnisse berücksichtigt werden:

1. Das „Decoupling" zwischen Aktien und Bonds,
2. der unterschiedliche Beitrag der internationalen Diversifikation von Aktien und Bonds sowie
3. der Schutz von Bonds in fallenden Märkten.

Diese drei Dimensionen der Diversifikation werden anschließend hinsichtlich ihrer Implikationen auf das Protection-Management von Versicherungs-Institutionen besprochen.

---

[7] Quelle: Dimson/Marsh/Staunton (2002), Bernstein (2003).

# 3 Decoupling zwischen Aktien und Bonds

Von der Korrelation zwischen Aktien und Bonds hängt es ab, wie gut ein Anleger über diese beiden Asset-Klassen diversifizieren kann. Sowohl der Berechnung effizienter Portfolios nach Markowitz (1952, 1959) und Tobin (1958) als auch dem Capital Asset Pricing Model nach Sharpe (1964) liegt die Vorstellung *symmetrisch* verteilter zufälliger Renditen sowie *konstanter Korrelationen* zwischen den Anlagen zu Grunde. Die Empirie zeigt jedoch, dass beide Annahmen nicht immer erfüllt sind. Als Beispiel betrachte man die Korrelationen zwischen den Gesamtrenditen von Aktien und Bonds in der Schweiz, Deutschland, Großbritannien sowie den USA im Zeitfenster von 1980 bis 2004. Die in Abbildung 2 abgetragenen Korrelationen basieren auf 36-Monats-Renditefenstern. Zu Grunde liegen die Datastream-Total-Return-Indices. Auffällig sind drei Sachverhalte:

1. Es wird erkennbar, dass sich die Korrelationen in den Ländern auf unterschiedlichen Niveaus bewegen. Besonders deutlich ist dies am Beispiel der Schweiz sichtbar, deren Korrelationskoeffizienten deutlich unterhalb jener von Großbritannien und den USA liegen. Dies lässt sich darauf zurückführen, dass das niedrigere Zinsniveau in der Schweiz im Segment der festverzinslichen Instrumente zu einer vergleichsweise tieferen Rendite beiträgt. Dagegen ist der Schweizer Aktienmarkt durch eine Vielzahl von Unternehmen geprägt, die nicht nur ihre Einkommen im Ausland erwirtschaften, sondern auch eine internationale Anlegerschaft haben. Sie müssen daher eine im internationalen Vergleich angemessene Rendite abwerfen. Obschon also das in der Schweiz hohe Kapitalangebot relativ zu den physischen Investitionsmöglichkeiten sowohl zu niedrigen erwarteten Obligationen- als auch Aktienrenditen führt, müssen letztere auf Grund der internationalen Ausrichtung der Unternehmen auf internationalem Niveau liegen. Das Equity Premium der Schweiz ist daher etwas höher als im Durchschnitt der übrigen Länder, die Korrelationen zwischen Aktien und Bonds dagegen etwas tiefer. Die grundsätzliche Entwicklung stimmt jedoch mit jener in Großbritannien und USA weitgehend überein.

2. Es gibt starke *Einbrüche* der Korrelationen. Dieses Phänomen wird nach dem Crash von 1987 deutlich sowie seit der Asien- und Russlandkrise 1997 und 1998. Während die Korrelation in normalen Marktphasen mit Werten von rund 0,8 in Großbritannien und USA sowie um 0,4 in der Schweiz recht stabil ist, fällt sie in Bärenmärkten teils in den negativen Bereich. Dies ist indessen für den Investor eine willkommene Eigenschaft. Denn der Diversifikationseffekt durch Bonds ist gerade dann am größten, wenn er am meisten benötigt wird. Diese für den Anleger positive Eigenschaft der Entkopplung von Aktien- und Bondmärkten in Krisenzeiten wird als *Decoupling* bezeichnet. Wie Harper (2003) am Beispiel des US-Marktes zeigt, nimmt die Schutzwirkung des Decoupling mit höherer Duration der Fixed-Income-Instrumente im Portfolio zu.

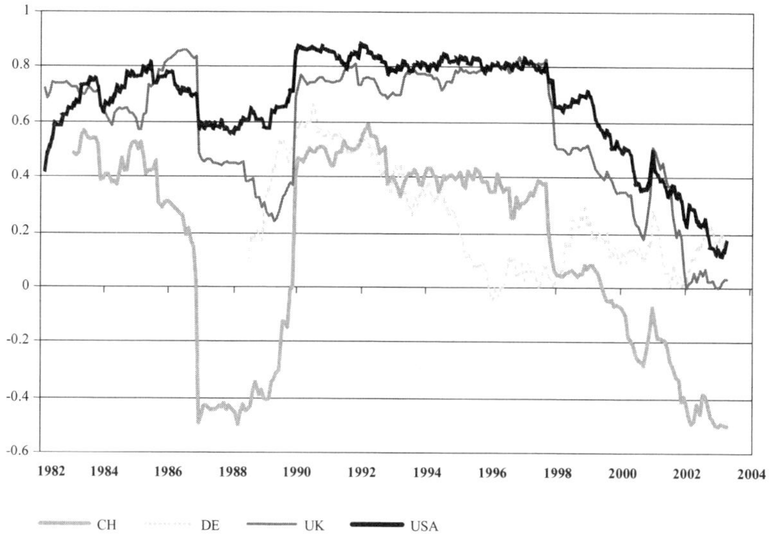


**Abb. 2:** Decoupling zwischen Aktien und Obligationen

3. Es gibt Märkte, in denen eine grundsätzlich andere Entwicklung erkennbar ist. Während sich die Korrelationen in der Schweiz, in GB und den USA auf unterschiedlichen Niveaus gleichgerichtet bewegen, verhält sich der Diversifikationseffekt von Anlagen in Deutschland grundsätzlich anders. Dafür verantwortlich können das Wirtschaftswachstum oder der Branchenmix sein. Typischerweise sind die Korrelationen bei einem starken Finanzsektor etwas größer. In Deutschland ist die Stabilität der Korrelationen auf tiefem Niveau konsistent mit der vergleichsweise stabilen Entwicklung der deutschen Stock-Bond-Ratio seit 1996.

Aus diesem langfristigen empirischen Befund lassen sich verschiedene Schlüsse ziehen:

1. Eine tiefe Stock-Bond-Ratio geht häufig mit einer tiefen Korrelation zwischen Aktien und Bonds einher.
2. Das in Krisenzeiten zu beobachtende Decoupling zwischen Aktien- und Bondrenditen bietet die dem Anleger willkommene Eigenschaft, dass der Diversifikationseffekt gerade dann am größten ausfällt, wenn der Risikoschutz am meisten benötigt wird.
3. Die Korrelationen hängen auch von den nationalen Rahmenbedingungen ab sowie von Veränderungen des Branchenmixes im Aktienindex.

# 4 Beitrag internationaler Diversifikation

Hinsichtlich des Nutzens der internationalen Diversifikation zeigen sich große Unterschiede zwischen den beiden hier betrachteten Asset-Klassen Aktien und Bonds. Als Beispiel seien die Korrelationskoeffizienten zwischen der Schweiz und UK beziehungsweise den USA dargestellt, und zwar sowohl für den Aktien- als auch für den Rentenmarkt. Die Ergebnisse sind in Abbildung 3 zusammengefasst. Zu Grunde liegen wieder 36-Monats-Fenster sowie die Datastream-Total-Return-Indices zwischen 1980 und 2004. Drei Beobachtungen fallen auf:

1. Die Korrelationen zwischen den Aktienmärkten sind über den Beobachtungszeitraum der letzten 25 Jahre massiv angestiegen, und zwar von unter 0,4 auf über 0,8. Diese Feststellung deckt sich mit den Ergebnissen einer Vielzahl von Beiträgen zur Frage der internationalen Diversifikation über verschiedene Aktienmärkte. Der *Anstieg der Korrelationen* der Aktienrenditen verschiedener Länder bedeutet, dass die Risikoreduktion durch internationale Diversifikation kleiner geworden ist. Die Gründe liegen offensichtlich in der mittlerweile starken weltweiten wirtschaftlichen Verflechtung. Die Kapital- und Gütermärkte sind integriert. Bei den Bonds liegen die Korrelationen trotz relativ großer Schwankungen über die Zeit immer noch um 0,3.

2. *Crashs* und *Downturns* an den Aktienmärkten werden auch von einem starken Anstieg der Korrelationen begleitet. Typischerweise haben Kursentwicklungen nach unten zur Folge, dass die Investoren ihre Positionen in verschiedenen Märkten parallel abbauen, weshalb die Korrelationen ansteigen. Deutlich erkennbar ist dieser Effekt wiederum am Crash von 1987. Dagegen ist bei den Bondrenditen keine höhere Korrelation erkennbar.

3. Die *tiefen Korrelationen bei den Bonds* signalisieren einen hohen Beitrag der internationalen Diversifikation. An den internationalen Bondmärkten gibt es somit größere Diversifikationsvorteile als an den internationalen Aktienmärkten.

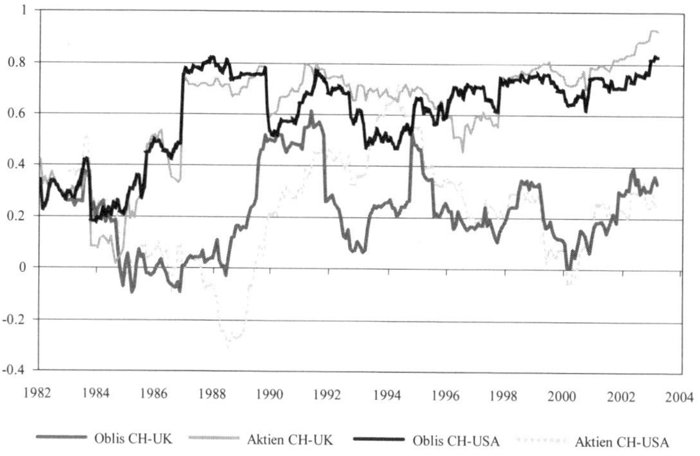


**Abb. 3:** Länder-Diversifikation von Aktien und Obligationen

| | | UP | | | | | | | | | | |
|---|---|---|---|---|---|---|---|---|---|---|---|---|
| | | AU | CN | FR | DE | IR | JP | CH | UK | US | Ø | TOTAL Ø |
| DOWN | AU | | 0.678 | 0.140 | 0.118 | 0.209 | 0.268 | 0.078 | 0.190 | 0.494 | 0.272 | |
| | CN | 0.378 | | 0.227 | 0.127 | 0.155 | 0.280 | -0.008 | 0.218 | 0.781 | 0.254 | |
| | FR | 0.039 | 0.056 | | 0.715 | 0.488 | 0.089 | 0.226 | 0.225 | 0.304 | 0.341 | |
| | DE | 0.070 | 0.102 | 0.731 | | 0.554 | 0.021 | 0.357 | 0.298 | 0.185 | 0.283 | |
| | IR | 0.116 | 0.044 | 0.597 | 0.568 | | 0.123 | 0.190 | 0.473 | 0.091 | 0.219 | **0.239** |
| | JP | -0.046 | -0.189 | -0.130 | -0.108 | -0.174 | | 0.127 | 0.222 | 0.254 | 0.201 | |
| | CH | -0.095 | -0.040 | 0.422 | 0.396 | 0.168 | 0.155 | | 0.124 | 0.056 | 0.090 | |
| | UK | -0.084 | 0.094 | 0.256 | 0.289 | 0.584 | -0.050 | 0.159 | | 0.255 | 0.255 | |
| | US | 0.269 | 0.603 | 0.316 | 0.319 | 0.070 | -0.253 | 0.204 | -0.032 | | | |
| | Ø | 0.081 | 0.096 | 0.365 | 0.293 | 0.162 | -0.049 | 0.181 | -0.032 | | | |
| | TOTAL Ø | | | | | **0.137** | | | | | | |

**Abb. 4:** Semikorrelationen von Bondrenditen 1988–2004

| | | | | | UP | | | | | | |
|---|---|---|---|---|---|---|---|---|---|---|---|
| | | AU | CN | FR | DE | IR | JP | CH | UK | US | Ø | TOTAL Ø |
| | AU | | 0.319 | 0.214 | 0.181 | 0.159 | 0.029 | 0.133 | 0.187 | 0.183 | 0.176 | |
| | CN | 0.573 | | 0.330 | 0.365 | 0.131 | 0.070 | 0.361 | 0.350 | 0.496 | 0.301 | |
| | FR | 0.403 | 0.561 | | 0.706 | 0.139 | 0.112 | 0.374 | 0.312 | 0.319 | 0.327 | |
| | DE | 0.498 | 0.562 | 0.809 | | 0.078 | -0.019 | 0.404 | 0.276 | 0.330 | 0.214 | |
| **DOWN** | IR | 0.675 | 0.580 | 0.509 | 0.675 | | 0.152 | 0.377 | 0.354 | 0.214 | 0.274 | **0.277** |
| | JP | 0.166 | 0.181 | 0.170 | 0.150 | 0.250 | | 0.081 | 0.024 | 0.080 | 0.062 | |
| | CH | 0.503 | 0.617 | 0.790 | 0.797 | 0.677 | 0.293 | | 0.383 | 0.406 | 0.394 | |
| | UK | 0.659 | 0.623 | 0.703 | 0.665 | 0.701 | 0.109 | 0.736 | | 0.467 | 0.467 | |
| | US | 0.589 | 0.772 | 0.628 | 0.625 | 0.652 | 0.107 | 0.625 | 0.705 | | | |
| | Ø | 0.508 | 0.557 | 0.602 | 0.582 | 0.570 | 0.170 | 0.680 | 0.705 | | | |
| | TOTAL Ø | | | | | **0.547** | | | | | | |

**Abb. 5:** Semikorrelationen von Aktienrenditen 1988–2004

# 5 Bullen- und Bärenmärkte

Die Schutzwirkung von Bonds zeigt sich nicht nur über das Decoupling in gemischten Portefeuilles und an den tieferen Korrelationen. Für das Protection-Management bedeutsam ist auch die unterschiedliche Reaktion der Korrelation auf steigende und fallende Märkte.

In den Abbildungen 4 und 5 sind die Semi-Korrelationen zwischen verschiedenen nationalen Bondmärkten einerseits und Aktienmärkten andererseits dargestellt. Im Dreieck oben rechts befinden sich die Korrelationskoeffizienten bei einer positiven Renditeentwicklung, in jenem unten links die Werte für einen Bärenmarkt. Letzterer unterscheidet sich von einem Bullenmarkt dadurch, dass die aggregierte Rendite in allen betrachteten Ländern negativ ist. Die Korrelationskoeffizienten basieren auf monatlichen Bond- und Aktienrenditen im Zeitraum von 1988 bis 2004.

Wiederum fallen zwei empirische Zusammenhänge auf: Zum einen liegen die Korrelationen bei den Bonds mit einem Durchschnittswert von 0,19 wesentlich unter jenen der Aktien mit einem Mittelwert von 0,41. Diese Differenz ist mit der bei der Länderdiversifikation diskutierten konsistent. Gleichwohl sind die Werte hier tiefer, weil das Sample sowohl hinsichtlich der betrachteten Länder als auch des Zeitraums anders zusammengesetzt ist. Zum anderen zeigt sich bei den Bonds die positive Eigenschaft, dass die Korrelationskoeffizienten in Bear-Märkten tiefer und damit die Diversifikationseffekte größer sind als in Bull-Märkten. Bei Aktien ist es gerade umgekehrt – und damit für den Anleger ungünstig.

# 6 Inflation und Korrelation

Die Analyse der Korrelation zwischen Aktien- und Bondrenditen hat gezeigt, dass diese relativ volatil ist und stark von Bewertungsänderungen an den Aktienmärkten abhängt. Für die Asset-Allokation bei einem Sicherheitsziel (Protection-Management) ist jedoch wichtig, die Zusammenhänge zwischen den Asset-Klassen nicht nur ex post erklären zu können, sondern diese auch zu prognostizieren. Hierfür werden Faktoren herangezogen, die frühzeitig beobachtbar sind. Aus dem Set möglicher Determinanten der Bewertung von Aktien und Bonds sei die *Inflation* betrachtet.

Miller und Schulman (1999) stellen die These auf, dass eine höhere Inflation zu einer *Geldillusion* bezüglich des Fundamentalwertes einer Aktie führt. Während bei bereits emittierten Bonds ein Anstieg der Inflation zu einer stärkeren Diskontierung und damit zu einer Reduktion des Barwerts beiträgt, wird dieser Effekt bei Aktien durch einen erwarteten nominalen Anstieg der Cashflows kompensiert. Der Realwert müsste daher gegen Veränderungen der Inflation theoretisch immun sein, was er aber gleichwohl empirisch nicht ist. Damit hat die Geldillusion aber nicht nur einen Effekt auf die *Bewertung* der Aktie, sondern ebenso auf deren *Korrelation* mit den festverzinslichen Papieren.

Dieser Einfluss soll wiederum für die bereits betrachteten Märkte Schweiz, GB und USA untersucht werden. Das Modell versucht, die zu beobachtende Aktien-Bond-Korrelation durch die Inflationsrate zu erklären. Auf Grund der starken zeitlichen Autokorrelation der abhängigen Variable wird die Aktien-Bond-Korrelation in der jeweiligen Vorperiode ebenfalls als Faktor aufgenommen. Zu Grunde liegen Monatsdaten im Zeitfenster vom Dezember 1983 bis März 2004 für die Schweiz, von August 1988 bis Januar 2004 für GB und von Januar 1983 bis Januar 2004 für die USA. Die Inflationsrate ist aus der Veränderung der aggregierten Konsumentenpreisindices ermittelt worden. Die Korrelationen wurden auf Basis von 36-Monats-Fenstern und den Datastream-Total-Return-Indices berechnet. Die Prognose der Korrelationen gelte für die jeweils kommenden 24 Monate.

Die Regressionsergebnisse zur Prognose der monatlichen Aktien-Bond-Korrelation sind in Abbildung 6 dargestellt. Unterhalb der Koeffizienten ist in Klammer die T-Statistik eingetragen. Es zeigt sich (in Übereinstimmung mit der auf die USA beschränkten Untersuchung von Miller und Schulman), dass neben den Korrelationen der Vorperiode in allen drei Ländern die Inflationsrate hoch signifikante und positive Koeffizienten aufweist: Eine Zunahme der Inflationsrate geht in allen drei Ländern mit einem Anstieg der Aktien-Bond-Korrelation einher.

| | Konstante | Inflation | Korrelation Vorperiode | Beobachtungen | $R^2$ |
|---|---|---|---|---|---|
| **Schweiz** | -0.118<br>*-(5.333)* | 5.076<br>*(6.989)* | 0.841<br>*(19.838)* | 232 | 0.6377 |
| **UK** | -0.032<br>*-(0.804)* | 2.321<br>*(4.548)* | 0.893<br>*(15.799)* | 186 | 0.5789 |
| **USA** | -0.113<br>*-(3.617)* | 2.268<br>*(5.229)* | 1.039<br>*(26.606)* | 242 | 0.7514 |

**Abb. 6:** Prognose der Korrelation zwischen Aktien und Obligationen

Die Kalibrierung des Faktormodells zeitigt drei Folgerungen:

1. Ein unerwarteter Anstieg der Inflationsrate zeigt sich nicht nur in einem Rückgang der Bondkurse, sondern ebenso in einer *Korrektur der Aktienkurse* nach unten. Diese ist für den Aktieninvestor wichtig.
2. Für den Halter eines gemischten Portfolios ergibt sich in einem inflationär werdenden Umfeld ein *geringerer Diversifikationseffekt.*
3. Die Kursänderung an den Aktienmärkten bedeutet angesichts der zu erwartenden Stabilität der Fundamentalwerte auch bei höherer Inflation, dass es in den Reaktionen auf Inflationsänderungen gewisse Wahrnehmungsfehler und Irrationalitäten in Form einer *Geldillusion* gibt.

# 7 Schlussfolgerungen

Die Kenntnis der Veränderlichkeit und der Abhängigkeiten der Korrelationen und Semi-Korrelationen liefert einen wichtigen Beitrag zum Protection-Management eines institutionellen Investors, der Kunden eine Leistungszusage gibt. Bei Aktien und bei Bonds liegen inzwischen verschiedene empirische Befunde über das Verhalten der Korrelationen vor.

Zunächst hat sich gezeigt, dass die Beziehung zwischen Aktien und Bonds in den untersuchten Märkten keineswegs stabil ist. Die Risikoprämie von Aktien gegenüber den festverzinslichen Papieren ist positiv, indessen unterliegt sie kurzfristig gewissen Schwankungen. Darauf reagiert die optimale Diversifikation. Hierbei sind drei Erkenntnisse von Bedeutung:

1. Die Korrelationen zwischen Aktien und Bonds sind nur über bestimmte Zeiträume stabil. In fallenden Aktienmärkten gehen die Korrelationen stark zurück. Dies stellt für die Anleger eine positive Eigenschaft dar, da die

Bonds die Verluste im Aktienportfolio abfedern. Der Rückgang der Korrelationen wird als *Decoupling* bezeichnet.

2. Der Nutzen der internationalen Diversifikation an den Aktienmärkten hat mit deren Integration über die letzten Jahrzehnte stark abgenommen. Dagegen liegen die Korrelationen zwischen verschiedenen Bondmärkten praktisch immer noch auf dem Niveau der frühen 80er-Jahre und weiterhin deutlich unter jenen der Aktienmärkte. Der Beitrag der internationalen Diversifikation ist damit bei Bonds größer als bei Aktien.

3. Die internationale Diversifikation über verschiedene Bondmärkte bietet auch innerhalb des Segments der festverzinslichen Instrumente einen guten Schutz gegen fallende Renditen. Denn im Vergleich zu Aktien liegen nicht nur die durchschnittlichen Korrelationen wesentlich tiefer. Sie weisen überdies die für den Anleger positive Eigenschaft auf, dass sie in Bärenmärkten geringer sind als in Bullenmärkten. Dies steht im Gegensatz zur Situation an den Aktienmärkten, wo es typischerweise gerade in Krisenzeiten zu einem starken Anstieg der Korrelationen kommt.

Während die beiden letztgenannten Effekte generell für die Beimischung eines internationalen Bondportfolios zu den Aktien sprechen, ist für die Diversifikation innerhalb eines gemischten Portfolios und dessen Aufteilung auf Aktien und Bonds die *Instabilität der Korrelationen* von besonderer Bedeutung. Es zeigt sich, dass neben anderen möglichen Faktoren die Inflationsrate und insbesondere deren Veränderungen einen signifikanten Einfluss auf die Aktien-Bond-Korrelation aufweisen. Ein Anstieg der Inflation führt nicht nur zu einer tieferen Bewertung der Bonds, sondern ebenso der Aktien. Neben den Implikationen für den Investor ergibt sich auch ein geringerer Diversifikationseffekt im gemischten Portfolio. Schließlich deutet der Rückgang der Aktienkurse auf eine Geldillusion der Aktieninvestoren hin.

Die besprochenen Zusammenhänge sind für das Asset-Management von Versicherungsunternehmen wichtig: Bonds in einem gemischten Portfolio tragen nicht nur zur Diversifikation der Aktienrenditen bei. Vielmehr entfalten sie durch die Veränderung der Korrelation zu Letzteren auch eine Schutzwirkung in Zeiten fallender Aktienmärkte. Besonders ausgeprägt ist diese Schutzwirkung bei einem Portfolio von währungsabgesicherten Fremdwährungsbonds. Trotz der Währungsabsicherung sollte der Investor aber auf die Inflation achten. Zum einen nämlich reduziert sich in einem inflationären Umfeld diese Schutzwirkung, zum anderen nimmt die Unsicherheit über die realen Renditen zu. Die besprochenen Maßnahmen können somit dazu eingesetzt werden, mit dem Protection-Management eine weiche Form der Portfolio-Insurance umzusetzen.

# Literaturverzeichnis


Bernstein, Peter L. (2003): How Long Can You Run? Journal of Portfolio Management, Summer 2003, 1.

Dimson, Elroy/Marsh, Paul/Staunton, Mike (2002): Triumph of the Optimists: 101 Years of Global Investment Returns. Princeton: Princeton University Press.

Harper, Richard B. (2003): Asset Allocation, Decoupling, and the Opportunity Cost of Cash. Journal of Portfolio Management, Summer 2003, S. 25-35.

Hunt, Lacy M./Hoisington, David M. (2003): Estimating the Stock/Bond Risk Premium – An alternative approach. Journal of Portfolio Management, Winter 2003, S. 28-34.

Ilmanen, Antti/Sayood, Rafey (2002): Quantitative Forecasting Models and Active Diversification for International Bonds. The Journal of Fixed Income, Vol. 12, No. 3, December 2002, S. 40-51.

Ilmanen, Antti (2003): Expected Returns on Stocks and Bonds. The Journal of Portfolio Management, Winter 2003, S. 7-27.

Markowitz, Harry (1952): Portfolio Selection. The Journal of Finance, Vol. 7, 1952, S. 77-91.

Markowitz, Harry (1959): Portfolio Selection: Efficient Diversification of Investments. New York: John Wiley.

Maurer, Raimond/Mertz, Alexander (1999): Internationale Diversifikation von Aktien- und Anleihenportfolios aus der Perspektive deutscher Investoren. Mannheimer Manuskripte zur Risikotheorie, Portfolio Management und Versicherungswirtschaft. Universität Mannheim. Mannheim.

Mehra, Rajnish/Prescott, Edward C. (1985): The Equity Premium: A Puzzle. Journal Of Monetary Economics, Vol. 15, March 1985, S. 145-161.

Miller, Ross/Schulman, Evan (1999): Money Illusion Revisited – Linking inflation to asset return correlations. The Journal of Portfolio Management, Spring 1999, S. 45-54.

Roy, Andrew D. (1952): Safety First and the Holdings of Assets. Econometrica, Vol. 20, Nr. 3, July 1952, S. 431-449.

Rudolf, Markus/Zimmermann, Heinz (1996): Risikomessung und -steuerung in internationalen Bondportfolios und Implikationen für die BVV 2-Anlagerestriktionen. Finanzmarkt und Portfolio Management, 10. Jg., Nr. 4, 1996, S. 478-495.

Scheuenstuhl, Gerhard/Spremann, Klaus (2002): Optionen für die Langfristanlage, Solutions – Risklab Deutschland (2002) 1/2, S. 1-22.

Samuelson, Paul A. (1969): Lifetime Portfolio Selection By Dynamic Stochastic Programming. The Review of Economics and Statistics, Vol. 51, No. 3, 1969, S. 239-246.

Sharpe, William (1964): Capital Asset Prices: A Theory of Market Equilibrium under Conditions of Risk. Journal of Finance, Vol. 19, September 1964, S. 425-442.

Spremann, Klaus (2003): Portfoliomanagement. 2. Auflage, München: Oldenbourg.

Telser, Lester G. (1955): Safety First and Hedging. Review of Economic Studies, Vol. 23, 1955, S. 1-16.

Tobin, James (1958): Liquidity Preference as Behavior towards Risk. Review of Economic Studies, Vol. 25, Feb. 1958, S. 65-86.

# Risiken von Asset-Klassen genauer beurteilen

# Absolute-Return-Vermögensanlagen auf Basis langfristiger Optionsstrategien

**Gerhard Scheuenstuhl, Klaus Spremann**

*Zusammenfassung:*
*Absolute-Return-Orientierung und Absicherungsstrategien gewinnen in turbulenten Zeiten regelmäßig an Popularität. Für eine systematische Anwendung von Absicherungsmaßnahmen im Rahmen einer längerfristig ausgerichteten Anlagestrategie stellt sich die Frage nach ihrer Wirkungsweise auf die Position des Anlegers. In diesem Beitrag sollen anhand zweier klassischer Strategien mit Optionen, des Protected-Put-Buying (PPB) und des Covered-Call-Writing (CCW), die Wirkungen von Anlagestrategien mit Optionsbestandteilen im Hinblick auf die Langfristanlage untersucht werden. Ziel ist es dabei, die übliche Darstellung in Payoff-Diagrammen in eine Verteilung des Vermögens zu übertragen, um auf der Basis von Verteilungsparametern erwünschte und unerwünschte Wirkungen der Optionsstrategien aufzuzeigen. Je nach individuellen Umständen und der Risikoeinstellung des Investors lassen sich so konkrete Empfehlungen für die Asset-Allokation ableiten.*

*Schlüsselwörter: Asymmetrische Renditeverteilungen, Covered Call Writing, Langfristinvestments, Portfolio Insurance, Protective Put Buying.*

# 1 Einleitung

Absolute-Return-orientierte Vermögensanlagen sind angesichts von Finanzkrisen und stärkeren Wertschwankungen an den Finanzmärkten zu einem Schlagwort geworden. Viele Investoren erwarten eine grundsätzlich positive Entwicklung ihrer Vermögen unabhängig von ökonomischen Zyklen, und sie wollen nicht an statische Benchmarks gekettet in längere oder ausgeprägte Verlustphasen geraten. Zudem ist die Alterssicherung zu einem zentralen Thema geworden. Angesichts knapper öffentlicher Kassen und der sich abzeichnenden Veränderungen bei den staatlich organisierten Vorsorgesystemen nimmt der Stellenwert der privaten und betrieblichen Altersvorsorge zu. Damit einhergehend gewinnt auch die Frage an Bedeutung, wie Investoren den Vermögensaufbau und Entsparvorgänge über einen langen Zeitraum gestalten sollten. Für die Sicherung des Lebensstandards in der Rentenphase ist dabei von einer Absolute-Return-orientierten Zielsetzung des Anlegers auszugehen. Er hofft auf kontinuierlichen Vermögenszuwachs mit positiven Renditen. Dramatische Vermögensverluste, die nicht mehr ausgeglichen werden können, müssen also vermieden werden. Schließlich hat jeder nur ein einziges Mal die Möglichkeit, während seines Arbeitslebens über einen jahrzehntelangen Ansparprozess für das Alter vorzusorgen – wir befinden uns in einem Spiel ohne Wiederholungen.

Langfristigkeit und die große Bedeutung für den Anleger verbieten es, sich ei der Anlagestrategie nicht wie ein Glücksritter zu verhalten und auf wenig wahrscheinliche extreme Erfolge zu bauen, sondern vielmehr wie ein Kämmerer langfristig zu planen und Risiken bewusst abzuschätzen.

Produkte mit Portfolio-Insurance gehen in diese Richtung des Absolute-Return-Gedankens. Beim Vertrieb fondsgebundener Lebensversicherungen hat sich bei Produkten mit Kapitalschutz bestätigt, dass sie geringeren Erklärungsbedarf haben. Auch der Gesetzgeber hat den großen Wunsch nach Schutz des Nominalbetrags der Einlage berücksichtigt. Für die Zertifizierung als Riester-Produkt ist Voraussetzung, dass eine Rückzahlung in nominaler Höhe der getätigten Einzahlungen garantiert wird. Produkte mit Kapitalschutz kommen daher der Risikoeinstellung solcher Kunden entgegen, die ihre Risiken hauptsächlich in den gegenwärtigen Kursschwankungen sehen.

Produkte mit Kapitalschutz (oder generell solche mit einer Form von „Downside Protection") lassen sich auf verschiedene Weise konstruieren. Jedoch sind alle Varianten mit dem Einsatz von Optionen verwandt oder mit dynamischen Anlagestrategien, die letztlich optionsartige Strukturen generieren.

- Soll der Kapitalschutz nur auf einen langen Horizont sichergestellt sein, wird häufig der Barwert der garantierten Summe von der Einzahlung abgezweigt und als Festgeld angelegt. Nur der restliche Teil wird mit Risiken und hoher Renditeerwartung im Aktienmarkt investiert. Auf Grund der Haftungsbeschränkung des Aktionärs kann dieser Wert nicht negativ werden. Diese Haftungsbeschränkung stellt damit gewissermaßen eine Option dar.

- Andere Konstruktionen von Produkten mit Kapitalschutz implementieren eine dynamische, prozyklische Anlagestrategie: Das Exposure in Aktien wird in fallenden Märkten reduziert und in steigenden erhöht. Vertreter solcher Strategien sind die verschiedenen Varianten der Constant-Proportion-Portfolio-Insurance (CPPI)-Anlagestrategien, wie sie etwa von Perold (1986) oder Fisher und Jones (1987) vorgeschlagen wurden. Erweiterungen dieses klassischen Ansatzes (etwa als Dynamic-Shortfall-Protection-Strategien (DSP)) erlauben stochastische Absicherungsgrenzen und eine flexiblere Steuerung des Risikobudgets. Auf diese Weise wird ein konvexer Payoff synthetisiert, wie er typischerweise mit Strategien erzielt wird, die long in Optionen sind.

- Die dritte Konstruktionsmöglichkeit beruht direkt auf dem Einsatz von Optionen. Hier wird man in erster Linie an Put-Optionen denken, die regelmäßig gekauft und dem Aktienportfolio hinzugefügt werden. Diese Strategie ist als Protected-Put-Buying (PPB) bekannt. Indessen mag überraschen, dass auch durch das Schreiben von Call-Optionen eine gewisse Absicherung nach unten erzielt werden kann. Mit dem regelmäßigen Schreiben und Verkaufen von Optionen sind Prämieneinnahmen verbunden, die so einen Kursverfall teilweise kompensieren. Diese Strategie ist die des Covered-Call-Writing (CCW). Werden die Einnahmen aus dem Verkauf der Call-Optionen zum Kauf von Put-Optionen verwendet, so spricht man von einer Low-Cost-Collar (LCC)-Strategie, die gewissermaßen beide Maßnahmen gleichzeitig ergreift.

In diesem Beitrag sollen die Strategien PPB und CCW im Hinblick auf ihre Absolute-Return-Wirkungen bei Langfristanlagen untersucht werden. Das Ziel ist, die Wirkungsweisen der alternativen Strategien transparent und auf die individuellen Zielvorstellungen der Investoren abgestimmt darzustellen. Dabei wollen wir über eine Darstellung in Payoff-Diagrammen hinausgehen und die stochastischen Eigenschaften der Verteilung des Vermögens in das Zentrum der Betrachtung rücken.

In dem folgenden Abschnitt 2 illustrieren wir anhand einer historischen Marktbetrachtung die Ergebnisse langfristiger Vermögensanlagen und modellieren die potenzielle Vermögensentwicklung über die Zeit. Auf die rechtsschiefen Eigenschaften der resultierenden Ergebnisverteilungen, mit denen man hierbei rechnen muss, wird in Abschnitt 3 eingegangen. Abschnitt 4 befasst sich mit einer rollierenden Protective-Put-Buying-Strategie als Portfolio-Insurance-Ansatz für langfristige Vermögensanlagen. Abschnitt 5 behandelt die entsprechende rollierende Covered-Call-Writing-Strategie. In Abschnitt 6 illustrieren wir anhand eines praktischen Beispiels für einen internationalen Basket an Bond-Positionen die Anwendung einer Low-Cost-Collar-Strategie. Abschnitt 7 fasst schließlich die Betrachtungen zusammen und leitet Anlagegrundsätze ab.

## 2 Vermögensanlage mit langfristigem Horizont

Für den Investor von höchstem Interesse ist, welches Vermögen er letztlich am Ende seines langjährigen Ansparprozesses erwarten kann bzw. dann auch tatsächlich erhält. Für institutionelle Investoren, wie Vorsorgeeinrichtungen, Pensionskassen oder Pensions-Fonds, die zahlreichen regulatorischen Rahmenbedingungen unterworfen sind, ist zudem der Weg relevant, auf dem ein Ergebnis erzielt werden kann. Auf dem Entwicklungspfad zum Endergebnis müssen auch für jede Zwischenperiode die aufsichtsrechtlichen oder statuarischen Anlagegrenzen und Risikolimits eingehalten werden. Die Beschreibung des Prozesses der Vermögensentwicklung erlaubt die Beurteilung.

Die gängigste Annahme für die Wertentwicklung eines Finanzvermögens im Verlauf der Zeit ist die der Brownschen Bewegung. Hierzu wird entweder die relative Wertentwicklung oder die stetige Rendite als stochastischer Prozess modelliert. Wir bezeichnen mit $\tilde{x}(t)$ den unsicheren Wert des Finanzvermögens zum Zeitpunkt *t*, wobei $x_0$ den Startwert zum Zeitpunkt $t = 0$ bezeichnet. Die Gesamtrendite in stetiger Notation, $\tilde{r}(t)$, ist durch die Beziehung $\tilde{x}_t = x_0 \cdot \exp(\tilde{r}_t \cdot t)$ definiert und lässt sich somit durch $\tilde{r}_t = \frac{1}{t} \ln \frac{\tilde{x}_t}{x_0}$ ausdrücken. Die Wertentwicklung in logarithmischer Skala wird durch $\ln \tilde{x}_t = \ln x_0 + \tilde{r}_t \cdot t$ beschrieben.

Für die Modellierung der Renditeentwicklung wird angenommen, dass die stetige Rendite eine Brownsche Bewegung darstellt:

$$\begin{aligned} \tilde{r}_{t+dt} &= \tilde{r}_t + dr \\ dr &= \mu \cdot dt + \sigma \cdot dz \end{aligned} \tag{1}$$

Hierbei bezeichnen μ den Drift (den Erwartungswert der auf ein Jahr bezogenen stetigen Rendite) und σ die Volatilität. Der stochastische Term *dz* ist normalverteilt und besitzt die Varianz *dt*.

Wir können mit diesem Prozess eine reine Aktienanlage beschreiben. Die in der Abbildung 1 gezeigten historischen Daten, die von der Genfer Privatbank Pictet für die Schweiz gepflegt werden, liefern dann beispielsweise als Schätzwerte für die genannten Parameter μ = 7,5% und σ = 19% für den Aktienindex (zum Vergleich für den Bond-Index: μ = 4,4% und σ = 19%).

Um den kalibrierten stochastischen Prozess zu illustrieren, lassen sich mit Simulationen des stochastischen Renditeprozesses eine Vielzahl denkbarer Szenarien erzeugen. Mit einer Kombination von Bootstrapping und historischer Simulation wurden 20 Szenarien erzeugt, die nachstehend abgebildet sind. Das aus $x_0 = 100$ mit Aktien nach 30 Jahren erzielte Ergebnis beträgt beim ungünstigsten Szenario 122, was einer Durchschnittsrendite (in einfacher Notation) von 0,67% p.a. entspricht. Beim günstigsten Szenario ist das Anlageergebnis 20.338, was einer Durchschnittsrendite von 19,4% p.a. gleichkommt. Beim Szenario, wie es sich durch die tatsächliche historische Entwicklung darstellt (hervorgehobener schwarzer Pfad) wurde ein Anlageergebnis von 1.194 erreicht, was einer Durchschnittsrendite von 8,7% p.a. entspricht.

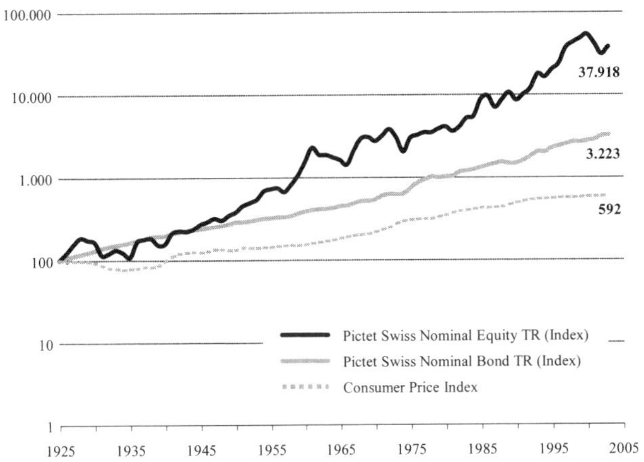


**Abb. 1:** Der Wertverlauf zweier Asset-Klassen – Schweizer Aktien und Staatsanleihen – von 1926 bis 2003, ausgedrückt in Frankenbeträgen (nominal), dargestellt in logarithmischer Skala. Der Aktienindex ist im Verlauf der 78 Anlagejahre von 100 auf 37.918 gestiegen, wenngleich unter beträchtlichen Schwankungen. Der Obligationenindex ist im selben Zeitraum von 100 auf 3.223 gestiegen. Der entsprechende Konsumenten-Preis-Index für die Schweiz hat sich in diesem Zeitraum von 100 auf 592 entwickelt.

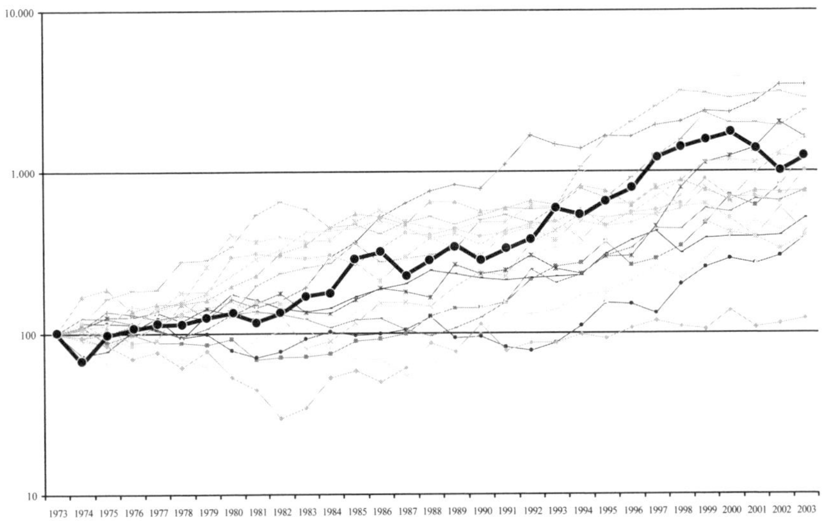


**Abb. 2:** 20 Szenarien zur Illustration potenzieller stochastischer Vermögensentwicklungen der Aktienanlage über die letzten 30 Jahre. Der hervorgehobene schwarze Pfad im mittleren Bereich entspricht dabei der tatsächlichen historischen Entwicklung der Schweizer Aktien von 1973 bis 2003.

Ebenso kann eine Kombination von Aktien und Anleihen durch den Prozess (1) beschrieben werden. Üblicherweise wird dann ein periodisches Rebalancing unterstellt, das heißt, die einmal gewählte Aktienquote wird durch laufende Käufe und Verkäufe aufrechterhalten. Dann ergeben sich die in (1) genannten Parameter $\mu$ und $\sigma$ gemäß den Rechenregeln der Portfoliotheorie. Der Drift ist der Durchschnitt der erwarteten stetigen Renditen auf Aktien und auf Anleihen, die Volatilität ist durch die Volatilitäten von Aktien und Anleihen sowie die Korrelation bestimmt. Damit lässt sich der stochastische Prozess der Wertentwicklung eines Finanzvermögens durch (1) realitätsnah beschreiben.

Als Ergänzung sei ein zweiter Weg aufgezeigt, um die Wertentwicklung zu beschreiben. Dieser führt nicht über den Prozess der stetigen Rendite (1), sondern über die relative Kursbewegung. Es wird hierzu angenommen, dass die relative Kursänderung einer Brownschen Bewegung folgt. Auch diese Bewegungsgleichung kann als stochastische Differenzialgleichung geschrieben werden. Sie hat die Form:

$$\begin{aligned} s_{t+dt} &= s_t + ds \\ \frac{ds}{s} &= \mu^* \cdot dt + \sigma \cdot dz \end{aligned} \tag{2}$$

Der Kursprozess selbst, $\tilde{s}_t$, ist deshalb eine geometrische Brownsche Bewegung. Beide Beschreibungsmöglichkeiten, (1) und (2), sind äquivalent – wir konzentrieren uns indessen in diesem Aufsatz auf den Prozess (1) der stetigen Rendite. Doch aufgepasst: Es ist nicht dasselbe, ob man den Drift des stochastischen Prozesses der Gesamtrendite mit $\mu$ bezeichnet (wie wir das in (1) getan haben) oder den Drift der relativen Kursänderung. Deshalb haben wir in (2) die Bezeichnung $\mu^*$ verwendet. Der erstgenannte Prozess (1) entspricht der Frage, wie sich die stetige Gesamtrendite entwickelt, oder, äquivalent dazu, wie sich die Logarithmen der Kurse im Laufe der Zeit verändern. Hier ist der Drift $\mu$ Der Prozess (2) formalisiert, wie sich die relative Kursänderung im Laufe der Zeit verändert. Der Drift dieses Prozesses ist $\mu^*$ Es gibt einen beachtenswerten Zusammenhang: Aus dem Lemma von Itô, folgt, dass der Drift des Prozesses der (stetigen) Rendite, $\mu$ und der Drift der relativen Kursänderung, $\mu^*$ folgendermaßen zusammenhängen:

$$\mu^* = \mu + \frac{\sigma^2}{2}. \tag{3}$$

Anhand der bereits vorgestellten empirischen Daten aus Abbildung 1 ermittelten wir die Schätzungen $\mu = 7{,}5\%$ und $\sigma = 19\%$. Daraus folgt für die relativen Kursänderungen $\mu^* = 9{,}3\%$.

Viele Anleger interessieren sich weniger für den stochastischen Prozess, wie sich eine Vermögensposition über die Zeit entwickelt, sondern für die Verteilung des unsicheren Ergebnisses. Außerdem interessieren sich Anleger für die einfache oder diskrete Rendite und weniger für die stetige Rendite. Zunächst betrachten wir daher die einfache Rendite. Die auf ein Jahr bezogene Rendite in einfacher

Schreibweise sei mit $\tilde{r}_{ein}$ bezeichnet. Ihre Verteilungsparameter hängen mit den Parametern der Prozesskalibrierung der stetigen Rendite folgendermaßen zusammen:

$$\mu_{ein}=\exp\left(\mu+\frac{\sigma^2}{2}\right)-1$$
$$\sigma_{ein}=\exp\left(\mu+\frac{\sigma^2}{2}\right)\cdot\sqrt{\exp\left(\sigma^2\right)-1} \qquad (4)$$

Unterstellen wir auf Basis der historischen Daten wieder $\mu = 7{,}5\%$ und $\sigma = 19\%$ so ergibt sich für die einfache auf ein Jahr bezogene Durchschnittsrendite: $\mu_{ein} = 9{,}75\%$ sowie $\sigma_{ein} = 21{,}0\%$.

# 3 Rechtsschiefe der Vermögensverteilung

Die bisherigen Betrachtungen zeigen, dass sich das Rendite-Ergebnis eines Investments – je nach Blickwinkel – auf verschiedene Weisen charakterisieren lässt und demnach Anlageentscheidungen unterschiedlich beurteilt werden. Nicht zuletzt die hohe Renditeerwartung (in einfacher Notation) überzeugt viele Privatpersonen von einer Aktienanlage. Allerdings leitet sich die Bedeutung des Erwartungswertes aus dem Gesetz der großen Zahl ab. Dies lässt sich so veranschaulichen: Wer ein Zufallsexperiment sehr oft wiederholt, erhält ein durchschnittliches Ergebnis, das mit großer Wahrscheinlichkeit nahe an den Erwartungswert herankommt. Leider kann ein Privatanleger das Experiment „Finanzanlage auf dreißig Jahre“ nicht mehrfach wiederholen, weshalb die Orientierung, die der Erwartungswert bietet, verloren geht. Informativer und erhellender ist es dann, auf die Form der Verteilung und auf andere Lageparameter zu achten.

Der Logarithmus eines Finanzvermögens, das sich nach (1) entwickelt, ist normalverteilt. Die Größe $\ln\tilde{x}_t$ besitzt den Erwartungswert ($\ln x_0 + t\cdot\mu$) und die Streuung ($\sqrt{t}\cdot\sigma$). Das Endvermögen selbst, $\tilde{x}_t$ ist daher lognormalverteilt. Es besitzt eine Rechtsschiefe, die umso stärker ausgeprägt ist, je höher die Volatilität $\sigma$ und je länger die Anlagedauer *t* ist. Abbildung 3 illustriert diesen Effekt für unterschiedliche Anlagehorizonte t = 1, 2, 10, 30 Jahre.

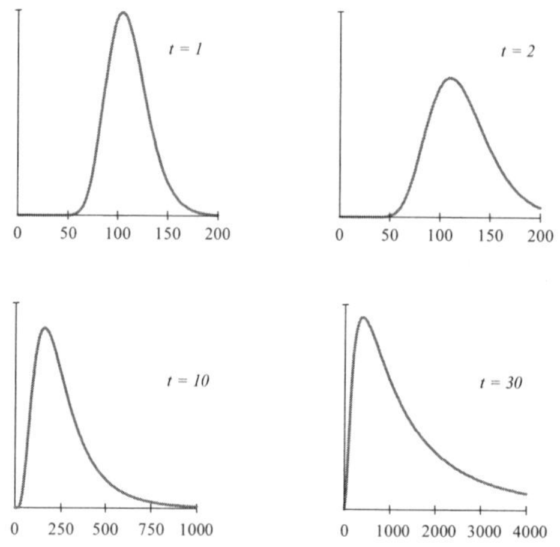


**Abb. 3:** Ausprägung der Rechtsschiefe der lognormalverteilten Ergebnisverteilung illustriert für unterschiedliche Anlagehorizonte mit μ=7,5 und σ=19%

Aufschlussreiche Information zur Charakterisierung der Eigenschaften der Anlageergebnisse in Abhängigkeit der Anlagehorizonte geben die Parameter der Verteilung von $\widetilde{x}_t$:

(1) Der Erwartungswert (E) des Vermögens zum Zeitpunkt $t$ wird beschrieben durch:

$$E[\widetilde{x}_t] = x_0 \cdot \exp\left( (\mu + \frac{\sigma^2}{2}) \cdot t \right) \tag{5.1}$$

(2) Der Median (M) gibt eine Orientierung dafür, dass 50% der potenziellen Ergebnisse oberhalb und 50% unterhalb von M liegen:

$$M[\widetilde{x}_t] = x_0 \cdot \exp(\mu \cdot t) \tag{5.2}$$

(3) Der Modus (L) bezeichnet den Wert maximaler Wahrscheinlichkeit (Mutmaßlichkeit, Likelihood),

$$L[\widetilde{x}_t] = x_0 \cdot \exp((\mu - \sigma^2) \cdot t) \tag{5.3}$$

(4) Die Varianz

$$Var[\widetilde{x}_t] = x_0^2 \cdot \frac{\exp((2 \cdot \mu + \sigma^2) \cdot t)}{\exp(\sigma^2 \cdot t) - 1} \tag{5.4}$$

(5) und die Standardabweichung sind Streuungsmaße:

$$S[\tilde{x}_t] = x_0 \cdot \frac{\exp\left((\mu + \frac{\sigma^2}{2}) \cdot t\right)}{\sqrt{\exp(\sigma^2) - 1}} \tag{5.5}$$

Für unser vorliegendes Beispiel ergeben sich hieraus folgende Werte:

| **CH-Aktien** | **Anlagehorizont in Jahren** | | | | | |
|---|---|---|---|---|---|---|
| **Parameter** | **1** | **2** | **5** | **10** | **20** | **30** |
| **Erwartungswert** | 109,75 | 120,45 | 159,24 | 253,58 | 643,02 | 1.630,55 |
| **Median** | 107,79 | 116,18 | 145,50 | 211,70 | 448,17 | 948,77 |
| **Modus** | 103,97 | 108,09 | 121,47 | 147,55 | 217,71 | 321,23 |

| **CH-Bonds** | **Anlagehorizont in Jahren** | | | | | |
|---|---|---|---|---|---|---|
| **Parameter** | **1** | **2** | **5** | **10** | **20** | **30** |
| **Erwartungswert** | 104,56 | 109,32 | 124,97 | 156,16 | 243,87 | 380,85 |
| **Median** | 104,49 | 109,19 | 124,58 | 155,21 | 240,91 | 373,92 |
| **Modus** | 104,37 | 108,92 | 123,82 | 153,33 | 235,09 | 360,45 |

**Tabelle 1:** Alternative Lageparameter für die Charakterisierung des Finanzvermögens am Ende des Anlagehorizontes der Länge t = 1, 2, 5, 10, 20 bzw. 30 Jahre

Diese zunächst etwas theoretisch wirkende Betrachtung unterstreicht zwei wichtige Punkte einer Anlage in Aktien, die durch die ursprünglichen Parameter $\mu = 7{,}5\%$ und $\sigma = 19\%$ charakterisiert war:

1. Das mutmaßliche Anlageergebnis, $L$, entwickelt sich nur mit einer (stetigen) Rate von $\mu - \sigma^2 = 3{,}9\%$. Es ist daher nur ehrlich, wenn einem Anleger dies gesagt wird: Viele Szenarien sind möglich, und betrachtet man den Erwartungswert der einfachen Rendite des Anlageergebnisses, so beträgt dieser 9,75%. Doch das zu vermutende Szenario ist, dass der Anleger 3,9% erhält. Tabelle 1 veranschaulicht die Lageparameter für t = 1, 2, 5, 10, 20 bzw. 30 und ein Finanzvermögen, das von $x_0 = 100$ beginnt. So ist am Ende eines Horizontes von drei Jahrzehnten ein Vermögen von $E_{30} = 1.630$ zu erwarten; die Hälfte der Szenarien liegt unterhalb von $M_{30} = 948$, die andere Hälfte darüber. Das Anlageszenario mit der größten Wahrscheinlichkeit indessen führt von $x_0 = 100$ ausgehend nach dreißig Jahren auf ein Ergebnis von $L_{30} = 321$.

2. Der enorme Unterschied zwischen dem Erwartungswert und dem Modus ist auf die Rechtsschiefe zurückzuführen, wie sie in Abbildung 3 deutlich zum Ausdruck kommt. Bei einer Aktienanlage hat der Investor auf lange Sicht beträchtliche Chancen, superreich zu werden.

Viele Investoren meinen, das Besondere an Aktien sei, dass eine „hohe Rendite" winkt. Doch vielleicht liegt die Besonderheit von Aktien nicht so sehr in einer hohen Rendite. Denn wer nur einmal in die Lostrommel greift, zieht mit größter Wahrscheinlichkeit den Modus. Der Modus der Aktienanlage jedoch erweist sich im Beispielfall als eine Rendite von 3,9%. Diese Rendite – sie soll fortan als Modalrendite bezeichnet werden – ist insbesondere im Vergleich zu den als sicher geltenden Anleihen nur mäßig. Andererseits gibt es aber bei Aktien auch die Chance, superreich zu werden. Aktienanlagen kombinieren daher eine an sich nur mäßige Rendite – die der Anleger mutmaßlich dann nur erzielen wird – mit einer gewissen Chance, superreich zu werden.

Die Parameter einer Anlagestrategie sind im Ergebnis somit folgendermaßen zu interpretieren:

- Die Modalrendite beschreibt das Ergebnis, das der Investor wohl mutmaßlich erhalten wird.
- Die erwartete Rendite beschreibt die Chance, auf lange Sicht sehr reich zu werden.
- Der Unterschied zwischen dem Erwartungswert und dem Modus ist durch die Volatilität (Streuung) gegeben. Die Volatilität hat daher zwei Gesichter: Bei einem kurzen Anlagehorizont beschreibt die Volatilität die Verlustgefahr, bei einem langen Horizont beschreibt sie die Chance für Gewinne in enormer Höhe.

Viele Anleger wünschen sich eine hohe Rendite und eine geringe Verlustgefahr, selbst wenn sie mit der Anlage keine Chancen auf Superreichtum verbinden. Wir werden nun untersuchen, wie hierzu Optionen eingesetzt werden können.

# 4 Protected-Put-Buying als Portfolio-Insurance

Portfolio-Hedge und Portfolio-Insurance müssen unterschieden werden. Bei einem Hedge wird das Exposure gegenüber dem betrachteten Underlying reduziert. Da dies meist nur temporär geschehen soll, eignen sich Terminkontrakte. Das ursprünglich unsichere Vermögen kann (auf einen bestimmten Zeitpunkt hin) gleichsam eingefroren werden, woraus sich ein neues flaches Payoff-Diagramm für die Hedge-Position ergibt. Der Hedge mit Terminkontrakten ist quasi gratis, es fallen lediglich Transaktionskosten an.

Mit Portfolio-Insurance wird dagegen ein geknicktes oder gekrümmtes Payoff-Diagramm herbeigeführt. Steigen die Werte des Underlyings, soll das positive Exposure des Portfolios bestehen bleiben. Bei fallenden Werten soll das Exposure des Portfolios verschwinden. Es entsteht ein konvex geknicktes oder gebogenes Payoff-Diagramm. Bei einer dynamischen Replikation wird deutlich, dass diese Strategie prozyklisch ist. Steigen die Kurse des Underlyings, wird das Exposure erhöht. Fallen die Kurse, wird das Exposure verringert.

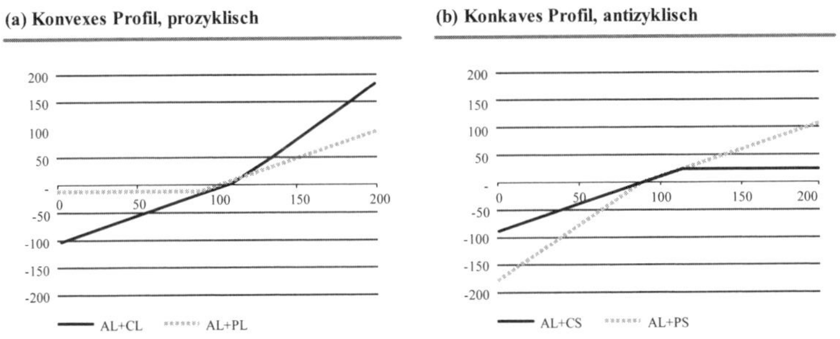


**Abb. 4:** (a) Wer eine Option (Call oder Put) kauft (CL, PL long geht) und seinem Portfolio (AL) hinzufügt, erzeugt eine konvexere Payoff-Kurve (wie bei AL+CL, AL+PL); dies entspricht einer prozyklischen Anlagestrategie. (b) Eine konkaveres Payoff-Diagramm (AL+PS) entsteht aus einem Aktienportfolio (AL) beispielsweise durch Verkauf (short) von Put-Optionen (PS). AL+CS oder AL+PS illustrieren dieses konkave Pay-off-Profil.

Portfolio-Insurance ist für alle Investoren vorteilhaft und daher nicht gratis zu haben. Die Kosten der Portfolio-Insurance finden sich in den Prämien oder Aufgeldern der Optionen, mit denen sie verwirklicht werden kann. Black und Jones haben dargelegt, dass diese Kosten auch nicht bei einer dynamischen Replikation umgangen werden können. Märkte haben stets gewisse Beschränkungen der Liquidität. Wer immer in steigenden Märkten kauft und in fallenden Märkte verkauft, kann einmal recht gut und ein anderes Mal schlecht fahren. Im Mittel ist die dynamische Replikation genauso teuer wie der Kauf der Option.

Wir untersuchen zunächst die Auswirkungen des Protected-Put-Buying (PPB) anhand der zuvor betrachteten historischen Renditen für den Aktienindex für die 78 Jahre von 1926 bis 2003. Jeweils zu Jahresbeginn 1926, 1927 etc. sollen europäische Put-Optionen mit einer Laufzeit von jeweils 12 Monaten gekauft, dem Portfolio hinzugefügt und bis Verfall gehalten werden. Der Ausübungspreis wird jeweils zu 90% des anfänglichen Werts des Portfolios gewählt. Die Black-Scholes-Prämie beträgt 3,75% des Werts des Marktportfolios (bei einem stetigen Zinssatz von 5% und einer beim Kauf der Puts als relevant angenommenen Volatilität von 25%).

| **Puts** | Volatilität | | | |
|---|---|---|---|---|
| Strike | 20% | **25%** | 30% | 35% |
| 75 | 0,32% | 0,86% | 1,64% | 2,61% |
| 80 | 0,69% | 1,51% | 2,56% | 3,76% |
| 85 | 1,32% | 2,46% | 3,78% | 5,20% |
| **90** | 2,31% | **3,75%** | 5,31% | 6,93% |
| 95 | 3,71% | 5,41% | 7,17% | 8,95% |
| 100 | 5,57% | 7,46% | 9,35% | 11,25% |
| 105 | 7,90% | 9,88% | 11,86% | 13,82% |
| 110 | 10,68% | 12,66% | 14,66% | 16,65% |
| 115 | 13,86% | 15,77% | 17,73% | 19,71% |
| 120 | 17,40% | 19,17% | 21,05% | 22,99% |
| 125 | 21,23% | 22,83% | 24,60% | 26,46% |

**Tabelle 2:** Preise eines europäischen Puts mit 12 Monaten Laufzeit, ausgedrückt in Prozent des augenblicklichen Werts des Underlying. Die Preise sind für verschiedene Ausübungspreise (linke Spalte) zwischen 75% und 125% des Werts Underlyings genannt und für eine Volatilität zwischen 20% und 35%. Der stetige Zinssatz sei 5% und es werden keine Dividenden angenommen.

Mit dieser Strategie PPB (90%) wird also jedes Jahr der Wert des Finanzvermögens um 3,75% reduziert. Dafür gibt es einen auf ein jedes Jahresende bezogenen Schutz gegen massive Werteinbrüche in dem Jahr. Ist die Jahresrendite unter -10%, dann wird der Put ausgeübt. Vorteilhaft ist PPB (90%) allerdings erst, wenn die Jahresrendite unter 13,75% liegt.

Die Abbildung 5 zeigt die Wahrscheinlichkeitsverteilung der auf ein Jahr bezogenen einfachen Renditen einer Anlage in Aktien vor und nach PPB (90%). Die Dichtefunktion der einfachen Renditen einer reinen Aktienanlage lässt trotz des mit einem Jahr recht kurzen Horizontes bereits die leichte Rechtsschiefe erkennen. Die Verteilung der Rendite nach PPB ist durch ein Stabdiagramm wiedergegeben, weil die Rendite im Punkt -13,75% eine erhebliche Wahrscheinlichkeitsmasse hat, nämlich 17,7%. Das ist die Wahrscheinlichkeit, dass die ursprüngliche Aktienrendite kleiner oder gleich -10% ist.

Die Schutzfunktion ist deutlich zu erkennen: Die Rendite nach PPB nimmt keine Werte an, die kleiner als -13,75% sind. Allerdings haben alle höheren Renditen bei der reinen ungesicherten Aktienanlage eine etwas höhere Wahrscheinlichkeit als nach PPB. Hier macht sich der Effekt des Preises bemerkbar, der für den Put zu zahlen ist.

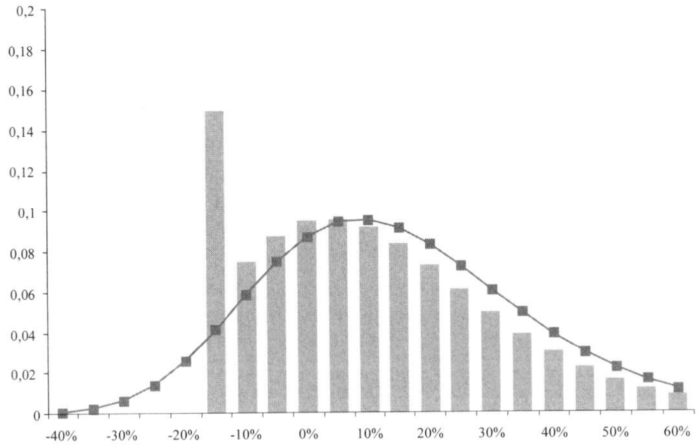


**Abb. 5:** Die Wahrscheinlichkeitsverteilung der auf ein Jahr bezogenen einfachen Renditen einer Anlage in Aktien (Dichtefunktion auf Basis von lognormalverteilten Ergebnissen) sowie nach PPB (90%), gezeigt als Stabdiagramm.

Es versteht sich von selbst, dass die Frage der generellen Vorteilhaftigkeit von Optionsstrategien unabhängig von einzelnen Markterwartungen beantwortet werden muss. Ein Investor der „bearish“ ist, würde sein Exposure am besten durch einen Hedge reduzieren, vielleicht sogar eine Leerposition aufbauen. Alle diese Maßnahmen betreffen die Steigung der Payoff-Kurve, verändern aber nicht ihre Form, die eine Gerade bleiben kann. Deshalb sind negative Markterwartungen kein zwingender Grund für den Einsatz von Puts. Werden Optionen (hier: Puts) dem Portfolio hinzugefügt, entsteht aus dem linearen ein konvexes Payoff-Profil. Werden die Optionen bis Verfall gehalten, ergibt sich sogar eine geknickte Payoff-Kurve. Ungeachtet der mittleren Steigung der Payoff-Kurve – die mit einer leichten Variation der Aktienquote durchaus adjustiert werden könnte – ist das besondere dieser Optionsstrategie also die Konvexität der Payoff-Kurve. Um den Einsatz von Puts zu erklären, müsste man auf besondere Merkmale der Präferenz des Investors zu sprechen kommen, ein konvexes Payoff-Profil gegenüber einem linearen zu bevorzugen.

Offenkundig müsste die Präferenz des Investors eine besonders hohe Aversion gegen Verluste reflektieren. Mit zunehmendem Argument nimmt die Risikoaversion dann vergleichsweise rapide ab. Rubinstein und Leland bemerken: „...protective put buyers should typically be investors whose risk aversion decreases more rapidly than the average investor's.“ Es handelt sich also um Investoren, die bei Verlusten überdurchschnittlich risikoavers sind und die andererseits Gewinne fast risikoneutral beurteilen, das heißt anhand des Erwartungswerts. Diese Investoren ziehen daher aus Gewinnchancen beträchtlichen Nutzen. Eine solche Präferenz ist intuitiv einsichtig, wenn der Investor ein vergleichsweise geringes Vermögen besitzt oder wenn er Verpflichtungen hat und ihn deshalb ein Verlust be-

sonders hart treffen würde. Ähnlich ließe sich argumentieren, dass Investoren mit einem kurzen Anlagehorizont Kapitalschutz präferieren, weil sie nicht die Möglichkeit haben, einen eventuellen Verlust später ausgleichen zu können. In der weitreichenden Literatur zur Nutzentheorie werden Fragen dieser Art ausführlich thematisiert. Brennan und Schwartz unterstellen beispielsweise konvexe Präferenzfunktionen für die Bestimmung einer optimalen Absicherungspolitik.
Als Ergebnis lässt sich damit festhalten: Portfolio-Insurance ist (im Vergleich zu einem Hedge) teuer, doch für Investoren mit einem kurzen Anlagehorizont durchaus zu empfehlen,

- wenn ein Crash den Investor in eine nicht mehr korrigierbare Notlage bringen würde und
- wenn der Investor auf Grund seiner Präferenzen wünscht, die mit Aktien verbundene Chance von enormen Kurssteigerungen beizubehalten.

Selbstverständlich sind Variationen der Parameter bei PPB möglich. So könnte man das Schutzniveau von 90% anders wählen. Ein höheres Schutzniveau verteuert den Put, doch wird die Wahrscheinlichkeit erhöht, ihn vorteilhaft ausüben zu können. Auch ist denkbar, den Put nicht bis Verfall zu halten, sondern beispielsweise unterjährig monatlich den Put weiter zu rollen. Schließlich muss der Schutz nicht auf einen Zeitraum von 12 Monaten definiert werden. Er könnte beispielsweise auf einen Horizont mehrerer Jahre definiert werden, und wenn der Investor schon vorher Geld benötigt, könnte er das geschützte Ergebnis als Sicherheit für eine Kreditaufnahme verwenden. Jedoch ist es nicht unser Punkt, derartige Variationen zu studieren. Es kommt uns nicht auf eine Optimierung der Parameter an. Wir möchten die Frage klären, ob sich PPB auch für eine wiederholte Anwendung eignet, also als grundsätzliche Anlagestrategie für einen Investor mit Absolute-Return-Wunsch sinnvoll ist.

PPB im Sinne einer systematischen Anlagestrategie würde die beschriebene Vorgehensweise Jahr für Jahr wiederholen und diese auch für eine längere Frist von einigen Jahrzehnten regelmäßig umsetzen. Zur Analyse einer solchen Vorgehensweise wollen wir zunächst wieder einen Blick auf die Pictet-Daten der Aktienrenditen von 1926 bis 2003 werfen. Abbildung 6 zeigt die jährlichen Renditen vor und nach PPB(90%). In den Jahren mit großen Einbrüchen an der Börse hat die PPB(90%)-Strategie den Investor recht gut gegen extreme Verluste geschützt. So hat der Investor in den Jahren 1931 (-30,1%), 1939 (-16,5%), 1962 (-17,7%), 1973 (-20,0%), 1974 (-33,1%), 1987 (-27,5%), 1990 (-19,3%), 2001 (-22,0%), 2002 (-26,0%) mit PPB (90%) stets nur einen Verlust in Höhe einer Rendite von -13,75%. Immerhin waren solch hohe Einbrüche etwa alle zehn Jahre zu verzeichnen. Zusätzlich gab es Jahre, in denen zwar der Put ausgeübt, aber der Break-Even-Punkt nicht erreicht wurde, so 1935 (-11,3%), 1957 (-10,3%), 1966 (-12,1%), 1970 (-10,6%), 1981 (-11,9%). Auch in diesen Jahren erzielte der Investor mit PPB eine Rendite von -13,75%.

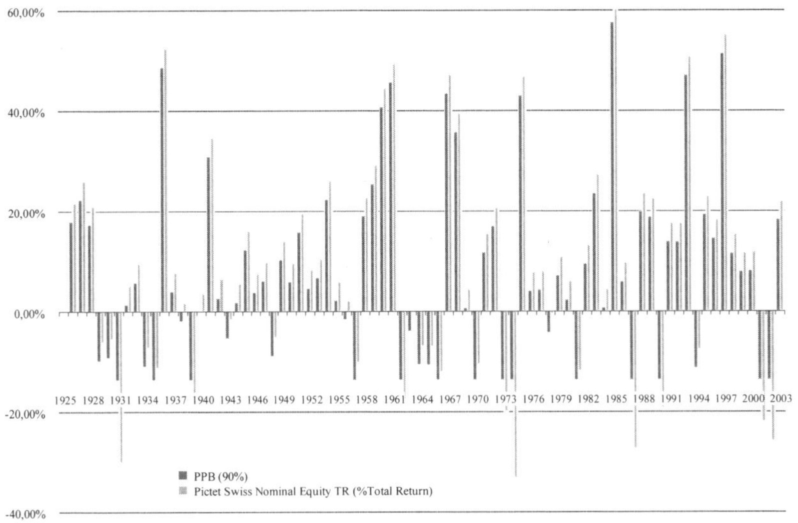


**Abb. 6:** Die Renditen der 78 Jahre von 1926 bis 2003 als reine Aktienanlage und nach PPB (90%)

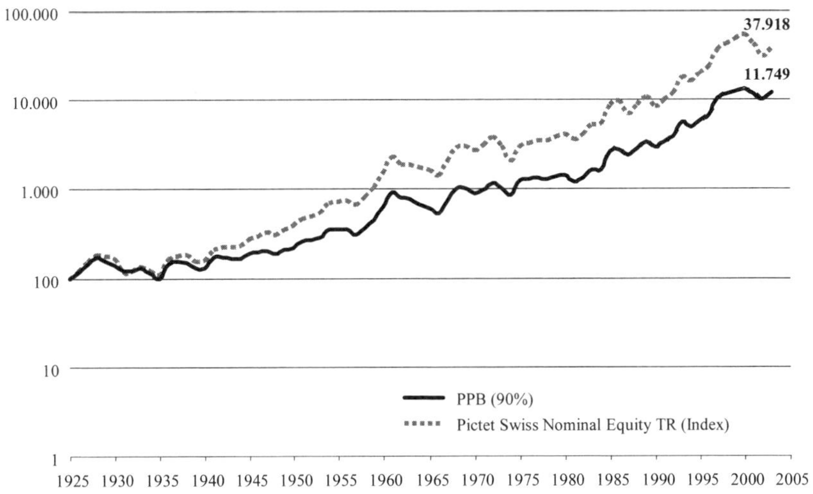


**Abb. 7:** Die Wertentwicklung einer Aktienanlage (Pictet) von 1926 bis 2003 sowie die Wertentwicklung bei der PPB (90%)-Strategie

Ein Blick auf die kumulierten Effekte der PPB-Strategie in Abbildung 7 muss jedoch enttäuschen. Insgesamt wurde nach 78 Jahren ein deutlich geringeres Ergebnis erreicht (nur 11.749 im Vergleich zu 37.918), und auch die Schwankungen scheinen mit PPB im Vergleich zur reinen Aktienanlage kaum geringer zu sein (Volatilität der PPB (90%) beträgt ca. 18%) – dies, obwohl die PPB-Strategie ein etwas geringeres Exposure durch das Delta der Puts besitzt. Auch fällt auf, dass die Portfolio-Insurance wenig greift, wenn in einer Reihe von Jahren der Index immer etwas fällt. Beispielsweise waren die Indexrenditen in jedem der Jahre 1962 bis 1966 negativ, und solche Serien fallender Werte werden durch PPB nicht nur mitgemacht, sondern sogar noch etwas verstärkt, weil Jahr um Jahr die Prämie für den Put den Portfoliowert reduziert. Dies macht recht deutlich, dass PPB zwar gegen einen Crash schützt, nicht aber gegen einen mehrjährigen Bärenmarkt.

Angesichts dieser Ergebnisse ist ein kritisches Fragezeichen angebracht, wenn Portfolio-Insurance als Anlagestrategie für die breite Anlegerschaft und einen langen Anlagehorizont empfohlen wird oder zum Kern von Produkten gemacht wird, mit denen man sich an die Privatanleger wendet. Zwar wird die mit Aktien verbundene Chance auf Superreichtum beibehalten, doch wird die mit Aktien verbundene mäßige Modalrendite noch weiter verringert, weil laufend Put-Optionen zu bezahlen sind.

# 5 Covered-Call-Writing als Portfolio-Insurance

Institutionelle Investoren schreiben oft Call-Optionen auf den eigenen Aktienbestand – man spricht daher von gedeckten Optionspositionen. Wir untersuchen die folgende Covered-Call-Writing (CCW)-Strategie: Zu Beginn eines Jahres werden auf den Bestand europäische Calls mit einer Laufzeit eines Jahres geschrieben. Der Ausübungspreis soll 115% betragen, als Volatilität sollen 20% bezahlt werden und der steige Zinssatz sei wieder 5%. Tabelle 3 zeigt eine Prämie von 4,47% des Werts des Portfolios für diese Optionsposition.

| Calls | Volatilität | | | |
|---|---|---|---|---|
| Strike | **20%** | 25% | 30% | 35% |
| 75 | 28,79% | 29,52% | 30,30% | 31,27% |
| 80 | 24,59% | 25,41% | 26,46% | 27,67% |
| 85 | 20,47% | 21,61% | 22,92% | 24,35% |
| 90 | 16,70% | 18,14% | 19,70% | 21,32% |
| 95 | 13,35% | 15,05% | 18,60% | 18,58% |
| 100 | 10,45% | 12,34% | 14,23% | 16,13% |
| 105 | 8,02% | 10,00% | 11,98% | 13,94% |
| 110 | 6,04% | 8,03% | 10,02% | 12,01% |
| **115** | **4,47%** | 6,38% | 8,34% | 10,32% |
| 120 | 3,25% | 5,03% | 6,90% | 8,84% |
| 125 | 2,32% | 3,93% | 5,69% | 7,55% |

**Tabelle 3:** Preise einer europäischen Call-Option mit 12 Monaten Laufzeit, ausgedrückt in Prozent des augenblicklichen Werts des Underlying. Die Preise sind für verschiedene Ausübungspreise (linke Spalte) genannt, die als Prozentsatz (zwischen 75% und 125%) des Werts Underlyings ausgedrückt sind, sowie für eine Volatilität zwischen 20% und 35%. Der stetige Zinssatz sei 5%.

Die Abbildung 8 zeigt die Wahrscheinlichkeitsverteilung der auf ein Jahr bezogenen (einfachen) Renditen einer Anlage vor und nach CCW(115%). Die Dichtefunktion der Ergebnisse einer reinen Aktienanlage lässt trotz des kurzen Horizontes von einem Jahr die Rechtsschiefe der einfachen Rendite erkennen. Die Verteilung der Rendite nach CCW ist durch ein Stabdiagramm wiedergegeben, wobei die Rendite im Punkt 19,47% eine erhebliche Wahrscheinlichkeitsmasse von 38,3% hat. Das ist die Wahrscheinlichkeit, dass die Aktienrendite größer oder gleich +15% ist. Die Wirkung des Verzichts auf höhere Renditen ist deutlich zu erkennen: Die Rendite nach CCW nimmt keine Werte an, die größer als 19,47% sind.

Dieser Verzicht bewirkt jedoch gleichzeitig, dass auch die geringen Renditen nach CCW eine geringere Wahrscheinlichkeit besitzen. Hier macht sich der Effekt des Preises bemerkbar, der für den Verkauf des Calls vereinnahmt werden kann. Auf diese Weise bewirkt CCW sogar eine gewisse „Portfolio-Insurance."

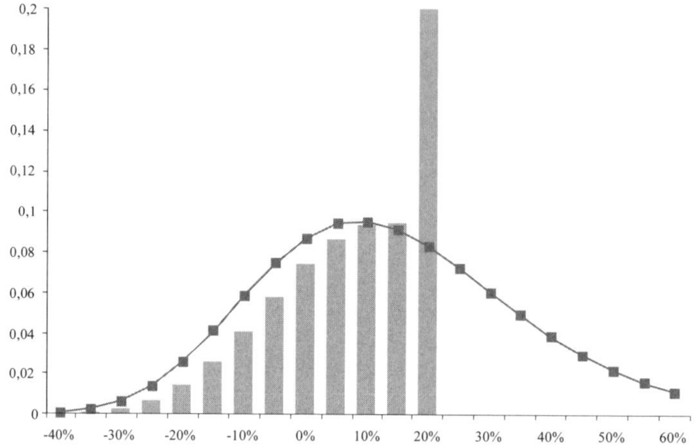


**Abb. 8:** Die Wahrscheinlichkeitsverteilung der auf ein Jahr bezogenen einfachen Renditen einer Anlage in Aktien (Dichtefunktion auf Basis von lognormal verteilten Ergebnissen) sowie nach CCW (115%), gezeigt als Stabdiagramm.

Oft ist zu hören, CCW sei zu empfehlen, wenn der Investor von einem „sich seitwärts“ entwickelnden Markt ausgehe, doch muss die Frage der Vorteilhaftigkeit von Optionsstrategien unabhängig von Markterwartungen beantwortet werden. Werden Optionen (hier: Calls) geschrieben, entsteht aus dem linearen Payoff-Profil eine konkave Payoff-Kurve. Werden die Optionen bis Verfall gehalten, ergibt sich sogar eine nach unten geknickte Payoff-Kurve. Ungeachtet der mittleren Steigung der Payoff-Kurve – die mit einer leichten Variation der Aktienquote adjustiert werden könnte – ist das besondere der Strategie, Optionen zu schreiben, die Konkavität. Bei einer dynamischen Replikation entspricht die Konkavität einer antizyklischen Strategie: In steigenden Märkte wird verkauft, in fallenden Märkte wird gekauft.

Um den adäquaten Einsatz von CCW zu klären, müsste man wie zuvor (als mit PPB ein konvexer Payoff entstand) auf Grund besonderer Merkmale der Präferenz des Investors klären, weshalb dieser einen konkaven Payoff gegenüber einem linearen bevorzugt. Offensichtlich handelt es sich um Investoren, die ganz große Gewinne nicht sonderlich hoch schätzen, und die auch vor Verlusten nicht zu viel Angst haben. Rubinstein und Leland erklären: „... covered call writers should typically be investors whose risk aversion does not increase as rapidly as the average investor's as the value of their portfolios increase.“

Zur Illustration bietet sich diese Vorstellung an: Investoren, für die eine konkave Payoff-Kurve in Frage kommen, haben einen sehr langen Horizont und könnten auf extrem hohe Renditen im kommenden Jahr durchaus verzichten, weil sich weitere Opportunitäten in zukünftigen Jahren bieten. Daraus resultiert, dass mit CCW die bei einer langfristigen Anlage in Aktien gegebene Chance, superreich zu werden, in eine Erhöhung der Modalrendite transformiert wird. Die CCW-Strategie bewirkt so ein Return-Enhancement.

| Präferenz für | ... bei Verlusten | ... bei Gewinnen |
|---|---|---|
| 1. PPB | extrem risikoavers | fast risikoneutral |
| 2. Mix aus Anleihen und Aktien | mittel risikoavers | mittel risikoavers |
| 3. CCW | fast risikoneutral | eher risikoavers |

**Tabelle 4:** Je nach der individuellen Risikotoleranz nach unten und nach oben empfehlen sich konvexe, lineare oder konkave Payoff-Kurven

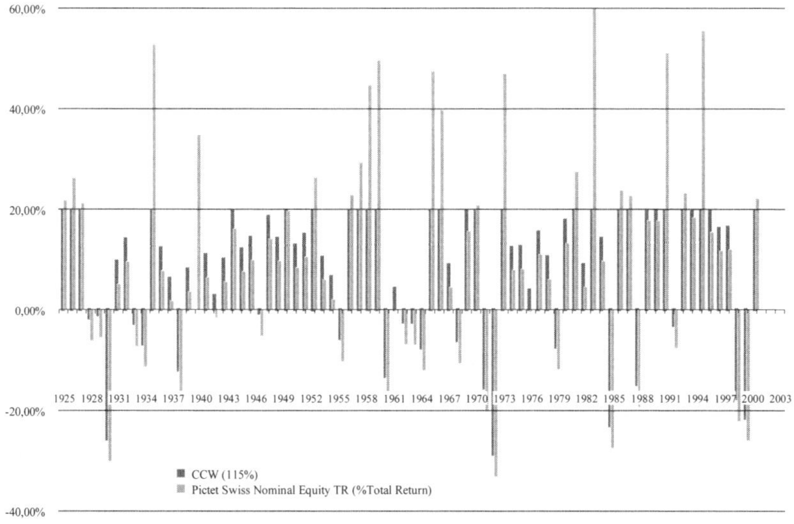


**Abb. 9:** Die historischen Renditen der 78 Jahre von 1926 bis 2003 vo rund nach CCW (115%)

Diese Überlegungen lassen vermuten, dass sich CCW – als Strategie Jahr um Jahr wiederholt – gerade für eine längere Frist eignen könnte. Wir greifen wieder auf die Pictet-Daten zurück. Abbildung 9 zeigt hierzu die Renditen vor und nach CCW (115%). Auf den ersten Blick könnte die CCW-Strategie nachteilig erscheinen. Denn die Calls wurden mehrmals ausgeübt. Historisch überstieg in 29 der 78 Jahre die Rendite die Schwelle von 15%. Diese empirische Wahrscheinlichkeit von 37% entspricht ziemlich genau der theoretischen Wahrscheinlichkeit von 38,3%, die sich auf Grund der Parameter $\mu = 7{,}5\%$ und $\sigma = 19\%$ für die stetige Rendite errechnet. Andererseits wurde in allen Jahren die Prämie vereinnahmt.

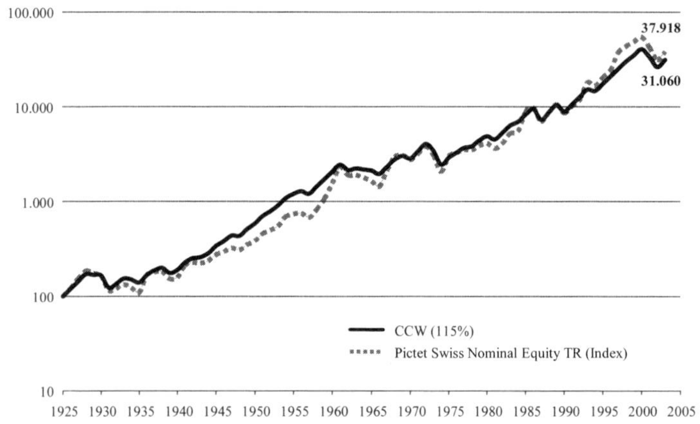


**Abb. 10:** Die Wertentwicklung einer Aktienanlage von 1926 bis 2003 vor und nach CCW

Ein Blick auf die kumulierten Effekte der CCW-Strategie in Abbildung 10 dürfte überraschen. Insgesamt wurde nach 78 Jahren mit CCW dasselbe Ergebnis erzielt wie mit einer reinen Aktienanlage (31.060 im Vergleich zu 37.918). Dabei ist zu bedenken, dass durch das Delta der Calls das mittlere Exposure bei der CCW-Strategie geringer als 1 ist. In der Tat zeigt Abbildung 10, dass die Wertschwankungen der CCW-Strategie geringer sind (die Volatilität der CCW (115%) beträgt nur ca. 13%) als die der reinen Aktienanlage. Erwähnenswert ist, dass in Jahren mit aufeinander folgenden negativen Indexrenditen (wie etwa 1962 bis 1966) durch die jährlichen Prämieneinnahmen mit CCW ein langsamerer Wertrückgang zu verzeichnen war als bei der reinen Aktienanlage. Hier bestätigt sich, dass CCW eine Portfolio-Insurance bietet. Zwar bietet CCW keinen Kapitalschutz im einzelnen Jahr, aber die CCW-Strategie schützt gegen die Folgen eines mehrjährigen Bärenmarktes.

Hier wird deutlich:

- Die Chance extrem hoher Ergebnisse wird bei CCW verkauft, und zwar zu Gunsten gestiegener Wahrscheinlichkeiten für die mittleren und mittelhohen Renditen.
- Der Modus ist bei CCW höher als bei einer reinen Aktienanlage.
- Die Volatilität ist bei CCW (mit ca. 13%) geringer.

Auch die Wahrscheinlichkeiten für negative Renditen sind geringer. Diese Effekte zeigen sich bei längeren Anlagehorizonten in gleicher Weise. Das Risiko (gemessen als Volatilität) der CCW-Strategie ist geringer, und zwar auf Grund zweier Effekte. Zum einen bewirkt das Schreiben der Calls wegen deren Delta natürlich eine Verringerung des Exposure. Zum anderen wird bei CCW gewissermaßen Wahrscheinlichkeitsmasse von „rechts außen“ verkauft, sodass auch dieser Effekt zur Reduktion der Volatilität beiträgt.

# 6 Low-Cost-Collar-Strategie als Kompromisslösung

Das individuell optimale Rendite-Risiko-Profil für einen Anleger verlangt häufig eine Mischung aus den bisher vorgestellten Ansätzen. Die Absicherung gegen extreme Verluste soll gewährleistet sein. Die Kosten hierfür sollen aber das angestrebte Gesamtergebnis keinesfalls zu sehr beeinträchtigen. Eine Low-Cost-Collar-Strategie (LCC) versucht, genau diesen Spagat zu leisten: Die Absicherung durch Put-Optionen wird weitgehend durch den Verkauf von Call-Optionen finanziert[1].

Die Umsetzung und Wirkungsweise einer LCC-Strategie soll im Folgenden am Beispiel eines Investors illustriert werden, für den die regelmäßige Erzielung einer (versprochenen) Mindestrendite bei gleichzeitiger Vermeidung von größeren Kapitalverlusten relevant ist. Zudem müssen institutionelle Investoren eine Anlagestrategie auch hinsichtlich ihrer Effekte auf die buchhalterischen Rahmenbedingungen abschätzen. Als weitere Nebenbedingung wird daher häufig verlangt, dass möglichst kein Abschreibungsbedarf entstehen soll.

Für das Illustrationsbeispiel wird daher unterstellt:

- Zielsetzung der Anlage ist es, eine Zielrendite von 4,75% p.a. zu überschreiten („4,75 Plus“). Dabei gilt es zusätzlich Transaktions- und Verwaltungskosten (+ 0,25%) zu berücksichtigen sowie auch möglichst eine Outperformance (+ 0,50%) gegenüber einer Alternativanlage in Namenschuldverschreibung (4,50% p.a.) zu erwirtschaften.
- Als Risikokapital stehen 4,5% p.a. zur Verfügung. Das heißt, dass im schlechtesten Fall das Anlageergebnis im ersten Jahr -4,5% betragen darf bzw. der Portfoliowert in den folgenden Jahren zum jeweiligen Jahresende nicht unter 95,5% liegen darf.
- Zur Umsetzung wird ein Bond-Portfolio, basierend auf drei internationalen Bond-Fonds gewählt. Die Angaben in Klammern beziehen sich auf die historischen durchschnittlichen Renditen und ihre Volatilitäten. 40% Lehman Euro Aggregate (5,0%, 3,3%), 30% ML EMU Corp. Index (5,1%, 3,0%), 30% ML Euro BBB-B Sovereigns (9,5%, 8,5%).

---

1 Bei einem Zero-Cost Collar werden die Strike-Preise der Optionen gerade so gewählt, dass sich die Erlöse aus dem Verkauf der Calls und die Kosten der Put-Optionen gerade ausgleichen. Für die Konstruktion entstehen dadurch keine direkten Auszahlungen zu Beginn. Das entstehende Rendite-Risiko-Profil ist aber durch diese zusätzliche Vorgabe wesentlich charakterisiert.

- Der Anlagehorizont beträgt 10 Jahren. Zur Beibehaltung der ursprünglichen Asset-Allokation erfolgt jeweils ein monatliches Rebalancing der Positionen.
- Die Absicherung des Downside-Risikos erfolgt jährlich rollierend mit OTC-Basket-Put-Optionen (Strike 95,5%) auf einen Korb aus den jeweiligen Bond-Indices.
- Durch den rollierenden jährlichen Verkauf von entsprechenden OTC-Basket-Call-Optionen (mit Strike 107%) erfolgt eine Finanzierung der Absicherung. Der Preis der Optionen wird dabei in Abhängigkeit der sich stochastisch entwickelnden Volatilitäten im Markt modelliert. Die Konditionen, zu denen Optionen ge- und verkauft werden können, haben dabei Einfluss auf das erreichbare Ergebnis. Als weitere Annahme wird unterstellt, dass auf Grund des Bid-ask-Spreads bei realen Transaktionen die eingepreiste Volatilität für die zu kaufenden Put-Option etwas höher ausfällt als die für die entsprechend zu verkaufende Call-Option.

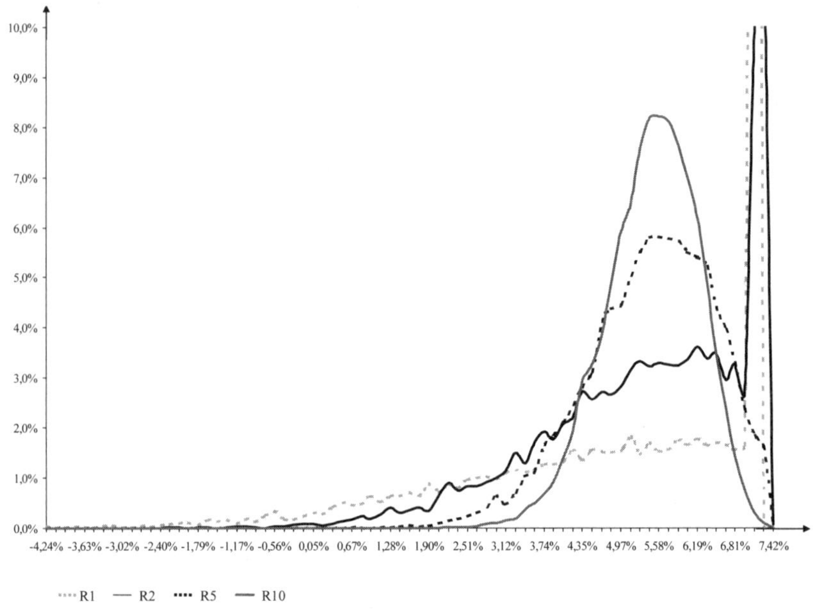


**Abb. 11:** Illustration der Entwicklung der Renditeverteilungen (R1, R2, R5 und R10) mit zunehmend längeren Anlagehorizonten von t = 1, 2, 5 und 10 Jahre

| Risk-Return-Kennzahlen nach ... Jahren | | 1 | 2 | 3 | 4 | 5 | 6 | 7 | 8 | 9 | 10 |
|---|---|---|---|---|---|---|---|---|---|---|---|
| Erwarteter diskreter Return (p.a.) | | 5,34% | 5,35% | 5,36% | 5,37% | 5,37% | 5,38% | 5,38% | 5,39% | 5,40% | 5,41% |
| Volatilität (p.a.) | | 2,19% | 2,19% | 2,19% | 2,20% | 2,20% | 2,20% | 2,20% | 2,21% | 2,21% | 2,22% |
| Shortfall-Wahrscheinlichkeiten | 0,00% | 3,13% | 0,41% | 0,05% | 0,02% | 0,00% | 0,00% | 0,00% | 0,00% | 0,00% | 0,00% |
| | 4,75% | 31,95% | 32,44% | 30,21% | 28,62% | 26,42% | 24,37% | 23,15% | 21,80% | 20,67% | 19,14% |
| | 5,25% | 37,07% | 42,16% | 42,50% | 42,65% | 42,31% | 42,09% | 41,34% | 41,36% | 40,60% | 39,96% |
| Quantile der Renditen | 1% | -1,66% | 0,74% | 1,65% | 2,18% | 2,55% | 2,82% | 3,07% | 3,22% | 3,31% | 3,44% |
| | 5% | 0,69% | 2,21% | 2,88% | 3,26% | 3,49% | 3,63% | 3,79% | 3,90% | 4,00% | 4,09% |
| | 10% | 1,88% | 3,07% | 3,52% | 3,81% | 3,94% | 4,09% | 4,18% | 4,26% | 4,34% | 4,39% |
| | 25% | 4,05% | 4,32% | 4,51% | 4,62% | 4,70% | 4,77% | 4,80% | 4,84% | 4,88% | 4,91% |
| | *50%* | *6,44%* | *5,61%* | *5,51%* | *5,49%* | *5,45%* | *5,45%* | *5,44%* | *5,44%* | *5,44%* | *5,44%* |
| | 75% | 7,12% | 6,76% | 6,40% | 6,22% | 6,13% | 6,06% | 5,99% | 5,96% | 5,94% | 5,92% |
| | 90% | 7,12% | 7,12% | 7,02% | 6,75% | 6,62% | 6,51% | 6,44% | 6,38% | 6,34% | 6,30% |
| | 95% | 7,12% | 7,15% | 7,12% | 7,03% | 6,86% | 6,74% | 6,67% | 6,60% | 6,55% | 6,50% |
| | 99% | 7,12% | 7,19% | 7,19% | 7,17% | 7,16% | 7,09% | 7,02% | 6,93% | 6,87% | 6,84% |

**Tabelle 5:** Ergebnistableau: Zusammenfassung der statistischen Beurteilungsgrößen der LCC-Beispielstrategie

Im Ergebnistableau in Tabelle 5 sind die Ergebnisse einer Szenario-Analyse zusammengefasst. Die Entwicklung der grundsätzlichen statistischen Beurteilungsgrößen zur Beschreibung der Ertrags- und (Downside-) Risikoeigenschaften über die Zeit liefern einen Eindruck von den Effekten dieser kombinierten Strategie.

Durch das Abschneiden der Ergebnisse im Verlustbereich unter 94,5% und im Gewinnbereich über 107% entsteht eine im Zeitablauf zunehmend stärker gestauchte und in der Mitte konzentrierte Form der Dichteverteilung (vgl. Abbildung 13). Durch eine geeignete Wahl der Parameter lassen sich so ganz individuelle Rendite-Risiko-Strukturen erzielen, die sich in dieser Form nicht durch eine direkte Kombination bestehender Aktien- oder Rentenanlagen bewerkstelligen lassen. Insbesondere ist für derartig gestauchte Ergebnisverteilungen eine deutliche Symmetrie zu bemerken, sodass hier die Kenngrößen, erwartete Rendite und Median, deutlich näher aneinander rücken.

Die Ergebnisanalyse in Tabelle 5 und Abbildung 12 zeigten:

- Das langfristige Ertragspotenzial beträgt ca. 5,4% p.a.
- Das absolute Verlustpotenzial (bzgl. 0%, Kapitalerhalt) ist bereits nach zwei Jahren unter 0,5% mit weiter abnehmender Wahrscheinlichkeit, je länger die LCC-Strategie angewandt wird.
- Das Risiko, die vorgegebene Zielsetzung von „4,75 Plus“ nicht zu erreichen, ist immer unter 33% und nimmt im Zeitablauf zudem kontinuierlich ab.

- Die Hoffnung auf die intendierte Outperformance wird unterstützt durch die fast 60-prozentige Wahrscheinlichkeit, eine durchschnittliche Rendite von 5,25% p.a. zu übertreffen.

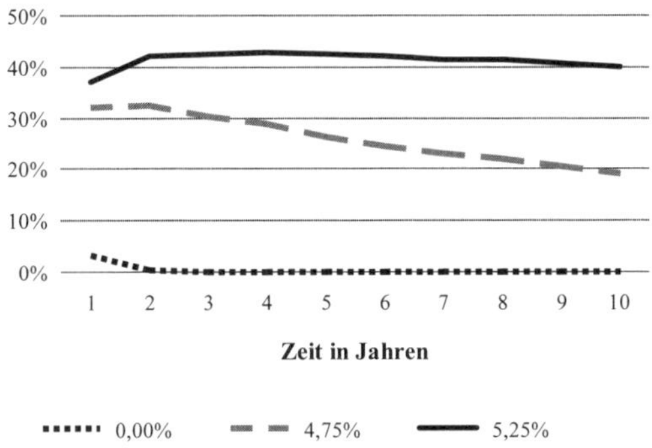


**Abb. 12:** Entwicklung der Shortfall-Wahrscheinlichkeiten bezüglich kritischer Zielrenditen (wie 0% p.a. = Kapitalerhalt, 4,75% p.a. oder 5,25% p.a.) über verschiedene Anlagehorizonte

# 7 Zusammenfassung der Ergebnisse

Die Absolute-Return-Orientierung bei der langfristigen Vermögensanlage drückt sich in verschiedenen Wünschen der Investoren aus:

- „Stets gut schlafen zu können" – die Investitionsstrategie muss Schutz gegenüber bedrohlichen Verlusten bieten,
- „dabei gut träumen zu können" – die Anlagestrategie muss Möglichkeiten und Chancen auf weitere Gewinne bieten und
- „am Ende gut lachen zu können" – die Anlagestrategie muss eine möglichst hohe, zu vermutende Rendite erzielen.

Wie immer lassen sich nicht alle drei Wünsche gleichzeitig erfüllen, aber es gibt gewisse Substitutionsmöglichkeiten. Wer im Bereich von Anleihen und Aktien bleibt, muss Folgendes erkennen: Mit einer Erhöhung der Aktienquote wird bei einer langfristigen Anlage vor allem die Chance auf sehr hohe Gewinne erhöht. Gleichzeitig steigt bei kurzfristiger Betrachtung die Verlustgefahr und leider wird mit einer Erhöhung der Aktienquote – sofern man sich auf den Bereich von etwa 70% bis 100% Aktien beschränkt – die Modalrendite verringert. Der reine Aktienanleger verlässt das Spiel am Ende vermutlich mit weniger Geld als erwartet, hat aber sehr hohe Gewinnchancen gehabt. Der Aktien-Investor kann zwar schlecht schlafen, aber sehr gut träumen. Der Bond-Investor hingegen kann gut schlafen, aber dafür nicht träumen.

Das Hinzunehmen von Optionsstrategien erweitert die Substitutionsmöglichkeiten:

- Mit PPB wird der Schutz gegenüber extremen Verlusten ausgebaut und dabei die Chance auf weitere Gewinne nur wenig reduziert. Allerdings geht das zu Lasten der mutmaßlichen Rendite. Wer eine PPB-Strategie über Jahre hinweg fährt, konnte immer gut schlafen und gut träumen, ist aber am Ende mit dem Anlageergebnis, das er vermutlich erzielt, wohl sehr enttäuscht.
- Mit CCW wird vor allem das zu vermutende Ergebnis erhöht. Dabei besteht gleichzeitig ein gewisser Schutz vor Verlusten. Allerdings werden die Chancen verkauft, superreich zu werden. Wer eine CCW-Strategie fährt, kann am Ende gut lachen. Zwischendurch gibt es ruhigeren Schlaf, aber keine großen Träume.

Auf Grund dieser Substitutionsmöglichkeiten ergeben sich eigentlich nur zwei Aspekte, die ein Investor mit der Anlagestrategie frei wählen kann: Der eine beschreibt den Schutz gegen Verluste, der andere das Gewinnpotenzial. Beide Aspekte sind teuer und müssen durch eine Reduktion des mutmaßlichen Ergebnisses bezahlt werden.

| **Chancen sind ...** | **Schutz ist ...** | |
|---|---|---|
| | **sehr wichtig** | **weniger wichtig** |
| **sehr wichtig** | PPB | Aktien |
| **weniger wichtig** | Anleihen | CCW |

**Tabelle 6:** Letztlich kann ein Anleger die beiden Aspekte, Chancen und Schutz, frei wählen. Beide Merkmale sind teuer und gehen zu Lasten der Rendite. Wer durch CCW darauf verzichtet, kann mit einer höheren Modalrendite rechnen.

Angesichts dieser Substitutionsmöglichkeiten stellt sich für den Anleger die Frage, welche Merkmale seiner Präferenzen nun für den einen oder den anderen sprechen.

- Schutz, so hatten wir gesehen, ist sehr wichtig, wenn das sonstige Vermögen gering ist, wenn vielleicht noch Verpflichtungen da sind und wenn es in der sozialen Umgebung niemanden gibt, der bei Bedarf helfen würde. Wir sprechen vom „armen" Investor. Schutz ist weniger wichtig, wenn neben der hier betrachteten Geldanlage sonstiges Vermögen vorhanden ist, wenn vielleicht sogar noch Einkommen aus anderen Quellen fließt und wenn im Notfall die soziale Umgebung Hilfe bietet. Wir sprechen vom „reichen" Investor.
- Chancen und Gewinnpotenziale zu haben, empfiehlt sich für Investoren, die noch eine lange Anlageperiode von drei oder vier Jahrzehnten vor sich ha-

ben, sodass durch die Rechtsschiefe der Ergebnisverteilung eine echte Möglichkeit zu hohem materiellen Wohlstand gegeben ist. Natürlich muss der Investor diese Chancen auch wollen, er muss seine Träume haben – selbst wenn sie sich am Ende nicht unbedingt realisieren. Wir sprechen von einem „jungen" Investor. Gewinnpotenzial (Rechtsschiefe) ist dagegen weniger wichtig, wenn der Anlagehorizont vielleicht nur zehn oder zwanzig Jahre lang ist und wenn der Investor bereits „sein Leben gefunden" hat. Wir sprechen von einem „alten" Investor.

Damit kann die letzte Tabelle in eine konkrete Empfehlung übersetzt werden:

| **Investor ist ...** | **arm** | **reich** |
|---|---|---|
| **jung** | PPB | Aktien |
| **alt** | Anleihen | CCW |

**Tabelle 7:** Anlageempfehlungen für alternative Strategien auf der Basis von individuellen Rahmenbedingungen

Die Praxis, jedem Anleger Produkte mit Kapitalschutz – also PPB – zu empfehlen, ist aus Sicht der vorgelegten Untersuchung so zu beurteilen:

- Zugegebenermaßen verringert der Kapitalschutz den Erklärungsbedarf und damit auch die Distributionskosten, die letztlich vom Kunden getragen werden müssen. Das ist typischerweise bei kleinen Anlagebeträgen die richtige Lösung, weil ein hoher Erklärungsaufwand eine fixe Größe ist, während die Einnahmen in der Vermögensverwaltung typischerweise proportional zum Anlagevolumen sind.
- Produkte mit Kapitalschutz eignen sich für junge Investoren, bei denen die zuvor dargelegte Chance, nämlich superreich werden zu können, auch eine wirkliche Bedeutung hat. Damit hieraus ein Nutzen entsteht, müssen diese Anlagechancen in der Beratung auch entsprechend herausgestellt werden.
- Produkte mit Kapitalschutz eignen sich weniger für Investoren, die sich bereits in einer späten Lebensphase befinden bzw. einen kürzeren Anlagehorizont haben. Hier wären entweder Anleihen (oder einem gemischten Portfolio mit hoher Gewichtung der Anleihen kombiniert mit Aktien) der Vorzug zu geben – insbesondere falls der Investor eher als „arm" einzustufen ist. Im Fall eines reichen Investors wäre dann eher CCW zu empfehlen. Jedenfalls kommt man auf der Suche nach dem richtigen Anlageinstrument oder der Konstruktion von Produkten in vielen Situationen an Optionen nicht vorbei.

# Literaturverzeichnis

Black, Fischer/Jones, Robert (1987): Simplifying Portfolio Insurance. In: Journal of Portfolio Management, S. 48 ff.

Brennan, Michael/Schwartz, Eduardo (1989): Portfolio Insurance and Financial Market Equilibrium. In: Journal of Business 62 (1989) 4, S. 455-472.

Brennan, Michael/Solanki, R. (1981): Optimal Portfolio Insurance. In: Journal of Financial and Quantitative Analysis (1981) 3, S. 279-298.

Brockett, Patrick/Kahane, Yehuda (1992): Risk, Return, Skewness and Preference. In: Management Science 38 (June 1992) 6, S. 851-866.

Lhabitant, F. (1997): Enhancing Portfolio Performance using Options Strategies: Why beating the Market is easy, Ecole des Hautes Etudes Commerciales, University of Lausanne (1997).

Perold, Andre/Sharpe, William (1988): Dynamic Strategies for Asset Allocation. In: Financial Analysts Journal (Jan/Feb 1988), S. 16-27

Rubinstein, Mark/Leland, Hayne, E. (1981): Replicating Options with Positions in Stock and Cash. In: Financial Analysts Journal (July/Aug 1981), S. 63-72

Scheuenstuhl, Gerhard/Zagst, Rudi (1999): Asymmetrische Renditestrukturen und ihre Optimierung im Portfoliomanagement mit Optionen. In Solutions, Sommer 1999, S. 33-45.

Spremann, Klaus (2003): Portfoliomanagement, S. 502-524. 2. Aufl., München: Oldenbourg.

# Rendite und Wirtschaftsentwicklung

**Klaus Spremann**

*Zusammenfassung:*
*Nach unserem intuitiven Verständnis sollte ein Zusammenhang zwischen Finanzwirtschaft und Realwirtschaft bestehen – zumindest langfristig. Wenn das so ist, müssen die durchschnittlichen Renditen für Unternehmen, Branchen oder Länder die Wirtschaftsentwicklung widerspiegeln. Die von Schumpeter geprägte Metapher zeichnet die Finanzwirtschaft als einen Hund, der auf einem gemeinsamen Spazierweg seinem behäbigen Herrn, der Realwirtschaft, folgt – auch wenn er einmal voraus läuft und dann wieder etwas zurückbleibt. Doch hängen Finanzwirtschaft und Realwirtschaft wirklich zusammen? Oder stehen hinter den Aktienrenditen andere Faktoren als hinter der Entwicklung in der Wirtschaft? Langfristige, auf Länder bezogene Vergleiche sprechen gegen die Hypothese eines Zusammenhangs zwischen Finanzwirtschaft und Realwirtschaft. Dieser Beitrag zeichnet diese Publikationen nach und ergänzt sie.*

*Schlüsselwörter: Finanzwirtschaftliche und realwirtschaftliche Schätzmethode, Korrelation zwischen Finanzwirtschaft und Realwirtschaft, Metapher von Schumpeter, Renditeerwartung.*

## 1 Einführung

Die Schätzung der Renditeerwartung von Asset-Klassen oder Anlageinstrumenten ist eine wichtige Vorbereitung für finanzwirtschaftliche Entscheidungen und Berichte. Im Portfoliomanagement bilden die Renditeerwartungen – neben Kennzahlen zum Risiko und den Korrelationen – zunächst die Grundlage für eine strategische Gewichtung der Asset-Klassen.[1] Wird an Stelle einer passiven Anlage ein taktisches Portfoliomanagement betrieben, dann sind die Renditeerwartungen und ihre Änderungen in besonderem Maße wichtig, und die Schätzungen müssen laufend aktualisiert werden. Ein institutioneller Investor muss zudem nicht nur passives oder aktives Portfoliomanagement betreiben. Er muss seinen Kunden oder den

---

[1] Wie das Arbeiten mit einem Optimizer zeigt, hängt das Portfolio besonders sensitiv von den erwarteten Renditen ab, wenn die Korrelationen hoch sind; und die Renditen der Märkte und Asset-Klassen sind durch die zunehmende Verflechtung mittlerweile stark korreliert.

Versicherten Prognosen für die zu erwartende Leistung bieten. Denn die Kunden möchten hören, was sie später voraussichtlich erhalten werden. Für diese Ankündigungen und für Beispielrechnungen – wie überhaupt für die Planung der Aktiv- und Passivgeschäfte institutioneller Investoren – sind Renditeerwartungen grundlegend. Eine weitere Aufgabe unterstreicht ihre Bedeutung: In jeder Unternehmung muss die Höhe der Rendite bekannt sein, die Aktionäre als marktgerecht ansehen und erwarten. Die durch einen Vergleich im Finanzmarkt gebildete Renditeerwartung soll durch die Planungen und Kalkulationen der Unternehmung gestützt werden; andernfalls wenden sich die Investoren ab. Hierzu leitet das Management aus der Renditeerwartung die Kapitalkosten als eine Kalkulationsgröße ab, die in Entscheidungen über Projekte und das Pricing einfließt.

Aus all diesen Gründen kommt einer sachgerechten und möglichst genauen Bestimmung der Höhe der für das kommende Jahr zu erwartenden Rendite große Bedeutung zu. Gleichwertig zur Bestimmung der zu erwartenden Aktienrendite ist die Schätzung der Risikoprämie, die als Differenz zwischen der Aktienrendite und dem Zinssatz beziehungsweise der Rendite von Bonds definiert ist.

Der traditionelle Weg bei der Bestimmung der Renditeerwartung von Aktien oder der Risikoprämie ist die *finanzwirtschaftliche Schätzung.* Hierbei wird die gesuchte Renditeerwartung einzig aus der Zeitreihe historischer Renditen ermittelt. Weitere Informationen werden hingegen nicht herangezogen. Ein klassisches Beispiel ist die Ermittlung von Mittelwerten historischer Renditen, so wie sie an der Börse in vergangenen Jahren beobachtet wurden. Um den Schätzfehler gering zu halten, sind dabei lange Zeitreihen erwünscht. Eine jüngste Übersicht zu langfristigen Ergebnissen für verschiedene Länder bieten Dimson/Marsh/Staunton (2002). Im Wesentlichen liegen die Mittelwerte der diskreten historischen Aktienrenditen für die verschiedenen Länder zwischen 8% und 10% und die Risikoprämien zwischen 4% und 5%.

Die finanzwirtschaftliche Schätzung hat zwar den Vorteil der Einfachheit, jedoch wurden in jüngster Zeit Schwächen entdeckt. So wird argumentiert, dass rein anhand der historischen Renditen vorgenommene Schätzungen die wahre Renditeerwartung überschätzen: Mehra/Prescott (1985) sprechen vom Risikoprämien-Puzzle.[2] Mittlerweile ist die Literatur zu den Nachteilen finanzwirtschaftlicher Schätzung recht umfangreich. Zusammenfassend sprechen Fama/French (1997) von „unvermeidbaren Ungenauigkeiten“ der Erwartungsbildung auf Grund historischer Renditen.

---

2 Dafür wurden inzwischen verschiedene Teilerklärungen gefunden, so zum Beispiel der Survival-Bias oder die Verzerrung, die davon ausgeht, dass Forscher immer leicht verfügbare Daten zu Grunde legen (Easy-Data-Bias).

| | Rendite % p.a. | | Standard-fehler | Standard-abweichung |
|---|---|---|---|---|
| | Geometrisch | Arithmetisch | | |
| **Australien** | 7,5 | 9,5 | 1,8 | 17,7 |
| **Belgien** | 2,5 | 4,8 | 2,3 | 22,8 |
| **Kanada** | 4,6 | 7,7 | 1,7 | 16,8 |
| **Dänemark** | 4,6 | 6,2 | 2,0 | 20,1 |
| **Frankreich** | 3,8 | 6,3 | 2,3 | 23,1 |
| **Deutschland** | 3,6 | 8,8 | 3,2 | 32,3 |
| **Irland** | 4,8 | 7,0 | 2,2 | 22,2 |
| **Italien** | 2,7 | 6,8 | 2,9 | 29,4 |
| **Japan** | 4,5 | 9,3 | 3,0 | 30,3 |
| **Niederlande** | 5,8 | 7,7 | 2,1 | 21,0 |
| **Südfrika** | 6,8 | 9,1 | 2,3 | 22,8 |
| **Spanien** | 3,6 | 5,8 | 2,2 | 22,0 |
| **Schweden** | 7,6 | 9,9 | 2,3 | 22,8 |
| **Schweiz**[1)] | 5,0 | 6,9 | 2,1 | 20,4 |
| **Großbritannien** | 5,8 | 7,6 | 2,0 | 20,0 |
| **USA** | 6,7 | 8,7 | 2,0 | 20,2 |
| **Weltindex** | 5,8 | 7,2 | 1,7 | 17,0 |

1) Daten von 1911

**Tabelle 1:** Aktienrenditen im internationalen Vergleich (1900-2000)[3]

Wissenschaftler und Praktiker haben deshalb immer wieder gefragt, ob es nicht neben den historischen Renditen weitere Informationen außerhalb des Börsengeschehens gibt, die zur Erwartungsbildung herangezogen werden können. Es liegt nahe, den Blick von der Finanzwirtschaft in die Realwirtschaft zu lenken. Intuitiv ist es einsichtig, dass die mit einer Aktienanlage erzielbare Rendite von der Wirtschaftskraft und dem Wachstum der Unternehmung bestimmt wird. Aus diesem und aus weiteren Gründen (Arnott/Ryan, 2001) sollten Daten über die Wirtschaftsentwicklung und Fundamentaldaten eine gute Grundlage für die Erwartungsbildung an den Finanzmärkten bieten.

Solche Überlegungen haben vor zehn Jahren ein weites Forschungsfeld geöffnet. Beispielsweise zeigen Fama/French (1989), Fearson/Harvey (1991) und DuBois (1992), dass sich die von Investoren geforderten Risikoprämien im Konjunkturzyklus verändern, und dass folglich die erwarteten Aktienrenditen antizyklisch sind. Insgesamt kreist die Untersuchung um die Frage, ob die finanzwirtschaftliche Schätzung der Renditeerwartungen (beziehungsweise der Risikoprämien) durch Einbeziehung weiterer Informationen für die Erwartungsbildung verbessert werden kann. Die am meisten versprechenden Antworten weisen auf die Realwirtschaft und die Wirtschaftsentwicklung.

Stets liegt dabei die intuitiv einsichtige enge Beziehung zwischen Finanzwirtschaft und Realwirtschaft zu Grunde, nach der die Finanzwirtschaft sich wie ein Spiegelbild der Realwirtschaft darbietet. Die Finanzwirtschaft reagiert auf die

---

3 Quelle: Dimson/Marsh/Staunton (2002).

Realwirtschaft und gleichermaßen reagiert die Realwirtschaft im Positiven wie im Negativen auf die Entwicklung an den Finanzmärkten. Der wechselseitigen Beziehung folgend, haben Daten aus der Realwirtschaft Aussagekraft über die Finanzwirtschaft. Wir sprechen von einer *realwirtschaftlichen Schätzung der Renditeerwartung*, wenn sie aus Informationen über die Realwirtschaft ermittelt wird. Hierzu gehören Fundamentaldaten der Unternehmung oder der Branche, Daten über die Wirtschaftsentwicklung des Landes und weitere makroökonomische Größen. Diese Daten werden beispielsweise bei einer realwirtschaftlichen Schätzung als Faktoren (in Regressionsmodellen) dazu verwendet, die Rendite zu erklären.[4]

Alle Ansätze realwirtschaftlicher Schätzung unterstellen die skizzierte Beziehung zwischen Finanzwirtschaft und Realwirtschaft. Auch wenn der Zusammenhang intuitiv einsichtig ist, muss er geprüft werden. Leider hat jedoch der Punkt, ob sich Finanzwirtschaft und Realwirtschaft parallel entwickeln, in jüngster Zeit zu mehr Zweifeln als zu einer Bestätigung geführt.

Die nachstehenden Überlegungen sind dieser Frage des Zusammenhangs zwischen Finanzwirtschaft und Realwirtschaft gewidmet. Die Frage ist grundsätzlicher Natur: Über das Portfoliomanagement hinaus hat sie für alle Versicherungen und Anbieter von Altersvorsorge Bedeutung: Denn letztlich wünschen die Kunden Leistungen, die sie im Strom der Realwirtschaft so mit tragen, dass sie nicht zurückbleiben. Doch wie soll eine Institution diese Leistungen mit Kapitalanlagen generieren, wenn sich zeigen sollte, dass die in den Finanzmärkten erzielbaren Renditen in keinem positiven Zusammenhang zur Entwicklung der Realwirtschaft stehen?

# 2 Übersicht

## 2.1 Finanzwirtschaftliche und realwirtschaftliche Schätzungen

Bei einer finanzwirtschaftlichen Schätzung wird die Renditeerwartung allein mit der Zeitreihe der historischen Renditen ermittelt – Daten aus der Realwirtschaft bleiben unberücksichtigt.

---

4 Es gibt verschiedene Faktormodelle für die Prognose von Aktienrenditen auf die kurze Frist von einem Monat bis zu einem Quartal, die makroökonomische Faktoren verwenden. Als einer der Faktoren mit hoher Erklärungskraft wird die Information über eine Änderung des Wachstums der Realwirtschaft gesehen: Chen/Roll/Ross (1986), Spremann (2003, Kapitel 10).

Im einfachsten und klassischen Fall werden die historischen Realisationen der Renditen als voneinander unabhängige Ziehungen einer Zufallsgröße, der Renditeverteilung, aufgefasst. Gesucht ist der Erwartungswert der Renditeverteilung. Geschätzt wird dieser Erwartungswert durch das arithmetische Mittel der Ziehungen.[5] Die von der Bank Pictet gepflegten Daten für die Schweiz zeigen, dass die einfachen (oder diskreten) Jahresrenditen für ein gut diversifiziertes Aktienportfolio in den 78 Jahren von 1926 bis 2003 ein arithmetisches Mittel von 9,85% hatten.

Zu finanzwirtschaftlichen Schätzungen gehören auch Verfeinerungen dieses Ansatzes, bei denen die Renditezeitreihe eine serielle Korrelation aufweisen kann oder bei der die Varianz nicht konstant ist (Heteroskedastizität). So wurden mit Zeitreihenanalysen Trends entdeckt, die sich auf die kurze Frist von einigen Monaten halten, sowie die Umkehr oder Mean-Reversion bei einer mittleren Frist von fünf bis acht Jahren (vgl. Poterba/Summers, 1988). Eine negative Korrelation zwischen den erwarteten Renditen und dem Kursniveau weisen Keim/Staumbaugh (1986) nach.

Auch das Capital Asset Pricing Model (CAPM) ist als Verfeinerung der finanzwirtschaftlichen Schätzung zu betrachten. Das CAPM bewerkstelligt die Umrechnung der Renditeerwartung des Marktes oder der Risikoprämie auf eine Einzelanlage. Die Umrechnung erfolgt anhand der Betas, und diese werden auf Grund von historischen Renditen ermittelt. Die finanzwirtschaftliche Schätzmethode wurde so nach verschiedenen Richtungen verfeinert, um die erwarteten Aktienrenditen auf der Ebene einzelner Branchen oder einzelner Unternehmungen zu bestimmen.

Doch die Verfeinerungen dürfen nicht darüber hinweg täuschen, dass die finanzwirtschaftliche Schätzmethode die Renditeerwartung nur ungenau trifft. Selbst wenn die Datenbasis als einwandfrei angesehen wird, bleibt die Tatsache eines großen Konfidenzintervalls. Das Konfidenzintervall für den Erwartungswert der Aktienrendite ist deshalb groß, weil die jährlichen Aktienrenditen stark streuen. Beispielsweise beträgt die Standardabweichung der 78 Jahresrenditen der Aktien in der Schweiz[6] 20,76%. Selbst für diesen langen Schätzzeitraum 1926-2003

---

5 Die zeitliche Folge, in der die Realisationen der Renditen erfolgten, ist dann für das weitere Vorgehen unbedeutend. Die Unabhängigkeit wird mit der Informationseffizienz erklärt.

6 Wir betrachten die Schweiz, weil Deutschland besonderen Entwicklungen ausgesetzt war: In der Zeit nach dem Ersten Weltkrieg gab es die Hyperinflation, in den Wachstumsjahren nach dem Zweiten Weltkrieg im internationalen Vergleich ungewöhnlich hohe und lang andauernde Renditen am Rentenmarkt. Auch die Equity-Märkte in Deutschland zeigen Besonderheiten. Zum einen ist die Börsenkapitalisierung in Relation zum Sozialprodukt (im internationalen Vergleich) gering, weil die Wirtschaftsstruktur Deutschlands vom Mittelstand dominiert wird. Zum anderen zeigte auch die Börse Deutschlands auf Grund der Jahre des Wirtschaftswunders Besonderheiten, die aus internationaler Sicht als „untypisch“ für eine entwickelte Börse

(Stichprobenumfang 78) beträgt das 95%-Konfidenzintervall auf Grund der großen Streuung immer noch ± 4,68%. Es kann daher nur ausgesagt werden, dass der Erwartungswert der Aktienrendite irgendwo zwischen 5% und 14% liegen dürfte.[7] Das ist eine für die genannten praktischen Aufgaben (Portfolioselektion, Beispiele, Kapitalkosten) zu ungenaue Schätzung der Renditeerwartung.

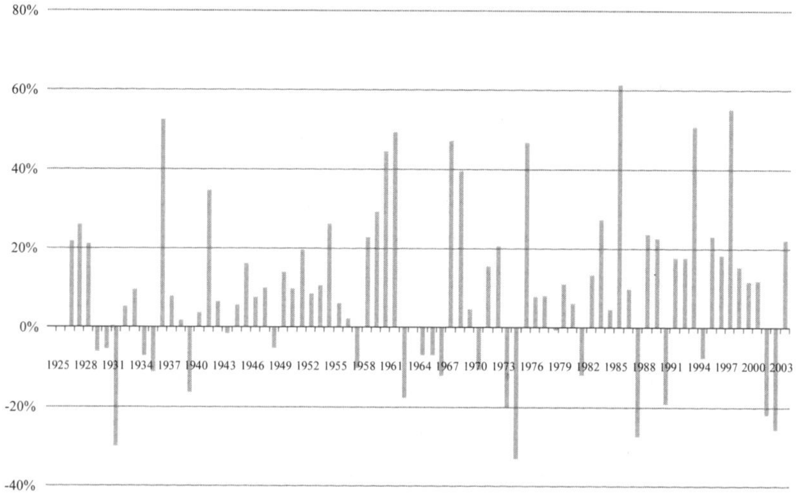


**Abb. 1:** Diskrete Jahresrenditen von Aktien in der Schweiz 1926-2003 (Quelle: Pictet)

Wissenschaftler und Praktiker haben deshalb immer wieder gefragt, ob es nicht neben den historischen Renditen außerhalb des Börsengeschehens weitere Daten gibt, die zur Erwartungsbildung herangezogen werden können. Nichts liegt hier näher als ein Blick von der Finanzwirtschaft in die Realwirtschaft.[8]

gelten; so gab es beispielsweise ein Jahr mit mehr als 100% Rendite. Die Schweiz bietet lange zurückliegende Renditen, war den eben angeführten besonderen Faktoren weniger ausgesetzt, auch wenn die Schweiz und Deutschland wirtschaftlich stark verflochten sind. Zudem ist die Schweiz wirtschaftlich eher mit Europa verbunden als mit den USA. Von daher kann man die Aktien- und die Bond-Renditen der Schweiz als die um die erwähnten Sondereffekte bereinigten Renditen eines europäischen Landes betrachten. Das erklärt die Präferenz für die Finanzmarktdaten der Schweiz.

7 Eine kleine numerische und methodische Verbesserung besteht darin, die Jahresrenditen als lognormalverteilt anzunehmen. Der Logarithmus der diskreten Jahresrendite wäre dann normalverteilt.

8 Neben der realen Wirtschaftsentwicklung wurden verschiedene weitere Faktoren zur Erklärung von Renditeerwartungen vorgeschlagen, so etwa die Stimmung der Investoren oder ihre Gewohnheitsbildung (Boldrin/Christiano/Fischer, 2001), ihre als veränderlich postulierte Risikoaversion (Barberis/Huang/Santos, 2001) oder die jewei-

Der (gegenseitige) Zusammenhang zwischen Börsengeschehen und der Realwirtschaft wird schon in Grundkursen immer wieder angesprochen: Wenn ein Projekt oder eine Unternehmensgründung Erfolg hat, wenn die Dienstleistungen und Produkte Anklang finden und wenn Kunden kaufen und weitere Kunden nach sich ziehen, dann wird auch der Investor für seinen Kapitaleinsatz belohnt. Der Eigner oder Aktionär kann sich einer *Wertsteigerung* erfreuen (die später durch Verkauf der Beteiligung realisiert werden kann). Dazu sind immer wieder *Ausschüttungen* (zum Beispiel Dividenden) möglich. Wenn jedoch das wirtschaftliche Vorhaben erfolglos bleibt, dann ist auch die Rendite für den Eigenkapitalgeber mager und vielleicht geht sogar der Kapitaleinsatz verloren. Erholt sich die Wirtschaft eines Landes nach der Rezession, kommen die Unternehmen in die Gewinnzone und ihr Wert steigt. Muss hingegen eine Rezession erwartet werden, leiden als erstes die Aktienkurse. Ebenso entspricht die Rückwirkung des Finanzsystems auf die Realwirtschaft ökonomischem Verständnis. Ohne auf Details einzugehen, sei nur auf die Einkommenshypothese verwiesen, nach der der (finanzielle) Wohlstand der Menschen auf ihr Konsumverhalten wirkt und so die Realwirtschaft fördert.

Bei einer realwirtschaftlichen Schätzung wird die finanzwirtschaftliche Rendite in Beziehung dazu gesetzt, was in der Realwirtschaft vor sich geht. Offen ist die Frage, durch welche Größen die Wirtschaftsentwicklung zu messen ist. Eine dem Wachstum der Unternehmen nahe Größe wäre die Rate des Dividendenwachstums.[9] Alternativ bietet sich die Rate des Wachstums des Sozialprodukts an, eventuell um die Bevölkerungsentwicklung bereinigt.[10]

Auf Grund des postulierten Zusammenhangs zwischen Rendite und Wirtschaftsentwicklung kann die gesuchte Renditeerwartung für Aktien oder für einen Aktienindex dadurch bestimmt werden, dass eine Prognose der Realwirtschaft vorgenommen wird. Solche Prognosen sind wesentlich leichter und exakter als finanzwirtschaftliche Schätzungen, weil die Schwankungen des wirtschaftlichen Geschehens geringer sind als die Schwankungen der Jahresrenditen an der Börse. Deshalb ist eine realwirtschaftliche Schätzung der Renditeerwartung mit engeren Konfidenzintervallen verbunden.

Neben diesem Vorteil der Genauigkeit hat die realwirtschaftliche Schätzung der Renditeerwartung noch einen zweiten: Ist ein Faktormodell aufgestellt und kalibriert, können aktuelle Informationen über das Wirtschaftswachstum im kommen-

---

lige Dominanz heterogener Segmente von Investoren, siehe Constantinides/Duffie (1996), Dumas (1998), Chan/Kogan (1999).

9 Untersuchungen des Zusammenhangs zwischen der erwarteten Aktienrendite und der Dividendenrendite finden sich bei Cochrane (1997), Cambell/Shiller (2001), Arnott/Asness (2003).

10 Selbstverständlich ist die Wirtschaftsentwicklung, wie auch immer sie gemessen wird, ein hoch aggregiertes Phänomen und wiederum durch Faktoren erklärbar, die im Hintergrund stehen. Dazu gehören die Demografie, die Technologie, die Fiskalpolitik, die Geldpolitik und so fort.

den Jahr gut bei der Prognose der Rendite berücksichtigt werden. Jeder Finanzanalyst, wenn er Titel, Branchen und Länder empfiehlt, erkundigt sich nach dem zukünftigen Wachstum, das auf Grundlage der Fundamentaldaten prognostiziert wird.

## 2.2 Langfristiger Zusammenhang bei kurzfristigen Inkongruenzen

Beim Zusammenhang zwischen Realwirtschaft und Wirtschaftswachstum auf der einen Seite sowie Finanzwirtschaft auf der anderen Seite wirkt der einer Untersuchung zu Grunde liegende Zeithorizont als kritische Größe. Offensichtlich antizipieren Finanzmärkte und eilen daher der realwirtschaftlichen Entwicklung voran. Die Erklärung dafür liegt in der unterschiedlichen Anpassungs- und Reaktionsgeschwindigkeit der Preise in den Güter- und Arbeitsmärkten beziehungsweise in den Finanzmärkten.[11]

Die Realwirtschaft ist bei der Anpassung an neue Informationen *langsam*. Preise für Güter und Löhne sind „sticky". Neue Informationen setzten sich nur über längere Zeiträume durch. Daher kann die Realwirtschaft und ihre Veränderung sogar prognostiziert werden, ähnlich wie die Bewegung eines großen Schiffes im Wasser.[12] Die Kursbildung an den Finanzmärkten ist hingegen *schnell*. Die Investoren wissen das und beeilen sich daher, was das Geschehen an den Finanzmärkten beschleunigt. Jeder Finanzinvestor möchte als Erster neue Informationen ausnutzen, die er, eben um die Vorteile des Ersten auszuschöpfen, aktiv beschafft. Deshalb nimmt die Kursbildung schnell alles vorweg, auch das, was erst später noch eintreten wird – solange es nur wie die Bewegung des Schiffes prognostizierbar ist. Finanzmärkte antizipieren alles, was erschlossen und prognostiziert werden kann.

Die blitzschnelle Reaktion der Finanzmärkte und die Antizipation aller vorhersehbaren Entwicklungen (auch wenn sie noch nicht Realität geworden sind) bewirkt, dass Finanzmärkte der Realwirtschaft voraus sind. Dabei machen die Kurse Sprünge.[13]

---

[11] Das Vorangehen der Finanzmärkte kann nicht damit erklärt werden, dass Finanzinvestoren andere Informationen hätten als Unternehmer oder Manager in der Realwirtschaft. Finanzinvestoren gelangen nicht früher an neue Meldungen über die weitere Wirtschaftsentwicklung als Unternehmer und Manager.

[12] Unternehmer und Manager können sich darauf einstellen, was in den nächsten Quartalen und Jahren kommen wird. Und sie können auf Grund der langsamen Reaktion der Realwirtschaft wichtige Entscheidungen noch einmal überschlafen – auf eine Woche kommt es nicht an.

[13] Gelegentlich schießen sie sogar über das Ziel hinaus. Wie Dornbusch (1942-2002) zeigte, liegt der tiefere Grund für das Überschießen gerade in der Langsamkeit der Realwirtschaft, sich an neue Informationen anzupassen. Die Finanzmärkte müssen

Zeitliche Inkongruenzen sind daher zu vermuten, wenn die Periode kurz ist und nur einen Monat oder ein Quartal beträgt. Doch langfristig würde man vermuten, dass sich solche Effekte ausgleichen.

Diese Betrachtung suggeriert: Sowohl die Realwirtschaft als auch die Finanzwirtschaft reagieren auf dieselben Informationen. Die Finanzwirtschaft jedoch ist schneller und setzt neue Informationen vollständig um. Die Realwirtschaft ist langsamer und setzt neue Informationen nur im Verlauf um. Nun kommen Informationen und Meldungen, und gelegentlich kommen dann andere, ebenso überraschende Informationen, die die ursprüngliche Meldung korrigieren oder zurücknehmen. Dann machen die Kurse zwei Sprünge, die Realwirtschaft zeigt kaum Veränderung. Kurse und Renditen an den Finanzmärkten sind daher deutlich volatiler als das Auf und Ab, das es auch in der Realwirtschaft gibt. Doch in der mittleren, langfristigen Veränderung von Realwirtschaft und Finanzwirtschaft gibt es keine Unterschiede.

## 2.3 Modell und Metapher

Der Ökonom würde diese Vorstellung in Modellannahmen kleiden:

1. Die Realwirtschaft entwickelt sich über die Jahre in gewissen Auf- und Abwärtsbewegungen. Es gibt die verschiedensten Erklärungen, welche treibenden Kräfte oder Faktoren hinter der Realwirtschaft stehen. Für eine einzelne Unternehmung werden die treibenden Faktoren durch die Fundamentaldaten erfasst.[14]

2. Die Fundamentaldaten gestatten eine Prognose der zukünftigen Dividenden einer Unternehmung, einer Branche oder in einem Land. Das heißt, deren Höhe und deren Wachstum kann prognostiziert werden, und es werden die Risiken ermittelt, denen sie in der Zukunft unterliegen. Die für die Zukunft erwarteten Dividenden und die Risiken, mit denen wiederum die zukünftigen Risiken behaftet sind, erlauben es, durch Diskontierung ihren Barwert zu bestimmen. Die Summe der Barwerte ist der Wert der Unternehmung (Dividend-Discount-Modell).

3. Die von den Analysten vorgenommenen Berechnungen der Unternehmenswerte werden kommuniziert und Finanzinvestoren bekannt gemacht. Die Finanzinvestoren orientieren sich an diesen Werten, und die Kurse streben ge-

---

sich bei neuen Informationen nicht nur anpassen, sie müssen durch eine gleichsam übertriebene Bewegung ausgleichen, dass die Realwirtschaft aus Sicht der neuen Informationen noch zurück ist.

14 Die wichtigsten sind: 1. Der Produktmarkt und die Branche, 2. Position und Wettbewerb, 3. Innovation und Produktentwicklung, 4. Diversifikation und Wissensmanagement, 5. Finanzreserven und Risikomanagement, 6. Organisation, 7. Staatliche Rahmenbedingungen, vergleiche Spremann (2002, Kapitel 11).

gen diese Werte; in informationseffizienten Finanzmärkten vollzieht sich die Konvergenz von Kurs zu Wert praktisch in einer Minute, ansonsten dauert sie etwas länger.

4. Die Unternehmenswerte ändern sich mit jeder neuen Nachricht. Da sich die Finanzinvestoren daran orientieren, antizipiert stets der aktuelle Wert alles, was prognostiziert werden kann. Nun gibt es auch Mitteilungen, die später „zurückgenommen" werden oder in neuem Licht erscheinen, und es gibt positive Nachrichten in einem Bereich, die frühere negative Nachrichten aus einem anderen Bereich im Hinblick auf den Wert „ausgleichen". Deshalb sind Kurse ausgesprochen volatil im Vergleich zur langsamen Anpassung der Unternehmung und der Realwirtschaft.

Den Zusammenhang zwischen Realwirtschaft und Finanzwirtschaft darf man sich daher nicht als starr und in jedem Monat gültig vorstellen. Vielmehr ist es eher eine *längerfristig gültige Identität.*

Joseph A. Schumpeter[15] (1883-1950) kleidete den Zusammenhang zwischen Realwirtschaft und Finanzwirtschaft in eine schöne Geschichte. Der große Lehrmeister der Geduld an der Börse, André Kostolany (1906-1999), hat sie später immer wieder zitiert: Ein Herr (die Realwirtschaft) geht mit seinem Hund (die Finanzwirtschaft) spazieren. Der Herr schreitet behäbigen Schrittes, wenngleich nicht immer mit konstanter Geschwindigkeit, voran. Der Hund jedoch springt vor, bleibt zurück, überholt wieder seinen Herren und ab und zu folgt er dem eigenen Instinkt mehr als seinem Herrn. Doch am Ende des Spaziergangs zeigt sich, dass sie beide denselben Weg genommen haben und zur gleichen Zeit daheim angekommen sind.

## 2.4 Von ex post zu ex ante

Über einen längeren Horizont, etwa über zwanzig, fünfzig oder hundert Jahre, sollten hingegen nach dem dargelegten Zusammenhang zwischen Realwirtschaft und Finanzwirtschaft zwei Größen übereinstimmen:

- Die durchschnittliche *finanzwirtschaftliche* Rendite (einer Aktie), gegeben durch die *Dividenden* plus die *Kursgewinne* der letzten zwanzig, fünfzig oder hundert Jahre,
- die durchschnittliche *realwirtschaftliche* Rendite, gegeben durch *Dividenden* plus das *realwirtschaftliche Wachstum der Unternehmen.*

Beispiel: Bei einer Dividendenrendite von 3% und einem Kursanstieg an der Börse von 5% ergibt sich eine *nominale* Aktienrendite von 8%. Gesamtwirt-

---

15 Der große Ökonom, der die Dynamik des Kapitalismus und die Funktion des Unternehmertums analysierte, lehrte in Graz, Bonn und Harvard und war 1919 sogar österreichischer Finanzminister.

schaftliche Wachstumsraten werden üblicherweise inflationsbereinigt ausgedrückt: Ein in der Statistik ausgewiesenes „Wachstum der Wirtschaft" von 2% bedeutet bei einer Inflationsrate von 3% ein nominales Wirtschaftswachstum von 5%. Wächst der auf eine Aktie bezogene Wert einer Unternehmung genau wie die gesamte Wirtschaft, sollte die Unternehmung im Jahresvergleich also nominal 5% an Wert (und Kraft, Dividenden ausschütten zu können) gewonnen haben. Hat sie neben diesem Wachstum im betreffenden Jahr 3% an Dividende ausgeschüttet, so hat der Investor eine „realwirtschaftliche Rendite" von 8% erhalten.

Das realwirtschaftliche Wachstum einer Unternehmung kann nicht immer leicht gemessen werden, weil sich publizierte Daten wie etwa die Bilanzsumme wenig eignen. Gut wäre es, das Wachstum der (auf eine Aktie entfallenden) Dividende über die Jahre zu beobachten. Wenn keine Daten zum Dividendenwachstum vorliegen, muss auf eine andere realwirtschaftliche Wachstumsgröße ausgewichen werden. Vielfach wird auch als Proxy eine gesamtwirtschaftliche Wachstumsrate verwendet, oft wird hierzu das BIP pro Kopf betrachtet. Bei der Wahl des Indikators werden Messprobleme erkennbar. Diese Problematik etwas umgehend, sprechen wir im Folgenden einfach vom „realwirtschaftlichen Wachstum" und lassen offen, ob das damit eigentlich gemeinte Wachstum der Unternehmung (oder der Unternehmen einer Branche) durch das Wachstum der Dividende pro Aktie oder das Wachstum in der gesamten Wirtschaft (eventuell um die Demografie adjustiert) ausgedrückt wird.

Sowohl die finanzwirtschaftlichen als auch die realwirtschaftlichen Renditen werden zunächst als Durchschnitte historischer Zeitreihen zahlenmäßig erhoben. Sie können dann als Grundlage für die Erwartungsbildung dienen. Das Einfachste ist, die über die letzten zwanzig, fünfzig oder einhundert Jahre gebildeten Durchschnitte oder (die auf ein Jahr bezogenen) Mittelwerte gleich zu setzen mit dem gesuchten Erwartungswert der Rendite für das kommende Jahr. Man fasst bei diesem üblichen Verfahren die Daten der letzten zwanzig, fünfzig oder hundert Jahre als Stichprobe eines Kollektivs auf; und das, was im kommenden Jahr passiert, wird als neuerliche, zufällige Ziehung aus diesem Kollektiv verstanden. Der Mittelwert vergangener Ziehungen dient als Schätzung für den Erwartungswert der kommenden Ziehung. Bei dieser Schlussfolgerung von historischen Mittelwerten auf den Erwartungswert des kommenden Jahres wird zugegebenermaßen unterstellt, dass es weder einen Bruch noch andere Formen der Diskontinuität gibt. Jedenfalls könnte die Schätzung der Rendite, sofern Finanzwirtschaft und Realwirtschaft sich über längere Zeit betrachtet gleich bewegen, entweder unter Verwendung der historischen finanzwirtschaftlichen Rendite erfolgen (Dividenden plus Kursgewinne) oder eben unter Verwendung der historischen realwirtschaftlichen Rendite (Dividenden plus das realwirtschaftliche Wachstum der Unternehmen).

## 2.5 Volatilität

Die Verwendung von Daten der Realwirtschaft hat dabei den Vorteil, dass deren Schwankungen wesentlich geringer sind als die der Daten der Finanzwirtschaft. Die Volatilität von Dividenden und von gesamtwirtschaftlichen Wachstumsraten ist sehr gering, die Volatilität der Aktienrenditen hingegen dramatisch hoch. Obwohl die Dividenden vergleichsweise geringe Schwankungen zeigen, sind eben die Kursbewegungen an der Börse stark.[16]

Dass die realwirtschaftliche Zeitreihe (Dividenden plus Wachstum) eine geringe und die finanzwirtschaftliche Zeitreihe (Dividenden plus Kursänderungen) eine hohe Volatilität aufweisen, ist nicht weiter verwunderlich. Wir stellten bereits fest, dass die Realwirtschaft in Anpassungen langsam ist, während Finanzmärkte antizipieren. Bei neuen Informationen setzt sich die Realwirtschaft langsam in Bewegung, und die Finanzmärkte machen einen Sprung, um voll zu antizipieren. Eine Frage ist jedoch, ob das Verhältnis der beiden Volatilitäten ökonomisch erklärt werden kann. Shiller (1981) argumentiert, ohne die numerische Identität der finanzwirtschaftlichen und der realwirtschaftlichen Rendite in Frage zu stellen, dass die finanzwirtschaftliche Rendite in Relation zur realwirtschaftlichen Rendite zu stark schwankt, als dass dies durch das Verhalten rationaler Investoren erklärt werden könnte. Kurz: Der Hund, der seinem Herrn auf dem Spazierweg folgt, läuft nicht so vor und bleibt so zurück, wie das normalerweise ein Hund tut. Der Hund (die Finanzmärkte) springt so weit vor seinen Herrn und bleibt so oft zurück, dass man ihn vielleicht als verspielten, nicht aber als rationalen Begleiter seines Herrn auffassen kann. Shiller (1984) bot als Erklärung die sich ändernden Moden an. In der Folge entstanden Arbeiten zur Frage, welche Faktoren Aktienkurse wirklich bewegen – wenn es offensichtlich nicht allein Informationen über anstehende Veränderungen der Realwirtschaft sind.[17] Alle diese Studien zeigen, dass Aktienkurse a) übertrieben volatil sind und b) etwas anderes widerspiegeln müssen als neue Informationen über Fundamentalwerte.

Auf Grund der geringeren Streuung der realwirtschaftlichen Zeitreihe (Dividenden plus Wachstumsraten) im Vergleich zur finanzwirtschaftlichen Zeitreihe (Dividenden plus Kursänderungen) sind Schätzungen statistischer Parameter genauer, wenn sie auf realwirtschaftlichen und nicht auf finanzwirtschaftlichen Daten beruhen. Unter dem Postulat, dass Herr und Hund letztlich zur selben Zeit an dasselbe Ziel gelangen, sollten beide Daten auf dieselbe Schätzung für die Renditeerwartung führen. Doch bei Verwendung der realwirtschaftlichen Daten (geringe Schwankungen in der Stichprobe) ist das Konfidenzintervall für den Parameter

---

16 Vergleiche zum Beispiel die Konfidenzintervalle in der Abbildung 3 unten.

17 Hierzu: Summers (1986), French/Roll (1986), Cutler/Poterba/Summers (1989). Grundlage dieser Studien sind umfangreiche Analysen der langfristigen Renditen an den Finanzmärkten. Siehe: Jorion/Goetzmann (1999), Dimson/Marsh/Staunton (2002), Siegel (2002).

Renditeerwartung enger. Von daher gibt es eine klare Präferenz für die so genannte *realwirtschaftliche* Methode. Um ein Bild zu verwenden: Sie schießt genauer (doch ist die Frage, ob sie das Richtige trifft...).

- Klassisch ist die finanzwirtschaftliche Bestimmung der Renditeerwartung. Bei dieser Methode werden die historischen Realisationen der Aktienrendite, so wie sie sich an der Börse zeigte (Dividenden plus Kursgewinne) als Stichprobe aufgefasst. Ihr Mittelwert dient als Schätzer des Erwartungswerts der Aktienrendite des kommenden Jahres, die als Zufallsvariable aufgefasst wird. Die Konfidenzintervalle sind auch bei sehr langen Datenreihen vergleichsweise groß.
- Die intuitiv einsichtige Übereinstimmung von finanzwirtschaftlicher und realwirtschaftlicher Rendite, der wir bisher immer folgten, bietet eine zweite Möglichkeit zur Bestimmung der mit Aktien verbundenen Renditeerwartung. Es wird untersucht, welche Dividendenrendite Aktien in der Vergangenheit hatten und wie die Unternehmen im Laufe der Zeit an Wert gewachsen sind. Letzteres wird entweder durch das Wachstum der auf eine Aktie entfallenden Dividende bestimmt, oder das Wachstum der Wirtschaft dient als Proxy – so wie es durch das Sozialprodukt des Landes oder das Sozialprodukt pro Kopf in den Statistiken wiedergegeben ist. Dieser Weg ist die „realwirtschaftliche Bestimmung" der Rendite. Weil die Streuung der Zeitreihe wesentlich geringer ist als die der historischen Entwicklung des Börsenindex, ist auch das Konfidenzintervall deutlich enger.

Die realwirtschaftliche Schätzmethode ist daher der finanzwirtschaftlichen Schätzmethode überlegen – sofern das Postulat der numerischen Identität von finanzwirtschaftlicher und realwirtschaftlicher Rendite der Wirklichkeit entspricht.

## 2.6 Empirische Zweifel

Von diesen Betrachtungen zur Volatilität abgesehen, müssen nun noch die Übereinstimmung der Erwartungswerte untersucht werden. Die Frage lautet also, welche (empirischen) Befunde den postulierten Zusammenhang zwischen Rendite und Dividenden plus Wertsteigerung (durch Dividendenwachstum) stützen. Vielleicht haben jedoch die Finanzmärkte und die Realwirtschaft am Ende gar nichts oder nur wenig miteinander zu tun? Jedenfalls sieht die Konsequenz so aus: Wenn sich der vermutete Zusammenhang zwischen Finanzwirtschaft und Realwirtschaft bestätigt, dann können die Erwartungswerte der Renditen aus realwirtschaftlichen Daten ermittelt werden. Insbesondere können dann Wachstumsraten des Sozialprodukts und andere Größen zur Wirtschaftsentwicklung in Erwartungswerte für Renditen umgerechnet werden. Stellt sich hingegen heraus, dass es keinen Zusammenhang zwischen Finanzwirtschaft und Realwirtschaft gibt, dann bringt es nichts, für die Schätzung der Rendite Daten aus der Realwirtschaft heranzuziehen.

Doch es liegt Evidenz vor, die gegen einen langfristigen Zusammenhang zwischen Finanzwirtschaft und Realwirtschaft spricht. Nicht nur, dass sich beide Bereiche vielleicht unabhängig voneinander entwickeln können:

- Einige Autoren weisen im Ländervergleich sogar einen negativen korrelativen Zusammenhang zwischen der Aktienrendite und dem Wirtschaftswachstum nach, so Krugman (1994), Siegel (1998), Dimson/Marsh/Staunton (2002), Ritter (2004).
- Andere, so Fama/French (2002), zeigen: Die finanzwirtschaftliche Schätzung der Rendite führt auf einen ganz anderen numerischen Wert als die realwirtschaftliche Schätzmethode.

Diese Studien gelangen zu dem Schluss, dass Wirtschaftswachstum zwar den Menschen des Landes als Konsumenten einen höheren Lebensstandard bringt, aber nicht notwendigerweise den Aktionären Kursgewinne. Dimson/Marsh/Staunton (2002, S. 156) schreiben: „... we may be misguided in expecting a relationship since GDP can grow without generating wealth gains to equity holders.“

# 3 Zweifel am vermuteten Zusammenhang

## 3.1 Internationale Vergleiche

Ob die langfristigen Mittelwerte der realwirtschaftlichen und der finanzwirtschaftlichen Rendite überhaupt identisch sind, wurde verschiedentlich untersucht. Eine der Arbeitsrichtungen zielt auf den internationalen Vergleich ab. Diese Arbeitsrichtung begann wohl mit Krugman (1994), der die Börsenentwicklung in Ostasien analysiert hat. Sein Schluss: Zwar haben die Kursentwicklungen dazu beigetragen, das reale Wirtschaftswachstum der Region anzutreiben. Doch im internationalen Vergleich haben die dortigen Finanzmärkte letztlich keine Outperformance gebracht. Um die Metapher aufzugreifen: Der Hund ist immer hinter dem Herrn zurückgeblieben, auch wenn die Tatsache, dass er dem Herrn auf den Fersen gefolgt ist, dessen Schritt sogar etwas beschleunigt hat.

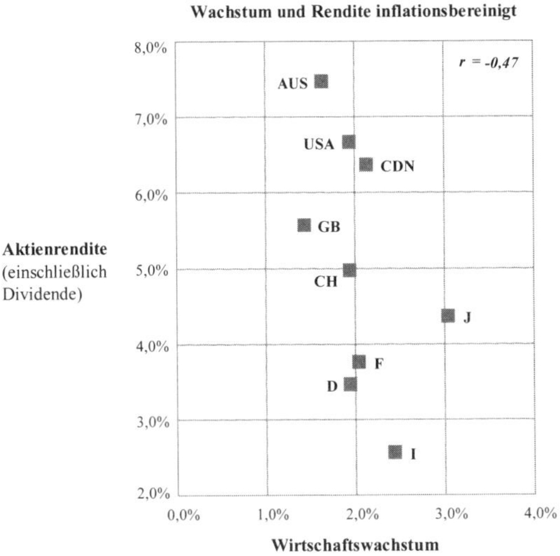


**Abb. 2:** Finanzwirtschaftliche Rendite und reales Wirtschaftswachstum ausgewählter Länder[18]

Beobachtungen zu anderen Ländern und internationale Vergleiche haben inzwischen breite Beachtung gefunden, so die Untersuchungen von Siegel (1998), Dimson/Marsh/Staunton (2002) und Ritter (2004). Diese Studien berichten über *negative* Korrelationen (über verschiedene Länder hinweg) zwischen den langfristigen Mittelwerten der Aktienrenditen und den langfristigen Mittelwerten der Wachstumsraten der Wirtschaft. Es spielt keine Rolle, dass die genannten Studien nicht nominale, sondern inflationsbereinigte Größen betrachten.

- Siegel (1998) berichtet für die Jahre 1970-1997 eine Korrelation zwischen Aktienrendite und dem Wachstum des Pro-Kopf-BIP in 17 entwickelten Wirtschaften von -0,32.
- Dimson/Marsh/Staunton (2002, S 156) können mit ihren Daten, die 101 Jahre abdecken, die Korrelation für einzelne Zeitabschnitte untersuchen. Im Kollektiv der von ihnen untersuchten 16 Länder hängen die langfristigen Mittelwerte der Aktienrenditen nicht signifikant mit den Wachstumsraten des BIP zusammen. Der Korrelationskoeffizient ist negativ, und zwar -0,27 für 1900-2000 und -0,03 für 1951-2000.
- Ritter (2004, Table 3, S. 20) berichtet über die Ergebnisse für ein Kollektiv der größten 19 Länder. Die auf die 31 Jahre 1970-2001 bezogenen geometrischen Durchschnittsrenditen für Aktien und die Mittelwerte des Pro-Kopf-BIP-Wachstums weisen einen Korrelationskoeffizienten von -0,25 auf. Für

---

18 Daten aus Ritter 2004.

eine Auswahl von 13 Emerging Markets und Durchschnitte, die sich auf die Jahre 1988-2000 beziehen, ist der Korrelationskoeffizient 0,02.

Für eine Auswahl der wichtigsten Länder (als Datenquellen dienten die drei zitierten Arbeiten) veranschaulicht die Abbildung 2 diesen, im Wesentlichen negativen, Zusammenhang zwischen Aktienrendite und Wirtschaftswachstum. Der Korrelationskoeffizient beträgt -0,47.

Beachtenswert ist, dass die Autoren nicht die finanzwirtschaftlichen Renditen (Dividenden plus Kursgewinne) der Länder mit den realwirtschaftlichen Renditen (Dividenden plus Wachstum der Wirtschaft) der in die Studie einbezogenen Länder verglichen haben. Die Publikationen vergleichen regelmäßig die finanzwirtschaftliche Rendite (Dividenden plus Kursgewinne) mit der Wachstumsrate der Realwirtschaft, wie auch in unserer Abbildung dargestellt. Eigentlich lautet das Postulat jedoch: In der langen Frist stimmen die Dividendenrendite plus die relativen Kursänderungen überein mit der Dividendenrendite plus der Wachstumsrate der Unternehmung. Sofern die Dividendenrenditen konstant über die Länder hinweg sind, spielt es für die Korrelation keine Rolle, ob Aktienrenditen mit realwirtschaftlichen Renditen oder Aktienrenditen mit Wachstumsraten verglichen werden. Andernfalls kann eine Verzerrung eintreten: Die in den genannten Studien gefundenen negativen Korrelationen zwischen Aktienrenditen und Wachstumsraten übertragen sich auf negative Korrelationen zwischen Aktienrenditen und realwirtschaftlichen Renditen, sofern Länder mit höheren (geringeren) Aktienrenditen tendenziell solche mit geringeren (höheren) Dividendenrenditen wären. Es geht also um die Beziehung zwischen Ausschüttung und Wachstum durch Einbehalt von Gewinnen. Im Licht der Irrelevanzthese von Modigliani und Miller sollte die Aktienrendite in keiner Korrelation zur Dividende stehen. Jedoch gibt es auch hier empirische Befunde, nach denen höhere Dividenden das Wachstum fördern (vgl. Arnott/Asness, 2003). Dieser Befund stellt die berichteten negativen Korrelationen in Frage.

Jedenfalls lässt sich aus diesen Arbeiten der Schluss ziehen: Die Renditen an der Börse haben im Vergleich der Länder wenig mit dem Wirtschaftswachstum zu tun, vielleicht sind die beiden Größen sogar wirklich negativ korreliert. Offensichtlich gibt es Faktoren, die die Renditen an der Börse erklären (etwa: investorenfreundliches Klima) und andere, nicht damit zusammenhängende Faktoren, die das Wirtschaftswachstum erklären (etwa: Bevölkerungsentwicklung).

In der Tat kann es ein Land geben, in dem der Landlord immer wieder eine hohe Pacht erhält und sehr zufrieden ist, und das Land kommt überhaupt nicht vorwärts. Ebenso können einzelne Länder stark wachsen (hier: Italien, Japan) und die Einwohner sind hoch erfreut, weil es ihnen besser geht als der Generation zuvor, doch die Kapitalgeber fühlen sich geprellt, wenn sie in andere Länder blicken.

So sind es verschiedene Faktoren, die wir nicht untersucht haben und die dazu führen, dass Länder „investorenfreundlich" oder „wachstumsfreundlich" sind. Diese Faktoren wirken anscheinend so, dass einige Länder zwar das eine, aber nicht das andere sind. Das Wachstum der Realwirtschaft wird zwar durch Finanzmärkte gefördert, besonders dann, wenn diese sich gut entfalten. Doch für das Wachstum der Realwirtschaft sind dauerhaft hohe Sparquoten, das Angebot an Arbeitskräften, die technologische Entwicklung und andere gesamtwirtschaftliche Bedingungen wichtiger.[19] Diese Faktoren drücken sich jedoch nicht notwendigerweise in höheren Aktienrenditen aus. Die Metapher: Der Herr läuft schneller, wenn er einen Hund dabei hat. Doch wie schnell der Hund läuft, ist unabhängig davon, wie schnell der Herr geht.

## 3.2 Numerische Schätzungen

Langfriststudien zur Aktienrendite oder zur Risikoprämie – der Differenz zwischen Aktienrendite und Zinsniveau beziehungsweise den Renditen von Bonds – haben Fama und French (2002) vorgestellt:

- Finanzwirtschaftliche Schätzmethode: Geht man allein von den historischen Renditen an den Finanzmärkten aus, dann ergibt sich in den USA für den Zeitraum von 1872 bis 2000 eine reale (inflationsbereinigte) Risikoprämie von 5,57%, die Aktien gegenüber Bonds hatten (in vielen anderen Ländern lag die Risikoprämie zwischen 4% und 5%).
- Realwirtschaftliche Schätzmethode: Ermittelt man hingegen die reale Risikoprämie anhand der Realwirtschaft (Dividenden plus Dividendenwachstum minus Renditen von Bonds), dann beträgt sie nur 3,54%.

Zwischen 5,57% und 3,54% liegt ein beträchtlicher Unterschied, der nicht durch Schätzfehler erklärt werden kann, weil es sehr langfristige Daten sind. Offensichtlich sind Hund (die Finanzwirtschaft) und Herr (Realwirtschaft) getrennte Wege gegangen – und der Hund war schneller.

Fama/French (2002) haben entdeckt, dass dieser Unterschied der finanzwirtschaftlichen und der realwirtschaftlichen Rendite nur auf die letzten fünfzig Jahre zurückzuführen ist. In der Zeitspanne von 1872 bis 1950 sind Realwirtschaft (Risikoprämie 4,17%) und Finanzwirtschaft (Risikoprämie 4,40%) noch ähnlich verlaufen, während für 1951 bis 2000 die Realwirtschaft auf eine Risikoprämie von nur 2,55% und die Finanzwirtschaft auf eine von 7,43% führt. Hund und Herr gingen zwischen 1872 und 1950 noch zusammen spazieren, doch seit 1950 hat der

---

[19] Ritter (2004) bemerkt: „Equity holders receive dividends on the shares they own today. Economic growth occurs from high personal savings rates and increased labor force participation, and from technological change. If increases in capital and labor inputs go into new corporations, these do not boost the present value of dividends on existing corporations. Technological change does not increase profits unless firms have lasting monopolies, a condition that rarely occurs. Countries with high growth potential do not offer good equity investment opportunities unless valuations are low.“

Herr seinen Schritt verlangsamt, während sich der Hund losgerissen hat und schnell davongelaufen ist.

Diese Untersuchungen sprechen eine klare Sprache: Was Unternehmen den Aktionären real bieten, ist in den letzten fünfzig Jahren im Vergleich zur Zeit davor zurückgefallen. Doch was die Finanzinvestoren mit dem Handel von Aktien sich selbst geboten haben, ist in dieser Periode deutlich gestiegen und hat sich von der Wirklichkeit dramatisch gelöst. Etwa seit 1950 hat sich das Wachstum verlangsamt, während die Börsen abgehoben haben. Dies deutet darauf hin, dass in den letzten 50 Jahren die Anleger *unerwartete* Gewinne gemacht haben: Der Kapitalmarkt hat sie mit einer besseren Performance als erhofft überrascht.

Ansatz und Methodologie von Fama/French (2002) sind jüngst von Cieslak (2004) auf verschiedene Länder übertragen worden, unter anderen hat sie die europäischen Länder Frankreich, Deutschland, Schweiz, Niederlande, GB betrachtet. Als Zeitfenster betrachtet sie die Monate Januar 1973 bis Dezember 2000 und schätzt einerseits die realwirtschaftliche Rendite auf Grund des Dividend-Growth-Modells (DGM), andererseits die (inflationsbereinigte) Aktienrendite auf Grund historischer Daten. Auch hier zeigt sich: Die Börsen haben sich in den Jahren 1973 bis 2000 in allen gezeigten Ländern von der Realwirtschaft beträchtlich abgehoben.

## 3.3 Positive Schocks treiben Finanzmärkte

Die Analyse der Zeitreihen lässt erkennen, dass es gelegentlich Schocks gab. Die Variablen folgen einem quasi autoregressiven Prozess AR. Also sterben die Schocks langsam aus. Folglich könnten die entdeckten Unterschiede zwischen Realwirtschaft und Finanzwirtschaft durch Schocks erklärt werden, die gelegentlich die Finanzmärkte positiv begünstigten. Solche Schocks können möglicherweise mit dem Auftauchen neuer Technologien erklärt werden oder mit dem Abbau von Handelsschranken und dergleichen.

Jedenfalls lassen die Zeitreihen es zu, dass es hin und wieder positive Schocks gab, die das Abheben der Aktienmärkte von der realwirtschaftlichen Unternehmens- und Wirtschaftsentwicklung bewirkten. Es könnte sogar sein, dass im Grunde die Aktienrendite und die realwirtschaftliche Rendite übereinstimmen, wenn von diesen Schocks abgesehen wird. Anders ausgedrückt: Lediglich auf Grund dieser positiven Schocks an den Finanzmärkten übertreffen Aktienrenditen die Entwicklung in den Unternehmen und in der Wirtschaft. Aktien wären im Vergleich zu anderen Anlageformen, die stärker an die Wirtschaftsentwicklung gebunden sind, wie Bonds und Immobilien, nur deshalb interessant, weil es ab und zu positive Schocks an der Börse gibt. Sie zeigen sich in einer Rally von einem Jahr oder einigen wenige Jahren.

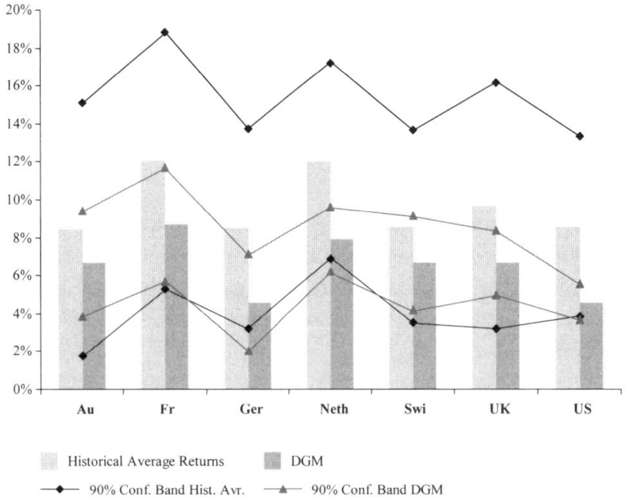


**Abb. 3:** Inflationsbereinigte realwirtschaftliche Renditen (rechts) versus Aktienrenditen (links) und 90% Konfidenzintervalle für verschiedene Länder[20]

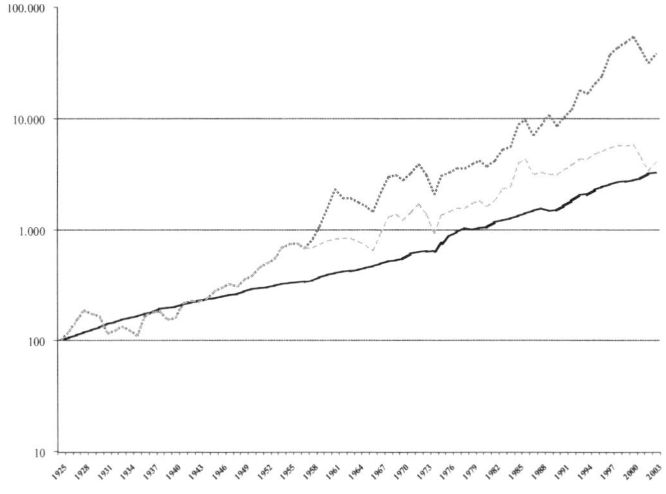


**Abb. 4:** Wertentwicklung (Januar 1926 = 100 Franken) eines Obligationenportfolios (gestrichelt), eines Aktienportfolios (solid) und eines Portfolios (gepunktet), das fast immer in Aktien angelegt war, doch in den beiden Boomphasen 1958-1961 und 1988-2000 in Obligationen investiert wurde

20 Quelle: Cieslak 2004.

Wie war das in der Schweiz? Die von der Bank Pictet zur Verfügung gestellten Daten zeigen, dass der ihnen zu Grunde liegende Aktienindex von 100 (Jahresanfang 1926) auf 37914,69 (Jahresende 2003) gestiegen ist. Obligationen sind in denselben 78 Jahren von 100 auf 3222,98 gestiegen. Diese Relation von über 11:1 im Endergebnis wird auch immer wieder herangezogen, um die Überlegenheit von Equity im Vergleich zu Debt herauszustellen.

Selbstverständlich unterlag die Anlage in Aktien großen Schwankungen, immer wieder gab es Aufwärts- wie Abwärtsphasen – nicht erst in der letzten Zeit. Im Nachhinein stechen zwei Aufwärtsphasen besonders ins Auge. In den vier Jahren 1958 bis 1961 haben Aktien 242% zugelegt, in den dreizehn Jahren 1988 bis 2000 gar 668%.

Diese Schübe können (nachträglich) gut mit dem besonderen realwirtschaftlichen Klima in Verbindung gebracht werden. Die Jahre 1958 bis 1961 standen im Zeichen des *Wirtschaftswunders* der Nachkriegszeit, das damals in vielen Ländern einen konjunkturellen Aufschwung brachte. 1988 bis 2000 waren die Jahre des Booms der Informationstechnologie.

Die Grafik zeigt die Wertentwicklung eines Investors, der im Prinzip immer in Aktien anlegt, nur die beiden genannten Boomphasen verschlafen hatte. Dieses Portfolio hat ein deutlich höheres Risiko als das reine Rentenportfolio, aber kein merklich besseres Ergebnis. Es darf behauptet werden, dass diese beiden Phasen der wirtschaftlichen Prosperität mit einer gewissen Treffsicherheit hätten prognostiziert werden können. Immerhin hatten sich die Verhältnisse in der Nachkriegszeit zunehmend stabilisiert, und der sich beschleunigende Aufschwung war vor 1958 zu erkennen. Ähnliches gilt für die Jahre des IT-Booms 1988 bis 2000: IBM brachte den PC 1982 heraus, und die Möglichkeit des Internets zeichnete sich damals am Horizont ab. Was nun, wenn ein Schweizer Finanzinvestor die beiden Boomphasen verschlafen hätte? Das Resultat ist ernüchternd: Dieses spezielle Konstrukt hat ein deutlich höheres Risiko als die reine Rentenanlage, aber kein merklich besseres Ergebnis gezeigt. Mit dem Spezialportfolio sind 3352 sFr entstanden im Vergleich zu 3223 sFr (wäre man stets in Obligationen investiert gewesen). Der Investor, der so unglücklich agierte, erhielt nur einen unwesentlich größeren Ertrag als jemand, der permanent Obligationen hielt.

Das Fazit: Aktien sind nur deshalb besser als Obligationen, weil es in den vergangenen fünfzig Jahren zwei bemerkenswerte Boomphasen gab (positive Schocks). Werden sie ausgeklammert, bringen Aktien kein überlegenes Anlageergebnis. So drängt sich eine Antwort auf:

- Aktien sind höchst interessant, wenn eine Phase kommt, die einen Kursschub auslöst. Die Aktienrenditen hängen mit der Realwirtschaft indessen (nur) in ausgesprochenen Boomphasen positiv zusammen. Dann sind die Renditen und das Wachstum hoch.

- Liegt keine Boomphase vor, zeigen die Renditen an der Börsen und das Wachstum der Wirtschaft ihr voneinander unabhängiges Eigenleben.

Stehen wir jetzt vor einer neuen Boomphase? Wo ist möglicherweise der Keim dafür zu erkennen? Krugman zeigt in „The Return of Depression Economics“ Bedingungen auf, unter denen sich ein Aufschwung der Realwirtschaft bildet. Zwei Arten von Bedingungen müssen unterschieden werden.

1. Oft wird ein realwirtschaftlicher Aufschwung durch einen Input-Schub ausgelöst. Plötzlich können neue Arbeitskräfte in das Wirtschaftsleben integriert werden, oder die Allokationseffizienz der Ressourcen steigt, etwa im Nachgang zu Restrukturierungen. Solche Schübe wirken jedoch meistens nur einmalig. Ihre Wirkung flacht sich nach einigen Jahren ab, und sie münden daher früher oder später in einen Börsencrash.

2. Nachhaltiges Wachstum und nachhaltig höhere Renditen an der Börse gehen stets mit einer Steigerung der Produktivität einher. Eine höhere totale Faktorproduktivität (TFP) steht in Verbindung mit dem technischen Fortschritt, und dieser wird durch Innovationen, Investitionen und Verbesserungen in der Infrastruktur begünstigt.

So bilden letztlich diese Fragen den Schlüssel für höhere Renditen: In welchen Branchen haben die Unternehmen die Möglichkeit, Innovationen zu fördern und Investitionen zu machen? In welchen Ländern hat der Staat die benötigten Mittel, um die Infrastruktur zu fördern? Wo wird hingegen nur verlagert und abgebaut, wo verfällt die Infrastruktur? Hier haben sich einige Länder klar besser positioniert als andere, und genau in diesen Staaten wird es mit der Börse langfristig aufwärts gehen.

## 3.4 Strukturwandel

Jeder langfristige Vergleich von Finanzwirtschaft und Realwirtschaft wird vom Strukturwandel überlagert. Welcher Investor, der 1900 Aktien von Eisenbahngesellschaften und von Kohlebergwerken gekauft hat, kann zu als allgemein gültig und sinnvoll angesehenen Aussagen über den Vergleich der langfristigen Aktienrendite und der realwirtschaftlichen Rendite (Dividenden plus Wachstumsrate jener Branchen) gelangen?

Durch das Auf und Ab einzelner Industrien gibt es natürlich immer wieder Finanzinvestoren, die in „unbedeutende“ Unternehmen und Branchen investieren und einige Jahrzehnte später durch ungeahnte Kursgewinne einen guten Teil der Marktkapitalisierung erreicht haben. Die strukturellen Veränderungen bewirken, dass die vielleicht auf gesamtwirtschaftlicher Ebene nachgewiesenen Korrelationen – ob nun Zusammenhänge oder Nicht-Zusammenhänge – zwischen finanzwirtschaftlicher und realwirtschaftlicher Rendite für einen einzelnen Investor wenig aussagekräftig sind und diesem auch kaum weiterhelfen.

| Anteilige Kapitalisierung der Sektoren | 1899 | 1950 | 2000 |
|---|---|---|---|
| Railroads | 56% | 2% | 0% |
| Banks and Finance | 11% | 5% | 15% |
| Mining | 3% | 3% | 1% |
| Textiles | 3% | 2% | 0% |
| Iron, Coal, Steel | 5% | 3% | 0% |
| Breweries and Distillers | 2% | 5% | 1% |
| Utilities | 4% | 4% | 4% |
| Telegraph and Telephone | 3% | 3% | 10% |
| Insurance | 1% | 6% | 5% |
| Other Transport | 3% | 1% | 1% |
| Chemicals | 1% | 10% | 1% |
| Food Manufacturing | 2% | 3% | 2% |
| Retailers | 0% | 7% | 5% |
| Tobacco | 2% | 7% | 1% |
| Sektoren, die 1990 klein waren | 4% | 38% | 55% |
| TOTAL | 100% | 100% | 100% |

**Tabelle 2:** Bedeutung von Industrien (nach der früher gebräuchlichen Klassifikation)[21]

| Anteilige Kapitalisierung der Sektoren | 1899 | 1950 | 2000 |
|---|---|---|---|
| Information Technology | 0% | 0% | 14% |
| Banks and Finance | 11% | 5% | 15% |
| Pharmaceuticals | 0% | 1% | 11% |
| Telecommunications | 3% | 3% | 10% |
| Retailers | 0% | 7% | 5% |
| Oil and Gas | 0% | 15% | 8% |
| Diversified Industrials | 0% | 2% | 3% |
| Insurance | 1% | 6% | 5% |
| Utilities | 4% | 4% | 4% |
| Media and Photography | 0% | 1% | 4% |
| Breweries and Distillers | 2% | 5% | 1% |
| Mining | 3% | 3% | 1% |
| Sektoren, die 2000 klein waren | 75% | 49% | 20% |
| TOTAL | 100% | 100% | 100% |

**Tabelle 3:** Bedeutung von Industrien (nach der heute gebräuchlichen Klassifikation)[22]

Die beiden Tabellen zeigen die sektorale Verschiebung einzelner Industrien. Die angegebenen Zahlen sind der arithmetische Durchschnitt der auf die USA und GB

21 Quelle: Dimson/Marsh/Staunton (2002).

22 Quelle: Dimson/Marsh/Staunton (2002).

bezogenen Daten aus Dimson/Marsh/Staunton (2002, S. 24). Die erste Tabelle zeigt die Sektoren nach der um 1900 üblichen Klassifikation, die zweite die Sektoren nach der um 2000 üblichen Klassifikation.

Gerade in diesen Jahren befinden wir uns wieder in einem strukturellen Wandel. Eine Zeit des strukturellen Wandels ist geprägt von Desinvestitionen in einem Wirtschaftsbereich und Investitionen in einem neuen Bereich. Das Indiz für diese Veränderungen in der Realwirtschaft ist der Erfolg von Hedge Funds, deren dominante Strategie lautet: Verkaufe den Marktindex und gehe long in selektierte Titel oder Branchen, wie Fung/Hsieh (1997) und in nachfolgenden Arbeiten ausführen. In solchen Phasen, in denen einiges nach oben und gleichzeitig anderes nach unten geht, wird es geradezu spekulativ, empirische Zeitreihen für die Entscheidung heranzuziehen, ob es einen positiven oder einen negativen Zusammenhang zwischen Finanzwirtschaft und Realwirtschaft gibt.

# 4 Fazit

Die Schätzung der Renditeerwartung von Aktien wirft immer noch statistische Probleme und Rätsel auf.

1. Rein finanzwirtschaftliche Schätzungen anhand historischer Zeitreihen der tatsächlich mit dem Börsengeschehen entstandenen Renditen sind ungenau im Sinn breiter Konfidenzintervalle. Derart bestimmte Renditeerwartungen oder Kapitalkosten sind für praktische Zwecke (Optimizer, Berichte, Beispiele) zu ungenau. Zudem leiden die finanzwirtschaftlichen Schätzungen unter Verzerrungen bei der Datenbeschaffung.

2. Ob es Sinn macht, realwirtschaftliche Daten zur Schätzung der Renditeerwartung in die Schätzung einfließen zu lassen, ist gleichermaßen fragwürdig. Die realwirtschaftliche Schätzmethode führt im internationalen Vergleich zu dem Schluss, dass Finanzwirtschaft und Realwirtschaft langfristig wenig miteinander zu tun haben.

   - Mehrere Studien berichten über negative Korrelationen zwischen den langfristigen Aktienrenditen und dem Wirtschaftswachstum.

   - Numerische Schätzungen der finanzwirtschaftlichen und der realwirtschaftlichen Rendite liegen weit auseinander.

   - Es ist zu vermuten, dass Aktienmärkte durch gelegentliche positive Schocks profitieren.

   - Ein Blick auf den Strukturwandel lässt Zweifel aufkommen, ob es überhaupt geeignete Daten gibt und letztlich geben kann, um zu klären, wie Schumpeter es einst formulierte, ob der Hund (die Finanzwirtschaft) seinem behäbigen Herrn (Realwirtschaft) folgt.

3. Verschiedene Arbeiten weisen darauf hin, dass es unterschiedliche Faktoren sind, die Aktienrenditen oder eben das Wirtschaftswachstum fördern, und dass es deshalb wenig Sinn macht, wenn der Portfoliomanager oder der Finanzanalyst auf die realwirtschaftlichen Wachstumsraten schaut. Eine Betrachtung der vorliegenden Materialien führt zu dem Ergebnis:
   - In Boomphasen wirken diese Faktoren nicht unterschiedlich: Finanzwirtschaft und Realwirtschaft bewegen sich gleichermaßen vorwärts und nehmen folglich dieselbe Richtung.
   - In Phasen der Umstrukturierung dürften hingegen die bewegenden Faktoren der Aktienrenditen (der einzelnen Branchen) unabhängig sein von den Faktoren, die das Wirtschaftswachstum treiben.

Kurz: In Boomphasen gehen Herr und Hund in dieselbe Richtung, in Zeiten der Umstrukturierung nimmt jeder seinen eigenen Weg.

# Literaturverzeichnis


Arnott, Robert D./Ryan, R. (2001): The death of the risk premium: consequences of the 1999's. Journal of Portfolio Management 27, 3, S. 61-74.

Arnott, Robert D./Asness, Clofford S. (2003): Surprise! Higher Dividends = Higher Earnings Growth. Financial Analysts Journal 59, No. 1, S. 70-87.

Barberis, Nick/Huang, Ming/Santos, Tano (2001): Prospect Theory and Asset Prices. Quarterly Journal of Economics 49, S. 1-53.

Boldrin, Michele/Christiano, Lawrence J./Fisher, Jonas D. M (2001): Habit Persistence, Asset Returns, and the Business Cycle. American Economic Review 91, S. 149-166.

Campbell, John Y./Shiller, Robert (1998): Valuation Ratios and the Long-Run Stock Market Outlook. Journal of Portfolio Management, Winter, S. 11-26.

Chan, Yeung. L./Kogan, Leonid (1999): Heterogeneous Preferences and the Dynamics of Asset Prices. Working Paper, Harvard University.

Chen, Nai-Fu/Roll, Richard/Ross, Stephen A. (1986): Economic Forces and the Stock Market. Journal of Business 59, S. 383-403.

Cieslak, Anna (2004): Estimating the Real Rate of Return on Stocks: An International Perspective. Working Paper, University of St. Gallen.

Cochrane, J. H. (1999): New Facts in Finance. Working Paper, Graduate School of Business, University of Chicago.

Constantinides, George/Duffie, Darrell (1996): Asset Pricing with Heterogeneous Consumers. Journal of Political Economy 104, S. 219-240.

Cutler, David M./Poterba, James M./Summers, Lawrence H. (1989): The Journal of Portfolio Management, Spring, S. 4-12.

Dimson, Elroy/Marsh, Paul/Staunton Mike (2002): Triumph of the Optimists – 101 Years of Global Investment Returns. Princeton University Press.

Dumas, Bernard (1989): Two-Person Dynamic Equilibrium in the Capital Market. Review of Financial Studies 2, S. 157-188.

Fama, Eugene F./French, Kenneth R. (2002): The Equity Premium. Journal of Finance 57, S. 637-659.

French, Kenneth R./Roll, Richard (1986): Stock Return Variances – The Arrival of Information and the Reaction of Traders. The Journal of Financial Economics, 17, S. 5-26.

Fung, Bill/Hsieh, David (1997): Survivorship Bias and Investment Style in the Returns of CTAs. Journal of Portfolio Management, 24, S. 30-41.

Jorion, Philippe/Gotzmann, William (1999): Global Stock Markets in the Twentieth Centrury. Journal of Finance 54, S. 953-980.

Krugman, Paul (1994): The Myth of Asia's Economic Miracle. Foreign Affairs 73, S. 62-78.

Krugmann, Paul (2000): The Return of Depression Economics. Norton & Company.

Poterba, James M./Summers, Lawrence H. (1988): Mean Reversion in Stock Prices: Evidence and Implications. Journal of Financial Economics 22, S. 27-59.

Ritter, Jay R. (2004): Economic Growth and Equity Returns. Working Paper, University of Florida, Gainesville FL.

Shiller, Robert (1981): Do Stock Prices Move Too Much to be Justified by Subsequent Changes in Dividends? American Economic Review 71, No. 3, S. 421-436.

Shiller, Robert (1984): Stock Prices and Social Dynamics. The Brookings Papers on Economic Activity, vol. 2, S. 457-510.

Siegel, Jeremy J. (2002): Stocks for the Long Run (Third edition), McGraw-Hill.

Spremann, Klaus (2002): Finanzanalyse und Unternehmensbewertung. München: Oldenbourg.

Spremann, Klaus (2003): Portfoliomanagement. 2. Auflage, München: Oldenbourg.

Spremann, Klaus (2004): Valuation – Grundlagen moderner Unternehmensbewertung. München: Oldenbourg.

Summers, Lawrence H. (1986): Does the Stock Market Rationally Reflect Fundamental Values? The Journal of Finance, vol. XLI, no. 3, S. 591-601.

# Aktienmarktrisiko im Wandel der Zeit – Volatilität und unteres Verteilungsende am Beispiel des deutschen Aktienmarktes

**Niklas Wagner**

*Zusammenfassung:*
*Bei der Vermögensanlage am Kapitalmarkt gehen Investoren Risiken ein, die im Zeitablauf variieren. Im Verlauf der letzten drei Jahrzehnte wiesen die Risiken etablierter Aktien-, Renten- und Devisenmärkte eine steigende Tendenz auf. Vor diesem Hintergrund wird in diesem Beitrag speziell der deutsche Aktienmarkt untersucht. Als Bewertungsindikator wird der Deutsche Aktienindex – bzw. für die Zeit vor 1988 eine tägliche Rekonstruktion desselben – verwendet. Der Index dient dabei als diversifiziertes, landesspezifisches Investmentportfolio und spiegelt das Risiko einer typischen Aktienanlage institutioneller Anleger wider. Unter Zugrundelegung der Jahre 1969 bis einschließlich 2002 wird das zeitvariable Anlagerisiko mit unterschiedlichen Ansätzen charakterisiert. Es erfolgt zunächst eine Modellierung des „normalen", bedingten Schwankungsrisikos. Anschließend wird das Marktstressrisiko untersucht, d.h., es wird speziell das bedingte Risiko extremer, negativer Renditen betrachtet. Wie sich zeigt, erlauben spezielle statistische Methoden im Vergleich zu einem Standardansatz bei der Modellierung des unteren Randes der Renditeverteilung zyklisch schwankende, aber weit weniger erratische Risikoprognosen.*

*Schlüsselwörter: Aktienindexanlage, Marktstress, extreme Renditen, Schwankungsrisiko, Shortfall-Risiko, bedingte Standardabweichung, Tracking-Risiko, schwere Verteilungsränder.*

## 1 Einleitung

Nicht ohne Grund stehen Finanzmärkte, insbesondere bei extremen Ereignissen, im Blickpunkt des öffentlichen Interesses. Ferner unterliegen sie laufenden, strukturellen Veränderungen. Bei quantitativen Analysen zum Risiko der Finanzmärkte besteht eine besondere Herausforderung darin, im Zeitablauf auftretende Instabilitäten zu berücksichtigen.

Beim Management von Aktienmarktinvestments institutioneller Anleger können Modelle helfen, die eingegangenen Risiken abzubilden, zu bewerten und entsprechende Entscheidungsempfehlungen abzuleiten. Dies kann beispielsweise bedeuten, dass im Modell berücksichtigt wird, dass das Kapitalmarktrisiko auf internationalen, etablierten Märkten im Verlauf der letzten drei Jahrzehnte eine steigende Tendenz aufwies. Dabei ist erhöhtes Schwankungsrisiko einerseits eine zentrale Variable bei Allokationsentscheidungen für internationale Investmentportfolios. Andererseits ist gleichzeitig das Risiko extremer Verluste gestiegen. Illustriert wird diese Tendenz beispielsweise durch ein gehäuftes Auftreten großer Tagesverluste bei internationalen Aktienmarktindices in Amerika, Asien und Europa.[1]

Vor diesem Hintergrund werden im Folgenden die Risiken von Investments am Beispiel des deutschen Aktienmarktes diskutiert. Nach einer Erläuterung gängiger Methoden des Portfolio- und des Risikomanagements wird speziell das Marktrisiko im Zeitraum 1969 bis einschließlich 2002 untersucht. Dabei wird von 1988 bis 2002 der Deutsche Aktienindex (DAX), und von 1969 bis 1987 eine tägliche Rekonstruktion desselben verwendet. Der DAX-Index dient als diversifiziertes, landesspezifisches Investmentportfolio und spiegelt das Risiko einer für institutionelle Investoren typischen Aktienanlage wider.

# 2 Zum Management von Aktienmarktinvestments

Aktienmärkte stellen geregelte Sekundärmärkte dar, die es Anlegern ermöglichen, Finanzinvestitionen in liquide, riskante Vermögensgegenstände zu tätigen. Bei typischerweise dominierendem risikoaversem Verhalten der Marktteilnehmer wird im Marktgleichgewicht eine erwartete Rendite für Aktienmarktanlagen resultieren, die das Eingehen von Risiko durch eine Prämie belohnt. Mit anderen Worten: Die die erwartete Rendite riskanter Veranlagung wird diejenige einer risikolosen Anlage im Vergleichszeitraum übersteigen.

Empirische Befunde zu historischen Renditen deutscher Aktien finden sich beispielsweise bei Stehle und Hartmond (1991). Die Renditen speziell einer Rückrechnung des DAX-Index werden in Stehle et al. (1996) betrachtet. Stehle (1997) und Steiner und Wallmeier (1998) untersuchen Modelle zur Erklärung von Unterschieden im Querschnitt deutscher Aktienrenditen.

Das Risiko, das bei einer Aktienmarktanlage eingegangen wird, ist in klassischen Modellen der Kapitalmarkttheorie als Schwankungsrisiko definiert. In der Praxis

---

1 Konkret können Ereignisse wie der Börsenkrach von 1987 genannt werden, oder auch Ereignisse wie der „Mini-Crash" von 1989 und der durch den vermuteten Rücktritt Gorbatschows verursachte Einbruch im Jahr 1991, der insbesondere Deutschland betraf. Weitere große Marktschwankungen in jüngerer Zeit schließen beispielsweise die Golfkrise 1990/91, die Krise des europäischen Währungssystems 1992, die Asienkrise 1997, die Russlandkrise 1998 sowie den Terroranschlag vom 11. September 2001 und dessen Folgen ein.

des Managements von Investments kann man Arten des Risikos spezifischer wie folgt definieren:

- *Schwankungsrisiko* (nach Markowitz und anderen), gemessen durch die Varianz oder Standardabweichung von Renditen. In Erweiterung der Verwendung des unbedingten Schwankungsrisikos kann auch das bedingte, prognostizierte Schwankungsrisiko Verwendung finden.
- *Tracking-Risiko* (nach Rudd/Rosenberg und anderen), gemessen durch Distanzmaße (wie zum Beispiel die Standardabweichung) der Differenz zwischen der Rendite des Investmentportfolios und der eines Vergleichsportfolios wie beispielsweise der Rendite eines Aktienindex.
- *Shortfall-Risiko* (abgeleitet von Ansätzen nach Roy, Telser und anderen). Es wird beispielsweise durch Quantile der Renditeverteilung (so genannter „Value-at-Risk") oder bedingte Verlusterwartungen (so genannter „Expected Shortfall") gemessen.

Im Folgenden werden die oben genannten Risiken im Kontext des Portfolio- und des Risikomanagements näher diskutiert. In Abschnitt 3 erfolgt dann eine historische Untersuchung speziell zu den Kategorien Schwankungsrisiko und Shortfall-Risiko für den deutschen Aktienmarkt.

## 2.1 Methoden des Portfoliomanagements

Das Markowitz-Modell dient als Grundlage des modernen, quantitativ orientierten Portfoliomanagements. Einen aktuellen Überblick zu diesem Modell und zu vielfältigen weiteren Methoden des Portfoliomanagements geben beispielsweise Kleeberg und Rehkugler (2002) sowie Spremann (2003).

Das Kernziel im Portfoliomanagement besteht in der *Erzielung eines effizienten Risiko/Rendite-Verhältnisses* für ein Portfolio aus riskanten Vermögensgegenständen. Dazu werden erwartete Renditen sowie *Schwankungsrisiken* herangezogen. Neben der erwarteten Portfoliorendite spielt das Portfoliorisiko eine entscheidende Rolle. Dieses bestimmt sich aus den Schwankungsrisiken der einzelnen Anlagen im Portfolio und insbesondere aus den Abhängigkeiten zwischen den Renditen der Einzelanlagen. Eine gezielte Diversifikation *unsystematischer* Risiken bedingt die Modellierung der Renditeabhängigkeiten. Das klassische Markowitz-Modell greift dabei auf Korrelationen zurück.

Neben dem Schwankungsrisiko spielt insbesondere auch das Shortfall-Risiko eine wichtige Rolle im Portfoliomanagement. Spremann (1997) macht auf die Bedeutung der Diversifikation unter Marktstress aufmerksam, indem er zwischen Standardabweichung als Maß für „normale" Renditeschwankungen einerseits und der Verlustgefahr andererseits unterscheidet. Entsprechende Modelle des Portfoliomanagements zielen speziell auf eine Optimierung der Verlustgefahr (Shortfall-Risiko) ab (vgl. zum Beispiel Kalin und Zagst (1999) und Jansen et al. (2000)).

Unter der Annahme, dass ein Portfolio, das durch einen Index gegeben ist, ein effizientes Risiko/Rendite-Verhältnis aufweist, kann ein derartiger Index in seiner Gesamtheit oder auch mit einer Teilmenge an Werten approximativ nachgebildet werden. Im Portfoliomanagement wählen institutionelle Anleger häufig diese passive Anlageform und „tracken" – zumindest mit einem Teil des Anlagekapitals – einschlägige Aktienindices.[2] Spezifische Anwendungen finden sich beispielsweise in Korn und Schmitt (1996), Rudolf et al. (1999), Bamberg und Wagner (2000) sowie in Rodriguez und Härdle (2000). Wagner (1998) gibt einen Überblick zu einigen Methoden des *Index-Trackinsg* und legt empirische Ergebnisse am Beispiel des DAX dar.

## 2.2 Methoden des Risikomanagements

Während im Portfoliomanagement das Risiko eines Portfolios gegen seine erwartete Rendite abgewogen wird und unsystematische Risiken durch Diversifikation reduziert werden, betrachtet man im Risikomanagement das systematische Risiko eines diversifizierten Portfolios. Das *Shortfall-Risiko*, d.h. das Risiko großer Verluste, ist im Marktrisikomanagement dann durch die Verteilung von Marktrenditen – wie beispielsweise die des nachgebildeten DAX-Portfolios – vorgegeben. Einen Überblick zu Methoden des Risikomanagements liefern Johanning und Rudolph (2000) sowie Oehler und Unser (2000). Einen Einblick in das weiter gefasste Gebiet der Finanzmarktökonometrie liefern beispielsweise Poddig et al. (2000) sowie vertiefend Campbell et al. (1997), Franke et al. (2003) und Rachev und Mittnik (2000).

Der Value-at-Risk (VaR)-Ansatz ist sicherlich der am weitesten verbreitete Ansatz im Risikomanagement.[3] Die statistische Anwendung des VaR-Ansatzes verlangt die Schätzung von Quantilen der unbedingten oder der bedingten Renditeverteilung. Da im Fall nicht-normalverteilter Renditen Quantile nicht durch das Schwankungsrisiko, d.h. zum Beispiel über die Standardabweichung, bestimmt werden können, ist der empirisch regelmäßig festzustellende Fall schwerer Ränder der Renditeverteilung von besonderem Interesse für das Risikomanagement.[4]

---

[2] Das Tracking-Verhalten so genannter passiver Anleger lässt sich nicht im Rahmen des klassischen Modells der Maximierung des Nutzenerwartungswertes erklären. Ein deskriptiv-entscheidungstheoretisches Modell, welches sowohl den klassischen Markowitz- als auch den Tracking-Ansatz als Spezialfall enthält, wird in Wagner (2002) diskutiert.

[3] Zu seiner Anwendung vgl. zum Beispiel Bühler et al. (1998), Beeck et al. (1999), Albrecht (2001), Berkowitz und O'Brien (2002) sowie Jaschke et al. (2003).

[4] Für Befunde zu schweren Verteilungsrändern bzw. zu Exzesskurtosis am deutschen Aktienmarkt vgl. beispielsweise Stehle und Hartmond (1991), Krämer und Runde (1996), Lux (2000), Marsh und Wagner (2000) und Wagner (2003ab). Zum deutschen Rentenmarkt vgl. auch Werner und Upper (2002).

So betrachten beispielsweise Huschens und Kim (1999) und Mittnik und Paolella (2000) den VaR unter schweren Rändern der Renditeverteilung, wobei sie auf die Klasse der Student-t Verteilungen zurückgreifen. Mittnik und Paolella (2003) beschreiben Finanzmarktanwendungen auf Basis von alpha-stabilen Verteilungen. Extremwertstatistische Verteilungen und Beispiele aus dem Finanzbereich werden zum Beispiel in Coles (2001) und in Embrechts et al. (1997) dargelegt. Unter einer Vielzahl von Studien diskutieren beispielsweise Danielsson und Morimoto (2000) sowie Wagner und Marsh (2004) Anwendungen der Extremwertstatistik im Bereich des VaR und des Risikomanagements. Locarek-Junge et al. (2003) betrachten „Marktstress", definiert als das Unterschreiten einer kleinen Renditeschwelle, auf internationalen Aktienmärkten. Die Ergebnisse belegen positive, zeitliche Abhängigkeiten im Auftreten extremer, kleiner Marktrenditen, d.h. so genanntes „Clustering".

Abweichungen von einer multivariaten Normalverteilung der Renditen stellen insbesondere hohe Anforderungen an die Modellierung des Shortfall-Risikos von Portfolios. In diesem Fall sind die Abhängigkeiten, anders als im Normalverteilungsfall, nicht mehr allein durch die Korrelation der Renditen der Komponenten des Portfolios charakterisiert.[5] Man kann zwischen Abhängigkeit unter „normalen" Bedingungen und unter „Stress" unterscheiden. Eine Arbeit, die Abhängigkeiten zwischen internationalen Aktienmarktrenditen unter Marktstress empirisch untersucht, stammt von Longin und Solnik (2001). Die Ergebnisse der Arbeit zeigen erhöhte Abhängigkeiten und belegen damit begrenztes Diversifikationspotential unter Marktstress. Marsh und Wagner (2000) geben empirische Hinweise dafür, dass das Stressverhalten von Aktienmärkten im Gegensatz zum „normalen" Variabilitätsverhalten nicht durch Handelsvolumen, bzw. durch Heterogenität im Verhalten der Marktteilnehmer, erklärbar ist. Weitere Arbeiten, die komplexe Abhängigkeitsstrukturen auf Finanzmärkten modellieren und dabei „normales" wie auch Stressverhalten zulassen, sind beispielsweise Breyman et al. (2003) und Junker et al. (2003).

# 3 Untersuchung zum Risiko am deutschen Aktienmarkt

Eine am Aktienindex ausgerichtete, marktorientierte Aktienanlage impliziert, dass der Investor in erster Linie systematisches Marktrisiko eingeht. Das *Shortfall-Risiko* ist demnach das des Marktes. Das *Schwankungsrisiko* der Anlage wird

---

[5] Dies steht im Widerspruch zum Markowitz-Modell als klassischem Modell der Kapitalmarkttheorie. Bamberg und Dorfleitner (2002) zeigen, dass bereits im univariaten Fall Inkonsistenz auftritt.

üblicherweise über die Standardabweichung der Renditen, genannt „Volatilität", gemessen. Ein *Tracking-Risko* ist nicht vorhanden oder vernachlässigbar.

## 3.1 Zeitlich schwankendes Risiko

Im Zeitablauf schwankendes, bedingtes Risiko kann in vielerlei Hinsicht von ökonomischem Interesse sein. Auf zwei Charakteristika wird im Folgenden näher eingegangen:[6]

- Mit zeitlich schwankendem Risiko am Markt wird auch eine zeitlich variable, bedingte *erwartete Marktrendite* einhergehen; vgl. Merton (1980).
- Zeitvariables Risiko bedeutet variables, bedingtes allgemeines *Schwankungsrisiko* sowie auch variables, bedingtes *Shortfall-Risiko*[7] (und daher beispielsweise einen schwankenden Kapitalbedarf zur Absicherung des Marktrisikos).

## 3.2 Daten zum DAX 1969 bis 2002

Die Datenbasis der Untersuchung besteht aus täglichen Renditen, die auf Beobachtungen $I_t$ der DAX-Index-Rekonstruktion von Datastream, Thomson Financial Ltd. London, basieren. Im Zeitraum vom 2. Januar 1969 bis zum 31. Dezember 2002 werden $T = 8495$ stetige, realisierte Marktrenditen, $r_t = \ln( I_t/I_{t-1} )$, $t = 1,..., T$, bestimmt.

Eine grafische Darstellung der täglichen Renditen $r_t$ gibt Abbildung 1. In der Renditezeitreihe sind etwa ab Beobachtung 4500, d.h. dem Crash von 1987, zunehmend Renditen von -5% oder weniger zu beobachten. Die deskriptiven Stichprobenstatistiken deuteten auf eine linksschiefe Verteilung (Stichprobenschiefe $s(r_t) = -0.446$) mit schweren Rändern (Stichprobenkurtosis $k(r_t) = 10.8$) hin. Als Mittelwert der täglichen, stetigen Renditen ergibt sich der Wert $1.94\times10^{-4}$; mit dem Faktor 250 annualisiert ergibt dies eine mittlere jährliche Rendite von $m(r_t) = 4{,}86\%$ p.a. Dieser Schätzwert wird stark durch extreme Renditen der Stichprobe beeinträchtigt. Verwendet man den Median als robusten Lokationsschätzer, so ergibt sich ein annualisierter Wert von $med(r_t) = 11{,}88\%$ p.a.[8] Für die Volatilität

---

[6] Zeitlich variables Schwankungsrisiko hat zum Beispiel auch einen bedeutenden Einfluss auf die Bewertung von Finanzderivaten, da die Volatilität als Kerngröße zur Bewertung von Derivaten dient. Zu Modellen, die in diesem Zusammenhang veränderliche Volatilität berücksichtigen vgl. unter anderem Belledin und Schlag (1999) sowie Nagel (2001).

[7] Zum Shortfall-Risiko vgl. beispielsweise Spremann (1997) und Albrecht et al. (2001).

[8] Die große Abweichung zwischen dem mittelwert- und dem median-basierten Schätzer für den Renditeerwartungswert weist auf die Bedeutung der extremen Renditen in der Schätzperiode hin. Präzisere Aussagen zur Durchschnittsrendite, unter sorgfälti-

der Renditen folgt ein annualisierter Wert von $std(r_t)$ = 19,04% p.a., der über die Stichprobenvarianz der Tagesrenditen ermittelt wurde.[9]

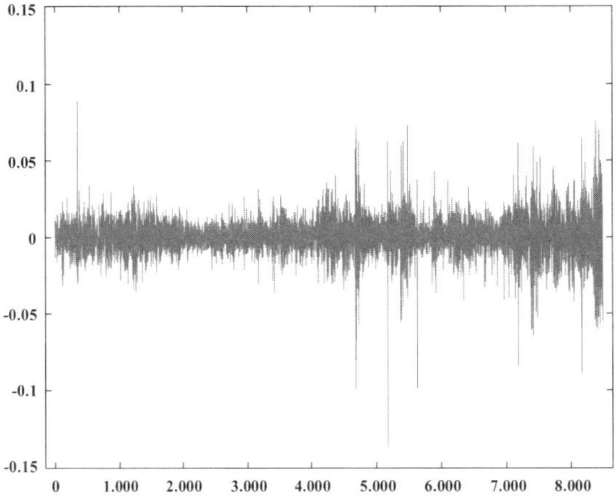


**Abb. 1:** Stetige DAX-Marktrenditen im Zeitraum 2. Januar 1969 bis 31. Dezember 2002, $T = 8495$

Im Folgenden wird die zeitlich veränderliche Volatilität als *Schwankungsrisiko* des DAX sowohl parametrisch als auch nicht-parametrisch untersucht (Abschnitt 3.3). In Abschnitt 3.4 wird dann auf das *Shortfall-Risiko* eingegangen, wobei ein rollierender Schätzer für das extreme Risiko Anwendung findet.

## 3.3 Volatilität

Die wohl einfachsten empirischen Maße für die Standardabweichung bzw. die Varianz der täglichen Renditen $R_t$ des DAX-Index sind die täglichen realisierten absoluten bzw. quadratischen Renditen $|r_t|$ und $r_t^2$. In diesem Abschnitt werden zwei Analysemethoden verwendet, die sich jeweils auf diese Beobachtungen beziehen.

---

ger Berücksichtigung von Dividendenzahlungen, sind auf Basis der monatlichen DAX-Rückrechnung von Stehle et al. (1996) möglich.

9 Die Annualisierung dient hier lediglich einer deskriptiven Aufgabe und erfolgt unter der üblichen, aber dennoch üblicherweise fehlspezifizierten Modellannahme normalverteilter Renditen. Ähnlich wie beim Erwartungswert existieren zur Schätzung der Standardabweichung robuste Alternativen; vgl. zum Beispiel Bamberg und Wagner (2000) zu einer Anwendung.

### 3.3.1 ARCH-Modell

Der hier verwendete, parametrische Ansatz besteht in einem Modell zur *Autoregressive Conditional Heteroskedasticity* (ARCH). Darstellungen der Modellklasse, die auf Arbeiten von Robert Engle zurückgeht, sind in Monographien der Finanzmarktstatistik wie beispielsweise in Shiryaev (1999) und in Franke et al. (2001) enthalten. Empirische Ergebnisse speziell für den deutschen Markt werden unter anderem in Claessen und Mittnik (2002), Hermann et al. (1996) und in Marsh und Wagner (2000) besprochen.

In Anlehnung an die letztgenannten Autoren soll im Folgenden eine AR(1)-GARCH-M(1,1)-Spezifikation gewählt werden. Dabei wird hier die Marktrisikoprämie als lineare Funktion der bedingten Volatilität dargestellt. Die bedingte Renditegleichung für $t = 2, ...., T$ lautet

$$R_t = \mu + \rho R_{t-1} + \lambda\sigma_t + Z_t\sigma_t,$$

wobei die $Z_t$'s standardisierte, unabhängig identisch verteilte Zufallsvariablen darstellen. Die Parameter $\mu$ und $\lambda$ sind reellwertig und es gilt $|\rho| < 1$. Die GARCH-Gleichung für die bedingte Renditevarianz hat die Form

$$\sigma_t^2 = \phi + \varphi Z_{t-1}^2\sigma_{t-1}^2 + \omega\sigma_{t-1}^2.$$

Der Parameter $\phi$ ist eine positive Konstante, die Parameter $\varphi$ und $\omega$ sind nichtnegative Konstanten.

Die Ergebnisse einer Maximum-Likelihood-Schätzung der Modellparameter für die DAX-Renditen sind in Tabelle 1 gegeben.

| | $\mu$ | $\rho$ | $\lambda$ | $\phi$ | $\varphi$ | $\omega$ | lnL |
|---|---|---|---|---|---|---|---|
| **Schätzer** | $-5.43\times 10^{-4}$ | 0.0918 | 0.0993 | $2.48\times 10^{-6}$ | 0.120 | 0.868 | |
| **t-Statistik** | (–1.75) | (7.66) | (2.94) | (11.2) | (32.4) | (164) | (26915) |

**Tabelle 1:** Parameterschätzung für das GARCH-Modell. Ergebnisse der Maximum-Likelihood Parameterschätzung für das AR(1)-GARCH-M(1,1)-Modell. t-Statistiken und maximierte Log-Likelihoodfunktion in Klammern. Zeitraum: Januar 1969 bis Dezember 2002.

Bezüglich der bedingten Renditevarianz ergibt sich ein für Finanzzeitreihen typisches Bild: Der Parameterschätzer für die Konstante $\phi$ ist signifikant positiv und die Summe der Schätzer für $\varphi$ und $\omega$ ist nahe bei, aber kleiner, eins. Dies kann darauf hindeuten, dass Schocks in der Varianz relativ langsam abklingen und damit lange das Niveau der Varianz prägen. Ein anderer Grund kann sein, dass über lange Zeiträume strukturelle Veränderungen stattfinden, die nicht durch das Modell erklärt werden können; vgl. dazu auch zum Beispiel Mikosch und Starica (2003).

Bezüglich der bedingten Renditegleichung des GARCH-Modells lässt sich festhalten, dass die in Tabelle 1 gegebene, statistisch signifikante Prognostizierbarkeit der Renditen der nächsten Periode auf Basis von historischer Information $\Im_{t-1}$ im Zeitpunkt $t-1$ eine Verletzung der Hypothese der so genannten schwachen Form der Markteffizienz darstellt. Formal ist daher die Submartingal-Bedingung, $E(R_t|\Im_{t-1}) - \mu = 0$, $\mu > 0$, verletzt. Diese Verletzung eröffnet allerdings aus ökonomischer Sicht aus zwei Gründen keine Arbitragemöglichkeiten. Erstens ist unterschiedliche Liquidität der im Index enthaltenen Aktien für die lineare Renditeabhängigkeit verantwortlich, die führt zu verzögerter Preisanpassung ($\rho > 0$), vgl. auch Campbell et al. (1997, Kapitel 2). Zweitens – und dieser Punkt wiegt schwerer – geht ein höherer erwarteter bedingter Ertrag mit höherem bedingten Risiko einher ($\lambda > 0$), d.h., höhere erwartete Marktrenditen werden durch erhöhtes Marktrisiko „erkauft".

Sei die Zeitpunt $t-1$ Information gegeben als $\Im_{t-1} = (R_{t-1}, Z_{t-1}, \sigma^2_{t-1})$, so gilt für die bedingte, erwartete Rendite und Varianz im Zeitpunkt $t = 2, ...., T$ in obigem Modell

$$\mu_t = E(R_t \mid \Im_{t-1}) = \mu + \rho R_{t-1} + \lambda\left(\phi + \varphi Z_{t-1}^2 \sigma_{t-1}^2 + \omega \sigma_{t-1}^2\right)^{1/2},$$

$$\sigma_t^2 = Var(R_t \mid \Im_{t-1}) = \phi + \varphi Z_{t-1}^2 \sigma_{t-1}^2 + \omega \sigma_{t-1}^2.$$

Die Stichprobenvarianz ist bekanntlich kein robuster Schätzer für die Varianz einer Zufallsvariable, d.h., einzelne Ausreißer können die Schätzergebnisse stark verfälschen. Da Grund zu der Annahme besteht, dass die Renditen nicht normalverteilt sind (vgl. Abschnitt 2.2), können andere Schätzer vorteilhaft sein. Dies gilt auch für GARCH-Modelle bei additiven Ausreißern in den Daten; vgl. zum Beispiel Sakata und White (1998) und Franses und Ghijsels (1999).[10]

An dieser Stelle soll ein naives Verfahren angewendet werden, um die Auswirkungen von Ausreißern zu evaluieren. So können Ausreißer beispielsweise nahe liegend über Quantile identifiziert werden; vgl. zum Beispiel Nagel et al. (1994, S. 66 f.). Hier wird exemplarisch das empirische 0,12%-Quantil für die absoluten Renditen verwendet, d.h., die zehn größten Ordnungsstatistiken der absoluten Renditen werden als Ausreißer deklariert ($10/8495 \approx 0{,}0012$). Die extremen Beobachtungen mit Datum und Ereignisbezeichnung sind in Tabelle 2 aufgeführt. Vier der Beobachtungen sind positive, sechs sind negative Renditeereignisse. Der Durchschnitt aller zehn extremen Tagesrenditen beläuft sich auf -0.0278.

| | **1**<br>$\mathbf{R_1}$ | **Datum**<br>**Ereignis** | | **1**<br>$\mathbf{R_1}$ | **Datum**<br>**Ereignis** |
|---|---|---|---|---|---|
| **1** | 5183<br>-0.137 | 16.10.1989<br>Mini-Crash | **6** | 7189<br>-0.0838 | 28.10.1997<br>Asienkrise 1997 |
| **2** | 5638<br>-0.0987 | 19.08.1991<br>Gorbatschow-Crash | **7** | 4689<br>-0.0800 | 28.10.1997<br>Nachwirkung Crash 1997 |
| **3** | 4684<br>-0.0986 | 19.10.1987<br>Crash 1987 | **8** | 8388<br>0.0755 | 29.07.2002<br>One-Day-Reversal |
| **4** | 8167<br>-0.0887 | 11.09.2001<br>Terroranschläge USA | **9** | 5493<br>0.0729 | 17.01.1991<br>Beginn Golfkrieg 1991 |
| **5** | 347<br>-0.0887 | 29.05.1970<br>? | **10** | 4702<br>0.0717 | 12.11.1987<br>Nachwirkung Crash 1997 |

**Tabelle 2:** Die zehn größten absoluten, stetigen DAX-Renditen im Zeitraum von 1969 bis 2002 sowie zugehörige Ereignisbezeichnungen

Werden alle Renditen aus Tabelle 2 durch den Renditemittelwert von -0.0278 ersetzt, so bleibt der unbedingte Mittelwert für die Gesamtstichprobe erhalten. Gleichzeitig reduziert sich der möglicherweise störende Beitrag zur Schätzung der Stichprobenvarianz.

---

10 Explizite Modelle für GARCH mit Ausreißern sind ebenfalls denkbar, indem die Innovationen durch Verteilungen mit schweren Rändern beschrieben werden. Siehe zum Beispiel verallgemeinerte Student-t-Innovationen in Mittnik und Paolella (2000), Innovationen nach einer Extremwertverteilung in McNeil und Frey (2000) sowie alpha-stabile Innovationen in Mittnik und Paolella (2003).

| | $\mu$ | $\rho$ | $\lambda$ | $\phi$ | $\varphi$ | $\omega$ | lnL |
|---|---|---|---|---|---|---|---|
| **Schätzer** | $-2.82\times 10^{-4}$ | 0.0857 | 0.0745 | $1.79\times 10^{-6}$ | 0.104 | 0.884 | |
| **t-Statistik** | (−0.906) | (7.41) | (2.41) | (7.94) | (17.8) | (146) | (27163) |

**Tabelle 3:** Parameterschätzung für das GARCH-Modell bei Unterdrückung der 10 größten, absoluten Renditen-Ergebnisse der Maximum-Likelihood-Parameterschätzung für das AR(1)-GARCH-M(1,1)-Modell. t-Statistiken und maximierte Log-Likelihood-Funktion in Klammern. Zeitraum: Januar 1969 bis Dezember 2002.

Die Ergebnisse der Schätzung des GARCH-Modells auf Basis der modifizierten Stichprobe finden sich in Tabelle 3. Wie die logarithmische Likelihood-Funktion andeutet, liegt eine insgesamt bessere Anpassung des Modells an den modifizierten Datensatz vor. Die reduzierte Volatilität spiegelt sich in einer verringerten Schätzung für den konstanten Parameter in der bedingten Varianzgleichung wider. Ansonsten deuten die Ergebnisse nicht auf eine besondere Verzerrung der Ergebnisse in Tabelle 1 hin. Der Lambda-Parameter für die Marktrisikoprämie bleibt hochsignifikant; bei einer bedingten Standardabweichung von beispielsweise 0.02 ergibt sich ein Beitrag zur bedingten Renditeerwartung eines Handelstages von $0.0745\times 0.02 = 1.49\times 10^{-3}$.

### 3.3.2 Nicht-parametrische Vorgehensweise

Ergänzend erfolgt nun eine nicht-parametrische Schätzung der Volatilität. Dies soll hier durch ein quadratisches Abweichungsmaß und eine mit einem Parameter $p > 0$ gewichtete, quadratische Glättungsbedingung zweiter Ordnung erfolgen. Die Methode basiert auf dem Ansatz von Hodrick und Prescott (1997) und liefert im vorliegenden Fall folgende Schätzgleichung:

$$\hat{\sigma}_t = \arg\min_{\sigma_t} \sum_{t=1}^{T} (|r_t| - \sigma_t)^2 + p \sum_{t=2}^{T-1} (\sigma_{t+1} - 2\sigma_t + \sigma_{t-1})^2 .$$

Die Ergebnisse der Schätzung der bedingten Standardabweichung der Renditen finden sich in Abbildung 2. Neben den Ergebnissen der obigen nicht-parametrischen Schätzung mit drei verschiedenen $p$-Werten wird das Ergebnis des GARCH-Modells aus Abschnitt 3.3.1 gegenübergestellt.

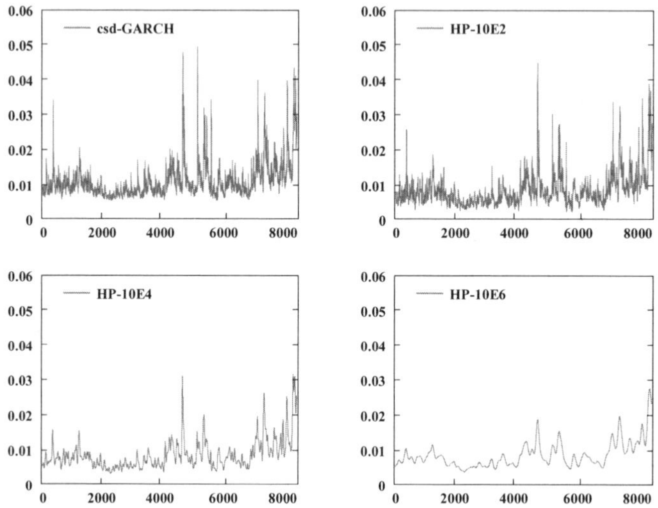


**Abb. 2.** Schätzungen der bedingten DAX-Volatilität. (a) GARCH-Modell (links oben), (b) Filter mit $p = 10^2$ (rechts oben), (c) Filter mit $p = 10^4$ (links unten), (d) Filter mit $p = 10^6$ (rechts unten)

Wie sich zeigt, ergeben sich im Vergleich mit GARCH für $p = 100$ recht ähnliche Schätzergebnisse für die bedinge Standardabweichung. Mit steigendem $p$ wird die Schätzung der bedingten Marktvolatilität zunehmend geglättet; bei $p = 10^6$ zeigen sich in Abbildung 2 gut die Schwankungen bis etwa Beobachtung 7000, danach kommt es unter weiteren Schwankungen gut erkennbar zu einem Anstieg im Niveau der Marktvolatilität. Insgesamt wird die Hypothese im Zeitablauf steigender Marktvolatilität durch alle verwendeten Methoden untermauert.

## 3.4 Unteres Verteilungsende

Betrachtet man das Verteilungsende der negativen Aktienmarktrenditen und speziell die kleinsten Renditen, so liegt das Hauptaugenmerk auf Situationen des „Marktstress". Eine Möglichkeit der Modellierung des extremen Renditeverhaltens bietet die Extremwertstatistik (*Extreme Value Statistics*, EVT). Monographien zur Theorie mit Finanzbeispielen sind zum Beispiel Coles (2001) und Embrechts et al. (1997). Auch beispielsweise die Bücher zur Finanzmarktstatistik von Franke et al. (2003) und Shiryaev (1999) beinhalten entsprechende Abschnitte. Analysen zum unteren Verteilungsende der Verteilung der Renditen des DAX-Index stammen beispielsweise von Emmer et al. (1998), Marsh und Wagner (2000), Rau-Bredow (2002) und Wagner (2003a).

Ein interessantes, weiterführendes Thema ist dabei das der Instationarität des so genannten *Tail-Index*, der die Wahrscheinlichkeit des Auftretens extremer Renditen beschreibt. Quintos et al. (2001) schlagen einen Test für die Konstanz des

Tail-Index vor und belegen in ihrer empirischen Anwendung, dass gerade Krisenzeiten mit strukturellen Veränderungen im Tail-Verhalten einhergehen. Weitere Untersuchungen auf dem Gebiet schließen Danielsson und Morimoto (2000), Galbraith und Zernov (2002), Werner und Upper (2002), Chavez-Demoulin et al. (2003) und Wagner (2003b) ein.

Bezug nehmend auf letztgenannten Beitrag soll hier speziell ein Verfahren der rollierenden Regression für den Tail-Index angewendet werden. Ausgehend von dem theoretischen Ergebnis, nach dem sich der Rand einer Verteilung mit schweren Rändern durch eine Pareto-Verteilung approximieren lässt, kann eine Darstellung der Form:

$$1 - P(R_t \leq r \mid \Im_{t-1}) \approx f\, u_t^{-\alpha_t}\, r^{\alpha_t}, \quad t = n, \ldots, T,$$
$$r \geq u_t > 0, \quad 0 < f < 1, \quad n > 1,$$

für den oberen Rand der Verteilung abgeleitet werden. Dabei bezeichnet $u_t$ das $(1-f)$-Quantil der Renditeverteilung, d.h. $P(R_t \leq u_t|\Im_{t-1}) = 1-f$. Der Tail-Index $\alpha_t$ folgt einem auf $\Im_{t-1}$ bedingten, stochastischen Prozess mit positivem Wertebereich.

Ähnlich kann eine rollierende Schätzung des Tail-Index $\alpha_t$ für die negativen DAX-Renditen vorgenommen werden. Außerdem können die negativen Renditen des DAX sowie die zum Tail-Index-Modell korrespondierenden Schätzungen des unteren 5%- und 1%-Quantils der Renditeverteilung untersucht werden. Es zeigt sich, dass der Schätzer des Tail-Index zufälligen zyklischen Schwankungen unterliegt, die eine gewisse Regelmäßigkeit aufweisen. Die Quantilschätzer passen sich im Zeitablauf der Streubreite der Indexschwankungen an; größere Schocks können zum Teil in geringem Maße antizipiert werden. Interessant ist in diesem Zusammenhang, dass nicht alle Ausreißer identische Auswirkungen auf die geschätzten Quantile haben. Betrachtet man die Extreme aus Tabelle 2, so ist zum Beispiel der Crash von 1987 (Beobachtung 4684) ein Ereignis, das unter einer deutlichen Tendenz zu schweren Rändern auftrat, während dies nicht bei allen Extremrenditen der Tabelle der Fall ist; dies gilt insbesondere für die kleinste Rendite der Stichprobe, den so genannten „Mini Crash“ (Beobachtung 5183). Bemerkenswert ist ferner, dass die Schätzung des Tail-Index am Ende des Stichprobenzeitraumes bereits wieder ansteigt, während die bedingte, geschätzte Volatilität auf hohem Niveau verbleibt.

Im Anschluss soll nun ein Vergleich obiger Quantilschätzer mit denen einer konventionellen Methode zur Bestimmung des „Conditional VaR“ (CVaR) erfolgen. Dazu wird auf das GARCH-Modell aus Abschnitt 3.3.1 zurückgegriffen. In diesem Modell ist die bedingte Renditeverteilung gegeben als:

$$R_t \mid \Im_{t-1} \stackrel{d}{=} \mu_t + \sigma_t Z, \quad Z \stackrel{d}{=} F_Z.$$

Hierbei bewirkt der Term der Marktrisikoprämie im bedingten Erwartungswert einen leichten Kompensationseffekt für das Risiko im unteren Verteilungsende. Für das bedingte $a$-Quantil der Renditeverteilung $q_t$ gilt damit im GARCH-Modell:

$$P(R_t \leq q_t \mid \Im_{t-1}) = P(R_t \leq \mu_t + \sigma_t F_Z^{-1}(a) \mid \Im_{t-1}) = a.$$

Die Ergebnisse für das 1%-Quantil $q_t$ unter der Annahme normalverteilter Innovationen $Z$ werden mit der rollierenden EVT-Schätzung aus Abbildung 3 in der Grafik verglichen (CVaR-EVT). Dabei ist ein grundsätzlicher Gleichlauf beider Schätzer zu beobachten. Allerdings unterliegt der GARCH-Schätzer wesentlich stärkeren Schwankungen und zeigt sich wesentlich anfälliger gegenüber Renditeausreißern.[11] Dies führt zu dramatischen Schwankungen in der VaR-Vorhersage.

Interessant ist in diesem Zusammenhang auch, dass nicht alle extremen Renditeausreißer zwangsläufig bedeutende Auswirkungen auf die geschätzten Quantile haben. Während das ARCH-Modell sowohl dem Crash von 1987 (Beobachtung 4684) als auch dem „Mini Crash“ (Beobachtung 5183) durch ein kurzfristig stark verändertes Quantil Rechnung trägt, reagiert im Gegensatz dazu das Pareto-Modell wesentlich längerfristig auf den Crash von 1987, auf den „Mini Crash“ dagegen kaum. Das Risiko von Nachwirkungen beider Crashs – man könnte von einem „Nachbeben-Risiko“ sprechen – wird damit nur vom Pareto-Modell deutlich unterschiedlich eingeschätzt.

# 4 Ausblick

Die hier aufgeführten Analysen liefern Belege für die weit verbreitete Hypothese, wonach die Risiken an den Finanzmärkten in den letzten Jahren offensichtlich gestiegen seien. Es bleibt allerdings anzumerken, dass dies wohl weitaus mehr auf das Schwankungsrisiko als auf das Shortfall-Risiko zutrifft. Zudem muss angemerkt werden, dass langfristige Zeitreihen beispielsweise für den U.S.-Aktienmarkt belegen, dass Phasen erhöhten Schwankungs- und Shortfall-Risikos durchaus nicht erst in jüngster Vergangenheit aufgetreten sind.

Quantitative Methoden des Risikomanagements sollen Entscheidungsträger in die Lage versetzen, Risiken einheitlich zu messen, zu vergleichen und zu prognosti-

---

[11] Dies liegt in der Schätzung der Varianz begründet. Verfahren der Modellierung von schweren Rändern in der Renditeinnovationsverteilung können kaum Abhilfe schaffen. Robuste GARCH-Modelle oder der nicht-parametrische Schätzer aus Abschnitt 3.3.2 können stabilere Schätzungen liefern; vgl. zum Beispiel die Schätzungen der bedingten Standardabweichung in Abbildung 3.4.

zieren. Auf Grund der hohen Komplexität des Problems der Risikomessung auf Finanzmärkten sind vielfältig konkurrierende Methoden notwendig, die einer laufenden Weiterentwicklung unterliegen. So merken auch Danielsson and Morimoto (2000, S. 15) bei einem Modellvergleich an: „The wild swings observed in the GARCH VaR predictions are more of an artifact of the GARCH model rather than the underlying data." Zu den Grenzen der Vorhersagbarkeit von Marktvolatilität und einem möglichen, zukünftigen Arbeitsgebiet des Risikomanagements sei abschließend eine Bemerkung von Christoffersen und Diebold (2000, S. 21) angefügt: „It seems [...] that all models miss the really big movements [...], and ultimately the really big movements are the most important for risk management. This suggests the desirability of directly modeling the extreme tails of return densities [...]."

# Literaturverzeichnis


Albrecht, Peter (2001): Management von Marktrisiken auf der Basis des Value-at-Risk (VaR)-Ansatzes. Mannheimer Manuskripte Nr. 132, Universität Mannheim.

Albrecht, Peter/Maurer, Raimund/Ruckpaul, Ulla (2001): Shortfall-Risks of Stocks in the Long Run. Financial Markets and Portfolio Management 15, S. 481-499.

Bamberg, Günter/ Dorfleitner, Gregor (2002): Is Traditional Capital Market Theory Consistent with Fat-Tailed Log Returns? Zeitschrift für Betriebswirtschaft 72, S. 865-878.

Bamberg, Günter/Wagner, Niklas (2000): Equity Index Replication with Standard and Robust Regression Estimators. Operations Research Spectrum 22, S. 525-543.

Beeck, Helmut/Johanning, Lutz/Rudolph, Bernd (1999): Value-at-Risk-Limitstrukturen zur Steuerung und Begrenzung von Marktrisiken. Operations Research Spectrum 21, 259-186.

Belledin, Michael/Schlag, Christian (1999): An Empirical Comparison of Alternative Stochastic Volatility Models. Working Paper, Goethe-Universität Frankfurt.

Berkowitz, Jeremy/O'Brien, Jim (2002): How Accurate are Value-at-Risk Models at Commercial Banks? Journal of Finance 57: S. 1093-1111.

Breymann, Wolfgang/Dias, Alexandra/Embrechts, Paul (2003): Dependence Structures for Multivariate High-Frequency Data in Finance. Preprint, ETH Zürich.

Bühler, Wolfgang/Korn, Olaf/Schmidt, Andreas (1998): Ermittlung von Eigenkapitalanforderungen mit internen Modellen. Die Betriebswirtschaft 58, S. 64-85.

Campbell, John Y./Lo, Andrew Y./MacKinlay, A. Craig (1997): The Econometrics of Financial Markets. Princeton University Press, Princeton.

Chavez-Demoulin, Valerie/Davison, A. C./McNeil, A. J (2003): A Point Process Approach to Value-at-Risk Estimation. Preprint, ETH Zürich.

Christoffersen, Peter F./Diebold, Francis X. (2000): How Relevant is Volatility Forecasting for Financial Risk Management? Review of Economics and Statistics 82, S. 12-22.

Claessen, Holger/Mittnik, Stefan (2002): Forecasting Stock Market Volatility and the Informational Efficiency of the DAX-Index Options Market. CFS Working Paper.

Coles, Stuart G (2001): An Introduction to Statistical Modeling of Extreme Values. London: Springer.

Danielsson, Jón/Morimoto, Yuji (2000): Forecasting Extreme Financial Risk: A critical Analysis of Practical Methods for the Japanese Stock Market. Discussion Paper, Bank of Japan.

Embrechts, Paul/Klüppelberg, Claudia/Mikosch, Thomas (1997): Modelling Extremal Events for Insurance and Finance. New York: Springer.

Franke, Jürgen/Härdle, Wolfgang/Hafner, Christian (2003): Einführung in die Statistik der Finanzmärkte. 2. Auflage, Berlin et al.: Springer.

Franses, Philip/Ghijsels, Hendrik (1999): Additive Outliers, GARCH and Forecasting Volatility. International Journal of Forecasting 15, S. 1-9.

Galbraith, John W./Zernov, Serguei (2002): Circuit Breakers and the Tail Index of Equity Returns. Working Paper, McGill University.

Hermann, F./Schmid, Wolfgang/Zagst, Rudi (1996): Univariate und bivariate GARCH-Modelle zur Schätzung des Beta-Faktors. Finanzmarkt und Portfolio Management 10, S. 45-52.

Hodrick, Robert J./Prescott, Edward C. (1997): Postwar U.S. Business Cycles: An Empirical Investigation. Journal of Money, Credit, and Banking 29, S. 1-16.

Huschens, S., Kim, J. R. (1999): Measuring Risk in Value-at-Risk based on Student's t-distribution. In: Gaul, Wolfgang/Locarek-Junge, Hermann (Hrsg.): Classification in the Information Age, S. 453-459 Berlin et al.: Springer.

Jansen, Dennis W./Koedijk, Kees G./de Vries, Caspar (2000): Portfolio Selection with Limited Downside Risk. Journal of Empirical Finance 7, S. 247-269.

Jaschke, Stefan/Stahl, Gerhard/Stehle, Richard (2003): Evaluating VaR Forecasts under Stress – The German Experience. Working Paper, Humboldt Universität zu Berlin.

Johanning, Lutz/Rudolph, Bernd (Hrsg.) (2000): Handbuch Risikomanagement. Bad Soden: Uhlenbruch.

Junker, Markus/Szimayer, Alex/Wagner, Niklas (2003): Nonlinear Term Structure Dependence: Copula Functions, Empirics, and Risk Implications. Working Paper, Caesar Financial Engineering.

Kalin, Dieter/Zagst, Rudi (1999): Portfolio Optimization: Volatility Constraints versus Shortfall Constraints. Operations Research Spectrum 21, S. 97-122.

Kleeberg, Jochen M./Rehkugler, Heinz (Hrsg.) (2002): Handbuch Portfoliomanagement. 2. Auflage, Bad Soden: Uhlenbruch.

Korn, Olaf/Schmitt, Christian (1996): Die Nachbildung von Aktienindizes: Ein Vergleich verschiedener Verfahren. In: Schröder, Michael (Hrsg.): Quantitative Verfahren im Finanzbereich: Methoden und Anwendungen, S. 37-64. Baden-Baden: Nomos.

Krämer, Walter/Runde, Ralf (1996): Stochastic Properties of German Stock Returns. Empirical Economics 21, S. 281-306.

Locarek-Junge, Hermann/Straßberger, Mario/Wagner, Niklas (2003): Wann beginnt die Krise? – Eine Betrachtung von Finanzmarktdaten. In: Blum, Ulrich/Greipl, Erich/Müller, Stefan/Uhr, Wolfgang (Hrsg.): Krisenkommunikation, S. 141-152. Wiesbaden: Deutscher Universitäts-Verlag.

Longin, Francois/Solnik, Bruno (2001): Extreme Correlation of International Equity Markets. Journal of Finance 56, S. 649-676.

Lux, Thomas (2000): On Moment Condition Failure in German Stock Returns: An Application of Recent Advances in Extreme Value Statistics. Empirical Economics 25, S. 641-652.

Marsh, Terry A./Wagner, Niklas (2000): Return-Volume Dependence and Extremes in International Equity Markets. Working Paper No. RPF-293, U.C. Berkeley.

McNeil, Alexander/Frey, Rüdiger (2000): Estimation of Tail-Related Measures for Heteroscedastic Financial Time Series: An Extreme Value Approach. Journal of Empirical Finance 7, S. 271-300.

Merton, Robert C. (1980): On Estimating the Expected Return on the Market. Journal of Financial Economics 8, S. 323-361.

Mikosch, Thomas/Starica, Catalin (2003): Change of Structure in Financial Data, Long-range Dependence and GARCH Modelling. Review of Economics and Statistics: forthcoming.

Mittnik, Stefan/Paolella, Marc S. (2000): Conditional Density and Value-at-Risk Prediction of Asian Currency Exchange Rates. Journal of Forecasting 19, S. 313-333.

Mittnik, Stefan/Paolella, Marc S. (2003): Prediction of Financial Downside-Risk with Heavy-Tailed Conditional Distributions. CFS Working Paper.

Nagel, Hartmut (2001): Optionsbewertung bei stochastischer Volatilität. Wiesbaden: Gabler.

Nagel, Matthias/Wernecke, Klaus-Dieter/Fleischer, Wolfgang (1994): Computergestützte Datenanalyse. Berlin, München: Verlag Technik.

Oehler, Andreas/Unser, Matthias (2000): Finanzwirtschaftliches Risikomanagement. Berlin et al.: Springer.

Poddig, Thorsten/Dichtl, Hubert/Petersmeier, Kerstin (2000): Statistik, Ökonometrie, Optimierung. Bad Soden: Uhlenbruch.

Quintos, Carmela/Fan, Zhenhong/Phillips, Peter C. B. (2001): Structural Change Tests in Tail Behaviour and the Asian Crisis. Review of Economic Studies 68, S. 633-663.

Rachev, Svetlozar T./Mittnik, Stefan (2000): Stable Paretian Models in Finance. Chichester: Wiley.

Rau-Bredow, Hans (2002): Value-at-Risk, Normalverteilungshypothese und Extremwertverhalten. Finanzbetrieb 3, S. 603-607.

Rodriguez, Juan M./M, Härdle, Wolfgang (2000): Modeling DAX-Tracking Portfolios with Adaptive Beta-Estimators. Working Paper, Humboldt Universität zu Berlin.

Rudolf, Markus/Wolter, Hans-Jürgen/Zimmermann, Heinz (1999): A Linear Model for Tracking Error Minimization. Journal of Banking and Finance 23, S. 85-103.

Sakata, Shinichi/White, Halbert (1998): High Breakdown Point Conditional Dispersion Estimation with Application to S&P 500 Daily Returns Volatility. Econometrica 66, S. 529-567.

Shiryaev, Albert N. (1999): Essentials of Stochastic Finance: Facts, Models, Theory. New Jersey, London, Singapore: World Scientific.

Spremann, Klaus (1997): Diversifikation im Normalfall und im Stressfall. Zeitschrift für Betriebswirtschaft 67, S. 865-886.

Spremann, Klaus (2003): Portfoliomanagement. 2. Auflage, München, Wien: Oldenbourg.

Stehle, Richard (1997): Der Size-Effekt am deutschen Aktienmarkt. Zeitschrift für Bankrecht und Bankwirtschaft 3, S. 237-260.

Stehle, Richard/Hartmond, Anette (1991): Durchschnittsrenditen deutscher Aktien 1954 bis 1988. Kredit und Kapital 24, S. 371-411.

Stehle, Richard/Huber, Rainer/Maier, Jürgen (1996): Rückberechnung des DAX für die Jahre 1955 bis 1987. Kredit und Kapital 29, S. 277-304.

Steiner, Manfred/Wallmeier, Martin (1998): Erwartete Renditen am deutschen Aktienmarkt. In: Kleeberg, Jochen M./Rehkugler, Heinz (Hrsg.): Handbuch Portfoliomanagement, S. 267-296. Bad Soden: Uhlenbruch.

Wagner, Niklas (1998): Tracking des Deutschen Aktienindexes DAX. Köln: Eul, Lohmar.

Wagner, Niklas (2002): On a Model of Portfolio Selection with Benchmark. Journal of Asset Management 3, S. 55-65.

Wagner, Niklas (2003a): Value-at-Risk for Financial Assets Determined by Moment Estimators of the Tail Index. In: Schwaiger, Manfred/Opitz, Otto (Hrsg.): Exploratory Data Analysis in Empirical Research, S. 522-530. Berlin et al.: Springer.

Wagner, Niklas (2003b): Estimating Financial Risk under Time-Varying Extremal Return Behavior. Operations Research Spectrum 25, S. 317-328.

Wagner, Niklas/Marsh, Terry A. (2004): Measuring Tail Thickness under GARCH and an Application to Extreme Exchange Rate Changes. Journal of Empirical Finance 11, forthcoming.

Werner, Thomas/Upper, Christian (2002): Time Variation in the Tail Behaviour of Bund Futures Returns. Working Paper, Deutsche Bundesbank.

# Optimale Immobilieninvestments für Versicherungen

**Pascal Gantenbein**

*Zusammenfassung:*
*Versicherungsseitige Investitionen in Immobilien zeichnen sich durch drei Besonderheiten aus: Erstens führt die Berücksichtigung der spezifischen langfristigen Verpflichtungen im Rahmen einer Surplus-Optimierung zu bedeutend kleineren Immobilienanteilen als eine rein aktivseitige Betrachtung. Je nach Einsatz derivativer Instrumente zur Absicherung der passivseitigen Zinsänderungsrisiken verändert sich auch der aktivseitige optimale Immobilienanteil. Zweitens bieten Immobilien keinen perfekten Inflationsschutz, was bei Versicherungsleistungen mit Teuerungsanpassung bedeutsam ist. Und drittens können Immobilien auch betrieblich genutzt werden. Obwohl gewichtige Argumente für eine Auslagerung selbst genutzter Immobilienbestände sprechen, erweist sich diese nicht in allen Fällen als die optimale Lösung.*

*Schlüsselwörter: Asset-Liability-Management, Immobilien, Inflationsschutz, Liability Hedging Credit.*

## 1 Immobilien-Investments im Wandel

Die Sicht auf die Immobilie als Anlage hat sich in den letzten zwanzig Jahren grundlegend verändert. Die objektbezogene Perspektive ist immer mehr durch eine integrierte Betrachtung von Immobilienportfolios ergänzt worden – ähnlich, wie das zum Beispiel bei den Banken im Zusammenhang mit der Kreditvergabe zu beobachten war. Bestandsorientiertes Objektmanagement, naive Diversifikation und kurzfristige „best Deals“ sind zunehmend einer strukturierten Planung von Immobilienportfolios sowie einer Professionalisierung des Immobilienportfolio-Managements gewichen. Wie bei den Wertpapieren sind dabei aber die Selektion und Evaluation einzelner Objekte mit ihren spezifischen Charakteristika keineswegs hinfällig geworden. Vielmehr werden sie durch eine Portfoliosicht mit dem Ziel der systematischen Planung und Steuerung auf Portfolioebene erweitert. Diese Funktion wird von Schulte und Walbröhl (2002) unter dem Begriff des „Immobilien Asset Management“ zusammengefasst.

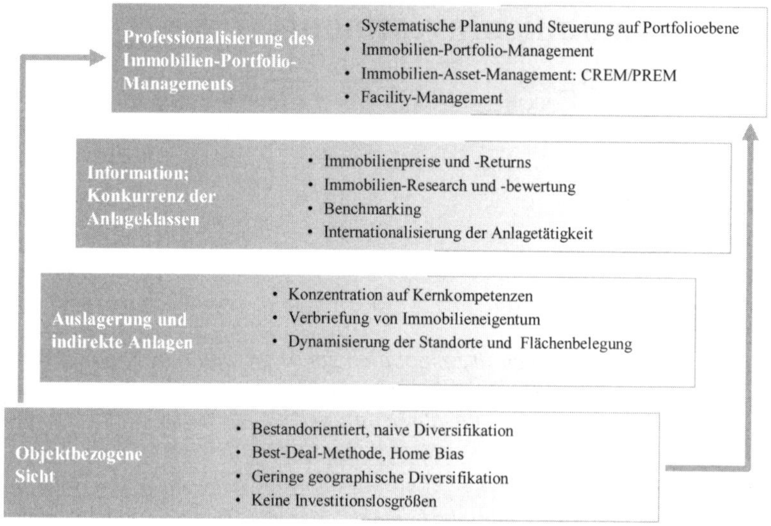


**Abb. 1:** Wandel der Immobilie als Anlage

Die zunehmende Orientierung der Akteure an den Kapitalmärkten treibt diesen Wandel voran. Dies gilt zum einen für die Unternehmen, die sich im Hinblick auf den effizienten Einsatz ihrer Ressourcen stärker auf ihr Kerngeschäft konzentrieren. Zum anderen wollen auch die Investoren an den Kapitalmärkten ihre Mittel effizient einsetzen.

Begleitet wurde diese Entwicklung daher durch die *Auslagerung* von Immobilien in separate Einheiten. Obschon in einzelnen Märkten verbriefte Immobilienportfolios in Form von Immobilienfonds den Investoren schon seit vielen Jahrzehnten zugänglich gewesen sind, kam es im angelsächsischen Raum erst Ende der 80er-Jahre und in Kontinentaleuropa in der zweiten Hälfte der 90er-Jahre im großen Stil zu Ausgründungen unternehmerischer Immobilienportfolios.

Parallel dazu sind auch *Beteiligungsvehikel* ins Leben gerufen worden, die sowohl ausgelagerte als auch autonom erworbene Immobilienbestände verbriefen. Während heute in den USA neben den Immobiliengesellschaften vor allem Real Estate Investment Trusts (REIT) indirekte Anlagemöglichkeiten in Immobilien bieten, sind es in Kontinentaleuropa in erster Linie die Immobilienfonds sowie die Immobiliengesellschaften.

Gleichermaßen verbessert haben sich auch die Verfügbarkeit und die Qualität der *Information* über Immobilienpreise und -renditen. Immobilien lassen sich damit nach den Bewertungskriterien der Finanzmärkte erfassen und mit Alternativanlagen vergleichen. Neben dem Benchmarking gestattet dies heute vor allem auch die Integration der Asset-Klasse Immobilien in den Portfoliokontext. Parallel zu dieser auf die Asset-Allokation fokussierten Information schafft das *Immobilien-*

*Research* mit Mikrodaten, Kennziffern, Standort-Rankings und Marktentwicklungsprognosen auch die Grundlagen für eine bessere Selektion von Einzelanlagen und Standorten.

# 2 Versicherungen als Immobilieninvestoren

Die aufgezeigten Entwicklungen haben für Investoren neue Rahmenbedingungen und Entscheidungsgrundlagen geschaffen. Vor diesem Hintergrund stellt sich konkret für Versicherungsinstitutionen die Frage, welche Rolle Immobilien in ihren Portfolios spielen können und sollen.

Drei Perspektiven sind hierbei relevant:

1) Zunächst tritt die Versicherungsinstitution als *Finanzinvestor* auf. Als solcher ist sie an einer rein monetären Rendite zwecks Erfüllung ihrer passivseitigen Verpflichtungen interessiert. Relevant ist damit zum einen die optimale Einbettung der Immobilienanlagen in ein gemischtes Portfolio aus verschiedenen Asset-Klassen. Zum anderen interessiert der Beitrag der Immobilienanlagen zur Kontrolle passivseitiger Risiken.

2) Immobilien können auch *betrieblich genutzt* werden. Sie sind hierbei Teil der unternehmerischen Infrastruktur der Versicherungsinstitution und beinhalten neben der finanziellen Komponente der eingesparten Mietzinse möglicherweise noch einen strategischen oder zumindest nicht direkt messbaren immateriellen Wert. Zu beantworten ist hier die Frage, welche Faktoren eher für das Eigentum und welche eher für das Anmieten bzw. das Auslagern betrieblich genutzter Liegenschaften sprechen.

3) Die Versicherung kann sich im Zuge der Ausgründung eines eigenen Immobilienbestands auf eine *spezielle Institution* an dieser finanziell sowie operativ beteiligen, etwa als Aktionärin. Damit hat sie ein Interesse an der optimalen Zusammensetzung dieses aus Immobilien bestehenden Sammelportfolios. Eine wichtige Rolle spielen hier die optimale Selektion des Portfolios aus unterschiedlichen Immobilientypen, die Immobilienstrategien sowie die Größe und der Fokus dieser speziellen Immobilien-Einheit.

Diese drei Perspektiven werden im Folgenden hinsichtlich der genannten relevanten Fragen untersucht. Als Grundlage werden jedoch zunächst die Eigenschaften der Immobilie als Anlage sowie die anzuwendenden Kriterien zur Konstruktion optimaler Portfolios besprochen.

# 3 Eigenschaften der Immobilie als Anlage

Immobilien und damit auch Immobilienmärkte weisen einige Besonderheiten auf, die sowohl für die Selektion als auch für die Asset-Allokation relevant sind. Anders als mobile Güter und Finanzanlagen sind Immobilien in ihrer physischen Substanz weitgehend unbeweglich und zeichnen sich durch eine hohe Dauerhaftigkeit aus. Sie sind daher in ihren spezifischen Merkmalen sowie in ihrer geografischen Lage einzigartig.

Im Gegensatz zu Wertschriften ist das Kaufen, Verkaufen und Halten von Immobilien in der Regel mit hohen Transaktionskosten verbunden. Diese erschweren zum einen ein periodisches Rebalancing im Sinne von Paul Samuelson (1969) – mit der Folge, dass die Investoren nur selten die für sie optimalen Immobilienanteile und -objekte halten können. Zum anderen führt die große Heterogenität der Objekte dazu, dass der Preis als Entscheidungskriterium nicht ausreichend ist und es keinen kontinuierlichen Handel gibt. Mithin kann es vorkommen, dass der innere Wert einer Liegenschaft nicht dem bezahlten oder angebotenen Preis entspricht. Immobilienmärkte können daher als ineffizient betrachtet werden.

Gleichwohl erscheinen Immobilien auf Grund der folgenden, anschließend noch detailliert diskutierten Eigenschaften auch als besonders interessante Anlageform:

- Inflationsschutz,
- Diversifikation,
- direkte sowie indirekte Anlagemöglichkeit.

## 3.1 Zum Inflationsschutz

Das Argument, wonach Immobilien vor Inflation geschützte Anlagen darstellen, basiert auf zwei Überlegungen: Zum einen zeigt die Empirie, dass in Phasen hoher Inflation und großer Währungsturbulenzen Immobilien im Vergleich zu Finanzanlagen eine hohe Wertstabilität aufweisen. Zum anderen ergibt sich der Wert fremd genutzter Liegenschaften aus dem Barwert des antizipierten Zahlungsstroms von Mieteinnahmen. Und weil Letztere häufig zumindest lose an die Entwicklung der Konsumentenpreise gekoppelt sind, sollte dies auch für die Immobilienpreise zutreffen.

In der folgenden Abbildung sind als Beispiel die von der Schweizerischen Nationalbank (SNB) publizierten Angebotspreisindices für verschiedene Schweizer Immobilienklassen dargestellt. Der erfasste Zeitraum erstreckt sich von 1970 bis 2003. Ebenfalls eingetragen sind die von der Zürcher Kantonalbank (ZKB) veröffentlichten Transaktionspreisindices für Einfamilienhäuser und Stockwerkeigentum im Kanton Zürich ab 1980.

**Immobilienpreise nominal** (indexiert)

**Immobilienpreise real** (indexiert)

**Abb. 2:** Nominale und reale Schweizer Immobilienpreisindices

Auffällig ist zunächst das Auseinanderklaffen der Preise zwischen Wohnliegenschaften einerseits und kommerziell genutzten Immobilien andererseits. Offensichtlich gibt es bei den beiden Nutzungsformen unterschiedliche Risiken oder Renditekomponenten, die ein etwas anderes Pricing rechtfertigen.

Bereinigt man die von der SNB veröffentlichten Angebotspreisindices um den Konsumentenpreisindex, ergeben sich die realen Angebotspreisindices. Diese sind in der unteren Teilgrafik abgetragen. Hier zeigt sich, dass über die 33 Jahre betrachtet die verlangten Preise für Wohneigentum am Ende praktisch auf dem gleichen Niveau angelangt sind wie 1970. Der Kaufkraftschutz ist indessen keineswegs perfekt und zwar aus folgenden Gründen:

- Bei den abgetragenen Zeitreihen handelt es sich um *Angebotspreisindices*, die von ihrer Konstruktion her gegenüber den Transaktionspreisen nach oben verzerrt sind. In der Regel liegen die verlangten Preise über den bezahlten Preisen. Auf Basis der *Transaktionspreisindices* zeigt sich nämlich, dass seit 1985 die realen Preise von Einfamilienhäusern und Eigentumswohnungen in der Schweiz um 10 bis 20% zurückgegangen sind.
- Die Schwankungen und damit die *Risiken* sind ex post gesehen groß. Die Idee des Kaufkraftschutzes gilt allenfalls für den sehr langen Horizont. Insbesondere in den Jahren nach 1989 ist kein Inflationsschutz erkennbar.
- *Kommerziell genutzte Liegenschaften* haben zwischen 1970 und 2003 real sogar bis zu 40% ihres Wertes verloren.
- Ferner existiert in den zu Grunde gelegten Zeitreihen ein *geografisches Risiko* auf Grund einer nicht auszuschließenden Verzerrung durch mehrfach gehandelte Objekte in wirtschaftlich attraktiveren Regionen.
- Damit zusammen hängt schließlich das *Mikro-Risiko* einer Einzelliegenschaft bei Veränderungen der lokalen Rahmenbedingungen. Obgleich sich dieses nicht in den aggregierten Preisen niederschlägt, ist es für den einzelnen Investor sehr entscheidend. Beispiele sind etwa veränderte Steuersätze, eine Verschlechterung der Standortbedingungen, eine Verlagerung der Anflugrouten eines Flughafens, die Nicht-Durchführbarkeit ursprünglich geplanter Ausbauprojekte wegen Einsprüchen oder Gesetzesänderungen, die Entdeckung von Altlasten usw.

Hinsichtlich der aggregierten Preisentwicklung zeigt sich also, dass die Anpassung der Mieten den Immobilienanlagen nur teilweise Inflationsschutz verleihen. Daneben gibt es eine autonome Wertentwicklung. Diese lässt sich mitunter auf veränderte Bedürfnisse bezüglich Gebäudestruktur und Grundrissen sowie auf die qualitative Veränderung der Objekte und Standorte zurückführen.

## 3.2 Zur Diversifikation

Bei Immobilienanlagen existieren Diversifikationsmöglichkeiten in verschiedenen Dimensionen:

- Diversifikation über verschiedene Asset-Klassen,
- Diversifikation über verschiedene Immobilientypen,
- Diversifikation über verschiedene Immobilienstrategien,
- geografische Diversifikation.

Zur Diversifikation über verschiedene Asset-Klassen sei ein Renditevergleich zwischen Aktien, Anleihen und Immobilien angeführt. Die folgenden zwei Abbildungen zeigen die adjustierten und nach dem Verfahren von Blundell und Ward (1987) entglätteten Immobilienrenditen in den USA (oben) und in der Schweiz (unten) im Vergleich zu den Finanzanlagen in den jeweiligen Märkten. In der oberen Teilgrafik sind neben den jährlichen Immobilienrenditen für alle Kategorien auch jene der Wohnimmobilien eingetragen. Die untere Grafik zeigt die Renditen von Mehrfamilienhäusern und Eigentumswohnungen in der Schweiz. Als Balken abgetragen sind jeweils die Total Returns von Aktien und Bonds.[1]

Man sieht, dass Bonds und Immobilien sowohl im US-Markt als auch in der Schweiz häufig eine gegenläufige Renditebewegung aufweisen. Besonders deutlich erkennbar ist dieses Phänomen Ende der 80er- sowie Mitte der 90er-Jahre. Zu den Aktien ist die Korrelation der adjustierten Immobilienrenditen etwas höher als zu den Bonds, mit 0,20 in den USA und -0,21 in der Schweiz (Mehrfamilienhäuser) aber trotzdem noch sehr gering. Immobilien werden daher als gutes Instrument zur Portfolio-Diversifikation angesehen.

Zu beachten ist hierbei jedoch einerseits, dass mit dem Entglätten der Immobilienrenditen deren Streuungen massiv zunehmen. Zudem ist auch in den entglätteten Immobilienzeitreihen eine leicht positive Autokorrelation festzustellen. Zwar gibt es Trendbrüche wie etwa 1990, indessen sind die Immobilienrenditen zumindest partiell prognostizierbar.[2] Auf Grund der zu beobachtenden Immobilien-Zyklen infolge der Anpassungsverzögerungen des Immobilienangebots an die Nachfrage wird häufig von einer „Immobilien-Uhr" gesprochen.

Im Vergleich zur Selektion von Einzelliegenschaften und zur Diversifikation über verschiedene Asset-Klassen erweisen sich sowohl die Intra-Immobilien-Diversifikation als auch die geografische Diversifikation als weniger effektiv.

---

1 Die Daten für Aktien, Bonds und Zinssätze stammen aus Datastream. Die Basis für die Berechnung der adjustierten und entglätteten Immobilien-Returns lieferten für die Schweiz die Zeitreihen der Schweizerischen Nationalbank (SNB) und für die USA jene des National Council of Real Estate Investment Fiduciaries (NCREIF).

2 Vgl. hierzu Gu (2002) sowie Quigley und Redfearn (2000).

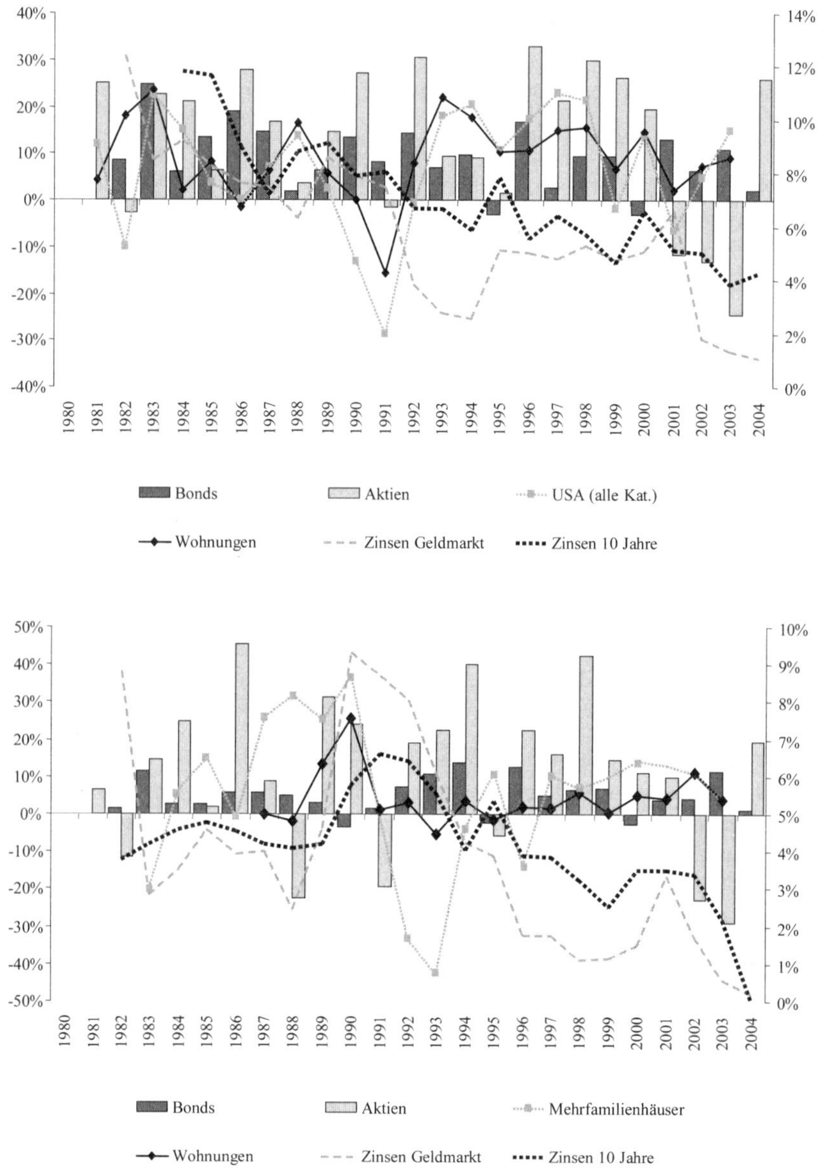


**Abb. 3:** Total Returns im US- (oben) und Schweizer Markt (unten)

## 3.3 Zu den indirekten Formen von Immobilienanlagen

Die traditionelle Form der Immobilienanlage ist die Direktanlage. Daneben existieren Institutionen, welche eine indirekte Beteiligungsmöglichkeit an einem Immobilienvermögen schaffen. In den USA geht der Ursprung dieser Anlageform auf die Gründung der Old Dominion Land Corporation in New Jersey im Jahre 1880 sowie der Alliance Reality in New York 1899 zurück. Mit dem *Real Estate Investment Trust (REIT)* ist in den 60er-Jahren eine spezielle Form der Immobiliengesellschaft geschaffen worden, die insbesondere seit dem Tax Reform Act von 1986 stark an Beliebtheit gewonnen hat. Das Gesamtvolumen der Marktkapitalisierung ist seit 1971 mit dem Faktor 150 und gegenüber 1986 um das 28-fache angewachsen. Der große Boom der REIT setzte in den 90er-Jahren ein. Die Abbildung 4 zeigt die aggregierte Marktkapitalisierung der REIT, aufgeteilt nach Equity-, Mortgage- und Hybrid-REIT. Die Daten stammen von der National Association of Real Estate Investment Trusts (NAREIT).

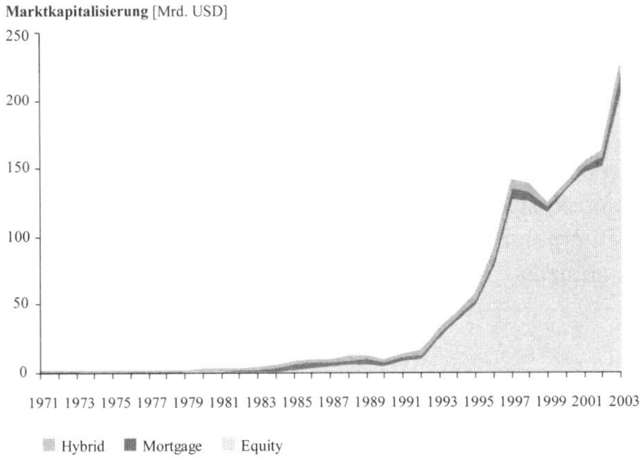


**Abb. 4:** Marktkapitalisierung der US-REITs

Eine ähnliche Entwicklung war auch in Deutschland zu beobachten: Die Zahl der im Deutschen Immobilienaktien-Index DIMAX erfassten *Immobiliengesellschaften* ist von 40 im Jahre 1995 auf 59 im Jahr 2003 gestiegen. Neben der Institution der Immobiliengesellschaft gibt es auch die Formen des offenen sowie des geschlossenen *Immobilienfonds* sowie des *Immobilien-Leasingfonds*. Institutionelle Investoren, insbesondere deutsche Versicherungsgesellschaften, beteiligen sich häufig an *Spezial-* oder *Individualfonds*. Im Gegensatz zu den Schweizer Immobilienfonds handelt es sich bei den deutschen Fonds jedoch nicht um ein Sondervermögen, sondern um Gesellschaften.

In der Schweiz wurde mit der Société Internationale de Placements (SIP) bereits 1938 der erste *Immobilienfonds* lanciert. Die Gründung der meisten Immobilienfonds erfolgte jedoch erst in den 1950er- und 1960er-Jahren. Eine weitere in der Schweiz übliche, aber noch neuere indirekte Anlageform ist die Beteiligung an einer *Immobiliengesellschaft*. Es handelt sich dabei in erster Linie um Aktiengesellschaften, die bis auf wenige Ausnahmen (zum Beispiel Warteck Invest AG) erst seit 1997 in das reine Immobiliengeschäft eingestiegen sind. Einige von ihnen sind aus früheren Industrieunternehmen hervorgegangen, die einen Wandel zur Immobiliengesellschaft vollzogen haben. Parallel dazu begannen insbesondere Banken und Versicherungen mit der Auslagerung von Teilen ihres Immobilienportfolios in neu gegründete Gesellschaften. Im Frühjahr 2000 kam es daher gleich zu drei Börsengängen von neuen Immobiliengesellschaften. Die dritte, allerdings den Pensionskassen vorbehaltene indirekte Beteiligungsform in der Schweiz ist jene über eine *Anlagestiftung*.

Relativ neu sind *Zertifikate auf Immobilienaktien* sowie *Immobilienaktienfonds*. Während sich Erstere bisher auf ein nationales Basket von Immobilienaktien bezogen, sind Letztere tendenziell in ein internationales Portefeuille von Immobilienaktien investiert.

Die indirekte Beteiligung ist für den Anleger im Vergleich zur Direktanlage mit einer Reihe von Vorteilen verbunden. Kleine Anlagebeträge gestatten erstens eine bessere Steuerung des optimalen Immobilienanteils im Portfolio. Zweitens sind die Anteile als Wertpapiere zumeist liquider und zu geringeren Kosten übertragbar als direktes Immobilieneigentum. Außerdem werden das Anlagerisiko sowie die Verwaltungs- und Informationskosten transformiert. Dagegen fehlt die direkte Einflussnahme auf die Einzelimmobilie, weshalb sich diese Anlageform in erster Linie für den Finanzinvestor anbietet.

# 4 Kriterien optimaler Portfolios

Hinsichtlich der Selektion optimaler Portfolios stammt ein grundlegender Beitrag von Harry Markowitz (1952, 1959), der für die Entwicklung von Algorithmen zur Berechnung *effizienter Portfolios* den Nobelpreis verliehen bekam. Der Effizienzgedanke wurde durch James Tobin (1958) weiterentwickelt, der ebenfalls mit dem Nobelpreis geehrt wurde. Tobin hat gezeigt, dass es für Anleger optimal ist, aus dem risikobehafteten Anlagespektrum jenes Portfolio zu wählen, das durch den Tangentialpunkt der vom risikofreien Zinssatz $r_f$ ausgehenden Geraden gebildet wird. In einem Gesamtmarkt wird diese Gerade als „Capital Market Line“ bezeichnet.

In einem individuellen Anlageset spricht man zwar nicht von der Capital Market Line, dennoch streben die Investoren gleichsam Portfolios mit einer möglichst großen Rendite-Risiko-Relation an. Die Maßzahl für diese Relation geht auf den Nobelpreisträger William Sharpe (1964) zurück und wird daher als „*Sharpe-Ratio*“ bezeichnet.

Diese Überlegungen sind in vielfältiger Weise erweitert worden. Erwähnenswert ist der *Shortfall-Ansatz*, der auf Andrew D. Roy (1952) zurückgeht. Dieser hat gezeigt, dass alle Anlagen mit einer bestimmten Ausfallwahrscheinlichkeit im

Rendite-Risiko-Diagramm auf einer Geraden liegen. Eine nach Lester G. Telser (1955) benannte Optimierungsvariante besteht nun darin, jenes Portfolio zu wählen, das für eine gegebene Ausfallwahrscheinlichkeit die maximale Rendite abwirft. Roy hat dagegen vorgeschlagen, die Ausfallwahrscheinlichkeit zu minimieren, während nach dem Kataoka-Kriterium jenes Portfolio gesucht wird, das bei gegebener Ausfallwahrscheinlichkeit die Mindestrendite maximiert.

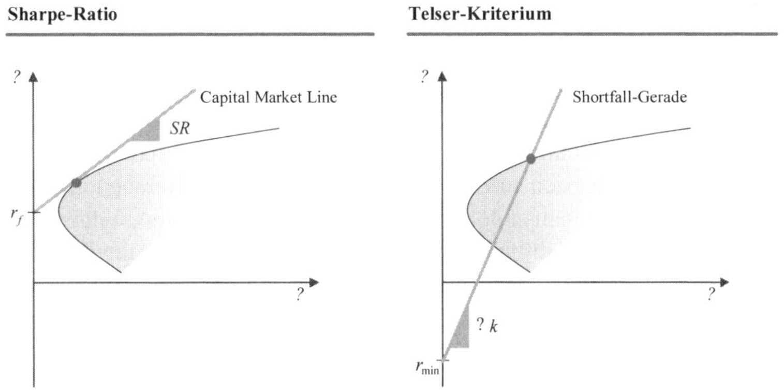


**Abb. 5:** Selektionskriterien effizienter Portfolios

Diese Optimierungskriterien scheinen für Versicherungen als zweckmäßig. Zwar halten Versicherungsinstitutionen Immobilienanlagen in der Regel über mehrere Jahre, jedoch ist der Optimierungshorizont auf Grund des jährlichen Reportings de facto auf ein Jahr beschränkt.

# 5 Immobilien als Finanzanlagen

Die erste Perspektive, die Versicherungen hinsichtlich ihrer Immobilienanlage einnehmen können, ist jene des Finanzinvestors. Mithin besteht das Ziel darin, die optimalen Immobilienanteile in einem gemischten Portfolio zu ermitteln. Eine universelle Lösung existiert nicht, sind doch die Eigenschaften des konkreten Investors an zwei Stellen relevant:

1) Zunächst ist das *Investment Opportunity Set* zu bestimmen, auf dessen Basis optimale Portfolios gebildet werden sollen. Innerhalb des Segments der Immobilien geht es um die Gewichtung von Direktanlagen gegenüber indirekten Anlagen sowie um die Wahl verschiedener Typen von Direktanlagen (Wohn-, Gewerbe-, Industrie-, Büro-, Hotelimmobilien).

2) Außerdem sind die spezifischen regulatorischen sowie die sich aus der Bilanzstruktur und der Fristigkeit der Verbindlichkeiten ergebenden *Restrik-*

*tionen* zu berücksichtigen. Diese bestimmen erstens die relevante Risikodefinition und damit die Optimierungsmethode. Zweitens hängt davon die Länge des Anlagehorizontes ab und mithin die Möglichkeit einer zeitlichen Diversifikation bestimmter Risiken. Und drittens beeinflussen sie auch die individuelle Risikoaversion und damit die konkrete Wahl eines unter Restriktionen optimierten Portfolios.

## 5.1 Literaturüberblick

Die moderne Portfoliotheorie bildete die Grundlage für zahlreiche in den letzten 25 Jahren entstandene Forschungsbeiträge zur Rolle von Immobilien im Portfolio. Ein frühes Paper stammt von Findlay III et al. (1979), in dem die Anwendbarkeit von CAPM und APT zur Schätzung von Erwartungswerten diskutiert wird. Weitere Arbeiten konzentrierten sich in der Folge zunächst auf die Berechnung *effizienter Portfolios*. Dabei ergaben sich je nach Untersuchungszeitraum, Underlying und Optimierungstechnik beträchtliche Differenzen. Fogler (1984) ermittelte einen optimalen Immobilienanteil von mindestens 15-20%, während Webb und Rubens (1987) einen Anteil von 43% in Immobilien vorschlugen. Giliberto (1993) leitete aus seiner Untersuchung einen Anteil zwischen 19 und 28% ab. Ähnliche Ergebnisse für Schweizer Investoren lieferten auch Scherer (1995) und Schärer (1997).

Im Segment *indirekter Immobilienanlagen* gelangen Hoesli und Thion (1994) in ihrer Untersuchung des französischen Immobilienmarktes auf Basis der Periode von 1982 bis 1992 zu optimalen Gewichten von Immobilienaktien zwischen 10 und 38%. Hinsichtlich des Portfolioanteils von Immobilienfonds schlagen Hoesli und Hamelink (1996) gar optimale Quoten von bis zu 71 Prozent vor. Kloess und Matter (2002) ermitteln für indirekte Investments Anteile von bis zu knapp 40% Amman und Scherer (2000) gelangen zu einer optimalen Quote von 17-30%.

Ein dritter Forschungsstrang befasst sich mit der optimalen Asset-Allokation unter Berücksichtigung *passivseitiger Verpflichtungen*. Otruba (1998) stellt Modelle und optimale Portfolios allgemein für Schweizer Immobilien-Investoren dar. Dagegen fokussieren sich Chun, Ciochetti und Shilling (2000) konkret auf Institutionen mit Pensionsplänen. Beide Untersuchungen kommen zum Ergebnis, dass die Portfolioselektion aktiv- und passivseitig integriert erfolgen muss. Nicht nur die Kovarianzen zwischen den Aktiva einerseits und den Verbindlichkeiten andererseits sollen berücksichtigt werden, sondern ebenso jene zwischen Aktiva und Verbindlichkeiten. Gemäß Chun, Ciochetti und Shilling (2000) weisen Leistungen aus Pensionsplänen eine tiefe Korrelation zu Immobilien auf, was erklärt, weshalb Immobilienanlagen von Pensionsfonds typischerweise kleiner ausfallen als bei einer rein aktivseitigen Optimierung.

## 5.2 Aktivseitige Portfolios

Versicherungen ebenso wie Pensionskassen verfolgen das Ziel, solche effizienten Portfolios zu ermitteln. Das Spektrum möglicher Kombinationen wird durch das Investment Opportunity Set und durch die Restriktionen bestimmt. Die konkrete Wahl eines Portfolios ist sodann abhängig von der Risikobereitschaft und -fähigkeit der Institution. Ein wichtiges Kriterium dabei ist die Deckungsmasse: Bei Überdeckung kann eher eine riskantere Strategie gefahren werden als bei Unterdeckung. Ebenfalls zu berücksichtigen ist die Struktur und die Charakteristik der Passivseite. Zunächst sei hier eine rein auf die Aktiva fokussierte Optimierung betrachtet, die Integration der Passiva erfolgt im nächsten Abschnitt.

Aus Datengründen beschränkt sich die Berechnung optimaler Portfolios auf US-Immobilien für amerikanische Investoren einerseits und auf Schweizer Immobilien für Schweizer Investoren andererseits. Die jeweiligen Optimierungsergebnisse für verschiedene Stufen von Risiken sind in den nachfolgenden Abbildungen dargestellt. Dabei nimmt das Risiko, aber auch der erwartete Return, von links nach rechts zu. Es handelt sich somit um Portfolios auf der effizienten Grenze. Die Optimierungen wurden dabei so vorgenommen, dass neben Aktien, Bonds und einmonatigen Geldmarktanlagen auch verschiedene Formen von Immobilien-Direktanlagen enthalten sind. Zu Grunde liegen sowohl für die USA als auch für die Schweiz Quartalsrenditen von 1981 und 2003. Die Basisdaten stammen wiederum aus den in Abschnitt 3 beschriebenen Quellen. Außerdem wurden die Immobilien-Returns wie bereits dort nach dem Verfahren von Blundell und Ward (1987) adjustiert.[3]

Für eine Schweizer Pensionskasse sind die Ergebnisse in der Abbildung 6 dargestellt. In das Opportunity Set eingeschlossen sind hier auch die indirekten Anlageformen Immobilienfonds und Immobilienaktien.[4] Die Restriktionen basieren auf der Verordnung über die berufliche Alters-, Hinterlassenen- und Invalidenvorsorge vom 18. April 1984 (BVV2).

---

3 Die Bereinigung erfolgt in zwei Schritten: Zunächst werden die Returns auf ihre Werte in der Vorperiode regressiert: $r_t = \alpha + \beta \cdot r_{t-1} + \varepsilon_t$. Dabei bezeichnet $r_t$ den nicht adjustierten Return in der Periode $t$. Der Steigungskoeffizient dient dann zur Berechnung der adjustierten Renditen: $r_t^{adj.} = (1/(1-\beta)) \cdot r_t - (\beta/(1-\beta)) \cdot r_{t-1}$.

4 Für Mehrfamilienhäuser wurde eine Bruttorendite von 6% p.a. unterstellt, für Büros eine von 4% p.a. Diese Werte liegen im unteren Mittelfeld der periodischen Renditen im Schweizer Markt.

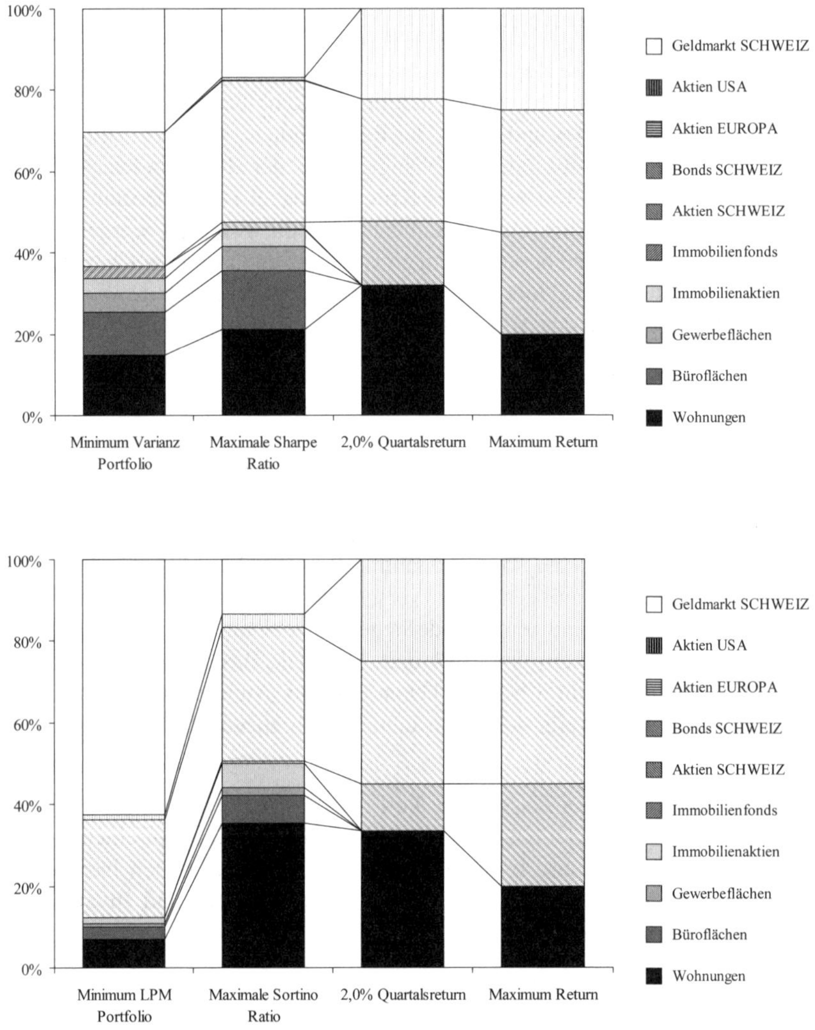


**Abb. 6:** Effiziente Portfolios Schweizer Pensionskassen

Zum einen zeigt sich, dass Wohnungen im Bereich hoher Renditen stark vertreten sind. Die Anteile bewegen sich zwischen rund 15 und 30%. Auffällig ist zum anderen aber auch, dass für Pensionskassen, die nicht völlig konservativ anlegen, Immobilienfonds und -aktien schnell ausscheiden. Diese Anlagen sind für Pensionskassen im Vergleich zu Direktanlagen sowie zur Beteiligung an Anlagestiftungen nicht interessant.

Wird ein Shortfall-Ansatz angewandt, kann je nach Zielmarke der Anteil der Geldmarktanlagen stark zunehmen. Ziel der hier durchgeführten LPM1-Optimierung ist eine Minimierung der Summe aller negativen Abweichungen von der Zielrendite τ. Letztere wurde für dieses Beispiel bei 4% p.a. festgemacht.[5] Auch hier zeigt sich die große Bedeutung der Wohnliegenschaften. Außerdem wird deutlich, dass im Segment höherer Renditeerwartung an den Aktien kein Weg vorbei führt.

Für die USA zeigt sich, dass vor allem Wohn- sowie Detailhandelsimmobilien zu bedeutsamen Anteilen in den optimalen Portfolios enthalten sind. Im risikoarmen Bereich gibt es zudem Bonds und Geldmarktanlagen, im Renditemaximum ausschließlich Aktien. Im Gegensatz zum obigen Beispiel der schweizerischen Pensionskasse wurden hier keine spezifischen Anlagerestriktionen unterstellt. Die Zeitreihen sind in USD denominiert.

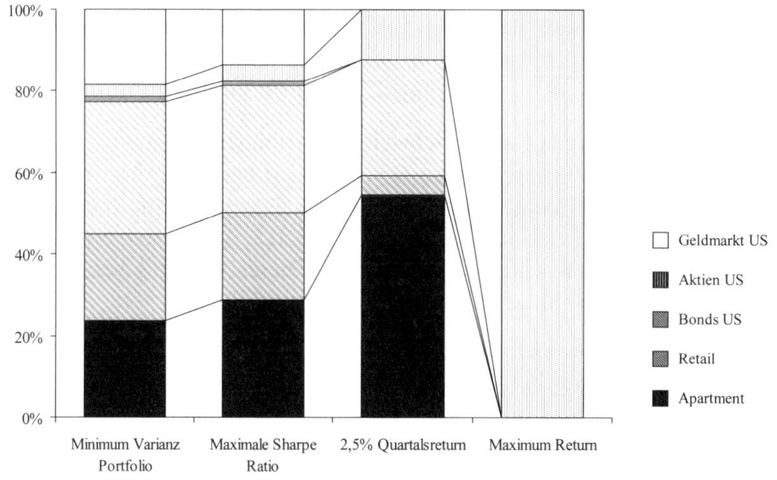


**Abb. 7:** Effiziente Portfolios mit US-Immobilien

Sowohl für US- als auch für die Schweizer Portfolios erweisen sich bei einer rein auf die Aktiva bezogenen Optimierung die Wohnimmobilien als besonders vor-

5 Der Vorteil einer Lower-Partial-Moment (LPM)-Optimierung besteht darin, dass im Gegensatz zur Mean-Variance-Optimierung keine Annahmen zur Verteilung der Renditen notwendig sind. Es werden üblicherweise drei LPM-Ansätze unterschieden: LPM (0, τ) bezeichnet die von Andrew Roy (1952) beschriebene Ausfallwahrscheinlichkeit. LPM (1, τ) erfasst die durchschnittliche Unterschreitungsdistanz zur Zielrendite τ. Für die Optimierung werden die Abweichungsdifferenzen zwischen τ und den darunter liegenden Rendite-Ausprägungen wahrscheinlichkeitsgewichtet aufsummiert. LPM (2, τ) schließlich stellt ein Maß für die konditionierte Schwankungsintensität unterhalb der Zielrendite τ dar.

teilhaft. Obligationen sind zu rund einem Drittel gewichtet, während am oberen Ende der Effizienzgrenze der maximal zulässige Aktienanteil gefahren wird.

## 5.3 Aktiva und Passiva

Versicherungsinstitutionen zeichnen sich wie bereits erwähnt indessen durch einen großen Block von Anwartschaften aus, also durch langfristige Verbindlichkeiten und kontingente Zahlungsverpflichtungen. Daraus ergeben sich für die Bilanz zwei Konsequenzen: Erstens haben die Passiva tendenziell den Charakter eines langfristigen Fixed-Income-Instruments. Entsprechend hoch fällt die *Korrelation* zwischen den Verbindlichkeiten und den Bonds aus. Sharpe und Tint (1990) sprechen von einem „Liability Hedging Credit", wenn auf Grund solch hoher Korrelationen ein Teil des aktivseitigen Risikos durch passivseitige Positionen reduziert werden kann. Zweitens sind jedoch im Gegensatz zu Kommerzbanken mit typischerweise positiver Fristentransformation bei Versicherungen und Pensionskassen die Verbindlichkeiten oftmals *zinssensitiver* als die Aktiva.

Sowohl für die US- als auch für die Schweizer Portfolios schlägt sich die hohe Korrelation der Verpflichtungen mit den Bonds in den optimalen Portfolios nieder. Der festverzinsliche Charakter der Verbindlichkeiten spiegelt sich besonders im risikoarmen Segment in einem bedeutend größeren Anteil festverzinslicher Aktiva als bei der rein aktivseitigen Optimierung. Dieses Ergebnis bestätigt den von Chun, Ciochetti und Shilling (2000) beobachteten Effekt.

Zu beachten ist dabei, dass hier insofern keine allgemein gültige Empfehlung für die Zusammensetzung eines Portfolios abgeleitet werden kann, als die konkreten *Auszahlungsverpflichtungen* und *Fristigkeiten* einer Institution für die Analyse individuell erfasst werden müssen.[6] Darüber hinaus besteht auch die Möglichkeit zum Einsatz *derivativer Instrumente*. Bei stark negativer Fristentransformation sollte eine Kasse oder Versicherung Receiver-Swaps eingehen oder Zinsterminkontrakte verkaufen. Damit lässt sich das passivseitige Zins-Exposure reduzieren, womit je nach Dimension die Portfoliogewichte wieder denjenigen der aktivseitigen Optimierung angeglichen werden.

---

[6] Für die obigen Berechnungen wurde unterstellt, dass sich die Passiva auf 80% der Aktiva belaufen und sich je hälftig aus einer Tranche mit Duration von 10 Jahren sowie aus einer mit Kursverhalten einer Staatsanleihe mit Laufzeit von mehr als 10 Jahren zusammensetzt.

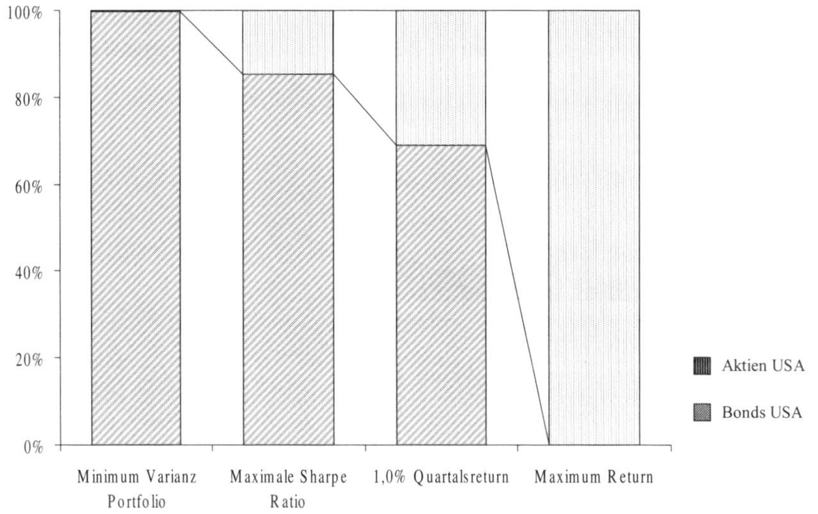


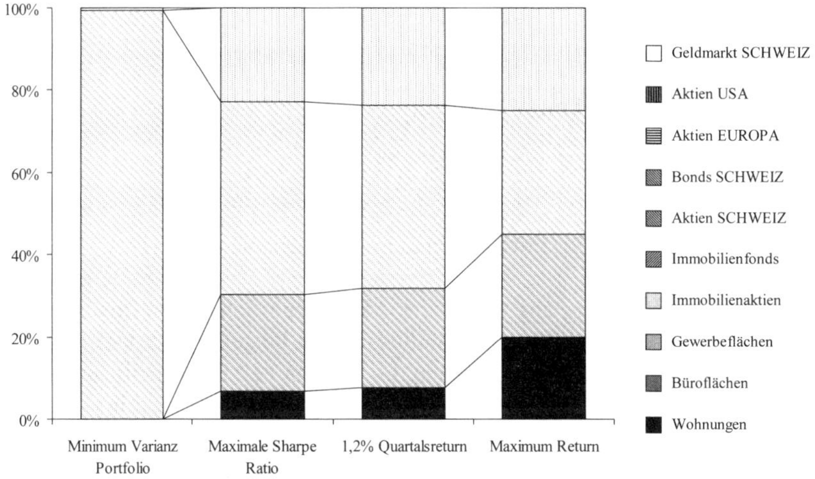


**Abb. 8:** Portfolios mit Liabilities: USA (oben) und Schweiz (unten)

## 5.4 Indirekte Immobilienanlagen

Eine Voraussetzung für die dargestellte Portfoliostruktur ist zum einen ein hoher Einsatz des Kapitals, zum anderen aber auch der Zugang zu den betreffenden Direktanlagen. Gerade für kleinere Institutionen und für solche, die ihre Immobilienanteile international diversifizieren möchten, ergeben sich daraus Grenzen. Ein Ausweg besteht im Investment in indirekte Immobilienanlagen. Daher sei im

Folgenden untersucht, wie sich die optimalen Portfolios über den Zeitverlauf verändert haben. Optimierungskriterium ist die Maximierung der Sharpe-Ratio.

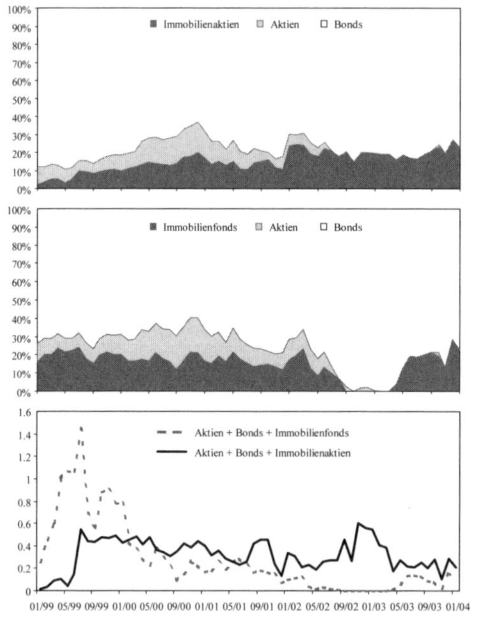


**Abb. 9:** Optimale Portfolios mit indirekten Immobilienanlagen (CH)

Das Ausgangsportfolio sei aus Schweizer Aktien und Schweizer Bonds zusammengesetzt, dem noch indirekte Immobilienanlagen beigefügt werden. Im ersten Fall handelt es sich um Immobilienaktien, im zweiten Fall um Anteile von Immobilienfonds. Die sich hieraus ergebenden effizienten Portfolios sind in der Abbildung 9 abgetragen. Dargestellt sind Portfolios mit der maximalen Rendite-Risiko-Relation, wobei für jeden Monat die optimalen Gewichte auf Basis der Renditen der 60 Vormonate ermittelt wurden. Zu Grunde liegt der Zeitraum von 1994 bis 2004.

Es zeigt sich, dass es über die Zeit gewisse Verschiebungen in den optimalen Portfoliogewichten geben kann. Auffallend ist der starke Rückgang des optimalen Aktiengewichts im Zuge der Börsenbaisse von 2000 bis 2003. Sowohl für Immobilienaktien in der oberen als auch für Immobilienfonds in der unteren Abbildung ergibt sich ein Portfolioanteil von etwa 10-20%.

Gleichwohl stellt sich für einen Investor mit einem rein aus Aktien und Bonds bestehenden Portfolio die Frage, ob sich eine Umschichtung lohnt. Untersucht sei daher, ob sich die Sharpe-Ratios der Portfolios mit Immobilienanlagen von jenen ohne Immobilienanlagen signifikant nach oben abheben. Auf Basis des Testverfahrens nach Gibbons, Ross und Shanken (1989) zeigt sich, dass die Renditeerwartung der Portfolios mit indirekten Immobilienanlagen zwar leicht größer ist als bei jenen ohne Immobilien. Indessen ist der Performance-Unterschied zu keinem Zeitpunkt statistisch signifikant. Insbesondere bei Immobilienaktien ist die zusätzliche Performance gering.

## 5.5 Beurteilung der Ergebnisse

Die Untersuchung der optimalen Immobilieninvestition für den Finanzanleger hat Folgendes gezeigt:

- Direkte Immobilienanlagen tragen wesentlich zur Diversifikation gemischter Portfolios bei. Insbesondere Wohnimmobilien weisen ein hohes Rendite-Risiko-Verhältnis auf, weshalb sie in den effizienten Portfolios zu substanziellen Anteilen vertreten sind.
- Der aktivseitig zu investierende Immobilienanteil hängt stark von der Zinsreagibilität der Verbindlichkeiten ab. Die Optimierung des Surplus führt auf Grund der hohen Korrelation der Anwartschaften mit Anleihen tendenziell dazu, dass sich auch der festverzinsliche Anteil in den Aktiva ausweitet. Entsprechend kleiner fallen die Immobilienanteile aus.
- Auch die Beimischung indirekter Immobilienanlagen zeigt positive Diversifikationseffekte. Allerdings ist die zusätzliche Performance nicht immer statistisch signifikant.

Diese Ergebnisse vermögen zumindest teilweise, die Differenz zwischen den bei Institutionen üblicherweise zu beobachtenden geringeren und den aus aktivseitigen Optimierungen resultierenden höheren Immobilienanteilen zu erklären.

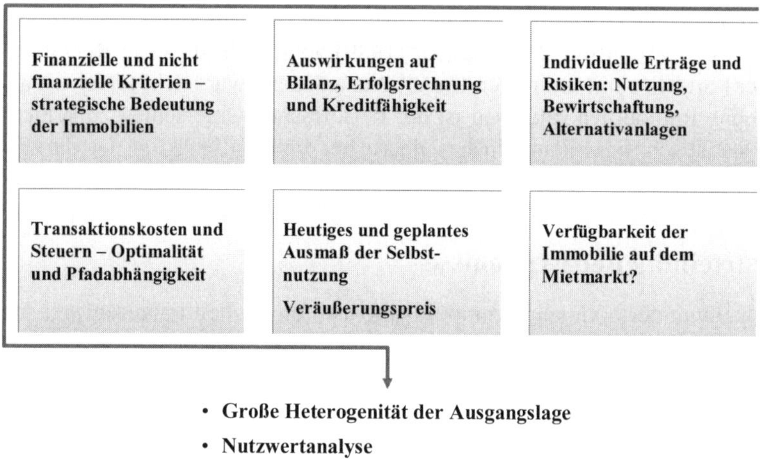


**Abb. 10:** Determinanten von Immobilien-Eigentum versus Auslagerung

# 6 Betrieblich genutzte Immobilien

Die zweite Perspektive, die Versicherungen gegenüber Immobilienanlagen einnehmen können, ergibt sich bei der betrieblichen Nutzung von Liegenschaften. Unter Anlagegesichtspunkten stellt sich gleichwohl die Frage, ob diese Immobilien besser im Eigentum zu halten oder anzumieten sind – bei allfälliger vorheriger Auslagerung der Immobilienbestände. Im Unterschied zur oben diskutierten rein finanziellen Perspektive sind im Hinblick auf eine potenzielle Ausgründung folgende Punkte zu berücksichtigen:

1) Relevant sind die Motive, Immobilien im Eigentum zu halten. Für diese Entscheidung sind häufig nicht finanzielle Kriterien ausschlaggebend, sondern andere Überlegungen, wie etwa die Gestaltungsfreiheit oder die Sicherheit über die Verfügbarkeit der Immobilien. Beispielsweise kann ein dichtes Netz von Niederlassungen für eine Institution von *strategischer Bedeutung* sein.

2) Die Auslagerung der selbst genutzten Liegenschaften wird oft damit begründet, dass sie *Ressourcen für das Kerngeschäft* freisetzt. Impliziert wird mit dieser Aussage, dass in Letzterem ein höherer Grenzertrag erzielt werden kann. Gerade bei Finanzinstitutionen ist dabei zu beachten, dass die gewonnenen liquiden Mittel zumeist in ein anderes Aktivum investiert werden. Dieses kann – etwa für Banken – mitunter ebenfalls unterlegungspflichtig sein. Die Alternativen sind mithin sorgfältig gegeneinander abzuwägen.

3) Ein weiteres Argument ist die mit der Auslagerung angestrebte *Professionalisierung des Immobilienmanagements*. Auch hier muss jedoch klar erkennbar sein, worin genau der Effizienzgewinn besteht. In der Regel liegt dieser weniger im verbesserten Facility-Management als vielmehr in der Reorganisation der Flächennutzung. Bleibt die Nutzung nach der Eigentumsübertragung gegenüber vorher – wie häufig zu beobachten – weitgehend identisch, ergibt sich jedoch wirtschaftlich kein nennenswerter Unterschied. In vielen Transaktionen schließen die bisherigen Eigentümer eine Sale-and-lease-back-Vereinbarung mit dem Erwerber und bleiben damit weiterhin Nutzer der veräußerten Liegenschaften.

4) Mithin ist bei einem rational agierenden Käufer des Immobilienportfolios auch nicht davon auszugehen, dass sich ein Veräußerungsgewinn erzielen lässt. Denn der *Kaufpreis* wird sich nach der Höhe der Mieten richten, die der heutige Eigentümer sich als künftiger Nutzer zu zahlen verpflichtet. Einem hohen Transaktionspreis stehen aber nicht nur höhere künftige periodische Zahlungsverpflichtungen gegenüber, sondern mitunter auch eine *Steuerpflicht* auf den Veräußerungsgewinn.

5) Für den Fall einer angestrebten Verbesserung des Facility-Managements wäre zu fragen, wieso dieses nicht schon bisher effizienter gestaltet worden ist. Häufig wird die Effizienzsteigerung in Abhängigkeit der Eigentumsverhältnisse überschätzt.

6) Besonders ins Gewicht fallen die *Transaktionskosten*, die sich nicht selten schnell auf mehrere Millionen Euro belaufen können. Die Optimalität der Portfolios kann damit auf Grund der Transaktionskosten also pfadabhängig sein. Transaktionskosten entstehen etwa bei Handänderungen und Börsengängen sowie bei Sale-and-lease-back-Transaktionen.

7) Im Falle einer Anmietung ohne vorherige Auslagerung ist ferner zu sehen, dass gerade spezifische Liegenschaften häufig auf dem *Mietmarkt* gar nicht verfügbar sind.

Eine pauschale Empfehlung für Eigentum oder Auslagerung bzw. Anmieten kann auf Grund dieser Überlegungen nicht gegeben werden. Eine Analyse muss individuell erfolgen, sollte aber die genannten Aspekte einschließen. Vom Vorgehen her erweist es sich als zweckmäßig, die Frage nicht portfoliotheoretisch, sondern mittels einer *Nutzwertanalyse* zu beantworten.

# 7 Immobilienvehikel

Ist die Entscheidung zur Auslagerung von Immobilienbeständen gefallen, muss es das Ziel sein, die Liegenschaften in ein für die Investoren optimal strukturiertes und dimensioniertes Portfolio einzubringen. Im Kern geht es um die Wahl der geeigneten Art und Anzahl von *Immobilientypen* im Portfolio, um dessen *geografische Ausrichtung* sowie um die richtige *Immobilienstrategie*.

Bereits in den Beiträgen der frühen 80er-Jahre war die Diversifikation über die Asset-Klasse der Immobilien Gegenstand der jeweiligen Untersuchungen. Im Zentrum standen zwei Fragen: Welche ist die optimale Diversifikation über die verschiedenen Immobilienklassen? Und welche ist die optimale geografische Diversifikation?

Eine kombinierte Analyse beider Fragen liefern Miles und McCue (1982). Sie untersuchen die Rendite-Risiko-Verhältnisse in Abhängigkeit der Diversifikation nach Immobilientyp einerseits und nach Regionen andererseits. Im Ergebnis zeigen sie, dass erstere höhere risikoadjustierte Renditen bringt. Die Korrelationen zwischen Portfolios mit unterschiedlichen Immobilientypen sind außerdem tiefer als zwischen jenen mit unterschiedlichem regionalen Fokus. Basierend auf einer Unterteilung der USA in vier Regionen folgern Hartzell, Heckman und Miles (1986), dass die Segmentierung der Regionen stärker nach ökonomischen als nach politischen oder geografischen Kriterien erfolgen sollte. Ebenso kamen Malizia und Simons (1991) zum Ergebnis, dass die Diversifikation nach ökonomischen Kriterien besser ist als eine rein geografische Streuung des Portfolios.

Im Gegensatz zu diesen anfänglichen Forschungsbeiträgen konzentriert sich die jüngere Forschung auf konkrete Portfolio-Empfehlungen. Mueller und Laposa (1995) ermitteln eine optimale Portfoliozusammensetzung von 58% Wohngebäuden, 11% Büros, 23% Detailhandelsimmobilien und 7% Warenhäuser. Auch bei Viezer (1998, 2000) stellt sich auf Basis von 13 untersuchten Strategien innerhalb der Asset-Klasse Immobilien in Übereinstimmung mit dem Großteil der Immobilienforschung die Diversifikation über ökonomische Faktoren als bedeutsamer heraus als die geografische Streuung. Die effizientesten Portfolios resultieren aus der Berücksichtigung aller vier Immobilientypen und aller vier Regionen. Sein optimales Portfolio besteht aus 47% Wohnungen, 8% Büros, 24% Detailhandelsimmobilien und 21% Warenhäusern.

Die Dominanz der Wohnliegenschaften in den effizienten Portfolios lässt sich auch durch eine Optimierung auf Basis der US-Daten von 1980 bis 2003 bestätigen. Das Portfolio mit der maximalen Sharpe-Ratio besteht zu 58% aus Wohnliegenschaften und zu 40% aus Gewerbeflächen.

Eine zweite Möglichkeit zur Beurteilung der Optimalität von Portfolios besteht im Vergleich der Charakteristika reiner Immobiliengesellschaften mit ihren *Börsenkursen*. Es zeigt sich, dass signifikante Kursprämien (Agios) gegenüber dem inneren Wert der Gesellschaften nur bei Investments in Wohnliegenschaften zu beobachten sind. Mit Unsicherheiten für die Investoren behaftete Tätigkeiten wie Development oder Immobilienhandel auf eigene Rechnung gehen dagegen mit einem Diskont einher. Darüber hinaus erweist sich eine Fokussierung sowohl hinsichtlich der aktivseitig gehaltenen Immobilienklassen als auch bezüglich der Immobilienstrategien als vorteilhaft.[7]

# 8 Schlussfolgerungen

Die letzten zwei Jahrzehnte haben nicht nur ein breites Spektrum indirekter Anlagemöglichkeiten sowie eine Professionalisierung des Immobilienmanagements hervorgebracht, sondern auch zu besseren Informationen über Immobilienpreise und -renditen geführt. Für die Investoren haben sich damit die Rahmenbedingungen ihrer Anlageentscheidungen verändert. Für Versicherungen als Immobilieninvestoren ergeben sich daraus drei Perspektiven:

Auf Grund ihres Anlagebedarfs treten Versicherungs-Institutionen zunächst als *Finanzinvestoren* auf. Ziel ist die Erwirtschaftung einer finanziellen Rendite zur Erfüllung der zukünftigen und kontingenten Zahlungsverpflichtungen. Es besteht die Wahl zwischen direkten und indirekten Immobilienanlagen. Beide Formen eignen sich auf Grund der tiefen Sensitivitäten zu traditionellen Anlageformen gut zur Diversifikation in einem gemischten Portfolio. Je nach Höhe des Risikos ergeben sich für US-Portfolios mit US-Immobilien optimale Immobilienanteile zwischen 20 und 55%. Für Portfolios schweizerischer Pensionskassen mit Schweizer Immobilien liegen die Anteile bei Anwendung der spezifischen Anlagerestriktionen zwischen 15 und 30%. In beiden Fällen machen Wohnliegenschaften den Hauptteil des Immobilienportfolios aus.

Erfolgt an Stelle einer rein aktivseitigen Betrachtung eine Optimierung des *Surplus*, schlägt sich der langfristige Charakter von Versicherungsverbindlichkeiten in der Struktur der Aktiva nieder. Typischerweise weitet sich der Anteil festverzinslicher Instrumente aus, da diese die höchste Korrelation zu den Anwartschaften aufweisen. Mithin sind bei einer Surplus-Optimierung in der Regel auch die Immobilienanteile kleiner als bei der rein aktivseitigen Optimierung.

Gleichwohl ist das Zahlungsmuster der Anwartschaften stark von der Fristigkeit und der Zusammensetzung des Versichertenpools abhängig und somit individuell. Ferner lässt sich die Zinssensitivität der Passiva durch den Einsatz derivativer Instrumente reduzieren, sodass sich dadurch die optimalen Portfoliogewichte jenen bei der aktivseitigen Optimierung angleichen können.

Indirekte Immobilienanlagen sind ebenfalls zu rund 10-20% in optimierten Schweizer Portfolios enthalten. Indessen zeigt sich, dass die zusätzliche Performance gegenüber dem Ausgangsportfolio ohne Immobilienanlagen nicht signifikant höher ist.

---

[7] Vgl. Gantenbein (2004).

Versicherungen können daneben bestimmte Immobilien auch selbst *betrieblich* nutzen. Die Frage, ob eine Auslagerung dieses Immobilienbestandes besser ist als das Eigentum daran, muss sorgfältig geprüft werden. Die Diskussion der relevanten Kriterien hat gezeigt, dass die Frage nicht immer bejaht werden kann. Fällt die Entscheidung zu Gunsten einer *Auslagerung*, sollte es das Ziel sein, die Immobilien möglichst optimal am Markt zu platzieren. Zwar zeigt sich in der Auswertung von Immobilien-Zeitreihen, dass optimale Immobilienportfolios häufig zu einem großen Teil aus Wohnliegenschaften sowie aus Detailhandelsimmobilien bestehen. Für die Versicherungsinstitution ist indessen Frage relevanter, wie sich ein bestimmtes Portfolio im Börsenkurs der Immobilien-Einheit niederschlägt. Hier erweist sich weniger die Wahl des Immobilientyps, sondern vielmehr die möglichst starke Fokussierung auf einen bestimmten Immobilientyp als entscheidend.

Zu beachten sind bei jedem Investment in Immobilien die spezifischen Risiken. Generell lässt sich sagen, dass Immobilien *keinen perfekten Inflationsschutz* bieten. Dies ist insbesondere in jenen Fällen bedeutsam, wo Versicherungsleistungen einen Teuerungsausgleich beinhalten. Daneben gibt es spezifische Objekt- und Standortrisiken, die in den aggregierten Zahlen nicht ersichtlich sind. Parallel zur Asset-Allokation ist daher stets auch die *Selektion* der Einzelliegenschaft wichtig.

# Literaturverzeichnis


Amman, Dominique/Scherrer, Hansruedi (2000): Immobilien als Bausteine der Vermögensanlage. Studie der PPCmetrics AG, Zürich.

Blundell, G./Ward, C.W.R. (1987): Property Portfolio Allocation: A Multi-factor Model. Land Development Studies, Vol. 4, 1989, S. 145-156.

Chun, Gregory H./Ciochetti, Brian A./Shilling, James D. (2000): Pension-Plan Real Estate Investment in an Asset-Liability Framework. Real Estate Economics, Vol. 28, No. 3, 2000, S. 467-491.

Credit Suisse (2004): Der Schweizer Immobilienmarkt – Fakten und Trends. Februar 2004, CREDIT SUISSE Economic Policy & Consulting.

Findlay III/Chapman, M./Hamilton, Carl W./Messner, Stephen D./Yormak, Jonathan S. (1979): Optimal Real Estate Portfolios. AREUEA Journal, Vol. 7, S. 298-317.

Fogler, H. Russell (1984): 20% in Real Estate: Can Theory Justify It? The Journal of Portfolio Management, Spring 1984, 6-13.

Gantenbein, Pascal (1999): Die Institutionen des schweizerischen Immobilienmarktes – Eine Analyse unter dem Transaktionskostenaspekt mit Vorschlägen zur Steigerung der Markteffizienz. Bern, Stuttgart, Wien: Haupt.

Gantenbein, Pascal (2004): Performance von Immobiliengesellschaften – Marktbasierte Ansätze zum effizienten Corporate Portfolio Management. Habilitationsschrift Universität St. Gallen.

Gibbons, M.R./Ross, Stephen A./Shanken, J. (1989): A Test of the Efficiency of a Given Portfolio. Econometrica, Vol. 57, S. 1121-1152.

Giliberto, S. Michael (1993): Measuring Real Estate Returns: The Hedged REIT Index – Assessing real estate performance with traded securities. The Journal of Portfolio Management, Vol. 21, S. 94-99.

Gu, Anthony Y. (2002): The Predictability of House Prices. Journal of Real Estate Research, Vol. 24, No. 3, S. 213-233.

Hartzell, David/Heckman, John/Miles, Mike (1986): Diversification Categories in Investment Real Estate. Journal of the American Real Estate and Urban Economics Association, Vol. 14, No. 2, S. 230-254.

Hoesli, Martin/Hamelink, Froot (1996): Diversification of Swiss portfolios with Real Estate: Results based on a Hedonic Index. Journal of Property Valuation, Vol. 14, No. 5, S. 59-75.

Hoesli, Martin/MacGregor, Bryan D. (2000): Property Investment – Principles and Practice of Portfolio Management. Longman, Pearson Education, 2000.

Hoesli, Martin/Thion, Bernard (1994): Immobilier et gestion de patrimoine. Paris: Economica.

Kloess, Stephan/Matter, Kaspar (2002): Unausgeschöpftes Diversifikationspotential. Immobilien Business, Zürich. Nr. 7/8, S. 10-11.

Malizia, Emil E./Simons, Robert A. (1991): Comparing regional classifications for real estate portfolio diversification. Journal of Real Estate Research, Vol. 6, No. 1, S. 53-78.

Markowitz, Harry (1952): Portfolio Selection. The Journal of Finance, Vol. 7, S. 77-91.

Markowitz, Harry (1959): Portfolio Selection: Efficient Diversification of Investments. New York: John Wiley.

Maurer, Rolf/Sebastian, Steffen (1999): Immobilienfonds und Immobilienaktiengesellschaften als finanzwirtschaftliche Substitute für Immobiliendirektanlagen. ZfB, Vol. 3, S. 169-194.

Maurer, Rolf/Sebastian, Steffen/Stephan T. G. (2000): Immobilienindizes im Portfolio-Management, Working Paper No. 52 der Working Paper Series: Finance & Accounting des Fachbereichs Wirtschaftswissenschaften der Johann Wolfgang Goethe-Universität Frankfurt a.M., Frankfurt a.M.

Miles, Mike/McCue, Thomas (1982): Historic Returns and Institutional Real Estate Portfolios. Journal of the American Real Estate and Urban Economics Association, Vol. 10, No. 2, S. 184-198.

Mueller, Glenn R./Laposa, Steven P. (1995): Property Type Diversification in Real Estate Portfolios. Journal of Real Estate Portfolio Management, Vol. 1, No. 1, S. 39-50.

Otruba, Susanne (1998): Integration von Immobilien in ein Asset-Liability-Modell. Bank- und finanzwirtschaftliche Forschungen, Band 281. Bern, Stuttgart, Wien: Haupt.

Quigley, John M./Redfearn, Christian L. (2000): Investment Returns and Price Discovery in the Market for Owner-Occupied Housing. Working Paper, University of California at Berkeley, 2000.

Roy, Andrew D. (1952): Safety First and the Holdings of Assets. Econometrica, Vol. 20, Nr. 3, July 1952, S. 431-449.

Samuelson, Paul A. (1969): Lifetime Portfolio Selection By Dynamic Stochastic Programming. The Review of Economics and Statistics, Vol. 51, No. 3, 1969, S. 239-246.

Schärer, Christian (1997): Immobilienanlagen schweizerischer Pensionskassen. Analytische Untersuchungen zur Anlagestrategie im Immobilienbereich. Dissertation Universität Zürich. Bern, Stuttgart, Wien: Paul Haupt.

Scherer, Hansruedi (1995): Portfolio-Optimierung mit Immobilien und Hypotheken. Schweizer Personalvorsorge, Luzern. Nr. 11, S. 617-624.

Schulte, Karl-Werner/Walbröhl, Victoria (2002): Immobilien Asset Management: Grundlagen – Rahmenbedingungen – Produkte – Prozess. In: Achleitner, Ann-Kristin/ Schulte, Karl-Werner/Schäfers, Wolfgang/Knobloch, Bernd (Hrsg.): Handbuch Immobilien-Banking – Von der traditionellen Immobilien-Finanzierung zum Immobilien-Investmentbanking, S. 657-672. Köln: Rudolf Müller.

Sebastian, Steffen P. (2003): Inflationsrisiken von Aktien-, Renten- und Immobilieninvestments. Eine theoretische und empirische Analyse an Finanzmärkten in Deutschland, Frankreich, Großbritannien und der Schweiz. Bad Soden: Uhlenbruch.

Sharpe, William (1964): Capital Asset Prices: A Theory of Market Equilibrium under Conditions of Risk. Journal of Finance, Vol. 19, S. 425-442.

Sharpe, William/ Tint, Lawrence G. (1990): Liabilities – A new approach. The Journal of Porfolio Management, Winter 1990, S. 5-10.

Telser, Lester G. (1955): Safety First and Hedging. Review of Economic Studies, Vol. 23, S. 1-16.

Tobin, James (1958): Liquidity Preference as Behavior towards Risk. Review of Economic Studies, Vol. 25, S. 65-86.

Viezer, Timothy W. (1998): Statistical Strategies for Real Estate Portfolio Diversification. Ph.D. Dissertation, The Ohio State University.

Viezer, Timothy W. (2000): Evaluating "Within Real Estate" Diversification Strategies. Journal of Real Estate Portfolio Management, Vol. 6, No. 1, S. 75-95.

Webb, James R./ Rubens, Jack H. (1987): How Much in Real Estate? A Surprising Answer. The Journal of Portfolio Management, Vol. 13, No. 3, S. 10-14.

# Datenquellen

NAREIT: National Association of Real Estate Investment Trusts. www.nareit.com.

NCREIF: National Council of Real Estate Investment Fiduciaries. www.ncreif.com.

SNB: Schweizerische Nationalbank. www.snb.ch

ZKB: Zürcher Kantonalbank. www.zkb.ch

# Hedge Funds – Rendite- und Risikopotenzial für Versicherungsunternehmen

**Hubert Dichtl, Christian Schlenger**

*Zusammenfassung:*
*Der Beitrag untersucht, wie Hedge Funds unter Rendite- und Risikoaspekten im Kontext der Asset Allocation zu beurteilen sind. Ein Vergleich historischer Durchschnittsrenditen, Volatilitäten und Sharpe Ratios zeigt, dass auf den ersten Blick bestimmte Hedge-Funds-Stile viele traditionelle Anlagen (etwa die Aktienmärkte MSCI World und S&P 500) deutlich überlegen scheinen. Weiter gehende Analysen zeigen jedoch, dass die Beurteilung von Hedge Funds anhand dieser historischen Performance-Maße problematisch ist. Ausgehend davon skizziert dieser Beitrag einen vierstufigen Ansatz, mit dem sich Hedge Funds sachgerecht im Sinne einer Optimierung des Portfolios beurteilen lassen.*

*Schlüsselwörter: Asset Allocation, Hedge Funds.*

## 1 Einleitung

Bei vielen institutionellen Anlegern wie Versicherungsunternehmen sind alternative Anlageformen – vor allem Hedge Funds – ein aktuelles Thema. Dabei geht es um eine grundsätzliche Neuorientierung der Kapitalanlagen, insbesondere um eine Verringerung der Abhängigkeit von der jeweiligen Zins- und Aktienmarktentwicklung. Eine entsprechende Abkopplung von diesen Marktentwicklungen erscheint angesichts der jüngsten Erfahrungen auf den Kapitalmärkten wünschenswert. Auf der Zinsseite belastet einerseits das historisch niedrige Zinsniveau, andererseits drohen Kursverluste bei Zinserhöhungen. Auf der Aktienseite haben die drastischen Verluste der vergangenen Jahre zu einem Abschmelzen der stillen Reserven und einer höheren Risikoaversion geführt. In diesem Szenario gewinnen Anlageformen an Attraktivität, mit denen die Renditeanforderungen losgelöst vom Kapitalmarktumfeld erfüllt werden können.

Seit Inkrafttreten des Investmentmodernisierungsgesetzes 2004 haben institutionelle Anleger – und somit auch Versicherungsunternehmen – in Deutschland nun erstmals umfassende Möglichkeiten, ihr Kapital in die „alternative" Asset-Klasse Hedge Funds zu investieren. Gegenüber den traditionellen Anlagemöglichkeiten differenzieren sich Hedge Funds insbesondere über ihre vielfältigen Freiheitsgrade bei der Umsetzung ihrer Anlagestrategien. So verfügen Hedge-Funds-Manager über ein sehr weit gefasstes Anlagespektrum und die Möglichkeit, mit Derivaten, Long- *und* Short-Positionen sowie mit Fremdkapitalaufnahme (Leverage) zu agieren. Begründet wird die hohe Attraktivität, die dieser alternativen Asset-Klasse häufig beigemessen wird, in der Regel mit folgenden positiven Eigenschaften: hohe absolute Renditen, niedrige Volatilitäten und geringe Korrelationen mit den traditionellen Asset-Klassen.[1] Hierbei handelt es sich zugleich um genau jene Eigenschaften, die zu einer hohen Gewichtung im Zuge einer Portfoliooptimierung nach Markowitz führen.[2]

Vor diesem Hintergrund hat dieser Beitrag das primäre Ziel, das *tatsächliche* Rendite- und Risikopotenzial von Hedge-Funds-Anlagen zu evaluieren. Das Verständnis dafür ist eine wichtige Voraussetzung für zielgerichtete Investitionsentscheidungen. Wie sich zeigt, lässt sich die Frage, ob Hedge Funds traditionellen Asset-Klassen prinzipiell überlegen sind, nicht einfach pauschal beantworten. Vielmehr sind die Attraktivität und Bedeutung von Hedge Funds im Rahmen einer individuellen Portfolioanalyse anlegerspezifisch zu ermitteln. Dazu soll ein Ansatz skizziert werden, mit dem sich Hedge Funds – unter Berücksichtigung ihrer spezifischen Rendite- und Risikoeigenschaften – sachgerecht in die Asset Allocation eines institutionellen Anlegers integrieren lassen.

Der Beitrag ist wie folgt strukturiert: Der Abschnitt 2 beschäftigt sich mit der Auswahl einer adäquaten Hedge-Funds-Indexfamilie als Grundlage für die weiteren Analysen. Die Quantifizierung des tatsächlichen Rendite- und Risikopotenzials von Hedge Funds erfolgt anschließend in Abschnitt 3 mit Hilfe statistischer Analysen. Die daraus abgeleiteten Ergebnisse bilden die Ausgangsbasis für die sachgerechte Integration von Hedge Funds in die Asset Allocation mit Hilfe der Portfoliooptimierung (Abschnitt 4). Der Abschnitt 5 beendet den Beitrag mit einer Schlussbetrachtung.

## 2 Gütekriterien für Hedge-Funds-Indices

In Wissenschaft und Praxis findet die Durchführung von Rendite-, Risiko- und Asset-Allocation-Analysen – sowohl bei traditionellen Asset-Klassen wie auch bei der Berücksichtigung von Hedge Funds – auf einer aggregierten Ebene statt, wozu auf entsprechende Indices zurückgegriffen wird.[3] Wie die Analysen bei Brooks/Kat (2002) zeigen, existieren für den Bereich der Hedge Funds viele ver-

---

[1] Vgl. beispielsweise Winkelmann et al. (2003), S. 483.

[2] Vgl. Markowitz (1952).

[3] Bei der Analyse von Hedge Funds wird teilweise auch empfohlen, auf Funds of Funds an Stelle von Indices zurückzugreifen. Vgl. Fung/Hsieh (2002a).

schiedene Indexanbieter bzw. Indexfamilien, die sich teilweise deutlich hinsichtlich ihrer Konstruktionsmerkmale sowie Rendite- und Risikoeigenschaften unterscheiden. Vor diesem Hintergrund ist der Auswahl einer adäquaten Indexfamilie für analytische Zwecke eine zentrale Bedeutung beizumessen. Dabei sollte auf die Einhaltung der folgenden Gütekriterien geachtet werden:[4]

- Bestmögliche Reduktion des „Survivorship bias",
- Vermeidung des „Backfill bias",
- Investierbarkeit,
- Transparenz,
- „Asset-gewichtete" Indexberechnung.

Ein Hedge-Funds-Index weist dann einen so genannten „Survivorship bias" auf, wenn der Index nur die Wertentwicklung der „überlebenden" und insofern erfolgreichen Fonds widerspiegelt. Dies ist insbesondere dann der Fall, wenn aufgelöste Fonds mit ihrer gesamten Historie aus dem Index entfernt werden. Des Weiteren sollte der Hedge-Funds-Index keinen „Backfill bias" aufweisen. Dieser resultiert daraus, dass Hedge Funds – inklusive ihrer gesamten Kurshistorie – erst dann in den Index aufgenommen werden, wenn sie die kritischen ersten Jahre erfolgreich überstanden haben. Dieses Vorgehen führt dazu, dass der Hedge-Funds-Index die tatsächliche Wertentwicklung des Marktes überschätzt. Falls der Hedge-Funds-Index auch so genannte „Closed Funds" enthält, wird gegen das wichtige Kriterium der Investierbarkeit verstoßen. In diesem Fall kann der Index (und somit seine Wertentwicklung) von einem Investor nicht exakt nachgebildet werden. Ein weiteres Gütekriterium stellt die Transparenz eines Hedge-Funds-Index dar. Hierzu gehören klar definierte Konstruktionskriterien, eine regelbasierte Fondsauswahl, ein genau geregelter Umgang mit Indexkorrekturen etc. Viele Hedge-Funds-Indices sind mit dem zentralen Nachteil behaftet, dass ihre Berechnung „gleichgewichtet" und nicht „Asset-gewichtet" erfolgt.[5] Da kleinere Hedge Funds häufig höhere Returns erzielen (können) als größere Hedge Funds,[6] wird bei einer gleichgewichteten Indexkonstruktion die Performance überschätzt.[7]

---

4 Vgl. hierzu auch Winkelmann et al. (2003), S. 487-488.

5 Vgl. Brooks/Kat (2002), S. 28. Beispiele für gleichgewichtete Indices sind die Indices von Hedge Fund Research (HFR), der Hennessee Group, Altvest oder auch von Van Hedge. Der Datenanbieter MSCI stellt gleichgewichtete *und* Asset-gewichtete Hedge-Funds-Indices bereit.

6 Wie in Abschnitt 3 noch gezeigt wird, wird bei vielen Hedge Funds-Strategien (insbesondere bei den Arbitrage-Strategien) in wenig liquiden Marktsegmenten agiert. Das Fondsvolumen wird bei solchen Anlagestrategien schnell zum Engpassfaktor.

7 Vgl. Winkelmann (2003), S. 487.

*Eine* Hedge-Funds-Indexfamilie, die alle hier aufgeführten Gütekriterien gut erfüllt, wird von dem Anbieter CSFB/Tremont bereitgestellt.[8] Die CSFB/Tremont-Indexfamilie besteht aus einem globalen Hedge-Funds-Index und zehn Sub-Indices, wobei für den Sub-Index „Event Driven Hedge" drei weitere Sub-Indices verfügbar sind. In Tabelle 1 sind die CSFB/Tremont Hedge-Funds-Indices aufgeführt.

| **Nicht-direktionale Strategien** | **Direktionale Strategien** | **Gemischte Strategien** |
|---|---|---|
| • Convertible Arbitrage<br>• Equity Market Neutral<br>• Event Driven<br>– Distressed<br>– Event Driven Multi Strategy<br>– Risk Arbitrage<br>• Fixed Income Arbitrage | • Dedicated Short Bias<br>• Emerging Markets<br>• Global Macro<br>• Long/Short Equity<br>• Managed Futures | • Multi Strategy<br>• CSFB/Tremont Hedge Fund Index (Globaler Index) |

**Tabelle 1:** Hedge-Funds-Indices des Anbieters CSFB/Tremont

Die verschiedenen Hedge-Funds-Strategien lassen sich prinzipiell in nicht-direktionale und direktionale Strategien unterscheiden. Während die direktionalen Strategien signifikante Markt-Exposures (Long oder Short) aufweisen, trifft dies auf die nicht-direktionalen Strategien nicht zu. Bei den nicht-direktionalen Strategien handelt es sich dementsprechend um die klassischen Arbitrage- bzw. „Relative-Value"-Strategien. Zu den nicht-direktionalen Strategien zählen in der CSFB/Tremont-Systematik die Sub-Indices Convertible Arbitrage, Equity Market Neutral, Event Driven und Fixed Income Arbitrage. Während bei den Convertible-Arbitrage-Strategien häufig Long-Positionen in Convertible Bonds mit Short-Positionen der entsprechenden Aktien kombiniert werden, wird bei der Equity-Market-Neutral-Strategie versucht, eine beta- und/oder währungsneutrale Position durch simultane Long- und Short-Aktienpositionen aufzubauen und so das „Alpha" aus der Strategie zu extrahieren.[9] Die Hedge-Funds-Strategie Event Driven lässt sich auch als „Special Situations Investing" bezeichnen. Hier besteht das Ziel darin, durch schwebende bzw. bevorstehende Unternehmensereignisse (zum Beispiel Merger, Restrukturierung, Liquidation, Insolvenz) ausgelöste Preisbewegungen vorteilhaft auszunutzen. Für den Hedge-Funds-Stil Event Driven sind drei weitere

---

8 Vgl. hierzu auch die Beurteilung bei Amenc/Martellini (2002), S. 10-11.

9 Teilweise wird zusätzlich eine Neutralität bezüglich weiterer Risikofaktoren angestrebt, wie zum Beispiel eine Sektorneutralität. Bei den Equity-Market-Neutral-Strategien wird häufig auch mit Leverage gearbeitet.

Sub-Indices (Distressed, Event Driven Multi Strategy und Risk Arbitrage) verfügbar. Bei der Strategie Fixed Income Arbitrage sollen Preisanomalien zwischen voneinander abhängigen Zinsinstrumenten ausgenutzt werden (zum Beispiel Zinsswap-Arbitrage, Forward-Yield-Curve-Arbitrage etc.).

Die direktionalen Hedge-Funds-Strategien unterscheiden sich von den nicht-direktionalen Strategien durch systematische Markt-Exposures. Damit ein Hedge Funds in die Kategorie Dedicated Short Bias eingeordnet wird, muss er hinsichtlich seiner Netto-Position einen systematischen Short Bias aufweisen. Bei der Strategie Long/Short Equity werden Aktien in Long- und Short-Positionen gehalten. Im Gegensatz zur Strategie Equity Market Neutral wird hier jedoch nicht das Ziel verfolgt, eine marktneutrale Position einzunehmen, vielmehr resultiert eine Netto-Long- oder eine Netto-Short-Position. In dem Stil-Index Emerging Markets sind Hedge Funds zusammengefasst, die primär Aktien- und Rentenanlagen in Emerging Markets (weltweit) tätigen. Da in solchen Ländern häufig keine Möglichkeiten für Leerverkäufe und den Einsatz von Derivaten bestehen, werden überwiegend Long-Positionen gehalten. Das Ziel von Global-Makro-Strategien besteht darin, globale ökonomische Trends und Ereignisse durch Long- und Short-Positionen in internationalen Kapital- und Derivatemärkten (Aktien, Renten, Währungen, Commodities etc.) auszunutzen. Hinter der Indexkategorie Managed Futures verbergen sich Hedge Funds, die in gelisteten Futures-Märkten (Finanzmärkte, Commodity-Märkte und Währungsmärkte) agieren. Hierbei lassen sich systematische Trading-Ansätze (auf Basis von Markt- und Preisinformationen, zum Beispiel technische Trendfolge-Modelle) von diskretionären Trading-Ansätzen (auf Basis subjektiver Entscheidungen) unterscheiden.

In der dritten Kategorie „Gemischte Strategien" sind jene Indices zusammengefasst, die Hedge Funds enthalten, die sowohl direktionale als auch nicht-direktionale Strategien verfolgen. Hierzu gehören der Sub-Index Multi Strategy sowie als Aggregat der globale CSFB/Tremont Hedge-Fund-Index.

Die wichtigsten Eigenschaften der CSFB/Tremont-Hedge-Funds-Indices sind in der Tabelle 2 zusammengefasst:[10]

---

[10] Siehe hierzu im Einzelnen die Darstellung auf der Homepage von CSFB/Tremont (www.hedgeindex.com).

- „Asset-gewichtete“ Indices auf US-Dollarbasis
- Stringente regelbasierte Indexkonstruktion und Fondsauswahl
- „Funds of Funds“ sind nicht im Index enthalten (keine Doppelzählung)
- Geschlossene Fonds sind nur im Standardindex enthalten, nicht aber im separat berechneten „Investable Hedge-Fund-Index“
- Weltweite Fondsauswahl (nicht auf USA beschränkt)
- Indexhistorie reicht bis 1994 zurück[1)]
- Indices basieren ausschließlich auf realen Fonds (z.B. keine Managed Accounts)
- Aufnahme neuer Fonds und Indexanpassungen auf einer „Going-forward“-Basis (d.h. keine nachträgliche Veränderung der Indexhistorie)
- Ausweis der Wertentwicklung nach allen Kosten (netto)
- Minimierung des Survivorship Bias: Auch Fonds in der Liquidierung bleiben vollständig im Index

1) Eine entsprechend lange Indexhistorie ist erforderlich, um aussagefähige quantitative Analysen durchführen zu können

**Tabelle 2:** Wichtige Eigenschaften der Hedge-Funds-Indexfamilie des Anbieters CSFB/Tremont

Wie die in Tabelle 2 aufgeführten Eigenschaften dokumentieren, können die CSFB/Tremont-Hedge-Funds-Indices die geforderten Gütekriterien gut erfüllen. Sie stellen daher eine adäquate Ausgangsbasis dar, um das Rendite- und Risikopotenzial von Hedge Funds möglichst objektiv und praxisnah zu evaluieren.

# 3 Statistische Analyse der Renditen und Risiken von Hedge Funds

## 3.1 Traditioneller Analyserahmen: Historische Durchschnittsrenditen, Volatilitäten und Sharpe Ratios

In diesem Abschnitt werden der CSFB/Tremont-Hedge-Fund-Index und seine zehn Sub-Indices hinsichtlich ihrer empirischen Rendite- und Risikoeigenschaften einer statistischen Analyse unterzogen. Als Vergleichsmaß werden die Aktienindices MSCI World und S&P500 herangezogen. Das den Analysen zu Grunde gelegte Datenmaterial umfasst die Monatsrenditen in dem Zeitraum von Januar 1994 bis Dezember 2003 auf US-Dollar-Basis. In Tabelle 3 sind die durchschnittlichen Monatsrenditen (arithmetisch berechnet), die Volatilitäten sowie die Sharpe Ratios[11] für die verschiedenen Hedge-Funds-Stile zusammengefasst.[12]

---

11 Für die Berechnung der Sharpe Ratios wird ein risikoloser Zins von 4,2% p.a. zu Grunde gelegt. Dies entspricht der durchschnittlichen Verzinsung der US Treasury

| | Strategie/ Markt | Durchschnittl. Monatsrendite (arithmetisch) in % | Monats-volatilität in % | Sharpe Ratio |
|---|---|---|---|---|
| **Nicht-direktionale Strategien** | Convertible | 0,8441 | 1,3787 | 0,3637 |
| | Neutral | 0,8510 | 0,8868 | 0,5732 |
| | Event Driven | 0,9192 | 1,7423 | 0,3309 |
| | Fixed Income | 0,5566 | 1,1402 | 0,1876 |
| **Direktionale Strategien** | Short Bias | -0,1376 | 5,2026 | -0,0923 |
| | Emerg. Markets | 0,7065 | 5,1282 | 0,0709 |
| | Global Macro | 1,1944 | 3,4974 | 0,2435 |
| | Long/Short | 1,0101 | 3,1760 | 0,2101 |
| | Futures | 0,7073 | 3,3821 | 0,1078 |
| **Gemischte Strategien** | Multi Strategy | 0,7797 | 1,3074 | 0,3342 |
| | CSFB | 0,9116 | 2,4489 | 0,2323 |
| **Aktienmärkte** | MSCI World | 0,7018 | 4,2564 | 0,0844 |
| | S&P500 | 0,9833 | 4,5738 | 0,1401 |

**Tabelle 3:** Durchschnittliche Renditen, Volatilitäten und Sharpe Ratios (alle Angaben auf Monatsbasis, Zeitraum Januar 1994 bis Dezember 2003)

Wie aus der Tabelle ersichtlich, weisen neun von den elf Hedge-Funds-Stilen im Betrachtungszeitraum eine höhere Durchschnittsrendite auf als der MSCI World, bei einer großteils deutlich geringeren Volatilität. Vergleicht man beispielsweise die Hedge-Fund-Strategie Event Driven mit dem MSCI World, so spiegeln sich dort die Vorteile sowohl auf der Renditeseite wider (Durchschnittsrendite von 0,92% im Vergleich zu 0,7%) als auch auf der Risikoseite (Volatilität von 1,74% im Vergleich zu 4,25%). Vergleicht man die Volatilitäten der verschiedenen Hedge-Funds-Stile mit jenen des MSCI World und S&P500, so zeigt sich, dass die Hedge Funds – bis auf zwei Ausnahmen (Short Bias und Emerging Markets) – teilweise eine deutlich niedrigere Schwankungsbreite aufweisen als die beiden Aktienindices. So liegt beispielsweise die Volatilität der Strategien Market Neutral (0,88%) und Fixed Income (1,14%) deutlich unter jener des MSCI World (4,25%) bzw. des S&P500 (4,57%). In Abbildung 1 sind die Sharpe Ratios der verschiedenen Hedge-Funds-Strategien und der beiden Aktienmärkte grafisch dargestellt.

Bills 3 Month in dem Analysezeitraum (von Januar 1994 bis Dezember 2003). Vgl. auch Sharpe (1994).

12 Auf die in der Regel durchgeführte Annualisierung der Größen wird hier bewusst verzichtet. Wie nachfolgend noch gezeigt wird, sind die Monatsrenditen der verschiedenen Hedge-Funds-Stile zu einem großen Teil statistisch signifikant autokorreliert. In diesem Fall ist eine Annualisierung nicht problemlos durchführbar. Vgl. Lo (2002), S. 36 ff.

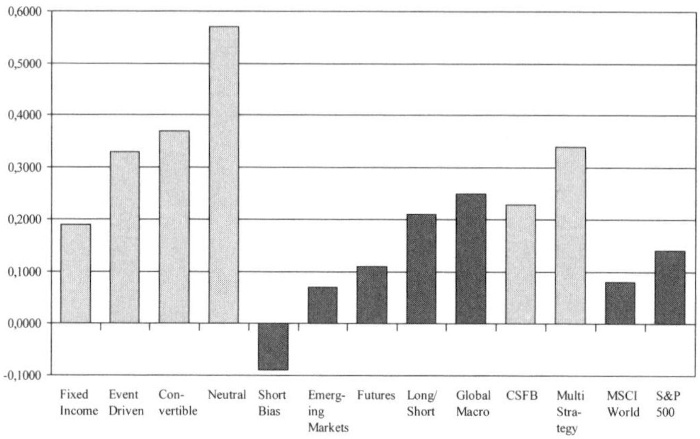


**Abb. 1:** Grafische Darstellung der Sharpe Ratios (Basis sind Monatsrenditen von Januar 1994 bis Dezember 2003)

Wie aus Abbildung 1 ersichtlich ist, erweisen sich die meisten Hedge-Funds-Stile dem MSCI World und dem S&P500 hinsichtlich der Sharpe Ratio als eindeutig überlegen.[13] Dies gilt insbesondere für die vier nicht-direktionalen Strategien Convertible Arbitrage, Equity Market Neutral, Event Driven und Fixed Income Arbitrage. Während sich bei den direktionalen Strategien eine Überlegenheit hinsichtlich der Sharpe Ratio auch bei den Hedge-Funds-Stilen Global Macro und Long/Short Equity ausmachen lässt, trifft dies für die beiden Strategien Short Bias und Emerging Markets nicht zu. Die beiden gemischten Strategien – der Sub-Index Multi Strategy und der globale CSFB/Tremont Hedge-Fund-Index – weisen ebenfalls eine deutlich höhere Sharpe Ratio auf als die beiden Aktienmärkte.

## 3.2 Weiter gehende Analyse des Rendite- und Risikopotenzials

Die in Abschnitt 3.1 dargestellten empirischen Befunde sind ein wesentlicher Grund dafür, weshalb Hedge Funds als alternativer Kapitalanlageform – nicht nur im Versicherungsbereich – eine hohe Attraktivität zugeschrieben wird – insbesondere im Vergleich zu traditionellen Asset-Klassen. Nachfolgend soll geprüft werden, ob sich diese These auch nach weiter gehenden Analysen des Rendite- und Risikopotenzials in dieser allgemeinen Form noch aufrechterhalten lässt.

Zunächst stellt sich die Frage, ob die ex post gemessenen Durchschnittsrenditen auch tatsächlich repräsentativ für die Zukunft und insofern entscheidungsrelevant sind. Die Ausgangsbasis für die Indexberechnungen stellen Datenbanken dar, an

---

[13] Ein ähnliches Ergebnis wird auch in Brooks/Kat (2002), S. 30 ausgewiesen.

die die Hedge-Funds-Manager *freiwillig* berichten.[14] Da keine gesetzliche Verpflichtung für das Reporting an die Datenbanken besteht, können die Hedge-Funds-Manager selbst entscheiden, an welche Fonds sie berichten, ab wann sie mit dem Berichten beginnen bzw. wann sie das Berichten gegebenenfalls wieder einstellen. Hierbei ist zu berücksichtigen, dass die meisten in den USA ansässigen Hedge Funds („onshore funds“) als „private partnerships“ organisiert sind, für die eine öffentliche Werbung nicht zulässig ist.[15] Vor diesem Hintergrund kommt der freiwilligen Berichterstattung an eine Datenbank eine zentrale Bedeutung zu, um bestimmte Hedge Funds einer breiten Öffentlichkeit zu präsentieren. Geht man davon aus, dass überwiegend Fonds mit einer guten Renditeentwicklung an die Datenbanken berichtet werden und die Auswahl insofern nicht repräsentativ ist, so wird mit den Hedge-Funds-Indices das tatsächliche Renditepotenzial von Hedge Funds überschätzt. Dieser Effekt wird auch als „Self-Reporting bias“ bezeichnet.[16]

Darüber hinaus kann der „Survivorship bias“ zu einer Überschätzung des tatsächlichen Renditepotenzials führen.[17] Falls das Ausscheiden von Hedge Funds aus einer Datenbank überwiegend auf eine schlechte Performance zurückzuführen ist – was durch empirische Befunde untermauert wird[18] –, dann ist die historische Index-Performance auf Grundlage der verbleibenden Funds eine nach oben verzerrte Größe, wenn von einem typischen Hedge-Funds-Anleger ausgegangen wird, der in überlebende und nicht überlebende Fonds investiert. Empirische Befunde zeigen, dass der „Survivorship bias“ bei Hedge Funds mit ca. 3% p.a.[19] ein deut-

---

14 Die CSFB/Tremont Hedge Funds-Indexfamilie basiert beispielsweise auf der TASS-Datenbank. Vgl. auch Fung/Hsieh (2002b), S. 23.

15 Vgl. Liang (1999), S. 72.

16 Teilweise wird die These vertreten, dass sich die Verzerrung durch den „Self-Reporting bias“ in Grenzen hält. Dabei wird argumentiert, dass nicht nur Fonds mit einer schlechten Performance nicht an Datenbanken berichtet werden, sondern auch solche Fonds, die eine sehr gute Performance aufweisen und keine weiteren Gelder mehr annehmen („Closed funds“). Vgl. zum Beispiel Liang (1999), S. 83 oder insbesondere auch Fung/Hsieh (2000), S. 299. Für diese Thesen liegen jedoch keine gesicherten empirischen Befunde vor.

17 Bei der CSFB/Tremont-Hedge-Funds-Indexfamilie, auf der die in diesem Beitrag dokumentierten Analysen basieren, spielt der „Survivorship bias“ keine Rolle. Siehe hierzu die Ausführungen in Abschnitt 2 sowie Brooks/Kat (2002), S. 28.

18 Siehe Liang (2000), S. 315 f.

19 Vgl. beispielsweise Brown/Goetzmann/Ibbotson (1999), S. 103 oder auch Fung/Hsieh (2000), S. 297.

lich größeres Ausmaß annimmt als im Bereich der Publikumsfonds (ca. 0,5% bis 1,4% p.a.).[20]

Bei den Hedge Funds ist es durchaus üblich, dass Fonds erst dann an Datenbanken berichtet werden, wenn bereits ein guter „Track record" vorliegt. In diesem Zuge wird meist die komplette Renditehistorie in die Datenbank mit aufgenommen. Sofern die komplette Renditehistorie eines neu aufgenommenen Fonds in die Indexhistorie eingerechnet wird (d.h., der Index wird rückwirkend verändert), kommt es auch hier zu einer Überschätzung des tatsächlichen Renditepotenzials (so genannte „Backfill bias" oder „Instant history bias").[21]

Auf Grund der hier aufgeführten potenziellen Renditeverzerrungen (insbesondere der schwer quantifizierbare und nicht vermeidbare „Self-reporting bias") werden historische Hedge-Funds-Indexrenditen als nicht oder nur bedingt repräsentativ und daher auch als schlechte Schätzer für die zukünftig zu erwartenden Renditen angesehen, die insofern auch nicht einer Optimierung zu Grunde gelegt werden sollten.[22]

Zur weiter gehenden Analyse der in Tabelle 3 ausgewiesenen niedrigen Volatilitäten von Hedge Funds werden nachfolgend die jeweiligen Renditereihen der Indices auf Autokorrelationen hin untersucht.[23] In Tabelle 4 sind die Autokorrelationen erster Ordnung aufgeführt. Zum Test auf statistische Signifikanz wird der Hypothesentest nach Ljung-Box eingesetzt.[24] Die hierbei berechnete Prüfgröße (so genannte Q-Statistik) ist ebenso wie die zugehörige Irrtumswahrscheinlichkeit (Signifikanz Q-Statistik) angegeben.

---

20 Vgl. Liang (2000), S. 310 und Liang (1999), S. 81 sowie die dort aufgeführten Quellen.

21 Bei den in diesem Beitrag analysierten CSFB/Tremont-Hedge-Funds-Indices werden neue Funds nur auf einer „Going-forward"-Basis aufgenommen, weshalb hier kein „Backfill bias" auftritt. Hingegen ermitteln Fung/Hsieh (2000) bei ihren Analysen einen „Backfill bias" von 1,4% p.a.

22 Vgl. Winkelmann et al. (2003), S. 483 ff.

23 Autokorrelation liegt dann vor, wenn ein linearer Zusammenhang zwischen zeitlich aufeinander folgenden Renditebeobachtungen besteht. Siehe hierzu beispielsweise Poddig/Dichtl/Petersmeier (2003), S. 97 ff.

24 Vgl. Ljung/Box (1978). Für eine Lehrbuchdarstellung dieses Tests siehe beispielsweise Hansen (1993), S. 102.

| | Strategie/ Markt | Autokorrelation 1. Ordnung | Q-Statistik | Signifikanz Q-Statistik |
|---|---|---|---|---|
| **Nicht-direktionale Strategien** | Convertible | 0,5526 | 37,5703 | 0,0000 |
| | Neutral | 0,2962 | 10,7960 | 0,0010 |
| | Event Driven | 0,3496 | 15,0341 | 0,0001 |
| | Fixed Income | 0,4049 | 20,1711 | 0,0000 |
| **Direktionale Strategien** | Short Bias | 0,0955 | 1,1230 | 0,2893 |
| | Emerg. Markets | 0,3047 | 11,4252 | 0,0007 |
| | Global Macro | 0,0533 | 0,3498 | 0,5542 |
| | Long/Short | 0,1629 | 3,2627 | 0,0709 |
| | Futures | 0,0219 | 0,0588 | 0,8083 |
| **Gemischte Strategien** | Multi Strategy | -0,0328 | 0,1305 | 0,7179 |
| | CSFB | 0,1137 | 1,5913 | 0,2071 |
| **Aktienmärkte** | MSCI World | 0,0154 | 0,0290 | 0,8647 |
| | S&P500 | -0,0071 | 0,0063 | 0,9369 |

**Tabelle 4:** Analyse der monatlichen Renditereihen auf Autokorrelation erster Ordnung (Zeitraum Januar 1994 bis Dezember 2003)

Wie aus Tabelle 4 ersichtlich ist, weisen alle vier nicht-direktionalen Hedge-Funds-Stile – Convertible Arbitrage, Equity Market Neutral, Event Driven und Fixed Income Arbitrage – eine statistisch signifikante positive Autokorrelation erster Ordnung auf.[25] Bei den direktionalen Strategien lässt sich eine positive Autokorrelation erster Ordnung bei den Strategien Emerging Markets und Long/Short Equity feststellen. Ausgehend von diesen empirischen Befunden stellt sich die Frage, auf welche Ursachen diese Autokorrelationen zurückzuführen sein können. Wie Getmansky/Lo/Makarov (2003) zeigen, existieren verschiedene Gründe, die zu einer Autokorrelation führen können.[26] So wird beispielsweise das Vorliegen von autokorrelierten Renditen auch als ein Indiz für ineffiziente Märke gesehen. Bei Hedge Funds dürften die Gründe für die Autokorrelation nicht bei Marktineffizienzen liegen, sondern eher auf die Anlage in illiquiden Instrumenten zurückzuführen sein.[27] So wird bei einigen Hedge-Funds-Stilen in Titel investiert, die nicht aktiv gehandelt werden, sodass hierfür auch keine Marktpreise vorhanden sind. Um dennoch ein regelmäßiges Reporting gewährleisten zu können, werden häufig einfach die letzten (gegebenenfalls auch weiter zurückliegenden)

---

25 Die Größe „Signifikanz Q-Statistik" gibt die Wahrscheinlichkeit für einen Irrtum an, wenn man sich auf Basis der gemessenen Autokorrelation für die Alternativhypothese „statistisch signifikante Autokorrelation erster Ordnung" entscheidet. Die maximal tolerierten Irrtumswahrscheinlichkeiten liegen üblicherweise bei 10%, 5% oder auch 1%. Liegt die Größe „Signifikanz Q-Statistik" dementsprechend unter den Werten 0,10, 0,05 bzw. 0,01, wird auf eine statistisch signifikante Autokorrelation erster Ordnung geschlossen.

26 Vgl. Getmansky/Lo/Makarov (2003), S. 6 ff.

27 Vgl. Getmansky/Lo/Makarov (2003), S. 19.

Marktpreise linear extrapoliert, was zu „geglätteten" Renditen („smoothed returns") führt. Solche Renditereihen weisen typischerweise eine hohe Autokorrelation und gleichzeitig eine niedrige Volatilität auf. Auf diese Weise ließe sich auch erklären, weshalb insbesondere die nicht-direktionalen Strategien in Tabelle 4 eine hohe Autokorrelation aufweisen. So dürfte es sich bei den nicht-direktionalen Strategien tendenziell um jene Strategien handeln, die zum Ausnutzen von Arbitragemöglichkeiten auf teilweise illiquide Instrumente zurückgreifen.

Mit dem so genannten „Performance smoothing" besteht ein weiterer Effekt bei Hedge Funds, der ebenfalls eine hohe Autokorrelation begünstigt.[28] So werden bei Hedge Funds teilweise die positiven Renditen nur partiell berichtet, um dann im Gegenzug die negativen Renditen ebenfalls nicht vollständig berichten zu müssen. Auch dieser Effekt führt zu geglätteten Renditen mit einer hohen Autokorrelation und einer niedrigen Volatilität.

Das Ausmaß der Verzerrung bei der Volatilitätsermittlung lässt sich abschätzen, indem auf ein Adjustierungsverfahren von Geltner zurückgegriffen wird.[29] Bei diesem Verfahren wird aus den beobachteten „geglätteten" Renditen eine neue „entglättete" Renditereihe erzeugt. Die Umrechnung basiert auf folgender Formel:[30]

$$(1) \quad r_t = \frac{r_t^* - \alpha \cdot r_{t-1}^*}{1-\alpha}$$

mit

r: tatsächliche, unbeobachtete Rendite („unsmoothed return")

$r^*$: beobachtete Rendite („smoothed return")

$\alpha$: Autokorrelation erster Ordnung

Wie die Formel (1) zeigt, wird der Entglättungseffekt über die Autokorrelation erster Ordnung gesteuert.[31] Mit Hilfe dieser Berechnungsvorschrift werden alle Renditen der verschiedenen Hedge-Funds-Stile sowie jene der beiden Aktienmärkte in neue Renditereihen transformiert. In Tabelle 5 sind die Durchschnittsrenditen, die Volatilitäten sowie die Autokorrelationen erster Ordnung dieser „entglätteten Renditen" dargestellt.

---

28 Vgl. Getmansky/Lo/Makarov (2003), S. 20.

29 Vgl. Geltner (1993).

30 Vgl. Brooks/Kat (2002), S. 37. Bei Brooks/Kat wird dieses ursprünglich für den Immobilienbereich entwickelte Verfahren zum Entglätten von Hedge-Funds-Renditen eingesetzt.

31 Wird beispielsweise $\alpha = 0$ gesetzt (d.h. keine Autokorrelation), so wird die originale Renditereihe nicht verändert.

| | Strategie/ Markt | Durchschnittl. Monatsrendite (arithmetisch) in % | Monatsvolatilität in % | Autokorrelation 1. Ordnung |
|---|---|---|---|---|
| **Nicht-direktionale Strategien** | Convertible | 0,8476 | 2,5474 | -0,0801 |
| | Neutral | 0,8561 | 1,1980 | -0,0401 |
| | Event Driven | 0,9094 | 2,4960 | -0,0097 |
| | Fixed Income | 0,5537 | 1,7502 | 0,0439 |
| **Direktionale Strategien** | Short Bias | -0,1397 | 5,7255 | 0,0049 |
| | Emerg. Markets | 0,6810 | 6,9742 | 0,0261 |
| | Global Macro | 1,1952 | 3,6890 | -0,0021 |
| | Long/Short | 1,0120 | 3,7432 | -0,0049 |
| | Futures | 0,7083 | 3,4568 | 0,0028 |
| **Gemischte Strategien** | Multi Strategy | 0,7858 | 1,2686 | 0,0096 |
| | CSFB | 0,9125 | 2,7452 | -0,0024 |
| **Aktienmärkte** | MSCI World | 0,7017 | 4,3212 | 0,0008 |
| | S&P500 | 0,9832 | 4,5413 | -0,0002 |

**Tabelle 5:** Durchschnittliche Renditen, Volatilitäten und Autokorrelationen der „unsmoothed returns" (alle Angaben auf Monatsbasis, Januar 1994 bis Dezember 2003)

Vergleicht man die Durchschnittsrenditen der beobachteten Renditereihen (Tabelle 3) mit jenen der entglätteten Renditereihen (Tabelle 5), so zeigen sich – abgesehen von vernachlässigbaren Rundungsungenauigkeiten – keine Veränderungen. Die Entglättungsformel verändert folglich nicht die durchschnittliche Rendite. Die Autokorrelationen werden bei den neu erzeugten Renditereihen hingegen nahezu vollständig eliminiert. Aus Gründen der besseren Vergleichbarkeit sind die Volatilitäten der originalen und der entglätteten Renditereihen in Abbildung 2 grafisch dargestellt.

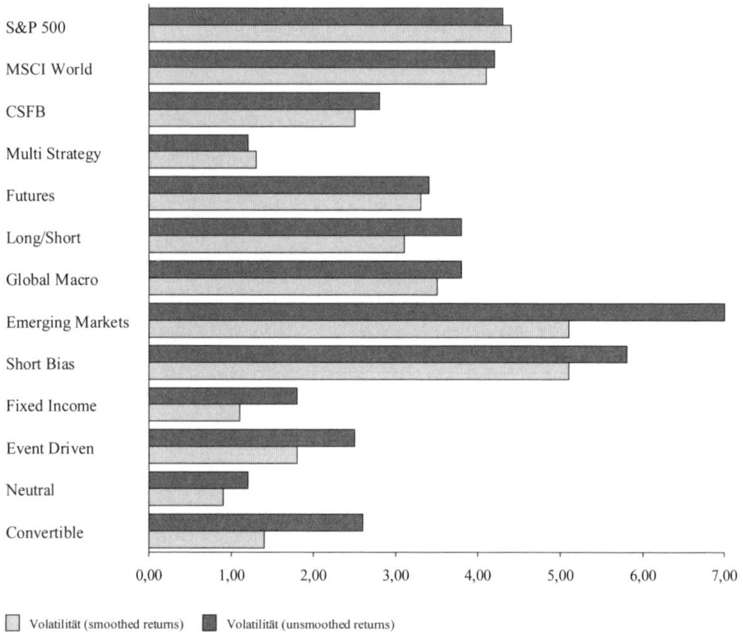


**Abb. 2:** Vergleich der Volatilitäten der beobachteten Renditen („smoothed returns") mit denen der entglätteten Renditen („unsmoothed returns")

Das Verfahren von Geltner führt dazu, dass insbesondere die Volatilitäten der Hedge-Funds-Strategien Convertible Arbitrage, Event Driven, Fixed Income Arbitrage und Emerging Markets erhöht werden. Hierbei handelt es sich um jene Stile, deren originale Renditereihen eine hohe Autokorrelation erster Ordnung aufweisen und bei denen die tatsächlichen Volatilitäten deutlich unterschätzt werden.[32]

Die hier ausgewiesenen empirischen Ergebnisse lassen in Kombination mit den entsprechenden plausiblen Erklärungsansätzen darauf schließen, dass die gewöhnlich ermittelte empirische Volatilität die tatsächliche Schwankungsbreite von Hedge-Funds-Renditen unterschätzt. Darüber hinaus ist die Volatilität auch nur dann ein aussagefähiges Risikomaß, wenn die Renditen hinreichend normalverteilt sind.[33] Mit Hilfe des Hypothesentests von Jarque-Bera wird nachfolgend über-

---

[32] Zugleich steigen durch die Adjustierung nach Geltner auch die Korrelationen dieser Hedge-Funds-Stile zu den beiden Aktienmärkten MSCI World und S&P500. Analoge Ergebnisse finden sich auch bei Brooks/Kat (2002), S. 41.

[33] Eine Normalverteilung ist durch die beiden Parameter Erwartungswert und Varianz (= quadrierte Standardabweichung) vollständig beschrieben.

prüft, ob bzw. inwieweit die Normalverteilungsannahme bei den verschiedenen Hedge-Funds-Stilen aufrechterhalten werden kann.[34] Bei diesem Hypothesentest wird die Nullhypothese „Normalverteilung" gegen die Alternativhypothese „Keine Normalverteilung" getestet, wobei große Prüfgrößenwerte tendenziell zu einer Ablehnung der Nullhypothese führen. In der Tabelle 6 sind die Prüfgröße des Jarque-Bera-Tests (JB-Statistik) sowie die zugehörige Irrtumswahrscheinlichkeit (Signifikanz JB-Statistik) ausgewiesen.

| | Strategie/ Markt | JB-Statistik | Signifikanz JB-Statistik |
|---|---|---|---|
| **Nicht-direktionale Strategien** | Convertible | 131,9716 | 0,0000 |
| | Neutral | 1,1884 | 0,5520 |
| | Event Driven | 2.871,8509 | 0,0000 |
| | Fixed Income | 1.590,7173 | 0,0000 |
| **Direktionale Strategien** | Short Bias | 39,9741 | 0,0000 |
| | Emerg. Markets | 75,5954 | 0,0000 |
| | Global Macro | 19,6174 | 0,0001 |
| | Long/Short | 57,1175 | 0,0000 |
| | Futures | 1,6122 | 0,4466 |
| **Gemischte Strategien** | Multi Strategy | 95,2631 | 0,0000 |
| | CSFB | 15,0734 | 0,0005 |
| **Aktienmärkte** | MSCI World | 7,5653 | 0,0228 |
| | S&P500 | 7,6489 | 0,0218 |

**Tabelle 6:** Test der monatlichen Renditezeitreihen auf Normalverteilung (Zeitraum Januar 1994 bis Dezember 2003)

Wie die Ergebnisse des Hypothesentests zeigen, kann die Normalverteilungsannahme ausschließlich bei den beiden Hedge-Funds-Strategien Equity Market Neutral und Futures *nicht* abgelehnt werden. Bei allen weiteren Hedge-Funds-Strategien ist die Alternativhypothese „Keine Normalverteilung" auch bei einer maximal tolerierten Irrtumswahrscheinlichkeit von 1% statistisch signifikant.[35] Besonders auffällig sind hierbei die sehr großen Prüfgrößenwerte der nicht-direktionalen Strategien Convertible Arbitrage (131,97), Event Driven (2871,85) und Fixed Income Arbitrage (1590,71), die einen nachhaltigen Verstoß gegen die Normalverteilungsannahme anzeigen. Bei den beiden Aktienmärkten fallen die Prüfgrößenwerte mit 7,56 (MSCI World) und 7,64 (S&P500) verglichen mit den verschiedenen Hedge-Funds-Stilen (ausgenommen die Strategien Equity Market Neutral und Futures) wesentlich geringer aus. Ob die Normalverteilungsannahme bei den beiden Aktienmärkten beibehalten werden kann oder abzulehnen ist, hängt

---

34 Vgl. Jarque/Bera (1987). Zu einer Lehrbuchdarstellung dieses Hypothesentests siehe Poddig/Dichtl/Petersmeier (2003), S. 333 ff.

35 Dies zeigen die ausgewiesenen Signifikanzniveaus, die – mit Ausnahme der Strategien Equity Market Neutral und Futures – durchgängig kleiner als 0,01 sind.

von der maximal tolerierten Irrtumswahrscheinlichkeit ab. Während bei einer maximal tolerierten Irrtumswahrscheinlichkeit von 5% die Nullhypothese (d.h. Normalverteilung liegt vor) abzulehnen wäre, muss sie bei einem maximal akzeptierten Wert von 1% aufrechterhalten werden. Gemäß dieser Befunde kann die Normalverteilungsannahme bei den beiden Aktienmärkten – im Gegensatz zu den verschiedenen Hedge-Funds-Stilen – noch als hinreichend bzw. annähernd erfüllt angesehen werden.

Da die Volatilität nur bei normalverteilten Renditen ein hinreichendes Risikomaß darstellt, werden nachfolgend die Schiefe (Skewness) und Wölbung (Kurtosis) als weitere Risikomaße analysiert. Ergänzend sind in Tabelle 7 die im Untersuchungszeitraum aufgetretenen minimalen und maximalen Monatsrenditen aufgeführt.

| | Strategie/ Markt | Schiefe (Skewness) | Wölbung (Kurtosis) | Min. Rendite/ Max. Rendite |
|---|---|---|---|---|
| **Nicht-direktionale Strategien** | Convertible | -1,5728 | 4,0619 | -4,68 / 3,57 |
| | Neutral | 0,2125 | 0,2390 | -1,15 / 3,26 |
| | Event Driven | -3,4559 | 22,9477 | -11,77 / 3,68 |
| | Fixed Income | -3,2541 | 16,6068 | -6,96 / 2,02 |
| **Direktionale Strategien** | Short Bias | 0,9193 | 2,1481 | -8,69 / 22,71 |
| | Emerg. Markets | -0,5786 | 3,7122 | -23,03 / 16,42 |
| | Global Macro | -0,0376 | 1,9793 | -11,55 / 10,60 |
| | Long/Short | 0,2183 | 3,3516 | -11,43 / 13,01 |
| | Futures | 0,1805 | 0,4383 | -8,62 / 9,95 |
| **Gemischte Strategien** | Multi Strategy | -1,3331 | 3,5025 | -4,76 / 3,61 |
| | CSFB | 0,0800 | 1,7289 | -7,55 / 8,53 |
| **Aktienmärkte** | MSCI World | -0,5779 | 0,4208 | -13,32 / 9,06 |
| | S&P500 | -0,6010 | 0,2913 | -14,46 / 9,78 |

**Tabelle 7:** Schiefe, Wölbung und minimale/maximale Rendite (alle Angaben auf Monatsbasis, Januar 1994 bis Dezember 2003)

Während ein Schiefe-Wert von null auf eine symmetrische Verteilung hinweist, ist der Schiefe-Wert einer linksschiefen Verteilung negativ bzw. der einer rechtsschiefen Verteilung positiv.[36] Bei einer linksschiefen Verteilung treten betragsmäßig große negative Renditen mit einer höheren Wahrscheinlichkeit auf als entsprechende positive Renditen,[37] was als Risiko zu beurteilen ist. Ein positiver Wert für die Wölbung ist aus Anlegersicht Ausdruck dafür, dass betragsmäßig große negative und große positive Renditen mit einer höheren Wahrscheinlichkeit auftreten

---

36 Vgl. beispielsweise Poddig/Dichtl/Petersmeier (2003), S. 141 ff.

37 Bei einer rechtsschiefen Verteilung verhält es sich genau umgekehrt. Insofern besteht das vorrangige Ziel eines Wertsicherungskonzepts (zum Beispiel CPPI-Strategie) darin, eine rechtsschiefe Renditeverteilung zu erzeugen.

als dies bei der Normalverteilung der Fall ist (so genannte „Fat tails"). Eine solche Verteilung wird auch als leptokurtisch bezeichnet.[38] Weist nun eine Verteilung eine Linksschiefe in Kombination mit einer positiven Wölbung auf, so bedeutet dies, dass betragsmäßig große Renditen häufiger auftreten als bei einer Normalverteilung, wobei die betragsmäßig großen negativen Renditen (auf Grund der Linksschiefe) nicht vollständig durch die großen positiven Renditen kompensiert werden. Hierin spiegelt sich ein hohes Ausfallrisiko wider. Wie die in Tabelle 7 aufgeführten Werte zeigen, tritt dieser Fall bei den beiden nicht-direktionalen Strategien Event Driven (Schiefe -3,45 und Wölbung 22,94) und Fixed Income Arbitrage (Schiefe -3,25 und Wölbung 16,60) in einer besonders ausgeprägten Form auf. Das hohe Ausfallrisiko spiegelt sich auch in der im Betrachtungszeitraum erzielten minimalen und maximalen Rendite wider. So steht bei der Strategie Event Driven der minimalen Monatsrendite von -11,77% lediglich eine maximale Monatsrendite von +3,68% gegenüber. Eine linksschiefe Verteilung mit einer positiven Wölbung lässt sich auch bei weiteren Hedge-Funds-Strategien (zum Beispiel Convertible Arbitrage oder auch Multi Strategy) feststellen, wenngleich in einer weniger ausgeprägten Form.

Die statistischen Analysen der Hedge-Funds-Indices haben Folgendes gezeigt:

1. Die Schätzung der zukünftig zu erwartenden Renditen anhand der historisch ermittelten Durchschnittsrenditen ist als kritisch zu beurteilen.

2. Bei vielen Hedge-Funds-Strategien dürfte die empirisch ermittelte Volatilität die tatsächliche Schwankungsbreite unterschätzen.

3. Bis auf zwei Ausnahmen (Equity Market Neutral und Futures) kann die Normalverteilungsannahme für Hedge Funds nicht aufrechterhalten werden, weshalb die ausschließliche Risikomessung anhand der Volatilität nicht hinreichend ist. So weisen einige Hedge-Funds-Stile eine ausgeprägte linksschiefe und leptokurtische Verteilung auf, was auf hohe Ausfallrisiken schließen lässt.

Wie die hier ausgewiesenen Ergebnisse zeigen, lässt sich die Frage nach der Vorteilhaftigkeit von Hedge Funds gegenüber traditionellen Asset-Klassen (wie zum Beispiel Aktien) mit den traditionellen Performance-Maßen nicht pauschal beantworten. Vielmehr ist auch bei Hedge Funds die Frage nach der Vorteilhaftigkeit im Rahmen einer individuellen Portfoliooptimierung (unter Berücksichtigung des

---

[38] Je nach Berechnungsweise wird teilweise auch erst bei einem Wert von größer als 3 auf eine leptokurtische Verteilung geschlossen. Siehe beispielsweise Poddig/ Dichtl/ Petersmeier (2003), S. 143. Bei dem hier angegebenen Wert wurde bereits die Zahl 3 abgezogen, weshalb jeder positive Wert auf eine leptokurtische Verteilung schließen lässt. Siehe zu dieser Berechnungsweise der Wölbung zum Beispiel Hartung (2002), S. 49.

relevanten Anlageuniversums, der anlegerspezifischen Risikoeinstellung etc.) im jeweiligen Einzelfall zu prüfen.

# 4 Integration von Hedge Funds in die Kapitalanlage

Werden Hedge Funds im Rahmen einer klassischen Markowitz-Optimierung mit historisch geschätzten erwarteten Renditen und Volatilitäten berücksichtigt, so resultieren daraus meist Portfoliostrukturen, die eine extreme Gewichtung von Hedge Funds aufweisen. Diese Allokationen, die auf Grund gesetzlicher Vorschriften oder interner Anlagerichtlinien in aller Regel nicht umgesetzt werden können, sind auf die in Abschnitt 3 diskutierten Schätzprobleme zurückzuführen. Nachfolgend wird ein vierstufiger Ansatz skizziert, der eine sachgerechte Integration von Hedge Funds in die Asset Allocation unter Einsatz von Portfoliooptimierungsverfahren ermöglicht.[39]

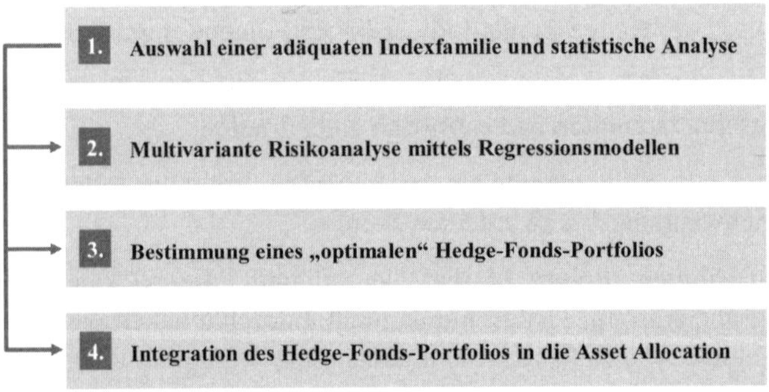


**Abb. 3:** Vierstufiger Ansatz zur Integration von Hedge Funds in die Asset Allocation

Der erste Analyseschritt – die Auswahl einer adäquaten Indexfamilie und die Durchführung einer statistischen Analyse – ist in den Abschnitten 2 bzw. 3 dieses Beitrags erläutert worden. Die im Rahmen der statistischen Analysen erzielten Ergebnisse sind wichtig für die nachfolgenden Analyseschritte. Sofern die bestehende Asset Allocation eines Anlegers zielgerichtet um Hedge Funds ergänzt werden soll, können Regressionsanalysen wichtige Erkenntnisse hinsichtlich der Beurteilung und Vorauswahl bestimmter Hedge-Funds-Stile liefern. Bei diesen Regressionsanalysen werden die Renditen der verschiedenen Hedge-Funds-Stile

---

[39] Siehe dazu auch Dichtl (2004). Zur methodisch fundierten Durchführung praxisgerechter Asset-Allocation-Analysen siehe Dichtl/Kleeberg/Schlenger (2003).

auf die Renditen der bereits im Portfolio befindlichen Asset-Klassen (zum Beispiel Aktien Europa, Aktien USA, Renten Euroland etc.) regressiert.[40] Dabei sieht man einerseits, welche Hedge Funds-Stile ein positives Alpha gegenüber den bereits im Portfolio befindlichen Asset-Klassen aufweisen und daher besonders attraktiv sind. Gleichzeitig liefern die Regressionen Anhaltspunkte darüber, ob die Aufnahme bestimmter Hedge-Funds-Stile zu einer unbeabsichtigten Kumulation von Risiken in Bezug auf eine bereits vorhandene Asset-Klasse führt (positiver Regressionskoeffizient) oder auch zu einer ungewollten Kompensation (negativer Regressionskoeffizient). So besteht beispielsweise bei der Strategie Short bias die Gefahr, bewusst aufgebaute Long-Positionen in bestimmten Asset-Klassen ungewollt durch nicht offensichtlich erkennbare Short-Positionen zu konterkarieren.

Wichtige Erkenntnisse liefern auch die von Sharpe eingeführten Stilanalyse-Regressionen.[41] Von einem Standardregressionsmodell unterscheiden sich diese Modelle dadurch, dass sie keine Regressionskonstante („Alpha") enthalten, alle Regressionskoeffizienten größer als null sein müssen und sich exakt zu 100% addieren. In diesem Fall lassen sich die Regressionskoeffizienten als Anteile an einem Portfolio interpretieren, das die Renditen des jeweiligen Hedge-Funds-Stiles bestmöglich nachbildet. Sofern ein solches Regressionsmodell ein hohes Bestimmtheitsmaß aufweist, ist dies ein Indiz dafür, dass der jeweilige Hedge-Funds-Stil durch gewöhnliche Long-Positionen in den bereits vorhandenen Asset-Klassen gut nachgebildet werden kann.[42] Unter Berücksichtigung der hohen Kosten für Hedge Funds sollte eine Anlage in einen derart einfach zu duplizierenden Hedge-Funds-Stil besonders kritisch hinterfragt werden.

Nachdem mit Hilfe der Regressionsanalysen all jene Hedge-Funds-Stile identifiziert wurden, die das Anlageuniversum eines Anlegers prinzipiell bereichern, stellt sich in einem nächsten Schritt die Frage, wie diese Hedge-Funds-Stile relativ zueinander gewichtet werden sollten. Hinweise hierzu liefern die statistischen Ergebnisse in Abschnitt 3. Vor dem Hintergrund der hohen Ausfallrisiken einiger Hedge-Funds-Stile bietet es sich an, das Hedge-Funds-Portfolio primär so zu strukturieren, dass das Ausfallrisiko nachhaltig reduziert bzw. weitgehend eliminiert wird. Dies lässt sich mit Hilfe einer Portfoliooptimierung auf der Basis so genannter Lower Partial Moments (zum Beispiel Semivarianz) bewerkstelligen.[43] Da hierbei ausschließlich das Ausfallrisiko – gemessen durch das Lower Partial

---

40 Siehe hierzu auch die bei Fung/Hsieh durchgeführten Regressionen. Vgl. Fung/Hsieh (2002b), S. 23 ff.

41 Vgl. Sharpe (1992).

42 Dies ist beispielsweise bei dem Hedge-Funds-Stil Emerging Markets der Fall, der durch Long-Positionen in Emerging-Markets-Aktien und Emerging Markets Debt vergleichsweise gut nachgebildet werden kann.

43 Siehe hierzu auch McFall Lamm (2003).

Moment – minimiert wird, sind keine Prognosen bezüglich der erwarteten Renditen der verschiedenen Hedge-Funds-Stile erforderlich. Sofern bei dem auf diese Weise ermittelten Hedge-Funds-Portfolio die Ausfallrisiken weitgehend reduziert und dessen Renditen hinreichend normalverteilt sind, kann in einem nächsten Schritt das spezifizierte Hedge-Funds-Portfolio mit Hilfe einer gewöhnlichen Portfoliooptimierung nach Markowitz in die bestehende Asset Allocation integriert werden. Hierbei wird festgelegt, mit welcher optimalen Quote das Hedge-Funds-Portfolio der bestehenden Asset Allocation beigemischt werden sollte.

Zur Durchführung der Markowitz-Optimierung werden Schätzungen für die erwarteten Renditen, Volatilitäten und Korrelationen aller Asset-Klassen benötigt. Da bei Hedge Funds die historischen Durchschnittsrenditen unbefriedigende Schätzer für die erwarteten Renditen sind, ist hier ein alternativer Lösungsansatz gefragt. Eine Möglichkeit besteht darin, die historischen Durchschnittsrenditen um Renditeabschläge zu modifizieren, um damit den möglichen Verzerrungen Rechnung zu tragen.[44] Alternativ bietet es sich an, auf die Ergebnisse der Regressionsanalysen zurückzugreifen. Bei diesen Regressionsanalysen werden Schätzer für das Alpha und die Beta-Faktoren der verschiedenen Hedge-Funds-Stile bezüglich der bestehenden Asset-Klassen im Portfolio ermittelt. Mit Hilfe dieser geschätzten Größen und der geschätzten erwarteten Renditen für die traditionellen Asset-Klassen ist es möglich, konsistente Schätzer für die verschiedenen Hedge-Funds-Stile abzuleiten.[45] Damit wird zugleich erreicht, dass die vermeintliche *systematische* Dominanz der Hedge Funds gegenüber traditionellen Asset-Klassen eliminiert wird.

Wie die Ergebnisse in Abschnitt 3 zeigen, besteht bei Hedge Funds die Gefahr, dass mit der gewöhnlich ermittelten Volatilität die tatsächliche Schwankungsbreite deutlich unterschätzt wird. Insofern erscheint es sinnvoll, hier auf die mit Hilfe des Verfahrens von Geltner modifizierten Volatilitätsschätzer zurückzugreifen. Mit Hilfe der so geschätzten Parameter kann anschließend eine Portfoliooptimierung nach Markowitz in der bekannten Weise durchgeführt werden, ohne dabei methodische Fehler zu begehen, wie zum Beispiel die Vernachlässigung der Schiefe und Wölbung der Renditeverteilung oder die Verwendung verzerrter Rendite- und Volatilitätsschätzer.

---

[44] So wird beispielsweise bei Lochoff (2002) die historische Rendite von Hedge Funds um 2% p.a. nach unten korrigiert. Vgl. Lochoff (2002), S. 95.

[45] Hierbei handelt es sich um den Einsatz eines Multifaktoren-Modells zur Prognose. Vgl. hierzu auch Spremann (2003), S. 290 ff.

# 5 Schlussbetrachtung

In diesem Beitrag wird die Frage untersucht, wie Hedge Funds unter Rendite- und Risikogesichtspunkten im Kontext der Asset Allocation zu beurteilen sind. Wie ein Vergleich historischer Durchschnittsrenditen, Volatilitäten und Sharpe Ratios zeigt, dominieren bestimmte Hedge-Funds-Stile viele traditionelle Anlagen (hier zum Beispiel die Aktienmärkte MSCI World und S&P500) auf den ersten Blick deutlich. Weiter gehende Analysen zeigen jedoch, dass die Beurteilung von Hedge Funds anhand dieser traditionellen Performance-Maße problematisch ist. Während die historische Durchschnittsrendite die erwartete Rendite tendenziell überschätzt, wird die tatsächliche Schwankungsbreite mit der empirischen Volatilität eher unterschätzt. Ein erhöhtes Ausfallrisiko, das sich in einer linksschiefen und leptokurtischen Verteilung widerspiegelt, wird dabei völlig vernachlässigt. Wird mit den traditionell geschätzten Input-Parametern eine Portfoliooptimierung nach Markowitz durchgeführt, so ergeben sich meist Portfoliostrukturen mit einer „extremen" Gewichtung von Hedge Funds. Ausgehend von dieser Problematik wird in diesem Beitrag ein vierstufiger Ansatz skizziert, mit dem sich Hedge Funds sachgerecht im Zuge einer Portfoliooptimierung berücksichtigen lassen. Mit Hilfe dieses Ansatzes ist die Attraktivität von Hedge Funds für jeden Anleger individuell zu analysieren.

Das Fazit für institutionelle Anleger wie Versicherungen lautet demzufolge: Hedge Funds können in der Tat eine attraktive Ergänzung bestehender Portfolios darstellen, indem sie die Abhängigkeit von der Kapitalmarktlage reduzieren. Um Fehlentscheidungen zu vermeiden, ist aber eine fundierte Vorbereitung solcher Investmententscheidungen unerlässlich. Dazu sollte man die oftmals Marketing-getriebenen Darstellungen der Hedge-Funds-Anbieter durch konzeptionell fundierte Analysen kritisch hinterfragen und auf dieser Basis gezielt entscheiden.

# Literaturverzeichnis


Amenc, Noël/Martellini, Lionel (2002): Portfolio Optimization and Hedge Fund Style Allocation Decisions. The Journal of Alternative Investments, Fall, S. 7-19.

Brooks, Chris/Kat, Harry M. (2002): The Statistical Properties of Hedge Fund Index Returns and Their Implications for Investors. The Journal of Alternative Investments, Fall, S. 26-44.

Brown, Stephen J./Goetzmann, William N./Ibbotson, Roger G. (1999): Offshore Hedge Funds: Survival and Performance, 1989-95. Journal of Business, Vol. 72, No. 1, S. 91-117.

Dichtl, Hubert/Kleeberg, Jochen M./Schlenger, Christian (2003): Modellgestützte Planung der Strategischen Asset Allocation: Von der Theorie zur Praxis. In: Dichtl, Hubert/Kleeberg, Jochen M./Schlenger, Christian (Hrsg.): Handbuch Asset Allocation. Innovative Konzepte zur systematischen Portfolioplanung. Bad Soden/Ts., S. 27-66.

Dichtl, Hubert (2004): Hedge Funds verlangen neue Wege bei der Portfoliostrukturierung. portfolio institutionell, Ausgabe 1, Februar, S. 18-20.

Fung, William/ Hsieh, David A. (2000): Performance Characteristics of Hedge Funds and Commodity Funds: Natural vs. Spurious Biases. Journal of Financial and Quantitative Analysis, Vol. 35, No. 3, S. 291-307.

Fung, William/Hsieh, David A. (2002a): Hedge-Fund Benchmarks: Information Content and Biases. Financial Analysts Journal, January-February, S. 22-34.

Fung, William/Hsieh, David A. (2002b): Asset-Based Style Factors for Hedge Funds. Financial Analysts Journal, September-October, S. 16-27.

Geltner, David M. (1993): Estimating Market Values from Appraised Values without Assuming an Efficient Market. The Journal Of Real Estate Research, Vol. 8, S. 325-345.

Getmansky, Mila/Lo, Andrew W./Makarov, Igor (2003): An Econometric Model of Serial Correlation and Illiquidity in Hedge Fund Returns. Unpublished workingpaper, MIT Sloan School of Management, Cambridge (MA).

Hansen, Gerd (1993): Quantitative Wirtschaftsforschung, München.

Hartung, Joachim (2002): Statistik. Lehr- und Handbuch der angewandten Statistik. 13. Aufl., München/Wien.

Jarque, Carlos M/Bera, Anil K. (1987): A Test for Normality of Observations and Regression Residuals. International Statistical Review, Vol. 55, S. 163-172.

Liang, Bing (1999): On Performance of Hedge Funds. Financial Analysts Journal, July-August, S. 72-85.

Liang, Bing (2000): Hedge Funds: The Living and the Dead. Journal of Financial and Quantitative Analysis, Vol. 35, No. 3, S. 309-326.

Ljung, G.M./Box, G.E.P. (1978): On a Measure of Lack of Fit in Time Series Models. Biometrika, Vol. 65, S. 297-303.

Lo, A.W. (2002): The Statistics of Sharpe Ratios. Financial Analysts Journal, July-August, S. 36-52.

Lochoff, Roland (2002): Hedge Funds and Hope. Journal of Portfolio Management, Vol. 28, Summer, S. 92-99.

Markowitz, Harry M. (1952): Portfolio Selection. Journal of Finance, Vol. VII, S. 77-91.

McFall Lamm, R. (2003): Asymmetric Returns and Optimal Hedge Fund Portfolios. The Journal of Alternative Investments, Fall, S. 9-21.

Poddig, Thorsten/Dichtl, Hubert/Petersmeier, Kerstin (2003): Statistik Ökonometrie Optimierung. 3. Aufl., Bad Soden/Ts.

Sharpe, William F. (1992): Asset allocation: Management style and performance measurement. Journal of Portfolio Management, Vol. 18, Winter, S. 7-19.

Sharpe, William F. (1994): The Sharpe Ratio. Journal of Portfolio Management, Vol. 21, Fall, S. 49-58.

Spremann, Klaus (2003): Portfoliomanagement. 2. Aufl., München/Wien.

Winkelmann, Kurt/Clark, Kent. A./Rosengarten, Jacob/Tyagi, Tarun (2003): Strategic Asset Allocation and Hedge Funds. Modern Investment Management. An Equilibrium Approach, hrsg. von Bob Litterman and the Quantitative Resources Group, Goldman Sachs Asset Management, Hoboken (New Jersey), S. 483-500.

# Kreditbewertung – optionspreistheoretischer versus Rating-basierter Ansatz

**Antje Henne, Peter Reichling**

*Zusammenfassung:*
*Jede Kreditvergabe setzt implizit eine Preisfindung voraus: Zur Bestimmung der Vertragskonditionen sind die zukünftigen Zins- und Tilgungszahlungen aus heutiger Sicht zu bewerten. Dazu ist bei bonitätsrisikobehafteten Krediten die Berücksichtigung des Ausfallrisikos essenziell. Der folgende Beitrag stellt hierzu zwei Ansätze vor: Der optionspreistheoretische Ansatz beruht auf der Idee, dass ein Unternehmenskredit einen zustandsabhängigen Anspruch darstellt, weil im Fall einer Insolvenz die versprochene Kreditbedienung allenfalls nur noch teilweise erfolgt. Die Höhe der tatsächlichen zukünftigen Zahlungen an die Kreditgeber und folglich auch der heutige Wert des Kredits ergeben sich dabei aus dem jeweiligen Unternehmenswert. Im Rating-basierten Ansatz hingegen werden in Abhängigkeit von der Rating-Klasse des Kreditnehmers Bonitätsaufschläge in den Zinssätzen zur Diskontierung der ausfallrisikobehafteten Kreditzahlungen ermittelt.*

*Schlüsselwörter: Ausfallrisiko, Bonität, Kreditbewertung, optionspreistheoretischer Ansatz, Rating-basierter Ansatz.*

## 1 Einleitung

Die Ermittlung des Wertes von Krediten ist in der heutigen Finanzdienstleistungspraxis unumgänglich. Soll ein Kredit erstmalig vergeben oder an einen institutionellen Anleger verkauft werden, ist für diese Transaktion ein Preis zu bestimmen. Sollen die einem Kredit zu Grunde liegenden Risiken durch die Nutzung von Kreditderivaten isoliert gehandelt werden und taucht dabei der Kredit als Basisinstrument auf, so ist die Kenntnis seines Wertes ebenfalls notwendig, um einen Preis für das Kreditderivat zu finden. Das im Risiko-Controlling übliche Marking-to-Market erfordert zudem eine ständige Neubewertung von Krediten. Der vorliegende Beitrag stellt zwei Ansätze zur Ermittlung von Kreditwerten dar.

Dem optionspreistheoretischen Ansatz zur Kreditbewertung liegt zu Grunde, dass der Wert eines Unternehmens, aufgefasst als Marktwert sämtlicher Unternehmensaktiva, der Summe der Marktwerte des Eigenkapitals und der Fremdkapitalbestandteile des Unternehmens entspricht. Dabei stellen sowohl die einzelnen Fremdkapitalbestandteile als auch das Eigenkapital zustandsabhängige Kontrakte (Contingent Claims) dar. Ist zum Beispiel eine Kreditzahlung fällig, hängt die Höhe der tatsächlichen Zahlung an die Kreditgeber vom Zustand ab, in dem sich das Unternehmen befindet. Entweder ist das Unternehmensvermögen zum Zahlungszeitpunkt groß genug, um den Kredit vollständig zu bedienen, oder das Unternehmen befindet sich im Insolvenzzustand, sodass sein noch vorhandenes Vermögen auf die Fremdkapitalgeber übergeht, die dieses dann verwerten. Folglich ergeben sich die Höhe der tatsächlichen Zahlungen an die Kreditgeber und damit auch der Kreditwert selbst aus dem jeweiligen Unternehmenswert. Unternehmenskredite als Contingent Claims bzw. Optionen auf diesen Unternehmenswert können deshalb mit Hilfe der Optionspreistheorie bewertet werden.

Im Rating-basierten Ansatz wird das Kapitalwertkonzept direkt aufgegriffen. Danach ergibt sich der Wert eines sicheren Zahlungsstromes als Barwert der zukünftigen Zahlungen auf Basis der aktuellen Kassazinsstruktur. Zukünftige Kreditzahlungen sind jedoch auf Grund des Ausfallrisikos mit Unsicherheit behaftet und fallen deshalb mitunter geringer aus als die vertraglich vereinbarten Zahlungen. Selbst ein risikoneutraler Investor wird folglich einem ausfallrisikobehafteten Kredit einen geringeren Wert zumessen als einer ausfallrisikofreien Anlage mit gleichem geplanten Zahlungsstrom. Um diesem Umstand gerecht zu werden, benutzt man Bonitätsaufschläge in den Diskontierungszinssätzen. Liegt für einen Kreditnehmer ein Rating vor, sollte dies insbesondere Auskunft darüber geben, welches Ausfallrisiko mit dem entsprechenden Kredit verbunden ist. Im Rating-basierten Ansatz werden nun für die verschiedenen Rating-Klassen Bonitätsaufschläge in den Zinssätzen ermittelt. Der Wert eines Kredits ergibt sich dann als Barwert der vertraglich vereinbarten Kreditzahlungen, berechnet mit Hilfe der risikoangepassten Diskontierungsfaktoren.

Unser Beitrag ist wie folgt gegliedert: Abschnitt 2 stellt das Grundmodell zur optionspreistheoretischen Kreditbewertung dar und skizziert einige Erweiterungen. Abschnitt 3 beschäftigt sich mit dem Rating-basierten Ansatz. Dabei werden für die verschiedenen Rating-Klassen sowohl Bonitätsaufschläge auf die Renditestruktur als auch auf die Kassazinsstruktur ermittelt. In der Zusammenfassung in Abschnitt 4 werden die betrachteten Ansätze hinsichtlich ihrer Stärken und Schwächen bei der Kreditbewertung miteinander verglichen.

## 2 Der optionspreistheoretische Ansatz

Wesentlich für optionspreistheoretische Ansätze zur Kreditbewertung ist die Modellierung der Entwicklung des Unternehmenswertes. Deshalb findet man häufig die Bezeichnung Firm-Value-Approach. Die Entwicklung des Unternehmenswertes hat wiederum Auswirkungen auf die Entwicklung der Kapitalstruktur, weshalb optionspreistheoretische Ansätze auch als Structural Models bezeichnet werden.[1]

Wir werden in diesem Abschnitt zunächst das Grundmodell der optionspreistheoretischen Kreditbewertung darstellen und dann einige praxisrelevante Erweiterungen skizzieren.

## 2.1 Das Grundmodell

Die Idee, sämtliche Finanzierungsbestandteile eines Unternehmens als Optionen auf den Unternehmenswert zu verstehen und folglich mit Hilfe der Optionspreistheorie zu bewerten, findet man bereits in den bahnbrechenden Arbeiten von Black/Scholes (1973) und Merton (1973) zur Optionspreistheorie. Merton (1974) hat diesen Ansatz erstmalig ausformuliert, weshalb ihm das Grundmodell zur optionspreistheoretischen Kreditbewertung zugeschrieben wird.

### 2.1.1 Die Bewertungsgleichung

Merton (1974) bewegt sich zur Herleitung einer Bewertungsgleichung für Unternehmenskredite konsequent innerhalb des Black/Scholes-Modells (1973) zur Bewertung von Aktienoptionen. Deshalb wird zunächst ein vollständiger und friktionsloser Kapitalmarkt vorausgesetzt. Dies bedeutet unter anderem die Handelbarkeit beliebig kleiner Anteile des Unternehmensvermögens und der einzelnen Bestandteile der Kapitalstruktur sowie Zinssicherheit. Da die Kapitalstruktur des betrachteten Unternehmens im Weiteren eine entscheidende Rolle spielt, wobei der Unternehmenswert als exogen gegeben vorausgesetzt wird, benötigen wir außerdem die Gültigkeit des Modigliani-Miller-Theorems, nach dem der Wert eines Unternehmens unabhängig von seiner Kapitalstruktur ist. Letzteres ergibt sich aus der Arbitragefreiheit des Kapitalmarktes.

Für die Modellierung der Entwicklung des Unternehmensvermögens erscheint es vernünftig anzunehmen, dass die Veränderung des Marktwertes des Unternehmensvermögens innerhalb eines Zeitintervalls unabhängig von früheren Veränderungen ist und eine erwartete sowie eine zufällige Komponente besitzt, wobei sich beide proportional zum Unternehmensvermögen entwickeln. Merton (1974) modelliert deshalb die Entwicklung des Unternehmenswertes als geometrische Brownsche Bewegung, wie es schon Black/Scholes (1973) für die Entwicklung des Aktienkurses taten:

$$dV = \mu V dt + \sigma V dW . \tag{1}$$

Dabei bezeichnen V den Unternehmenswert, $\mu$ die erwartete (stetig berechnete) Unternehmensrendite und $\sigma$ die Volatilität des Unternehmenswertes (annualisierte

---

[1] Vgl. Bielecki/Rutkowski (2002), S. 26.

Standardabweichung der Unternehmensrendite)[2]. Wie üblich stehen t für die Zeit und {W} für den Standard-Wiener-Prozess. Diese Modellierung der Entwicklung des Unternehmenswertes setzt voraus, dass der Unternehmenswert nicht durch Aufnahme von neuem Eigen- oder Fremdkapital oder durch Abgänge wie Dividenden, Aktienrückkäufe, Zinszahlungen usw. verändert wird. Gleichung (1) impliziert eine normalverteilte Unternehmensrendite.

Die Kapitalstruktur des Unternehmens sei nun denkbar einfach: Neben dem Eigenkapital existiere lediglich ein Kredit in Form einer Nullkuponanleihe mit Rückzahlungsbetrag B zum Zeitpunkt T. Diesen Kredit gilt es zu bewerten. Dazu stellen wir zunächst fest: Falls das Unternehmensvermögen zum Rückzahlungszeitpunkt den Rückzahlungsbetrag deckt, erfolgt eine vollständige Rückzahlung, anderenfalls befindet sich das Unternehmen im Insolvenzzustand und das noch vorhandene Unternehmensvermögen geht vollständig auf die Kreditgeber über, die dieses dann verwerten.

Betrachten wir dazu zwei Situationen, die im ersten Moment kritisch erscheinen könnten. Sollten die Unternehmenseigner im Solvenzfall zum Rückzahlungszeitpunkt nicht über liquide Mittel in ausreichender Höhe verfügen, werden sie schlichtweg einen entsprechenden Teil des Unternehmensvermögens veräußern. Im Insolvenzfall hingegen ist es nicht möglich, durch Kapitalaufnahme das Unternehmensvermögen um den nötigen Differenzbetrag zu erhöhen und so die Insolvenz abzuwehren. Potenzielle neue Fremdkapitalgeber würden nämlich durch die Finanzierung dieses Differenzbetrages den Verlust der ursprünglichen Kreditgeber übernehmen. Potenzielle Eigenkapitalgeber dürften ebenfalls nicht zu finden sein, da ihrem Kapital kein Unternehmensvermögen gegenüberstehen würde.[3]

Der Kreditwert im Rückzahlungszeitpunkt entspricht gerade der Höhe der Zahlungen an die Kreditgeber zu diesem Zeitpunkt. Mit den Bezeichnungen $F_t$ bzw. $V_t$ für den Kredit- bzw. Unternehmenswert zum Zeitpunkt t ergibt sich:

$$F_T = \min\{B; V_T\} = B + \min\{0; V_T - B\} = B - \max\{0; B - V_T\}. \qquad (2)$$

Die Zahlungen an die Kreditgeber im Rückzahlungszeitpunkt entsprechen dem vereinbarten Rückzahlungsbetrag abzüglich des Payoffs eines europäischen Puts auf den Unternehmenswert mit Basispreis in Höhe des vereinbarten Rückzahlungsbetrages.

Der gesuchte aktuelle Kreditwert lautet $F_0$. Bislang haben wir uns konsequent im Black/Scholes-Modellrahmen (1973) bewegt und erhalten folglich den aktuellen Wert des Puts mit Hilfe der Black-Scholes-Formel. Den aktuellen Wert des Rück-

---

2 Sämtliche im Folgenden verwendeten Renditen und Zinssätze beziehen sich auf den Zeitraum eines Jahres.

3 Vgl. Vasicek (1984).

zahlungsbetrages berechnet man einfach durch Diskontieren mit dem risikolosen Zinssatz. Für den Kreditwert gilt dann[4]:

$$F_0 = Be^{-rT} - (Be^{-rT}N(-\tilde{d}_2) - V_0N(-\tilde{d}_1))$$

$$= V_0N(-\tilde{d}_1) + Be^{-rT}N(\tilde{d}_2)) \tag{3}$$

$$\text{mit } \tilde{d}_1 = \frac{\ln\frac{V_0}{B} + \left(r + \frac{\sigma^2}{2}\right)T}{\sigma\sqrt{T}} \text{ und } \tilde{d}_2 = \frac{\ln\frac{V_0}{B} + \left(r - \frac{\sigma^2}{2}\right)T}{\sigma\sqrt{T}}.$$

Dabei bezeichnen $N(\cdot)$ die Verteilungsfunktion einer standardnormalverteilten Zufallsgröße und r den risikolosen Zinssatz.

### 2.1.2 Der Bonitätsspread

Neben dem Kreditwert selbst ist auch die Kenntnis der geforderten Rendite des Kreditgeschäftes interessant. Diese sei mit $r^*$ bezeichnet[5] und berechnet sich wie folgt:

$$F_0e^{r^*T} = B \Leftrightarrow r^* = \frac{\ln\frac{B}{F_0}}{T} = \frac{-\ln\left(\frac{V_0}{B}N(-\tilde{d}_1) + e^{-rT}N(\tilde{d}_2)\right)}{T}. \tag{4}$$

Die Differenz $r^* - r$ wird als Bonitätsspread bezeichnet. Für diesen gilt:

$$r^* - r = \frac{\ln\frac{Be^{-rT}}{F_0}}{T} = \frac{-\ln\left(\frac{V_0}{Be^{-rT}}N(-\tilde{d}_1) + N(\tilde{d}_2)\right)}{T}. \tag{5}$$

Um die Kreditgeber für das eingegangene Bonitätsrisiko zu entschädigen, ist der Bonitätsspread stets positiv. Dies folgt, weil der Wert des Puts auf den Unternehmenswert (vor Ablauf der Restlaufzeit) stets positiv ist.

---

4 Entgegen der üblichen Notation haben wir $d_1$ und $d_2$ mit einer Tilde versehen, weil wir später Terme betrachten, die lediglich den risikolosen Zinssatz r durch die erwartete Rendite $\mu$ ersetzen. Ersteres hat mit der risikoneutralen Bewertungstechnik zu tun, die weiter unten noch behandelt wird. Mit einer Tilde sind in unserem Beitrag nun Größen unter dem risikoneutralen Wahrscheinlichkeitsmaß gekennzeichnet, um sie von ansonsten gleichen Größen unter dem empirischen Wahrscheinlichkeitsmaß zu unterscheiden.

5 Um bonitätsrisikobehaftete Renditen, Zinssätze und Preise von ansonsten gleichen, aber bonitätsrisikofreien Größen zu unterscheiden, benutzen wir einen Asteriskus.

Der Bonitätsspread hängt insbesondere von der Volatilität des Unternehmenswertes sowie der Restlaufzeit des Kredites ab. Eine höhere Volatilität des Unternehmenswertes bedeutet auch einen höheren Wert des Puts auf den Unternehmenswert, da der Wert einer Option mit der Volatilität des Basisinstrumentes steigt.[6] Ein höherer Wert des Puts führt zu einem geringeren Kreditwert, was wiederum einen höheren Bonitätsspread nach sich zieht.[7] Über die Richtung der Abhängigkeit des Bonitätsspreads von der Restlaufzeit des Kredites kann keine einheitliche Aussage getroffen werden. So kann der Bonitätsspread mit steigender Restlaufzeit zunächst ebenfalls steigen, dann aber fallen.[8] Wir werden bei der Darstellung des Rating-basierten Ansatzes zur Kreditbewertung auf die Abhängigkeit des Bonitätsspreads vom Risiko des Unternehmens, hier gemessen durch die Volatilität des Unternehmenswertes, und von der Restlaufzeit des Kredites zurückkommen.

### 2.1.3 Risikoneutrale Bewertung

Das Bahnbrechende in den Arbeiten von Black/Scholes (1973) und Merton (1973) lag einerseits darin, eine präferenzfreie Vorschrift zur Bewertung von Optionen zu entwickeln (zur Bewertung muss eine Risikoeinschätzung, nicht aber eine Renditeerwartung für die Übernahme dieses Risikos angegeben werden). Andererseits erlaubt diese Vorschrift, die so genannte risikoneutrale Bewertungstechnik zu verwenden. Diese setzt keinen risikoneutralen Anleger voraus, sondern gestattet die Diskontierung eines entsprechend modifizierten Erwartungswertes mit dem risikolosen Zinssatz, was in einigen Fällen mathematisch elegant dargestellt werden kann. Dies kann auch am Beispiel der Kreditbewertung anschaulich gezeigt werden.

Wir betrachten dazu zunächst die Verteilung des Unternehmenswertes zum Rückzahlungszeitpunkt. Ausgehend von Gleichung (1) folgt mit Itôs Lemma (sozusagen einer Berechnungsvorschrift für das totale Differential im Fall von Funktionen von stochastischen Größen) angewandt auf die Funktion ln V:

$$d\ln V = \frac{\partial \ln V}{\partial t}dt + \frac{\partial \ln V}{\partial V}dV + \frac{(\sigma V)^2}{2}\frac{\partial^2 \ln V}{\partial V^2}dt$$

---

6 Die Ableitung des Optionswertes nach der Volatilität des Basisinstrumentes wird als Vega der Option bezeichnet. Es ist sowohl für den Call als auch für den Put positiv; vgl. zum Beispiel Hull (2000), S. 327.

7 Die Ableitung des Bonitätsspreads nach der Volatilität des Unternehmenswertes findet man bei Merton (1974).

8 Vgl. Merton (1974).

$$= \frac{1}{V} dV - \frac{\sigma^2}{2} dt = \left( \mu - \frac{\sigma^2}{2} \right) dt + \sigma dW . \tag{6}$$

Folglich ist der logarithmierte Unternehmenswert zum Rückzahlungszeitpunkt normalverteilt mit Erwartungswert $\ln V_0 + (\mu - \sigma^2/2)T$ und Standardabweichung $\sigma\sqrt{T}$. Für die Ausfallwahrscheinlichkeit PD gilt deshalb:

$$PD = prob(V_T < B) = prob(\ln V_T < \ln B) = N(-d_2) \tag{7}$$

mit $d_2 = \dfrac{\ln \dfrac{V_0}{B} + \left( \mu - \dfrac{\sigma^2}{2} \right) T}{\sigma\sqrt{T}}$.

Der Unternehmenswert selbst ist lognormalverteilt. Seine Dichtefunktion $g(\cdot)$ nimmt für nichtpositive Argumente den Wert null an und berechnet sich ansonsten wie folgt:

$$g(V_T) = \frac{1}{\sqrt{2\pi}\sigma\sqrt{T}} \frac{1}{V_T} \exp\left\{ -\frac{1}{2} \left( \frac{\ln \dfrac{V_T}{V_0} - \left( \mu - \dfrac{\sigma^2}{2} \right) T}{\sigma\sqrt{T}} \right)^2 \right\} . \tag{8}$$

Der Verlust der Kreditgeber im Rückzahlungszeitpunkt ist Null, sofern der Unternehmenswert mindestens so groß ist wie der vereinbarte Rückzahlungsbetrag, ansonsten ist er gleich der Differenz aus diesem Rückzahlungsbetrag und dem Unternehmenswert. Für den erwarteten Verlust EL gilt somit:

$$EL = \int_0^B (B - V_T) g(V_T) dV_T = BN(-d_2) - V_0 e^{\mu T} N(-d_1) \tag{9}$$

mit $d_1 = \dfrac{\ln \dfrac{V_0}{B} + \left( \mu + \dfrac{\sigma^2}{2} \right) T}{\sigma\sqrt{T}}$.

Der erwartete Verlust kann damit interpretiert werden als die Differenz aus dem vereinbarten Rückzahlungsbetrag multipliziert mit der Ausfallwahrscheinlichkeit, also dem erwarteten Verlust bei einer Vergleichsquote (Rückgewinnungsrate) von null, und dem erwarteten Rückgewinnungsbetrag im Insolvenzfall.

Wir stellen nun Gleichung (3) um:

$$F_0 = (B - (BN(-\tilde{d}_2) - V_0 e^{rT} N(-\tilde{d}_1)))e^{-rT} . \qquad (10)$$

Der Kreditwert entspricht demnach der risikolos auf den Bewertungszeitpunkt diskontierten Differenz aus dem vereinbarten Rückzahlungsbetrag und dem (risikolos) aufgezinsten Wert des Puts. Letzterer ist formal identisch mit dem erwarteten Verlust aus Gleichung (9), nur wird die erwartete Unternehmensrendite durch den risikolosen Zinssatz ersetzt. Die Kreditbewertung erfolgt somit risikoneutral, d.h. unabhängig von der Risikoaversion der Marktteilnehmer.

Der Put-Wert kann als Preis des Verlustes aus dem Kreditgeschäft interpretiert werden. Wenn alle Marktteilnehmer risikoneutral wären, würden sich die Marktpreise so bilden, dass die erwarteten Renditen sämtlicher Wertpapiere gleich dem risikolosen Zinssatz wären, denn die Marktteilnehmer würden keine Risikoprämie verlangen. Folglich wäre auch die erwartete Unternehmensrendite gleich dem risikolosen Zinssatz und der erwartete Verlust gleich dem Put-Wert. Im Allgemeinen ist natürlich die erwartete Unternehmensrendite größer als der risikolose Zinssatz. Damit ist dann aber auch der Put-Wert größer als der erwartete Verlust aus dem Kreditgeschäft. Der Kredit wird folglich so bewertet, dass der Kreditgeber zunächst für den erwarteten Verlust entschädigt wird und zudem eine Risikoprämie für die Unsicherheit bezüglich der Höhe dieses Verlustes erhält, und zwar in dem Umfang, in dem die erwartete Unternehmensrendite eine Risikoprämie für die Unsicherheit bezüglich der Höhe des Unternehmensvermögens beinhaltet.[9]

### 2.1.4 Parameterschätzung

Bevor ein Kredit gemäß Gleichung (3) bewertet werden kann, sind der Unternehmenswert und dessen Volatilität zu schätzen. Zur Unternehmensbewertung existieren verschiedene Verfahren. Grundsätzlich lassen sich die so genannten Einzel- und Gesamtbewertungsverfahren unterscheiden. Bei den Einzelbewertungsverfahren ergibt sich der Wert einer Unternehmung aus der Summe der Werte der einzelnen Unternehmensbestandteile. Das können Vermögensgegenstände, aber auch Schulden sein. Die dabei verwendeten Verfahren sind das Substanzwert- und das Liquidationswertverfahren, die mit Wiederbeschaffungs- bzw. Liquidationspreisen rechnen. Dem Liquidationswert kommt dabei die Bedeutung einer Wertuntergrenze zu, denn im Fall einer ungünstigen Unternehmensentwicklung kann das Unternehmen zur Not immer noch liquidiert werden.

Bei den Gesamtbewertungsverfahren wird der Vergangenheitsbezug verworfen. Hier entscheiden nicht die existierenden Schulden und Vermögensgegenstände, vielmehr interessiert, was die Gesamtheit des Unternehmens in Zukunft an Erträgen zu erwirtschaften im Stande ist. Der Unternehmenswert wird demnach aus der

---

9 Vgl. dazu auch Vasicek (1984).

zukünftigen Leistungsfähigkeit abgeleitet. Diese Leistung wird anhand von Ausschüttungen bzw. Erträgen gemessen. Die Gesamtbewertungsverfahren werden insbesondere in Form der Discounted-Cashflow-Verfahren bevorzugt verwendet. Wir wollen die Unternehmensbewertung hier nicht weiter vertiefen. Stattdessen sei der geneigte Leser auf die Standardliteratur zu dieser Thematik verwiesen. Eine kompakte und anschauliche Darstellung zur Unternehmensbewertung an Fallbeispielen findet man bei Hommel/Braun (2002).

Auch die Schätzung der Volatilität des Unternehmenswertes erweist sich als problematisch. Bei Unternehmen mit börsennotierten Aktien kann zumindest vom Wert des Eigenkapitals auf die Volatilität des Unternehmensvermögens geschlossen werden. Hier behilft man sich damit, dass in der betrachteten Situation das Eigenkapital den Charakter eines Calls auf den Unternehmenswert besitzt. Implizit kann dann aus dem Aktienkurs über die Black-Scholes-Formel auf die Volatilität des Unternehmenswertes geschlossen werden. Dies setzt eine zuvor erfolgte Schätzung des Unternehmenswertes voraus.

Liegt für ein Unternehmen ein Rating vor, sollte dieses inbesondere Auskunft über die Ausfallwahrscheinlichkeit von Krediten an dieses Unternehmen geben. Von der Ausfallwahrscheinlichkeit kann dann gemäß Gleichung (7) auf die Volatilität des Unternehmensvermögens geschlossen werden. Dies setzt wiederum eine zuvor erfolgte Schätzung des Unternehmenswertes voraus. Bei der Darstellung des Rating-basierten Ansatzes zur Kreditbewertung wird der Zusammenhang zwischen Rating und Ausfallwahrscheinlichkeit noch näher beleuchtet.

## 2.2 Erweiterungen des Grundmodells

Im Grundmodell sind wir zunächst von einer einfachen Situation ausgegangen: Die Passivseite der Unternehmensbilanz weist außer dem zu bewertenden Kredit kein weiteres Fremdkapital auf, der Kredit besitzt die Zahlungsstruktur einer bonitätsrisikobehafteten Nullkuponanleihe, das Unternehmensvermögen wird während der Laufzeit des Kredites nicht durch rein finanzwirtschaftliche Maßnahmen verändert, die Insolvenz des Unternehmens ist erst im Rückzahlungszeitpunkt möglich und beim Übergang in den Insolvenzzustand erfolgt keine sprunghafte Veränderung des Unternehmensvermögens. Wir werden jetzt kurz skizzieren, wie auch bei Aufhebung dieser Annahmen eine Kreditbewertung mit Hilfe der Optionspreistheorie erfolgen kann.

### 2.2.1 Veränderung der Kapitalstruktur des Unternehmens

Die Kapitalstruktur des Unternehmens war im Grundmodell so gestaltet, dass außer dem zu bewertenden Kredit nur noch Eigenkapital existierte. Hat das Unternehmen hingegen weiteres Fremdkapital aufgenommen, ist die Rangfolge bei der Besicherung von entscheidender Bedeutung zur Bewertung des Kredits. Gleiches gilt für unterschiedliche Fälligkeitszeitpunkte. Um die Darstellung hier möglichst einfach zu halten, beschränken wir uns auf den Fall verschiedener Besicherungsklassen.[10]

Zur Bewertung ist nun der Rückzahlungsbetrag des gegenüber unserem Kredit vorrangig besicherten Fremdkapitals von Bedeutung. Man kann sich dann überlegen, dass sich der gesuchte Kreditwert als Differenz zweier Calls auf den Unternehmenswert darstellen lässt. Der erste Call besitzt dabei einen Ausübungspreis in Höhe des Rückzahlungsbetrages des vorrangig besicherten Fremdkapitals, der zweite einen in Höhe der Summe der Rückzahlungsbeträge des vorrangig besicherten Fremdkapitals und des zu bewertenden Kredites.[11]

### 2.2.2 Veränderung der Zahlungsstruktur des Kredites

Im Grundmodell hatten wir einen Kredit in Form einer bonitätsrisikobehafteten Nullkuponanleihe bewertet. Typischerweise werden Unternehmenskredite jedoch das Zahlungsprofil von Kuponanleihen oder Annuitätendarlehen besitzen. Die Idee, wie dann vorzugehen ist, haben Black/Scholes (1973) bereits skizziert. Demnach kann der Eigenkapitalwert nach der vorletzten Kreditzahlung als Wert eines Calls (Option 1) auf den Unternehmenswert mit der Höhe der letzten Kreditzahlung als Ausübungspreis dargestellt werden. Nach der vorvorletzten Kreditzahlung kann der Eigenkapitalwert als Wert eines Calls (Option 2) auf Option 1 mit der Höhe der vorletzten Kreditzahlung als Ausübungspreis geschrieben werden usw. Stehen noch n Kreditzahlungen aus, so ist der Wert des Eigenkapitals gleich dem Wert von Option n. Der Kreditwert ergibt sich dann als Differenz aus dem Unternehmenswert und dem Wert des Eigenkapitals.

Der Eigenkapitalwert als Option auf eine Option (usw.) kann nun nicht mittels der Standard-Black-Scholes-Formel dargestellt werden, denn diese setzt eine konstante Volatilität des Basisinstrumentes voraus. Die Volatilität einer Option ist jedoch nicht konstant, sie hängt vielmehr vom aktuellen Wert des Basisinstrumentes und der Restlaufzeit der Option ab. Eine Bewertungsformel für diese so genannten Compound Options wurde von Geske (1979) entwickelt und zur Bewertung von Fremdkapital eines Unternehmens in Form einer bonitätsrisikobehafteten Kuponanleihe benutzt.[12]

### 2.2.3 Finanzwirtschaftliche Maßnahmen im Unternehmen

Ein erster Ansatz, Veränderungen des Unternehmensvermögens während der Laufzeit des Kredits zu berücksichtigen, wie zum Beispiel Dividendenzahlungen,

---

10 Bei Geske (1977) bzw. Geske/Johnson (1984) und Vasicek (1984) werden unterschiedliche Besicherungsklassen und Fälligkeitszeitpunkte kombiniert.

11 Vgl. Black/Cox (1976).

12 Vgl. Geske (1977).

besteht darin, den aktuellen Unternehmenswert direkt um den Barwert der erwarteten Zahlungen zu bereinigen.[13] So wird es auch zur Bewertung von Aktienoptionen vorgeschlagen, wenn auf die Aktie während der Laufzeit der Option Dividendenzahlungen erfolgen.[14]

### 2.2.4 Möglichkeit der Insolvenz zu jedem Zeitpunkt

Das Grundmodell stellt lediglich auf die Insolvenz zum Fälligkeitszeitpunkt des Kredits ab. Tatsächlich kommt es typischerweise bereits während der Laufzeit des Kredits zur Insolvenz des Unternehmens, selbst dann, wenn der Kredit das Zahlungsprofil einer bonitätsrisikobehafteten Nullkuponanleihe besitzt. In so genannten First-Passage-Time-Modellen, deren Ursprung das Black/Cox-Modell (1976) darstellt, gilt das Unternehmen als ausgefallen, wenn das Unternehmensvermögen während der Laufzeit des Kredits eine untere Grenze unterschreitet, wobei diese wiederum zeitabhängig sein kann. Ein interessanter Spezialfall ist der, bei dem die untere Grenze den Barwert des Kredites (auf der Basis des risikolosen Zinssatzes) darstellt. Da die Veränderung des Unternehmensvermögens stetig modelliert wird, ist der Kredit dann im Prinzip bonitätsrisikolos – vorausgesetzt, die Fremdkapitalgeber können den Unternehmenswert zeitstetig beobachten und bei Erreichen der angesprochenen Grenze entsprechend handeln.

Auch der Fall von kündbarem Fremdkapital, zum Beispiel in Form von Sondertilgungsrechten, wird im Grundmodell nicht thematisiert. Die Modellierung kann ebenfalls in First-Passage-Time-Modellen geschehen, nun jedoch durch eine entsprechende obere Grenze.[15]

### 2.2.5 Veränderung des Unternehmensvermögens im Insolvenzzustand

Im Grundmodell wird vorausgesetzt, dass das Unternehmensvermögen beim Übergang des Unternehmens in den Insolvenzzustand keine sprunghafte Veränderung erfährt. Das ist aber regelmäßig der Fall, wenn Unternehmenseigner und Geschäftsleitung identisch sind. Die Ertragskraft verringert sich nochmals, sobald die Unternehmenseigner die Kontrolle über ihr Unternehmen verlieren. Der Unternehmenswert sinkt dann um den Betrag, der vom verbliebenen Unternehmensvermögen auf die Geschäftsführung entfällt. Diesen Fall des Eigentümermanagements behandelt Bouss (2004) mit Hilfe des Binomialmodells.[16]

---

13 Vgl. Vasicek (1984).

14 Vgl. Hull (2000), S. 258.

15 Vgl. Black/Cox (1976).

16 Vgl. Bouss (2004), S. 175 ff.

# 3 Der Rating-basierte Ansatz

Im optionspreistheoretischen Ansatz haben wir zunächst den Kreditwert und daraus den zugehörigen Bonitätsspread berechnet. Die nun folgenden Modelle gehen einen umgekehrten Weg, ermitteln also zunächst den Bonitätsspread und anschließend den Kreditwert. Die in diesem Kapitel vorgestellten Modelle beruhen auf der Idee, dass der Bonitätsspread vom Risiko des Kreditnehmers abhängt. Diese Abhängigkeit hatten wir bereits im Merton-Modell (1974) erkannt; der Bonitätsspread wächst dort mit steigender Volatilität des Unternehmenswertes. Die Volatilität des Unternehmenswertes stellt jedoch nur eine Möglichkeit dar, das Risiko des kreditnehmenden Unternehmens zu quantifizieren. Ein weiteres, im Folgenden aufgegriffenes Risikomaß ist die Ausfallwahrscheinlichkeit des betrachteten Unternehmens.

Gehen wir noch einmal zurück auf die Situation im Merton (1974)-Modell. Die Ausfallwahrscheinlichkeit erhalten wir dann gemäß Gleichung (7) und es gilt:

$$\frac{\partial PD}{\partial \sigma} = n(-d_2)\frac{\ln\frac{V_0}{B} + \left(\mu + \frac{\sigma^2}{2}\right)T}{\sigma^2 T}. \tag{11}$$

Dabei bezeichnet $n(\cdot)$ die Dichtefunktion einer standardnormalverteilten Zufallsgröße. Wir treffen nun noch folgende, vernünftig erscheinende Annahme: Die erwartete Rendite des Unternehmens reicht aus, um den Kredit zu bedienen. Unter dieser Voraussetzung gilt:

$$V_0 e^{\mu T} > B \Leftrightarrow \ln\frac{V_0}{B} + \mu T > 0. \tag{12}$$

Gleichung (11) zeigt, dass dann mit einer höheren Unternehmensvolatilität auch eine höhere Ausfallwahrscheinlichkeit einhergeht.

Während der optionspreistheoretische Ansatz neben dem aktuellen Unternehmenswert die Unternehmensvolatilität als wesentlichen Eingangsparameter benutzt, sind dies bei den im Folgenden betrachteten Modellen Ausfallwahrscheinlichkeiten. Weder der aktuelle Unternehmenswert noch die Kapitalstruktur finden Eingang in die Modellierung beim Rating-basierten Ansatz. Deshalb spricht man auch von Reduced-Form-Modellen. Vielmehr steht die Modellierung des Ausfallzeitpunktes im Vordergrund. Ausfallzeitpunkte werden üblicherweise über Poissonprozesse modelliert. Poissonprozesse besitzen nur einen Parameter, die so genannte Intensität. Diese entspricht in unserem Kontext der mittleren Anzahl ausgefallener Unternehmen einer bestimmten Bonitätsklasse pro Zeiteinheit. Die Modelle des Rating-basierten Ansatzes zur Kreditbewertung, die lediglich den Ausfallzeitpunkt modellieren, werden deshalb auch als Intensity-based-Models bezeichnet. Im Gegensatz dazu werden Modelle, die nicht nur die „Wanderung“

(Migration) eines Unternehmens in den Ausfallzustand, sondern auch Wanderungen zwischen einzelnen Rating-Klassen zulassen, als Credit-Migration-Modelle bezeichnet. Man findet auch die Begriffe Single-Credit-Rating-Modell und Multiple-Credit-Rating-Modell.[17]

Wir werden in diesem Kapitel für die verschiedenen Rating-Klassen von Unternehmen zunächst Bonitätsaufschläge auf die Renditestruktur und dann auch Bonitätsaufschläge auf die Kassazinsstruktur ermitteln. Dabei geschieht Ersteres ohne und Letzteres mit Berücksichtigung von Rating-Migrationen.

## 3.1 Bonitätsspreads auf die Renditestruktur

Die folgende Darstellung beruht auf Fons (1994), der der Frage nachgeht, welche Renditen Investoren für bonitätsrisikobehaftete Kuponanleihen in Abhängigkeit der Restlaufzeit der Anleihe und der Risikoklasse des emittierenden Unternehmens verlangen. Diese Renditen können dann benutzt werden, um auch entsprechende Kredite zu bewerten.

### 3.1.1 Berechnung der Bonitätsspreads

Wir betrachten zunächst die Bewertungsgleichung für bonitätsrisikofreie Kuponanleihen. Fons (1994) nimmt dazu an, dass aktuell zu jeder Restlaufzeit eine bonitätsrisikofreie Kuponanleihe existiert, die zu pari bewertet ist. Schreiben wir nun alle Zahlungen als prozentualen Anteil am Nennwert, erhalten wir unter der Annahme eines arbitragefreien Kapitalmarktes folgende Gleichungen:

$$1 = \sum_{t=1}^{T} \frac{s_T}{(1+s_T)^t} + \frac{1}{(1+s_T)^T}, \quad T = 1,2,... \tag{13}$$

Dabei bezeichnet $s_T$ die (diskret berechnete) Verfallrendite einer bonitätsrisikofreien Kuponanleihe mit Laufzeit T. Bei einem Nennwert von 100% und Bewertung zu pari entspricht die Höhe der geforderten Kuponzahlungen gerade dem internen Zinsfuß $s_T$. Die am Anleihenmarkt vorliegende Renditestruktur wird dann durch $(s_1,s_2,...)$ beschrieben. Im Fons-Modell ist diese sogar eindeutig.[18]

Die Frage lautet jetzt, welchen Bonitätsaufschlag Investoren auf die Kuponzahlungen fordern, wenn die Kupons und der Rückzahlungsbetrag ausfallrisikobe-

---

17 Vgl. Bielecki/Rutkowski (2002), S. 27 f.

18 Berechnet man die Renditestruktur auf Basis von Kuponanleihen, die nicht alle zu pari bewertet sind (was bei unterschiedlichen Kuponhöhen der Fall ist), steht man vor dem Problem, dass die Verfallrenditen zweier Kuponanleihen mit gleicher Restlaufzeit im Allgemeinen nicht identisch sind. Selbst bei Arbitragefreiheit des Anleihenmarktes sind dann unterschiedliche Verfallrenditen bei gleicher Restlaufzeit zu beobachten.

haftet sind. Fons (1994) geht von risikoneutralen Investoren aus, die die erworbenen bonitätsrisikobehafteten Kuponanleihen bis zur Fälligkeit bzw. bis zum Ausfall des emittierenden Unternehmens halten. Die Investoren werden dann für bonitätsrisikobehaftete zu pari bewertete Kuponanleihen mit Restlaufzeit T einen Aufschlag dergestalt verlangen, dass die Summe der mit $s_T$ diskontierten erwarteten Zahlungen wiederum den Nennwert ergibt.

Im Allgemeinen bedeutet der Ausfall eines Schuldners nicht den vollständigen Verlust des eingesetzten Kapitals der Gläubiger. Die erwartete Rückgewinnungsrate sei im Folgenden mit $\delta$ bezeichnet. Sie bezieht sich auf die Summe aus einer noch ausstehenden Kuponzahlung und dem Nennwert und sei annahmegemäß unabhängig vom Ausfallzeitpunkt.[19] Wir schreiben nun wieder alle Zahlungen als prozentualen Anteil am Nennwert. Mit $s_T^*$ bezeichnen wir die Höhe der geforderten Kuponzahlungen einer bonitätsrisikobehafteten und zu pari bewerteten Kuponanleihe mit Laufzeit T. Es lassen sich drei Fälle für die Zahlungen an die Gläubiger in den einzelnen Zahlungszeitpunkten unterscheiden:

1) Das Unternehmen ist bis einschließlich Zeitpunkt t nicht ausgefallen; die Zahlung an die Gläubiger lautet dann $s_T^*$ für $t < T$ bzw. $s_T^* + 1$ für $t = T$.

2) Das Unternehmen gilt im Zeitpunkt t erstmalig als ausgefallen; die Zahlung an die Gläubiger beläuft sich dann auf $\delta(s_T^* + 1)$.

3) Das Unternehmen war bereits zum Zeitpunkt t – 1 ausgefallen; die Zahlung an die Gläubiger im Zeitpunkt t beträgt dann null.

Mit der Bezeichnung $p_t^{(i)}$ für das Auftreten von Fall (i) im Zeitpunkt t erhalten wir die folgenden Gleichungen:

$$1 = \sum_{t=1}^{T} \frac{p_t^{(1)} s_T^* + p_t^{(2)} \delta(s_T^* + 1)}{(1 + s_T)^t} + \frac{p_T^{(1)}}{(1 + s_T)^T}, \quad T = 1,2,... \tag{14}$$

Um die benötigten Wahrscheinlichkeiten $p_t^{(1)}$ und $p_t^{(2)}$ zu erhalten, schlägt Fons (1994) vor, auf das Rating des emittierenden Unternehmens zurückzugreifen. Nehmen wir dazu an, dass insgesamt K Rating-Klassen existieren, wobei die letzte Rating-Klasse k den Insolvenzzustand repräsentiert. Sei nun $n_t^{(y)}(k)$ die Anzahl der Unternehmen, die zu Beginn des Jahres y das Rating k erhielten und t Jahre später (also zu Beginn des Jahres y + t) noch nicht ausgefallen waren. Weiter

---

19 Allgemein wird die Rückgewinnungsrate über einen stochastischen Prozess modelliert. Zum Beispiel kann sie als zeitabhängiger prozentualer Anteil am Marktwert des Kredits dargestellt werden, der sich ergeben hätte, wenn das Unternehmen nicht insolvent wäre; vgl. Duffie/Singleton (1999).

bezeichne $m_t^{(y)}(k)$ die Anzahl der Unternehmen, die zu Beginn des Jahres y das Rating k erhielten und dann innerhalb des Jahres y + t ausgefallen waren. Liegen nun die Daten über Unternehmensausfälle und Ratings für insgesamt Y + t Jahre vor, können wir die marginale Ausfallrate $d_t(k)$ als die durchschnittliche Ausfallrate für Unternehmen mit Rating k im Jahr t darauf wie folgt definieren:

$$d_t(k) = \frac{\sum_{y=1}^{Y} m_t^{(y)}(k)}{\sum_{y=1}^{Y} n_t^{(y)}(k)}, \quad t = 1,2,\ldots, \quad k = 1,\ldots,K-1. \tag{15}$$

Daraus lässt sich nun die kumulierte Überlebensrate $L_t(k)$ als die Wahrscheinlichkeit herleiten, dass ein Unternehmen mit Rating k mindestens t Jahre lang keinen Ausfall aufweist:

$$L_t(k) = \prod_{\tau=1}^{t} (1 - d_\tau(k)), \quad t = 1,2,\ldots, \quad k = 1,\ldots,K-1. \tag{16}$$

Damit erhalten wir auch die Wahrscheinlichkeiten dafür, dass ein Unternehmen mit Rating k bis einschließlich zum Zeitpunkt t nicht ausgefallen ist, $p_t^{(1)}(k)$, bzw. dafür, dass ein Unternehmen mit Rating k im Zeitpunkt t erstmalig als ausgefallen gilt, $p_t^{(2)}(k)$, wie folgt:

$$p_t^{(1)}(k) = L_t(k) \text{ bzw. } p_t^{(2)}(k) = L_{t-1}(k) d_t(k). \tag{17}$$

Setzen wir diese Größen in die Gleichungen (14) ein und bezeichnen mit $s_T^*(k)$ die Höhe der geforderten Kuponzahlungen einer bonitätsrisikobehafteten und zu pari bewerteten Kuponanleihe mit Laufzeit T, die von einem Unternehmen mit Rating k emittiert wurde, so erhalten wir:

$$1 = \sum_{t=1}^{T} \frac{L_t(k) s_T^*(k) + L_{t-1}(k) d_t(k) \delta (s_T^*(k) + 1)}{(1 + s_T)^t} + \frac{L_T(k)}{(1 + s_T)^T}. \tag{18}$$

Diese Gleichungen enthalten implizit die Höhe der Kuponzahlungen $s_T^*(k)$ für T = 1,2,... und k = 1,…,K – 1.

Im Merton-Modell (1974) hatten wir die Abhängigkeit des Bonitätsspreads von der Volatilität des Unternehmenswertes und der Restlaufzeit des Kredits erkannt. Der Bonitätsspread $s_T^*(k) - s_T$ im Fons-Modell hängt nun ebenfalls von der Restlaufzeit der Anleihe und vom Risiko des kreditnehmenden Unternehmens ab. Das Risiko wird dabei jetzt durch die Rating-Klasse des Unternehmens beschrieben. Diese sollte insbesondere die Ausfallwahrscheinlichkeit des Unternehmens widerspiegeln, welche wiederum gemäß Gleichung (7) in direktem Zusammenhang zur Unternehmensvolatilität steht.

Der Vergleich der Gleichungen für bonitätsrisikolose und bonitätsrisikobehaftete Kuponanleihen zeigt, dass der Bonitätsspread $s_T^*(k) - s_T$ wiederum stets positiv ist. Dies folgt daraus, dass die marginalen Ausfallraten, die kumulierten Überlebensraten und die Rückgewinnungsrate unterhalb von Eins liegen.

### 3.1.2 Kreditbewertung

Die Größe $s_T^*(k)$ stellt diejenige Rendite dar, die risikoneutrale Gläubiger fordern, wenn sie an ein Unternehmen der Rating-Klasse k einen Kredit mit Laufzeit T vergeben. Zur Bewertung eines Kredites mit Restlaufzeit T an ein Unternehmen der Rating-Klasse k ist daher lediglich die Summe der mit $1/(1+s_T^*(k))^t$ (für t = 1,...,T) gewichteten Kreditzahlungen zu bilden. Bezeichnen wir mit $Z_t$ die Höhe der Zins- und Tilgungszahlung im Zeitpunkt t, stellt sich die Berechnung des aktuellen Wertes des Kredites recht einfach dar:

$$F_0 = \sum_{t=1}^{T} \frac{Z_t}{(1+s_T^*(k))^t}. \tag{19}$$

Die in Gleichung (18) erscheinende Rückgewinnungsrate sollte dabei zur Bestimmung der ausfallrisikoangepassten Renditeforderung $s_T^*(k)$ in Abhängigkeit von der Besicherungsklasse bestimmt werden, da die Bonitätsspreads im Fons-Modell sehr sensitiv auf die Rückgewinnungsrate reagieren und die mittleren empirischen Rückgewinnungsraten mit einer Verschlechterung der Besicherungsklasse deutlich sinken.[20]

### 3.1.3 Diskussion

Die wesentliche Stärke des Fons-Modells liegt in der geringen Menge benötigter Daten, die zudem vergleichsweise leicht erhältlich sind. Die marginalen Ausfallraten und die durchschnittlichen Rückgewinnungsraten sind aus den gesammelten Daten über Rating-Klassen und Unternehmensausfälle erhältlich, über die zum Beispiel Standard & Poor's oder Moody's Investors Service verfügen. Die Renditestruktur liest man am einfachsten direkt aus den aktuellen Swap-Rates ab.[21] Nach Einsetzen dieser Daten muss Gleichung (18) lediglich mittels numerischer

---

[20] Vgl. Fons (1994), Jarrow/Lando/Turnbull (1997) und Duffie/Singleton (1999).

[21] Dies erklärt, warum wir uns für das zunächst etwas ungewöhnlich erscheinende Symbol s für die Rendite entschieden haben.

Verfahren nach der geforderten Rendite $s_T^*(k)$ aufgelöst werden und wir erhalten die zur Kreditbewertung benötigten Diskontierungsfaktoren $1/(1+s_T^*(k))^t$ für t = 1,...,T.

Die geringe Menge an Eingangsdaten wird durch die unterstellte Risikoneutralität der Marktteilnehmer erreicht. Die Bonitätsspreads $s_T^*(k)-s_T$ werden daher im Allgemeinen zu niedrig ausfallen, was sich im Vergleich mit Bonitätsspreads am realen Anleihenmarkt auch tatsächlich bestätigt.[22] Umgekehrt werden Kredite zu hoch bewertet, wenn ihr Wert auf Basis der so berechneten Diskontierungsfaktoren ermittelt wird.

Zudem bleibt im Fons-Modell unberücksichtigt, dass sich das Rating eines Unternehmens im Zeitablauf ändern kann. Es wird zwar auch nicht explizit unterstellt, dass Unternehmen zeitkonstante Ratings aufweisen, dennoch sollte die Berücksichtigung von Rating-Migrationen eine Verbesserung der Ergebnisse erwarten lassen.

Im Fons-Modell werden in Abhängigkeit von der Rating-Klasse Bonitätsspreads auf die Renditestruktur berechnet. Die dabei ermittelten Zinssätze entsprechen den Verfallrenditen bzw. internen Zinsfüßen von Kuponanleihen. Die Methode des internen Zinsfußes unterstellt aber implizit, dass zwischenzeitliche Zahlungen eben zum internen Zinsfuß wieder angelegt werden können, was nur im Fall einer flachen Zinsstruktur unproblematisch ist. Konsistenter mit einer arbitragefreien Modellierung wäre es deshalb, Bonitätsspreads auf die Kassazinsstruktur zu berechnen.

## 3.2 Bonitätsspreads auf die Kassazinsstruktur

Das diesem Abschnitt zu Grunde liegende Jarrow/Lando/Turnbull-Modell (1997) weist die soeben genannten drei Schwächen des Fons-Modells nicht auf. Es ermittelt Bonitätsspreads auf Terminzinssätze (und damit implizit auf die Kassazinsstruktur), berücksichtigt die Wahrscheinlichkeit von Rating-Migrationen und verfolgt das Prinzip der risikoneutralen Bewertung.

Das Jarrow/Lando/Turnbull-Modell (1997) wurde vor dem Hintergrund der Bewertung und Absicherung derivativer Kreditkontrakte entwickelt und gestaltet sich deshalb umfangreicher, als es allein zur Kreditbewertung nötig wäre. Deshalb wollen wir hier eine vereinfachte Version darstellen. Insbesondere werden wir keine Bonitätsspreads auf Terminzinssätze berechnen, sondern direkt auf die Kassazinssätze.

---

22 Vgl. Fons (1994).

Zudem werden wir sehen, dass das Modell seine Stärke bei der bloßen Ermittlung eines Kreditwertes noch nicht ausspielen kann. Deshalb werden wir auch darauf eingehen, wie es zur ständigen Neubewertung von Krediten bzw. zum Abschätzen zukünftiger Kreditwerte verwendet werden kann.

Wir werden die Darstellung schließlich auf die diskrete Variante des Modells beschränken, obgleich in Jarrow/Lando/Turnbull (1997) auch eine stetige Variante präsentiert (und präferiert) wird. Da jedoch bei der Umsetzung des Modells in jedem Fall wieder auf diskrete Daten zurückgegriffen wird[23], reicht die diskrete Modellierung spätestens bei der praktischen Anwendung aus.

### 3.2.1 Berechnung der Bonitätsspreads

Die Formulierung des Jarrow/Lando/Turnbull-Modells (1997) geschieht unter den folgenden Annahmen: Der Kapitalmarkt ist friktionslos und vollständig, d.h. hier speziell, dass bonitätsrisikolose sowie bonitätsrisikobehaftete Nullkuponanleihen sämtlicher Bonitäts- bzw. Rating-Klassen mit allen bei der Modellumsetzung benötigten Restlaufzeiten sowie einem bonitätsrisikolosem Geldmarktkonto gehandelt werden. Damit existieren auch die entsprechenden Kassazinssätze. Der Kapitalmarkt ist zudem arbitragefrei. Dies bedeutet, dass ein eindeutiges äquivalentes Martingalmaß $\widetilde{Q}$ existiert, unter dem alle Preise der betrachteten Nullkuponanleihen nach Normalisierung durch das Geldmarktkonto Martingale sind. Die folgende Darstellung wird diesen Sachverhalt näher verdeutlichen.

Es bezeichne $r_t$ den kurzfristigen (stetig berechneten) Zinssatz zum Zeitpunkt t, d.h. den Zinssatz einperiodiger Investments, die im Zeitpunkt t beginnen. Für den Wert $G_t$ des Geldmarktkontos zum Zeitpunkt t, das im Zeitpunkt null mit dem Wert Eins gestartet ist, gilt dann:

$$G_t = \exp\left(\sum_{\tau=0}^{t-1} r_\tau\right). \tag{20}$$

Die Kassazinsstruktur ergibt sich aus den Renditen von Nullkuponanleihen verschiedener Restlaufzeiten. Bezeichne nun $p_{t,T}$ den Preis einer bonitätsrisikofreien Nullkuponanleihe zum Zeitpunkt t, die im Zeitpunkt T den Nennwert Eins zurückzahlt. Der entsprechende Diskontierungsfaktor zur Berechnung von $p_{t,T}$ lautet somit $G_t/G_T$. Auf Grund der Unsicherheit zukünftiger Zinssätze gilt:

---

[23] Dies gilt nicht nur für die Eingangsdaten, sondern zum Teil auch für die vom Modell gelieferten Größen. So erweisen sich die Risikoprämien in der stetigen Variante des Jarrow/Lando/Turnbull-Modells (1997) bei der Umsetzung letztlich als stückweise konstante Größen.

$$p_{t,T} = \widetilde{E}_t\left(\frac{G_t}{G_T}\right). \tag{21}$$

Dabei steht $\widetilde{E}_t(\cdot)$ für den Erwartungswertoperator unter dem risikoneutralen Wahrscheinlichkeitsmaß $\widetilde{Q}$, gegeben die Information über die zukünftig mögliche Kurs- bzw. Zinssatzentwicklung zum Zeitpunkt t.

Weiter bezeichne $p^*_{t,T}$ den Preis einer bonitätsrisikobehafteten Nullkuponanleihe zum Zeitpunkt t, die im Zeitpunkt T den Nennwert Eins zurückzahlt, sofern das emittierende Unternehmen bis dahin nicht ausgefallen ist. Ansonsten erhalten die Gläubiger annahmegemäß eine sichere Zahlung in Höhe von $\delta < 1$, und zwar ebenfalls erst in T[24]. Es sei $t^{(d)}$ der zufällige Zeitpunkt der Insolvenz des Unternehmens. Dann gilt:

$$p^*_{t,T} = \widetilde{E}_t\left(\frac{G_t}{G_T}(\delta 1_{\{t^{(d)} \leq T\}} + 1_{\{t^{(d)} > T\}})\right). \tag{22}$$

Dabei stellt $1_{\{\cdot\}}$ die Indikatorfunktion dar. Diese nimmt den Wert Eins an, falls das Ereignis in den geschweiften Klammern eintritt, ansonsten beträgt sie null. Unter der Annahme der Unabhängigkeit des Ausfallprozesses, repräsentiert durch $t^{(d)}$, von den zukünftigen Zinssätzen erhält man:

$$\begin{aligned} p^*_{t,T} &= \widetilde{E}_t\left(\frac{G_t}{G_T}\right)\widetilde{E}_t(\delta 1_{\{t^{(d)} \leq T\}} + 1_{\{t^{(d)} > T\}}) \\ &= p_{t,T}\widetilde{E}_t(\delta 1_{\{t^{(d)} \leq T\}} + 1_{\{t^{(d)} > T\}}) = p_{t,T}(\delta + (1-\delta)\widetilde{Q}_t(t^{(d)} > T)). \end{aligned} \tag{23}$$

Dabei bezeichnet $\widetilde{Q}_t(t^{(d)} > T)$ die risikoneutrale Wahrscheinlichkeit dafür, dass es erst nach dem Zeitpunkt T zu einem Ausfall des Unternehmens kommt. Das Problem der Bestimmung von Preisen bonitätsrisikobehafteter Nullkuponanleihen und damit auch von Bonitätsaufschlägen auf die Kassazinsstruktur reduziert sich folglich auf die Bestimmung dieser risikoneutralen Wahrscheinlichkeiten.

Dazu wird wieder auf Unternehmensratings mit insgesamt k Rating-Klassen zurückgegriffen, wobei wiederum die Rating-Klasse k den Insolvenzzustand reprä-

---

24 Vgl. Jarrow/Lando/Turnbull (1997). Eleganter erscheint zunächst eine Modellierung, bei der der Rückgewinnungsbetrag bereits zum Ausfallzeitpunkt an die Gläubiger gezahlt wird, wie man sie zum Beispiel bei Lando (1997) findet. Dies verbietet jedoch hier die im Folgenden getroffene Annahme über die Unabhängigkeit des Ausfallprozesses von den zukünftigen Diskontierungsfaktoren.

sentiert. Im Gegensatz zum Fons-Modell betrachten wir nun zusätzlich zur Ausfallwahrscheinlichkeit in Abhängigkeit der Rating-Klasse auch die Wahrscheinlichkeiten von Rating-Migrationen, also Änderungen des Ratings. Unter der Annahme zeithomogener empirischer Migrationswahrscheinlichkeiten wird die folgende empirische Migrationsmatrix definiert:

$$\Lambda = \begin{pmatrix} \lambda_{1,1} & \lambda_{1,2} & \cdots & \lambda_{1,K} \\ \lambda_{2,1} & \lambda_{2,2} & \cdots & \lambda_{2,K} \\ \vdots & \vdots & \ddots & \vdots \\ \lambda_{K-1,1} & \lambda_{K-1,2} & \cdots & \lambda_{K-1,K} \\ 0 & 0 & \cdots & 1 \end{pmatrix}. \qquad (24)$$

Der Eintrag $\lambda_{i,k}$ steht dabei für die empirische Wahrscheinlichkeit, dass ein Unternehmen mit Rating-Klasse i innerhalb eines Jahres in die Rating-Klasse k wechselt. Durch obige Migrationsmatrix wird eine zeitdiskrete, zeithomogene Markovkette auf einem endlichen Zustandsraum beschrieben. Die Zustände sind dabei die K verschiedenen Rating-Klassen. Der zugehörige letzte Zustand (Insolvenzzustand) ist absorbierend: Ist er einmal erreicht, wird er nicht wieder verlassen. Für alle i und k muss gelten:

$$\lambda_{i,k} \geq 0 \text{ und } \sum_{k=1}^{K} \lambda_{i,k} = 1. \qquad (25)$$

Für die im Folgenden benötigten risikoneutralen Migrationswahrscheinlichkeiten ist im Jarrow/Lando/Turnbull (1997)-Modell Zeitheterogenität zulässig. Die risikoneutrale Migrationsmatrix vom Zeitpunkt t zum Zeitpunkt t + 1 sei dazu wie folgt definiert:

$$\widetilde{\Lambda}_{t,t+1} = \begin{pmatrix} \widetilde{\lambda}_{1,1;t,t+1} & \widetilde{\lambda}_{1,2;t,t+1} & \cdots & \widetilde{\lambda}_{1,K;t,t+1} \\ \widetilde{\lambda}_{2,1;t,t+1} & \widetilde{\lambda}_{2,2;t,t+1} & \cdots & \widetilde{\lambda}_{2,K;t,t+1} \\ \vdots & \vdots & \ddots & \vdots \\ \widetilde{\lambda}_{K-1,1;t,t+1} & \widetilde{\lambda}_{K-1,2;t,t+1} & \cdots & \widetilde{\lambda}_{K-1,K;t,t+1} \\ 0 & 0 & \cdots & 1 \end{pmatrix}. \qquad (26)$$

Für alle i, k und t muss gelten:

$$\widetilde{\lambda}_{i,k;t,t+1} \geq 0 \text{ und } \sum_{k=1}^{K} \widetilde{\lambda}_{i,k;t,t+1} = 1. \qquad (27)$$

Zusätzlich wird gefordert, dass die risikoneutrale Wahrscheinlichkeit eines Übergangs von einer Rating-Klasse in eine andere innerhalb eines Jahres genau dann positiv ist, wenn auch die entsprechende empirische Wahrscheinlichkeit positiv ist.

Der Übergang vom empirischen zum risikoneutralen Wahrscheinlichkeitsmaß erfolgt durch die Einführung von Risikoprämien. Diese Risikoprämien hängen annahmegemäß nur vom Zeitpunkt und der Rating-Klasse ab, in der sich ein Unternehmen gerade befindet. Die Risikoprämien $\pi_t(i)$ werden formal so gestaltet, dass für alle i, k und t gilt:

$$\tilde{\lambda}_{i,k;t,t+1} = \pi_t(i)\lambda_{i,k}. \tag{28}$$

Die risikoneutrale Migrationsmatrix vom Zeitpunkt t zum Zeitpunkt T erhält man durch Multiplikation der entsprechenden einjährigen Migrationsmatrizen:

$$\tilde{\Lambda}_{t,T} = \tilde{\Lambda}_{t,t+1}\tilde{\Lambda}_{t+1,t+2}\ldots\tilde{\Lambda}_{T-1,T}. \tag{29}$$

Wir können nun die risikoneutrale Wahrscheinlichkeit, dass es erst nach dem Zeitpunkt T zu einem Ausfall des Unternehmens kommt, mit Hilfe dieser Matrix angeben. Sie wird durch die Rating-Klasse bedingt, in der sich das Unternehmen im Zeitpunkt t befindet:

$$\tilde{Q}_t(t^{(d)} > T \mid i) = 1 - \tilde{\lambda}_{i,K;t,T}. \tag{30}$$

Setzen wir die empirische Migrationsmatrix als gegeben voraus, so reduziert sich das Problem der Bestimmung von Preisen bonitätsrisikobehafteter Nullkuponanleihen und damit auch von Bonitätsaufschlägen auf die Kassazinsstruktur letztlich auf die Bestimmung der Risikoprämien.

Aus Gleichung (28) folgt im Zusammenhang mit den Definitionen der empirischen und risikoneutralen Migrationsmatrix sofort $\pi_t(K) = 1$ für alle t. Die übrigen Risikoprämien werden rekursiv bestimmt. Wir benötigen dazu aktuelle Preise $p_{0,t}$ bonitätsrisikoloser Nullkuponanleihen sowie aktuelle Preise $p^*_{0,t}(i)$ bonitätsrisikobehafteter Nullkuponanleihen mit Rating-Klassen $i = 1,\ldots,K-1$.

Wir beginnen mit der Bestimmung der Risikoprämien $\pi_0(i)$ für $i = 1,\ldots,K-1$. Gleichungen (28) und (30) liefern:

$$\tilde{Q}_0(t^{(d)} > 1 \mid i) = 1 - \pi_0(i)\lambda_{i,K}. \tag{31}$$

Ersetzen wir dies in Gleichung (23), ergibt sich nach Umstellen:

$$\pi_0(i) = \frac{p_{0,1} - p^*_{0,1}(i)}{p_{0,1}(1-\delta)\lambda_{i,K}}. \tag{32}$$

Damit erhalten wir dann auch die risikoneutrale Migrationsmatrix $\widetilde{\Lambda}_{0,1}$. Nehmen wir nun an, wir hätten zuletzt $\widetilde{\Lambda}_{0,t}$ bestimmt. Dann folgt im nächsten Schritt die Bestimmung der Risikoprämien $\pi_t(i)$ für i = 1,...,K – 1. Die Gleichungen (28), (29) und (30) liefern dazu:

$$\widetilde{Q}_0(t^{(d)} > t+1 \mid i) = 1 - \sum_{k=1}^{K} \widetilde{\lambda}_{i,k;0,t} \lambda_{k,K} \pi_t(k). \tag{33}$$

Ersetzen wir dies nun in Gleichung (23), ergibt sich nach Umstellen:

$$\sum_{k=1}^{K-1} \widetilde{\lambda}_{i,k;0,t} \lambda_{k,K} \pi_t(k) = \frac{p_{0,t+1} - p^*_{0,t+1}(i)}{p_{0,t+1}(1-\delta)} - \widetilde{\lambda}_{i,K;0,t} \quad \text{für } i = 1,\ldots,K-1$$

$$\Leftrightarrow \widetilde{U}_{0,t} \begin{pmatrix} \lambda_{1,K}\pi_t(1) \\ \lambda_{2,K}\pi_t(2) \\ \vdots \\ \lambda_{K-1,K}\pi_t(K-1) \end{pmatrix} = \begin{pmatrix} \frac{p_{0,t+1} - p^*_{0,t+1}(1)}{p_{0,t+1}(1-\delta)} - \widetilde{\lambda}_{1,K;0,t} \\ \frac{p_{0,t+1} - p^*_{0,t+1}(2)}{p_{0,t+1}(1-\delta)} - \widetilde{\lambda}_{2,K;0,t} \\ \vdots \\ \frac{p_{0,t+1} - p^*_{0,t+1}(K-1)}{p_{0,t+1}(1-\delta)} - \widetilde{\lambda}_{K-1,K;0,t} \end{pmatrix}. \tag{34}$$

Dabei bezeichnet $\widetilde{U}_{0,t}$ die Matrix, die aus $\widetilde{\Lambda}_{0,t}$ durch Streichen der letzten Zeile und Spalte entsteht. Unter den Voraussetzungen, dass $\widetilde{U}_{0,t}$ invertierbar ist und die empirischen Wahrscheinlichkeiten eines Ausfalls innerhalb eines Jahres für alle Rating-Klassen positiv sind[25], erhält man:

$$\pi_t(i) = \frac{\sum_{k=1}^{K-1} \widetilde{u}^{-1}_{i,k;0,t} \left( \frac{p_{0,t+1} - p^*_{0,t+1}(k)}{p_{0,t+1}(1-\delta)} - \widetilde{\lambda}_{k,K;0,t} \right)}{\lambda_{i,K}}. \tag{35}$$

[25] Insbesondere für Investment-Grade-Ratingklassen wird die zweite Voraussetzung häufig nicht erfüllt sein. Jarrow/Lando/Turnbull (1997) schlagen vor, in diesem Fall eine sehr geringe, aber positive Ausfallwahrscheinlichkeit anzunehmen und das zugehörige Diagonalelement entsprechend zu verringern.

Damit erhalten wir dann $\tilde{\Lambda}_{t,t+1}$ gemäß Gleichung (28) und schließlich $\tilde{\Lambda}_{0,t+1}$ gemäß Gleichung (29) für den nächsten Rekursionsschritt. Mit Hilfe der Risikoprämien errechnen wir dann die risikoneutralen Überlebenswahrscheinlichkeiten und schließlich auch die Preise bonitätsrisikobehafteter Nullkuponanleihen.

Die Kassazinsstruktur ergibt sich aus den Renditen von Nullkuponanleihen verschiedener Restlaufzeiten. Sei dazu $r_{t,T}$ die geforderte Rendite einer bonitätsrisikofreien Nullkuponanleihe zum Zeitpunkt t, die im Zeitpunkt T den Nennwert Eins zurückzahlt, und $r^*_{t,T}(i)$ bezeichne die entsprechende Rendite einer bonitätsrisikobehafteten Nullkuponanleihe der Rating-Klasse i. Es gilt:

$$r_{t,T} = -\frac{\ln p_{t,T}}{T-t} \text{ bzw.}$$

$$r^*_{t,T}(i) = -\frac{\ln p^*_{t,T}(i)}{T-t} = -\frac{\ln p_{t,T} + \ln(\delta + (1-\delta)\tilde{Q}_t(t^{(d)} > T \mid i))}{T-t}. \tag{36}$$

Damit erhalten wir auch den Bonitätsspread auf den entsprechenden Kassazinssatz:

$$r^*_{t,T}(i) - r_{t,T} = -\frac{\ln(\delta + (1-\delta)\tilde{Q}_t(t^{(d)} > T \mid i))}{T-t}. \tag{37}$$

Dieser Bonitätsspread ist (wie auch schon die Bonitätsspreads der anderen beiden in diesem Beitrag betrachteten Modelle) stets positiv, da die enthaltene risikoneutrale Überlebenswahrscheinlichkeit unter Eins liegt. Der Bonitätsspread hängt wieder von der Restlaufzeit der Anleihe und deren Risiko ab, wobei das Risiko wie schon im Fons (1994)-Modell über die Rating-Klasse des emittierenden Unternehmens beschrieben wird.

### 3.2.2 Kreditbewertung

Zur Bewertung eines Kredites mit Restlaufzeit T an ein Unternehmen der Rating-Klasse i ist nun die Summe der mit den aktuellen Kassazinssätzen diskontierten Kreditzahlungen zu bilden:

$$F_0 = \sum_{t=1}^{T} Z_t e^{-r^*_{0,t}(i)t} = \sum_{t=1}^{T} Z_t p_{0,t}(\delta + (1-\delta)\tilde{Q}_0(t^{(d)} > t \mid i)). \tag{38}$$

Um die dabei auftretenden risikoneutralen Überlebenswahrscheinlichkeiten $\tilde{Q}_0(t^{(d)} > t \mid i)$ zu erhalten, benötigen wir jedoch die Preise $p^*_{0,t}(k)$ für t = 1,...,T und k = 1,...,K – 1. Dann können wir aber die Kassazinssätze $r^*_{0,t}(i)$ auch sofort (sogar mit geringerem Datenaufwand) gemäß ihrer Definition über die Preise von Nullkuponanleihen berechnen und erhalten:

$$F_0 = \sum_{t=1}^{T} Z_t p^*_{0,t}(i) . \tag{39}$$

Wir entnehmen also die Diskontierungsfaktoren den Preisen bonitätsrisikobehafteter Nullkuponanleihen, deren Emittenten die gleiche Rating-Klasse wie das kreditnehmende Unternehmen besitzen. Das hier vorgestellte Modell erweist sich insofern zur ausschließlichen Berechnung des aktuellen Kreditwertes noch nicht als besonders nützlich. Das verwundert nicht, wurde es doch zur Bewertung und Absicherung von derivativen Kreditkontrakten entwickelt.

Dennoch zeigt das Modell seine Stärke bereits bei der Kreditbewertung, nämlich dann, wenn es gilt, den Kredit ständig neu zu bewerten (Marking-to-Market) oder bereits heute spätere Kreditwerte abzuschätzen, was im Risiko-Controlling von Bedeutung ist. Man kann dann die Kreditwerte $F_t$ bzw. deren Abschätzungen aus heutiger Sicht analog zu Gleichung (38) berechnen, greift dabei aber zur Berechnung der risikoneutralen Überlebenswahrscheinlichkeiten auf die Risikoprämien zurück, die sich aus den (bonitätsrisikobehafteten) Anleihenpreisen im Zeitpunkt null ergaben. Man muss also diese Anleihenpreise nur einmal bestimmen. Damit liefert das Modell tatsächlich eine Erleichterung.

Das Vorliegen von Preisen von Nullkuponanleihen sämtlicher Restlaufzeiten und Bonitätsklassen ist nämlich am realen Kapitalmarkt in aller Regel nicht gegeben. Selbst wenn man diese aus den Preisen von entsprechenden Kuponanleihen berechnet („strippt"), bleiben häufig noch Lücken, die zum Beispiel durch Interpolationsverfahren geschlossen werden können.[26] Lediglich die Preise bonitätsrisikofreier Nullkuponanleihen müssen jeweils neu ermittelt werden. Dazu kann man zum Beispiel die jeweilige Renditestruktur aus den Swap-Rates ablesen und daraus die jeweilige Kassazinsstruktur berechnen („bootstrappen"), welche die gesuchten Preise liefert.

Wir wollen noch notieren, dass die Rückgewinnungsrate wie schon im Fons (1994)-Modell wieder in Abhängigkeit von der Besicherungsklasse gewählt werden sollte.

### 3.2.3 Diskussion

Das hier vorgestellte Modell ermittelt Bonitätsspreads auf die Kassazinsstruktur, berücksichtigt die Wahrscheinlichkeiten von Rating-Migrationen und verfolgt das Prinzip der risikoneutralen Bewertung. Damit ist es dem Fons (1994)-Modell in dreierlei Hinsicht überlegen.

---

26 Vgl. Jarrow/Lando/Turnbull (1997).

Jedoch müssen zur risikoneutralen Bewertung die Risikoprämien in Abhängigkeit von den Zeitpunkten der Kreditzahlungen und verschiedener Bonitätsklassen bestimmt werden. Das erfordert die Bestimmung von Preisen bonitätsrisikobehafteter Nullkuponanleihen. Es genügt jedoch, auch im Fall einer Neubewertung des Kredits oder einer Abschätzung zukünftiger Kreditwerte diese nur einmal zu bestimmen.

Gehen wir hingegen wie im Fons (1994)-Modell von risikoneutralen Investoren aus, benötigen wir keine Risikoprämien. Mit anderen Worten, die multiplikativen Risikoprämien zur Bestimmung der risikoneutralen aus den empirischen Überlebenswahrscheinlichkeiten betragen dann alle Eins, wie dies bereits für den Insolvenzzustand der Fall war. Der bonitätsrisikobehaftete Kassazinssatz aus Gleichung (36) ändert sich zu:

$$r^{*}_{t,T}(i) = -\frac{\ln p_{t,T} + \ln(\delta + (1-\delta)(1-\lambda_{i,K;t}))}{T-t}. \qquad (40)$$

Dabei steht $\lambda_{i,k;t}$ für die empirische Wahrscheinlichkeit, dass ein Unternehmen mit Rating-Klasse i innerhalb von t Jahren in die Rating-Klasse k wechselt und kann der Matrix $\Lambda^t$ entnommen werden. Gleichung (37) ändert sich ebenfalls entsprechend. Im Fall eines risikoneutralen Investors entfällt die Bestimmung von Preisen bonitätsrisikobehafteter Nullkuponanleihen, lediglich die unproblematische Bestimmung von Preisen bonitätsrisikofreier Nullkuponanleihen bleibt bestehen.

Da das Jarrow/Lando/Turnbull (1997)-Modell im Gegensatz zum Fons (1994)-Modell die Wahrscheinlichkeiten von Rating-Migrationen berücksichtigt, benötigt man dabei eine vollständige Matrix einjähriger empirischer Migrationswahrscheinlichkeiten. Das Fons (1994)-Modell kommt dagegen mit der letzten Spalte dieser Matrix aus. Allerdings sollte die Migrationsmatrix nahezu ebenso leicht aus gesammelten Daten über Rating-Klassen und Unternehmensausfälle erhältlich sein wie die marginalen Ausfallraten.

Das hier vorgestellte Modell benötigt zur Kreditbewertung im Fall eines risikoneutralen Investors die (leicht zu bestimmenden) Preise bonitätsrisikoloser Nullkuponanleihen aller Restlaufzeiten bis zur Restlaufzeit des Kredits, im allgemeinen Fall zusätzlich die Preise von Nullkuponanleihen aller Bonitätsklassen. Das Fons (1994)-Modell hingegen benötigt lediglich die Rendite einer bonitätsrisikolosen Kuponanleihe mit gleicher Restlaufzeit wie der Kredit.

Das zuletzt vorgestellte Modell sollte insgesamt im Fall eines risikoneutralen Investors mit unwesentlich höherem Datenaufwand zu besseren Ergebnissen als das Fons (1994)-Modell kommen. Im allgemeinen Fall der risikoneutralen Bewertung liegt der Datenaufwand dagegen wohl erheblich über dem des Fons (1994)-Modells.

# 4 Zusammenfassung

Der vorliegende Beitrag behandelte zwei Ansätze zur Bewertung von Unternehmenskrediten. Im optionspreistheoretischen Ansatz wurde zunächst eine einfache Ausgangssituation unterstellt: Die Passivseite der Unternehmensbilanz weist außer dem Kredit kein weiteres Fremdkapital auf, der Kredit besitzt die Zahlungsstruktur einer bonitätsrisikobehafteten Nullkuponanleihe, das Unternehmensvermögen wird während der Laufzeit des Kredits nicht durch rein finanzwirtschaftliche Maßnahmen verändert und die Insolvenz des Unternehmens ist erst im Rückzahlungszeitpunkt möglich, wobei beim Übergang in den Insolvenzzustand keine sprunghafte Veränderung des Unternehmensvermögens erfolgt. Die Methodik ist grundsätzlich jedoch auch dann anwendbar, wenn diese vereinfachenden Annahmen einzeln oder in Kombination aufgeweicht werden, sodass die Kreditbewertung mittels Optionspreistheorie auf nahezu jede Form der Kreditvergabe anwendbar ist. Dabei bietet sich die risikoneutrale Bewertungstechnik geradezu an. Leider überzeugen die Vorschläge zur Bestimmung des benötigten Unternehmenswertes und seiner Volatilität bisher noch nicht vollständig.

Im Rating-basierten Ansatz wurden zunächst Bonitätsspreads auf die Renditestruktur ermittelt, wobei keine Rating-Migrationen berücksichtigt und risikoneutrale Marktteilnehmer unterstellt wurden. Anschließend wurden auch Bonitätsspreads auf die Kassazinsstruktur ermittelt, wobei jetzt auch Rating-Migration berücksichtigt und das Prinzip der risikoneutralen Bewertung verfolgt wurde. Letzteres erfordert allerdings Preise von Nullkuponanleihen verschiedener Laufzeiten und Bonitätsklassen. Die Kreditbewertung erfolgt im Rating-basierten Ansatz durch Diskontieren der Kreditzahlungen mit den risikoangepassten Diskontierungsfaktoren.

Welcher Ansatz zur Kreditbewertung letztlich vorzuziehen ist, hängt von verschiedenen Faktoren ab. Zunächst ist zu hinterfragen, ob das Unternehmen als ein guter Repräsentant seiner Bonitätsklasse angesehen werden kann. Die Ausfallwahrscheinlichkeitsintervalle sind gerade im Speculative-Grade-Bereich recht groß, sodass die durchschnittliche Ausfallwahrscheinlichkeit einer Bonitätsklasse die tatsächliche mitunter nicht hinreichend gut approximiert. Zudem ist die Informationseffizienz von Ratings umstritten. Dennoch ist der Rating-basierte Ansatz in Bezug auf die benötigten Eingangsparameter weniger gefährlich. Im optionspreistheoretischen Ansatz kann das Modell tendenziell besser an die spezifischen Merkmale des Unternehmens und des Kredites angepasst werden. Dies wird jedoch mit dem Risiko von Fehleinschätzungen bezüglich der Eingangsparameter Unternehmenswert und dessen Volatilität erkauft.

Im optionspreistheoretischen Ansatz wird direkt der Kreditwert berechnet. Über diesen kann dann auch der Bonitätsspread ermittelt werden. Die Rating-basierten Modelle gehen den umgekehrten Weg, ermitteln also zunächst Bonitätsspreads und darauf beruhend den Kreditwert. In allen drei betrachteten Modellen sind die Bonitätsspreads positiv, um die Kreditgeber für das eingegangene Bonitätsrisiko zu entschädigen. Zudem sind die Bonitätsspreads abhängig von der Restlaufzeit des Kredites bzw. der einzelnen Kreditzahlungen und vom Risiko des betrachteten Unternehmens.

Eine Brücke zwischen beiden Ansätzen liegt im relevanten Risikomaß. Im optionspreistheoretischen Ansatz ist dies die Unternehmensvolatilität, im Rating-basierten Ansatz die Ausfallwahrscheinlichkeit. Diese Risikomaße sind formal ineinander überführbar, insbesondere bedeutet eine höhere Unternehmensvolatilität im Regelfall auch eine höhere Ausfallwahrscheinlichkeit und umgekehrt.

# Literaturverzeichnis

Bielecki, Tomasz R./Rutkowski, Marek (2002): Credit Risk: Modeling, Valuation and Hedging, Berlin et al.: Springer.

Black, Fischer/Cox, John C. (1976): Valuing Corporate Securities: Some Effects of Bond Indenture Provisions. Journal of Finance 31, S. 351-367.

Black, Fischer/Scholes, Myron (1973): The Pricing of Options and Corporate Liabilities. Journal of Political Economy 81, S. 637-654.

Bouss, Rainer (2004): Optimierung des Kreditgeschäftes mit Martingalen. Bern: Haupt.

Duffie, Darrell/Singleton, Kenneth J. (1999): Modeling Term Structures of Defaultable Bonds. Review of Financial Studies 12, S. 687-720.

Fons, Jerome S. (1994): Using Default Rates to Model the Term Structure of Credit Risk. Financial Analysts Journal 50, S. 25-32.

Geske, Robert (1977): The Valuation of Corporate Liabilities as Compound Options. Journal of Financial and Quantitative Analysis 12, S. 541-552.

Geske, Robert (1979): The Valuation of Compound Options. Journal of Financial Economics 7, S. 63-81.

Geske, Robert/Johnson, H. E. (1984): The Valuation of Corporate Liabilities as Compound Options: A Correction. Journal of Financial and Quantitative Analysis 19, S. 231-232.

Hommel, Michael/Braun, Inga (2002): Fallbuch Unternehmensbewertung. Heidelberg: Recht und Wirtschaft.

Hull, John C. (2000): Options, Futures, & Other Derivatives. 4. Aufl., Upper Saddle River, NJ: Prentice Hall.

Jarrow, Robert A./Lando, David/Turnbull, Stuart M. (1997): A Markov Model for the Term Structure of Credit Risk Spreads. Review of Financial Studies 10, S. 481-523.

Lando, David (1997): Modelling Bonds and Derivatives with Default Risk. In: Dempster, Michael/Pliska, Stanley (Hrsg.): Mathematics of Derivative Securities, Cambridge University Press: Cambridge, S. 369-393.

Merton, Robert C. (1973): Theory of Rational Option Pricing. Bell Journal of Economics and Management Science 4, S. 141-183.

Merton, Robert C. (1974): On the Pricing of Corporate Debt: The Risk Structure of Interest Rates, Journal of Finance 29, S. 449-470.

Vasicek, Oldrich A. (1984): Credit Valuation, Working Paper, KMV.

# Die Allokation der Risiken muss effizient werden

# Rückversicherung als Instrument des Financial Engineering

**Dietmar Zietsch**

*Zusammenfassung:*
*Der Beitrag befasst sich mit den Unzulänglichkeiten traditioneller Konzepte des Risikotransfers und zeigt auf, wie ausgewählte neue, kapitalmarktorientierte Deckungsformen die bisherigen Modelle ergänzen können. Die nachfolgenden Ausführungen beschreiben innovative Instrumente eines Financial Engineering vorwiegend aus der Perspektive der Rückversicherung.*

*Schlüsselwörter: Deckungskonzepte, Financial Engineering, Risikotransfer.*

## 1 Einführung

> *„Es ist die herrliche Hilfe der Assekuranz, zu der Menschen Wohlfahrt zu wirken, daß sie nicht nur sicher, sondern wohl leben."*
> *Gottfried Wilhelm Leibniz (1646-1716)*

Das Zitat des Universalgelehrten Leibniz zeigt, dass das Versicherungswesen schon seit langer Zeit einen wichtigen Platz in unserer Gesellschaft einnimmt. Man kann davon ausgehen, dass Leibniz mit der „herrlichen" Assekuranz sicherlich die traditionelle Form der Versicherung beschreiben wollte. Eine Konstruktion, bei der innerhalb eines Kollektivs, einer Versichertengemeinschaft, über eine Periode hinweg ein Risikoausgleich hergestellt wird und somit negative Folgen für das einzelne Mitglied aufgefangen werden. Es ist klar, dass in einer solchen Gemeinschaft implizit eine Art Solidarität vorherrschen musste, damit die Risikoübertragung effektiv realisiert werden konnte.

Aber wie sieht es heutzutage mit der viel strapazierten „Gemeinschaft" aus? Freuen wir uns solidarisch, wenn wir ohne eigene Schäden jahrelang die übrigen Mitglieder unserer Gemeinschaft finanziell unterstützt haben? Tun wir alles Mögliche, um Schäden überhaupt nicht erst entstehen zu lassen und damit die Solidargemeinschaft zu entlasten? Sind wir ganz sicher, dass wir im Falle eines großen Schadens auch wirklich die versprochene Entschädigung bekommen? Können wir uns letztendlich auch gerade gegen das versichern, was uns am vordringlichsten bedroht?

Bei einer objektiven Betrachtung der gegenwärtigen Situation sind da schon einige Zweifel angebracht, ob die klassische Versicherung auch wirklich noch umfassend „zum wohl leben“ beiträgt. Die folgenden Ausführungen sollen daher schwerpunktmäßig darstellen, dass sich mittlerweile Deckungskonzepte herauskristallisiert haben, die in der heutigen Zeit besser die Absicherungsbedürfnisse von Einzelpersonen, Firmen oder auch Erstversicherern beantworten als der traditionelle Risikotransfer.[1] Dabei soll jedoch nicht der Eindruck erweckt werden, dass die klassische Versicherungstechnik ihre Aufgabe grundsätzlich nicht mehr erledigen kann. Vielmehr darf kritisch zu einigen Unzulänglichkeiten Stellung genommen und gezeigt werden, wie und wo ergänzend neue ausgewählte Deckungsformen effizient ihren Platz finden können.

Dabei gilt in der Erst- und Rückversicherungswirtschaft noch stärker als in anderen Branchen, dass die am Markt offerierten Produkt- bzw. Deckungskonzepte integraler Bestandteil eines „Zielkundenmanagements“ sein müssen – hier sind die „Zielkunden“ als Träger des Risikokollektivs schließlich ein sehr wesentlicher Teil der „Produktion“ des Gutes Versicherung. Aus diesem Blickwinkel ist die Auseinandersetzung mit neuartigen Deckungskonzepten nicht nur als produktpolitisch-technische Innovation zu verstehen, sondern vielmehr in erster Linie auch als „Brückenschlag“ zu den wichtigsten Austauschpartnern der Versicherungsunternehmung, der unmittelbar auf gewandelten Versicherungsbedürfnissen auf Kundenseite beruht. Zudem ergeben sich gerade bei den nachfolgend skizzierten kapitalmarktorientierten Deckungskonzepten, wie sie in der jüngeren Vergangenheit stark an Bedeutung gewonnen haben, auch vollkommen neue „Absatzmärkte“ für Erst- und Rückversicherungsunternehmen – auch die Financial Community will und muss schließlich als „Zielgruppe“ mit geeigneten Konzepten bedient werden, wenn sich neuere Formen des Risikotransfers am Markt bewähren sollen.[2]

Die nachfolgenden Abhandlungen beschreiben innovative Instrumente eines Financial Engineering vorwiegend aus Sicht der Rückversicherung. Dies hat einerseits seine Berechtigung, weil auf den Rückversicherungsmärkten auf Grund der internationalen Risikoexponierung die Ideen der nicht-traditionellen Absicherungen erstmals in wahrnehmbarer Art und Weise praktisch umgesetzt wurden, und weil andererseits hier auch die wesentlichen neuen Forschungs- und Weiterentwicklungsimpulse festzustellen sind.

---

1 Im Hinblick auf traditionelle Formen der Rückversicherung sei diesbezüglich auf die einführende Literatur verwiesen, wie zum Beispiel Gerathewohl, K. (1976), Grossmann, M. (1982), Pfeiffer, C. (1994).

2 Vgl. zu diesem Themenkreis auch den Beitrag von Zietsch, D./Friese, S. (2003), S. 464 ff.

# 2 Ausgangssituation

## 2.1 Ineffizienzen eines traditionellen Risikotransfers

Die Kerngrundlage einer klassischen Versicherung ist der Risikoausgleich in einem Kollektiv. Die jeweilige Versicherungsprämie wird nach dem Äquivalenzmodell berechnet, d.h., sie beruht auf der Schätzung eines Geldbedarfs, der notwendig ist, einzelne Schäden innerhalb eines Kollektivs zu begleichen.[3] In jeder Periode gibt es daher eine liquiditätsmäßige Verzerrung zwischen Versicherungsnehmern, bei denen Geld abfließt, und solchen, die einen Liquiditätsüberschuss haben. Dies ist das Wesen der Versicherung und auch versicherungstheoretisch erklärbar, weil schließlich auch diejenigen Versicherungsnehmer mit entsprechend negativer Zahlungsstrombilanz in der Periode eine Leistung erhalten haben, nämlich die abstrakte Zusage einer Deckung. Dieses theoretisch durchaus zweckmäßige Modell stößt jedoch in der heutigen Zeit mehr und mehr an seine Grenzen. In der aktuellen Diskussion um wertorientierte Steuerungsansätze, bei denen die liquiden Zahlungsströme wieder in den Vordergrund gerückt sind[4], gepaart mit einem mehr „egoistischen" Anspruchsdenken weg von der solidarischen Haltung, sind Versicherungsnehmer mit subjektiv empfundener mehrperiodischer negativer Zahlungsstrombilanz immer weniger bereit, die so genannten „schlechten Risiken" zu „subventionieren".[5] Die Folgen liegen auf der Hand: die Tendenz zur Selbstversicherung und das Austreten der so genannten „guten Risiken" aus dem Kollektiv führen zu einer Spirale der negativen Risikoauslese („adverse selection"), also theoretisch bis zum Kollaps des Systems.[6]

Eine weitere Folge des Verlustes eines solidargemeinschaftlich empfundenen Kollektivansatzes ist die Zunahme des so genannten subjektiven Risikos („moral hazard") bei der Versicherungsnahme. Infolge der Versicherung sinkt der Anreiz zur Schadenverhütung bzw. Schadenminderung. Man kann es auch vice versa formulieren: Man schließt eine Versicherung ab, damit man sich die Aufwendungen für Verhütungsmaßnahmen spart. An dieser Stelle soll nicht auf das damit verbundene Problem des kriminellen Versicherungsbetrugs eingegangen werden, der von der oben beschriebenen Problematik losgelöst schon seit Bestehen des

---

3 Zum „Ausgleich im Kollektiv" sowie „Äquivalenzprinzip" vgl. Farny, D. (2000), S. 45-50 bzw. 67 f.

4 Zu den verschiedenen Varianten der wertorientierten Steuerung gehören unter anderem der Discounted-Cashflow-, der Economic-Value-Added- sowie der Cashflow-Return-on-Investment-Ansatz.

5 Vgl. hierzu und im folgenden Baur, E./Schanz, K. (1999), S. 12 f.

6 Akerlof konnte diesen Marktzusammenbruch im so genannten Lemons-Modell zeigen. Vgl. Akerlof, G. (1970), S. 485-500.

Versicherungsgedankens immanent ist. Vielmehr geht es hierbei um den Prozess des Verschwindens des oben dargestellten solidargemeinschaftlichen Gedankens mit dem Effekt, dass auch hier das Versicherungskollektiv in vielfältiger Weise belastet wird.

Bei der Absicherung immer größerer Werte, insbesondere für institutionelle Versicherungsnehmer, tritt in der heutigen Zeit zunehmend das Problem des Kreditrisikos auf. Durch Insolvenzen im Finanzdienstleistungssektor erschüttert, kann man sich als „Gläubiger" durchaus die Frage stellen, ob im Leistungsfall in der Zukunft der Versicherer noch in der Lage sein wird, seinen Verpflichtungen im vollen Umfange nachzukommen.[7] Die Diskussion um die besondere Bedeutung von Unternehmensratings ist ein direkter Ausfluss dieser Entwicklung. Man könnte sich in diesem Zusammenhang durchaus Verfahren vorstellen, wie ein Risikotransfer gestaltet sein muss, damit dieses Kreditrisiko vermindert oder sogar eliminiert wird.

Eine Befragung durch die Unternehmensberatung McKinsey & Co. hat ergeben, dass die Risk-Manager der 500 größten amerikanischen Unternehmen der Meinung sind, vier von fünf evidenten Risiken seien traditionell unversicherbar. Speziell in den Segmenten „High Severity Risks", „High Frequency Risks"[8], „Deckung von Finanzrisiken" sowie „Bilanzschutz" herrscht ein weitgehender Deckungsnotstand vor, d.h., diese Risiken sind traditionell nicht versicherbar.

Schließlich sei in diesem Zusammenhang noch erwähnt, dass in den letzten Jahren auf dem Gebiet der Kapitalmärkte eine breite Palette von Instrumenten zur Absicherung von Finanzmarktrisiken entwickelt wurde.[9] Sicherlich ist es denkbar, dass auch für die Absicherung von allgemeinen Risiken die diesbezüglichen Entwicklungen genutzt werden können.

Die Übersicht in Abbildung 1 zeigt zusammenfassend die einzelnen Ansatzpunkte der zunehmenden Ineffizienz streng traditioneller (Rück-)Versicherungslösungen. Im Weiteren soll auf die möglichen Modifikationen zur Überwindung dieser Problematiken eingegangen werden, bevor der Einsatz von speziellen Finanzmarktprodukten näher analysiert wird.

---

7 In den letzten Jahren hat sich der Wettbewerbsdruck im Versicherungsbereich durch zunehmende Deregulierung und einen liberalisierten Marktzugang deutlich verschärft. Die daraus resultierende Verschlechterung der Ertragslage sowie das Ausreizen der Reserven bei manchen Unternehmen erhöhen das Insolvenzrisiko.

8 „High Severity Risks" (zum Beispiel Naturkatastrophen oder Produkthaftpflichtansprüche) sind durch ein katastrophales Schadensausmaß und häufig durch eine geringe Schadeneintrittswahrscheinlichkeit (Low-Frequency) gekennzeichnet. Demgegenüber sind „High Frequency Risks" durch ein geringes Schadensausmaß (Low-Severity) und eine hohe Frequenz von Schäden gekennzeichnet.

9 Hierzu gehören beispielsweise Futures, Optionen oder Swaps.

**Abb. 1:** Aktuelle Problembereiche im Rahmen eines traditionellen Risikotransfers

## 2.2 Modifikations- und Evolutionsprozesse

Wenn man noch einmal das Wesen einer traditionellen Versicherung betrachtet, nämlich den „Ausgleich im Kollektiv" und die Notwendigkeit eines „schätzbaren Geldbedarfs" für zukünftige Schäden[10], so ist nicht verwunderlich, dass neue Konzepte gerade an diesen Punkten ansetzen. In der Tat geben erweiterte Deckungsformen den Kollektivgedanken zu Gunsten eines Ausgleichs mit einem einzelnen Kunden auf. Auch die grundsätzliche Abschätzung zukünftiger Schäden hat sich teilweise erübrigt. Dabei haben sich jedoch die einzelnen Ausprägungen nicht kurzfristig entwickelt, vielmehr ist in den letzten 20 Jahren ein kontinuierlicher Prozess festzustellen, wie die traditionellen Deckungen mehr und mehr um alternative Formen ergänzt worden sind.

Den Anfang machten in den 80er-Jahren des letzten Jahrhunderts so genannte Bonding-Produkte, bei denen mehr oder minder umfangreiche Finanzgarantien in traditionelle Produkte eingebracht wurden. Hierbei handelte es sich um die Integration von nicht versicherbaren Risiken im Zusammenhang mit realen oder prospektiven Zahlungsströmen bzw. Vertragsverhältnissen, insbesondere durch Banken abgedeckte Risikoklauseln wie zum Beispiel Kredit-, Wechselkurs- oder Preisänderungsrisiken. Mit diesen Konzepten konnten erstmals Verknüpfungen mit den Finanzmärkten hergestellt und einige Deckungsnotstände auf dem Gebiet der Finanzrisiken abgesichert werden.[11]

---

10 Vgl. Farny, D. (2000), S. 8.

11 Für eine Übersicht der verschiedenen Bonding-Produkte vgl. Herold, B./Paetzmann, K. (1999), S. 32-46.

Die nächste Stufe der Entwicklung stellten so genannte Multiline-/Multitrigger-Produkte dar. Hier wurde eine Absicherung von zusammengefassten Risikoklassen realisiert, gegebenenfalls auch verbunden mit Schadeneintrittsvoraussetzungen im Bereich des allgemeinen Kapitalanlagegeschäftes. Ein wesentlicher Vorteil dieser Gestaltungsvariante war insbesondere die Verminderung der latenten Tendenz zur negativen Risikoselektion, da bei diesen umfassenden und integrierenden Versicherungskonzepten eine „Abwahl" so genannter „guter Risiken" durch den Versicherungsnehmer erschwert wurde.

Zur Reduktion der strukturimmanenten Probleme im Zusammenhang mit der Schadenverhütung hielten etwa zeitgleich vielfältige Formen von Multiyear- bzw. Funding-Produkten in den Versicherungsmärkten Einzug. Hierbei handelt es sich um eine Erweiterung des „Abrechnungshorizontes" der Versicherungen in Verbindung mit flexiblen Spar-/Entspareffekten.[12] Es liegt auf der Hand, dass Schadenverhütungsmaßnahmen bei diesen integrierten partiellen Selbstbeteiligungen beim Versicherungsnehmer einen höheren Stellenwert einnehmen als bei absoluten Absicherungslösungen.

Dieses Konzept der nur teilweisen Übertragung von Risiken wurde im Bereich der so genannten „Finite Re-Produkte" weiter ausgebaut. Hier finden sich sowohl retrospektive Formen, wie zum Beispiel der Loss-Portfolio-Transfer[13], oder aber auch prospektive Gestaltungen, wie zum Beispiel Spread-Loss-Arrangements.[14] Man sieht hier deutlich den Paradigmenwechsel zur klassischen Versicherung. Mit diesen oben aufgeführten Vertragsformen sind nun auch „Schäden versicherbar", die bereits eingetreten sind, eine Maßnahme, die die klassische Versicherungs-

---

12 Bei diesen Produkten wird die Haftung für potenzielle Schäden von einem Erstversicherer auf einen Rückversicherer transferiert, wobei jedoch primär „Timing-Risiko", d. h. das Risiko, dass die Schadenzahlungen schneller zu leisten sind als erwartet, übertragen wird und nicht „Underwriting-Risiko", d. h. das Risiko, dass die tatsächlichen Schadenzahlungen die kalkulierten Zahlungen übersteigen. Es handelt sich also um (Rück-) Versicherung mit begrenztem Gewinn- und Verlustpotenzial, die in erster Linie den Risikoausgleich über die Zeit anstrebt und bilanzstabilisierend für die Versicherungsnehmer wirkt. Vgl. Brühwiler, B./Stahlmann, B./Gottschling, H. (1999), S. 68 f.

13 Hier werden Schadenrückstellungen eines Zedenten auf einen Rückversicherer gegen Zahlung einer Ablösesumme transferiert, die dem Barwert der erwarteten Schadenzahlungen unter Berücksichtigung einer Marge entsprechen. Interessant ist dies vor allem in Long-Tail-Sparten, die eine lange Abwicklungsdauer aufweisen, da bei bestehendem Diskontierungsverbot von Schadenrückstellungen im Rahmen des HGB-Abschlusses eine derartige Transaktion die Erhöhung des Jahresüberschusses bewirkt und zwar in Form der Differenz zwischen der an den Rückversicherer zu zahlenden Prämie und der Höhe der transferierten Schadenrückstellungen. Das Timing-Risiko steht hier im Vordergrund, denn der Rückversicherer übernimmt mit der Schadenrückstellung auch die Unsicherheit bezüglich der zeitlichen Abwicklung der Schäden.

14 Vgl. hierzu ausführlich Heß, A. (1998), Liebwein, P. (2000a), S. 303-348.

technik per Definition ausschließt. Hierdurch sind jedoch vielfältige Finanzgestaltungen möglich, für die früher keine adäquate Lösung gefunden werden konnte.

Der Schritt zur effektiven Verknüpfung mit den Kapitalmärkten geschah dann durch die Anwendung von Finanzmarktprodukten auf klassische „Versicherungsschäden“, insbesondere im Bereich der „High Severity Risks“, wie zum Beispiel Naturkatastrophen. Hierauf wird an späterer Stelle noch vertieft eingegangen.

## 2.3 Stand der Entwicklung des Financial Engineering und dessen Lösungspotenzial von traditionellen Ineffizienzen

Nicht alle Formen der nicht-traditionellen Deckungen sind gleichermaßen geeignet, die strukturimmanenten Probleme der klassischen Versicherungsdeckungen zu überwinden. Im Folgenden soll dargelegt werden, welchen Lösungsbeitrag die jeweiligen Entwicklungsstufen des Financial Engineering leisten können.

Die beschriebenen ersten Modifikationen der traditionellen Versicherungsprodukte im Hinblick auf die Absicherung von klassisch nicht versicherbaren Risiken im Zusammenhang mit realen oder prospektiven Zahlungsströmen (Bonding-Produkte) konnten zwar diesbezüglich Deckungsnotstände mindern, andere Ineffizienzen waren jedoch weiterhin vom Grundsatz her immanent. Lediglich die Tür zur Integration von allgemeinen Finanzrisiken und damit zu den Kapitalmärkten wurde erstmals geöffnet.[15]

Das Gleiche galt für die zeitlich danach entwickelten Multiline-/Multitrigger-Produkte, insbesondere wenn Schadeneintrittsvoraussetzungen auch durch Veränderungen von Kennzahlen im Kapitalanlagegeschäft von Erstversicherungen oder institutionellen Versicherungsnachfragern „getriggert“ wurden. Das Verlangen nach derartigen Absicherungslösungen stieg in den 80er-Jahren insbesondere in den USA sprunghaft an, speziell in solchen Perioden, in denen hohe versicherungstechnische Verluste (etwa durch Erdbeben) mit negativen Entwicklungen auf den Finanzmärkten (zum Beispiel plötzlicher Zinsanstieg und somit Wertberichtigungen bei den Kapitalanlagen) die Versicherungsbilanzen quasi doppelt belasteten – somit konnte ein „innenbilanzieller“ Ausgleich zwischen dem technischen und allgemeinen Ergebnis nicht mehr dargestellt werden. In der Tat führte das Northridge-Erdbeben in Kalifornien zu einer enormen Nachfrage nach derartigen Multi-trigger-Produkten und somit zu deren Entwicklung, weil die Finanzmärkte sich (zufällig) danach ebenfalls negativ entwickelten und nicht mehr für einen entsprechenden Ausgleich in den Gewinn- und Verlustrechnungen genutzt werden konnten.

Im Vergleich zu den vorab beschriebenen Bonding-Produkten reduzierten insbesondere Multiline-Produkte jedoch noch zusätzlich die latente Tendenz zur „nega-

---

[15] Vgl. hierzu auch Herold, B./Paetzmann, K. (1999).

tiven Risikoselektion", weil durch umfassende Einbeziehung aller versicherbaren Klassen die Ausgrenzung von „positiven Risiken" durch den Versicherungsnehmer deutlich verringert wurde bzw. nicht mehr möglich war.

Bei den Multiyear-/Funding-Produkten konnte das Problem des „moral hazard" insoweit gemindert werden, als dass Versicherungsnehmer bzw. Erstversicherungsunternehmen mit Gewinnbeteiligungs-/Nachzahlungsmodellen praktisch am Risikoverlauf beteiligt wurden und somit selbstredend an „fairen" Geschäften interessiert waren. Allerdings wurden die Kapitalmärkte bei diesen Vertragskonstruktionen kaum integriert, insbesondere wenn es sich im Wesentlichen nur um Spar-/Entsparkonstruktionen zwischen den Vertragspartnern handelte.[16]

Bei den Methoden der retrospektiven bzw. prospektiven Formen von Financial-Re-Produkten konnten grundsätzlich die gleichen Aussagen gemacht werden. Weitgehende bilaterale Arrangements ließen die Finanzmärkte größtenteils unberücksichtigt. Durch die vertragsgemäße Limitierung des Risikotransfers („finite-risk transfer") war eine umfassende Übertragung per Definition nicht möglich, was die Gefahren des moral hazard und der negativen Risikoselektion beim Versicherungsnehmer/Erstversicherer entscheidend reduzierte. Letztendlich waren diese aber darauf angewiesen, dass ihr Vertragspartner (Rückversicherer) eine Security aufwies, die das Kreditrisiko abschätzbar machte, insbesondere bei „great financial deals", wo Verpflichtungen in existenziellen Größenordnungen transferiert wurden. Speziell dieses Risiko war durch die zum Teil wirksame Eindämmung der anderen Strukturrisiken der traditionellen Versicherung durch nicht-traditionelle Zusätze immer mehr in den Vordergrund getreten.

Die Eliminierung von Kreditrisiken war dann auch einer der wesentlichen grundsätzlichen Vorteile von Finanzmarktprodukten, wo durch Bereitstellung des möglichen Schadenvolumens durch den Kapitalmarkt „im Vorab" keinerlei Kreditrisiko für den Versicherungsnehmer bestand.[17]

Bei weiterer detaillierter Analyse lassen sich durchaus Konstruktionen gestalten, die fast alle strukturimmanenten Nachteile eines traditionellen Risikotransfers überwinden. Einschränkungen gibt es zurzeit noch in Bezug auf die Auswahl der zu betrachtenden Risikoklassen. Tendenziell werden derzeit noch Modelle gestaltet, die sich auf ausgesuchte Gefahrenklassen konzentrieren – zum Beispiel Erdbebenrisiken, Sturmrisiken, Kreditrisiken etc. Die Gefahr des „Cherry Picking", also der Nichtberücksichtigung von Sparten, die gegebenenfalls ein besseres Risiko- und somit Gewinnpotenzial für den Rückversicherer beinhalten, wird nicht

---

[16] Auf die Problematik der Anerkennung dieser Gestaltungen als Versicherungsverträge wegen eines zu vernachlässigenden versicherungstechnischen Risikos soll an dieser Stelle nicht eingegangen werden. Vgl. hierzu zum Beispiel Heß, A. (1998), S. 97 ff.

[17] Eine nicht spekulative Anlagepolitik der zunächst vorab bereitgestellten finanziellen Mittel unterstellt.

einbezogen. Oder in anderen Worten: nur tendenziell problematisches Geschäft, das im Verhältnis zum Risiko keine adäquaten Gewinnerwartungen besitzt, wird an den Kapitalmarkt weitergeleitet.

| | | **Nicht-traditionelle Absicherungskonzepte/Modelle des Financial Engineering** | | | | |
|---|---|---|---|---|---|---|
| | | Bonding-Produkte | Multiline-/ Multitrigger-Produkte | Multiyear-/ Funding-Produkte | Financial-Re-(Finite) Produkte | Finanzmarkt-Produkte |
| **Traditionelle Versicherungslösungen** | Latente Tendenz zur „negativen Risikoselektion" | | ● | ● | ● | |
| | Strukturimmanente Probleme bei der Schadenverhütung (Management des „moral hazard") | | | ● | ● | ● 1) |
| | Existenz eines Kreditrisikos für Versicherungsnehmer | | | | | ● |
| | Deckungsnotstand | ● | ● | ● | ● | ● |
| | Effiziente Verknüpfung mit den Finanzmärkten | ● | ● | | | |

1) bei Wahl eines geeigneten Underlinings der Schadenerfassung, vgl. Kap. 2.2.3.2.

**Abb. 2:** Lösungspotenziale von Financial-Engineering-Modellen

Abhilfe könnten nur „Multiline"-Transaktionen oder globale Portefeuille-Verbriefungen schaffen, die jedoch in dieser Form noch nicht auf dem Markt sind. Trotzdem dürften – insbesondere vom theoretisch-wissenschaftlichen Ansatz her – die Finanzmarktprodukte das größte Entwicklungspotenzial bei der Gestaltung zeitgemäßer und zukünftiger Risikotransfers aufweisen. In den folgenden Abschnitten sollen daher ausgewählte Konzepte eines Financial Engineering unter besonderer Betrachtung des Risikotransfers auf den Kapitalmarkt dargestellt werden.

Abbildung 2 zeigt zusammenfassend die möglichen beschriebenen Lösungspotenziale zeitgemäßer nicht-traditioneller Gestaltungen.

# 3 Ausgewählte Konzepte eines Financial Engineering in der Rückversicherung

## 3.1 Grundlagen

### 3.1.1 Der Kapitalmarkt als Finanzierungsressource

1995 gilt als das Rekordjahr in der Geschichte der Naturkatastrophen.[18] Der volkswirtschaftliche Gesamtschaden belief sich schätzungsweise auf 180 Mrd. USD und erreichte damit rund das Dreifache des bisherigen Rekordjahres 1994 mit 65 Mrd. USD.[19] Allerdings entsprach der volkswirtschaftliche Gesamtschaden keineswegs dem versicherten Schaden, denn die Versicherungswirtschaft musste 1995 weltweit mit 14 Mrd. USD weniger zahlen als 1992 (28 Mrd. USD), dem Jahr von Hurrikan Andrew. Im Jahr 2002 sind vor allem die beiden Flutwellen in Europa Ende Juli und im August zu erwähnen, die nach aktuellen Schätzungen volkswirtschaftliche Schäden in Höhe von 15 Mrd. USD verursachten.[20] Angesichts der Tatsache, dass nur ein Bruchteil der materiellen Schäden und wirtschaftlichen Folgeschäden versichert war, kosteten die Fluten die Versicherer dennoch ca. 3,2 Mrd. USD, womit die versicherten Schäden den mittleren Schadenwert seit 1970 von 0,5 Mrd. USD um 800% übertrafen. Insgesamt entstand der Versicherungswirtschaft durch Naturkatastrophen 2002 eine Belastung von ca. 10 Mrd. USD.[21]

Es ist davon auszugehen, dass das Ausmaß der Schäden aus Naturkatastrophen immer stärker zunimmt. Dies ist unter anderem auf das weltweit steigende Schadenpotenzial durch eine höhere Bevölkerungsdichte, höhere Wertkonzentrationen sowie eine zunehmende Versicherungsdichte zurückzuführen.[22] Das Schadenpotenzial der Versicherungswirtschaft hat Großschadenszenarien zufolge bereits die 100-Milliarden-USD-Marke überschritten. So würde beispielsweise laut einer Studie der Insurance Services Office, INC. ein Erdbeben mit entsprechender Stärke in den USA versicherte Schäden von rund 115 Mrd. USD zur Folge haben.[23] Die im

---

18 Unter einer Naturkatastrophe wird ein durch Naturgewalten wie zum Beispiel Erdbeben, Sturm, Überschwemmung etc. ausgelöstes Ereignis verstanden.

19 Verantwortlich hierfür war das Erdbeben in Kobe im Januar 1995, die mit einem volkswirtschaftlichen Schaden von ca. 100 Mrd. USD bis heute teuerste Naturkatastrophe der Welt.

20 Menzinger, I./Brauner, C. (2002), S. 2.

21 Vgl. o.V. (2002), S. 1 f.

22 Vgl. Zanetti, A./Enz, R./Hitz, L. (2000), S. 3-9.

23 Vgl. o.V. (1999), S. 1.

Rückversicherungsmarkt erhältliche Kapazität von Naturkatastrophendeckungen entspricht jedoch nur einem Bruchteil dieser maximalen Exponierung. Auf Grund der Verknappung traditioneller Rückversicherungslösungen durch die rapide gestiegenen versicherten Naturkatastrophenschäden haben Versicherer auf der Suche nach zusätzlicher Kapazität erstmals Anfang der 90er-Jahre eine potenzielle Lösung der Deckungsproblematik in der Nutzung der Finanzmärkte als neuartigen Risikoträger gesehen.[24] Auch wenn ein Katastrophenschaden in Höhe von 115 Mrd. USD im historischen Vergleich sehr groß wäre, ist er jedoch im Verhältnis zu den täglichen Wertschwankungen auf den Kapitalmärkten gering. Allein die Kapazität der US-Finanzmärkte betrug 1995 etwa 19 Billionen USD, und nur die durchschnittliche, tägliche Wertschwankung erreichte einen Betrag von 133 Mrd. USD.[25] Dies zeigt und beweist außerordentlich eindrucksvoll, dass ein sehr großer und seltener Großschaden kleiner ist als die durchschnittliche tägliche Wertschwankung des US-Finanzmarktes. Es gäbe somit ausreichend Liquidität zur Finanzierung eines solchen Schadens.

Im Folgenden werden daher die derzeit in der Praxis wichtigsten kapitalmarktorientierten Rückversicherungsprodukte bzw. Produkte des Alternativen Risikotransfers auf den Rückversicherungs- und Retrozessionsmärkten kurz dargestellt.

### 3.1.2 Gestaltungsalternativen einer kapitalmarktorientierten Risikoübertragung

Die Bezeichnung Alternativer Risikotransfer (ART) steht für eine Vielzahl neuartiger Techniken und Instrumente im Erst- und Rückversicherungsbereich. Die große Zahl verschiedener ART-Formen sowie die uneinheitliche terminologische Abgrenzung machen es notwendig, die hier zu Grunde liegende Auffassung zu präzisieren. Im Folgenden wird von kapitalmarktorientierten Rückversicherungs-Produkten bzw. ART-Produkten gesprochen, wenn ein Transfer von versicherungstechnischen Risiken über kapitalmarktspezifische Instrumente auf sekundäre Risikoträger an den Kapitalmärkten erfolgt. Der Risikotransfer findet also nicht mehr zwischen den Erst- und Rückversicherungsmärkten statt, sondern auf dem Kapitalmarkt. Die Anleger an den Kapitalmärkten werden somit zu Trägern versicherungstechnischer Risiken. Damit ergibt sich auch eine Abgrenzung zu reinen Tauschtransaktionen wie Swaps oder zur Catastrophe Risk Exchange (CATEX), die eine reine Tauschbörse für Versicherungsrisiken darstellt.[26]

---

24 Vgl. Brühwiler, B./Stahlmann, B./Gottschling, H. (1999), S. 87.

25 Vgl. Froot, K./Murphy, B./Stern, A./Usher, S. (1995), S. 4.

26 Vgl. Brühwiler, B./Stahlmann, B./Gottschling, H. (1999), S. 88.

## 3.2 Produktgestaltungen

### 3.2.1 Versicherungsderivate

Die Entwicklung von Versicherungsderivaten an der amerikanischen Terminbörse Chicago Board of Trade (CBOT) war der erste Versuch, kapitalmarktorientierte Rückversicherungsprodukte zur Bewältigung von Versicherungsrisiken einzusetzen. Versicherungsderivate sind Finanzinstrumente wie Futures und Optionen, deren Wertentwicklung vom Verlauf eines versicherungsspezifischen Basiswerts bzw. Underlying abhängt. Ferner fallen bei Derivaten Abschluss und Erfüllung des Vertrags zeitlich auseinander, d.h., Käufer und Verkäufer schließen „heute" ein Geschäft ab, erbringen ihre Verpflichtungen aber erst „auf Termin". Deshalb handelt es sich bei derivativen Produkten immer um so genannte Termingeschäfte.[27] Neben den börsengehandelten gibt es auch außerbörsliche Versicherungsderivate. Bei ihnen spricht man von „over the counter" bzw. OTC-Kontrakten.[28] Im Gegensatz zu den standardisierten börsengehandelten Derivaten zeichnen sie sich durch ihre individuelle Konstruktion aus, was jedoch ihre Fungibilität stark einschränkt.[29]

Bei einem Future-Kontrakt handelt es sich um ein unbedingtes Termingeschäft, d.h., Käufer und Verkäufer haben ihre im Vertrag festgelegten Leistungen zwingend zu erfüllen. Ein Future-Kontrakt dient dazu, offene Positionen durch den Aufbau einer entsprechenden Gegenposition abzusichern.[30] Erwirbt der Versicherer also einen Future, so erhält er von seinem Kontraktpartner eine Leistung, wenn zum Fälligkeitstermin der dem Future zu Grunde liegende versicherungstechnische Index den bei Vertragsabschluss vereinbarten Wert übersteigt. Bei einem Schadenereignis wird somit der Schadenaufwand im eigenen Portefeuille durch den Wertanstieg des Futures kompensiert, sofern die Schadenbelastung in seinem Bestand dem Index folgt. Liegt der Wert des Index am Fälligkeitstag hingegen unter dem vereinbarten Wert, muss der Versicherer die Differenz an den Kontraktpartner zahlen. Das vollständige Absichern (Hedging) des Risiko-Exposures des Versicherers über einen Future bedeutet jedoch auch, bei einem besseren Schadenverlauf als angenommen auf eventuelle Gewinne zu verzichten. Durch den Abschluss des Future friert der Versicherer somit sein Ergebnis auf einem gewünschten Niveau ein.[31]

---

27 Vgl. Beike, R./Köhler, A. (1997), S. 2.

28 Vgl. Baur, E./Schanz, K. (1999), S. 31.

29 Vgl. Beike, R./Köhler, A. (1997), S. 9.

30 Vgl. Süchting, J. (1995), S. 64.

31 Vgl. Albrecht, P./Schradin, H. (1998), S. 30-31.

Eine Absicherung unter Beibehaltung der Chancen auf Gewinne bieten hingegen Optionen auf einen versicherungsrelevanten Index. Bei Optionen[32] handelt es sich um bedingte Termingeschäfte, da für mindestens eine Partei eine Option zur (Nicht-) Erfüllung besteht. Die Optionsmöglichkeit, d. h. die Wahl, ob er seinen Teil erfüllt und das Geschäft zu Stande kommt, liegt allerdings allein beim Käufer. Da der Verkäufer durch die Optionsmöglichkeit des Käufers benachteiligt ist, erhält dieser vom Käufer einen finanziellen Ausgleich in Form der so genannten Optionsprämie.

Ein Versicherer kann sich nun mit Hilfe von Optionen grundsätzlich durch zwei Strategien gegen Katastrophenrisiken absichern. Die erste Möglichkeit wird als Call Hedge bezeichnet. Hierbei erwirbt der Versicherer eine Call-Option mit einem Basispreis, der seinem individuellen Absicherungsbedürfnis entspricht. Mit Erreichen des Basispreises erfolgt eine Begrenzung seines Schadenaufwands dadurch, dass der Schaden im eigenen Portefeuille durch den Wertanstieg der Option kompensiert wird. Der Call Hedge entspricht damit einer konventionellen Stopp-Loss-Deckung mit unbegrenztem Layer, und die Optionsprämie entspricht der Rückversicherungsprämie.

Die zweite Möglichkeit wird als „Call-Option-Spread" bezeichnet. Sie entspricht einer konventionellen Stopp-Loss-Deckung, jedoch mit einer begrenzten Haftstrecke.[33] Aus der Sicht des Versicherers handelt es sich dabei um den gleichzeitigen Kauf und Verkauf einer Call-Option mit unterschiedlichen Basispreisen. Eine Absicherungswirkung wird erreicht, solange sich der zu Grunde liegende Index innerhalb des durch die beiden Basispreise definierten Bereichs bewegt. Übersteigt der Index infolge eines Schadenereignisses jedoch den oberen Basispreis, so ist der übersteigende Teil der Schadenbelastung wieder vollständig vom Versicherer zu tragen. D.h., durch den gleichzeitigen Kauf und Verkauf von Call-Optionen mit unterschiedlichen Ausübungspreisen kann eine traditionelle, nicht proportionale Rückversicherungspolice mit Priorität und Limit nachgebildet werden.

---

32 Grundsätzlich unterscheidet man zwischen Kauf-Optionen (Call-Option) und Verkaufs-Optionen (Put-Option). Der Käufer einer Call-Option erwirbt das Recht, nicht aber die Verpflichtung, zum Fälligkeitstermin von seinem Vertragspartner die Lieferung bzw. den Barausgleich einer vereinbarten Menge eines bestimmten Basiswertes zum festgesetzten Preis zu verlangen. Für diese Optionsmöglichkeit zahlt er bei Geschäftsabschluss an den Verkäufer der Kaufoption eine entsprechende Optionsprämie. Der Käufer einer Put-Option erwirbt hingegen das Recht, nicht aber die Pflicht, zum Fälligkeitstermin von seinem Vertragspartner die Abnahme bzw. den Barausgleich einer vereinbarten Menge eines bestimmten Basiswertes zum festgelegten Preis zu verlangen. Der Käufer entrichtet für die Optionsmöglichkeit wieder eine entsprechende Optionsprämie an den Verkäufer. Die aus dem Kauf oder Verkauf eines Calls bzw. eines Puts resultierenden Positionen haben zum Fälligkeitstermin in Abhängigkeit der Indexentwicklung unterschiedliche Gewinn-Verlust-Profile.

33 Vgl. Albrecht, P./Schradin, H. (1998), S. 31.

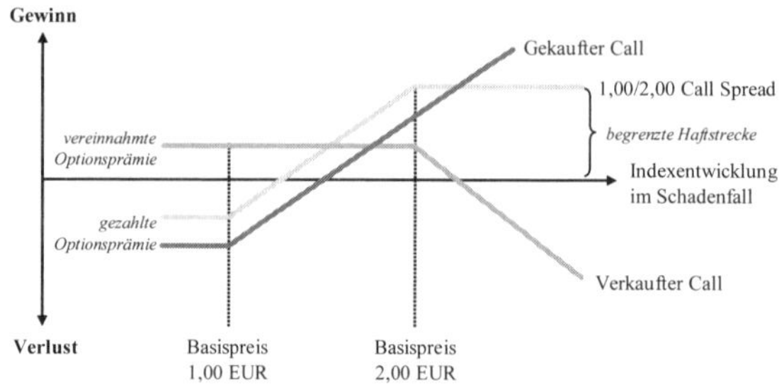


**Abb. 3:** Gewinn/Verlust-Profil eines „Call-Option-Spread“[34]

Die Wirkung eines solchen „Call-Option-Spread“ soll kurz aufgezeigt werden. Der Versicherer kauft hier zunächst am 1. Januar 2003 bei einem Indexstand von 0,00 EUR eine Call-Option mit einjähriger Laufzeit und einem Basispreis von 1 EUR für eine Optionsprämie von 0,2 EUR. Er verkauft jedoch auch gleichzeitig eine Call-Option mit einem Basispreis von 2 EUR und erhält dafür eine Optionsprämie in Höhe von 0,10 EUR. Sofern kein Schadenereignis eintritt und der Index am 31. Dezember 2003 auf genau demselben Niveau wie bei Vertragsabschluss bzw. unter dem niedrigeren Basispreis liegt, lohnt sich für keine Partei die Ausübung der Option, und der Versicherer sowie der Investor werden ihre Optionsrechte verfallen lassen. Der Verlust des Versicherers ist hier auf die gezahlte zuzüglich der vereinnahmten Optionsprämie, d.h. 0,10 EUR, begrenzt. Liegt der Indexwert am 31. Dezember 2003 jedoch über dem oberen Basispreis, zum Beispiel 3 EUR, so würde der Versicherer als Barausgleich die Differenz zwischen aktuellem Indexstand und Basispreis abzüglich der gezahlten Optionsprämie zuzüglich der vereinnahmten Optionsprämie, also in diesem Fall 1,90 EUR, erhalten. Bei diesem Indexstand wird jedoch der Investor auch seine Option ausüben, und der Versicherer müsste ihm die Differenz zwischen aktuellem Indexstand und seinem Basispreis zahlen, d.h. 1 EUR. Als Nettoeffekt erhält der Versicherer somit 0,90 EUR, was seiner gewünschten Absicherung abzüglich Kosten entspricht.[35] Auf Grund der begrenzten Absicherung sind die Kosten im Vergleich zum „Call-Hedge“ geringer.

### 3.2.2 Contingent Capital

Eine weitere Alternative zur traditionellen (Rück-)Versicherung ist die Finanzierung eines Schadens nach dessen Eintritt. Die Schwierigkeit dabei ist jedoch, dass ein Großschaden üblicherweise die Bonität eines Versicherers verschlechtert, was

---

[34] Quelle: in Anlehnung an Kielholz, W./Durrer, A. (o.J.), S. 7.

[35] Vgl. Meyers, G. (o.J.), S. 190.

die Finanzierungskosten erheblich beeinträchtigt und die eventuell notwendige Kapitalaufnahme verteuert bzw. unter Umständen sogar unmöglich macht. Genau hier setzt ein ART-Instrument an, das unter der weitläufigen Bezeichnung „Contingent Capital“ bekannt ist. Contingent Capital kann mit ‚bedingtem Kapital’ übersetzt werden. Es geht bei Contingent-Capital-Lösungen darum, ex ante festzulegen, zu welchen Konditionen ein Erst- oder Rückversicherer bei einem Schaden, der die Eigenkapitalbasis schwächt, sich neues Eigen- oder Fremdkapital beschaffen kann. Das bedeutet, der Schaden wird erst ex post durch die Aufnahme von Eigen- oder Fremdkapital zu ex ante festgelegten Bedingungen finanziert.[36] Voraussetzung für die bedingte Kapitalaufnahme ist jedoch immer das Eintreten eines vorab genau definierten Schadenereignisses, zum Beispiel eine Naturkatastrophe.[37] Im Gegensatz zur konventionellen Rückversicherung und anderen ART-Produkten ermöglicht Contingent Capital jedoch keine Glättung des Ergebnisses, da der Schaden voll in die Erfolgsrechnung einfließt.[38] Eine Contingent-Capital-Lösung stellt in erster Linie die ordentliche Geschäftsführung nach einem Großschaden sicher. Im Zentrum steht die Verhinderung der Insolvenz bzw. der Beeinträchtigung des Geschäftsbetriebes mangels verfügbarer Mittel nach einem Schaden. Durch sie kann der Kapitaleinsatz kostengünstig optimiert und die Kapitalstruktur auf den geplanten Geschäftsverlauf ausgerichtet werden. Zusätzliches Kapital wird erst nach Schadenereignis aufgenommen, wenn es effektiv benötigt wird, um zum Beispiel Solvabilitätsvorschriften zu erfüllen und weiter Geschäft zeichnen zu können.[39]

Eine etwas komplexe Form der bedingten Kapitalaufnahme ist der Kauf einer Put-Option, die zusätzlich zum Aktienkurs noch an ein Schadenereignis gekoppelt ist. Dabei besitzt der Käufer der Option das Recht, aber nicht die Pflicht, Eigenkapital in Form eigener Aktien zu Bedingungen zu beziehen, die im Voraus festgelegt worden sind.[40] Ein Versicherer kauft also eine Put-Option auf den eigenen Aktienkurs. Tritt nun ein wie ex ante definiertes Schadenereignis ein und sinkt der Kurs unter ein ebenfalls ex ante bestimmtes Niveau, kann der Versicherer die Option ausüben und zusätzliches Kapital zu dem vereinbarten Ausübungspreis erwer-

---

36 Vgl. Brühwiler, B./Stahlmann, B./Gottschling, H. (1999), S. 70.

37 Wie bei der traditionellen Rückversicherung besteht auch hier für den Versicherer ein Ausfallrisiko, d.h., er geht das Risiko ein, dass der Kapitalgeber, wenn er das Kapital zur Verfügung stellen soll, insolvent ist. Die Eigen- oder Fremdkapitalgeber bzw. Investoren tragen in der Regel neben dem Zins- und Kreditrisiko nur das Timing-Risiko.

38 Vgl. Baur, E./Schanz, K. (1999), S. 27.

39 Vgl. o.V. (1997), S. 9.

40 Vgl. Brühwiler, B./Stahlmann, B./Gottschling, H. (1999), S. 70.

ben.[41] Es wird somit im Schadenfall eine ex post Kapazitätserweiterung durch Eigenkapitalzuführung durchgeführt. Der Versicherer verpflichtet sich im Gegenzug, nach einer bestimmten Zeit die Aktien von den Investoren wieder zurückzukaufen, insofern handelt es sich nur um eine temporäre Eigenkapitalzuführung.

Die etwas einfachere Form von Contingent Capital stellt die so genannte Debt-Put-Option dar, die dem Versicherer ein nachrangiges Darlehen zur Verfügung stellt. Daneben existieren so genannte Contingent Surplus Notes (CSN), die unter anderem für eine Nicht-Aktiengesellschaft, wie zum Beispiel einen Versicherungsverein auf Gegenseitigkeit (VVaG)[42], eine interessante Contingent-Capital-Alternative darstellen, da sich ein solches Unternehmen infolge seiner Rechtsform nicht im Bedarfsfall durch die Emission neuer Aktien am Kapitalmarkt refinanzieren kann. Der Versicherer sichert sich hierbei das Recht zu, nach einem vertraglich vereinbarten Schadenereignis Fremdkapital durch die Ausgabe von Schuldverschreibungen, den so genannten Contingent Surplus Notes, zu im Voraus festgelegten Konditionen aufzunehmen. Dem Versicherer wird also im Bedarfsfall ein direkter Zugang zu liquiden Mitteln zu einem ex ante fixierten Preis ermöglicht.

### 3.2.3 Securitizations

#### *3.2.3.1 Verfahrensbeschreibung*

Unter Securitization versteht man den Verkauf von illiquiden Aktiva gegen einen Kapitalbetrag, der dann ein liquides Aktivum wird. Hierfür müssen zunächst nach zu Grunde liegendem Risiko und nach entsprechender Fälligkeit homogene Aktiva, zum Beispiel nicht festgestellte Forderungen gegen Rückversicherer aus einer Naturkatastrophe, identifiziert und nach Höhe sowie Fälligkeit bewertet werden. Ein Investor kann dann durch den Kauf entsprechender Anleihen von der Versicherungsgesellschaft Rechte an dem zu erwartenden Einkommensfluss erwerben[43], wobei die Höhe der Zinszahlungen und gegebenenfalls die Höhe der Rückzahlung des Nennwertes vom Schadenverlauf des spezifizierten Versicherungsportefeuilles abhängen. Ein Transfer von versicherungstechnischem Risiko wird dadurch erreicht, dass die Zinszahlung und/oder Tilgung des Nennbetrags vom Schadeneintritt abhängig ist.

---

41 Vgl. Baur, E./Schanz, K. (1999), S. 27.

42 VVaG haben keine kapitalgebenden Aktionäre, sondern Mitglieder. Jeder Versicherungsnehmer wird in der Regel zugleich Mitglied des Vereins. Dieser gehört damit praktisch seinen Mitgliedern, genauer der Versichertengemeinschaft. Die Mitgliedschaft ist jedoch nicht mit einer Aktionärsstellung zu vergleichen. Im Gegensatz zu Aktionären haben Mitglieder keine unmittelbare Kapitalbeteiligung am VVaG. Nur im Rahmen einer Liquidation oder eines ähnlichen Vorgangs stehen ihnen Anteile am Vermögen des Vereins zu.

43 Vgl. Lührsen, H. (1999), S. 619-620.

Grundsätzlich unterscheidet man zwischen primärer und sekundärer Securitization. Bei der primären Securitization platziert der Versicherer eine Anleihe direkt am Kapitalmarkt. Im Rahmen der sekundären Securitization werden so genannte Zweckgesellschaften gegründet, die der Versicherung eine traditionelle Rückversicherungspolice ausstellen und sich in einem zweiten Schritt über die Emission von Anleihen am Kapitalmarkt refinanzieren.[44] Letztlich übernehmen aber bei beiden Varianten die Käufer der Anleihe die Rolle des Zessionärs und erhalten dafür eine entsprechende Verzinsung.

In der Praxis wird überwiegend die sekundäre Securitization angewendet.[45] Hierbei wird zunächst ein zuvor genau bestimmtes Portefeuille von Versicherungsrisiken an eine ausschließlich zu diesem Zweck gegründete rechtlich selbstständige Spezialgesellschaft, ein so genanntes Special Purpose Vehicle (SPV) zediert. Ihr einziger Zweck ist, sich durch die Emission einer Anleihe am Kapitalmarkt zu refinanzieren, um mit den daraus resultierenden Kapitaleinnahmen eventuelle Verbindlichkeiten aus den zedierten Versicherungsrisiken durch ein genau definiertes Schadenereignis finanzieren zu können.[46] Die Gelder aus der Anleiheemission werden durch einen Treuhänder in Kapitalanlagen mit bester Bonität und Liquidität investiert, auf die das SPV bei einem Schadenfall zurückgreifen kann. Das so ständig zur Verfügung stehende Kapital dient als Garantiemittel und ermöglicht ein Top-Rating. Die Investoren erhalten im Gegenzug für die Überlassung des Kapitals eine entsprechende Verzinsung, die aus zwei Quellen bedient wird. Zum einen aus den Erträgen, die sich aus dem Treuhandvermögen generieren, und zum anderen aus der Rückversicherungsprämie des Zedenten.[47]

---

44 Vgl. Hase, M. (1998), S. 291-292. Sofern es sich bei den verbrieften Risiken um Katastrophenrisiken handelt, spricht man auch von Katastrophenanleihen bzw. so genannten CAT-Bonds. Insurance-Linked-Bonds oder Act-of-God-Bonds werden ebenfalls synonym verwendet.

45 Zur Beschreibung einer sekundären Securitization in der Praxis von Rückversicherungsunternehmen vgl. Zietsch, D. (2003), S. 95 ff.

46 Diese Konzeption hat den Vorteil, dass die Transaktion steuerlich sowie aufsichtsrechtlich als Rückversicherung angesehen wird. Vgl. Baur, E./Schanz, K. (1999), S. 28.

47 Vgl. Müller, A./Schaefer, C. (2000), S. 1279. Die Zahlungsströme laufen in der Regel nicht über die Spezialgesellschaft. Der Grund liegt darin, dass es sich bei ihr lediglich um eine formale Gesellschaft ohne Geschäftstätigkeit handelt, die auf Initiative des Zedenten ins Leben gerufen wurde. Sie ist allein deshalb in den Transaktionsprozess eingeschaltet, um die Versicherungsrisiken durch die Zession rechtlich vom Versicherer zu trennen. Wegen der fehlenden Geschäftstätigkeit der Spezialgesellschaft werden zusätzlich ein Serviceunternehmen und ein Treuhänder eingeschaltet, die an Stelle der Spezialgesellschaft die vom Zedenten überwiesenen Mittel empfangen, diese sammeln und verwahren und in bestimmten Zeitabständen als Zins- und Tilgungsleistungen an den Anleiheninhaber weiterleiten. Oft sind aus Vereinfachungsgründen jedoch Zedent und Serviceunternehmen identisch.

Zins- und gegebenenfalls Tilgungsleistungen an die Investoren sind direkt an das Eintreten eines zuvor genau definierten Schadenereignisses gekoppelt. Sie werden je nach Gestaltung der Anleihe beim Eintritt des Schadenereignisses entweder verzögert, vermindert oder ganz eingestellt. Im Extremfall verlieren die Investoren also vollständig ihren Verzinsungsanspruch sowie ihre Einlage.[48] Hängt die Rückzahlung des Nennbetrages (engl. Principal) vom Schadenverlauf eines spezifizierten Versicherungsportefeuilles ab, bezeichnet man die Anleihen auch als „Principal-at-Risk-Bond". Ist hingegen nur die Zinszahlung vom Schadenverlauf abhängig, spricht man von „Coupon-at-Risk-Bond".

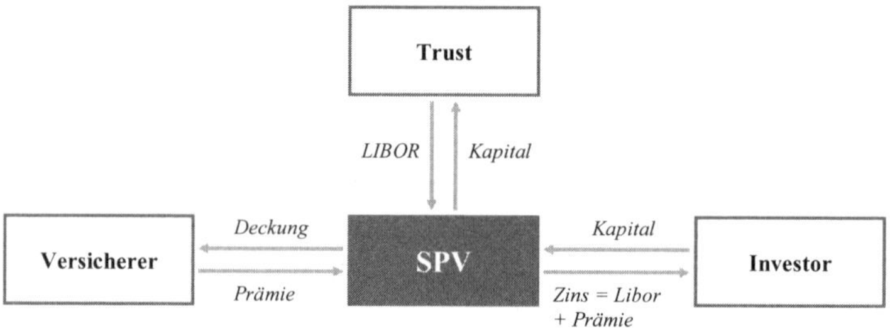


**Abb. 4a:** Grundstruktur einer Securitization (eigene Darstellung)

**Abb. 4b:** Schadenfall bei einer Securitization (eigene Darstellung)

Die Schadenbasis legt den Gegenstand der Verbriefung fest, dazu gehören unter anderem die in der Anleihe verbrieften Risiken wie zum Beispiel Sturm oder Erdbeben, die Versicherungssparten, die Risiko- und Entwicklungsperiode sowie das geografische Gebiet, das durch die Anleihe gedeckt ist.[49] Bei einer Anleihe mit

---

48 Vgl. Herold, B./Paetzmann, K. (1999), S. 66.

49 Vgl. Anders, S. (1999), S. 161-162.

unternehmensspezifischer Schadenbasis hängt die Bedienung der Investorenansprüche allein von den zu leistenden Schadenzahlungen des emittierenden Versicherers ab. Man bezeichnet diese Form von Anleihen auch als „Indemnified Notes". Demgegenüber werden bei einer indexbezogenen Schadenbasis die Zins- und Tilgungszahlungen davon abhängig gemacht, dass ein vorab festgelegter Indexwert über- bzw. unterschritten wird.

Handelt es sich um einen versicherungstechnischen Schadenindex, spricht man im Rahmen der Securitization auch von so genannten „Indexed Notes". Bei einem parametrischen Trigger fungiert das bloße Eintreten eines spezifischen Schadenereignisses unabhängig von der verursachten Schadenhöhe als Auslöser. Die Zins- und gegebenenfalls Tilgungszahlungen sind somit an Parameter gebunden, die ein Katastrophenereignis beschreiben, zum Beispiel Erdbeben in bestimmter Stärke. Man spricht daher von „Parametric Notes".[50] Beim so genannten Trigger (Auslöser) handelt es sich um den Schwellenwert, bei dem die Zinszahlungen und eventuell die Tilgung der Anleihe vermindert werden oder sogar ganz ausfallen.

### *3.2.3.2 Alternativen der Schadenerfassung*

Grundsätzlich kann bei der Schadenbasis oder dem Underlying zwischen zwei verschiedenen Möglichkeiten gewählt werden. Zum einen kann ein unternehmensspezifisches Versicherungsportefeuille als Schadenbasis zu Grunde gelegt werden. In diesem Fall basiert dann die Transaktion auf den tatsächlichen Schadenzahlungen des Versicherers bei Eintritt eines Schadenfalls. Zum anderen kann eine synthetische Schadenbasis in Form eines Index zu Grunde gelegt werden. Er repräsentiert in der Regel ein Durchschnittsportefeuille von versicherten Risiken und die daraus resultierenden Schäden. Versicherungsrelevante Indices können sich auf monetäre Größen wie die Gesamtschadenhöhe einer Naturkatastrophe, die aggregierten Schäden für bestimmte Risiken oder auf physische Ereignisse, zum Beispiel Erdbebenmagnituden, beziehen. Die Wahl einer indexbezogenen Schadenbasis bietet dem Versicherer jedoch keine vollständige Absicherung, d.h., ein Basisrisiko[51] bleibt bestehen, da sein individueller Schadenverlauf nicht zwingend mit dem Index korreliert. Sie hat aber den Vorteil, dass der Versicherer weniger Informationen über sein Portefeuille offen legen muss und dadurch die Transaktionskosten geringer sind.[52] Zur Reduktion des Basisrisikos ist es erforderlich, dass

---

[50] Vgl. o.V. (o.J.), S. 7-8.

[51] Das Basisrisiko bezeichnet die Gefahr, dass der tatsächliche Schadenaufwand des Versicherers von dem in der Schadenbasis ermittelten Schadenaufwand abweicht. Es wird umso größer, je mehr Schadensstruktur, Anzahl sowie Arten der versicherten Gefahren des abgedeckten geografischen Gebiets oder die Geschwindigkeit der Schadenermittlung zwischen Index und Versicherungsportefeuille divergieren. Vgl. Anders, S. (1999), S. 162.

[52] Vgl. Baur, E./Schanz, K. (1999), S. 29.

die gewählte Schadenbasis eine möglichst hohe Korrelation zum Portefeuille des Versicherers aufweist. Eine unternehmensspezifische Schadenbasis ist also insofern für den Versicherer ratsam, als dass sie genau seinen individuellen Schadenaufwand deckt und dadurch kein Basisrisiko auftritt. Dem Versicherer ist also ein nahezu perfektes Hedging seines Portefeuilles möglich.

Dieser Vorteil für den Versicherer stellt wiederum einen Nachteil für den potenziellen Investor dar, der auf die korrekte Ermittlung des Schadenaufwands aus der Schadenbasis vertrauen muss. Diese kann er bei einer unternehmensspezifischen Schadenbasis jedoch nicht selbst beobachten, der Versicherer kann diese aber eventuell beeinflussen. Somit kommt für den Versicherer selbst als auch für die Investoren bei kapitalmarktorientierten Rückversicherungs-Produkten der Definition der Schadenbasis bzw. des Underlying große Bedeutung zu.

## 3.3 Traditionelle Produkte versus Financial Engineering in der Rückversicherung

Traditionelle Rückversicherungskonzepte sind dadurch gekennzeichnet, dass sie einen individuellen Schutz des Zedenten gewährleisten, da sie sich auf die tatsächliche Schadenentwicklung sowie auf die zu Grunde liegenden Originalbedingungen beziehen. Eine Fristeninkongruenz sowie eine Betragsinkongruenz auf Grund längerer Schadenabwicklung kann daher bei traditionellen im Gegensatz zu kapitalmarktorientierten Lösungskonzepten nicht auftreten.[53]

Des Weiteren fallen Kosten bei der Anfertigung von traditionellen Rückversicherungsverträgen kaum ins Gewicht. Bei ART-Produkten sind jedoch die Kosten auf Grund der Komplexität ihrer Struktur sehr hoch. Es müssen zum Beispiel Anwälte oder eventuell auch Investmentbanken für die Emission von Wertpapieren eingeschaltet werden. Demgegenüber ist der Zedent bei einem konventionellen Rückversicherungsvertrag immer einem Ausfallrisiko ausgesetzt, d.h., dass der Zessionär im Bedarfsfall zahlungsunfähig ist.[54] Die Beurteilung der Bonität eines Rückversicherers erfolgt unter anderem durch Rating-Agenturen, wie zum Beispiel Standard & Poor's, und das von ihnen veröffentlichte Rating wird zunehmend zu einem Wettbewerbsfaktor. Bei ART-Lösungen via sekundärer Securitization besteht dieses Ausfallrisiko hingegen nicht, da die Kapitalbereitstellung durch die Anleiheemission schon im Voraus erfolgt und wiederum in Anlagen mit bester Bonität investiert wird. Das so ständig zur Verfügung stehende Kapital dient als Garantiemittel für eventuelle Verbindlichkeiten des SPV und ermöglicht ein Top-Rating.

---

53 Vgl. Liebwein, P. (2000b), S. 1276.

54 Vgl. Albrecht, P./Schradin, H. (1998), S. 35-36.

Das Gleiche gilt für Contingent-Capital-Lösungen unter Einbeziehung einer Zweckgesellschaft. Ohne eine solche besteht aber wieder das gleiche Risiko für den Zedenten wie bei einem konventionellen Rückversicherungsvertrag. Bei Termingeschäften unterliegt der Käufer prinzipiell einem Ausfallrisiko. Zur Vermeidung dieses Risikos wird bei sämtlichen Terminbörsen eine so genannte Clearing-Stelle zwischengeschaltet, die eine Art Garantiefunktion wahrnimmt.[55] Im Gegensatz zu OTC-Kontrakten, wo eine solche Institution nicht existiert, besteht bei börsengehandelten Derivaten somit kein Ausfallrisiko.

Betrachtet man also grundsätzlich die Kapitalmarktprodukte im Vergleich zum traditionellen Risikotransfer, so lässt sich feststellen, dass ein Großteil der eingangs beschriebenen Ineffizienzen gemildert, wenn nicht zum Teil sogar eliminiert werden kann. Insbesondere ist bei den Securitization-Lösungen der Entfall des Kreditrisikos zu würdigen sowie die Möglichkeit, generell Deckungsnotstände für „traditionell unversicherbare" Risiken zu erzeugen. Auch kann das subjektive Risiko bei geeigneter Wahl der Schadenerfassung gemildert werden. Letztendlich müssen sich aber auch hier Institutionen oder Personengruppen finden lassen, die bereit sind, Risiko gegen Entgelt zu übernehmen. Man kann davon ausgehen, dass professionelle „risk-taker" dabei einen adäquaten Preis fordern werden – auch bei diesen modernen Verfahren gibt es also keine Risikoabwälzung zum Nulltarif.[56]

Zusammenfassend ist daher festzuhalten, dass alternative Verfahren des Financial Engineering bei Rückversicherungslösungen die klassischen Modelle nicht überall vollständig ersetzen können, auch wenn sie für bestimmte Fragen – insbesondere bei der Großrisiken- und Katastrophenabdeckung – geeigneter erscheinen. Sie dürften vielmehr als „vernünftige" Ergänzung zum traditionellen Risikotransfer angesehen werden, ganz im Sinne des bereits eingangs zitierten Universalgelehrten Gottfried Wilhelm Leibniz:

> *„Das Vermögen, welches die Verbindung der Wahrheiten untereinander einsieht, heißt im eigentlichen Sinne die Vernunft."*

---

55 Vgl. Beike, R./Köhler, A. (1997), S. 10.

56 Zu der Entwicklung alternativer Risiken vgl. insbesondere: o. V. (2003), S. 47 f.

# Literaturverzeichnis

Akerlof, George A. (1970): The Market for 'Lemons': Quality Uncertainty and the Market Mechanism. Quarterly Journal of Economics, Vol. 84, S. 488-500.

Albrecht, Peter/Schradin, Heinrich R. (1998): Alternativer Risikotransfer: Verbriefung von Versicherungsrisiken. Mannheimer Manuskripte zu Risikotheorie, Portfolio und Versicherungswirtschaft, Nr. 106, Mannheim.

Anders, Stephan (1999): Einsatz von Katastrophen-Indizes als Schadenbasis bei der Risk Securitization (I). Versicherungswirtschaft 54, Nr. 3, S. 161-165.

Baur, E./Schanz, K. (1999): Alternativer Risikotransfer für Unternehmen: Modeerscheinung oder Risikomanagement des 21 Jahrhunderts? sigma, Nr. 2/1999.

Beike, Rolf/Köhler, Andreas (1997): Risk Management mit Finanzderivaten: Studienbuch mit Aufgaben. In: Eilenberger, Guido (Hrsg.): Lehr- und Handbücher zu Geld, Börse, Bank und Versicherung, Oldenburg.

Brühwiler, Bruno/Stahlmann, Bert H./Gottschling, Henner (1999): Innovative Risikofinanzierung: Neue Wege im Risk Management. Wiesbaden.

Farny, Dieter (2000): Versicherungsbetriebslehre. 3. Aufl., Karlsruhe.

Froot, K./Murphy, B./Stern, A./Usher, S. (1995): Die neu entstehende Vermögensklasse: Das von der Versicherung getragene Risiko, o.O.

Gerathewohl, Klaus et al. (1976): Rückversicherung: Grundlagen und Praxis, Bd. I, Karlsruhe.

Grossmann, Marcel (1982): Rückversicherung – eine Einführung. 2 Aufl., St. Gallen.

Hase, Maren (1998): Alternativen des Risikotransfers via Securitization. Versicherungswirtschaft 53, Nr. 5, S. 291-293.

Herold, Bodo/Paetzmann, Karsten (1999): Alternativer Risiko-Transfer. München.

Heß, Andrea (1998): Financial Reinsurance. In: Hamburger Gesellschaft zur Förderung des Versicherungswesens mbH (Hrsg.), Veröffentlichungen der Hamburger Gesellschaft zur Förderung des Versicherungswesens mbH, Heft 20, Karlsruhe.

Kielholz, Walter/Durrer, Axel (o.J.): Insurance Derivates and Securitization: New Hedging Perspectives for the US Cat Insurance Market. The Geneva Papers on Risk and Insurance, 22 (No. 82, January 1997), S. 3-16.

Liebwein, Peter (2000a): Klassische und moderne Formen der Rückversicherung. München

Liebwein, Peter (2000b): Klassische Rückversicherung als Tailor-Made-Solution. Versicherungswirtschaft 55, Nr. 17, S. 1272-1278.

Lührsen, H. (1999): Alternativen zur Rückversicherung – eine neue Basis? Zeitschrift für Versicherungswesen 50, Heft 21; S. 618-620.

Menzinger, I./Brauner, C. (2002): Überschwemmungen sind versicherbar! Zürich.

Meyers, Glenn (o.J.): A Buyer's Guide for Options on a Catastrophe Index.

Müller, Andreas/Schaefer, Cornelia (2000): ART-Produkte aus Investorensicht – Auf der Suche nach Rendite und neuen Diversifikationsmöglichkeiten. Versicherungswirtschaft 55, Nr. 17, S. 1279-1283.

o.V. (o.J.): Standard & Poors Sector Report Securitization: Insurance Securitization – Weathering the storm – , o.O.

o.V. (1997): New perspectives – Risk securitization and contingent capital solutions –, Zürich, New York, London.

o.V. (1999): Financing Catastrophe Risk: Capital Market Solutions, URL: http://www.iso.com/docs/stud013.htm [Stand 03.11.2000].

o.V. (2002): Swiss Re Medienmitteilung: 2002 war nach vorläufigen Schätzungen ein unterdurchschnittliches Schadenjahr. Zürich.

o.V. (2003): Swiss Re – sigma 1/2003: Alternativer Risikotransfer – eine Bestandsaufnahme. Zürich.

Pfeiffer, Christoph (1994): Einführung in die Rückversicherung. 4. Aufl., Wiesbaden.

Süchting, Joachim (1995): Finanzmanagement: Theorie und Politik der Unternehmensfinanzierung. 6. vollständig überarbeitete und erweiterte Auflage. In: Süchting, Joachim (Hrsg.): Schriftenreihe des Instituts für Kredit und Finanzwirtschaft, Bd. 1, Wiesbaden.

Zanetti, A./Enz, R./Hitz, L (2000): Natur- und Man-made-Katastrophen 1999: Stürme und Erdbeben führen zu zweithöchster Schadenlast der Versicherungsgeschichte. sigma, Nr. 2/2000.

Zietsch, Dietmar/Friese, S. (2003): Alternativer Risikotransfer als Antwort auf die zunehmende Ineffizienz traditioneller Versicherungskonzepte – Innovative Ansätze eines financial engineering in der Assekuranz. In: Wiedmann et alii (Hrsg.): Ertragsorientiertes Zielkundenmanagement für Finanzdienstleister. Wiesbaden.

Zietsch, Dietmar (2003): Securitization-Lösungen von Rückversicherern zur Deckung von Katastrophenrisiken. In: Wagner, Fred (Hrsg.): Aktuelle Fragen in der Versicherungswirtschaft, Karlsruhe.

# Fischer Black und Myron Scholes als Aktuare – Anwendungen der Optionspreistheorie in der Lebensversicherungsmathematik

**Stefan Kassberger, Rüdiger Kiesel**

*Zusammenfassung:*
*Mit Hilfe finanzmathematischer Methoden lassen sich komplexe Risiken in einfachere Bestandteile zerlegen und adäquat bewerten. Damit wird es möglich, für die Übernahme solcher Risiken faire Prämien zu bestimmen. In dem Beitrag werden die für eine solche Vorgehensweise benötigten Techniken in Grundzügen vorgestellt und analysiert. Dabei werden die Anwendungsmöglichkeiten moderner finanzmathematischer Techniken der Optionspreistheorie in Rahmen der Solvency-Analyse von Versicherungsunternehmen und dem Design ausgewählter (Lebens-) Versicherungsprodukte diskutiert.*

*Schlüsselwörter: Black-Scholes-Formel, Fondgebundene Lebensversicherung, Solvency.*

## 1 Einführung und Problemstellung

Das Konsumentenvertrauen in Lebensversicherungsunternehmen und deren Regulierung erreichte in den ersten Monaten des Jahres 2004 in Großbritannien ein Allzeittief (siehe Financial Times 2004). Zurückzuführen war diese Entwicklung unter anderem auf die Problematik der Equitable Life: Ihre Fehler im Management ihrer Investitionsanlagen und beim Design ihrer Versicherungsverträge haben den Versicherungsnehmern Gesamtverluste in Höhe von mehr als 3 Mrd. GBP eingebracht. Daneben wurde bekannt, dass so genannte Endowment Mortgages, d.h. Hausfinanzierungen, die teilweise über Finanzmarktprodukte gedeckt werden sollen, durchschnittliche Finanzierungslücken in Höhe 5.500 GBP haben, und der Gesamt-Shortfall solcher Verträge bei einer Größenordnung von mehr als 30 Mrd. GBP liegen kann. Die Probleme der Mannheimer Versicherungsgruppe, insbesondere ihrer Lebensversicherung der Mannheimer Leben, mögen als Beispiel für die deutsche Dimension der gegenwärtigen problematischen Situation der Assekuranz dienen. Ursachen für Schieflagen von Versicherungsunternehmen können in der inadäquaten Steuerung des Risikoprofils ihrer Investitionsstrategien gesehen werden. Auf den Punkt gebracht wird diese Problematik in einem kürzlich von der

Unternehmensberatung McKinsey veröffentlichten Report (McKinsey Quarterly 2004). In ihm wird argumentiert, dass die vor allem in den 90er-Jahren aufgebauten Anlageportefeuilles von Versicherungsunternehmen dazu geführt haben, dass diese Unternehmen eher das Risikoprofil von Hedge Funds mit etwas Versicherungsgeschäft haben als das Risikoprofil traditioneller Versicherungsunternehmen. Daneben spielen Bewertungsprobleme im Rahmen des Designs von Versicherungsverträgen eine zentrale Rolle. Mit zahlreichen Versicherungsverträgen können nahezu kostenlos Garantien auf Investitionserträge erworben werden! Im Rahmen dieses Beitrages möchten wir für beide Problemstellungen Analyse- und Lösungsmöglichkeiten mittels der modernen Optionspreistheorie skizzieren. Es versteht sich von selbst, dass wir uns hier auf wenige einfache Beispiele und eine sehr verkürzte Darstellung beschränken müssen. Wir beginnen mit einer kurzen Darstellung der wichtigsten Ergebnisse der Optionspreistheorie, ehe wir einige ausgewählte Probleme aus dem Versicherungskontext diskutieren.

# 2 Grundlagen der Optionspreistheorie

Im Rahmen des Risikomanagements ist es wichtig, komplexere Wertpapiere (wie Derivate) analysieren und bewerten zu können. Die moderne (stochastische) Finanzmathematik beschäftigt sich mit diesen Fragestellungen. Wir wollen hier nur die grundlegenden Finanzmarktmodelle und die einfachsten Grundprinzipien der Bewertung von Derivaten erläutern. Detaillierte Darstellungen finden sich in Lehrbüchern wie Bingham/Kiesel (2004) oder Spremann (1996). Eine sehr lesenswerte Einführung in Gebrauch, Modellierung und Risikomanagement von Derivaten ist Boyle/Boyle (2001).

## 2.1 Das Prinzip der Arbitrage

Wir beginnen mit dem einfachsten Fall und betrachten das Einperiodenmodell mit nur einer Handelsperiode. Bei diesem Modell hat der Investor bei seiner Investitionsentscheidung für einen festen Zeitraum die Wahl einer sicheren Anlage in Form von Festgeld (mit definierten Zins r über den Zeitraum) und der Anlage in eine Aktie S, die nach Ablauf der Handelsperiode nur zwei Werte annehmen kann. Für das Festgeld nehmen wir an, dass bei einer Einzahlung von 1 nach einer Periode eine Auszahlung von (1+r) erfolgt. Das folgende Diagramm veranschaulicht das Modell mit einem Zahlenbeispiel (mit $r = 0$).

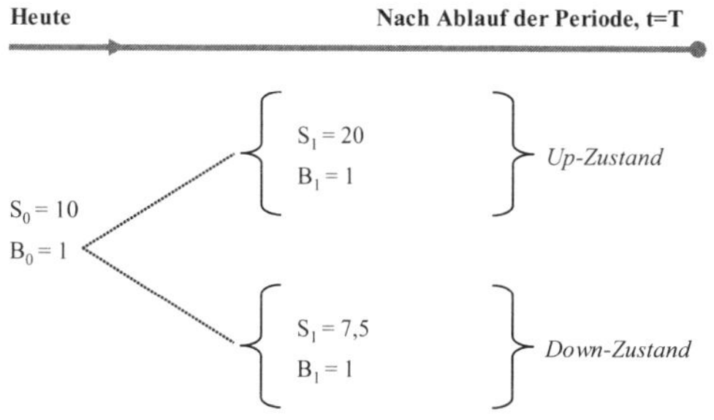


**Diagramm 1:** Einperiodenmodell zur Illustration des Arbitrage-Prinzips

Der Aktienkurs kann sich also von heute S entweder auf (1+u)S, dem Up-Zustand oder auf (1+d)S, dem Down-Zustand, ändern, wobei u>r>d angenommen wird. Wichtig ist hierbei nur, dass der künftige Kurs der Aktie unsicher ist und dass bei (genau) einer der beiden Möglichkeiten die Aktieninvestition besser als die Festgeldinvestition ist. Für den Fall, dass das Aktieninvestment immer besser als die Festgeldanlage ist, wäre es möglich, durch Geldaufnahme zum gleichen Zinssatz und anschließender Investition in die Aktie einen risikolosen Gewinn zu erzielen. Zum Zeitpunkt t = T könnte, da u>d>r gilt, das geliehene Geld immer durch Verkauf der Aktienanlage zurückgezahlt werden und die restliche positive Differenz würde als Gewinn verbleiben. Wir sprechen in einem solchen Fall von einer Arbitrage-Möglichkeit. Allerdings würden alle Marktteilnehmer versuchen, diese Arbitrage-Möglichkeit auszunutzen. Dadurch würde es zu einer Preisanpassung kommen und die Arbitrage-Möglichkeit würde schließlich verschwinden. Außerdem würde natürlich jeder Marktteilnehmer versuchen, eine möglichst hohe Geldaufnahme durchzuführen, um den größtmöglichen Gewinn aus der Arbitrage-Möglichkeit zu realisieren. Ein analoges Argument kann verwendet werden, um die Forderung, dass Aktienkursentwicklung nicht immer schlechter als Festgeld sein kann, zu unterstützen. Wir fordern daher in allen unseren Modellen, dass der betrachtete Markt frei von Arbitrage-Möglichkeiten ist. Diese Absence-of-Arbitrage- oder No-Arbitrage-Bedingung ist die grundlegende Annahme in allen Bewertungsmodellen für Derivate. Das weitere Vorgehen bei diesen Modellen besteht nun darin, zu dem bestehenden arbitragefreien Preissystem von Wertpapieren weitere derivative Wertpapiere hinzuzufügen, ohne die No-Arbitrage-Bedingung zu verletzen. Dieser Ansatz versucht also nicht Preissysteme und Preisbildung durch Gleichgewichtsargumente zu erklären, sondern auf Basis von am Markt beobachteten Preisen mit No-Arbitrage-Argumenten Preise für weitere Wertpapiere zu finden.

## 2.2 Optionen und ihre Bewertung

Derivate spielen eine zunehmend bedeutende Rolle auf den internationalen Kapitalmärkten. Obwohl oft als Schuldige für Instabilitäten und große Schwankungen angeklagt (Warren Buffet: „Derivatives are Financial Weapons of Mass Destruction“) erfüllen sie als Instrument zum Handel spezifischer Risiken, und damit als Möglichkeit für Firmen, sich gegen solche abzusichern, eine zentrale Rolle im Rahmen des Risikomanagements. Wir wollen uns im Rahmen dieser Ausführungen auf einfache Optionen (wie wir sie dann im Rahmen von Versicherungsverträgen wiederfinden werden) und ihre Bewertung konzentrieren.

### 2.2.1 Optionen

Im Allgemeinen verstehen wir unter einem Derivat einen Vertrag, der seinem Käufer eine nicht-negative Zahlung unsicherer Höhe in Abhängigkeit von einem bestimmten Ereignis zu einem festen zukünftigen Zeitpunkt oder innerhalb einer definierten Zeitspanne zusichert. Damit kann ein Derivat im weiteren Sinn als ein bedingter Anspruch (Contingent Claim) verstanden werden. Die bekanntesten Formen von Derivaten sind Optionen, etwa europäische Kauf- und Verkaufsoptionen (Calls und Puts) auf Aktien. Sie geben dem Besitzer das Recht, aber nicht die Verpflichtung, eine bestimmte Aktie (das Underlying) zu einem bestimmten Zeitpunkt T (die Expiry) zu einem heute festgelegten Preis K (dem Strike) zu kaufen (im Falle des Calls) bzw. zu verkaufen (im Falle des Puts). Wegen ihrer weiten Verbreitung und der relativen Einfachheit ihrer Bewertung werden diese Optionen auch Plain Vanilla Calls bzw. Puts genannt.

Das Bewertungsproblem für solche Optionen besteht nun darin, den heutigen Wert der zufälligen Auszahlung zum Zeitpunkt T zu ermitteln. Bestimmen wir zunächst die Struktur der zufälligen Auszahlung am Beispiel einer Call-Option. Ist der Wert der Aktie S(T) zum Zeitpunkt T größer als der Strike K, wird der Besitzer des Calls sein Recht wahrnehmen und die Aktie zum Strike K kaufen. Verkauft er die Aktie sofort anschließend auf dem Markt zum herrschenden Preis K, entsteht eine positive Auszahlung in Höhe von S(T)-K für den Besitzer des Calls. Andernfalls, falls also der Preis der Aktie S(T) nicht größer als K ist, wird der Besitzer des Calls seine Option nicht ausüben; er hat ja keine Verpflichtung! Formal entsteht also in diesem Fall eine Auszahlung in Höhe von null. Wir können also einen Europäischen Call mit der Endzahlung

$$C(T) = \max\{S(T) - K, 0\} = \left(S(T) - K\right)^{+}$$

identifizieren. Graphisch können wir die Endauszahlung eines Europäischen Calls in einem so genannten Payoff-Diagram in Abhängigkeit vom Aktienpreis $S(T)$ zum Zeitpunkt T wie folgt darstellen (hier wurde K=100 gewählt).

Optionen können in natürlicher Weise als Zufallsvariable angesehen werden und mit Methoden der Stochastik analysiert werden.

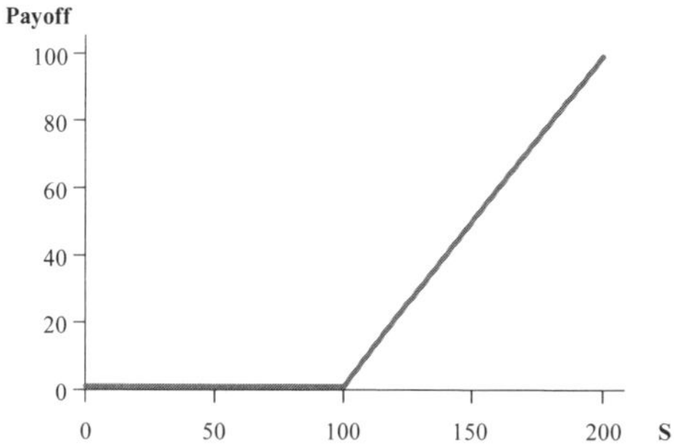


**Abb. 1:** Payoff eines Calls

### 2.2.2 Grundlagen der Optionspreisbestimmung

Wir wollen das grundlegende Vorgehen zum Bestimmen des Optionspreises am einfachen Beispiel des Einperioden-Modells diskutieren. Unser Ziel ist, eine Europäische Call-Option (oder allgemeiner ein Europäisches Derivat) auf eine Aktie S mit Fälligkeit T zum Zeitpunkt t=0 zu bewerten.

Der Ansatz von *Black-Scholes-Merton (Ross)* beruht nun auf der No-Arbitrage-Bedingung. Gemäß der No-Arbitrage-Bedingung müssen die Preise zweier identischer zufälliger Auszahlungen zu T heute übereinstimmen; denn sonst ergäbe sich eine Arbitrage-Möglichkeit. Daher sollten wir versuchen, die zufällige Auszahlung des Derivats in T durch Konstruktion einer Investmentstrategie in die Aktie und ein risikoloses Wertpapier (etwa Festgeld) zu duplizieren. D.h., wir wollen ein Portfolio aus Aktie und risikolosem Wertpapier konstruieren, das für jede mögliche Situation zum Zeitpunkt T eine zum Derivat identische Auszahlung liefert. Da wir den Aktienpreis und den risikolosen Zinssatz heute kennen, können wir die nötige Anfangsinvestition zur Konstruktion dieses Portfolios bestimmen. Dieser Preis des Portfolios muss dann mit dem Preis des Derivats übereinstimmen.

Wir wenden dieses Prinzip nun zur Bewertung einer Europäischen Call-Option im Einperioden-Fall an. Wir nehmen an, wir haben die Möglichkeit zur sicheren Anlage und zur Kreditaufnahme mit Zinssatz r=0. Außerdem kann in eine Aktie S, deren gegenwärtiger Preis S(0)=10 ist, investiert werden. Wir wissen, zum Zeitpunkt t=T kann S zwei verschiedene Werte, sagen wir 20 im Up-Zustand und 7,5 im Down-Zustand annehmen. Unser Ziel ist, einen Europäischen Call auf die Aktie S mit Strike K=15 und Fälligkeit T zum Zeitpunkt t=0 zu bewerten. Die möglichen Auszahlungen sind in Diagramm 2 aufgeführt:

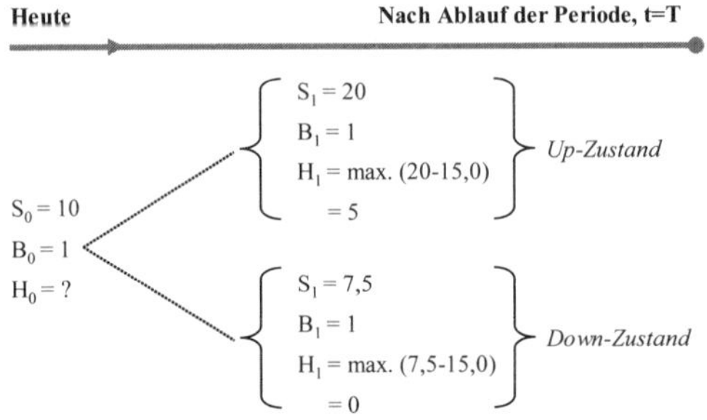


**Diagramm 2:** Bewertung einer Europäischen Call-Option

Mit diesen Informationen versuchen wir nun, ein Portfolio aus Aktie und Geldanlage (oder Kreditaufnahme) zu konstruieren, das die identische Auszahlung zum Call in t=T erzeugt.

Unsere Investitionsstrategie $\psi = (\psi_0, \psi_1)$ besteht aus dem Kauf von $\psi_1$ Aktien und einer Geldanlage in Höhe des Betrags $\psi_0$ (=Investition in $\psi_0$ Einheiten der Anlagemöglichkeit Festgeld). Damit müssen wir zur Bestimmung der Investitionsstrategie nur folgendes Gleichungssystem lösen, das durch die zu replizierenden Auszahlungen gegeben ist:

$$\psi_0 + 20\psi_1 = 5 \quad \text{und} \quad \psi_0 + 7.5\psi_1 = 0$$

Daraus ergibt sich leicht $\psi_0 = -3$ und $\psi_1 = 0.4$. Wir müssen also zum Zeitpunkt t=0 einen Kredit in Höhe 3 aufnehmen und 0.4 Aktien kaufen. Damit ergibt sich ein Portfoliowert zum Zeitpunkt t=0 von

$$V^{\psi}(0) = \psi_0 B(0) + \psi_1 S(0) = -3 + 0.4 \cdot 10 = 1$$

$V^{\psi}(0)$ heißt No-Arbitrage-Preis der Option. Jeder andere Preis ermöglicht einen risikolosen Profit. Ist zum Beispiel die Option teurer, so können wir die Option verkaufen und mit dem Erlös das obige Portfolio generieren, wobei ein Differenzbetrag zur freien Verfügung bleibt. Gemäß Konstruktion wird der Wert des Portfolios zum Zeitpunkt t=T immer die Verpflichtung aus der verkauften Option decken, d.h. wir haben zum Zeitpunkt t=0 einen risikolosen Profit generiert. Ist die Option günstiger, kaufen wir die Option und gehen das Portfolio short, d.h., wir verkaufen das Portfolio, ohne es selbst zu besitzen. Wieder erhalten wir einen risikolosen Profit zum Zeitpunkt t=0. Obige Argumentation macht auch deutlich, dass weitere Annahmen an den Kapitalmarkt getroffen werden müssen: Wir betrachten einen friktionslosen Kapitalmarkt ohne Steuern und Transaktionskosten, mit Habenzins = Leihzins und ohne Beschränkungen bei Leerverkäufen. Investoren müssen nun ihre Investitionsentscheidungen auf der Basis der Beobachtung der gegenwärtigen und vergangenen Wertpapierpreise treffen. Es stehen ihnen keine weiteren Informationen zur Verfügung, d.h. wir erlauben keine heterogene Information der Investoren, etwa Insiderinformation.

## 2.3 Allgemeine Finanzmarktmodelle

In allgemeinen Finanzmarktmodellen betrachten wir typischerweise eine endliche Anzahl von Wertpapieren, die zeitstetig gehandelt werden. Ein Investitionsportfolio wird durch die Anzahl der zu einem Zeitpunkt gehaltenen Wertpapiere definiert. Der Wert und die Zusammensetzung des Portfolios ändern sich dynamisch durch Preisänderungen der gehaltenen Wertpapiere und Veränderung der Zusammensetzung des Portfolios. Ein Portfolio $\psi$ heißt selbstfinanzierend, falls jeder Wertpapierkauf vollständig durch Verkäufe anderer Wertpapiere finanziert wird. Ein selbstfinanzierendes Portfolio heißt eine Arbitrage-Möglichkeit, falls es ohne Kapitalmittel zum Zeitpunkt t=0 erworben werden kann und zu einem späteren Zeitpunkt jedenfalls einen nichtnegativen Wert hat, dieser aber möglicherweise sogar positiv ist. Die mathematische Definition lautet:

$$V^{\Psi}(0) = 0, \Pr\left(V^{\Psi}(T) \geq 0\right) = 1, \Pr\left(V^{\Psi}(T) > 0\right) > 0.$$

Hier bezeichnet $\Pr(.)$ ein Wahrscheinlichkeitsmaß. Natürlich schließen wir auch im allgemeinen Modell solche Arbitrage-Möglichkeiten aus. Ein zentrales Resultat der Finanzmathematik charakterisiert diese Bedingung mathematisch (d.h. in Definitionsgrößen des mathematischen Modells). Es gilt der folgende Erste Fundamentalsatz der Wertpapierbewertung (siehe Bingham/Kiesel 2004):

Ein stochastisches Finanzmarktmodell ist Arbitrage-frei (erfüllt die No-Arbitrage-Bedingung), falls ein äquivalentes Martingalmaß Q existiert, d.h. ein Wahrscheinlichkeitsmaß Q, sodass alle (diskontierten) gehandelten Wertpapiere Q-Martingale sind.

Diese Q-Martingale Bedingung bedeutet, dass für die bedingte Erwartung

$$E^{Q}\left(\beta_t S(t) \mid \Im_u\right) = E_u^{Q}\left(\beta_t S(t)\right) = \beta_u S(u)$$

gilt. Hierbei stellt $E^{Q}$ den (bedingten) Erwartungswert unter dem Wahrscheinlichkeitsmaß Q dar, $\Im_u$ repräsentiert alle Marktereignisse, die bis zum Zeitpunkt u beobachtet wurden (die so genannte Filtration) und $\beta$ bezeichnet den genutzten Diskontierungsfaktor.

In unserem einfachen Einperioden-Modell müssen wir also, um die No-Arbitrage-Bedingung zu garantieren, ein Wahrscheinlichkeitsmaß bestimmen, unter dem der Aktienkurs ein Martingal ist. Da wir nur eine Periode betrachten, erhalten wir eine Bedingung an den Erwartungswert

$$S(0) = E^{Q}\left(S(T)\right) = qS^{up}(T) + (1-q)S^{down}(T)$$

Nach Einsetzen der Werte erhalten wir q=0.2, und das so beschriebene äquivalente Maß ist das einzig mögliche Martingalmaß.

Nun hatten wir gesehen, dass im Einperioden-Modell die Werte einer Call-Option durch ein Portfolio aus Aktie und Money Market dupliziert werden können. Solche erreichbaren (oder replizierbaren) Derivate können nun ebenfalls mit Hilfe des Martingalmaßes bewertet werden. Ein zweites grundlegendes Resultat der Finanzmathematik, die risikoneutrale Bewertungsformel besagt, dass der Preis $V^X(t)$ eines erreichbaren Derivats mit zufälliger Auszahlung X zum Zeitpunkt T zu jedem Zeitpunkt $0 \leq t \leq T$ gegeben ist durch

$$\beta_t V^X(t) = E^Q\left(\beta_T X \mid \Im_t\right) = E_t^Q\left(\beta_T X\right).$$

Im Beispiel des Calls im Einperioden-Modell ergibt sich aus der risikoneutralen Bewertungsformel $0.2 \cdot 5 = 1$, der mit dem über das duplizierende Portfolio ermittelten Preis übereinstimmt.

Wir werden die risikoneutrale Bewertungsformel im Folgenden als zentrales Instrument zur Bewertung nutzen.

## 2.4 Die Black-Scholes-Formel

Das Black-Scholes-Modell ist das Standardmodell zur Bewertung von Optionen in einem Modell mit zeitstetigen stochastischen Prozessen. Die Aktienkurse folgen einem kontinuierlichen und stationären stochastischen Prozess (=geometrische Brownsche Bewegung). Der risikolose Zinssatz ist konstant und nicht stochastisch. Außerdem sollen keine Dividendenzahlungen während der Optionslaufzeit stattfinden.

### 2.4.1 Modellierung von Wertpapierkursen

Bevor wir über die Bewertung von Derivaten nachdenken können, müssen wir zunächst Modelle für die zu Grunde liegenden Wertpapiere, hier Aktien, entwickeln. Dazu betrachten wir zunächst die empirischen Beobachtungen von Aktien(index-)kursen.

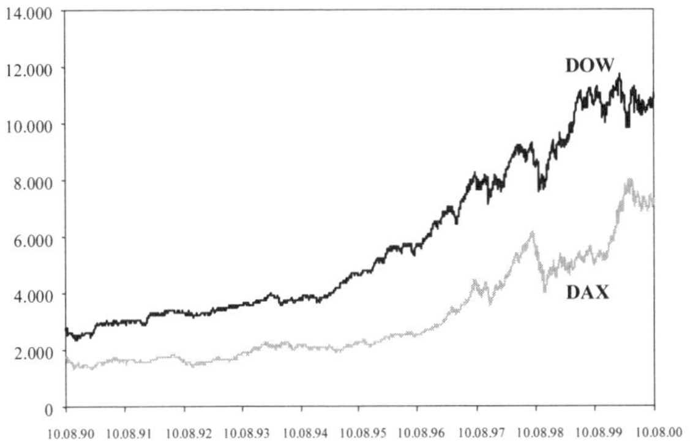


**Abb. 2:** Empirische Beobachtung von Aktien(-index)kursen

Die Kursverläufe deuten auf zwei sich überlagernde Effekte hin. Es scheint einen langfristig bestimmenden Trend und kurzfristige Schocks zu geben, die zu zwischenzeitlich stark variierenden Aktienkursen führen. Die starken lokalen Schwankungen wie auch der langfristige Kursverlauf legen es nahe, eine zufällige Funktion (einen stochastischen Prozess) im mathematischen Modell zu verwenden, die auf der Brownschen Bewegung (oder auch Wiener Prozess) beruht. Die Brownsche Bewegung spielt in der Theorie der stochastischen Prozesse die Rolle, die die Normalverteilung in der Theorie der Zufallsverteilungen spielt. Naturphänomene wie Partikelbewegungen werden mit ihrer Hilfe modelliert. Die mathematische Beschreibung der Brownschen Bewegung ist wie folgt:

Wir nennen einen stochastischen Prozess W(t), also eine Familie von Zufallsvariablen mit Indexmenge $t \in [0,T]$, eine Brownsche Bewegung, falls W als Funktion von t stetig ist und die folgenden Voraussetzungen erfüllt

W(0)=0, $W(t)-W(s) \sim N(0,t-s)$ für t>s, der Prozess besitzt also normal verteilte Zuwächse, $W(t)-W(s)$ ist unabhängig von $W(r)-W(u)$ für $t > s \geq r > u \geq 0$, der Prozess besitzt also unabhängige Zuwächse.

Wir wollen auf die Eigenschaften der Brownschen Bewegung nicht näher eingehen sondern, lediglich einige simulierte Pfade zur Anschauung präsentieren.

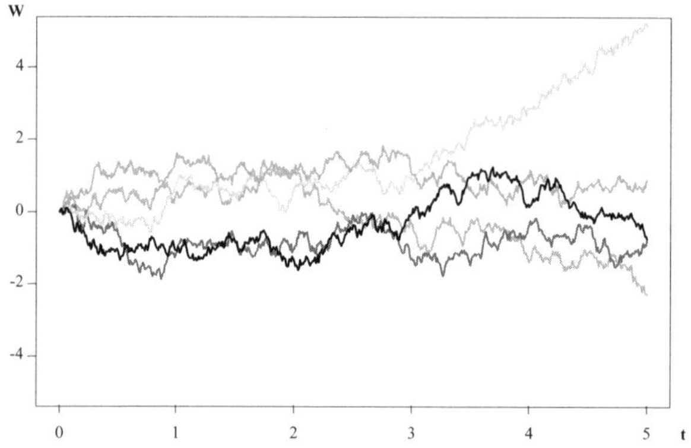


**Abb. 3:** Pfade Brownscher Bewegungen

Auffällig ist die Ähnlichkeit der lokalen Schwankungen zu den lokalen Schwankungen der Indexkursverläufe, allerdings fehlt der bei den Indices zu beobachtende Trend. Ein solcher Trend wird erreicht, wenn die Dynamik der Aktienkurse mittels einer stochastischen Differentialgleichung modelliert wird.

$$dS(t) = S(t)\left(\mu dt + \sigma dW(t)\right) \text{ mit } S(0) = S$$

Damit besteht die Dynamik der Kursentwicklung aus zwei Komponenten: einer deterministischen Komponente $S(t)\mu dt$, die eine Trendentwicklung beschreibt, und einer stochastischen Komponente $S(t)\sigma dW(t)$, die zufällige Schwankungen modelliert. Hierbei ist der Koeffizient $\sigma$ die so genannte Volatilität der Aktie, die die Stärke der Kursschwankungen ausdrückt.

Leider ist es nicht ganz einfach, dem Symbol dW(t), also der infinitesimalen Schwankung einer Brownschen Bewegung, eine mathematische Bedeutung zu geben. Erst im Rahmen des Itô-Calculus (nach dem berühmten japanischen Mathematiker gleichen Namens) ist es möglich, mit solchen Objekten sinnvoll zu rechnen. Wir wollen auf tiefer gehende Analysen verzichten und nur die Lösung der stochastischen Differentialgleichung präsentieren. Diese wird durch ein so genanntes stochastisches Exponential beschrieben und hat die Lösung

$$S(t) = S \exp\left\{\left(\mu - \sigma^2/2\right)t + \sigma W(t)\right\}$$

Dabei ist der zusätzliche Term $\sigma^2 t/2$ im Exponenten die Konsequenz der verallgemeinerten Berechnung im Rahmen des Itô-Calculus. Die Interpretation der Parameter $\mu$ und $\sigma$ wird durch die Berechnung des Erwartungswertes und der Varianz des Aktienkurses deutlich. Es ist nämlich

$$E\left(S(t)\right) = Se^{\mu t}$$

d.h., $\mu$ kann als mittlere Ertragsrate der Aktie (in Anlehnung an die sichere Verzinsung r) bezeichnet werden. Außerdem ist

$$\log\left(S(t)/S\right) \sim N\left(\left(\mu-\sigma^2/2\right)t, \sigma\sqrt{t}\right)$$

Damit beschreibt $\sigma^2$ also die Varianz der logarithmierten Returns der Aktie, wodurch der Begriff der Volatilität nochmals motiviert wird. Wir sehen, dass der Aktienkurs lognormal verteilt ist.

Für die festverzinsliche Investition mit konstantem Zinssatz ergibt sich die dynamische Gleichung $dB(t) = rB(t)dt$ mit $B(0) = 1$. Diese beschreibt einen deterministischen exponentiellen Wachstumsprozess und hat die Lösung

$$B(t) = e^{rt}$$

Black und Scholes haben mit analogen Duplikationsargumenten den Preis $C(t)$ eines Europäischen Calls im Bond-Aktie-Modell mit der Black-Scholes-Spezifikation hergeleitet. Die benötigten mathematischen Techniken sind zwar ungleich schwieriger, allerdings ist das No-Arbitrage-Argument auch in diesem Fall das Herzstück der Beweiskette. Es ist weiterhin möglich, im Black-Scholes-Modell ein äquivalentes Maß zu bestimmen und die risikoneutrale Bewertungsformel zu nutzen. Die Preisformel ergibt sich als

$$C(t) = S(t)N\left(d_1(S(t), T-t)\right) - e^{-r(T-t)}KN\left(d_2(S(t), T-t)\right)$$

wobei $d_1(s,t) = \dfrac{\log(s/K) + \left(r+\sigma^2/2\right)t}{\sigma\sqrt{t}}$ und $d_2(s,t) = \dfrac{\log(s/K) + \left(r-\sigma^2/2\right)t}{\sigma\sqrt{t}}$

gelten. (Hier und im Folgenden bezeichnet N(.) die Verteilungsfunktion der Standardnormalverteilung). Bemerkenswert ist, dass der Driftterm $\mu$ (die erwartete Rendite der Aktie) bei der Bewertung der Call-Option keine Rolle spielt. Dies erklärt sich aus dem der Bewertung zu Grunde liegendem Duplikationsargument und der No-Arbitrage-Bedingung, die keinerlei Annahmen über Präferenzen der Investoren erfordern.

# 3 Anwendungen im Lebensversicherungskontext

Wir können einen Versicherungsvertrag nun als Derivat (im Sinne der Interpretation eines bedingten Anspruches) auffassen. Die Auszahlungen des Derivates hängen von bestimmten Ereignissen ab, wobei neben klassischen, individuellen Ansprüchen bei modernen Verträgen zunehmend auch handelbare Vermögenswerte eine bedeutende Rolle spielen. Die Interpretation des Versicherungsvertrags als Derivat legt nun die Anwendung finanzmathematischer Verfahren zur Berechnung einer Prämie (risikoneutraler Preis) für den Versicherungsvertrag nahe.

Weiterhin kann ein Versicherungsunternehmen durch die Zusammenfassung aller Verträge selbst als Wertpapier interpretiert werden und mittels finanzmathematischer Methoden analysiert werden. Wir werden beide Problemstellungen und ihre finanzmathematischen Lösungsansätze im Folgenden darstellen.

## 3.1 Solvency eines Lebensversicherungsunternehmens

In den 80er- und 90er-Jahren des vergangenen Jahrhunderts waren einige spektakuläre Insolvenzen im Lebensversicherungssektor zu beobachten. Rückblickend ließ sich als Hauptgrund oft ein Missmanagement in Bezug auf die in vielen Lebensversicherungsverträgen enthaltenen Garantien identifizieren. Fallende Marktzinssätze und Aktienkurse führten zu einer gefährlichen Abnahme der Erträge, die die Versicherer aus ihren Anlageportfolios erwirtschafteten. Dies führte oft zu Schwierigkeiten, die aus den Garantien resultierenden Zahlungen zu leisten. Erst vor wenigen Jahren begannen die Versicherer zögerlich damit, Garantien in der Bewertung eines Versicherungsvertrags zu berücksichtigen und für diese Prämien zu fordern. Im Folgenden soll nun ein Modell dargestellt werden, mit dem Assets (Vermögen) und Liabilities (Verbindlichkeiten; in diesem Fall insbesondere Versicherungsverträge mit Zinsgarantien) eines Versicherungsunternehmens zu Marktpreisen bewertet werden können. Außerdem soll ein regulatorischer Interventionsmechanismus diskutiert werden, der das Risiko eines Zahlungsausfalls des Versicherers deutlich minimieren kann. Die folgende Darstellung beruht auf Grosen/Jørgensen (2002) (vgl. auch Zweifel/Eisen (2003), Kap. 6.2).

### 3.1.1 Grundlagen

Wir fassen das Vermögen (die Assets) A und die Verbindlichkeiten (Liabilities) L des Versicherungsunternehmens als stochastische Prozesse auf. Zum Zeitpunkt $t=0$ leisten die Versicherungsnehmer durch ihre Prämienzahlungen den Beitrag $L_0 = \alpha A_0$ zum Vermögen des Versicherungsunternehmens, die Eigenkapitalgeber einen Beitrag in Höhe von $E_0 = (1-\alpha)A_0$. Hierbei ist $A_0$ der anfängliche Wert des Vermögens, das durch die Eigenkapitalgeber (in Höhe von $E_0$) und Versicherungsnehmer (in Höhe von $L_0$ ) zur Verfügung gestellt wird. Die Gründungsbilanz des fiktiven Versicherungsunternehmens hat damit die Gestalt wie in Abbildung 4.

| AKTIVA | PASSIVA |
|---|---|
| $A_0$ | $L_0 = \alpha A_0$<br>$E_0 = (1-\alpha)A_0$ |
| $A_0$ | $A_0$ |

**Abb. 4:** Gründungsbilanz eines Versicherungsunternehmens

Durch ihre anfänglichen Investitionen erwerben sich sowohl Eigen- als auch Fremdkapitalgeber einen finanziellen Anspruch, der im Intervall [0,T] fällig wird.

Diese Ansprüche lassen sich als Optionen auf die Assets des Versicherungsunternehmens betrachten und mit Methoden der Optionspreistheorie analysieren.

### 3.1.2 Ansprüche der Versicherungsnehmer

Wir nehmen an, dass den Versicherungsnehmern die Rückzahlung eines Betrages $L_T^G$ zum Zeitpunkt T garantiert wird. Dabei entspricht $L_T^G$ ihrer verzinsten anfänglichen Prämie $L_0$:[1]

$$L_T^G = e^{r_G T} L_0$$

wobei $r_G$ der Garantiezinssatz ist. Diese Ausschüttung kann aber nur gewährleistet werden, falls $A_T \geq L_T^G$ gilt. Im Falle $A_T < L_T^G$ bekommen die Versicherungsnehmer lediglich eine Zahlung in Höhe von $A_T$. Außerdem nehmen wir an, dass die Versicherungsnehmer bei „guter" Entwicklung der Aktiva an deren Wertzuwachs partizipieren dürfen, also einen Bonus erhalten, der die Gestalt

$$\delta \max\left\{\alpha A_T - L_T^G, 0\right\}$$

mit $0 \leq \delta < 1$ habe. Insgesamt lässt sich die Zahlung an die Versicherungsnehmer in T wie folgt darstellen:

$$\psi_L\left(A_T\right) = \delta \max\left\{\alpha A_T - L_T^G, 0\right\} + L_T^G - \max\left\{L_T^G - A_T, 0\right\}$$

Der erste Term auf der rechten Seite der Gleichung ist der Payoff der so genannten *Bonus Option*. Der zweite Term repräsentiert eine fixe Zahlung, während der dritte Term den Payoff einer Short-Position eines Put auf den Firmenwert darstellt. $\psi_L\left(A_T\right)$ beschreibt also die Ausschüttung an die Versicherungsnehmer bei Fälligkeit *T*.

---

[1] Dieser Anspruch gelte unabhängig davon, ob die Versicherungsnehmer in *T* noch am Leben sind.

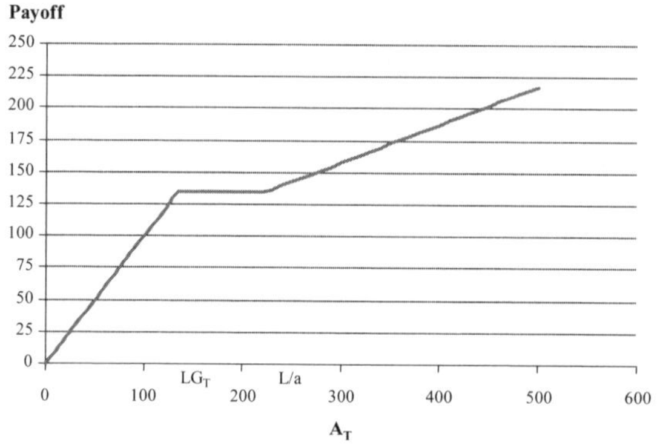


**Abb. 5:** Darstellung von $\Psi_L(A_T)$ in Abhängigkeit von $A_T$ für $\alpha$=0.6, $\delta$=0.5, $r_G$=3%, T=10, L=100

### 3.1.3 Ansprüche der Eigenkapitalgeber

Die Ansprüche der Eigenkapitalgeber können nun aus denen der Versicherungsnehmer abgeleitet werden. In $T$ muss offenbar gelten

$$\psi_E(A_T) = A_T - \psi_L(A_T)$$

wobei $\psi_E(A_T)$ den Zahlungsanspruch der Eigenkapitalgeber bezeichnet. Verwendet man obige Darstellung von $\psi_L(A_T)$, so folgt, dass

$$\psi_E(A_T) = \max\{A_T - L_T^G, 0\} - \delta \max\{\alpha A_T - L_T^G, 0\}$$

gelten muss. Die Zahlung an die Eigenkapitalgeber entspricht also der Differenz der Payoffs zweier Call-Optionen: Einer Long-Position in einem Call auf den Asset-Wert mit Ausübungspreis $L_T^G$, und einer Short-Position in der bereits oben erwähnten Bonus-Option.

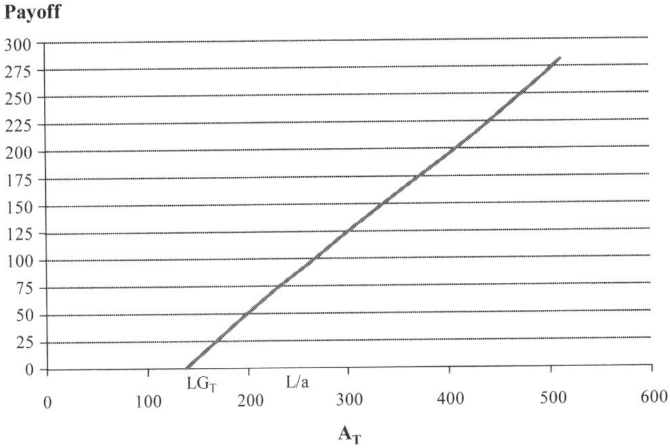


**Abb. 6:** Darstellung von $\Psi_E(A_T)$ in Abhängigkeit von $A_T$ für $\alpha=0.6$, $\delta=0.5$, $r_G=3\%$, $T=10$, $L=100$

### 3.1.4 Vorzeitige Schließung

Wir nehmen nun zusätzlich an, dass das Versicherungsunternehmen von regulatorischer Seite sofort geschlossen wird, wenn der Wert seiner Aktiva unter eine kritische Grenze fällt. Genauer bedeutet dies, dass für den Fortbestand des Versicherers zu jedem Zeitpunkt $0 \le t \le T$

$$A_t > \lambda L_0 e^{r_G t} = B_t$$

gelten muss, wobei wir $B_t$ als *regulatorische Schwelle* bezeichnen. Im Falle der vorzeitigen Schließung in $t<T$ wird der Wert der Assets $A_t$ sofort zwischen Versicherungsnehmern und Eigenkapitalgebern aufgeteilt. Hier müssen zwei Fälle unterschieden werden. Für $\lambda \ge 1$ kann den Versicherungsnehmern ihre Prämie inklusive Verzinsung bis $t$, also $L_0 e^{r_G t}$, zurückgezahlt werden, und es steht für $\lambda > 1$ sogar noch ein Überschuss für die Verteilung zwischen Versicherten und Eigenkapitalgebern bereit, wobei wir an dieser Stelle annehmen wollen, dass dieser Überschuss ausschließlich an die Eigenkapitalgeber fließt. Falls jedoch $\lambda < 1$ gilt und die regulatorische Schwelle unterschritten wird, kann den Versicherten nur ein Betrag in Höhe von $\lambda L_0 e^{r_G t}$ zurückgezahlt werden, und die Eigenkapitalgeber werden nicht kompensiert. Die Zahlung an die Versicherten bei einer vorzeitigen Schließung in $\tau<T$ lässt sich also kurz darstellen als

$$\Theta_L(\tau) = \min\{\lambda, 1\} L_0 e^{r_G \tau},$$

die an die Eigenkapitalgeber als

$$\Theta_E(\tau) = \max\{\lambda - 1, 0\} L_0 e^{r_G \tau}$$

Die Zulassung einer vorzeitigen Schließung von regulatorischer Seite hat somit auch Auswirkungen auf die Zahlungsansprüche der Stakeholder (also von Eigenkapitalgebern und Versicherten). Während sich die Ansprüche ohne Zulassung einer vorzeitigen Schließung als Europäische Standardoptionen modellieren lassen, ergeben sich bei ihrer Einbeziehung in die Modellierung Zahlungsansprüche, die Knock-out-Barrier-Optionen entsprechen und somit deutlich schwerer zu handhaben sind. Die Knock-out-Schwelle ist hierbei gerade die regulatorische Schwelle $(B_t)$.

### 3.1.5 Bewertung

Für Bewertungszwecke müssen Annahmen über die stochastische Wertentwicklung der Assets, dem Underlying der zu bewertenden Optionen, getroffen werden. Wir legen hier wieder die klassischen Black-Scholes-Annahmen zu Grunde. Der Preisprozess des Assets werde unter dem Martingalmaß Q beschrieben durch die stochastische Differentialgleichung

$$dA_t = rA_t dt + \sigma A_t dW_t$$

mit positiven Konstanten r und $\sigma$. Bezeichnen wir mit $V_L(A_t,t)$ den Wert der Ansprüche der Versicherungsnehmer in t und mit $V_E(A_t,t)$ den Wert der Ansprüche der Eigenkapitalgeber, so folgt aus der risikoneutralen Bewertungsformel

$$V_L(A_t,t) = e^{-r(T-t)} E_t^Q\left[\psi_L(A_T) \mathrm{I}\{\tau > T\}\right] + E_t^Q\left[e^{-r(T-t)}\Theta_L(\tau)\right]$$

und

$$V_E(A_t,t) = e^{-r(T-t)} E_t^Q\left[\psi_E(A_T) \mathrm{I}\{\tau > T\}\right] + E_t^Q\left[e^{-r(T-t)}\Theta_E(\tau)\right].$$

Hierbei gilt $\mathrm{I}\{\tau > T\} = 1$ genau dann, wenn das Versicherungsunternehmen nicht vorzeitig geschlossen wird, und andernfalls $\mathrm{I}\{\tau > T\} = 0$. Der Index *t* am Erwartungswertoperator soll andeuten, dass der Erwartungswert auf Basis der in *t* zur Verfügung stehenden Information gebildet wird. Einsetzen von $\psi_L(A_T)$ und $\Theta_L(\tau)$ liefert.

$$V_L(A_t,t) = e^{-r(T-t)} E_t^Q\left[\delta \max\{\alpha A_T - L_T^G, 0\} \mathrm{I}\{\tau > T\}\right] + e^{-r(T-t)} E_t^Q\left[L_T^G \mathrm{I}\{\tau > T\}\right]$$
$$-e^{-r(T-t)} E_t^Q\left[\max\{L_T^G - A_T, 0\} \mathrm{I}\{\tau > T\}\right] + e^{-r(T-t)} \min\{\lambda, 1\} E_t^Q\left[L_0 e^{r_G \tau}\right]$$

und eine analoge Formel für $V_E(A_t,t)$.

Damit haben wir das ursprüngliche Bewertungsproblem auf Teilprobleme reduziert. Diese Teilprobleme sind jedoch Varianten des Bewertungsproblems, das bei Standard-Knock-out-Barrier-Optionen auftritt, und das in der Literatur ausführlich behandelt wurde. Insbesondere besitzt jedes Teilproblem eine Lösung in geschlossener Form, die wir aber hier aus Platzgründen nicht angeben wollen.[2]

### 3.1.6 Zusammenfassung

Wir haben gezeigt, dass mit Methoden der Optionspreistheorie die Ansprüche der Kapitalgeber eines Versicherungsunternehmens innerhalb eines regulatorischen Rahmens bewertet werden können. Insbesondere eröffnet der vorgestellte Ansatz die Möglichkeit, die Zahlungsansprüche der Stakeholder in ihre Einzelkomponenten zu zerlegen und diese getrennt voneinander zu bewerten. Damit können die einzelnen Faktoren, die den Wert dieser Zahlungsansprüche ausmachen, individuell bewertet werden. Das vorgestellte Modell lässt sich durch Einbeziehung des Mortalitätsrisikos der Versicherungsnehmer noch verallgemeinern. Eine ausführliche Darstellung weiterer Aspekte findet sich in Briys/de Varenne (2001) bzw. in Grosen/Jørgensen (2002).

## 3.2 Fondgebundene Lebensversicherung

Ein Lebensversicherungsvertrag ist eine Vereinbarung zwischen einem Versicherungsnehmer und einer Versicherungsgesellschaft, in der ein Ereignis festgelegt wird, das eine (finanzielle) Leistung des Versicherungsunternehmens auslöst. Eine *Fondgebundene Lebensversicherung* ist eine moderne Ausgestaltungsform der „klassischen“ Lebensversicherung, bei der die Höhe der finanziellen Leistung an ein Referenzportfolio von Wertpapieren (typischerweise einen Fond) gebunden ist. Fondgebundene Lebensversicherungen *können* ein Garantieelement enthalten, das dem Versicherungsnehmer eine minimale Ausschüttung garantiert („with guarantee“), *müssen* dies aber nicht („pure“).

In der finanzmathematischen Modellierung bezeichnen wir den Wert des Referenzportfolios in $t$ mit $S_t$ und nehmen an, dass die dynamische Entwicklung von $S_t$ unter dem Martingalmaß $Q$ durch die stochastische Differentialgleichung

$$dS_t = rS_t dt + \sigma S_t dW_t$$

beschrieben wird. Wie üblich sei der risikolose Zinssatz $r$ als konstant angenommen.

Wir nehmen weiter an, dass das Mortalitätsrisiko und das Finanzmarktrisiko voneinander unabhängig sind.

---

[2] Für eine genaue Darstellung der Bewertungsformeln sei auf Grosen/Jørgensen (2002) verwiesen.

### 3.2.1 Bewertung einer Fondgebundenen Lebensversicherung ohne Garantie

Zunächst untersuchen wir eine Fondgebundene Lebensversicherung, die im Falle des Todes des Versicherungsnehmers innerhalb der Laufzeit *[0,T]* den Gegenwert einer Einheit des Referenzportfolios ausschüttet. Da unter dem Martingalmaß $Q$, das wir für Bewertungszwecke verwenden, stets

$$e^{-rt}E^{Q}\left[S_t\right]=S_0$$

gilt, folgt, dass der diskontierte Erwartungswert einer zukünftigen Ausschüttung $S_t$ stets gleich $S_0$ ist. Dieses Ergebnis war auf Grund von No-Arbitrage-Überlegungen zu erwarten, da eine Ausschüttung von $S_t$ in $t$ dadurch repliziert werden kann, dass einfach in $t=0$ eine Einheit des Referenzportfolios gekauft wird, die gerade den Preis $S_0$ hat.

Bezeichnen wir nun mit ${}_T p_x$ die Wahrscheinlichkeit, dass ein heute (d.h. in t=0) $x$ Jahre alter Versicherungsnehmer innerhalb der Versicherungslaufzeit von $T$ Jahren nicht verstirbt. Dann beträgt die Wahrscheinlichkeit, dass eine Ausschüttung durch das Versicherungsunternehmen zu erfolgen hat, $1-{}_T p_x$. Das Äquivalenzprinzip besagt nun, dass eine faire Prämie für obige Lebensversicherung gleich der diskontierten erwarteten zukünftigen Ausschüttung sein muss. Wie wir gesehen haben, ist der faire heutige Wert einer zukünftigen Ausschüttung (egal, wann genau sie erfolgt) immer gleich $S_0$, sodass laut Äquivalenzprinzip[3] der faire Wert des Versicherungsvertrags gleich

$$\left(1-{}_T p_x\right)S_0$$

ist, wobei hier die Annahme der Unabhängigkeit von Preisprozess und Sterbezeitpunkt einfließt. Anders ausgedrückt bedeutet dies, dass eine faire Ausgestaltung des obigen Versicherungsvertrags eine einmalige Prämienzahlung durch den Versicherungsnehmer zum Zeitpunkt $t=0$ in Höhe von $\left(1-{}_T p_x\right)S_0$ vorsehen sollte.[4]

Analog findet man die faire Prämie für eine Fondgebundene Lebensversicherung, die nur dann eine Auszahlung leistet, wenn der Versicherungsnehmer in $T$ noch am Leben ist, als ${}_T p_x S_0$.

---

3 Hier wird das Äquivalenzprinzip unter dem Martingalmaß, und nicht wie üblich unter dem statistischen Maß angewandt. Damit stellt sich auch die Frage nach dem adäquaten Diskontierungsfaktor nicht.

4 Es sind auch noch andere Arten der Prämienzahlung denkbar (z.B. periodisch), auf die hier aber nicht weiter eingegangen werden soll.

### 3.2.2 Bewertung einer Fondgebundenen Lebensversicherung mit Garantie

Wenden wir uns nun dem interessanteren Fall einer Fondgebundenen Lebensversicherung mit Garantiekomponente zu. Konkreter betrachten wir einen Versicherungsvertrag, aus dem nur dann eine Zahlung resultiert, wenn der Versicherungsnehmer innerhalb der Laufzeit von *T* Jahren nicht verstirbt. Die Höhe der Versicherungsleistung in *T* betrage im Erlebensfall

$$C(T) = \max\{n(T)S_T, G(T)\} = G(T) + \max\{n(T)S_T - G(T), 0\},$$

wobei n(T) die Anzahl der Portfolio- bzw. Fondsanteile und G(T) die Höhe des Garantiebetrages ist. Der Payoff kann also interpretiert werden als Garantiebetrag plus Wert einer Europäischen Call-Option auf n(T) Fondanteile mit jeweiligem Wert $S_T$ und Ausübungspreis G(T). Hierbei ist n(T) deterministisch und bereits in $t=0$ bekannt. Nach Anwendung der risikoneutralen Bewertungsformel auf den Payoff ergibt sich für den arbitragefreien Wert eine Formel vom Black-Scholes-Typ:

$$C(0) = e^{-rT} E^Q\left[C(T)\right] = n(T)S(0)N(d_1^*) + e^{-rt} G(T)N(-d_2^*)$$

mit

$$d_1^* = \frac{\log(n(T)S_0 / G(T)) + \left(r + \sigma^2/2\right)T}{\sigma\sqrt{T}} \text{ und } d_2^* = d_1^* - \sigma\sqrt{T}.$$

Die faire Prämie für die Fondgebundene Lebensversicherung mit Garantie bekommt man nun durch Multiplizieren des diskontierten Erwartungswerts der Auszahlung *C(T)* mit der Überlebenswahrscheinlichkeit ${}_T p_x$. Die Höhe dieser Prämie in t=0 ist folglich

$${}_T p_x \left(n(T)S(0)N(d_1^*) + e^{-rt} G(T)N(-d_2^*)\right).$$

Hierbei wird wieder die Annahme der Unabhängigkeit des Fondpreisprozesses und des Sterbefalls verwendet.

Eine ähnliche, auch auf der Black-Scholes-Formel beruhende Bewertungsformel lässt sich auch für den Fall herleiten, dass Versicherungsleistungen nur im Todesfall erfolgen.

### 3.2.3 Bewertung einer Fondgebundenen Lebensversicherung mit Garantie und vorzeitigem Kündigungsrecht

Eine Erweiterung der oben beschriebenen Struktur einer Fondgebundenen Lebensversicherung ergibt sich dadurch, dass dem Versicherungsnehmer ein vorzeitiges Kündigungsrecht eingeräumt wird. Konkret bedeutet dies, dass der Vertragsnehmer das Vertragsverhältnis zu jedem Zeitpunkt $\tau$ innerhalb der Laufzeit [0,T] beenden kann, und dann eine Zahlung in Höhe von

$$\Gamma(\tau) = \max\left\{G(\tau), S_\tau\right\} = \max\left\{e^{r_G\tau}G - S_\tau, 0\right\} + S_\tau$$

erhält. Dabei ist $S_\tau$ wieder der Wert des Referenzportfolios, $G(\tau) = Ge^{r_G\tau}$ mit $G = S_0$ der Garantiebetrag in $\tau$, und $r_G$ der Garantiezins, für den $r_G \leq r$ gilt. Wir untersuchen im Folgenden einen Versicherungsvertrag, dessen Zahlungen unabhängig vom Todeszeitpunkt des Versicherungsnehmers sind.

In die Bewertung des eben spezifizierten Versicherungsvertrags fließt also auch die „Stoppstrategie" des Versicherten ein. Wir nehmen an, dass der Versicherte den Kündigungszeitpunkt optimal wählt.

$\Gamma(\tau)$ ist also die Summe aus dem Wert des Referenzportfolios und dem inneren Wert einer Option, die als Amerikanischer Put mit zeitabhängigem Ausübungspreis interpretiert werden kann. Damit ergibt sich für den fairen Wert

$$\Gamma(0) = S_0\left(P(1,1,T,r - r_G,\sigma) + 1\right),$$

wobei $P(1,1,T,r - r_G,\sigma)$ der Wert eines Amerikanischen Puts mit momentanem Underlying-Preis 1, Ausübungspreis 1, Restlaufzeit T, Volatilität $\sigma$ und zu Grunde liegendem Zinssatz $r - r_G$ ist. Ein solcher Amerikanischer Put kann im Black-Scholes-Modell explizit bewertet werden. Obige Formel lässt sich in zwei Bestandteile zerlegen

$$\Gamma(0) = S_0\left(p(1,1,T,r - r_G,\sigma) + e(1,1,T,r - r_G,\sigma) + 1\right)$$

wobei $p(1,1,T,r - r_G,\sigma)$ den Wert eines Europäischen Puts (ausgestattet mit den gleichen Merkmalen wie der eben betrachtete Amerikanische) und $e(1,1,T,r - r_G,\sigma)$ die so genannte *early exercise premium*, also den „Aufpreis" eines Amerikanischen gegenüber einem Europäischen Put, bezeichnen. Auch für $e(1,1,T,r - r_G,\sigma)$ existiert eine analytische Formel.[5] Die early exercise premium kann als der Wert interpretiert werden, den die Möglichkeit der vorzeitigen Kündigung für den Versicherungsnehmer hat.

### 3.2.4 Zusammenfassung

Der oben beschriebene Ansatz zur Bewertung Fondgebundener Lebensversicherungen besitzt vielfältige praktische Anwendungsmöglichkeiten. Zum einen lässt er sich, wie oben demonstriert, zur Berechnung der fairen Prämie neu abzuschließender Versicherungsverträge verwenden. Aber auch für existierende Versicherungsverträge können dieser Methodik folgend Hedging-Strategien für Fondgebundene Policen abgeleitet werden, mit deren Hilfe das Risiko, das aus der stochastischen Wertentwicklung des Referenzportfolios resultiert, eliminiert werden

---

[5] Der interessierte Leser sei auf Grosen/Jørgensen (1997) verwiesen.

kann. Für eine genauere Darstellung dieser Strategien und weitere Details sei an dieser Stelle jedoch auf die Originalartikel von Aase und Persson (1994) sowie von Grosen und Jørgensen (1997) verwiesen.

## 3.3 Numerisches Beispiel

Als Beispiel eines komplexen Versicherungsvertrags, dessen Bewertung nicht mehr mit analytischen Formeln, sondern mit numerischen Methoden erfolgt, betrachten wir Fondgebundene Lebensversicherungen mit Garantie und (für den Kunden vorteilhafte) *Reset-Optionen*. Im Folgenden soll nun ein universelles numerisches Verfahren vorgestellt werden, die so genannte *Stochastic-Mesh*-Methode. Mit ihr können unter anderem auch Versicherungsverträge mit Reset-Optionen bewertet werden. Unsere Darstellung orientiert sich an Boyle et al. (2001).

Wir beginnen mit einer Beschreibung des Versicherungsvertrags. Wie üblich bezeichne $(S_t)$ den Preisprozess des Referenzportfolios. Der Inhaber einer Lebensversicherung mit Reset-Option hat nun das Recht, den Garantiebetrag G m-Mal an den aktuellen Preis des Referenzportfolios anzupassen. Die vom Versicherten frei wählbaren Anpassungszeitpunkte bezeichnen wir mit $\{\tau_1,\ldots,\tau_m\}$. Es gilt also

$$G = \max\{K, S_{\tau 1},\ldots,S_{\tau m}\}$$

mit einem minimalen, a priori fixierten Garantielevel K.

Der Wert des Vertrags bei Fälligkeit in T (wir betrachten hier einen Vertrag ohne vorzeitiges Kündigungsrecht) ergibt sich also zu

$$\max\{G, S_T\} = S_T + \max\{G - S_T, 0\} = S_T + \max\left\{\max\{K, S_{\tau 1},\ldots,S_{\tau m}\} - S_T, 0\right\}$$

Zur Bewertung des vorliegenden Vertrags nehmen wir an, dass der Versicherte die Reset-Optionen in optimaler Weise ausübt. Obwohl Versicherungsnehmer in der Realität oft suboptimale Ausübungsstrategien verfolgen, ist die Bewertung unter Zugrundelegung einer optimalen Strategie für das Versicherungsunternehmen auch unter Gesichtspunkten des Risikomanagements von großem Interesse, da die zu leistende Zahlung für das Versicherungsunternehmen in diesem Falle maximal wird. Verfolgt der Versicherte eine suboptimale Strategie, wird die finanzielle Belastung für das Versicherungsunternehmen also höchstens kleiner.

Die Bewertung bestimmter Klassen von Optionen mit Amerikanischen Features (d.h. Ausübungsmöglichkeiten bzw. optionale Ansprüche während der Laufzeit) stellt auch heute noch eine numerische Herausforderung dar. Einen der allgemeinsten Lösungsansätze für derartige Problemstellungen stellt die von Broadie und Glasserman (1997) vorgeschlagene Stochastic-Mesh-Methode dar, die eine Zwischenstellung zwischen klassischen Multinomialbäumen und herkömmlichen Monte-Carlo-Methoden einnimmt und Vorteile beider Ansätze in sich vereint. Um die Darstellung nicht unnötig zu komplizieren, stellen wir die Stochastic-Mesh-

Methode anhand einer Amerikanischen Option mit einer a priori fixierten Menge $t_0=0$, $t_1=1$, … ,$t_d=1$ von möglichen Ausübungszeitpunkten dar (so genannte Bermudan-Option). Die vorgestellte Methodik kann dann auch auf Reset-Optionen übertragen werden.

Bezeichne nun $I(t,S_t)$ den Wert der zum Zeitpunkt t beim Preis $S_t$ ausgeübten Option. Dann lässt sich der Stochastic-Mesh-Algorithmus folgendermaßen beschreiben:

*Schritt 1:* Wähle den Startpunkt $S_0$. Erzeuge dann durch stochastische Simulation für alle t=1,…,T jeweils b mögliche Preise $S_t(i)$, i=1,…,b .

*Schritt 2:* Definiere zum Zeitpunkt $t_d=T$ $Q(T,S_T(i)):= I(T,S_T(i))$. Q beschreibt also den terminalen Payoff der Option unter der Annahme, dass sie nicht vorzeitig ausgeübt wurde.

*Schritt 3:* Berechne rekursiv

$$Q(t,S_t(i)) = \max\{ I(t,S_t(i)), C(t,S_t(i)) \}$$

für i=1,...,b und t=T-1,...,0. Hierbei ist

$$C\big(t,S_t(i)\big)=\frac{e^{-r}}{b}\sum_{j=1}^{b}Q\big(t+1,S_{t+1}(j)\big)\,w(t,i,j),$$

das den Gewichtungsfaktor für den Übergang $S_t(i)$ nach $S_{t+1}(j)$ beschreibt. Der Wert $Q(0,S_0)$ ist dann ein Näherungswert für den Preis der vorliegenden Option.

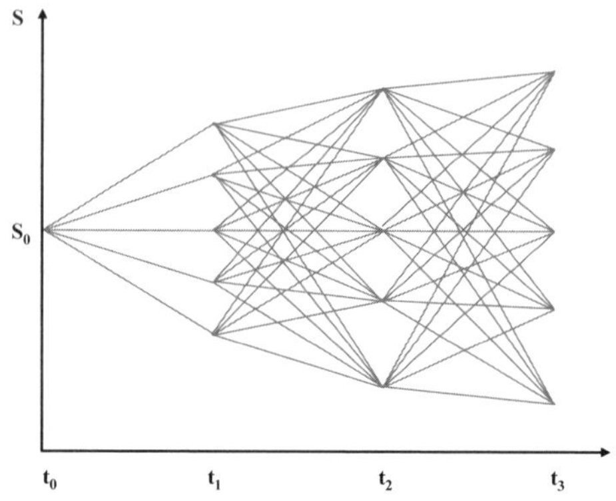


**Abb. 7:** Stochastic Mesh für b=5 und d=3

Nun sind einige Elemente des Algorithmus noch unspezifiziert: Erstens haben wir noch nicht erwähnt, wie die $S_t(i)$ erzeugt werden sollen, zweitens ist noch offen, wie die Gewichte w(t,i,j) zu bestimmen sind. Hierzu gibt es einige Möglichkeiten, die auch die Qualität der Lösungen, die der Algorithmus generiert, beeinflussen. Wir beschränken unsere Darstellung hier auf die wohl einfachste Realisierung, und verweisen für weitere Varianten auf die Artikel von Broadie und Glasserman (1997) sowie Boyle et al. (2001).

Die naheliegendste Vorgehensweise zur Erzeugung der $S_t(i)$ ist, sie mittels ihrer jeweiligen Randdichten (die ja auf Grund der Annahme einer Lognormalverteilung für $S_t$ bekannt sind), zu simulieren. Bezeichnet man mit $g(t,.)$ die Dichtefunktion von $S_t$, so werden die $S_t(i)$ also unter Zugrundelegung von $g(t,.)$ per Monte-Carlo-Simulation erzeugt, sind also stochastisch. Die Gewichte ergeben sich dann zu[6]

$$w(t,i,j) = f\left(t, S_t(i), S_{t+1}(j)\right) / g\left(t+1, S_{t+1}(j)\right),$$

wobei $f(t,x,.)$ die bedingte Dichte von $S_{t+1}$ gegeben $S_t$=x ist.

Wichtig für die praktische Anwendung der beschriebenen Methode ist auch, eine Vorstellung von ihrer Genauigkeit und ihrem Konvergenzverhalten zu haben. Aus Platzgründen wollen wir hier nur erwähnen, dass es möglich ist, für den so gewonnenen approximativen Optionspreis $Q(0,S_0)$, der ja abhängig von den zufälligen Realisierungen der $S_t(i)$ und somit selbst stochastisch ist, Konfidenzintervalle zu konstruieren. Außerdem kann gezeigt werden, dass der approximative Optionspreis $Q(0,S_0)$ für $b \to \infty$ gegen den tatsächlichen Wert der Option konvergiert.

Mit diesem allgemeinen numerischen Verfahren können nicht nur Amerikanische Optionstypen (wie oben demonstriert), sondern auch die beschriebenen Reset-Optionen bzw. die Versicherungsverträge, die diese enthalten, bewertet werden. Mittlerweile wurden Erweiterungen und Verbesserungen der Stochastic-Mesh-Methode vorgeschlagen, mit denen sich ihr Konvergenzverhalten deutlich verbessern und damit ihre Effizienz beträchtlich steigern lässt. Abschließend sei noch festgehalten, dass sich Stochastic-Mesh-Verfahren auch im Falle mehrerer zu modellierender Assets effizient einsetzen lassen. Eine ausführliche Diskussion von Monte-Carlo-Methoden findet sich in Glasserman (2003).

# 4 Schlussbemerkungen

Finanzmathematische Methoden erlauben, komplexe Risiken in einfachere Bestandteile zu zerlegen und adäquat zu bewerten. Damit wird es möglich, faire Prämien für die Übernahme solcher Risiken zu bestimmen. Im Rahmen des vorliegenden Beitrags wurden die für eine solche Vorgehensweise benötigten Techniken in Grundzügen vorgestellt und analysiert. Natürlich gibt es komplexere Produkte,

---

6 Für eine Herleitung dieser Aussage sei zum Beispiel auf Boyle et al. (2001) verwiesen.

die weiter gehende Methoden erfordern oder für die die in der Modellierung gemachten Annahmen zu restriktiv sind. Neuere Wertpapiere, wie etwa die Verbriefung (Securitization) von Versicherungsrisiken oder Mortality Bonds, eröffnen weitere Anwendungsmöglichkeiten der Finanzmathematik in der Versicherungswirtschaft, erleichtern aber auch die Bewertung mancher Versicherungsprodukte durch die Bereitstellung von Marktpreisen. In diesem dynamischen Umfeld werden sowohl Akademiker als auch Praktiker in den nächsten Jahren eine Vielzahl faszinierender Fragestellungen zu lösen haben.

# Literaturverzeichnis


Aase, Nielsen (1994): Pricing of Unit-linked Life Insurance Policies, Scand. Actuarial J.,1, S. 26-52.

Bingham, Nicholas H./Kiesel, Rüdiger (2004): Risk-Neutral Valuation: Pricing and Hedging of Derivatives. 2. Aufl., Berlin et al.: Springer.

Boyle, Phelim P./Kolkiewicz, Adam/Tan, Ken S. (2001): Valuation of the reset options embedded in some equity linked insurance products. North American Actuarial Journal, Volume 5, Number 3.

Boyle, Phelim P./Boyle, Feidhlim. (2001): Derivatives: The Tools that Changed Finance, RISK Books.

Briys, Eric/de Varenne, François (2001): Insurance: From Underwriting to Derivatives, John Wiley.

Broadie, M./Glasserman, Paul (1997): A stochastic mesh method for pricing high dimensional American options. Working paper. Columbia University.

Financial Times (2004): A product damned to almost certain death; Article by Pauline Skypala.

Glasserman, Paul (2003): Monte Carlo Methods in Financial Engineering. Berlin et al.: Springer.

Grosen, Anders/Jørgensen, Peter L. (1997): Valuation of early exercisable interest rate guarantees. The Journal of Risk and Insurance, Vol. 64, No. 3, 481-503.

Grosen, Anders/Jørgensen, Peter L. (2002): Life insurance liabilities at market value: an analysis of insolvency risk, bonus policy, and regulatory intervention rules in a barrier option framework. The Journal of Risk and Insurance, Vol. 64, No. 3, 481-503.

McKinsey Quarterly (2004): A smarter investment strategy for insurers; Article by L. M. Grepin, M. Kessler, and Z. D. Williams.

Spremann, Klaus: (1996): Wirtschaft, Investition und Finanzierung. 5. Aufl., München: Oldenbourg.

Zweifel, Peter/Eisen, Roland (2003): Versicherungsökonomie. 2. Aufl., Berlin et al.: Springer.

# Risikobasierte Kapitalallokation in Versicherungsunternehmen unter Verwendung des Co-Semivarianz-Prinzips

**Günter Bamberg, Gregor Dorfleitner, Holger Glaab**

*Zusammenfassung:*
*Die Aufteilung des Risikokapitals einer Versicherungsunternehmung auf kleinere Einheiten (Segmente, Geschäftsbereiche, Abteilungen etc.) ist sowohl für eine risikoadjustierte Performance-Messung als auch für strategische Entscheidungen über die Expansion bzw. Reduktion von Segmenten von großer Bedeutung. Verwendet man eine plausible Marginalbetrachtung und legt man die Semivarianz als Risikomaß zu Grunde, erfolgt die verursachungsgerechte Allokation gemäß dem Co-Semivarianz-Prinzip. Dieses Resultat wird hergeleitet und anhand von Beispielen illustriert.*

*Schlüsselwörter: Allokation von Risikokapital, Co-Semivarianz, Semivarianz.*

## 1 Einführung

Probleme der Kapitalallokation treten in unterschiedlichen Zusammenhängen auf. So konkurrieren beispielsweise in dezentralen Unternehmungen die verschiedenen Divisionen um die von der Unternehmenszentrale zur Verfügung gestellten oder auf den Märkten für Eigen- und Fremdkapital zu beschaffenden knappen finanziellen Mittel. In aller Regel sind die dezentralen Einheiten (repräsentiert durch die Divisionsmanager) besser als die Zentrale über die Profitabilität des in ihrem Bereich eingesetzten Investitionskapitals informiert, sodass eine ausgeprägte Informationsasymmetrie vorhanden ist. Hieraus entstehen Anreizprobleme und die Notwendigkeit, Mechanismen zu implementieren, die die Divisionsmanager von opportunistisch verzerrten Informationen abhalten und zu wahrheitsgemäßer Information motivieren sollen. Diese Probleme, die im betriebswirtschaftlichen

Schrifttum relativ breit erörtert wurden,[1] bleiben im Folgenden ausgeklammert. Wie in Albrecht/Koryciorz (2003) detailliert begründet wurde, ist es für Versicherungsunternehmen von großem Interesse, das über ein Risikomaß (zum Beispiel VaR) bestimmte Risikokapital jedem Segment oder letztlich sogar jedem einzelnen Versicherungsvertrag verursachungsgerecht zuzuordnen. Die Kapitalallokation erfolgt nicht physisch (wie in dem oben angesprochenen Fall der Investitionsbudgetierung), sondern rein kalkulatorisch. Ihr Hauptzweck ist die Steuerungsfunktion: Verdient jedes Segment bzw. jeder Vertrag zumindest die Zielrendite auf das allozierte Kapital, so wird auf der Ebene des Gesamtportfolios die angestrebte Verzinsung des Gesamtrisikokapitals auf jeden Fall erreicht. Zusätzlich lässt sich die tatsächlich erzielte Rendite als Maß für die Profitabilität verwenden. Insofern ist die Kapitalallokation eine unverzichtbare Basis für eine risikoadjustierte Performance-Messung.

Risikokapitalbestimmung und Risikoallokation werden üblicherweise als zwei aufeinander folgende Schritte angesehen, wobei im ersten Schritt das Risikokapital über ein Risikomaß, angewandt auf das Gesamtportfolio, bestimmt wird und im zweiten Schritt dieses Risikokapital auf kleinere Einheiten (Geschäftsbereiche, Abteilungen, Segmente, Verträge) aufgeteilt wird. Natürlich kann man sich auch ein Simultanverfahren vorstellen und versuchen, eine kohärente absolute Kapitalallokation im Sinne von Denault (2001) zu ermitteln. Wir wollen im Folgenden jedoch von einem vorab bestimmten Risikokapital ausgehen (zum Beispiel vom 99%-Quantil der Gesamtschadensverteilung minus Erwartungswert) und primär untersuchen, welche Eigenschaften die Aufteilung gemäß Co-Semivarianz im Vergleich zur traditionellen Aufteilung gemäß der Kovarianz besitzt.

Abschnitt 2 enthält einige für uns relevante Aussagen über Semivarianzen und Co-Semivarianzen. Abschnitt 3 beschäftigt sich mit Allokationsmethoden und zeigt unter anderem auf, dass eine plausible Marginalbetrachtung auf die Allokation gemäß dem Co-Semivarianz-Prinzip führt, falls als Risikomaß die Semivarianz verwendet wird. Der für die Praxis und Theorie wichtige Sonderfall lognormalverteilter Schäden wird in Abschnitt 4 untersucht. In Abschnitt 5 wird anhand eines Beispiels die Implementation in der Praxis mittels Monte-Carlo-Simulation vorgestellt. Mit einigen abschließenden Bemerkungen endet dieser Beitrag.

---

1 Vgl. zum Beispiel Arbeitskreis „Finanzierung" der Schmalenbach-Gesellschaft (1994), Bamberg/Trost (1998), Ewert/Wagenhofer (2002) sowie die dort zitierte Literatur.

# 2 Semivarianz und Co-Semivarianz

## 2.1 Symbole und Definition

Wir bezeichnen die für das betrachtete Versicherungsunternehmen relevanten Risiken, d.h. die Jahresschadenzahlungen, mit

$$X_1, X_2, \ldots, X_N.$$

Die $X_i$ sind nichtnegative Zufallsvariablen mit (voraussetzungsgemäß existierendem) Erwartungswert $\mu_i$. Die Anzahl $N$ bezeichnet je nach Kontext die Anzahl aller Einzelrisiken oder die Anzahl der Segmente der Unternehmung; im letzteren Fall sind die $X_i$ selbst wieder Summen von Zufallsvariablen. Das Gesamtrisiko $X$ und sein Erwartungswert sind

$$X = \sum_{i=1}^{N} X_i\,, \quad \mu = \mathrm{E}(X) = \sum_{i=1}^{N} \mu_i \tag{1}$$

Da der Erwartungswert der (Mindest-)Prämie entspricht, sind Überschreitungen von $\mu$ kritisch. Während die Varianz Abweichungen nach oben und nach unten gleichermaßen misst, ist die Semivarianz üblicherweise als Erwartungswert der quadrierten Abweichungen vom Erwartungswert nach unten definiert. Da die Zufallsvariablen in unserem Kontext aber Schäden messen, ist diese Definition hier nicht passend. Deshalb ist die für die Versicherungswirtschaft adäquate Definition des Shortfall-Maßes *Semivarianz* $\mathrm{Var}_+(X)$ folgendermaßen:

$$\mathrm{Var}_+(X) = \mathrm{E}\left(\left[(X-\mu)_+\right]^2\right) = \mathrm{E}\left(\left[\max\{0, X-\mu\}\right]^2\right). \tag{2}$$

Die Semivarianz bzgl. eines beliebigen Bezugspunktes $b$ (benchmark, target,...) ergibt sich aus (2), indem $\mu$ durch $b$ ersetzt wird. Seit den 70er-Jahren wurde die Semivarianz in CAPM-orientierten Modellen eingesetzt.[2] Da die Zufallsvariablen hierbei Renditen oder Endwerte bedeuten, sind im Gegensatz zu (2) nur Abweichungen nach unten relevant; als Benchmark $b$ wird bei Renditen zumeist die risikofrei erzielbare Rendite gewählt. Wegen der im Vergleich zur Kovarianz etwas schwierigeren Handhabbarkeit der Co-Semivarianz haben diese Modelle allerdings keine größere Resonanz gefunden.

---

2 Vgl. zum Beispiel Hogan/Warren (1974), Porter/Bey/Lewis (1975), Nantell/Price (1979).

## 2.2 Semivarianz und Bernoulli-Prinzip

Die Semivarianz bezüglich eines vorab fixierten Bezugspunkts $b$ ist (bei beliebiger Verteilung der Zufallsvariablen $X_i$ bzw. $X$) mit dem Bernoulli-Prinzip verträglich. Die zugehörige Risikonutzenfunktion ist abschnittsweise linear bzw. quadratisch.

Die Semivarianz (2) mit $\mu$ als Bezugspunkt ist dagegen (bei beliebigen Verteilungen) nur bei Risikoneutralität mit dem Bernoulli-Prinzip verträglich (Schneeweiß 1967, S. 112). Bei Beschränkung auf spezielle Verteilungsklassen kann eine Verträglichkeit gegeben sein, da beispielsweise für symmetrische Verteilungen (wie Normalverteilungen) die Semivarianz (2) mit der halben Varianz identisch ist. Auch der Value-at-Risk ist bekanntlich (bei beliebigen Verteilungen) nicht mit dem Bernoulli-Prinzip verträglich (vgl. Guthoff/Pfingsten/Wolff 1998). Die Inkompatibilität schließt nicht aus, dass diese Kennzahlen auf Grund ihrer leichten Verständlichkeit und ihrer Verwendung durch Aufsichtsbehörden wichtig und nützlich sind. Für das Folgende ist der entscheidungstheoretische Nachteil vernachlässigbar, da wir keine isolierte Bewertung der Risiken vornehmen, sondern nur an ihrer Verbundwirkung interessiert sind.

## 2.3 Co-Semivarianz

Die Co-Semivarianz $\mathrm{Cov}_+$ von $X_i$ und $X_j$ ist definiert durch

$$\mathrm{Cov}_+\left(X_i, X_j\right) = \mathrm{E}\left(\left(X_i - \mu_i\right)_+ \left(X_j - \mu_j\right)\right). \tag{3}$$

Sind $X_i$ und $X_j$ stochastisch unabhängig, so folgt aus (3) das Verschwinden der Co-Semivarianz. In diesem Fall ist $\mathrm{Cov}_+$ trivialerweise symmetrisch. Im Allgemeinen ist jedoch (vgl. nachfolgendes Beispiel 1) $\mathrm{Cov}_+$ ein unsymmetrischer Operator, d.h., im Allgemeinen gilt:

$$\mathrm{Cov}_+\left(X_i, X_j\right) \neq \mathrm{Cov}_+\left(X_j, X_i\right).$$

Da die fehlende Symmetrie wohl als Nachteil empfunden wurde, hat es nicht an Versuchen gefehlt, symmetrische Versionen zu konstruieren. So definiert beispielsweise Estrada (2003) eine symmetrische Version, indem er in (3) auch beim zweiten Faktor nur den positiven Teil verwendet. Die Definition hat den gravierenden Nachteil, dass kein negativer Wert resultiert und somit eine Diversifikation nicht adäquat beschrieben werden kann.

**Beispiel 1:** Die Versicherungsunternehmung bestehe nur aus $N = 2$ Segmenten, wobei $X_1$ und $X_2$ dichotom mit den Werten 0 und $a_1$ bzw. $a_2$ seien. Die gemeinsame Wahrscheinlichkeitsfunktion sei

$$p_{00} = P\left(X_1 = 0, X_2 = 0\right), p_{01} = P\left(X_1 = 0, X_2 = a_2\right),$$

$$p_{10} = P(X_1 = a_1, X_2 = 0), p_{11} = P(X_1 = a_1, X_2 = a_2).$$

Die vier Realisationen für $(X_1, X_2)$ sowie die Erwartungswerte

$$\mu_1 = \mathrm{E}(X_1) = a_1(p_{10} + p_{11}), \quad \mu_2 = \mathrm{E}(X_2) = a_2(p_{01} + p_{11})$$

sind in Abbildung 1 zu sehen.

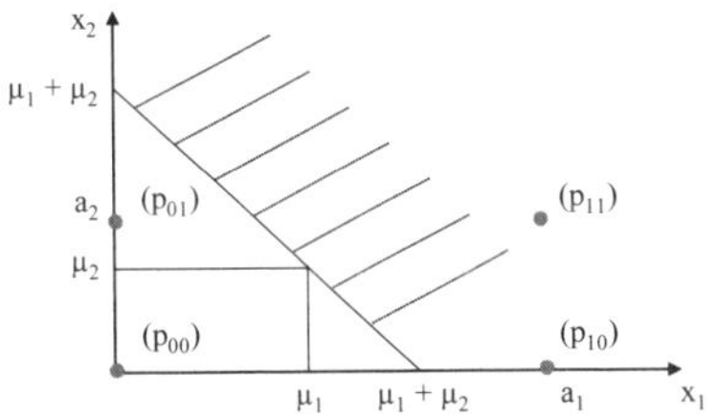


**Abb. 1:** Wertebereich der dichotomen Verlustvariablen ($x_1$ , $x_2$ ) ihre Erwartungswerte $\mu_1$ und $\mu_2$ sowie die gemeinsamen Wahrscheinlichkeiten (in Klammern). Die schraffierte Fläche ist erst für Beispiel 2 relevant.

Gemäß (3) ergibt sich

$$\begin{aligned}\mathrm{Cov}_+(X_1, X_2) &= (a_1 - \mu_1)(-\mu_2)p_{10} + (a_1 - \mu_1)(a_2 - \mu_2)p_{11} = \\ &= a_1 a_2 (1 - p_{10} - p_{11})\left[p_{11} - (p_{01} + p_{11})(p_{10} + p_{11})\right], \\ \mathrm{Cov}_+(X_2, X_1) &= a_1 a_2 (1 - p_{01} - p_{11})\left[p_{11} - (p_{01} + p_{11})(p_{10} + p_{11})\right].\end{aligned}$$

Im Fall der Unabhängigkeit von $X_1$ und $X_2$ ist der Term in der eckigen Klammer gleich null, und damit auch die Co-Semivarianz (wie bereits oben erwähnt). Sobald die eckige Klammer von null verschieden ist, haben beide Co-Semivarianzen dasselbe Vorzeichen; die numerischen Werte differieren genau dann, wenn $p_{01} \neq p_{10}$. ■

Für unsere Zwecke ist die Co-Semivarianz des Gesamtschadens $X$ mit den Segmentschäden $X_i$ von besonderem Interesse. Verwendet man $X$ als erstes Argument, so addieren sich die Co-Semivarianzen zur Semivarianz auf:

$$\begin{aligned}\sum_{i=1}^{N} \mathrm{Cov}_+(X, X_i) &= \sum_{i=1}^{N} \mathrm{E}\left((X-\mu)_+ (X_i - \mu_i)\right) = \\ &= \mathrm{E}\left((X-\mu)_+ \sum (X_i - \mu_i)\right) = \mathrm{E}\left(\left[(X-\mu)_+\right]^2\right) = \mathrm{Var}_+(X).\end{aligned} \tag{4}$$

Wie das Beispiel 2 zeigt, gilt diese Summeneigenschaft nicht mehr, wenn $X$ als zweites Argument benutzt wird. Beispiel 2 zeigt ferner, dass auf der linken Seite von (4) einige Summanden negativ werden können.

**Beispiel 2:** In Fortsetzung von Beispiel 1 spezifizieren wir die Parameter folgendermaßen:

$$a_1 = 9; a_2 = 1; p_{00} = \frac{3}{10}; p_{01} = \frac{5}{10}; p_{10} = \frac{1}{10}; p_{11} = \frac{1}{10}.$$

Dann ist

$$\mu_1 = \mathrm{E}(X_1) = 9 \cdot \left(\frac{1}{10} + \frac{1}{10}\right) = 1{,}8 \ ; \ \mu_2 = \mathrm{E}(X_2) = 1 \cdot \left(\frac{5}{10} + \frac{1}{10}\right) = 0{,}6$$

$$\mu = \mu_1 + \mu_2 = 2{,}4.$$

Ferner gilt (vgl. Abbildung 1, in der das Ereignis $X - \mu \geq 0$ dem schraffierten Bereich entspricht):

$$\mathrm{Cov}_+(X, X_1) = \frac{1}{10}(10-2{,}4)(9-1{,}8) + \frac{1}{10}(9-2{,}4)(9-1{,}8) = 10{,}224$$

$$\mathrm{Cov}_+(X, X_2) = \frac{1}{10}(10-2{,}4)(1-0{,}6) + \frac{1}{10}(9-2{,}4)(0-0{,}6) = -0{,}092.$$

Man erkennt, dass einzelne $\mathrm{Cov}_+(X, X_i)$ durchaus negativ werden können. Die Summe kann jedoch nicht negativ werden, da sie nach (4) die Semivarianz von $X$ ergibt. Für obige Parameterwerte ist

$$\mathrm{Var}_+(X) = \frac{1}{10}(10-2{,}4)^2 + \frac{1}{10}(9-2{,}4)^2 = 10{,}132 (= 10{,}224 - 0{,}092).$$

Verwenden wir den Gesamtschaden $X$ als zweites Argument, so erhalten wir

$$\mathrm{Cov}_+(X_1, X) = \mathrm{E}((X_1 - \mu_1)_+ (X - \mu)) =$$
$$= \frac{1}{10}(9-1{,}8)(10-2{,}4) + \frac{1}{10}(9-1{,}8)(9-2{,}4) = 10{,}224$$

$$\mathrm{Cov}_+(X_2, X) = \frac{1}{10}(1-0{,}6)(10-2{,}4) + \frac{5}{10}(1-0{,}6)(1-2{,}4) = 0{,}224.$$

Die Summe $10{,}224 + 0{,}024 = 10{,}248$ differiert von $\mathrm{Var}_+(X)$. ■

Im nächsten Abschnitt wird die Kapitalallokation gemäß $\mathrm{Cov}_+(X, X_i)$ begründet und der Fall negativer Co-Semivarianzen gesondert diskutiert. Die Verwendung des Gesamtschadens $X$ als zweites Argument hat zwar rechentechnische

Vorteile; sie führt jedoch nicht zu einer sachgerechten Allokation. So gilt beispielsweise

$$\operatorname{Cov}_{+}\left(X_i, X\right) = \operatorname{Var}_{+}\left(X_i\right) + \sum_{j \neq i} \operatorname{Cov}_{+}\left(X_i, X_j\right) \tag{5}$$

was für den Fall unabhängiger Segmentschäden $X_i$ zur Aussage

$$\operatorname{Cov}_{+}\left(X_i, X\right) = \operatorname{Var}_{+}\left(X_i\right) \geq 0 \tag{6}$$

führt.

D.h. im Falle unabhängiger $X_i$ hätte eine Allokation gemäß $\operatorname{Cov}_{+}\left(X_i, X\right)$ zwar keine negativen Kapitalzuordnungen zur Folge. Jedoch würde sich die Allokation nicht von der Stand-Alone-Allokation unterscheiden und damit den Ausgleich im Kollektiv nicht adäquat berücksichtigen.

# 3 Allokation von Risikokapital gemäß dem Kovarianz- und dem Co-Semivarianz-Prinzip

Trägt ein Segment $i$ stark zum Gesamtrisiko bei, so soll dem Segment auch ein entsprechend großer Anteil am Gesamtrisikokapital zugewiesen werden. Eine große (kalkulatorische) Zuweisung ist ein Malus für das jeweilige Segment, da es zumindest die Kosten des allozierten Risikokapitals verdienen muss. Weil das Gesamtrisiko durch den Verbund aller Einzelrisiken erzeugt wird, ist es keineswegs selbstverständlich, wie der Risikobeitrag eines Segments bestimmt werden sollte. Bei den von Merton/Perold (1993) vorgeschlagenen Allokationsmethoden wird Segment $i$ Risikokapital proportional zu

$$\rho(X) - \rho\left(X - X_i\right) \tag{7}$$

zugeteilt, wobei $\rho$ ein vorzugebendes Risikomaß ist. Man erkennt, dass in (7) das Gesamtrisiko $X$ mit dem Risiko der um das Segment $i$ verkleinerten Unternehmung verglichen wird. Die (gedankliche) Abtrennung ganzer Sektoren wird nun durch eine Marginalbetrachtung ersetzt. Das Segment $i$ wird durch $\lambda_i X_i$ beschrieben, wobei $\lambda_i > 1$ (bzw. $< 1$) eine Expansion (bzw. Reduktion) des Segments gegenüber dem Statuts Quo $\left(\lambda_i = 1\right)$ beschreibt. Das dem Segment $i$ zugeteilte Risikokapital ist dann proportional zur Ableitung

$$\frac{\partial}{\partial \lambda_i} \rho\left(\sum_{i=1}^{N} \lambda_i X_i\right) \tag{8}$$

an der Stelle $\lambda_1 = ... = \lambda_N = 1$.[3] Im Gegensatz zu (7) sind hier natürlich nur solche Risikomaße $\rho$ zulässig, bei denen die partiellen Ableitungen (8) existieren. Versteht man unter dem Begriff „Allokationsmethode" nur solche Vorschriften, die jedem Segment einen nichtnegativen Anteil am Gesamtrisikokapital zuordnen, so handelt es sich bei (8) nicht um eine Allokationsmethode in diesem etwas eng gefassten Sinn. Denn einzelne partielle Ableitungen (8) können durchaus negativ werden. Eine Expansion der betreffenden Segmente führt zu einer Risikoreduktion. Insofern stellt auch ein zugewiesenes negatives Risikokapital für die Unternehmenszentrale einen wichtigen Fingerzeig und ein objektivierbares Tool zur zukünftigen Unternehmensentwicklung dar. Verwendet man in (8) das Risikomaß

$$\rho(X) = \mathrm{Var}(X),$$

so resultiert die Kovarianz-basierte Kapitalallokation, die in der Praxis häufig verwendet wird und auch in der Literatur (vgl. zum Beispiel Albrecht/Koryciorz (2003)) hinreichend beschrieben wurde. Dem Segment $i$ wird dabei der Anteil

$$\frac{\mathrm{Cov}(X, X_i)}{\mathrm{Var}(X)} \tag{9}$$

zugewiesen. Dabei kann (9), wie erwähnt, $\geq 0$ oder auch $< 0$ sein; die Summe der Anteilswerte (9) beträgt jedoch 1.

Im Folgenden soll das Risikomaß

$$\rho(X) = \mathrm{Var}_+(X)$$

verwendet und die resultierende Allokation untersucht werden.

Um die erforderliche Marginalbetrachtung durchführen zu können, muss natürlich $\mathrm{Var}_+\left(\sum \lambda_j X_j\right)$ für alle $\lambda = (\lambda_1, ..., \lambda_N)$ in einer Umgebung U des Status-Quo-Punktes $\lambda_1 = ... = \lambda_N = 1$ existieren. Ferner muss dasselbe für die $N$ Co-Semivarianzen $\mathrm{Cov}_+\left(\sum \lambda_j X_j, X_i\right)$ gelten. Dann gilt der folgende Satz:

---

3 Für einen Spezialfall wurde dieses Marginalprinzip von Myers/Read (2001) vorgeschlagen. In Urban/Dittrich/Klüppelberg/Stölting (2003) wurde das Prinzip für beliebige Risikomaße ρ (d.h. wie in (8)) formuliert, jedoch weiterhin Myers/Read zugeschrieben.

**Satz:** Die Allokation gemäß dem Marginalprinzip (8) mit der Semivarianz als Risikomaß $\rho$ entspricht dem Co-Semivarianz-Prinzip; d.h., dem Segment $i$ wird der Anteil

$$\frac{\mathrm{Cov}_+(X, X_i)}{\mathrm{Var}_+(X)} \tag{10}$$

zugewiesen (wobei sich diese Anteile nach (4) zu 1 summieren).

Der Beweis beruht auf der Vertauschbarkeit der partiellen Integration bzgl. $\lambda_i$ und der Erwartungswertbildung. Obige Voraussetzungen sichern die Vertauschbarkeit. Deshalb gilt:

$$\frac{\partial}{\partial \lambda_i}\mathrm{Var}_+\left(\sum \lambda_j X_j\right) = \frac{\partial}{\partial \lambda_i}\mathrm{E}\left(\left[\sum_j \lambda_j \left(X_j - \mu_j\right)_+\right]^2\right) =$$

$$= 2\mathrm{E}\left(\left(\sum_j \lambda_j \left(X_j - \mu_j\right)\right)_+ \left(X_i - \mu_i\right)\right) = 2\mathrm{Cov}_+\left(\sum_j \lambda_j X_j, X_i\right).$$

Ausgewertet an der Stelle $\lambda_1 = \ldots = \lambda_N = 1$ ergibt sich daraus die Proportionalität der Ableitung zur Co-Semivarianz $\mathrm{Cov}_+(X, X_i)$. Wegen der Summeneigenschaft (4) erhält man, wie behauptet, die Anteile (10) des allozierten Risikokapitals. ■

# 4 Lognormalverteilte Schäden

Die einfachste realitätsnahe stochastische Modellierung der Schäden besteht darin, diese als lognormalverteilt anzunehmen. Wir stellen deshalb zunächst die multivariate Lognormalverteilung und ihre Eigenschaften vor und zeigen dann, wie diese auf das Kovarianz-Prinzip angewandt werden kann.

Sei $(Y_1, \ldots, Y_N)$ verteilt gemäß $\mathrm{N}(\vec{\mu}, \Sigma)$, also ein Vektor von multivariat normalverteilten Zufallsvariablen mit Erwartungswertvektor $\vec{\mu} = (\mu_1, \ldots, \mu_N)$ und positiv semidefiniter Kovarianzmatrix

$$\Sigma = \begin{pmatrix} \sigma_1^2 & \cdots & \sigma_{1N} \\ \vdots & \ddots & \vdots \\ \sigma_{N1} & \cdots & \sigma_N^2 \end{pmatrix}. \tag{11}$$

Daraus entstehen die nichtnegativen Zufallsvariablen $X_i$ gemäß der Vorschrift $X_i = e^{Y_i}$, $i = 1, \cdots, N$. Dann ist $(X_1, \ldots, X_N)$ *multivariat lognormalverteilt* mit den Erwartungswerten:

$$\mathrm{E}(X_i) = e^{\mu_i + \frac{1}{2}\sigma_i^2}, \ i = 1, \cdots, N.^4 \tag{12}$$

Wendet man diese Formel im Rahmen des Verschiebungssatzes auf

$$X_i^2 = \left(e^{Y_i}\right)^2 = e^{2Y_i}$$

bzw.

$$X_i X_j = e^{Y_i} \cdot e^{Y_j} = e^{Y_i + Y_j}$$

an, so erhält man die Varianzformel

$$\mathrm{Var}(X_i) = e^{2\mu_i + \sigma_i^2}\left(e^{\sigma_i^2} - 1\right), \tag{13}$$

sowie die Kovarianzformel

$$\mathrm{Cov}(X_i, X_j) = e^{\mu_i + \mu_j + \frac{1}{2}\left(\sigma_i^2 + \sigma_j^2\right)}\left(e^{\sigma_{ij}} - 1\right). \tag{14}$$

Nun kann das Kovarianz-Prinzip sehr leicht umgesetzt werden. Zwar ist die Schadenssumme $X = \sum_{i=1}^{N} X_i$ nicht lognormalverteilt, jedoch können die Kovarianzen zwischen $X$ und $X_i$ immer noch berechnet werden. Es gilt:

$$\mathrm{Cov}(X, X_i) = \mathrm{Cov}\left(\sum_{j=1}^{N} X_j, X_i\right) = \sum_{j=1}^{N} e^{\mu_i + \mu_j + \frac{1}{2}\left(\sigma_i^2 + \sigma_j^2\right)}\left(e^{\sigma_{ij}} - 1\right).$$

Die Varianz von $X$ ergibt sich als:

$$\mathrm{Var}(X) = \mathrm{Var}\left(\sum_{i=1}^{N} X_i\right) = \sum_{i=1}^{N} \sum_{j=1}^{N} e^{\mu_i + \mu_j + \frac{1}{2}\left(\sigma_i^2 + \sigma_j^2\right)}\left(e^{\sigma_{ij}} - 1\right).$$

Mit den obigen Formeln sind bei gegebenen Parametern der multivariaten Normalverteilung die Segment-Zuweisungen $C_i$ leicht gemäß

$$C_i = \frac{\mathrm{Cov}(X, X_i)}{\mathrm{Var}(X)} \cdot C$$

berechenbar. Dabei bezeichnet $C$ das gesamte (über den Erwartungswert des Gesamtschadens hinausgehende) zu allozierende Risikokapital. Will man indes das Co-Semivarianz-Prinzip anwenden, so gelangt man nicht mehr zu expliziten Formeln. Man könnte, da die multivariate Dichte von $(X_1, \ldots, X_N)$ bekannt ist, mit

---

[4] Vgl. etwa Schira (2003), S. 277.

einem numerischen Ansatz die zugehörigen Mehrfachintegrale berechnen. Dies scheitert indes bereits bei sehr wenigen Risiken. Deswegen wird in der Praxis oft eine Monte-Carlo-Simulation durchgeführt. Mehr zu diesem Thema findet sich im nächsten Abschnitt.

# 5 Implementation in der Praxis

Wie soeben ausgeführt, ist in den allermeisten Fällen keine analytische Lösung des Co-Semivarianz-Allokationsproblems möglich, weshalb in der Praxis oft eine Monte-Carlo-Simulation durchgeführt werden muss. Diese Vorgehensweise, die auch bei komplizierteren Schadensverteilungen angewandt werden kann, wird zunächst allgemein und anschließend anhand eines Beispiels mit Lognormal-Verteilung vorgestellt.

Sei $m$ die Anzahl der Simulationen des Schadensvektors und sei mit $(x_{1j},\dots,x_{Nj})$, $j=1,\cdots,m$ das Ergebnis der $j$-ten Simulation bezeichnet. Dann können die Erwartungswerte der Einzelschäden und der des Gesamtschadens geschätzt werden durch:

$$\hat{\mu}_{X_i} = \frac{1}{m}\sum_{j=1}^{m} x_{ij} \quad \text{für } i=1,\cdots,N \text{ und}$$

$$\hat{\mu}_X = \frac{1}{m}\sum_{j=1}^{m}\sum_{i=1}^{N} x_{ij} = \sum_{i=1}^{N}\hat{\mu}_{X_i}.$$

Bezeichnet zusätzlich $x_j = \sum_{i=1}^{N} x_{ij}$ den Gesamtschaden der $j$-ten Simulation, so schätzen wir die Allokations-Koeffizienten

$$k_i := \frac{\operatorname{Cov}_+(X, X_i)}{\operatorname{Var}_+(X)}$$

durch

$$\hat{k}_i = \frac{\sum_{j=1}^{m}(x_j - \hat{\mu}_X)_+(x_{ij} - \hat{\mu}_{X_i})}{\sum_{j=1}^{m}((x_j - \hat{\mu}_X)_+)^2}. \tag{15}$$

Zwar sind die Koeffizienten $\hat{k}_i$ von den zufälligen Ergebnissen der Simulation abhängig. Da es sich jedoch um eine konsistente Schätzung handelt, weichen diese zufälligen Werte beliebig wenig vom tatsächlichen Wert ab, wenn man nur die Anzahl $m$ der Simulationen groß genug wählt. Sind die Erwartungswerte $\mu_{X_1},\dots,\mu_{X_N}$ und $\mu_X$ bekannt (wie dies etwa bei der Lognormalverteilung der Fall ist), so kann man in Formel (15) auch diese Werte an Stelle der Schätzwerte $\hat{\mu}_{X_1},\ldots,\hat{\mu}_{X_N}$ und $\hat{\mu}_X$ verwenden.

**Beispiel 3:** Wir betrachten ein Portfolio mit vier verschiedenen Versicherungssegmenten, nämlich Unfall, allgemeine Haftpflicht (AH), Feuer und Kfz-Haftpflicht (KH). Tabelle 1 gibt Erwartungswerte und Standardabweichungen der Risiken $(X_1,\ldots,X_4)$ wieder. Der Erwartungswert des Gesamtschadens $X$ beträgt damit 123 Mio. EUR. Tabelle 2 gibt die Korrelationen zwischen den Segmenten wieder.

| SEGMENT | Unfall | AH | Feuer | KH |
|---|---|---|---|---|
| $E(X_1)$ | 60 | 20 | 28 | 15 |
| $\sqrt{\text{Var}(X_1)}$ | 3 | 6 | 15 | 1,5 |

Angaben in Mio. EUR

**Tabelle 1:** Erwartungswerte und Varianzen der verschiedenen Segmente

| Korrelationen | Unfall | AH | Feuer | KH |
|---|---|---|---|---|
| **Unfall** | 1 | 0,2 | 0,1 | 0,1 |
| **AH** | | 1 | 0,1 | 0,1 |
| **Unfall** | | | 1 | 0,1 |
| **AH** | | | | 1 |

**Tabelle 2:** Korrelationen zwischen den Segmenten

Ziel ist es, die Kapitalallokationskoeffizienten $k_i$ zu ermitteln. Wir gehen dazu von lognormalverteilten Schäden aus, wobei auch deren Kovarianzen durch die Werte der Tabellen 1 und 2 festgelegt sind. Um die Simulation durchführen zu können, müssen wir zunächst die zugehörigen Parameter der multivariaten Normalverteilung ermitteln. Sodann werden normalverteilte Zufallsvektoren mit den entsprechenden Parametern simuliert und anschließend zur Basis $e$ exponenziert.

Bei der Parameterermittlung der Normalverteilung werden zunächst für jeden Schaden Erwartungswerte und Varianzen aus den beiden Gleichungen (12) und (13) berechnet („2 Gleichungen, 2 Unbekannte“). Als Lösung erhält man:

$$\mu_i = \ln\left(\frac{\left[\mathrm{E}(X_i)\right]^2}{\sqrt{\left[\mathrm{E}(X_i)\right]^2 + \mathrm{Var}(X_i)}}\right) \text{ und } \sigma_i^2 = 2\ln\left(\frac{\sqrt{\left[\mathrm{E}(X_i)\right]^2 + \mathrm{Var}(X_i)}}{\mathrm{E}(X_i)}\right).$$

Wenn man diese Werte für $i, j$ mit $i \neq j$ bereits kennt, kann man schließlich durch Umstellen von Formel (14) auch $\sigma_{ij}$ (vgl. (11)) ermitteln. Es resultieren die Parameter

$$\vec{\mu} = \begin{pmatrix} 4,093 \\ 2,953 \\ 3,206 \\ 2,703 \end{pmatrix} \quad \text{und} \quad \Sigma = \begin{pmatrix} 0,2497 & 0,2996 & 0,2675 & 0,0500 \\ 0,2996 & 8,6178 & 1,5944 & 0,2996 \\ 0,2675 & 1,5944 & 25,2306 & 0,5343 \\ 0,0500 & 0,2996 & 0,5343 & 0,9950 \end{pmatrix} \cdot 10^{-2}.$$

Damit wurden nun $m = 100.000$ multivariat normalverteilte Zufallsvektoren simuliert und deren Komponenten gemäß $X_i = e^{Y_i}$ transformiert. Als Ergebnis erhielt man 100.000 lognormalverteilte Zufallsvektoren mit den gewünschten Eigenschaften. Zunächst wurden aus diesen Ergebnissen die Koeffizienten des Kovarianzprinzips geschätzt und mit den exakt berechneten Werten verglichen, um die Qualität der Simulationsdaten zu beurteilen. Tabelle 3 gibt in den ersten beiden Zeilen diese Werte wieder. Da die Abweichungen nur minimal sind, konnte man die Simulation getrost auch zur Ermittlung der Koeffizienten nach dem Co-Semivarianz-Prinzip (Formel (15)) benutzen. In der letzten Zeile von Tabelle 3 sind die Ergebnisse dargestellt. Die Abbildung 2 visualisiert die Allokationskoeffizienten aus Tabelle 3.

| Segment | Unfall | AH | Feuer | KH |
|---|---|---|---|---|
| $k_1$ (KP) | 0,05595 | 0,15782 | 0,76758 | 0,01865 |
| $k_1$ (KP), sim. | 0,05625 | 0,15720 | 0,76825 | 0,01830 |
| $k_1$ (CSP), sim. | 0,04283 | 0,13036 | 0,81238 | 0,01445 |

**Tabelle 3:** Allokationskoeffizienten für das Kovarianz-Prinzip (KP) (exakt und simuliert) sowie für das Co-Semivarianz-Prinzip (CSP)

Bemerkenswert ist dabei, dass das Segment Feuer, das bereits nach dem Kovarianzprinzip mehr als 75% des Risikokapitals zugewiesen bekommt, beim Übergang zum CSP noch um ca. 4,4 Prozentpunkte zulegt, während alle anderen Segmente weniger stark mit Risikokapital unterfüttert werden. Die relativen Änderungen der Anteile bei Unfall, AH und KH betragen -23,86%, -17,07% und -21,04% und sind damit ebenfalls nicht vernachlässigbar.

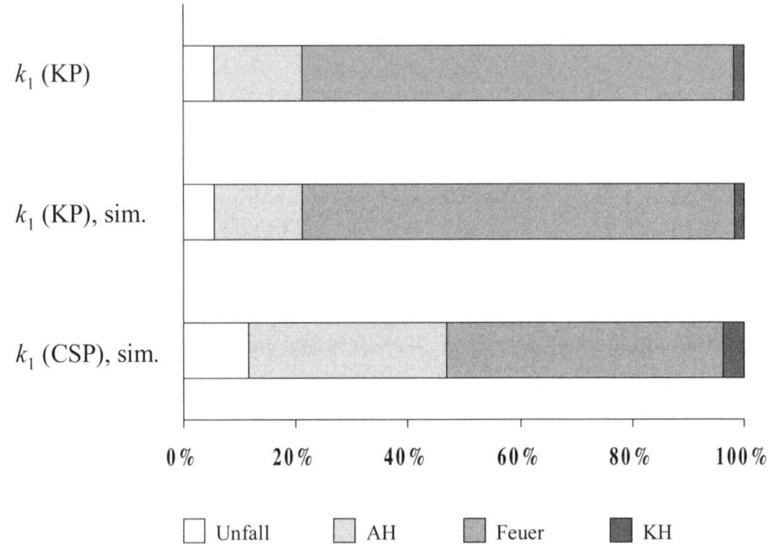


**Abb. 2:** Allokation des Risikokapitals für das Kovarianz-Prinzip (exakt und simuliert) sowie für das Co-Semivarianz-Prinzip

Das 99%-Quantil des Gesamtschadens beträgt ca. 180 Mio. EUR. Zieht man davon den Erwartungswert von 123 Mio. EUR ab, so bleibt ein Risikokapital C von 57 Mio. EUR. Beim Kovarianz-Prinzip entfallen hiervon 43,75 Mio. EUR auf das Segment Feuer, beim CSP hingegen 46,30 Mio. EUR – ein merklicher Unterschied. □

# 6 Abschließende Bemerkungen

Im Kontext der Allokation von Risikokapital in Versicherungsunternehmen ist der über den Erwartungswert hinausgehende Schaden von Interesse. Im Gegensatz zur Varianz misst die Semivarianz genau diese Art der Abweichung. Wendet man das (Myers/Read zugeschriebene) Marginal-Prinzip mit der Semivarianz als Risikomaß zur Allokation des Risikokapitals an, so erhält man das Co-Semivarianz-Prinzip. Zudem lässt sich das Co-Semivarianz-Prinzip auch in andere Klassen von Allokationskriterien einbetten, was allerdings nicht Gegenstand dieser Arbeit ist. Die auf den ersten Blick im Vergleich zum Kovarianzprinzip etwas kompliziertere Implementation des Co-Semivarianz-Prinzips spricht dabei nicht gegen diese Allokationsmethode, da man, wie beispielhaft gezeigt wurde, durch eine Monte-Carlo-Simulation relativ leicht zu den Allokationskoeffizienten gelangen kann. Bisher wird das Co-Semivarianz-Prinzip noch nicht in der Praxis angewandt. Die Autoren hoffen indes, mit dem vorliegenden Beitrag gezeigt zu haben, dass es sich lohnt, das Co-Semivarianz-Prinzip in der Praxis einzusetzen und weitere empirische Untersuchungen durchzuführen.

# Literaturverzeichnis

Albrecht, Peter/Koryciorz, Sven (2003): Methoden der risikobasierten Kapitalallokation im Versicherungs- und Finanzwesen. Mannheimer Manuskripte zu Risikotheorie, Portfolio Management und Versicherungswirtschaft, Nr. 145.

Arbeitskreis „Finanzierung" der Schmalenbach-Gesellschaft (1994): Investitions-Controlling. Zum Problem der Informationsverzerrung bei Investitionsentscheidungen in dezentralisierten Unternehmen. ZfbF 46, 899-925.

Bamberg, Günter/Trost, R. (1998): Anreizsysteme und kapitalmarktorientierte Unternehmenssteuerung, 91-109. In: Möller, Hans-Peter/Schmidt, Franz (Hrsg.): Rechnungswesen als Instrument für Führungsentscheidungen. Stuttgart: Schäffer-Poeschel.

Denault, Michel (2001): Coherent Allocation of Risk Capital, The Journal of Risk 4, S. 1-33.

Estrada, Javier (2003): Mean-Semivariance Behavior (II): The D-CAPM, Research Paper Nr. 493, IESE Business School, Universidad de Navarra, Barcelona.

Ewert, Ralf/Wagenhofer, Alfred (2002): Interne Unternehmensrechnung. 5. Aufl., Berlin et al.: Springer

Guthoff, A./Pfingsten, A./Wolff, J. (1998): Der Einfluss einer Begrenzung des Value at Risk oder des Lower Partial Moment One auf die Risikoübernahme. In: Oehler, Andreas (Hrsg.): Credit Risk und Value at Risk Alternativen, S. 111-153., Stuttgart: Schäffer-Poeschel.

Hogan, H.W./Warren, J.M. (1974): Toward the Development of an Equilibrium Capital Market Model Based on Semivariance. Journal of Finance and Quant. Analysis 9, S. 1-11.

Merton, Robert C./Perold, Andre F. (1993): Theory of Risk Capital in Financial Firms. Journal of Applied Corporate Finance 6, S, 16-32.

Myers, Stewart L./Read, James (2001): Capital Allocation for Insurance Companies. The Journal of Risk and Insurance 68, S. 545-580.

Nantell, T.J./Price, B. (1979): An Analytical Comparison of Variance and Semivariance Capital Market Theories. Journal of Finance and Quant. Analysis 14, S. 221-242.

Porter, R.B./Bey, R.P./Lewis, D.C. (1975): The Development of a Mean-Semivariance Approach to Capital Budgeting. Journal of Finance and Quant. Analysis 10, 639-649.

Schira, J. (2003): Statistische Methoden der VWL und BWL, Theorie und Praxis. München: Pearson Studium.

Schneeweiß, H. (1967): Entscheidungskriterien bei Risiko. Berlin et al.: Springer.

Urban, M./Dittrich J./Klüppelberg C./Stölting R. (2003): Allocation of Risk Capital to Insurance Portfolios. Manuskript an der TU München.

# Ein stochastisches Modell zur Ertragsoptimierung bei Versicherungen

**Claudia Garschhammer, Rudi Zagst**

*Zusammenfassung:*
*Zu Grunde gelegt wird ein stochastisches Modell, das verschiedene versicherungsspezifische Risiken abbildet. Ziel ist es, das Versicherungsportfolio bestehend aus dem gezeichneten Risiko, dem Verlust aus der Abwicklung der Spätschäden und der Kapitalanlage bezüglich der Rückversicherungsquote und der risikobehafteten Anlagemöglichkeit zu optimieren.*

*Schlüsselwörter: Ertrag, Erwartungsnutzen-Optimierung, Risiko, Spätschadenreserve.*

## 1 Einleitung

Unternehmerische Entscheidungen sind mit Risiken verbunden, da die Auswirkungen dieser Entscheidungen in der Regel nicht vorhergesagt werden können. Risiken werden jedoch in Kauf genommen, um Chancen wahrzunehmen und um Erfolge zu erzielen. Für eine erfolgsorientierte Unternehmensführung ist daher eine zielorientierte, bewusste und systematische Auseinandersetzung mit den Chancen und Risiken ihrer Entscheidungen unerlässlich. Die Risiken, mit denen ein Versicherungsunternehmen konfrontiert ist, lassen sich im Wesentlichen in vier Risikokategorien einteilen. Marktrisiken sind in aller Regel getrieben von Kursänderungen an den Aktien-, Zins-, Devisen- oder Immobilienmärkten und betreffen die Beteiligungen an börsengehandelten Unternehmen, riskante Anlagen der Versicherungsreserven, abgegebene Garantien für Versicherungsprodukte oder eigene Handelsrisiken. Aktuarielle Risiken entstehen durch den Eintritt von Schadensfällen, Katastrophen oder auch Langlebigkeit und betreffen das gesamte Versicherungsgeschäft. Kreditrisiken entstehen durch Rating-Änderungen von Unternehmen oder Zahlungsausfälle. Dies betrifft vor allem Unternehmensanleihen, Darlehen oder Kreditversicherungen. Operationale Risiken sind typische Risiken des operativen Geschäfts wie zum Beispiel ein Absturz des IT-Systems, Betrug oder anstehende Prozesse. Diese Arbeit konzentriert sich auf die beiden erstgenannten Kategorien und deckt dabei einen bedeutenden Prozentsatz der bei einem Versicherer auftretenden Risiken ab.

Trotz augenscheinlicher Ähnlichkeit von Versicherungsrisiken und Kapitalrisiken gibt es einen grundsätzlichen Unterschied: Kapitalrisiken können auf Grund geringerer Transaktionskosten, leichterer Diversifikation und Möglichkeiten der Absicherung durch Derivate im Allgemeinen einfacher gehandhabt werden als Versicherungsrisiken. Diversifikation auf der Seite der Versicherungstechnik beinhaltet Zeichnungs- und Produktpolitik, im Extremfall auch den Kauf eines anderen Versicherungsunternehmens oder den Verkauf von Teilen des Portfolios. Bestimmte Versicherungsrisiken, wie Schadenreserven in schwierigen Haftungsklassen oder bestimmten Katastrophenrisiken können unter Umständen gar nicht rückversicherbar sein. Eine rechtzeitige Planung unter Einbeziehung der möglichen zukünftigen Entwicklungen ist daher unumgänglich. Neben der Einrichtung entsprechender Frühwarnsysteme, die entstehende Risiken rechtzeitig aufzeigen, und der Einführung adäquater Risikomanagementprozesse und Guidelines sollte die komplette Kapitalallokation eines Unternehmens anhand eines ausgewogenen bzw. optimierten Chancen-Risikoprofils erfolgen. Ziel sollte es dabei sein, den Wert des Unternehmens zu steigern, ohne jedoch dabei zu hohe Risiken einzugehen. Die Entwicklung eines mathematischen Modells zur Beschreibung und Umsetzung dieses Unternehmenszieles wird im Folgenden erläutert.

Grundlage dieses Artikels ist ein von René Schnieper (1997) veröffentlichtes Modell, in dem der Zusammenhang zwischen dem Gewinn eines Versicherungsunternehmens und seinen Kapitalbedürfnissen untersucht wird. Wir nehmen jedoch an, dass das Unternehmenskapital gewissen Unsicherheiten unterliegt, wie zum Beispiel Preis- oder Zinsänderungen, und dass es das Ziel des Unternehmens ist, seinen risikoadjustierten Ertrag zu maximieren. In Abschnitt 2 führen wir das hierzu verwendete stochastische Modell in seiner allgemeinen Form ein. Ehe dieses jedoch eingehend untersucht wird, behandeln wir ein vereinfachtes Modell, das bereits wesentliche Strukturaussagen enthält, allerdings zum Beispiel noch keine risikobehaftete Kapitalanlage oder die Berücksichtigung der Spätschadenreserve erlaubt. Im Rahmen dieses Modells wird eine für das Unternehmen optimale Rückversicherungsquote bestimmt und deren Abhängigkeit von verschiedenen Einflussfaktoren untersucht. Abschnitt 4 behandelt die Schätzung der Spätschadensreserve, die am Fall eines beispielhaften Versicherungsunternehmens illustriert wird, das uns durch alle Abschnitte begleitet. Abschnitt 5 liefert schließlich eine Lösung für die optimale Struktur des Unternehmensportfolios im allgemeinen Modell und gibt die zu wählende Anlage- und Rückversicherungspolitik explizit an. Abschließend werden die Ergebnisse des vereinfachten und des vollständigen Modells theoretisch und anhand unseres Beispielunternehmens verglichen.

## 2 Das allgemeine stochastische Modell

Wir betrachten ein allgemeines Versicherungsunternehmen unter rein finanz- und risikotheoretischen Gesichtspunkten, d.h., es erfolgt weder eine Betrachtung der

Marktstrategie noch der Qualität des Managements. Die Preise der Versicherungsprodukte ergeben sich durch das makroökonomische Gleichgewicht zwischen Angebot und Nachfrage und werden somit nicht durch das Unternehmen selbst beeinflusst. Im Hinblick auf die Unternehmensbilanz wird auf der Passivseite die aktuelle Zinsstruktur angewendet und die Bewertung der Kapitalanlagen erfolgt zu Marktpreisen. Kosten und Dividenden finden keine Berücksichtigung. Die Unternehmenskonten basieren auf einem bestimmten Schadenjahr. Nach kleinen Änderungen kann allerdings auch jede andere gebräuchliche Basis, wie zum Beispiel das Jahr des Vertragsbeginns, verwendet werden. Mit der eingenommenen Prämie, die sich aus dem erwarteten Schaden des betrachteten Jahres $E[S]$ und dem Sicherheits- bzw. Schwankungszuschlag $b$ zusammensetzt, und der Spätschadenreserve $\Delta L$ soll der Gesamtschaden $S$ des betrachteten Jahres beglichen werden. Der Gewinn, den das Unternehmen durch die Anlage des verfügbaren Kapitals erzielt, wird im Modell durch $\Delta A$ repräsentiert. Damit lässt sich die Veränderung des gesamten Unternehmenskapitals $\Delta U$ folgendermaßen beschreiben:

$$\Delta U = E[S] + b - S - \Delta L + \Delta A \,. \tag{1}$$

Als *Rendite des Unternehmens* bezeichnen wir das Verhältnis der Änderung des Unternehmenskapitals im laufenden Geschäftsjahr zum Unternehmenskapital zu Beginn des Geschäftsjahres, d.h.

$$R_U := \frac{\Delta U}{u}.$$

Bildet man den Erwartungswert der eben definierten Größe, so sprechen wir vom *Ertrag* $\mu$ des Unternehmens. Die Standardabweichung der Rendite wird als *Risiko* $\sigma$ bezeichnet:

$$\mu := E[R_U] = \frac{E[\Delta U]}{u} \qquad \text{und} \qquad \sigma := \sigma(R_U) = \frac{\sigma(\Delta U)}{u}.$$

Es wird unterstellt, dass Entscheidungen zur Ertragsoptimierung des Unternehmens einzig auf Basis der Parameter Ertrag und Risiko getroffen werden. Bei bekannter Risiko-Ertrags-Präferenz möchte man einerseits einen möglichst hohen Ertrag erzielen, andererseits soll das Risiko möglichst gering gehalten werden. Der funktionale Zusammenhang zwischen Ertrag und Risiko sei gegeben durch die hier als *Erwartungsnutzen* bezeichnete Funktion $\nu(\mu,\sigma)$ mit[1]

$$\nu(\mu,\sigma) := \theta \cdot E[R_U] - Var[R_U] = \theta \cdot \mu - \sigma^2 .$$

Alle Paare (σ, μ), die den gleichen Wert ν annehmen, befinden sich auf derselben Indifferenzkurve. Der einzige Parameter $\theta$ beschreibt den Trade-off zwischen Ertrag und Risiko gemessen mit dem (individuellen) Grad an Risikoaversion im Risko-Ertrags-Raum (σ, μ) und wird nach Uhlir (1994, S. 145) als *Risiko-Ertrags-Präferenz-Parameter* bezeichnet. Das Unternehmen fordert für eine zusätzliche Risiko- bzw. Varianzeinheit das $\theta$-fache an Ertrag. Wie der Risiko-Ertrags-Präferenz-Parameter ermittelt werden kann, wird zum Beispiel von Spremann (1996, S. 502) erläutert.

**Beispiel:**

Zur Illustration der einzelnen Ergebnisse soll uns ein Unternehmen begleiten, dessen Versicherungsportfolio sich aus folgenden drei Sparten zusammensetzt:

- Kfz-Haftpflichtversicherung mit $v_H$=40.000 versicherten Risiken: $S^H$
- sonstige Kfz-Versicherung (Fahrzeugvollversicherung, Fahrzeugteilversicherung und Kraftfahrtunfallversicherung) mit $v_K$ =25.000 Risiken: $S^K$
- Feuer- und Sachversicherung (zum Beispiel Sturmversicherung, verbundene Hausratversicherung, Technische Versicherungen, Transportversicherung) mit $v_F$ =400.000 Risiken: $S^F$

Somit ergibt sich ein Gesamtschaden von

$$S = S^H + S^K + S^F = \sum_{i=1}^{40.000} S_i^H + \sum_{i=1}^{25.000} S_i^K + \sum_{i=1}^{400.000} S_i^F .$$

Der erwartete Gesamtschaden wird auf $E[S] = 35.410.076$ EUR und die Standardabweichung auf $\sigma(S) = 2.226.761$ EUR geschätzt. Dabei gehen wir im Rahmen der Beispielrechnungen davon aus, dass die einzelnen Sparten unkorreliert sind. Weiter legen wir unseren Modellrechnungen zu Grunde, dass in unserem Unternehmen zu Beginn des Jahres ein Kapital in Höhe von $u = 12$ Mio.

---

[1] Die Bezeichnung von $\nu$ als Erwartungsnutzen rührt daher, dass Funktionen dieser Struktur bei der Maximierung des Erwartungsnutzens entstehen, wenn zum Beispiel die Nutzenfunktion des Unternehmens gegeben ist durch $N(R_U) = \theta \cdot R_U - (R_U^2 - \mu^2)$ oder im so genannten hybriden Modell, d.h., wenn $R_U$ normalverteilt ist und die Nutzenfunktion die Struktur $N(R_U) = -\theta \cdot e^{-\frac{R_U}{\theta}}$ besitzt (vgl. zum Beispiel Spremann (1996), S. 502).

EUR vorhanden ist und sich die Rendite der risikolosen Anlage auf r = 4,5% beläuft. Der Sicherheitszuschlag $b$ sei mit 5,5 Mio. EUR gegeben.

# 3 Das vereinfachte Modell

Vorbereitend werden in einer vereinfachten Version des eben eingeführten Modells weitere spezifische Annahmen getroffen. Dabei gehen wir zum einen davon aus, dass die einzigen Anlageerträge von der risikolosen Anlage des Eigenkapitals mit Rendite $r$ stammen. D.h., es gilt:

$$\Delta A = r \cdot u.$$

Implizit wird damit auch unterstellt, dass das gesamte Unternehmenskapital $u$ für die Kapitalanlage zur Verfügung steht. Des Weiteren berücksichtigen wir zunächst keine Spätschadenreserve:

$$\Delta L = 0.$$

Statt (1) erhält man nun das vereinfachte Modell:

$$\Delta U = E[S] + b - S + r \cdot u \tag{2}$$

mit Ertrag

$$\mu = \frac{E[\Delta U]}{u} = \frac{b}{u} + r \qquad \text{und Risiko} \qquad \sigma = \frac{\sigma(\Delta U)}{u} = \frac{\sigma(S)}{u}.$$

Durch Einsetzen ergibt sich damit die Gleichung

$$\mu - r = k \cdot \sigma \quad \text{mit} \quad k := \frac{\mu - r}{\sigma} = \frac{b}{\sigma(S)}.$$

Der Ertrag $\mu$ und das Risiko $\sigma$ liegen auf einer Geraden mit Steigung $k$ und Achsenabschnitt $r$. Die Gerade gibt somit die Menge der erreichbaren Risiko-Ertrags-Paarungen $(\sigma^*, \mu^*)$ für verschiedene Kapitalniveaus an. Man kann die Differenz $\mu^* - r$ als Risikoprämie interpretieren, die den Kapitalgebern die Übernahme des Risikos $\sigma^*$ vergütet.

## 3.1 Quoten-Rückversicherung im vereinfachten Modell

Bezeichnen $S_1, S_2, ..., S_I$ die Risiken der verschiedenen Versicherungsportfolios $i = 1, ..., I$ und $S = \sum_{i=1}^{I} S_i$ den Gesamtschaden des Unternehmens. Unter der Annahme einer geeigneten Gesamtschadenverteilung[2] kann man zum Beispiel durch die Formel

$$b = Q_{1-\varepsilon} \cdot \sigma$$

den Sicherheitszuschlag $b$ des Gesamtrisikos bestimmen. Dabei bezeichnet $Q_{1-\varepsilon}$ das (1- $\varepsilon$ )-Quantil der standardisierten Gesamtschadenverteilung. Der Sicherheitszuschlag lässt sich dann gemäß dem Kovarianzprinzip[3] durch die Größen

$$b_i = \frac{Cov\left[S_i, S\right]}{Var[S]} \cdot b$$

auf die Einzelrisiken $S_i$, $i = 1, ..., I$ aufteilen. Sind $S_i$ und $S - S_i$ unabhängig, so gilt das Varianzprinzip

$$b_i = \frac{Var[S_i]}{Var[S]} \cdot b.$$

$b_i$ bezeichnet im Folgenden den für Risiko $i$ gegebenen Sicherheitszuschlag und $\sigma_i^2$ dessen Varianz, $i = 1, ..., I$. Es wird angenommen, dass das Unternehmen nicht das volle Zeichnungsrisiko $S$ alleine trägt, sondern für jedes Einzelrisiko $S_i$ einen Teil $\alpha_i$ selbst behält und den verbleibenden Teil $1 - \alpha_i$ an seinen Rückversicherer abtritt (*Quoten-Rückversicherung*[4]). Für den Erstversicherer bleiben damit folgende durch den Index EV gekennzeichnete Größen erhalten:

---

2 Wie zum Beispiel Gamma-, Lognormal- oder Inverse Gaußverteilung.

3 Vgl. Mack (1997) oder Garschhammer (2003), S 18. *Cov* bezeichnet dabei die Kovarianz und *Var* die Varianz der in der Klammer notierten Zufallsvariablen.

4 Vgl. Mack (1997) oder Garschhammer (2003), S. 26.

$$S_{EV} = \sum_{i=1}^{I} \alpha_i S_i$$

$$E[S_{EV}] = \sum_{i=1}^{I} \alpha_i E[S_i]$$

$$b_{EV} = \sum_{i=1}^{I} \alpha_i b_i = \underline{\alpha}^{\bullet} \underline{b}$$

$$Var[S_{EV}] = Var\left[\sum_{i=1}^{I} \alpha_i S_i\right] = \underline{\alpha}^{\bullet} \Sigma^S \underline{\alpha}$$

mit $\underline{\alpha} := (\alpha_1, ..., \alpha_I)^{\bullet}$, $\underline{b} := (b_1, ..., b_I)^{\bullet}$ und $\Sigma^S := (Cov[S_i, S_j])_{i,j=1,...,I}$ sowie $\sigma_i^2 := Var[S_i]$. Folglich erhält man nach Rückversicherung statt (2) die Gleichung

$$\Delta U = E[S_{EV}] + b_{EV} - S_{EV} + r \cdot u \ .$$

Das Rückversicherungsunternehmen wird ohne Rücksicht auf die Größe eines Risikos mit einem bestimmten einheitlichen Prozentsatz an allen gezeichneten Risiken einer Sparte beteiligt und erhält als Kompensation einen entsprechenden Teil der vom Erstversicherer vereinnahmten Prämie. Der Betrag $(1-\alpha_i) \cdot E[S_i] + (1-\alpha_i) \cdot b_i$ geht somit für jedes Einzelrisiko $S_i$, $i = 1, ..., I$ in die Gewinn- und Verlustrechnung des Erstversicherers als Aufwand ein.

## 3.2 Ermittlung der optimalen Rückversicherungsquote

Durch Weitergabe eines Teils der Risiken in Form einer Rückversicherung kann der risikoadjustierte Ertrag bei gegebenen Sicherheitszuschlägen $b_i$ der Einzelrisiken $S_i$, $i = 1, \dots, I$ beeinflusst werden. Im Folgenden wird gezeigt, wie die optimalen Selbstbehaltquoten $\alpha_i$, $i = 1, \dots, I$ zu bestimmen sind, die das Verhältnis zwischen Ertrag und Risiko bei gegebenem Risiko-Ertrags-Präferenz-Parameter $\theta$ maximieren.

**Satz 3.1**[5]

Beschreibe $S_1, S_2, \ldots, S_I$ die Schäden der Teilportfolios $i = 1, \ldots, I$, $S = \sum_{i=1}^{I} S_i$ den Gesamtschaden und die Kovarianzmatrix $\Sigma^S$ sei positiv definiert. Dann sind die optimalen Selbstbehaltquoten, die die Funktion

$$\underline{\alpha} \mapsto \nu(\mu_{EV}(\underline{\alpha}), \sigma_{EV}(\underline{\alpha})) = \theta \cdot \mu_{EV}(\underline{\alpha}) - \sigma_{EV}^2(\underline{\alpha}), \quad \theta \geq 0,$$

maximieren, gegeben durch[6]

$$\underline{\alpha}^{VM} = \frac{1}{2}\theta u (\Sigma^S)^{-1} \underline{b}. \ (3)$$

Je kleiner der Risiko-Ertrags-Präferenz-Parameter $\theta$, desto mehr Ertrag wird benötigt, um bei gegebenem Risiko das gleiche Nutzenniveau zu halten. Dies bedeutet, dass das Unternehmen risikoaverser ist und folglich einen größeren Anteil der Risiken abgibt. Die Selbstbehaltquote $\alpha$ sinkt daher mit fallendem $\theta$. Eine weitere Interpretation erhält man mit Hilfe des folgenden Korollars, das sich direkt aus Satz 3.1 ergibt.

**Korollar 3.2**

Sind die Schäden $S_1, S_2, \ldots, S_I$ der Teilportfolios aus Satz 3.1 unkorreliert, so sind die optimalen Selbstbehaltquoten $\underline{\alpha}^{VM*}$ gegeben durch

$$\alpha_i^* = \frac{\theta u \cdot b_i}{2\sigma_i^2} \quad \text{für } i = 1, \ldots, I.$$

---

5 Der Beweis zu diesem Satz sowie alle weiteren fehlenden Beweise können gerne bei Prof. Zagst (zagst@ma.tum.de) angefragt werden.

6 Das Optimierungsproblem wurde ohne Nebenbedingungen gelöst. Verletzt obige Lösung (3) die Restriktion $0 \leq \underline{\alpha} \leq 1$, so ist diese Nebenbedingung in das Optimierungsproblem aufzunehmen. Dabei ist $0 \leq \underline{\alpha} \leq 1$ komponentenweise zu lesen. Die Lösung des neuen Problems kann dann mit Hilfe eines konvexen Optimierungsproblems berechnet werden (vgl. Fletcher 1981, S. 51 oder Garschhammer (2003), S. 44 und 64).

Je kleiner also das Risiko $\sigma_i$, desto größer die Selbstbehaltquote $\alpha_i$ des Erstversicherers. Ebenso steigt die Selbstbehaltquote mit steigendem Sicherheitszuschlag $b_i$ und steigendem Unternehmenskapital $u$.

**Beispiel (Fortsetzung):**

Mit $S_H, S_K$ und $S_F$ werden wieder die Gesamtschäden der drei Sparten Kfz-Haftpflicht, sonstige Kfz- und Feuer-/Sachversicherung bezeichnet. Wir nehmen an, dass die Schäden der drei Sparten durch die Verteilungen

| | |
|---|---|
| Kfz-Haftpflicht: | $S_H : \Gamma(v_H \cdot 0{,}004616; 57.192{,}37^{-1}), v_H = 40.000$ |
| sonstige Kfz: | $S_K : \Gamma(v_K \cdot 0{,}009290; 15.715{,}82^{-1}), v_K = 25.000$ |
| Feuer/Sach: | $S_F : \Gamma(v_F \cdot 0{,}000262; 202.290{,}08^{-1}), v_F = 400.000$ |

bestimmt sind. Erwartungswert und Varianz der Gammaverteilung mit Parametern $q_j$ und $\lambda_j$ berechnen sich durch

$$E[S^j] = \frac{q_j}{\lambda_j} \quad \text{und} \quad Var[S^j] = \frac{q_j}{\lambda_j^2}, \quad j = \{H, K, F\}$$

und somit ergeben sich für die einzelnen Sparten folgende Werte

$$E[S_H] = v_H \cdot 0{,}004616 \cdot 57.192{,}37 = 264 \cdot 40.000 = 10.560.000$$

$$\sigma_H = \sqrt{v_H \cdot 0{,}004616 \cdot 57.192{,}37^2} = 777.143$$

$$E[S_K] = v_K \cdot 0{,}009290 \cdot 15.715{,}82 = 146 \cdot 25.000 = 3.650.000$$

$$\sigma_K = \sqrt{v_K \cdot 0{,}009290 \cdot 15.715{,}82^2} = 239.505$$

$$E[S_F] = v_F \cdot 0{,}000262 \cdot 202.290{,}08 = 53 \cdot 400.000 = 21.200.000$$

$$\sigma_F = \sqrt{v_F \cdot 0{,}000262 \cdot 202.290{,}08^2} = 2.070.881.$$

Auf Grund der Annahme, dass die drei Sparten unkorreliert sind, können wir den Sicherheitszuschlag $b = 5.500.000$ nach dem Varianzprinzip wie folgt aufteilen:

$$b_H = \frac{777.143^2}{2.226.761^2} \cdot 5.500.000 = 669.912$$

$$b_K = \frac{239.505^2}{2.226.761^2} \cdot 5.500.000 = 63.628$$

$$b_F = \frac{2.070.881^2}{2.226.761^2} \cdot 5.500.000 = 4.756.921.$$

Da die Standardabweichungen der verschiedenen Sparten nur auf geschätzten Parametern und die Standardabweichung der Gesamtschadenverteilung auf einer an simulierte Daten angepassten Verteilung basiert, ergibt die Summe der Sicherheitszuschläge der drei Sparten nicht exakt den Gesamtsicherheitszuschlag des Unternehmens. Deshalb orientieren wir uns nur am Varianzprinzip und teilen den Sicherheitszuschlag folgendermaßen auf:

$$b_H = 670.000, \quad b_K = 70.000 \quad \text{und} \quad b_F = 4.760.000.$$

In Korollar 3.2 ist für den Spezialfall unkorrelierter Teilrisiken die optimale Selbstbehaltquote $\alpha_i$* für i = H,K,F angegeben. Für einen Risiko-Ertrags-Präferenz-Parameter in Höhe von θ = 0,1 ergibt sich:

$$\alpha_H^* = \frac{0{,}1}{2} \cdot \frac{670.000}{777.143^2} \cdot 12.000.000 = 66{,}56\%$$

$$\alpha_K^* = \frac{0{,}1}{2} \cdot \frac{70.000}{239.505^2} \cdot 12.000.000 = 73{,}22\%$$

$$\alpha_F^* = \frac{0{,}1}{2} \cdot \frac{4.760.000}{2.070.881^2} \cdot 12.000.000 = 66{,}60\%$$

Nach Rückversicherung bleiben für unser Unternehmen also die Größen

$$E[S_{EV}] = 0,6656 \cdot 10.560.000 + 0,7322 \cdot 3.650.000 + 0,6660 \cdot 21.200.000$$
$$= 23.819.714$$
$$b_{EV} = 0,6656 \cdot 670.000 + 0,7322 \cdot 70.000 + 0,6660 \cdot 4.760.000$$
$$= 3.667.182$$
$$\sigma(S_{EV}) = \sqrt{0,6656^2 \cdot 777.143^2 + 0,7322^2 \cdot 239.505^2 + 0,6660^2 \cdot 2.070.881^2}$$
$$= 1.483.418$$

erhalten. Die Prämie $E[S]+b$ des Erstversicherers sinkt von 40.910.076 auf 27.487.896 EUR, bei einer geringeren Standardabweichung von 1.483.418 statt 2.226.761 EUR.

# 4 Die Spätschadenreserve

Wir wollen nun das vereinfachte Modell erweitern. Dabei werden auch RBNS- und IBNR-Schäden[7] berücksichtigt. Dies bedeutet, dass die Annahme $\Delta L = 0$ nicht mehr zutreffend ist. Die Berechnung der benötigten Spätschadenreserve $\Delta L$ erfolgt mit Hilfe eines so genannten Abwicklungsdreiecks.

## 4.1 Das Abwicklungsdreieck

Jeder Schaden hat eine individuelle Historie.[8] Er entsteht in einem Anfalljahr und wird dem Versicherungsunternehmen gemeldet. Das Versicherungsunternehmen leistet eine erste Zahlung und bildet für eventuell erforderliche weitere Zahlungen eine Einzelschadenreserve. Die Regulierung eines einzelnen Schadens – und damit erst recht die Regulierung aller Schäden aus einem Anfalljahr – kann sich über mehrere Abwicklungsjahre erstrecken. Grundlage für die Bestimmung von Spätschadenreserven ist das so genannte *Abwicklungsdreieck*, in dem für jedes Anfalljahr und jedes Abwicklungsjahr die geleisteten Zahlungen aufgeführt sind (siehe Tabelle 1). Dabei betrachten wir $w$ Anfalljahre und nehmen an, dass jeder Schaden entweder im Anfalljahr selbst oder in einem der $w-1$ folgenden Kalen-

---

7 RBNS-Schäden: reported but not settled, IBNR-Schäden: incurred but not reported. Beide Arten von Schäden sind zwar in der betrachteten Periode induziert, werden aber erst später realisiert. Deshalb müssen diese Schäden geschätzt und in Form einer Spätschadenreserve zurückgestellt werden (vgl. Mack 1997 oder Garschhammer (2003), S. 27).

8 Vgl. zum Beispiel Schmidt (2002), Kapitel 11.

derjahre abschließend reguliert wird. Das laufende Kalenderjahr wird mit $w+1$ bezeichnet. Es ist nicht im Abwicklungsdreieck enthalten, da für dieses Jahr noch keine Zahlungen geleistet wurden.

| Anfalljahr s | Abwicklungsjahr t | | | | | | | |
|---|---|---|---|---|---|---|---|---|
| | 1 | 2 | 3 | 4 | . | . | . | w |
| 1 | $Z_{11}$ | $Z_{12}$ | $Z_{13}$ | $Z_{14}$ | . | . | . | $Z_{1w}$ |
| 2 | $Z_{21}$ | $Z_{22}$ | . | . | . | . | $Z_{2,w-1}$ | |
| 3 | $Z_{31}$ | . | | | | . | | |
| . | . | . | | | . | | | |
| . | . | . | | . | | | | |
| . | . | . | . | | | | | |
| w - 1 | . | $Z_{w-1,2}$ | | | | | | |
| w | $Z_{w1}$ | | | | | | | |

**Tabelle 1:** Abwicklungsdreieck; aufgeführt sind alle bereits geleisteten Zahlungen

Wir betrachten also eine Familie $\{Z_{s,t}\}_{s,t\in\{1,\dots,w\}}$ von Zufallsvariablen, wobei $Z_{s,t}$ den im Abwicklungsjahr $t$ aufgewendeten Betrag für im Anfalljahr $s$ eingetretene Schäden bezeichnet. Als Anfall-, Ereignis- oder Vertragsjahr wird dabei dasjenige Jahr bezeichnet, in dem der Schaden eingetreten bzw. dem er buchhalterisch zuzurechnen ist. Das 1. Abwicklungsjahr (t = 1) ist das Anfalljahr selbst, das 2. Abwicklungsjahr (t = 2) ist das dem Anfalljahr folgende Kalenderjahr usw. Das Jahr der Risikoübernahme wird mit $t = 0$ bezeichnet. Die Zahlung $Z_{s,t}$ wird somit im (relativen) Kalenderjahr $s+t-1$ geleistet. Folglich werden die auf einer Diagonalen stehenden Beträge für Schäden aus den verschieden Anfalljahren im gleichen Jahr bezahlt. Da wir uns am Ende von Kalenderjahr $w$ befinden, sind die Zahlungen $Z_{s,t}$ für $s+t-1 \le w$ schon geleistet. Vom jüngsten Anfalljahr $s = w$ sind lediglich die Schäden bekannt, die im Laufe dieses Jahres eingetreten sind und gemeldet wurden. Vom am längsten zurückliegenden Anfalljahr $s = 1$ sind $t = w$ Abwicklungsjahre bekannt. Die Zahlungen, die das abgelaufene Kalenderjahr betreffen $(Z_{w1}, Z_{w-1,2}, \dots, Z_{1w})$, stehen somit auf der Hypotenuse des Abwicklungsdreiecks und sind gegenüber der entsprechenden Situation vor einem Jahr neu hinzugekommen. Für die richtige Modellbildung ist hier festzuhalten, dass für jedes Anfalljahr $s$ die Beträge $Z_{s,t}$ mit wachsendem $t$ tendenziell abnehmen (eventuell nach einem kurzen Anstieg zu Beginn) und schließlich, nach spätestens $w$ Jahren, gleich null werden. Bei zunehmender Abwicklungsdauer wird es nämlich immer unwahrscheinlicher, dass sich noch Änderungen im Schadenstand ergeben. Ergänzt man das Abwicklungsdreieck aus Tabelle 1 zu einem Quadrat, so erhält man die noch ausstehenden Zahlungen, für die eine Reserve gebildet werden muss. In Tabelle 2 sind diese Zahlungen aufgeführt. Für eine realistische Modellbildung stellt sich nun die Frage, wie die zukünftigen Zahlungen geeignet geschätzt werden können.

| Anfalljahr s | Abwicklungsjahr t 1 | 2 | 3 | 4 | . | . | . | w |
|---|---|---|---|---|---|---|---|---|
| 1 | | | | | | | | $Z_{2,w}$ |
| 2 | | | | | | | . | $Z_{2,w}$ |
| 3 | | | | | | . | | $Z_{3,w}$ |
| . | | | | | . | | | . |
| . | | | | . | | | | . |
| . | | | . | | | | | . |
| w - 1 | | . | | | | | | $Z_{w,w-1}$ |
| w | $Z_{w,2}$ | $Z_{w,3}$ | . | . | . | | $Z_{w,w-1}$ | $Z_{w,w}$ |

**Tabelle 2:** Zahlungen, für die eine Spätschadenreserve gebildet werden muss

## 4.2 Schätzung der Spätschadenreserve

Die in der Spätschadenreserve enthaltenen noch ausstehenden Zahlungen $Z_{s,t}$ mit $s+t-1>w$ müssen für das Modell auf einen einheitlichen Bewertungszeitpunkt, hier Jahr $w$ der letzten Gewinn- und Verlustrechnung, abgezinst werden. Dazu bezeichnen wir den Barwert zum Zeitpunkt $w$ einer zum Zeitpunkt $w+j$ $(j>0)$ bezahlten Geldeinheit mit $P(w,w+j)$. Dies bedeutet, dass man zum Zeitpunkt $w$ den Betrag $P(w,w+j)$ bezahlt, um zum Zeitpunkt $w+j>w$ einen Euro zurückzubekommen. Eine ausführlichere Darstellung der stochastischen Modellierung dieser so genannten Zero-Coupon-Bond-Preise findet man zum Beispiel in Zagst (2002), Kapitel 4.1. Das vom Versicherungsunternehmen im Zeitpunkt $w$ übernommene Risiko $S$ (fällt frühestens im Jahr $w+1$ an) setzt sich aus den abgezinsten zufälligen Zahlungen der folgenden Abwicklungsjahre zusammen und beträgt somit im Betrachtungsjahr $w$

$$S := S^{w+1} = \sum_{j=1}^{w} P(w,w+j)\cdot Z_{w+1,j}. \qquad (4)$$

Da jeder Schaden über $w$ Jahre abgewickelt wird, interessieren uns für die Reservenbildung am Ende des Kalenderjahres $w$ (Zeitpunkt der letzten Gewinn- und Verlustrechnung) nur die Schäden $S^s$ mit $s=2,\ldots,w$. Davor angefallene Schäden sind schon abgewickelt und für in der Zukunft anfallende Schäden braucht noch keine Reserve gebildet zu werden. Veranschaulicht wird dieser Sachverhalt in Abbildung 1. Die gestrichelte Linie markiert den Zeitpunkt der letzten Gewinn-

und Verlustrechnung $w$. Alle Zahlungen links der gestrichelten Linie wurden in der Vergangenheit schon geleistet, die Zahlungen $Z_{s,w-s+1}$, $s = 1,...,w$ auf der gestrichelten Linie wurden im abgelaufenen Jahr $w$ beglichen, und alle Zahlungen rechts der gestrichelten Linie müssen durch die am Ende des Jahres $w$ geschätzte Spätschadenreserve gedeckt werden.

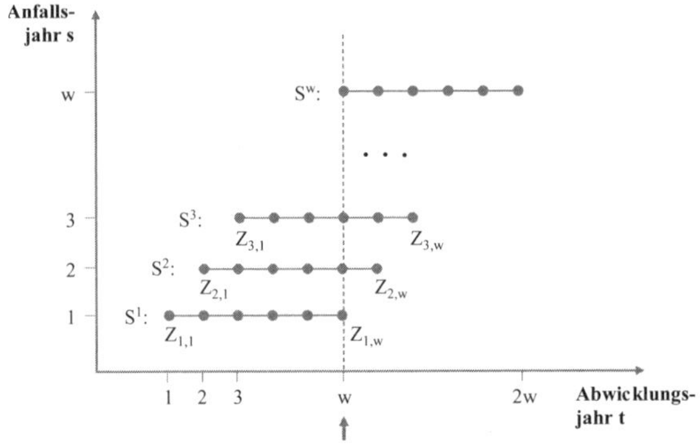


**Abb. 1:** Abwicklung der Schäden $S^1,...,S^w$ aus den Anfalljahren $s = 1,...,w$

Kommen wir nun zurück zu der Frage, wie die noch ausstehenden Zahlungen geeignet geschätzt werden können. Im vorliegenden Modell werden sie auf Basis der im Jahr $w$ verfügbaren Information bzw. Historie über den Schaden und über den Zins, modelliert durch entsprechende $\sigma$-Algebren, geschätzt. Der Erwartungswert der Zahlungen wird deshalb bezüglich der kleinsten aus den beiden $\sigma$ – Algebren $H^Z_{s,w-s+1}$ (Schadenshistorie) und $H^P_w$ (Zinshistorie) erzeugten $\sigma$-Algebra $\sigma(H^Z_{s,w-s+1}, H^P_w)$ bedingt. Dabei gehen wir davon aus, dass die Schadens- und Zinshistorie bzw. die entsprechenden $\sigma$-Algebren unabhängig sind (vgl. zum Beispiel. Williams (1991), S. 91). Wie bereits erwähnt, befinden wir uns ohne Beschränkung der Allgemeinheit am Ende des Jahres $w$. Für die Schäden $S^s$, $s = 2,...,w$ wird eine Spätschadenreserve gebildet und die Schäden $S^{w+1}$ werden von der Versicherung im laufenden Jahr übernommen. Zur Vereinfachung werden sie auch weiterhin mit $S$ bezeichnet. Sei

$$L_{s,w-s+1} := E\left[\sum_{j=w-s+2}^{w} P(w, s-1+j)\cdot Z_{s,j} \mid \sigma(H^Z_{s,w-s+1}, H^P_w)\right], s = 2,...,w \quad (5)$$

die am Ende des Betrachtungsjahres $w$ für das Risiko $S^s$ *geschätzte Spätschadenreserve* des Unternehmens. Dies bedeutet, dass die noch ausstehenden Zahlungen für die Schäden auf das Jahr $w$ abgezinst und auf Basis der bis dahin verfügbaren Information geschätzt werden. Für das im Jahr $w$ gezeichnete Risiko $S$ (Anfalljahr $s = w+1$) gilt:

$$L_{w+1,0} = E[S]. \quad (6)$$

$E[S]$ ist Teil der Prämie $E[S]+b$. Da $E[S]$ somit schon im Modell enthalten ist, wird $L_{w+1,0}$ nicht mehr in die Spätschadenreserve eingerechnet. Ist der Schaden schon abgewickelt, d.h. $s = 1$, braucht keine Spätschadenreserve mehr gebildet zu werden. Die geschätzte Spätschadenreserve des Unternehmens bezüglich des Schadenjahres $s = 1, ..., w-1$ am Ende des Betrachtungsvorjahres $w-1$ ist

$$L_{s,w-s} = E\left[ \sum_{j=w-s+1}^{w} P(w-1, s-1+j) \cdot Z_{s,j} \mid \sigma(H^Z_{s,w-s}, H^P_{w-1}) \right]. \quad (7)$$

Die Spätschadenreserve $L_{s,w-s}$ muss die am Ende des Vorjahres noch ausstehenden Zahlungen decken. Der produzierte Verlust aus der Abwicklung des Spätschadens von $S^s$ im Geschäftsjahr $w$ ist demnach gegeben durch

$$\Delta L_{s,w-s+1} = L_{s,w-s+1} + Z_{s,w-s+1} - L_{s,w-s}, s = 1, ..., w-1. \quad (8)$$

Dies bedeutet, dass dem Unternehmen im Jahr $w$ für die Abwicklung der Spätschadenreserve der im Vorjahr berechnete Betrag $L_{s,w-s}$ zur Verfügung steht. Das Unternehmen leistet im Betrachtungsjahr die Zahlung $Z_{s,w-s+1}$ und schätzt die für die Zukunft benötigte Spätschadenreserve auf den Betrag $L_{s,w-s+1}$. Der Verlust aus der Abwicklung des Spätschadens von $S^s$ lässt sich folgendermaßen berechnen:

$$\begin{aligned} \Delta L_{s,w-s+1} &= \sum_{j=w-s+1}^{w} P(w, s-1+j) \cdot (E[Z_{s,j} \mid H^Z_{s,w-s+1}] - E[Z_{s,j} \mid H^Z_{s,w-s}]) \\ &+ \sum_{j=w-s+1}^{w} E[Z_{s,j} \mid H^Z_{s,w-s}] \cdot (P(w, s-1+j) - P(w-1, s-1+j)) \\ &=: \Delta L_{1,s,w-s+1} + \Delta L_{2,s,w-s+1}. \quad (9) \end{aligned}$$

Der Verlust in Periode $w$ aus der Abwicklung der Spätschäden aus den Anfalljahren $s = 1, \dots, w-1$ ist folglich gegeben durch

$$\Delta L := \sum_{s=1}^{w-1} \Delta L_{s,w-s+1}.$$

$\Delta L_{w,1} = L_{w,1} + Z_{w,1} - L_{w,0} = L_{w,1} + Z_{w,1} - E[S^w]$ wird nicht bei der Änderung der Spätschadenreserve $\Delta L$ berücksichtigt, da $E[S^w]$ keine Spätschadenreserve darstellt, sondern im Vorjahr als Prämie in die Gewinn- und Verlustrechnung eingegangen ist. Den Verlust aus der Abwicklung der Spätschäden $\Delta L$ kann man analog zum Verlust aus der Abwicklung der Spätschäden aus den verschiedenen Abwicklungsjahren zerlegen. Sei $\Delta L = \Delta L_1 + \Delta L_2$ mit

$$\Delta L_i = \sum_{s=1}^{w-1} \Delta L_{i,s,w-s+1} \quad \text{für } i = 1, 2. \tag{10}$$

Dann bezeichnet $\Delta L_1$ den Verlust aus der reinen Abwicklung der Spätschäden und $\Delta L_2$ den Verlust aus der Verzinsung der Spätschäden.

**Satz 4.1**

Der erwartete Verlust aus der reinen Abwicklung der Spätschäden ist null, d.h.

$$E[\Delta L_1] = 0. \tag{11}$$

Für den Verlust aus der Verzinsung der Spätschäden $\Delta L_2$ gilt:

$$\begin{aligned}\Delta L_2 &= \underbrace{\sum_{t=0}^{w-2} K_t \cdot P(w, w+t)}_{=:L(w)} - \underbrace{\sum_{t=0}^{w-2} K_t \cdot P(w-1, w+t)}_{=:L(w-1)} \\ &= \underbrace{\frac{L(w) - L(w-1)}{L(w-1)}}_{=:R_L} \cdot \underbrace{L(w-1)}_{=:l} = R_L \cdot l.\end{aligned} \tag{12}$$

mit einer zum Zeitpunkt $w$ bekannten Größe $l$ und einer Zufallsvariable $R_L$.

**Beispiel (Fortsetzung):**

Nun wird die Änderung der Spätschadenreserve unseres Beispielunternehmens berechnet. Dazu nehmen wir an, dass jeder Schaden nach spätestens $w = 4$ Jahren abgewickelt ist. Wir verwenden für unsere Berechnungen das in Tabelle 3 dargestellte Abwicklungsdreieck.

| Anfalljahr s | Abwicklungsjahr t | | | |
|---|---|---|---|---|
| | 1 | 2 | 3 | 4 |
| 1 | 15.510.798 | 10.340.532 | 6.893.688 | 1.723.422 |
| 2 | 16.338.451 | 10.892.300 | 7.261.534 | |
| 3 | 14.980.516 | 9.987.011 | | |
| 4 | 16.878.586 | | | |

**Tabelle 3:** Abwicklungsdreieck

Die Änderung der Spätschadenreserve $\Delta L$ wird in den Verlust aus der reinen Abwicklung der Spätschäden $\Delta L_1$ und den Verlust aus der Verzinsung der Spätschäden $\Delta L_2$ aufgeteilt. Diese beiden Größen werden zuerst für jedes Anfalljahr berechnet. Wie eben erläutert, verursacht der Schaden $S^s$ einen Verlust aus der reinen Abwicklung der Spätschäden von

$$\Delta L_{1,s,w-s+1} = \sum_{j=w-s+1}^{w} P(w, s-1+j) \cdot \left( E\left[ Z_{s,j} \middle| H^Z_{s,w-s+1} \right] - E\left[ Z_{s,j} \middle| H^Z_{s,w-s} \right] \right) \quad (13)$$

und der Verlust aus der Verzinsung der Spätschäden beläuft sich auf

$$\Delta L_{2,s,w-s+1} = \sum_{j=w-s+1}^{w} E\left[ Z_{s,j} \middle| H^Z_{s,w-s} \right] \cdot \left( P(w, s-1+j) - P(w-1, s-1+j) \right). \quad (14)$$

Um diese Größen berechnen zu können, benötigt man

a) die Schätzung der noch ausstehenden Zahlungen auf Basis des heutigen Informationsstandes $E\left[ Z_{s,j} \middle| H^Z_{s,w-s+1} \right]$,

b) die Schätzung der noch ausstehenden Zahlungen auf Basis des heutigen Informationsstandes $E\left[ Z_{s,j} \middle| H^Z_{s,w-s} \right]$,

c) den Zins zur Berechnung des Barwertes einer Geldeinheit $P(w, s-1+j)$.

zu a): Schätzung der noch ausstehenden Zahlungen

Die noch ausstehenden Zahlungen sollen auf Basis der Information, die zum heutigen Zeitpunkt über die Zahlungen verfügbar ist, geschätzt werden. Dies wird durch den bedingten Erwartungswert $E\left[Z_{s,j} \middle| H^{Z}_{s,w-s+1}\right]$ ausgedrückt. Eine Methode diese Zahlungen zu berechnen, ist das Chain-Ladder-Verfahren.[9] Angewendet auf obiges Abwicklungsdreieck erhalten wir die in Tabelle 4 kursiv dargestellten Zahlungen.[10]

| **Anfalljahr s** | **Abwicklungsjahr t** | | | |
|---|---|---|---|---|
| | 1 | 2 | 3 | 4 |
| **1** | 15.510.798 | 10.340.532 | 6.893.688 | 1.723.422 |
| **2** | 16.338.451 | 10.892.300 | 7.261.534 | *1.815.383* |
| **3** | 14.980.516 | 9.987.011 | *6.658.007* | *1.664.502* |
| **4** | 16.878.586 | *11.252.390* | *7.501.594* | *1.875.398* |

**Tabelle 4:** Ergänztes Abwicklungsdreieck

zu b): Schätzung auf Basis des vergangenen Jahres

Betrachtet man das für das vergangene Jahr relevante Abwicklungsdreieck, so ist das Anfalljahr 4 aus Tabelle 3 für die Bildung einer Spätschadenreserve noch nicht von Bedeutung. Stattdessen wird der Schaden aus dem Anfalljahr s = 0 im Betrachtungsvorjahr abschließend reguliert und ist somit im Abwicklungsdreieck enthalten. Des Weiteren wurden die Zahlungen $Z_{14}$ $Z_{23}$ und $Z_{32}$ noch nicht geleistet und sind folglich in der Tabelle 5 kursiv dargestellt. Zur Berechnung der noch ausstehenden Zahlungen wird wieder das Chain-Ladder-Verfahren angewendet. Als Ergebnis erhält man das in Tabelle 5 dargestellte Abwicklungsdreieck.

---

9 Für eine ausführliche Darstellung sei auf Mack (1997), S. 243 ff. verwiesen.

10 Die genauen Berechnungen können in Garschhammer (2003), S. 88 nachgelesen werden.

| Anfalljahr s | Abwicklungsjahr t 1 | 2 | 3 | 4 |
|---|---|---|---|---|
| 1 | 17.264.194 | 11.509.463 | 7.642.975 | 1.918.244 |
| 2 | 15.510.798 | 10.340.532 | 6.893.688 | *1.723.422* |
| 3 | 16.338.451 | 1.0892.300 | *7.261.534* | *1.815.383* |
| 4 | 14.980.516 | *9.987.011* | *6.658.007* | *1.664.502* |

**Tabelle 5:** Abwicklungsdreieck des Vorjahres

zu c): Berechnung des Barwertes einer Geldeinheit

Zur Berechnung des Barwertes zum Zeitpunkt $w$ einer zum Zeitpunkt $w+j$ $(j>0)$ bezahlten Geldeinheit nehmen wir vereinfachend an, dass der Zinssatz pro Zeiteinheit konstant $r$ ist, d.h. $P(w,w+j)=(1+r)^{-j}$. Der Zinssatz beträgt in diesem Beispiel $r=4,5\%$. Den Barwert zum Zeitpunkt $w$ einer zum Zeitpunkt $w+j$ bezahlten Geldeinheit entnimmt man aus Tabelle 6.

| j | 0 | 1 | 2 | 3 |
|---|---|---|---|---|
| P(w,w + j) | 1 | 0,96 | 0,92 | 0,88 |

**Tabelle 6:** Barwert einer Geldeinheit für r = 4,5%

Nun kann man mit (13) und (14) den Verlust aus der Abwicklung bzw. der Verzinsung der Spätschäden aus den verschiedenen Anfalljahren berechnen (Tabelle 7).

| s | $\Delta L_{1,s,5-s}$ | $\Delta L_{2,s,5-s}$ |
|---|---|---|
| **1** | 0 | -74.214 |
| **2** | 0 | -387.506 |
| **3** | 966.467 | -811.680 |

**Tabelle 7:** Verlust aus der Abwicklung bzw. der Verzinsung der Spätschäden für die einzelnen Anfalljahre

Mit Formel (10) erhält man aus der Abwicklung bzw. Verzinsung der Spätschäden

$\Delta L_1$ = -966.467 bzw.

$$\Delta L_2 = 1.273.400.$$

Die Änderung der Spätschadenreserve ist folglich

$$\Delta L = \Delta L_1 + \Delta L_2 = 306.933.$$

Der Verlust aus der Verzinsung der Spätschäden $\Delta L_2$ kann nach (12) auch folgendermaßen dargestellt werden:

$$\Delta L_2 = R_L \cdot l.$$

Diese Darstellung vereinfacht später die Berechnung des allgemeinen Modells. Zur Berechnung von

$$l = L(w-1) = \sum_{t=0}^{w-2} K_t \cdot P(w-1, w+t) = \sum_{t=0}^{2} K_t \cdot P(3,4+t)$$

und der Rendite

$$R_L = \frac{L(w) - L(w-1)}{L(w-1)} = \frac{\sum_{t=0}^{2} K_t \cdot P(4,4+t) - \sum_{t=0}^{2} K_t \cdot P(3,4+t)}{\sum_{t=0}^{2} K_t \cdot P(3,4+t)}$$

benötigt man die Auszahlungen $K_t$, die am Ende der Jahre $w + t$, $t = 0,1,2$ fällig werden:

$$K_t = \sum_{s=t+1}^{w-1} E\left[Z_{s,t+w-s+1} \middle| H^Z_{s,w-s}\right].$$

Mit den entsprechenden Werten aus Tabelle 5 erhält man

$$K_0 = 19.706.235,\ K_1 = 8.669.195 \quad \text{und} \quad K_2 = 1.713.453.$$

Zur Berechnung der Größen $l$ und $R_L$ liest man die Barwerte $P(w,w + j)$ einer Geldeinheit aus Tabelle 6 ab und erhält letztendlich

$$l = 28.296.860,$$

$$L(w) = \sum_{t=0}^{2} K_t \cdot P(4,4+t) = 29.571.176 \quad \text{und}$$

$$R_L = \frac{29.571.176 - 28.296.860}{28.296.860} = 4{,}5\%.$$

Mit (12) ergibt sich für $\Delta L_2$ wieder:

$$\Delta L_2 = R_L \cdot l = 4,5\% \cdot 28.296.860 = 1.273.400$$

# 5 Das vollständige Modell

Bisher wurde angenommen, dass das verfügbare Kapital nur zum risikolosen Zins $r$ angelegt werden kann. In diesem Abschnitt wird das vereinfachte Modell durch die Spätschadenreserve und eine risikobehaftete Anlagemöglichkeit ergänzt. Mit der eben eingeführten Aufspaltung der Änderung der Spätschadenreserve in den Verlust aus der reinen Abwicklung von Spätschäden $\Delta L_1$ und in den Verlust aus der Verzinsung der Spätschäden $\Delta L_2$, d.h. $\Delta L = \Delta L_1 + \Delta L_2$, ist die Ausgangsgleichung des allgemeinen Modells (vergleiche (1)) gegeben durch

$$\Delta U = E[S] + b - S - \Delta L_1 - R_L \cdot l + \Delta A \quad (15)$$

## 5.1 Quoten-Rückversicherung im vollständigen Modell

Wir teilen den Gewinn aus der Zeichnung des Risikos $S$ ($\Delta S := E[S] - S$) und den Verlust aus der reinen Abwicklung der Spätschäden $\Delta L_1$ in $n$ Einzelrisiken auf. Dabei wird wieder angenommen, dass das Unternehmen nur einen Teil des Zeichnungsrisikos selbst trägt und den Rest an seinen Rückversicherer abtritt. Des Weiteren treffen wir die Annahme, dass keine Rückversicherung des Portfolios der Spätschadenreserve erfolgt. Folglich sind $l$ und $R_L$ unabhängig von $\underline{\alpha}$. Mit den Bezeichnungen

$X_i$: Verlust aus der Zeichnung der Risiken oder aus der Abwicklung der Spätschäden des Teilportfolios i = 1,…, n

$X_i^S$: Verlust aus der Zeichnung des Risikos des Teilportfolios i = 1,...,$I$

$X_i^L$: Verlust aus der Abwicklung der Spätschäden i = $I$ + 1,…, n

$b_i$: Sicherheitszuschlag für das gezeichnete Risiko $S_i$, $i = 1,...,I$

$\alpha_i$: Anteil am Teilrisiko $S_i$, $i = 1,...,I$, den das Unternehmen selbst behält, sowie $X^S = (X_1^S, ..., X_l^S)'$ , $X^L = (X_{l+1}^L, ..., X_n^L)'$ gilt nach Rückversicherung für das betrachtete Versicherungsunternehmen statt (15) nun

$$\Delta U = \Delta S_{EV} + b_{EV} - \Delta L_1 - R_L \cdot l + \Delta A \tag{16}$$

mit

$$\Delta S_{EV} = E[S_{EV}] - S_{EV} = \sum_{i=1}^{l} \alpha_i (E[S_i] - S_i) = -\sum_{i=1}^{l} \alpha_i X_i^S$$

$$\Delta L_1 = \sum_{i=l+1}^{n} X_i^L$$

$$\sum_{i=1}^{n} X_i = \sum_{i=1}^{l} X_i^S + \sum_{i=l+1}^{n} X_i^L$$

$$\sum_{i=1}^{n} X_i^{EV} = \sum_{i=1}^{l} \alpha_i X_i^S + \sum_{i=l+1}^{n} X_i^L .$$

Des Weiteren gilt:

$$E[X_i^S] = E[S_i] - E[E[S_i]] = 0 \quad \text{und} \quad E[X_i^L] \overset{(11)}{=} 0.$$

Somit ist auch $E[X_i] = 0$, da $X_i$ entweder den Verlust aus der Zeichnung von Risiken oder den Verlust aus der Abwicklung der Spätschäden bezeichnet. Um nun eine risikobehaftete Anlagemöglichkeit ins Modell aufzunehmen, gehen wir davon aus, dass das Versicherungsunternehmen in eine riskante Anlage investieren kann. Wir beschränken uns auf eine einzige risikobehaftete Anlagemöglichkeit, die aber auch einen ganzen Markt abbilden kann. Das Modell kann jedoch ohne größere Schwierigkeiten auf mehrere risikobehaftete Assets erweitert werden. Im Folgenden bezeichnet a den Betrag, der in das risikobehaftete Asset investiert wird, $R_A$ die zugehörige Rendite und $\mu_A := E[R_A]$ die erwartete Rendite. Es wird angenommen, dass die diskontierten Verbindlichkeiten l im Unternehmen als Kapital vorhanden sind. Im Gleichgewicht von Vermögen und Verbindlichkeiten kann das Unternehmen folglich den Betrag l + u – a zum risikolosen Zinssatz r anlegen, d.h.

$$\Delta A = R_A \cdot a + r \cdot (l + u - a) .$$

Gleichung (16) spezifiziert sich nun mit $\underline{1} = (1,...,1)^{\bullet}$ zu

$$\Delta U = \Delta S_{EV} + b_{EV} - \Delta L_1 - R_L \cdot l + R_A \cdot a + (l + u - a) \cdot r$$
$$= \underline{\alpha}^{\bullet}\, \underline{b} - \underline{\alpha}^{\bullet} X^S - \underline{1}^{\bullet} X^L - (R_L - r) \cdot l + (R_A - r) \cdot a + r \cdot u. \quad (17)$$

## 5.2 Ermittlung des optimalen Unternehmensportfolios

Mit Hilfe von Gleichung (17) soll nun das Versicherungsportfolio, bestehend aus dem gezeichneten Risiko, dem Verlust aus der Abwicklung der Spätschäden und der Kapitalanlage, bezüglich der Rückversicherungsquote und der risikobehafteten Anlagemöglichkeit optimiert werden. Dazu bezeichne $\Sigma^{XY}$ die Kovarianzmatrix der Zufallsgrößen $X$ und $Y$ mit $\Sigma^X := \Sigma^{XX}$, $\sigma^2_{R_L} := \Sigma^{R_L} = Var[R_L]$, $\sigma^2_{R_A} := \Sigma^{R_A} = Var[R_A]$ sowie

$$\chi^{SR_A} := (\Sigma^{SR_A})^{\bullet}\, (\Sigma^S)^{-1} \Sigma^{SR_A} \quad (18)$$

und

$$C^* := \theta u \delta_A + 2 \cdot \underline{1}^{\bullet} \Sigma^{LR_A} + 2l \cdot \Sigma^{R_L R_A} + (\theta u \underline{b} - 2 \cdot \Sigma^{SL} \underline{1} - 2l \cdot \Sigma^{SR_L})^{\bullet}\, (\Sigma^S)^{-1} \Sigma^{SR_A}. \quad (19)$$

Für den Ertrag und das Risiko des Unternehmens erhalten wir damit

$$\mu_{EV} = \frac{E[\Delta U]}{u} = \frac{1}{u} \cdot (\underline{\alpha}^{\bullet}\, \underline{b} - (\mu_L - r) \cdot l + \delta_A \cdot a) + r \quad \text{und}$$

$$\sigma^2_{EV} = \frac{Var[\Delta U]}{u^2}$$
$$= \frac{1}{u^2} \cdot (\underline{\alpha}^{\bullet} \Sigma^S \underline{\alpha} + \underline{1}^{\bullet} \Sigma^L \underline{1} + l^2 \sigma^2_{R_L} + a^2 \sigma^2_{R_A} + 2 \cdot \underline{\alpha}^{\bullet} \Sigma^{SL} \underline{1} + 2l \cdot \underline{\alpha}^{\bullet} \Sigma^{SR_L}$$
$$-2a \cdot \underline{\alpha}^{\bullet} \Sigma^{SR_A} + 2l \cdot \underline{1}^{\bullet} \Sigma^{LR_L} - 2a \cdot \underline{1}^{\bullet} \Sigma^{LR_A} - 2a \cdot l \cdot \Sigma^{R_L R_A}).$$

**Satz 5.1**

Es gelte $\sigma^2_{R_A} - \chi^{SR_A} > 0$ und die Matrix $\Sigma^S$ sei positiv definiert. Dann sind der optimale risikobehaftete Anlagebetrag $a^*$ und die optimalen Selbstbehaltquoten $\underline{\alpha}^*$ des Erstversicherers, die die Funktion

$$(a, \underline{\alpha}) \mapsto v(a, \underline{\alpha}) = \theta \cdot \mu_{EV}(a, \underline{\alpha}) - \sigma^2_{EV}(a, \underline{\alpha}), \quad \theta \geq 0,$$

maximieren, gegeben durch

$$a^* = \frac{C^*}{2 \cdot (\sigma_{R_A}^2 - \chi^{SR_A})}$$

$$\underline{\alpha}^* = \frac{1}{2}(\Sigma^S)^{-1}(a^*\Sigma^{SR_A} + \theta u\underline{b} - 2 \cdot \Sigma^{SL}\underline{1} - 2 \cdot l \cdot \Sigma^{SR_L})$$

$$= \underline{\alpha}^{VM} + \frac{1}{2}(\Sigma^S)^{-1}(a^*\Sigma^{SR_A} - 2 \cdot \Sigma^{SL}\underline{1} - 2 \cdot l \cdot \Sigma^{SR_L}).$$

■

**Bemerkungen:**

- Wird für den Anlagebetrag $0 \le a^* \le l + u$ gefordert, so ist die optimale Lösung für den Fall, dass der optimale Anlagebetrag aus Satz 1 kleiner als 0 ist, gegeben durch

$$a^* = 0$$

$$\underline{\alpha}^* = \underline{\alpha}^{VM} - (\Sigma^S)^{-1}(\Sigma^{SL}\underline{1} + l \cdot \Sigma^{SR_L}).$$

  Für den Fall, dass der optimale Anlagebetrag aus Satz 5.1 größer als $l + u$ ist, ist die optimale Lösung $(a^*, \underline{\alpha}^*)$ gegeben durch

$$a^* = l + u$$

$$\underline{\alpha}^* = \underline{\alpha}^{VM} + \frac{1}{2}(\Sigma^S)^{-1}((l+u)\Sigma^{SR_A} - 2 \cdot \Sigma^{SL}\underline{1} - 2 \cdot l \cdot \Sigma^{SR_L}).$$

- In der vorhergehenden Bemerkung wurden nur Restriktionen an den Parameter $a$ berücksichtigt. Ergänzt man das Optimierungsproblem durch die Nebenbedingung $0 \le \underline{\alpha} \le 1$, so lässt sich die Lösung nicht mehr geschlossen darstellen. Sie kann jedoch über ein konvexes Optimierungsproblem numerisch bestimmt werden.
- Bisher wurde im Portfolio der Spätschadenreserve keine Rückversicherung beachtet. Nimmt man jedoch an, dass die Spätschadenreserve ebenfalls durch eine Quoten-Rückversicherung abgesichert wird, so hat dies Auswirkungen auf die Größen

$$\Delta L_1 = \sum_{i=m+1}^{n} \alpha_i X_i^L, \quad R_L = R_L(\underline{\alpha}) \quad \text{und} \quad l = l(\underline{\alpha}).$$

Folglich blieben $\Sigma^L, \Sigma^{R_L}$ und $\Sigma^{LR_L}$ bei der Optimierung erhalten und es wäre zu berücksichtigen, dass die Rückversicherungsquote $\underline{\alpha}$ auch die Höhe der diskontierten Verbindlichkeiten $l = l(\underline{\alpha})$ beeinflusst.

Als direkte Folgerung aus Satz 5.1 ergibt sich das folgende Korollar.

**Korollar 5.2**

Sind die Verluste aus der Zeichnung der Risiken der Teilportfolios $i = 1, ..., I$ und die Rendite der Kapitalanlage unkorreliert, d.h., gilt $\Sigma^{SR_A} = 0$, so ergibt sich der optimale risikobehaftete Anlagebetrag $a^*$ und die optimale Selbstbehaltquote $\underline{\alpha}^*$ des Erstversicherers zu

$$a^* = \frac{\theta u \cdot \delta_A}{2\sigma_{R_A}^2} + \frac{\underline{1}^{\bullet}\Sigma^{LR_A} + l \cdot \Sigma^{R_L R_A}}{\sigma_{R_A}^2}$$

$$\underline{\alpha}^* = \underline{\alpha}^{VM} - (\Sigma^S)^{-1}(\Sigma^{SL}\underline{1} + l \cdot \Sigma^{SR_L}).$$

Sind die gezeichneten Risiken der verschiedenen Versicherungssparten unkorreliert zur Rendite der risikobehafteten Anlage, so erhalten wir die folgenden interessanten Strukturaussagen:

- Je risikoaverser das Unternehmen, d.h. je kleiner der Risiko-Ertrags-Präferenz-Parameter $\theta$, umso geringer die Höhe der risikobehafteten Kapitalanlage.
- Der Anteil des Investments in die risikobehaftete Kapitalanlage ist umso höher, je höher die Überschussrendite aus der risikobehafteten Kapitalanlage ist, und steigt mit dem Unternehmenskapital an.
- Auf Grund ihres negativen Beitrags auf das Gesamtrisiko des Unternehmens erhöhen positive Korrelationen zwischen der risikobehafteten Kapitalanlage und dem Verlust aus der Abwicklung bzw. der Verzinsung der Spätschäden das Investment in die risikobehaftete Kapitalanlage.
- Die optimale Selbstbehaltquote ist unabhängig von der Höhe der risikobehafteten Kapitalanlage und setzt sich zusammen aus der optimalen Selbstbehaltquote im vereinfachten Modell und einem Abschlag, der proportional zu den Korrelationen zwischen den gezeichneten Risiken der verschiedenen Versi-

cherungssparten und dem Verlust aus der Abwicklung bzw. der Verzinsung der Spätschäden ist.

- Auf Grund ihres positiven Beitrags auf das Gesamtrisiko des Unternehmens wirken positive Korrelationen zwischen den gezeichneten Risiken der verschiedenen Versicherungssparten und dem Verlust aus der Abwicklung bzw. der Verzinsung der Spätschäden reduzierend auf die Selbstbehaltquote.

**Beispiel (Fortsetzung):**

Wir nehmen nun an, dass das Unternehmen entweder in die risikolose Anlage mit Rendite $r = 4,5\%$ oder in ein risikobehaftetes Asset mit Rendite $R_A$ investieren kann. Erwartungswert und Standardabweichung der Renditen $R_A$ und $R_L$ seien durch $\mu_A = 12\%, \sigma_{R_A} = 15\%, \mu_{R_L} = 7\%$ und $\sigma_{R_L} = 4\%$ gegeben. Wie bereits erwähnt, gehen wir davon aus, dass die drei Sparten Kfz-Haftpflicht, sonstige Kfz-Versicherung und Feuer-/Sachversicherung unkorreliert sind. Weiter sollen diese auch keine Korrelationen zum Kapitalmarkt, d.h. zu $R_L$ und $R_A$, aufweisen $(\Sigma^{SR_L} \equiv 0$ und $\Sigma^{SR_A} \equiv 0)$. Für den Verlust aus der Abwicklung der Spätschäden $\Delta L_1$ wählen wir $n := I+1$ bzw. $X^L_{I+1} := \Delta L_1$ und setzen die Korrelation zwischen $\Delta L_1$ und der Rendite des risikobehafteten Assets $R_A$ ebenfalls gleich null $(\Sigma^{LR_A} \equiv 0)$. Nach Simulation verschiedener Zinssätze $r$ zur Berechnung des Barwertes $P(w, w+j)$ und der Größen $R_L$ und $\Delta L_1$ wurde auf Basis eines empirischen Korrelationskoeffizienten von $0,999$ eine Korrelation von Eins sowie $\Sigma^L = 77.117.043$ und $\Sigma^{LR_L} = 351$ angenommen. Über die Korrelationen zwischen $S_H$ und $\Delta L_1$, $S_K$ und $\Delta L_1$, $S_F$ und $\Delta L_1$ sowie $R_L$ und $R_A$ konnte auf Grund fehlender Information keine empirische Aussage getroffen werden. Im Folgenden werden deshalb die Korrelationen zwischen $S_H$ und $\Delta L_1$, $S_K$ und $\Delta L_1$ sowie $S_F$ und $\Delta L_1$ gleich Eins und diejenige zwischen $R_L$ und $R_A$ gleich null gesetzt $(\Sigma^{R_L R_A} = 0)$. Auf Grund der gemachten Annahmen erhalten wir zunächst:

$$\Sigma^S = \begin{pmatrix} 603.951.242.449 & 0 & 0 \\ 0 & 57.362.645.025 & 0 \\ 0 & 0 & 4.288.548.116.161 \end{pmatrix}$$

und

$$\Sigma^{SL} = \begin{pmatrix} 6.824.583.054 \\ 2.103.244.531 \\ 18.185.712.770 \end{pmatrix}$$

sowie

$$C^* = \theta u \cdot (\mu_A - r) = 0,1 \cdot 12.000.000 \cdot (12\% - 4,5\%) = 90.000 .$$

Mit Korollar 5.2 folgt damit die optimale Lösung $(a^*, \underline{\alpha}^*)$ mit

$$a^* = \frac{C^*}{2\sigma_{R_A}^2} = \frac{90.000}{2 \cdot (15\%)^2} = 2.000.000$$

$$\underline{\alpha}^* = \underline{\alpha}^{VM} - (\Sigma^S)^{-1} \Sigma^{SL} \underline{1} = \begin{pmatrix} 66,56\% \\ 73,22\% \\ 66,60\% \end{pmatrix} - \begin{pmatrix} 0,56\% \\ 1,83\% \\ 0,22\% \end{pmatrix} = \begin{pmatrix} 66,00\% \\ 71,39\% \\ 66,38\% \end{pmatrix}.$$

Vergleicht man den optimalen Selbstbehalt $\underline{\alpha}^{VM}$ des vereinfachten Modells mit dem des vollständigen Modells, so erkennt man den reduzierenden Einfluss der Spätschadenreserve auf den optimalen Selbstbehalt. Dieser ist darauf zurückzuführen, dass durch Berücksichtigung der Spätschadenreserve ein weiterer Unsicherheitsfaktor in das Modell aufgenommen wurde. Durch Verringerung des Selbstbehalts und folglicher Erhöhung der Rückversicherungsquote kann das Unternehmen einen Teil des zusätzlichen Risikos an den Rückversicherer weitergeben.

# Literaturverzeichnis

Fletcher, Roger: Practical Methods of Optimization, Band 2, Constrained Optimization. John Wiley, 1981.

Garschhammer, Claudia (2003): Ein stochastisches Modell zur Ertragsoptimierung eines Sachversicherers. Diplomarbeit TU München, Juli 2003.

Greene, William H. (1993): Econometric Analysis. 2nd edition, Englewood Cliffs: Prentice Hall.

Mack, Thomas (1997): Schadensversicherungsmathematik, Heft 28. Schriftenreihe Angewandte Versicherungsmathematik. Karlsruhe: Verlag Versicherungswirtschaft e. V.

Schnieper, René (1997): Capital Allocation and Solvency Testing. Score Notes, S. 49-104, January 1997.

Schmidt, Klaus (2002): Versicherungsmathematik. Berlin et al.: Springer.

Spremann, Klaus (1986): Wirtschaft, Investition und Finanzierung. International Management and Finance. 5. Aufl., München: Oldenbourg.

Uhlir, Helmut/Steiner, Peter (1994): Wertpapieranalyse. 3. Aufl., Heidelberg: Physica.

Williams, David (1991): Probability with Martingales. Cambridge: Cambridge University Press.

Zagst, Rudi (2002): Interest Rate Management. Springer Finance. Berlin et al.: Springer.

# Teil IV: Kunden gewinnen

# Erhöhung der Profitabilität bei Versicherungsunternehmen durch Point-of-Sale-Systeme

**Thomas Eichelmann, Christoph Winter**

*Zusammenfassung:*
*Die zunehmend schwierigeren wirtschaftlichen Rahmenbedingungen stellen Versicherungen vor enorme Herausforderungen. Eine Kernherausforderung stellt die effiziente und weitgehend durchgängige Ausgestaltung aller Geschäftsprozesse vom Vertrieb bis hin zur Schadenbearbeitung dar. Hierfür eignen sich Point-of-Sale-Systeme, die für die verschiedenen Vertriebskanäle jeweils spezifisch zu gestalten sind. Werden technische und prozessuale Anforderungen beachtet, kann eine Senkung der Verwaltungskosten von bis zu 12% und eine Steigerung der Erträge von bis zu 15% erreicht werden.*

*Schlüsselwörter: Kostensenkung, Point-of-Sale-Systeme, Produktabsatzsteigerung, Prozessoptimierung.*

## 1 Einleitung

Vor dem Hintergrund der langjährigen wirtschaftlichen Schwäche und der enormen strukturellen Probleme stellt die Assekuranz einen stabilisierenden Faktor in Wirtschaft und Gesellschaft dar.[1] Trotz anhaltender Konjunkturflaute ist die Nachfrage nach Versicherungsprodukten ungebrochen. Die Versicherungsunternehmen in Deutschland haben sich angesichts der schweren Rückschläge an den Finanzmärkten als robust erwiesen.

Jedoch haben sich die Rahmenbedingungen für die deutsche Versicherungswirtschaft – gemessen an früheren Jahrzehnten – nachhaltig verändert. Die Wachstumsspielräume sind deutlich enger geworden und der Druck auf die Ertragsmargen ist weiter gestiegen. Die anhaltende Stagnation in der Wirtschaft, die Langzeitkrise an den Finanzmärkten, die völlig neue Bedrohungslage durch den internationalen Terrorismus sowie zahlreiche Naturkatastrophen und Großschadener-

---

1 Vgl. GDV (2003), S. 10 ff.

eignisse kennzeichneten außergewöhnlich schwierige Geschäftsjahre für die Versicherungswirtschaft.

Neben einem relativ niedrigen Grad der Marktkonzentration bei einer vergleichsweise großen Anbieterzahl ist ein weiteres klares Indiz für die Intensität des Wettbewerbs in der Versicherungswirtschaft, dass die Marktanteile der einzelnen Anbieter erheblichen Veränderungen unterliegen.[2] Anbietern mit mehr oder minder beachtlichen Marktanteilsgewinnen stehen solche mit teilweise nicht unbeträchtlichen Marktanteilsverlusten gegenüber. Die Globalisierung der Güter-, Finanz- und Dienstleistungsmärkte, die Schaffung des europäischen Binnenmarktes und die Einführung des Euro haben ebenso wie die Verbreitung moderner Informations- und Kommunikationstechnologien zu Veränderungen in der strategischen Ausrichtung vieler Versicherungsunternehmen geführt.

Heterogene Vertriebskanäle, flexible Produkte und ein wachsender Kostendruck stellen auch in Zukunft hohe Anforderungen an die Geschäftsprozesse von Versicherungsunternehmen.[3] Ein Zinsniveau auf historischem Tiefstand einerseits und schwache Börsen andererseits zehren seit gut drei Jahren an der Ertragskraft der Assekuranz.[4] Daher ist es für die Assekuranz umso bedeutsamer, Gewinne aus dem Kerngeschäft der Versicherungen, der Versicherungstechnik, deutlich zu erhöhen, um die Profitabilität der Unternehmen aufrechtzuerhalten.

Nach wie vor stehen die Versicherungsunternehmen dabei vor dem Problem, ihre Strukturen kontinuierlich auf die Anforderungen des Marktes ausrichten zu müssen. Hohe Personalkosten und steigende Bedürfnisse der Kunden an Service und Preis, um nur einige Einflussfaktoren zu nennen, zwingen nun auch die Versicherungswirtschaft, den Grad der Industrialisierung ihrer Organisation und Prozesse auf ein neues Niveau zu heben.

Analog zu Erfahrungen in anderen Branchen spielt dabei auch bei Versicherern die Erhöhung des Grads der elektronischen Verarbeitung eine wesentliche Rolle für die Effizienzsteigerung. Im Vertriebsbereich wirkt sich diese Entwicklung vor allem auf die unter dem Oberbegriff der Point-of-Sale (POS)-Systeme subsumierten IT-Lösungen aus. Diese sind ein Schlüsselfaktor zur Kostensenkung im Front- und Backoffice und stellen gleichzeitig die Speerspitze einer allgemeinen elektronischen Geschäftsvorfallbearbeitung dar, die arbeitsteilig zwischen Vertrieb und Verwaltung abgewickelt wird.

Die zahlreichen Einflüsse im Versicherungsmarkt führen damit auch zu wachsenden Ansprüchen an den Einsatz von Point-of-Sale-Systemen. Aus Zeit- und Kostengründen müssen aktuelle Vertragsinformationen allen Kanälen im Frontoffice

---

[2] Vgl. GDV (2003), S. 66.

[3] Vgl. Zehetmaier (2002).

[4] Vgl. o.V. (2004).

genauso zur Verfügung stehen wie dem Backoffice.[5] Angesichts der üblichen Vertriebsstrukturen werden Point-of-Sale-Systeme in der Versicherungsbranche bei den Vertriebspartnern installiert und erlauben so eine Vernetzung von Front- und Backoffice-Prozessen. Hierdurch kann eine durchgängige Integration der Geschäftsprozesse erreicht werden. Point-of-Sale-Systeme dienen zum einen der Realisierung von Kostenvorteilen (Outsourcing von Geschäftsprozessen an Kunden/Vertrieb, Straight Through Processing), zum anderen aber auch der Steigerung des Produktabsatzes.

Ein vorrangiges Ziel derartiger Systeme ist die Realisierung von Kostensenkungen im Innendienst. Hier wird der Optimierung von Geschäftsprozessen erhebliche strategische Bedeutung beigemessen. Der Rationalisierungsdruck erzwingt dabei eine Erhöhung der elektronischen Verarbeitungsquote und den Einstieg in eine Industrialisierung des Backoffice. Diese Elektronifizierung kann dann einen wesentlichen Beitrag zur Verbesserung der Wettbewerbsposition leisten, wodurch wiederum der Grad der Industrialisierung in der Assekuranz ein neues Niveau erreichen wird.

Auf der Marktseite generieren andererseits aber auch die Schnelligkeit, die Aktualität, der Serviceanspruch und die Produktvielfalt völlig neue Ansprüche an die Vertriebsunterstützung. Hinzu kommt, dass auch Versicherungsprodukte zunehmend *an den* Kunden *ver*kauft als *von ihm ge*kauft werden. Um den Produktabsatz aufrechtzuhalten bzw. zu steigern, benötigen die Vermittler eine gezielte technische Unterstützung durch Point-of-Sale-Systeme. Nur so können sie den Anforderungen des dynamischen Marktes genügen. Seit der Deregulierung zeichnet sich darüber hinaus eine Verschiebung zwischen den Vertriebswegen ab: Die relative Bedeutung des traditionell dominierenden Ausschließlichkeitsvertriebs wird abnehmen, sodass auch dadurch die Notwendigkeit steigt, Vertriebswege mit geringerem Produktwissen, wie beispielsweise den Bankvertrieb, systemseitig zu unterstützen.

Der bisher in der Branche erreichte Stand ist jedoch noch nicht ausreichend, um die derzeitigen Herausforderungen des Marktes adäquat zu bewältigen. Die Entwicklungen in den letzten Jahren haben gezeigt, dass die zunehmend flexibleren Vertriebswege der Versicherer und die verbesserte Vertriebstechnik in der Lage waren, die Servicequalität sowohl gegenüber dem Vertriebspartner als auch die Leistung des Vertriebspartners gegenüber dem Kunden zu steigern. Der betriebswirtschaftliche Erfolg dieser Maßnahmen ist jedoch bisher noch weitgehend ausgeblieben.[6]

Die zukünftige Kernherausforderung von Point-of-Sale-Systemen besteht darin, die heterogenen Kanäle optimal und effizient zu bedienen. Effiziente und über-

---

5 Vgl. Nicka (2003).

6 Vgl. Kasten (1997), S. 1091.

schaubare Geschäftsprozesse vom Point-of-Sale bis hin zur Schadenbearbeitung werden ausschlaggebend sein für einen nachhaltigen Geschäftserfolg.

Im Folgenden sollen daher nach einer einleitenden Begriffsabgrenzung und Darstellung des Status quo die Erfolgsfaktoren des Einsatzes von Point-of-Sale-Systemen abgegrenzt werden. Darauf aufbauend werden Anforderungen an Point-of-Sale-Systeme sowie die technischen und prozessualen Voraussetzungen für den erfolgreichen Einsatz von Point-of-Sale-Systemen herausgearbeitet und beschrieben. Im anschließenden Abschnitt werden die durch prozessuale und technische Anpassungen erzielbaren Kostensenkungen und Produktabsatzsteigerungen pro Vertriebskanal abgeschätzt. Der Beitrag endet mit einem Maßnahmen- und Vorgehensvorschlag zur Überprüfung und Neukonzeption der Point-of-Sale-Strategie bei Versicherungsunternehmen.

# 2 Einsatz von Point-of-Sale-Systemen in Versicherungen – Status quo und Perspektiven

## 2.1 Begriffsdefinition und heutiger Stand

Unter dem Begriff Point-of-Sale-System werden in der Literatur Systeme zur computergestützten Beratung und Erfassung von Antrags- und Vertragsdaten vor Ort subsumiert. Point-of-Sale-Systeme dienen der zielgenauen Ansprache von Kunden über die verschiedenen Vertriebswege und verbinden dabei die Möglichkeit des individuellen Service mit sinkenden administrativen Kosten. Hierbei erlauben Point-of-Sale-Systeme die Abdeckung der gesamten Wertschöpfungskette eines Versicherungsunternehmens.[7]

Die Entwicklung von Point-of-Sale-Systemen ist in mehreren Schritten erfolgt. Auf Grund der hohen Bedeutung des Außendienstes wurden anfangs zunächst Anwendungen erstellt, die vor allem Beratungsanwendungen und die Unterstützung der Kernversicherungs- und Unterstützungsprozesse vor Ort beim Kunden unterstützten. So genannte CAS-Systeme (Computer Aided Selling) bildeten die Grundlage für eine vertriebsorientierte Steuerung des Außendienstes in Versicherungen, indem basierend auf Großrechnertechnologie eine intensive Steuerung ermöglicht wurde. Getrieben durch den technologischen Fortschritt und den zunehmenden Einsatz von mobilen Endgeräten folgte die Entwicklung von SFA-Systemen (Sales Force Automation), die sich innerhalb des mobilen Vertriebs schwerpunktmäßig auf die systemgestützte Antragserfassung fokussieren. Zielten CAS- wie SFA-Systeme in erster Linie auf die Rationalisierung von Versiche-

7 Vgl. Coldewey (1999).

rungsprozessen ab, so lag der Fokus der nächsten Generation von Point-of-Sale-Systemen in einer gleichzeitigen Verbesserung der Gestaltung der Kundenbeziehung. Zur weiteren Verbindung einer portfolioorientierten Sichtweise und der verstärkten Betonung von ertragsseitigen Überlegungen gewannen zunehmend die Etablierung und Einbindung von Customer-Relationship-Management-Komponenten an Bedeutung, die eine weitere Datenverknüpfung zum Aufbau integrierter Gesamtlösungen erreichten.

Der durchschlagende betriebswirtschaftliche Erfolg von Point-of-Sale-Systemen ist jedoch bis heute ausgeblieben. Die wesentliche Ursache hierfür ist die fehlende Verbindung und Vereinheitlichung der einzelnen Front- und Backend-Komponenten.[8] Dies schlägt sich in einer viel zu geringen automatischen Bearbeitungsquote von Geschäftsvorfällen nieder.

## 2.2 Erfolgsfaktoren des Einsatzes von Point-of-Sale-Systemen in Versicherungsunternehmen

Wesentlich für einen erfolgreichen Einsatz von Point-of-Sale-Systemen ist, dass die Nutzenpotenziale für jeden Vertriebskanal identifiziert und die technischen Anforderungen für einen erfolgreichen Aufbau berücksichtigt werden.

Die materiellen und immateriellen Nutzenpotenziale eines Point-of-Sale-Systems bestehen im Wesentlichen in:

- Realisierung von Kostensenkungen: Point-of-Sale erlauben das Outsourcing von Teilprozessen an den Kunden/Vertriebspartner und damit eine Entlastung der eigenen Ressourcen.
- Effizientere Prozesse: Durch verbesserte Planung und Kontrolle von Prozessen und das Vorhalten von aktuellen Daten in elektronischer Form mit hoher Qualität werden redundante Teilprozesse eliminiert, Medienbrüche vermieden und die Abwicklungsgeschwindigkeit erhöht.
- Verbesserung des Kundenservice: Durch Point-of-Sale-Systeme werden die Möglichkeiten zur Kundenpflege verbessert.
- Steigerung des Produktabsatzes: Point-of-Sale-Systeme unterstützen die Vertriebspartner im Beratungsprozess und führen zu höheren Abschlussquoten.
- Verbesserung der Mitarbeiterzufriedenheit: Reduktion von administrativen Tätigkeiten und die Konzentration auf höherwertige Tätigkeiten.

---

8 Vgl. Giesecke (2003), S. 7.

- Verbesserung des Image: In der Kundenwahrnehmung steigt die Wertschätzung gegenüber der erbrachten Leistung des Versicherers, er wird verstärkt als Technologieführer wahrgenommen.

Neben der Identifikation der Nutzenpotenziale sind für eine erfolgreiche Implementierung vor allem die IT-Anforderungen an das Point-of-Sale-System zu berücksichtigen. Diesbezüglich sind vor allem die Anforderungen an die IT-Infrastruktur, die Form der Datenhaltung sowie der Zugriff der unterschiedlichen Vertriebswege zu nennen.

Bei der IT-Infrastruktur steht die Zentralisierung der Anwendungen im Vordergrund.[9] Sämtliche Anwendungen, einschließlich der Außendienst- und Agentursysteme, sollten nur noch an einer zentralen Stelle zur Verfügung gestellt werden, sodass verschiedene Anwendungssysteme und Release-Stände in den einzelnen Kanälen vermieden werden können. Des Weiteren müssen gleichartige Anwendungen für ähnliche Aufgabenstellungen, wie zum Beispiel Programme zur Tarifberechnung, konsolidiert und reduziert werden. Die in der Vergangenheit durch unterschiedliche Anwendungen entstandenen Differenzen zwischen den Systemen der Vertriebskanäle und der Zentrale haben oft zu einem deutlich erhöhten Aufwand geführt und können damit vermieden werden. Darüber hinaus besteht weiteres Rationalisierungspotenzial in der Vermeidung des Pflegeaufwands für unterschiedliche Systeme.

Derzeit besteht noch vielfach das Problem, dass die Datenbestände von Point-of-Sale-Systemen nur in Intervallen aktualisiert werden, sodass es sich demnach lediglich um Spiegelungen des operativen Datenbestandes handelt. Ein Nachteil dieses Verfahrens liegt darin, dass teilweise mit alten Datenbeständen gearbeitet wird und dadurch bei der Bearbeitung Fehler oder Rückfragen entstehen. Dies führt auch dazu, dass Kampagnen auf veralteten oder falschen Datengrundlagen aufsetzen und damit suboptimale Ergebnisse erzielt werden. Eine zentrale Aufgabe besteht zukünftig darin, die Datenhaltung zu zentralisieren und Redundanzen zu eliminieren.

Der Zugriff der einzelnen Vertriebswege auf die Daten setzt weiterhin voraus, dass die Verfügbarkeit der Daten „rund um die Uhr“ gewährleistet ist. Vor allem der sensible Kundenkontakt der Außendienstmitarbeiter gestattet es nicht, dass Probleme in der technischen Infrastruktur zu Verzögerungen oder Abbrüchen beim Gespräch bzw. Geschäftsabschluss führen. Auf Grund der hohen Anzahl genutzter Medien in den einzelnen Vertriebskanälen, die einen Zugriff auf die Datenbasis ermöglichen sollen, ist die Einhaltung von Standards bei Endgeräten und Anwendungen von elementarer Bedeutung. Der Aufbau einer proprietären Lösung schafft ein starres System, das gegen Veralterung und hohen Wartungsaufwand nicht geschützt ist und somit keine zukunftssichere Investition darstellt.

---

9 Vgl. Doniec (2002), S. 14.

Zusammenfassend lässt sich feststellen, dass eine Berücksichtigung der dargestellten Erfolgsfaktoren von Point-of-Sale-Systemen in ihrer Gesamtheit die Geschäftsprozesse deutlich verbessern kann, da die unterstützten Prozesse durch die Reduzierung ihrer Vielfalt und die erreichbare Standardisierung deutlich effizienter werden. Ferner können Medienbrüche vermieden werden, redundante Arbeitsschritte entfallen, Teilbearbeitungen von Geschäftsvorfällen in deutlich effizienterem Rahmen erfolgen und die Betreuungsqualität des Kunden in hohem Maße gesteigert werden.

Zur Erreichung dieses angestrebten Sollzustandes sind jedoch zahlreiche technische und fachliche Anforderungen zu erfüllen. Im folgenden Abschnitt wird auf diese Voraussetzungen eingegangen.

## 2.3 Technische und fachliche Voraussetzungen für den erfolgreichen Einsatz von Point-of-Sale-Systemen

Die Realisierung der beschriebenen Nutzenpotenziale von Point-of-Sale-Systemen sowie die erfolgreiche IT-Implementierung stellt Versicherer vor technische und fachliche Herausforderungen. Dabei gilt es, durch die Schaffung geeigneter technischer und fachlicher Voraussetzungen die Integration der einzelnen Vertriebswege zu ermöglichen.

Auf der einen Seite lassen sich die technischen Voraussetzungen von Point-of-Sale-Systemen durch die drei wesentlichen Aspekte Modularität, Interoperabilität und Flexibilität charakterisieren.

- Das bestehende System muss die Voraussetzung der *Modularität* erfüllen. Dies bedeutet, dass es aus beliebig kombinierbaren Teilkomponenten bestehen muss, die mit Hilfe definierter, auch extern nutzbarer Schnittstellen miteinander verbunden werden. Jedes Modul erfüllt hierbei einen bestimmten Funktionsbereich und bietet den entsprechenden Anwendern einen bedarfsgerechten und Nutzen maximierenden Service. So können nicht nur exakt auf den Vertriebskanal maßgeschneiderte Lösungen zusammengestellt werden, sondern Module auch durch Fremdkomponenten ersetzt oder erweitert werden.
- Neben dem modularen Aufbau muss das System zudem über offene und internationale Standards mit normierten Schnittstellen verfügen. Diese ermöglichen eine maximale *Interoperabilität* und gewährleisten auf Grund ihrer Erweiterbarkeit die zukünftige Investitionssicherheit für das Versicherungsunternehmen. Ferner kommt der Integrierbarkeit des Point-of-Sale-Systems in die vorhandene IT-Infrastruktur des Unternehmens eine hohe Bedeutung zu. Dabei müssen beispielsweise flexible Schnittstellen den Austausch von Daten zwischen unterschiedlichen Bestandsführungssystemen ermöglichen und einen unmittelbaren Zugriff auf das Host-System gewähr-

leisten. Letztendlich muss für die unterschiedlichen Vertriebswege auch eine flexible Online- und Offline-Nutzung gewährleistet sein.

- Des Weiteren muss das System durch eine hohe *Flexibilität* sämtliche Vertriebswege unterstützen und den jeweiligen bedarfsgerechten Anforderungen genügen. Damit sollte es die vollständige Integration aller Anforderungen erlauben, wie beispielsweise die Verwaltung verschiedener Benutzerprofile und Zugangsberechtigungen, die Datensicherheitsanforderungen der einzelnen Kanäle gewährleisten, eine adäquate Programmumgebung für die entsprechenden Nutzer sicherstellen und eine Mehrbenutzerfähigkeit und Multitasking ermöglichen. Darüber hinaus ist eine hohe Benutzerfreundlichkeit zu gewährleisten, um die einzelnen Geschäftsprozesse zielgerichtet unterstützen zu können.

Auf der anderen Seite werden die fachlichen Voraussetzungen von Point-of-Sale-Systemen in erster Linie durch die vorzuhaltenden Funktionalitäten zur Unterstützung der Kerngeschäftsprozesse bestimmt. Von einer reinen Unternehmenspräsentation bis zur bedarfsgerechten Beratung, Antragserstellung, Policierung und ausgewählten Informations- und Servicefunktionen müssen alle Funktionen in dem Point-of-Sale-System vereint werden. Der Funktionsumfang muss sich hierbei an den Anforderungen der unterschiedlichen Vertriebskanäle orientieren und enthält im Wesentlichen vier Komponenten:

- Partnerkomponenten
- Vertragskomponenten
- Schadenskomponenten
- Unterstützungskomponenten

Die Partnerverwaltung stellt die Grundanforderung an ein Point-of-Sale-System dar. Die Erfassung und Verwaltung aller relevanten Partner, wie zum Beispiel Schadenregulierer, Sachverständige etc. dient der Schaffung von Transparenz und Übersicht für Kunden- und Vertriebsmitarbeiter.

Die Vertragskomponenten müssen im Rahmen der Anbahnungs- und Akquisitionsunterstützung sowie beim Abschluss die Bereitstellung aller notwendigen Daten ermöglichen und darüber hinaus zusätzliche Informationen zu Produktbeschreibungen, Analysen oder Ratings liefern. Vertragskomponenten ermöglichen die Erfassung von Angebotsdaten, die Erstellung, Visualisierung und Präsentation von Angeboten sowie die Bereitstellung und Speicherung der Informationen für andere Module des Gesamtsystems.

In den Phasen der Beratung, Analyse und Angebotserstellung müssen die unterschiedlichen Rechenmodule zur Verfügung gestellt werden, um individuelle Deckungs- und Versorgungslücken aufzuzeigen und eine maßgeschneiderte Angebotserstellung zu ermöglichen. Diesbezüglich sind exemplarisch Berechnungsanwendungen zur Altersvorsorge und Immobilienfinanzierung sowie Krankenkassenvergleiche und Ähnliches zu erwähnen.

Bei der Antrags- und Vertragsvereinbarung sind die Vertriebsmitarbeiter insofern zu unterstützen, als lediglich fehlende Daten ergänzt werden müssen und einer Plausibilitätsprüfung durch das System unterzogen werden. Dies trägt zu einer schnellen Policierung und Provisionierung bei und erhöht somit deutlich die Abwicklungsqualität.

Im Falle der Schadenabwicklung ist eine Erfassung des Ereignisses zu gewährleisten. Durch automatische Systemprüfungen sind Erfassungsfehler zu vermeiden und bestimmte Prozesse einzuleiten, wie beispielsweise die Beauftragung eines Schadenregulierers zur Besichtigung bei Überschreiten von definierten Schadenshöhen. Nach der Übermittlung des Schadens an den Versicherer können dann dessen Mitarbeiter den Bearbeitungsstatus jederzeit abrufen und den Schadensfall schnell abwickeln.

Neben den Komponenten zur Unterstützung des Kerngeschäfts der einzelnen Vertriebskanäle gibt es weitere Komponenten, die das Leistungsspektrum eines Point-of-Sale-Systems vervollständigen und flankieren. Verschiedene Module dienen dabei beispielsweise der Bestandselektion, um das bestehende Angebot beziehungsweise den Versicherungsbestand flexibel und nach selbst definierten Kriterien selektieren zu können. Funktionen zur Terminverwaltung und Wiedervorlage, Kontakthistorie sowie Controlling-Anwendungen stellen weitere Komponenten dar, die in die Gesamtlösung integriert werden können.

Ein in dieser Art konzipiertes Point-of-Sale-System bietet den Versicherern die Chance, die verschiedenen Vertriebswege optimal zu unterstützen. Es nutzt die Möglichkeit, dass die Vertriebswege teilweise identische Funktionalitäten in integrierter Weise zur Verfügung gestellt bekommen. Das System orientiert sich dabei an der notwendigen fachlichen Prozessunterstützung am Point-of-Sale der einzelnen Vertriebswege. Die benötigten Prozessschritte stehen nicht separat nebeneinander, sondern werden fachlich und technisch sinnvoll miteinander verknüpft und sind über die verschiedenen Einstiegspunkte erreichbar. Auf diese Weise kann beispielsweise die Vertrags- und Schadensverwaltung sowohl vom Versicherer als auch von den unterschiedlichen Vertriebswegen eingesehen und – sofern gewünscht – fallabschließend bearbeitet werden.

Im folgenden Abschnitt wird untersucht, welche konkreten Ansatzpunkte Point-of-Sale-Systeme bieten, um die Profitabilität je Vertriebskanal zu erhöhen.

# 3 Profitabilitätserhöhung in der Versicherungswirtschaft durch Point-of-Sale-Systeme

## 3.1 Kosten- und ertragsseitige Potenziale durch prozessuale und technische Anpassungen

### 3.1.1 Rahmenfaktoren der Profitabilitätserhöhung

Wie bereits eingehend diskutiert, dienen Point-of-Sale-Systeme zum einen der Realisierung von Kostenvorteilen und zum anderen der Unterstützung des Produktabsatzes. Auf der einen Seite entstehen Kostenvorteile im Wesentlichen durch das Outsourcing von Teilprozessen an den Kunden/Vertriebspartner und die daraus resultierende Entlastung der eigenen Ressourcen. Auf der anderen Seite lässt durch eine bessere Informationsverwaltung und -verarbeitung sowie durch Produkte und Dienstleistungen, die der Kunde als qualitativ hochwertig wahrnimmt, der Produktabsatz erhöhen.

Mit den teilweise stark variierenden Anforderungen an Point-of-Sale-Systeme in den einzelnen Vertriebskanälen gehen allerdings auch Unterschiede hinsichtlich erzielbarer Kostensenkungen und Absatzsteigerungen einher. Die weitere Untersuchung fokussiert sich auf die drei wesentlichen Vertriebskanäle: den Ausschließlichkeits- und den Bankvertrieb sowie den Vertrieb durch Mehrfachagenten/Makler.

Das jeweilige Anforderungsprofil und damit auch die realisierbaren Profitabilitätseffekte hängen vor allem von den Ausprägungen der Faktoren Produktspektrum, Produktkenntnis, Kundeninteraktion und Akzeptanz ab:

- Produktspektrum: Das angebotene Produktspektrum ist tendenziell bei den Maklern und Mehrfachagenten am umfangreichsten. Komplexe Produkte, die ein hohes spezifisches Produkt-Know-how erfordern, sind insbesondere bei dem hauptberuflichen Ausschließlichkeitsvertrieb zu finden. Der Bankvertrieb beschränkt sich dagegen auf wenige und einfache Produkte, weil für Bankmitarbeiter der Fokus auf Bankprodukten liegt und Versicherungsleistungen lediglich als Komplement angeboten werden.
- Produktkenntnis: Der Kenntnisstand zu Produkten und Tarifinformationen variiert zwischen den Vertriebswegen deutlich. Der Ausschließlichkeitsvertrieb kennt die Produkte und Tarifbedingungen im Detail und benötigt weniger Unterstützung bei der Erstellung von Angeboten. Umgekehrt verhält es sich bei Vertriebswegen, bei denen die Mitarbeiter nur selten Versicherungsprodukte verkaufen, was insbesondere auf den Bankvertrieb zutrifft. Hier ist eine weitgehende systemseitige Unterstützung bei der Angebotserstellung unabdingbar. Bei Maklern hingegen besteht diesbezüglich kein Bedarf, da

diese in der Regel über ein sehr gutes Produktverständnis und eigene Systeme zum Vergleich von Produktangeboten verfügen.

- Kundeninteraktion: Besteht eine dauerhafte Beziehung zum Kunden und lässt der Kunde seine Vertragsänderungen über Vertriebspartner abwickeln, dann ist ein Zugriff auf Bestandsdaten von großer Bedeutung. Dies gilt insbesondere für den Ausschließlichkeitsvertrieb und den Bankvertrieb.
- Akzeptanz: Vor allem Mehrfachagenten und Makler werden in der Regel nicht von der Verwendung eigener Systeme abrücken wollen, die auf die jeweilige individuelle Verkäuferstrategie abgestimmt sind. Hier werden sich die Vertriebsanwendungen daher darauf konzentrieren, geeignete Komponenten, wie zum Beispiel Produkt- und Kundendaten, über einfache Schnittstellen zu den bestehenden Systemen bereitzustellen.

Um Profitabilitätssteigerungen bei den unterschiedlichen Vertriebswegen zu erzielen, ist somit sicherzustellen, dass den genannten Unterscheidungsfaktoren Rechnung getragen wird. Je nach Vertriebsweg ergeben sich daraus unterschiedliche Schwerpunkte für Point-of-Sale-Systeme.

Für den *Ausschließlichkeitsvertrieb* muss der Fokus auf Grund der wirtschaftlichen Nähe zum Versicherer vor allem darauf liegen, den Vertrieb weitgehend in die Prozesse des Versicherers zu integrieren. Die intensive Interaktion mit dem Kunden ermöglicht eine Einbindung des Vertriebs über den reinen Verkaufsprozess hinaus, wie zum Beispiel in die Vertragsverwaltung oder die Schadensbearbeitung.

Bei *Mehrfachagenten und Maklern* steht dagegen die bidirektionale Anbindung über Schnittstellen im Mittelpunkt. Das primäre Ziel besteht hier darin, die zentrale Datenhaltung beim Versicherer möglichst umfassend und aktuell zu halten und durch Vertriebsinformationen zu ergänzen sowie dem Point-of-Sale alle notwendigen Informationen über Produkte, Tarifvarianten und gegebenenfalls Kundenbesonderheiten zur Verfügung zu stellen.

Da der *Bankvertrieb* von Versicherungsleistungen bislang von Kunden nur in begrenztem Maße in Anspruch genommen wird und sich häufig auf wenige Produkte beschränkt, müssen Kundenberater vor allem durch einfache und verständliche Hilfefunktionen im Verkaufsprozess unterstützt werden.

| Produkte | Ausschließlichkeitsvertrieb | Mehrfachagenten, Makler | Bankvertrieb |
|---|---|---|---|
| Anzahl Produkte | ◕ | ◑ | ◔ |
| Komplexität | ● | ◕ | ◔ |
| **Produktkenntnis** | | | |
| Grundlagenwissen | ● | ◕ | ◔ |
| Produktspezifisches Wissen | ● | ◕ | ◔ |
| **Kundeninteraktion** | ◕ | ◔ | ◕ |
| **Akzeptanz** | ◕ | ◔ | ◑ |
| **Folgerungen für den Einsatz von POS-Systemen** | • Integration in die Prozesse des Versicherers | • Bidirektionale Anbindung über Schnittstellen<br>• Informations-bereitstellung | • Technische Unterstützung des Verkaufsprozesses<br>• Teilintegration in Prozesse des Versicherers |

● Sehr hoch ◕ Hoch ◑ Mittel ◔ Gering ○ Nicht vorhanden

**Abb. 1:** Besonderheiten der Vertriebskanäle und Auswirkungen auf POS-Systeme

Wie Abbildung 1 anschaulich zusammenfasst, führt dies in Summe dazu, dass durch die unterschiedlichen Charakteristika der jeweiligen Vertriebswege auch unterschiedliche Anforderungen an Point-of-Sale-Systeme gestellt werden. Daher ist im Folgenden genauer zu analysieren, wie die jeweiligen ertrags- und kostenseitigen Potenziale innerhalb der verschiedenen Vertriebswege ausgeprägt sind.

Dabei lassen sich mögliche Potenziale unter den folgenden drei Punkten subsumieren, die auch Gegenstand der Untersuchung in den folgenden drei Unterabschnitten sind:

- Prozessuale Verbesserungen: Diese beinhalten vor allem die Verringerung von Redundanzen und Zeitgewinne durch die Vermeidung von Medienbrüchen sowie die systemseitige Unterstützung einzelner Prozessschritte.
- Informationsverarbeitung: Sie stellt für den Versicherer einen wesentlichen Erfolgsfaktor dar, da sich durch die „richtige" Verarbeitung der zahlreichen Informationen vor allem ertragsseitige Wettbewerbsvorteile durch gezielte Kundenbearbeitung und damit höhere Abschlussquoten ergeben.
- Kosten für Entwicklung und Betrieb von Point-of-Sale-Systemen: Diese bedeutende Kostenposition lässt sich durch eine Vereinheitlichung von Systemen erheblich verringern.

### 3.1.2 Prozessuale Verbesserungen

Der richtige Einsatz von Point-of-Sale-Systemen führt durch die Vernetzung von Front- und Backoffice-Prozessen und die damit einhergehende durchgängige Integration der Geschäftsprozesse (Straight Through Processing) in der Regel auch zu prozessualen Verbesserungen. An dieser Stelle kommt die Unterschiedlichkeit der verschiedenen Vertriebswege am stärksten zum Tragen: Während eine solche Integration für den Ausschließlichkeitsvertrieb durchaus realisierbar erscheint, wird im Falle von Mehrfachagenten und Maklern eine Einbindung in der Regel nur beschränkt möglich sein. Hier wird der Fokus vielmehr auf einem Schnittstellenmanagement zur Erhöhung von Geschwindigkeit und Qualität der eigenen Prozesse liegen.

Abbildung 2 zeigt von der Kontaktherstellung bis zur Vertragsverwaltung sowie Schadenerfassung und -abwicklung alle für das Frontoffice relevanten Prozesse, die prinzipiell durch ein Point-of-Sale-System unterstützt werden können. Anhand der Markierungen wird angedeutet, inwieweit in den unterschiedlichen Vertriebskanälen Profitabilitätsverbesserungen realisierbar sind.

a) Kontakt herstellen

Bereits bei der Kontaktaufnahme mit dem Kunden kann ein Point-of-Sale-System zur Absatzsteigerung beitragen, indem es dem Vertriebspartner in geeigneter Art und Weise aufbereitete Informationen bereitstellt – zum Beispiel eine Auswertung darüber, bei welchen Kunden die verfügbaren Informationen auf welchen Bedarf schließen lassen. Dies kann die Vorbereitungszeit auf Kundengespräche verkürzen und die Abschlussquote steigern. Solche Potenziale bestehen vor allem im Ausschließlichkeitsvertrieb, da hier Stammkunden geworben und betreut werden, aber auch im Bankvertrieb, da sich der Bedarf an Versicherungsprodukten für einzelne Bankkunden gezielt ermitteln lässt.

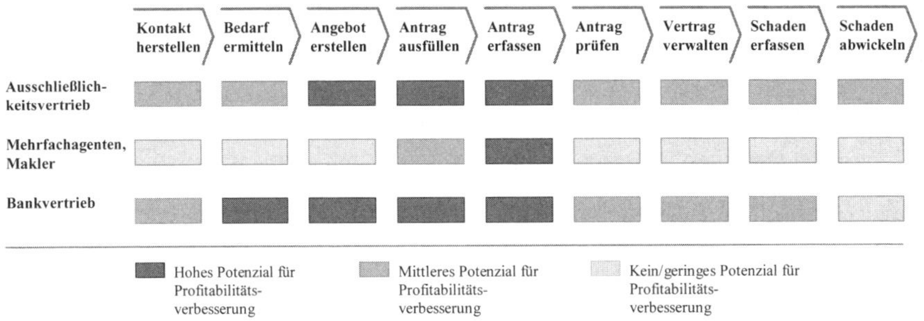


**Abb. 2:** Potenzial für Profitabilitätsverbesserung durch Point-of-Sale-Systeme

b) Bedarf ermitteln

Die Benutzerführung von Point-of-Sale-Systemen ist bislang häufig nicht auf den Kenntnisstand der Vertriebspartner ausgerichtet. Dies stellt insbesondere bei denjenigen Vertriebswegen ein Problem dar, bei denen der Berater nur vergleichsweise selten mit den Systemen arbeitet, zum Beispiel im Bankvertrieb. Letztlich führt dies dazu, dass im Beratungsgespräch auf andere Produkte, etwa Fonds oder

Sparpläne, ausgewichen wird, obwohl hinsichtlich der Anlageziele des Kunden ein Versicherungsprodukt vorteilhafter wäre. Eine gezielte Unterstützung des jeweiligen Vertriebskanals bei der Beratung durch aktuelle und geeignet aufbereitete Produktinformationen sowie bedürfnisgerechte Rechen-, Darstellungs- und Präsentationshilfen können den Produktabsatz merklich erhöhen. Dies gilt vor allem für den Ausschließlichkeitsvertrieb, in besonderem Maße aber auch für den Bankvertrieb, da hier der Nachholbedarf im Sinne einer anwendergerechten Verkaufsunterstützung groß ist.

c) Angebot erstellen

Point-of-Sale-Systeme unterstützen die Vertriebspartner oftmals bei der Beratung, jedoch nicht bei nachfolgenden Prozessen, wie zum Beispiel bei der Erstellung eines konkreten Angebotes. Dies führt häufig dazu, dass Daten mehrfach und langwierig erfasst werden müssen und sich die Beratungszeit sowohl aus der Perspektive der Kunden als auch aus Sicht der Vertriebspartner entsprechend verlängert.

Zusätzlich treten vielfach dadurch Probleme auf, dass kundenindividuelle Besonderheiten nicht verarbeitet werden können. Demnach erhält der Kunde kein verbindliches Preisangebot, sondern lediglich einen indikativen Standardpreis. Sofern er sich im Nachgang für dieses Angebot entscheidet, wird er, insbesondere bei Krankenversicherungen, oft durch zusätzliche Risikoaufschläge überrascht. Dies führt dazu, dass Verträge teilweise nicht zu Stande kommen oder auf Seiten der Vertriebspartner erheblicher Aufwand zur Glättung der Friktionen entstehen. Ist das Point-of-Sale-System also in der Lage, kundenindividuelle Besonderheiten sofort zu verarbeiten, kann die Abschlussquote erhöht werden.

Eine tendenziell höhere Umsetzungsrate für diese Systemkomponenten kann im Ausschließlichkeits- und Bankvertrieb erreicht werden, da dort keine eigenen Systeme zum Angebotsvergleich genutzt werden.

d) Antrag ausfüllen, erfassen und prüfen

Eine systemseitige Bereitstellung und Einarbeitung von Produkt- und Kundendaten auf Basis eines erstellten Angebotes in Antragsvorlagen kann zum einen zu einer Verkürzung der Gesprächszeit am Point-of-Sale beitragen und zum anderen eine elektronische Weiterverarbeitung des Antrages ermöglichen. Darüber hinaus lassen sich durch automatisierte Vollständigkeitsprüfungen und Plausibilisierungen Rückfragen vermeiden, was auch den Innendienst entlastet.

Eine fehlende Online-Anbindung von Point-of-Sale-Systemen an das Backend ist derzeit einer der wesentlichen Defizite, die dazu führen, dass mögliche Profitabilitätsverbesserungen noch nicht realisiert sind. In den meisten Fällen liegt keine oder nur eine eingeschränkte Anbindung von Point-of-Sale-Systemen an das Backend von Versicherungen vor. Schnittstellen sind nicht elektronisch abgebildet, sondern werden papierhaft gelöst. Dies führt zu umfangreichen Doppelarbeiten auf Seiten der Vertriebspartner und im Backoffice der Versicherungen. Dieser

Sachverhalt wird durch eine aktuelle elektronische Antragsquote von etwa nur 20% deutlich. Das Fehlen einer nachfolgenden Automatisierung verstärkt die Problematik, sodass letztlich nur 2% der Anträge vollkommen automatisch verarbeitet werden können.[10]

Bei allen Vertriebskanälen bestehen hier erhebliche Potenziale, die Effizienz zu verbessern. Hierbei ist zu beachten, dass bei Maklern/Mehrfachagenten ein optimiertes Schnittstellenmanagement im Vordergrund stehen sollte.

e) Vertrag verwalten

Eine Unterstützung der Bestandsverwaltung ist nur innerhalb solcher Vertriebskanäle möglich, die eine hohe und kontinuierliche Kundeninteraktion aufweisen, und beschränkt sich somit hauptsächlich auf den Ausschließlichkeits- und Bankvertrieb.

f) Schadenerfassung und -abwicklung

Insbesondere beim Ausschließlichkeitsvertrieb bestehen Potenziale durch den Einsatz von Point-of-Sale-Systemen. Die Einbindung des Ausschließlichkeitsvertriebs kann so weit gehen, dass die Abwicklung von Kleinschäden durch dazu autorisierte Vermittler vorgenommen wird.[11] Komplexere Sachverhalte, die im Versicherungsunternehmen spezielle interne Prozesse auslösen, sind hingegen nicht delegierbar und bergen daher auch keine realisierbaren Potenziale im Hinblick auf den Einsatz von Point-of-Sale-Systemen. Zusätzlich kommt einer schnellen und unkomplizierten Schadenbearbeitung, wie sie teilweise durch Point-of-Sale-Systeme realisierbar ist, eine große Bedeutung im Rahmen der Qualitätsbeurteilung durch den Kunden zu. Die zügige und kulante Schadenbearbeitung ist ein zentrales Kriterium für den Kunden bei der Auswahl von Versicherungen.[12]

### 3.1.3 Informationsverarbeitung

Nicht zuletzt durch den Dienstleistungscharakter der Versicherungsprodukte ist das Geschäftsmodell der Assekuranz wie in kaum einer anderen Branche von Informationen und Daten dominiert. Den Versicherungsunternehmen steht eine Masse von Kundeninformationen zur Verfügung, die für den jeweiligen Versicherer bei richtiger Informationsverarbeitung zum entscheidenden Wettbewerbsvorteil werden kann.[13] Ein zentralisiertes Datenmanagement kann den Verlust von Informationen vermeiden und zur Sicherung von Aktualität und Qualität der Informationen beitragen. Insbesondere ergeben sich durch die Vereinheitlichung und

---

10 Vgl. Giesecke (2003), S. 7.

11 Vgl. Hohenthaner (2001), S. 13.

12 Vgl. Stern Markenprofile 10 (2003).

13 Vgl. Reimann/Sexauer (2001).

Verbesserung der Informationsbasis Möglichkeiten zur verbesserten Interaktion mit dem Kunden sowie zum Aufbau eines umfassenden Customer-Relationship-Managements (CRM).

Auf der Seite der Vertriebspartner ermöglicht die Bereitstellung von aktuell und zielgerichtet aufbereiteten Kunden- und Produktdaten eine gezielte und effektive Kundenansprache sowie kurze Vorbereitungszeiten für Verkaufsgespräche. Der bedürfnisgerechtere Ablauf eines Gesprächs führt beim Kunden dazu, dass er die Servicequalität als hochwertiger wahrnimmt und damit zu einer höheren Abschlussquote.[14] Diese Effekte stellen somit zentrale Erfolgsfaktoren für die Umsetzung eines erfolgreichen Point-of-Sale-Systems dar und sichern bei entsprechender Kommunikation und Veranschaulichung die Kooperation der beteiligten Vertriebspartner.

Für das Versicherungsunternehmen besteht der wesentliche Nutzen einer zentralen Datenhaltung in der Erhöhung der Datenqualität und -aktualität. Dies ermöglicht ein über alle Vertriebswege hinweg verbessertes CRM, das sich wiederum in einem erhöhten Cross Selling, einer sinkenden Bestandsstornoquote und einer höheren Zielgenauigkeit von Kampagnen bemerkbar macht. Zudem wird das Controlling im Innendienst verbessert und ein kontinuierlicher Optimierungsprozess unterstützt, insbesondere in Bezug auf Produkte und Dienstleistungen sowie auf eine verbesserte Steuerung der Vertriebsorganisation. Nicht zuletzt kann auch die Flexibilität und Reaktionsgeschwindigkeit bezüglich veränderter Marktanforderungen, wie zum Beispiel durch schnellere Produkteinführungen, optimiert werden.

Wie eingangs bereits erläutert, besteht bei Mehrfachagenten und Maklern häufig eine eigene Datenhaltung. Der Fokus der Implementierung liegt daher auf einer Anbindung der Systeme über geeignete Schnittstellen, damit – unter Berücksichtigung individueller Zugriffsrechte – die direkte Verfügbarkeit aller benötigten Daten gewährleistet ist, die in diesem Segment zunehmend gefordert wird.[15] Eine zentrale Datenhaltung im eigentlichen Sinne ist dagegen vor allem für den Ausschließlichkeits- und Bankvertrieb von Bedeutung.

### 3.1.4 Kosten für Entwicklung und Betrieb von Point-of-Sale-Systemen

Die Aufwendungen für die Entwicklung und den Betrieb von Point-of-Sale-Systemen stellen bei vielen Versicherungsunternehmen die größte Position des IT-Budgets dar.[16] Ursächlich hierfür ist die in den 90er-Jahren für Vertriebspartner geschaffene Vielfalt an Unterstützungsmöglichkeiten bei Kundenbetreuung und

---

[14] Vgl. DETECON (2003), S. 25.

[15] Vgl. Berger/Schmidt (2001).

[16] Vgl. DETECON (2003), S. 15.

Akquisitionsunterstützung. Dabei ist die technische Komplexität bei Weiterentwicklungen und Updates auf Grund der vorwiegend dezentralen Struktur der Vertriebspartner enorm. Die Komplexität wird zusätzlich dadurch gesteigert, dass die Versicherungsunternehmen keinen direkten Einfluss auf Software und Hardware der Vertriebspartner nehmen können. Dies führt dazu, dass unterschiedliche Release-Stände von Point-of-Sale-Systemen vorliegen beziehungsweise gänzlich unterschiedliche Systeme entwickelt und gepflegt werden müssen.

Im Umkehrschluss lässt sich somit festhalten, dass die Einführung eines einheitlichen Point-of-Sale-Systems, das sich in den jeweiligen Vertriebskanälen nur durch den Einsatz unterschiedlicher Komponenten unterscheidet, wesentlich zur Kostensenkung beitragen kann. An die Stelle des Einsatzes einer Vielzahl von Einzellösungen tritt dabei ein einziges Point-of-Sale-System, das in seiner Grundform nur einmal (extern oder intern) entwickelt und an die Anforderungen verschiedener Anwender angepasst wird. Ein solches System vereinfacht zudem die Betreuung durch das Helpdesk, da nur die jeweils aktuelle Version eines einzigen Systems zu pflegen ist. Weitere Potenziale zur Kostenreduktion ergeben sich durch eine Online-Wartung des Systems, wodurch zugleich die Qualität der Betreuung erhöht und die Möglichkeiten zur Reaktion auf sich verändernde Marktanforderungen verbessert werden.

Einsparpotenziale ergeben sich also zum einen hinsichtlich der Systemerstellung, da sich die Entwicklungstätigkeiten auf ein einziges System konzentrieren können und Redundanzen entfallen. Zum anderen lassen sich die laufenden IT-Kosten für die Verteilung, Aktualisierung und Betreuung erheblich senken, da auf Grund der reduzierten Komplexität weniger Personal vorgehalten werden muss. Die Vermeidung der Instandhaltung einer Vielzahl bestehender Systeme und eine vereinfachte Systemlandschaft bilden auch die Voraussetzung zur zielgerichteten Entwicklung von Innovationen.

## 3.2 Abschätzung der Potenziale

Das Outsourcing von Prozessschritten an Vertriebspartner stellt eine wesentliche Quelle für eine Entlastung des Innendienstes dar und trägt damit zu einer Reduktion von Kosten bei.

Etwa 25-35% der personellen Ressourcen des Innendienstes sind in der Antragserfassung, Antragsprüfung und Vertragsverwaltung gebunden. Mit der Schadenerfassung und -abwicklung sind weitere 20-30% des Personals beschäftigt. Durch Outsourcing lassen sich an diesen Stellen erhebliche Kostensenkungspotenziale realisieren.

Im Bereich der Antragserfassung ist dabei eine Entlastung des Innendienstes von bis zu 100% denkbar, indem der Außendienst Anträge stets elektronisch erfasst und übermittelt. Risikoprüfungen sind nur in einfachen Fällen vollautomatisch möglich. Zeitaufwendige Prüfungen bleiben weiterhin dem Innendienst vorbehalten, was hier auch unter Ausschöpfung der technischen Möglichkeiten nur zu einer begrenzten Entlastung führen kann. Die Bestandsverwaltung lässt sich konzeptionell zu einem großen Teil auf Vertriebspartner verlagern, indem auch hier eine elektronische Erfassung und Übermittlung erfolgt, wie zum Beispiel bei Adressänderungen. Letztlich hängt es jedoch vom Kunden ab, wen er im Rahmen von Vertragsänderungen kontaktiert. Für die Bereiche der Schadenerfassung und Schadenabwicklung ist ein Outsourcing nur in geringem Umfang oder für Kleinschäden denkbar.

Die praktische Akzeptanz, Umsetzbar- und Anwendbarkeit dieser Ansätze hängt wiederum wesentlich von den spezifischen Gegebenheiten der unterschiedlichen Vertriebswege ab. Betrachtet man die identifizierten ertrags- und kostenseitigen Potenziale differenziert nach den einzelnen Vertriebskanälen, so zeigt sich, dass die erreichbaren Profitabilitätssteigerungen durchaus sehr unterschiedlich stark ausgeprägt sind beziehungsweise im jeweiligen Kanal der gezielte Einsatz eines Point-of-Sale-Systems eher zur einer Kostensenkung oder einer Absatzsteigerung führen wird. Im Folgenden wird darauf anhand der drei wesentlichen Vertriebsformen eingegangen.

- Im *Ausschließlichkeitsvertrieb* können kostenseitig über alle Prozessschritte hinweg hohe Profitabilitätsverbesserungspotenziale realisiert werden. Dies ist nicht zuletzt darauf zurückzuführen, dass in diesem Vertriebskanal die wirtschaftliche Nähe zum Versicherer und die damit verbundene höhere Flexibilität und Akzeptanz eine weitestgehende Ausschöpfung der technischen Möglichkeiten von Point-of-Sale-Systemen zulässt. Diese Erkenntnis erscheint umso bedeutender, wenn man berücksichtigt, dass der Ausschließlichkeitsvertrieb eindeutig den wichtigsten Vertriebsweg der deutschen Assekuranz darstellt.[17] Kostenreduktion ist hier vorrangig auf eine Entlastung des Innendienstes durch eine verstärkte Durchgängigkeit und Automation der Prozesse zurückzuführen. Auf der Ertragsseite kommen den Mengenerhöhungen im Stammgeschäft und verstärktem Cross Selling eine wesentliche Bedeutung zu.

- *Mehrfachagenten und Makler* unterhalten dagegen Geschäftsbeziehungen zu mehreren Versicherungsunternehmen, sodass eine zu weit gehende Anbindung an einzelne Versicherer aus Sicht der Vermittler wegen der damit einhergehenden Abhängigkeit alles andere als wünschenswert ist. Auf Grund dieser Beschränkung sind für den Versicherer über Mehrfachagenten und Makler nur begrenzt Potenziale realisierbar. Dennoch lassen sich auch hier vor allem durch eine elektronische Verarbeitung und Automatisierung von beispielsweise der elektronischen Übermittlung von Anträgen Einsparungen erzielen. Die ertragsseitige Profitabilitätssteigerung über Mehrfachagenten

---

[17] Vgl. META Group (2002), S. 30.

und Makler spielt eine geringere Rolle, da eigene Point-of-Sale-Systeme verwendet werden.

- Im *Bankvertrieb* erfolgt die Antragserfassung in den meisten Fällen noch papierhaft, sodass mit einer elektronischen Anbindung die Realisierung erheblicher Kosteneinsparungspotenziale verbunden ist. Sofern Point-of-Sale-Systeme existieren, sind diese derzeit vielfach noch nicht auf die Bedürfnisse des Vertriebs von Versicherungsprodukten in Banken abgestimmt. Durch eine Vereinfachung der Benutzerführung der nur sporadisch verwendeten Systeme und einen stärker systemgestützten Verkaufsprozess lassen sich so deutliche Akzeptanzverbesserungen bei den Mitarbeitern und damit Ertragspotenziale realisieren.

Abbildung 3 fasst die Abschätzung der erzielbaren Kostensenkungen bezogen auf die Kosten der genannten Prozessschritte der Antrags-, Vertrags- und Schadenbearbeitung sowie die Bewertung der erzielbaren Ertragssteigerungen durch den Einsatz von Point-of-Sale-Systemen für die einzelnen Vertriebswege zusammen.

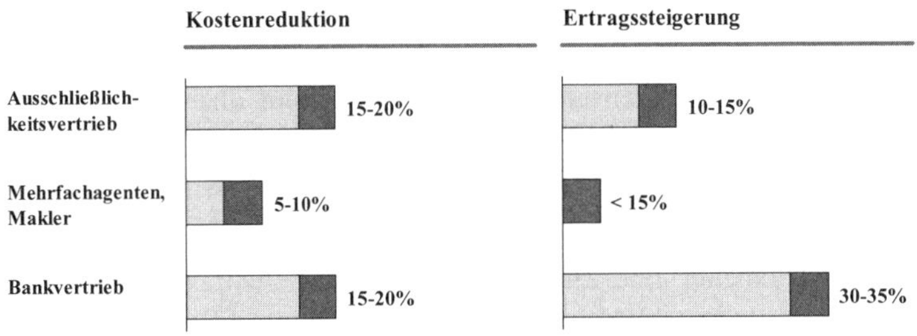


**Abb. 3:** Potenziale zur Kostenreduktion und Ertragssteigerung nach Vertriebswegen

Der Ausschließlichkeitsvertrieb stellt den dominanten Vertriebskanal für die deutsche Assekuranz dar, während Mehrfachagenten und Makler sowie der Bankvertrieb einen deutlich geringeren Teil der Prämieneinnahmen beisteuern.[18] Im Mix der verschiedenen Vertriebswege ergibt sich damit ein durchschnittliches Kostensenkungspotenzial von etwa 15 bis 20%. Anders ausgedrückt lassen sich durch den effektiven Einsatz von Point-of-Sale-Systemen die gesamten Verwaltungskosten um 7-10% senken.

Zusätzlich zu diesen Potenzialen lassen sich die IT-Kosten, die in der Assekuranz einen Anteil von bis zu 20-25% der Verwaltungskosten ausmachen, erheblich reduzieren. Die laufenden IT-Kosten können durch die Vereinheitlichung und

[18] Vgl. Huly et. al. (1998), S. 33.

Vereinfachung der genutzten Point-of-Sale-Systeme um bis zu 5-10% gesenkt werden, was sich in einer weiteren Verwaltungskostensenkung von bis zu 2% niederschlägt.

Insgesamt ergibt sich damit allein durch den gezielten Einsatz von Point-of-Sale-Systemen bezogen auf die Verwaltungskosten ein Verbesserungspotenzial in Höhe von 9-12%. Auch auf der Ertragsseite bestehen erhebliche Potenziale. Im Durchschnitt ergibt sich über alle Vertriebswege ein Potenzial zur Steigerung der Brutto-Prämieneinnahmen von bis zu 15%.

## 3.3 Empfehlungen zum Vorgehen bei der Implementierung

Ob sich die aufgezeigten Potenziale von Point-of-Sale-Systemen vollständig realisieren lassen, hängt im Wesentlichen von deren professioneller Implementierung ab. Dazu ist es zunächst unabdingbar, eine Kosten-Nutzen-Analyse vorzunehmen und diese ausreichend zu dokumentieren. Erst dann kann entschieden werden, in welchem Umfang ein neues System einzuführen ist und welche Anpassungen gegebenenfalls vorzunehmen sind.

In einem *ersten Schritt* bedeutet dies, alle Prozesse und Schnittstellen zu identifizieren und darzustellen, die durch ein Point-of-Sale-System unterstützt werden oder in irgendeiner anderen Art und Weise betroffen sind. Diese Zusammenstellung kann sich in ihrer Priorisierung weitgehend an den zuvor untersuchten Potenzialen orientieren.

Der *zweite Schritt* beinhaltet eine Zuordnung von potenziellen Zeitersparnissen und/oder Qualitätssteigerungen durch den Einsatz des Point-of-Sale-Systems zu einzelnen Funktionen oder Prozessschritten.

Im *dritten Schritt* erfolgt eine Bewertung der Zeitersparnisse über interne Kostensätze und die Umwertung von Qualitätssteigerungen in die hierdurch erzielbaren Absatzsteigerungen.

Der *vierte Schritt* ermittelt die durch die Implementierung entstehenden Kosten, die vor allem durch IT-Aufwendungen dominiert werden. Einerseits muss identifiziert werden, welche einmaligen Kosten durch zu beschaffende Hardware, Software und Personalkosten zur Entwicklung und Integration entstehen. Andererseits wird analysiert, welche Einsparungen sich bei den laufenden Kosten durch den geringeren Pflegeaufwand ergeben. Je schlanker und variantenloser das System ist, desto größer sind die möglichen Einsparungen.

Im *letzten Schritt* werden die bisherigen Überlegungen zusammengeführt. Durch eine Gegenüberstellung des quantifizierten Nutzens, zum Beispiel in Form von Kosteneinsparungen oder Absatzsteigerungen, mit den zusätzlichen Kosten lässt sich ein Breakeven für die verschiedenen Varianten der Implementierung ermitteln, der zur Entscheidungsunterstützung herangezogen werden kann.

Neben dieser Kosten-Nutzen-Analyse sollten in der Implementierungsphase weitere Punkte besonders beachtet werden. So müssen zum einen alle beteiligten Vertriebspartner frühzeitig in die Analyse und Entwicklung des Systems eingebunden werden. Sonst besteht die Gefahr, dass sich auf Grund der technischen Gegebenheiten der Vertriebspartner Probleme bei der Implementierung ergeben, beziehungsweise das System nicht akzeptiert und damit nicht Gewinn bringend eingesetzt wird.

Außerdem sollten der Ausbau des neuen Systems und die Anbindung der einzelnen Vertriebswege schrittweise erfolgen. Die Integration der verschiedenen Sparten sollte da ansetzen, wo auf Grund einer niedrigen Produktkomplexität, eines geringen Risikoprüfungsaufwands und auch rechtlicher Aspekte die wenigsten Problemfelder zu erwarten sind. Aufbauend auf den Erfahrungen dieser einfacher zu gestaltenden Anbindungen können dann sukzessive komplexere Anbindungen vorgenommen werden. So zeigen sich frühzeitig die ersten Erfolge, und Fehler lassen sich weitgehend vermeiden.

# 4 Fazit

In einem Umfeld, das durch steigenden Kostendruck, dynamische technologische Entwicklungen und wachsende Ansprüchen der Kunden charakterisiert wird, gewinnt eine effiziente Anbindung des Vertriebs weiter an Bedeutung. Kernherausforderung dafür ist die effiziente und weitgehend durchgängige Ausgestaltung aller Geschäftsprozesse unter Berücksichtigung der Heterogenität der unterschiedlichen Vertriebswege. Der Einsatz von Point-of-Sale-Systemen im Vertrieb, das heißt die IT-Unterstützung von Beratung, Angebotserstellung, Abschluss sowie Verwaltung und Schadenbearbeitung, ist ein geeignetes Mittel, um die Profitabilität zu erhöhen.

In den letzten Jahren war zunehmend eine Modernisierung im Frontoffice zu beobachten, sodass heute Point-of-Sale-Systeme in vielfältiger Ausgestaltung in der Assekuranz vorzufinden sind. Bislang hat sich allerdings noch kein Best-Practice-Modell herausgebildet, und damit blieb auch der erwartete betriebswirtschaftliche Erfolg aus. Maßgebliche Gründe hierfür sind eine fehlende Vereinheitlichung und Vernetzung von Front- und Backoffice. Fachliche und technische Defizite verhindern durchgängige Geschäftsprozesse, auch der Heterogenität der Vertriebswege wird kaum Rechnung getragen. Zur adäquaten Bewältigung dieser Herausforderungen muss beim Ausschließlichkeitsvertrieb eine weitgehende Integration in die Geschäftsprozesse des Versicherungsunternehmens erreicht werden. Für weniger wirtschaftlich abhängige Vermittler, wie zum Beispiel Makler oder Mehrfachagenten, muss ein effizient gestaltetes Schnittstellenmanagement eine optimale Anbindung sicherstellen.

Eine verbesserte Anbindung des Vertriebs führt zur Vermeidung von Medienbrüchen und Redundanzen und ermöglicht so die Realisierung von Kostensenkungspotenzialen über die gesamte Wertschöpfungskette von der Antrags- bis zur Schadenbearbeitung. Daneben sichert eine geeignete Vertriebsanbindung eine breitere Informationsbasis, ein verbessertes Informationsmanagement und damit auch Produktabsatzsteigerungen durch eine gezieltere Kundenbearbeitung. Zusätzlich können die Aufwendungen für die Entwicklung und den Betrieb von Point-of-Sale-Systemen reduziert werden, die mittlerweile einen wesentlichen Teil des IT-Budgets vieler Versicherer ausmachen.

Bei Umsetzung der dargelegten Point-of-Sale-Strategie lassen sich die Verwaltungskosten bis zu 12% senken; bei den Erträgen kann eine Steigerung bis zu 15% erreicht werden. In einem kompetitiven Marktumfeld, in dem Versicherungen unter erheblichem Margendruck stehen, kann dies einen wesentlichen Beitrag zur Verbesserung der Wettbewerbsposition leisten.

## Literaturverzeichnis


Berger, Marc/Schmidt, Detlef (2001): Maklermanagement: Über die Online-Anbindung zur Multi-Level-Kooperation mit unabhängigen Versicherungsvermittlern. IVW HSG Trendmonitor 4/2001, S.3-9.

Coldewey, Jens (1999): Komponenten Architekturen im Versicherungsbereich.

DETECON (2003): Mobile Insurance – Einsatzfelder in Schadenmanagement und Außendienstanbindung. Detecon&Diebold Consultants, Juni 2003.

Doniec, Agnes (2002): Trends und Technik im Vertrieb. Versicherungsbetriebe 6/2002.

GDV (2003): Jahrbuch 2002 – Die deutsche Versicherungswirtschaft. Gesamtverband der deutschen Versicherungswirtschaft e.V., Oktober 2003.

Giesecke, Stefan (2003): Cost Cutting durch elektronische Anträge – welche Erfolgsfaktoren entscheiden die Rationalisierung? agens Consulting, Februar 2003.

Hohenthaner, Johannes (2001): Integrierte Point-of-Sale Systeme im Versicherungsunternehmen. Edition Wissenschaft, Reihe Wirtschaftswissenschaften, Band 150, Marburg.

Huly, Rüdiger et. al. (1998): CAS-Lösungen für den Versicherungsaußendienst. Düsseldorf.

Kasten, H.-H. (1997): Service- und Effizienzsteigerung durch Einsatz moderner Technik im Versicherungsaußendienst. Versicherungswirtschaft, Nr. 15.

META Group (2002): Trends in ausgewählten Branchen 2002, Auszug Finanzdienstleister, META Group Deutschland GmbH.

Nicka, Richard (2003): Kapitalgedeckte Vorsorgeinstrumente – Vorsorge ist Wachstumsmarkt nur bei hoher Prozesseffizienz. Versicherungsbetriebe 3/2003, S. 34-36.

O.V. (2004): Versicherer wollen mehr Spielraum bei Gewinnverteilung. Handelsblatt, 2. Februar 2004.

Reimann, Eckhard/Sexauer, Hagen J. (2001): Customer Relationship Management: Integration mangelhaft. acquisa, 49. Jg. (2001), Nr. 5, S. 50-51.

Stern Markenprofile 10 (2003), Oktober 2003.

Zehetmaier, Hans (2002): IT-Anforderungen der Zukunft – Unabdingbar sind Standards und klare Komponenten. Versicherungsbetriebe, 5/2002, S. 48, 49.

# Open-Architecture und Allfinanz

**Beat Bernet**

*Zusammenfassung:*
*Die dynamische Entwicklung des Umfelds, in dem die Finanzdienstleistungsbranche agiert, wird zu einer Renaissance des Ansatzes integrierter Finanzdienstleistungen führen. Der Beitrag nimmt eine Analyse der strategischen Erfolgsfaktoren für Allfinanzkooperationen vor und weist nach, dass die Umsetzung einer Open-Architecture-Philosophie eine Schlüsselrolle für den Erfolg einer Allfinanzstrategie spielt.*

*Schlüsselwörter: Allfinanz, Netzwerke, Open-Architecture, Open-Architecture-Geschäftsmodelle.*

## 1 Einführung

Der Terminus Allfinanz, ein Modewort in den 90er-Jahren, ist inzwischen zu einem regelrechten „Unwort" mutiert. Es wird zurzeit sehr oft mit negativen Assoziationen und Erfahrungen in Verbindung gebracht. Die Zahl der Publikationen, Kongresse und Vorträge unter diesem Stichwort ist in den letzten Jahren merklich zurückgegangen. Ausschlaggebend für das nachlassende Interesse am Thema Allfinanz sind wohl primär die unbefriedigenden Ergebnisse und nicht wenigen Misserfolge von Allfinanzprojekten bei großen Finanzinstitutionen – als Beispiele ließen sich gleich mehrere deutsche und schweizerische Banken bzw. Versicherungen anführen.

Das Desinteresse, das Theorie und Praxis dem Allfinanzkonzept seit der Jahrhundertwende entgegenbringen, ist jedoch fehl am Platz. Die sich rasch verändernden Rahmenbedingungen der Finanzdienstleistungsbranche werden in der zweiten Hälfte dieses Jahrzehntes zu einer eigentlichen Renaissance des Ansatzes integrierter Finanzdienstleistungen führen. Dabei wird es aus betriebswirtschaftlicher Sicht in erster Linie darum gehen, Lehren aus den Fehlern der Vergangenheit zu ziehen und entsprechende Schlussfolgerungen für die Konzeption von netzwerkorientierten Kooperationen zwischen Finanzinstitutionen abzuleiten. Der vorliegende Beitrag versucht, auf der Grundlage einer Analyse strategischer Erfolgsfaktoren für Allfinanzkooperationen aufzuzeigen, dass neben den vielfach untersuchten Aspekten der Unternehmenskultur vor allem die Umsetzung einer „Open-

Architecture"-Philosophie ein wesentlicher Erfolgsfaktor für eine Allfinanzstrategie ist.

# 2 Ein dreidimensionales Allfinanzverständnis

Das wettbewerbsstrategische Umfeld von Finanzdienstleistungsunternehmungen hat sich in der zweiten Hälfte der 90er-Jahre stark zu verändern begonnen. Im Wesentlichen sind es dabei die Technologie, die Entwicklung der Nachfragestruktur, -inhalte und -verhaltensweisen, die veränderte Risikoexposition und -perzeption der Marktteilnehmer sowie (in beschränktem Maße) Entwicklungen normativer Rahmenbedingungen, die für diese Veränderungen verantwortlich sind. Auswirkungen sind einerseits ein intensiverer Preiswettbewerb und Kostendruck und damit tendenziell sinkende Margen in allen Geschäftsfeldern von Banken und Versicherungen, andererseits steigende Anforderungen an Breite, Tiefe und Qualität des Leistungsangebotes seitens der Nachfrage.

Finanzdienstleistungsunternehmungen versuchen, diesem wachsenden Wettbewerbsdruck unter anderem durch das Aufbrechen und die anschließende Neukonfiguration der Wertschöpfungsketten zu begegnen. Es entstehen Netzwerke, in die Banken, Versicherungen und weitere Finanzdienstleistungsanbieter eingebunden werden. Wo dabei ein Angebot geschaffen wird, das Bank- und Versicherungsleistungen integriert, spricht man von Allfinanzkooperationen.

Betriebswirtschaftliche Literatur und Praxis haben bis heute keine einheitliche Definition des Allfinanzbegriffes gefunden. Die zahlreichen Definitionsansätze zeigen ein dreidimensionales Begriffsverständnis, das sowohl funktionale und institutionelle als auch instrumentale Aspekte umfasst, deren Gewichtung je nach Kooperationsdesign und Kooperationsinhalt unterschiedlich ausfallen kann. Der funktionale Allfinanzbegriff geht von der Integration klassischer Bankfunktionen (wie etwa Anlegen, Zahlen, Sparen, Finanzieren) und traditionell den Versicherungen zugeordneten Funktionen (Absicherung oder Umverteilung von Risiken) aus. Allfinanzkooperationen versuchen in diesem Modell, dem Nachfrager eine Integration solcher Funktionen zur Verfügung zu stellen, etwa über eine entsprechende Beratungsleistung. Das vor allem in der traditionellen Finanzpraxis weit verbreitete institutionelle Begriffsverständnis definiert Allfinanz aus der Sicht der Institutionen, die diese Funktionen erbringen, und stellt als Erfahrungsobjekt die unterschiedlichen Kooperationsformen zwischen Banken und Versicherungen, alternative Wertschöpfungs- und Geschäftsmodelle, Fragen der geeigneten Organisation oder Aspekte der Unternehmungskultur in den Mittelpunkt der Erkenntnisbestrebungen. Der instrumentale Allfinanzbegriff schließlich geht von Finanz- und Risikoaspekte integrierenden Produkten und Dienstleistungen bzw. entsprechenden Leistungsbündelungen aus und untersucht die Bestimmungsfaktoren der Nachfrage nach solchen Produkten sowie Rahmenbedingungen, Merkmale und

Einsatzgebiete entsprechender Lösungsangebote. Eine differenzierte Analyse des Begriffsverständnisses erscheint immer dann hilfreich, wenn konkrete Allfinanzprojekte beurteilt werden sollen – geht es bei der vorzunehmenden Wertung beispielsweise um Fragen des Kooperationsdesigns, um die Produktinnovation bzw. -integration oder um funktionelle Aspekte wie die effiziente Organisation der Distribution, der Kommunikation mit gemeinsamen Nachfragesegmenten oder der synergetischen Produktion von Allfinanzleistungen?

In diesem Beitrag wird im Folgenden von einem funktionalen Begriffsverständnis ausgegangen. Allfinanz ist als eine Integrationsfunktion zu verstehen. Integriert werden finanz- und risikobezogene Leistungen, die traditionellerweise von Banken und Versicherungen angeboten werden. Sie werden zu einem auf das individuelle Rendite-/Risikoprofil eines Nachfragers ausgerichteten Leistungsportfolio zusammengefasst. Diese Integration muss so erbracht werden, dass sie einerseits ein Portfolio ergibt, das die aktuellen und zukünftigen finanzbezogenen Bedürfnisse des Nachfragers optimal abdeckt, und andererseits den für den Integrator resultierenden Nutzen in Form von Deckungsbeiträgen optimiert (Bernet 2001). Im Folgenden interessiert vor allem dieser zweite, betriebswirtschaftliche Aspekt. Welche sind die Faktoren, die über Erfolg oder Misserfolg solcher Integrationsprojekte bestimmen, und welche sind die strategischen Entscheidungs- und Handlungsfelder, die daraus abgeleitet werden können?

# 3 Wo steht der Allfinanzgedanke im Entwicklungszyklus?

Die Frage nach der Zukunft der Allfinanz als strategischem Denkansatz im Finanzdienstleistungsmarkt muss sich auf die Analyse der vier wichtigsten Determinanten der Entwicklung dieses Integrationsprozesses stützen: die Anbieter von Finanzdienstleistungen, die Nachfrage nach diesen Dienstleistungen, das relevante ökonomische und soziale Umfeld sowie die potenzielle Entwicklung im Bereich der Marktstrukturen bzw. Technologie:

- Wichtigster Treiber der künftigen Entwicklung auf dem Gebiet der integrierten Finanzdienstleistungen ist zweifellos das ökonomische und soziodemografische Umfeld der Banken und Versicherungen. Aus der Veränderung der Altersstruktur, der Diskussion um Finanzierung und Stabilität der Vorsorgewerke sowie der sich langsam aber stetig verändernden Risikoneigung bzw. -toleranz sowohl bei Privat- als auch bei Firmenkunden lassen sich starke Argumente für einen integrierten Financial-Services-Markt ableiten. Die Analyse der Geschichte der Allfinanz zeigt zudem, dass die beiden Entwicklungsschübe in den jeweils ersten Hälften der 80er- bzw. der 90er-Jahre des vergangenen Jahrhunderts mit einer steigenden Volatilität von Zinsen und anderen konjunkturellen Faktoren einhergingen.

- Die Entwicklung der Allfinanz war bisher sehr stark durch wettbewerbsstrategische Überlegungen der Anbieter von Finanzdienstleistungen bestimmt. Finanzinstitutionen waren bestrebt, Synergien zu nutzen und dadurch ihre Kosten zu senken, vermutete Ertragspotenziale zu erschließen, regulatorische Vorteile zu nutzen oder die Eigenmittelauslastung zu optimieren. Die Auswertung bisheriger Kooperationen zeigt, dass diese Synergien entweder oft überschätzt oder aber nicht konsequent genutzt wurden. Potenziale zur Kostensenkung wurden überbewertet, dagegen wurde das Ertragspotenzial, das sich mit der Konzeption neuer Leistungsangebote (nicht aber einfach mit dem parallelen Verkauf bestehender Produkte) eröffnen könnte, in den strategischen Überlegungen nicht stark genug gewichtet. Insbesondere wurde offensichtlich der Zeitfaktor für die Umsetzung von Allfinanzkooperationen und für die Transformation der Prozesse sowie der Unternehmungskulturen zu optimistisch eingeschätzt.

- Das führt zum dritten Faktor, zur Nachfrage bzw. zum Kunden. Die künftige Entwicklung integrierter Finanzdienstleistungsmärkte wird nicht mehr angebots-, sondern nachfragegetrieben sein. Die sich wandelnden Umweltbedingungen werden bei Privat- und Firmenkunden vermehrt finanz- und risikobezogene Fragen aufwerfen und daraus abgeleitete Bedürfnisse akzentuieren, welche die einzelnen Nachfragesegmente heute noch kaum wahrzunehmen vermögen. Fragen der Vermögensakkumulation oder –verwaltung über einen ganzen Lebenszyklus hinweg oder unter der Annahme spezifischer Risikosituationen, Veränderungen der Risikoperzeption oder der Risikotragfähigkeit, Auswirkungen der Entwicklungen im Rentenbereich oder der steigenden Volatilität von Umweltparametern auf die Haushalte sind zwar in der Theorie inzwischen breit reflektiert, vom betroffenen Nachfrager aber noch kaum auf seine individuelle Situation übertragen und von der Finanzdienstleistungspraxis nur ansatzweise in konkrete Lösungsangebote umgesetzt worden (Bernet 2001). Der Markt für integrierte Finanzdienstleistungen ist offenbar erst im Entstehen – er wird jedoch in allen industrialisierten Ländern über die nächsten Jahrzehnte wachsen und der Finanzdienstleistungsbranche große Ertragspotenziale eröffnen.

- Nicht zuletzt bedarf es zur Bereitstellung dieser lösungsorientierten Produkte entsprechender Marktstrukturen und technologischer Rahmenbedingungen. Auch hier stehen wir am Anfang einer Entwicklung, die sich von regulatorischen Aspekten über technologische Grundlagen bis hin zu Kommunikations- und Distributionsstrukturen in Richtung einer Unterstützung und Erleichterung der Integration von Bank- und Versicherungsleistungen bewegen wird.

Alle diese Faktoren sprechen dafür, dass wir im Finanzdienstleistungsmarkt eher früher als später ein wieder wachsendes Interesse an integrierter Finanzberatung und im Produktbereich an entsprechenden Lösungsansätzen sehen werden. Dass im aktuellen Marktumfeld dieses Interesse derzeit noch kaum spürbar ist, soll nicht darüber hinwegtäuschen, dass die langfristige Entwicklung prononciert in diese Richtung deutet. Für die Finanzdienstleister heißt das, die Fehler der Vergangenheit zu analysieren und die Schlussfolgerungen für die nächste Phase der Allfinanz abzuleiten. Dabei könnten folgende Überlegungen hilfreich sein:

- Die Konzepte der 90er-Jahre waren fast ausnahmslos produkt- und produktionsorientiert ausgerichtet. Man suchte über die eigenen Distributionskanäle die Produkte der Partnerorganisationen und umgekehrt die eigenen Produkte über deren Kanäle zu verkaufen. Auch im Konzernverbund blieben Firmenkulturen weitgehend unangetastet. Anreizsysteme, Entscheidungsstrukturen, Infrastruktur und Logistik der Partner wurden – nicht zuletzt aus regulatorischen Gründen – kaum integriert. Die nächste Phase der Allfinanz muss zu einer neuen Dienstleistungskultur führen. Das lösungsorientierte Denken wird hier im Mittelpunkt stehen. Das bedingt in vielen Finanzinstitutionen (bei Banken mehr als bei Versicherungen) ein fundamentales Umdenken und einen eigentlichen Umbau der Finanzdienstleistungskultur.

- Ausdruck dieser Kultur wird eine Marke sein, die die normativen Grundlagen des modernen Finanzdienstleistungsgeschäfts zum Ausdruck bringt. In ihrem Mittelpunkt steht ein zu definierender Performance-Begriff, der nebst traditionellen Rendite-/Risikoaspekten auch soziale Komponenten beinhaltet. Träger dieser Kultur wird der Mitarbeiter sein. Die Anforderungen an sein fachliches Wissen und Können, aber auch an seine kommunikativen Fähigkeiten sowie an seine Sozialkompetenz, werden im Vergleich zu heute deutlich höher sein. Das bedingt seitens der Institutionen entsprechende langfristige Investitionen in Aus- und Weiterbildung.

- Während im organisatorischen Bereich bei Allfinanzstrategien bisher Integrationsmodelle bevorzugt wurden, werden es künftig Netzwerkstrukturen sein, innerhalb derer Financial Services entwickelt, produziert und verkauft werden. Das stellt Anforderungen an die Konzeption und Steuerung solcher Systeme, denen viele Manager der bisherigen Modelle offensichtlich nicht gewachsen waren.

Dem Faktor Zeit kommt dabei eine große Bedeutung zu. Anders als in vielen strategischen Entscheidungssituationen geht es hier nicht darum, möglichst schnell zu sein – wichtiger ist die langfristige und konsequente Vorbereitung auf eine Marktentwicklung, die sich zwar abzeichnet, heute aber noch kaum direkt spürbar ist. Der Umbau einer Bank oder einer Versicherung in einen Anbieter von integrierten Financial Services erfordert schätzungsweise fünf Jahre. Neben prozessualen, strukturellen und instrumentalen Aspekten gilt es dabei, dem Aspekt der Unternehmenskultur besondere Aufmerksamkeit zu schenken. Wer nicht rechtzeitig mit diesem Umbau beginnt und nicht bereit ist, seine einmal gewählte Strategie auch in etwas schwierigerem Umfeld durchzuhalten, den wird der Markt dereinst bestrafen.

# 4 Systematisierung von Erfolgsfaktoren

Es gibt bisher kaum empirisch abgestützte Untersuchungen zur Messung der Performance von Integrationsstrategien im Sinne der obigen Allfinanzdefinition. Einen interessanten Ansatz verfolgen Amara/Graf (2001), welche auf der Grundlage eines selbst entwickelten Allfinanzindexes die Börsenkursentwicklung von rund 77 europäischen Allfinanzanbietern mit den entsprechenden Banken- und Versicherungsindices vergleichen und Indizien für eine leichte Über-Performance des Allfinanzportfolios finden. Schierenbeck (2002) untersucht Erfolgsfaktoren für die einzelnen Managementbereiche von Allfinanzunternehmungen, allerdings ohne empirische Abstützung der Aussagen. Mit den Erfolgsfaktoren von Allfinanzkooperationen befassten sich in der jüngeren Vergangenheit auch Untersuchungen von Cainey/Blom/Schwarz (2002) sowie Leisten/Stange (2002) der Boston Consulting Group, von Kern/Klingen (2002), Hislop/Petersen/Ziegler (2002) sowie Fenelon/Chevalier/Goualou (2003). Alle diese Papers basieren auf Fallstudienanalysen. Am schweizerischen Institut für Banken und Finanzen der Universität St. Gallen schließlich wurde im Jahr 2003 eine auf einem funktionellen Allfinanzverständnis basierende empirische Studie in den Finanzdienstleistungsmärkten der 15 wichtigsten europäischen Länder durchgeführt (SBF 2003). Identifiziert wurden für den Zeitraum von 1990-2000 rund 584 Integrations- bzw. Kooperationsprojekte zwischen Banken und Versicherungen.

Basierend auf all diesen Studien können die Einfluss- bzw. Erfolgsfaktoren für die Integration ausgewählter Funktionen von Banken und Versicherungen in einem idealtypischen zweidimensionalen Modell abgebildet werden (Übersicht 1):

| | **Makrofaktoren** | **Mikrofaktoren** |
|---|---|---|
| **Normative Faktoren** | • Regulation und Aufsicht | • Unternehmungskultur |
| **Technologische Faktoren** | • Infrastruktur der Finanzintermediation und der Vorsorgesysteme<br>• Technologieniveau und Durchdringungsgrad<br>• Ressourcenqualifikation | • Operationelle Umsetzung<br>• Ausgestaltung Schnittstellen<br>• „Handwerkliche" Qualifikation Mitarbeiter |
| **Sozio-kulturelle Faktoren** | • Risikokultur bzw. Vorsorgementalität | • Risikoperzeption und -neigung |
| **Strategische Faktoren** | • Wertschöpfungsmodell | • Business-Modell<br>• Kooperationsdesign |

**Übersicht 1:** Einflussgrößen des Allfinanzdesigns

Zum einen gilt es zu trennen zwischen Einflussgrößen, die auf der Ebene des Finanzintermediationssystems wirken (Makrofaktoren), und solchen, die auf der Ebene der einzelnen Institutionen bzw. Kooperationen (Mikrofaktoren) wirken.

Zum andern können normative, technologische, soziokulturelle sowie technologische Faktoren unterschieden werden:

- Normative Bestimmungsfaktoren auf der Makroebene sind in erster Linie die regulatorischen Rahmenbedingungen, aus denen Gestaltungsoptionen für die Integration von Finanzdienstleistungsfunktionen abgeleitet werden können. Auch die vielfältigen normativen Aspekte der Vorsorge und der entsprechenden Ausgestaltung von Vorsorgesystemen sind hier einzuordnen. Auf der Institutionenebene ist es die Unternehmenskultur als Summe der Werte und Normen, die in den von der Integration betroffenen Banken und Versicherungen bzw. den entsprechenden Funktionsbereichen vorhanden ist.

- Technologische Faktoren (wobei Technologie hier als Determinante der zielorientierten Gestaltung von Systemen verstanden wird) beinhalten auf der Makroebene die vorhandene Infrastruktur der Finanzintermediation (wie Clearing- und Settlement-Systeme), das generelle Qualifikationsniveau der personellen Ressourcen im Finanzsystem (gemessen beispielsweise am Know-how im Bereich des Portfolio- oder Risikomanagements) sowie den generellen Stand der Informations- und Kommunikationstechnologie im Finanzdienstleistungssektor. Auf der Institutionenebene geht es hier beispielsweise um die operationellen Fähigkeiten beim Umsetzen von Integrations- bzw. Kooperationsprojekten, um die Ausgestaltung von Schnittstellen zwischen unterschiedlichen operationellen Systemen oder um die handwerklichen Fähigkeiten der Mitarbeiter etwa im Financial Planning oder in der Produktentwicklung.

- Nicht weniger bedeutsam für den Erfolg von Allfinanzprojekten sind die soziokulturellen Einflussgrößen. Sie wirken sich auf der Makroebene über die Risikokultur einer Gesellschaft oder eines Nachfragesegmentes auf die aktuelle und potenzielle Nachfrage nach integrierten Finanzdienstleistungen aus. Diese Nachfrage wiederum determiniert in einem wettbewerbsorientierten Umfeld die Marktstrukturen und damit die relative Bedeutung bestimmter Kooperationsdesigns zwischen Banken und Versicherungen oder sonstigen Finanzintermediären. In den Institutionen bzw. Kooperationen selbst sind es beispielsweise Risikoperzeption und Risikobereitschaft der einzelnen Nachfragesegmente, welche sich sowohl direkt wie auch indirekt auf das Kooperationsdesign und damit die Art und Weise der Integration unterschiedlicher Finanzdienstleistungsfunktionen auswirken können.

- Alle diese Bestimmungsfaktoren finden schließlich in den strategischen Determinanten von Allfinanzdesigns ihren Niederschlag. Auf der Makroebene manifestieren sie sich im nachfrage- und angebotsseitigen Wertschöpfungsmodell (beispielsweise im beratungsorientierten versus dem produktorientierten Modell), auf der Mikroebene der Institutionen in entsprechenden Business-Modellen bzw. Kooperationsdesigns.

# 5 Flexibilität als strategische Zielgröße

Unabhängig davon, wie diese Einflussgrößen schließlich charakterisiert und systematisiert werden, lassen sich daraus einige für die konkrete Konzeption und Steuerung von Integrationsprojekten wichtige Schlussfolgerungen ableiten:

- Oberstes strategisches Gestaltungsziel beim Kooperationsdesign ist Flexibilität. Wenn exogene Determinanten wie die Nachfragestruktur, die nachgefragten Inhalte, das Nachfrageverhalten oder die technologischen Möglichkeiten der Kommunikation und Distribution von Leistungen sich in relativ kurzen Zeitabschnitten verändern können, müssen Prozesse und Strukturen ebenso rasch und unkompliziert den veränderten Umweltbedingungen angepasst werden können.
- Diese Flexibilität muss durch ein entsprechendes Wertschöpfungs- und Geschäftsmodell sichergestellt werden. Wertschöpfung für Nachfrager und Anbieter entsteht in diesem Modell primär durch Integrations- und Beratungsleistungen. Das darauf ausgerichtete Geschäftsmodell muss netzwerkorientiert sein.
- Allfinanzmodelle dürfen damit nicht auf einem produktorientierten, sondern müssen auf einem lösungsorientierten Denkansatz basieren. Das verlangt nach Flexibilität auch im Design und im Einsatz der wichtigsten Produktbausteine.
- Die technologische Basis zu einem allfinanztauglichen Geschäftsmodell ist eine auf möglichst offenen Schnittstellen basierende Plattform, die eine problemlose Integration in bestehende Netzwerke oder umgekehrt die Ausgliederung aus bestehenden Netzwerkstrukturen sowie den Bau bzw. Umbau eigener Netzwerkstrukturen erlaubt.

# 6 Aspekte einer „Open-Architecture"-Philosophie

Allfinanzmodelle müssen deshalb fast zwingend auf einer sehr breit interpretierten Open-Architecture-Philosophie aufgebaut werden. Der Begriff der „offenen Architektur" wurde aus der IT-Industrie übernommen, wo er als Synonym für publizierte und öffentlich zugängliche Spezifikationen, Standards und Schnittstellen steht. Im Finanzbereich ist er bisher primär im Fondsgeschäft verwendet worden und drückt die Bereitschaft eines Anbieters aus, neben den eigenen auch fremde Fonds in die Angebotspalette aufzunehmen.

Im hier verwendeten Sinn drückt die Forderung nach Geschäftsmodellen, die auf dem Prinzip der offenen Architektur basieren, in der Allfinanz jedoch sehr viel mehr aus als nur die Bereitschaft, die bestehende eigene Produktepalette durch die Integration zusätzlicher Produkte anzureichern. Vielmehr steht dahinter die Philosophie eines konsequent netzwerkorientierten Geschäftsmodells, das Elemente, Funktionen und Eigenschaften unterschiedlichster Partner integrieren und auf der Grundlage normierter Bausteine zu individualisierten Lösungen konfigurieren kann. Die Offenheit der Architektur eines solchen Allfinanz-Geschäftsmodells bezieht sich auf *Systemfunktionen* (wie etwa Produktion, Kommunikation, Vertrieb), auf *Systemelemente* (wie etwa Partnerinstitutionen bzw. –organisationen, Leistungen oder Leistungskomponenten, Distributionskanäle, Kommunikationsplattformen etc.), und auf *Systemtechnologien* (wie etwa Produkt- oder Abwicklungsstandards, Schnittstellenspezifikationen etc.). Je nach Grad dieser Offenheit können allfinanzorientierte Geschäftsmodelle unterschiedlich ausgestaltet werden – als Beispiel seien hier sechs idealtypische strategische Optionen zur Netzwerkbildung in den Funktionsbereichen Produktion und Vertrieb aufgezeigt (Übersicht 2) – zusätzliche Modellvarianten ließen sich durch den Einbezug weiterer Funktionen darstellen. Jedem Modell entspricht ein eigenes Wertschöpfungs- und Geschäftsmodell, wobei die Unterschiede zwischen den einzelnen Modelltypen allerdings in der Realität gering ausfallen dürften. Dennoch macht es Sinn, im Rahmen strategischer Überlegungen die einzelnen Modelle auseinander zu halten und auf die nachhaltigen Wertschöpfungspotenziale hin zu überprüfen.

| | | **Vertrieb** | | |
|---|---|---|---|---|
| | | **Eigen** | **Fremd** | **Kombination** |
| **Produktion** | **Eigen** | | Modell I | Modell II |
| | **Fremd** | Modell III | Modell IV | Modell V |
| | **Kombination** | | Modell VI | Modell VII |

**Übersicht 2:** Idealtypische Geschäftsmodelle aus der Kombination von Produktions- und Vertriebsfunktionen

Im Modell I werden eigene Produkte über fremde Kanäle bzw. im Modell II über fremde und eigene Kanäle vertrieben. Die Modelle III-V sind Geschäftsmodelle, bei denen die Unternehmung ausschließlich als Broker auftritt, der Nutzen und Wertschöpfung ausschließlich über Beratungsleistungen bzw. über die Wahl und Konfiguration der Vertriebskanäle generiert. Die Modelle VI und VII schließlich kombinieren die beiden Wertschöpfungsansätze.

Kooperationsmodelle werden in der betriebswirtschaftlichen Literatur oft auf Grund von Strukturierungsprinzipien, Prozessorganisation, normativen Einstellungen der Partner, Marktstruktur oder -mechanismus zu beschreiben versucht (Altmayer 1997; Balling 1997; Bernet 1999). Allfinanzmodelle, die auf offenen Architekturen basieren, unterscheiden sich aber in einigen wichtigen Punkten von traditionellen, dem Markt-/Hierarchieschema zuzuordnenden Kooperationsmodellen:

- Sie erlauben auf Grund der offenen prozessualen und technologischen Schnittstellen eine nahezu unbegrenzte Kombination von eher marktorientierten Kooperationsdesigns (etwa über lose Kooperationen, strategische Allianzen oder weitergehende Netzwerkstrukturen) bis hin zu stark hierarchisch geprägten Designs wie Übernahmen, Fusionen oder Absorptionen.
- Sie ermöglichen sowohl funktional wie auch instrumental ausgerichtete Kooperationsdesigns bzw. Kombinationen mit unterschiedlichem oder im Zeitverlauf wechselndem Fokus.
- Sie schaffen unabhängig von den in der Vergangenheit getroffenen Entscheidungen immer wieder neue Realoptionen bzw. steigern den Wert vorhandener Optionen (Reich-Rohrwig 2001).

# 7 Anforderungen an „Open-Architecture"-Geschäftsmodelle

Ein Geschäftsmodell beschreibt die Organisation eines Wertschöpfungsprozesses in einem Markt. Normative Grundlage eines jeden Geschäftsmodells muss deshalb eine Definition der Wertschöpfung und damit des Kundennutzens sein. Im modernen Allfinanz-Ansatz stehen nicht die Finanzprodukte, sondern Beratungsleistungen im Mittelpunkt entsprechender Nutzenüberlegungen. Die Konzeption eines Produktportfolios zur Lösung einer bestimmten Problemstellung ist Teil dieser Beratung. Der Wertschöpfungsbeitrag der Beratungsleistung wird im künftigen Modell deutlich höher als in bestehenden Konzepten sein; der Wertschöpfungsbeitrag der Produkte wird dagegen deutlich sinken.

- Ein beratungsorientiertes Wertschöpfungsmodell setzt eine möglichst weit gehende Produktneutralität voraus. Allfinanzinstitutionen werden zu Informations- und Kommunikationsplattformen, deren Kernfunktion nicht mehr Produktion und Distribution von Finanzprodukten ist, sondern das Analysieren von segmentspezifischen Nachfragebedürfnissen, die Konzeption von Lösungen auf die entsprechenden Problemstellungen, das Bundling von aus einem Netzwerk bezogenen Produktbausteinen zur Umsetzung der erarbeiteten Lösungen sowie schließlich die problembezogene Information und Kommunikation mit den jeweiligen Nachfragesegmenten. Ein darauf ausgerichtetes, auf einem „Open-Architecture"-Ansatz aufbauendes Geschäftsmodell muss

- alle Beratungsprozesse als Kernprozesse definieren und alle übrigen Prozesse so konzipieren, dass möglichst viele Aktivitäten bei Bedarf auf Netzwerkpartner übertragen werden können;
- funktionale Strukturen unter Einbezug von aktuellen und künftigen Netzwerkpartnern festlegen, d.h. Teams und Organisationseinheiten auch über die Grenzen der eigenen Institution hinaus bilden und steuern können;
- Produktbausteine von Netzwerkpartnern zu einer eigenständigen, auf die eigenen Kundensegmente ausgerichteten Lösung konfigurieren können;
- auf einer Informations- und Kommunikationstechnologie basieren, welche die im Netzwerk auftretenden Schnittstellenprobleme handhaben kann;
- eine Unternehmenskultur unterstützen, die für alle Funktions- und Hierarchiebereiche auf Flexibilität, Offenheit und Beratungsmentalität beruht.

Kernstück eines solchen Geschäftsmodells und Voraussetzung zu seiner Realisierung ist zweifellos eine Informatikplattform mit entsprechenden Schnittstellen, die auf flexible Information und Kommunikation mit allen Stakeholdern der Institution ausgerichtet ist. Hier schließt sich denn auch der Kreis zur traditionellen Begriffsbestimmung der „Open-Architcecture"-Philosophie.

# 8 Fazit

Solche konsequent netzwerkorientierten und daher auf einem offenen Architekturdesign basierenden Allfinanzmodelle gibt es bisher in der Praxis kaum. Die Analyse der bestehenden, meist in der zweiten Hälfte der 90er-Jahre konzipierten Modelle weist trotz der fehlenden Möglichkeiten zur quantitativen Performance-Messung des Kooperationserfolges zumindest darauf hin, dass in der Vergangenheit der proprietäre Charakter der wesentlichen Prozess- und Strukturelemente des jeweiligen Kooperationsdesigns ein wichtiger Misserfolgsfaktor solcher Integrationsprojekte gewesen ist.

Andersherum gesagt: Offene Dienstleistungsarchitekturen sind wahrscheinlich die wichtigste Voraussetzung für den Erfolg von Allfinanzmodellen. Nur sie garantieren der Institution jene strategische Flexibilität, derer es zur Adaption von Veränderungen im Bereich der oben erwähnten Makro- und Mikrofaktoren bedarf. Ihre Umsetzung ist, wie die Erfahrung aus bisherigen Allfinanzprojekten zeigt, nicht in erster Linie ein technologisch-organisatorisches, sondern vielmehr ein Problem der Unternehmenskultur und damit weniger eine Frage der Ausgestaltung von Strukturen und Prozessen als der grundsätzlichen Definition des eigenen Wertschöpfungs- und Geschäftsmodells.

# Literaturverzeichnis


Altmeyer, M. (1997): Gestaltung von Produktionskooperationen. Frankfurt a. Main.

Amara, S./Graf, S.: Allfinanz im Spiegel der Börsen. Journal für Financial Services Management; Universität St. Gallen. St. Gallen 2001, S. 83-120.

Balling, Richard (1997): Kooperationen – Strategische Allianzen, Netzwerke, Joint Ventures und andere Organisationsformen zwischenbetrieblicher Zusammenarbeit in Theorie und Praxis. Frankfurt a. Main.

Baxmann, Ulf G. (2002): Einführende Überlegungen zur Allfinanz-Entwicklung. In: Baxmann, Ulf G. (Hrsg.): Financial Services – Allfinankonzepte, S. 1-40. Frankfurt a. Main.

Bernet, Beat (1999): Allfinanzkooperationen als neues Strategieparadigma – Überlegungen zur Planung, Steuerung und Überwachung von Kooperationen zwischen Banken und Versicherungen. In: Bernet, Beat/Haller, Matthias/Maas, Peter: Allfinanz oder Financial Services? Aktuelle Trends im Financial Services Bereich, S. 53-78. IVW HSG St.Gallen.

Bernet, Beat (2001): Der Trend zur Allfinanz – einige mikroökonomische Überlegungen. In: Ackermann, W. (Hrsg.): Financial Services – Modelle und Strategien der Wertschöpfung. Festschrift Matthias Haller Bd. 1, S. 26-38. Institut für Versicherungswirtschaft der Universität St. Gallen, St. Gallen.

Cainey, A./Blom, F./Schwarz, G. (2002): The Three Golden Rules of Cross-Selling. Boston Consulting Group.

Fenlon, S./Chevalier, M./Goualou, O. (2003): Das Allfinanzgeschäft weltweit. Technischer Newsletter SCOR, Paris.

Hislop, A./Petersen, O./Ziegler, R. (2002): Making Bancassurance really work: From Product-Oriented Cross-Selling to Customer Focussed Cross-Buying. IBM Global Services, Sommers NY.

Kern, H.J./Klingen, A. (2002): Combining Strenghts – Bancassurance. Monitor Group and JPMorgan.

Leisten, Heiner/Stange, Astrid (2002): Bancassurance – Wege zur Erfolgspartnerschaft. Boston Consulting Group. München 11/2002.

Reich-Rohrwig, Florian (2001): Kapitalmarktorientierte Bewertung strategischer Optionen beim Einstieg in neue Märkte am Beispiel des UK Internet Brokerage. Dissertation Universität St. Gallen/HSG, St. Gallen.

SBF Schweizerisches Institut für Banken und Finanzen der Universität St.Gallen (2003): Übersicht Allfinanzkooperationen (Projektleiter: Samy Amara); unveröffentlichtes Working Paper. St. Gallen.

Schierenbeck, Henner (2002): Der Kampf um das Privatvermögen. In: Basler Bankenvereinigung (Hrsg.): Allfinanzstrategie oder Fokussierung? S. 3-44. Basel.

# Die Restschuldversicherung als Bestandteil moderner Finanzdienstleistungspakete im Privatkundengeschäft

**Roland Folz, Jochen Sutor**

*Zusammenfassung:*
*In einer Zeit volatiler Märkte entdecken immer mehr Finanzinstitute das Mengengeschäft mit Privatkunden wieder. Doch auch in diesem Segment sind auf Grund der allgemein angespannten wirtschaftlichen Situation durch Überschuldung der Haushalte steigende Insolvenzzahlen zu verzeichnen. Die Restschuldversicherung, die dem Kunden bei Vertragsabschluss seines Konsumenten- oder allgemeinen Ratenkredits angeboten wird, bietet für bestimmte Situationen eine Möglichkeit zum Schutz vor eventueller Zahlungsunfähigkeit: Bei Arbeitsunfähigkeit oder im Todesfall übernimmt die Versicherung den bis zu diesem Zeitpunkt ausstehenden Kredit bzw. die weitere Ratenzahlung für den Kunden. Restschuldversicherungen werden sehr häufig als Bestandteil von Finanzdienstleistungspaketen angeboten. Um dem Kunden ein One-Stop-Shopping anzubieten, werden Produktbündel konzipiert und eine einzige monatliche Belastung berechnet, die neben der üblichen Kreditrate auch die Kosten für die zusätzlichen Komponenten beinhaltet. Die DaimlerChrysler Bank AG hat fünf Faktoren identifiziert, die notwendig sind, um moderne Finanzdienstleistungspakete erfolgreich zu vermarkten.*

*Schlüsselwörter: Privatinsolvenz, Restschuldversicherung.*

## 1 Die Wiederentdeckung des Privatkunden im Kreditgeschäft

Das Kreditgeschäft im Retail-Banking, also das Geschäft mit dem Privatkunden, gewinnt in einem für die Bankenwelt sehr schwierigen wirtschaftlichen Umfeld wieder zunehmend an Bedeutung. Viele große Geschäftsbanken sind dem Trend der Neunziger Jahre gefolgt und haben das Mengenkreditgeschäft mit privaten Haushalten als kaum zukunftweisend und wenig profitabel erachtet. Als Konsequenz haben viele Banken dieses Geschäftssegment zu Gunsten von Investment-Banking, Firmenkundengeschäft usw. teilweise vollständig aus ihrem Kerngeschäft ausgegliedert. Inzwischen ist jedoch gerade das Privatkundensegment, nach jahrelanger Vernachlässigung und zum Teil herben Enttäuschungen in anderen zunächst vielversprechenden Geschäftsfeldern, für viele Häuser längst wieder zu einem wichtigen Ertragsbringer geworden.

Anders als das in der Regel teure – und somit teilweise für die Banken mit hohem Risiko verbundene – Firmenkundengeschäft beschert das Mengengeschäft mit Konsumentenkrediten in unsicheren, von hoch volatilen Aktienmärkten und einer hohen Zahl von Unternehmenspleiten geprägten Zeiten stabile Margen und vergleichsweise gute Erträge. Hinzu kommt, dass Konsumieren, Sparen und die Kreditaufnahme zu den üblichen wirtschaftlichen Verhaltensweisen privater Haushalte zählen, die auch – wenngleich vielleicht etwas zurückhaltender – in unsicheren Zeiten praktiziert werden, wenn das Investment-Banking-Geschäft, IPOs und Merger & Acquisition-Tätigkeiten nachhaltig unter einer Flaute leiden.

Der Gesamtmarkt von Krediten an private Haushalte, bestehend aus Dispositionskrediten, Darlehen für den privaten Wohnungsbau und Ratenkredite umfasst immerhin ein Volumen von knapp 866,0 Mrd. EUR (vgl. Abbildung 1). Der Großteil dieser Kredite und Darlehen floss mit rund 84% in die Finanzierung des privaten Wohnungseigentums, 13% dienten der Anschaffung von Gebrauchsgegenständen und 3% wurden als Dispokredit auf Privatgirokonten beansprucht.

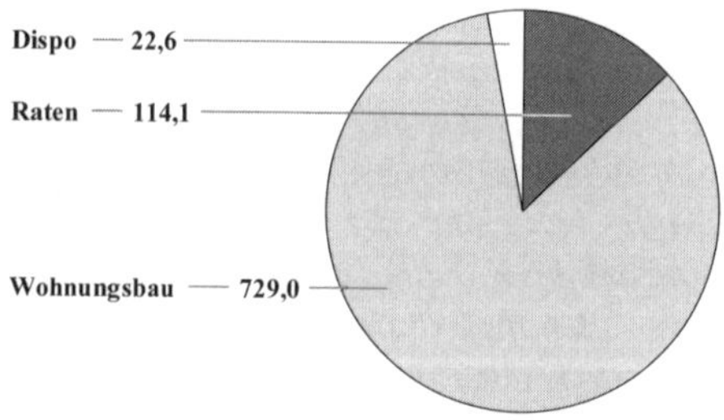


**Abb. 1:** Gesamtmarkt Kredit an private Haushalte[1]

Den Regionalbanken, Sparkassen und Genossenschaften ist es gelungen, im Laufe der 90er-Jahre, als die Großbanken durch eine Konzentration auf andere Geschäftsfelder immer mehr Marktanteile beim Privatkundengeschäft abgegeben bzw. verloren haben, ihre Bestandsvolumina mehr oder minder unverändert zu halten. Die Regionalbanken verzeichnen seit 2000 sogar einen deutlichen Anstieg um mehr als 20% von rd. 35 Mrd. EUR auf rd. 43 Mrd. EUR (vgl. Abbildung 3), was ihre zunehmende Bedeutung in diesem Geschäftsfeld unterstreicht.

---

[1] Quelle: Monatsbericht der Deutschen Bundesbank 6/2003

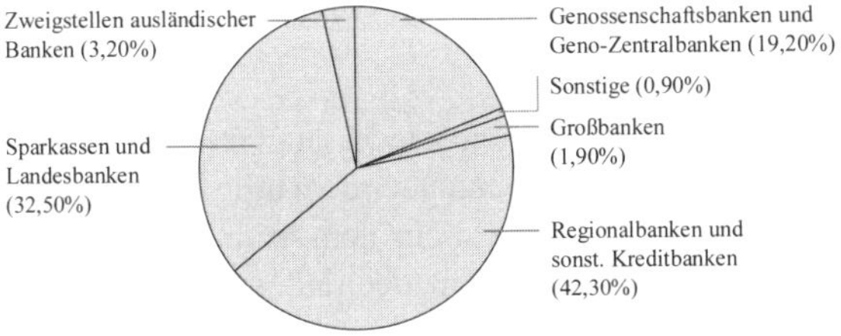


**Abb. 2:** Marktanteile im Ratenkreditgeschäft per September 2003

Zur Gruppe der Regionalbanken werden dabei auch Teilzahlungskreditinstitute und Autobanken gerechnet, die ihre Marktanteile insbesondere zu Lasten der Großbanken und Genossenschaften ausbauen konnten. Doch nicht nur Spezialinstitute wie Autobanken und Direktbanken haben den strategischen Richtungswechsel der deutschen Geschäftsbanken in den 90er-Jahren genutzt, um ihr Privatkundengeschäft auf- bzw. auszubauen. Auch die finanzkräftigen Global Player im Bankengeschäft, beispielsweise aus dem europäischen und amerikanischen Raum, haben die Chance ergriffen, durch Gründung oder Übernahme von deutschen Bankhäusern Tochtergesellschaften in Deutschland zu etablieren. Mit diesen konnten sie sich über die vergangenen Jahre beachtliche Marktanteile des Privatkundengeschäfts in Deutschland sichern. Als Paradebeispiel sei an dieser Stelle nur die Citibank Privatkunden AG & Co. KgaA genannt, eine Tochter des amerikanischen Citigroup Konzerns. Seit mehreren Jahren betreibt diese einen sehr aggressiven Auf- und Ausbau des Privatkundengeschäfts in Deutschland.

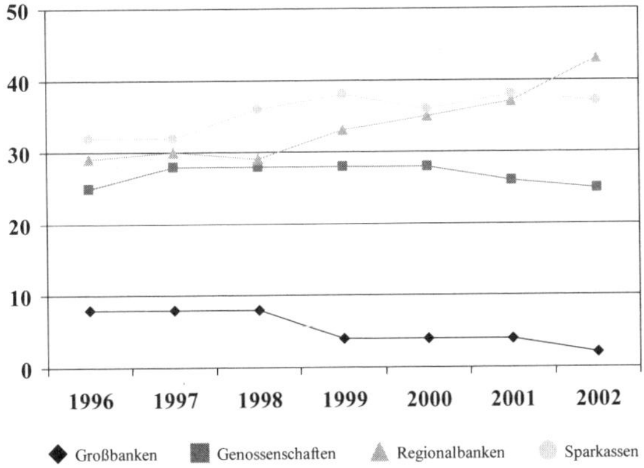


**Abb. 3:** Entwicklung Ratenkredite nach Institutsgruppen in Mrd. EUR[2]

2 Quelle: Monatsbericht der Deutschen Bundesbank 12/2002.

## 2 Das Massengeschäft mit Privatkunden zur Risikodiversifikation

Dass der Markt aus Krediten an Private inzwischen wieder als Geschäft mit erheblichem Gewinn- und Wachstumspotenzial erachtet wird, wurde eingangs erläutert. Ein weiterer wichtiger Aspekt, sich wieder mehr dem traditionellen Kreditgeschäft mit Privatkunden zuzuwenden, besteht in der dadurch erreichbaren Risikodiversifikation für das Gesamtunternehmen.

Durch tausende standardisierter, und damit automatisiert prozessual recht einfach abbildbarer Einzelverträge mit volumenmäßig kleinen und mittleren Engagements, lässt sich aus Bankensicht das Ausfallrisiko deutlich streuen. Zahlreiche Banken haben über die letzten Jahre hohe Risikokosten und Klumpenrisiken aufgebaut, und einige Institute haben daraus bereits zum Teil erhebliche Verluste hinnehmen müssen. Mit Hilfe des ehemals verpönten Privatkundengeschäfts versucht man nun, entstandene Konzentrationsrisiken im Firmenkundengeschäft wieder auszugleichen. Viele Institute haben das Retailbanking daher (wieder) zum Bestandteil ihrer zukünftigen Unternehmensstrategie gemacht und sind zum Teil mit erheblichem Aufwand bemüht, gegen „Global Player" und Regionalbanken alte Marktanteile wieder zurückzugewinnen.

Ein anderer Vorteil des Privatkundengeschäfts gegenüber dem Firmenkundengeschäft liegt in der einfacheren prozessualen Handhabung. In weniger als einer halben Stunde ist es beispielsweise möglich, Zusagen für einen Sofortkredit stark automatisiert zu erteilen und einen Kreditvertrag mit einem Privatkunden abzuschließen. Dabei kann auf die langwierige Prüfung von Bilanzen und Sicherheiten des Kunden – wie beim Firmenkundengeschäft üblich – verzichtet werden. Im Rahmen einer vereinfachten Bonitätsprüfung ist häufig nicht einmal die Angabe und Prüfung eines Verwendungszwecks durch den Kunden erforderlich und es werden für eine positive Kreditzusage auch in der Regel keine Sachsicherheiten verlangt. Die heute gängigen und zumeist IT-gestützten „Prüfverfahren" werden als Scoring- bzw. Rating-Verfahren bezeichnet. Viele dieser Verfahren basieren ganz wesentlich auf quantitativen Kriterien wie zum Beispiel der Kontrolle des regelmäßigen monatlichen Einkommens und des individuellen Verschuldungsgrads des Antragstellers. Der Verschuldungsgrad ist dabei definiert als Verhältnis der monatlichen Raten zum Einkommensüberschuss vor dem zu erbringenden Kapitaldienst. Ein weiteres Entscheidungskriterium für die Kreditzusage besteht in der Schufa-Auskunft (Schutzgemeinschaft für allgemeine Kreditsicherung mit rund 317 Millionen Einzeldaten über 59 Millionen natürlichen Personen hinsichtlich des Ratenkaufs, über das geleaste Auto bis hin zur Immobilienfinanzierung) und oft gehen als weiche und eher qualitative Entscheidungskriterien die Dauer der bereits bestehenden Geschäftsverbindung, die berufliche Stellung, die Beschäftigungsdauer usw. in die Bewertung ein. Alle Kriterien werden mit Risikopunkten gewichtet, und es wird überprüft, ob ein bestimmter Risikolevel in Summe nicht überstiegen wird. Ist dies nicht der Fall, erfolgt eine Zusage zum

Kreditantrag. Alle Schritte lassen sich softwaregestützt mit moderner IT-Technologie sehr schnell auswerten und häufig online an den Kunden übermitteln.

# 3 Die Zahl der Ausfälle steigt auch beim Privatkundengeschäft

Auf den ersten Blick scheint der Einstieg ins Kreditgeschäft mit Privatkunden bzw. ein weiterer Ausbau dieses Geschäftsfeldes für einen Risikomanager als Allheilmittel, um bestehende Klumpenrisiken aus einzelnen Großengagements vermeintlich leicht ausgleichen zu können. Gerade aber in den letzten Jahren, bedingt durch ein wirtschaftlich deutlich schwierigeres, zum Beispiel durch steigende Arbeitslosigkeit geprägtes Umfeld, darf jedoch die Entwicklung der Insolvenzen bei den Privathaushalten nicht unterschätzt werden.

In Deutschland sind nach amtlichen Schätzung rund drei Millionen Haushalte mit zunehmender Tendenz überschuldet, d.h., das Regeleinkommen dieser Haushalte reicht nicht mehr aus, um bestehenden Zahlungsverpflichtungen nachzukommen. Nach Angaben der Bundesbank hat im Durchschnitt jeder Haushalt in Deutschland rund 40.000 EUR Schulden – Tendenz steigend. Ein Viertel aller 18- bis 24-Jährigen haben bereits Ratenkreditverträge abgeschlossen (Quelle: Bundesverband deutscher Banken); laut einer Erhebung des Münchner Instituts für Jugendforschung trifft die Verschuldung sogar bereits Minderjährige. Demnach sitzt jeder zehnte Jugendliche im Alter zwischen 13 und 24 Jahren auf einem Schuldenbetrag von durchschnittlich 1.550 EUR. Die durchschnittliche Kredithöhe pro Schuldner insgesamt stieg von rund 7.000 EUR im Jahr 1998 auf 8.200 EUR im Jahr 2002 an.

Der starke und stetige Anstieg der Zahl der Privatinsolvenzen ist eine direkte Konsequenz dieser Entwicklung. Waren es in Ost- und Westdeutschland im Jahre 1999 noch 7.250 Insolvenzfälle, wurden im Jahr 2002 bereits 46.710 Fälle registriert. Für 2003 wird von einem Wert ausgegangen, der mit knapp 60.000 einen neuen Höhepunkt erreicht (vgl. Abbildung 4). Der Sprung in den Werten der Jahre 2001, 2002 und 2003 ist durch die Tatsache zu erklären, dass für viele Betroffene erst mit der im Rahmen der Novellierung der Insolvenzordnung (1999) geänderten Regelung der Verfahrenskosten ein Gang in die Privatinsolvenz eröffnet wurde. Zwar sind in erster Linie nach wie vor die Hausbanken bei Zahlungsstörungen von privaten Haushalten die Geschädigten, doch haben auf Grund von Millionen neuer Handyverträge und Tausender neuer Finanzierungsverträge im Fahrzeuggeschäft pro Jahr auch die Telekommunikationsbranche und die Autobanken wachsenden Ärger mit zahlungsunwilligen und zahlungsunfähigen Kunden.

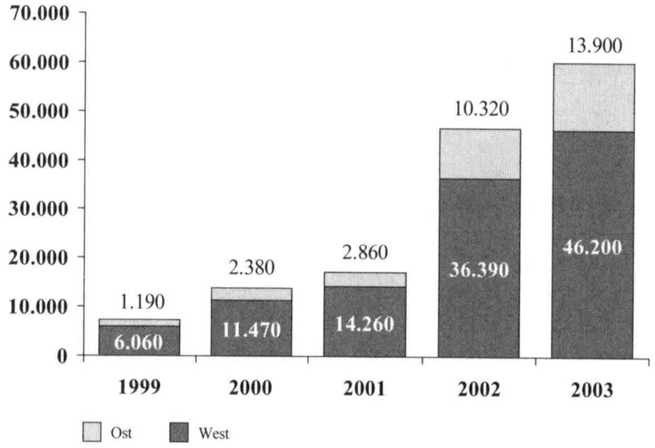


**Abb. 4:** Entwicklung privater Insolvenzen in Ost und West[3]

Folglich muss insbesondere der Bankensektor als derzeit Hauptgeschädigter ein großes Interesse daran haben, geeignete Maßnahmen einzuleiten, um drohende Risiken aus Kreditengagements abzuwenden. Ein gut funktionierender Scoring-Prozess vor der Kreditvergabe sowie eine laufende Risikoüberwachung sind dabei wichtige Bestandteile. Je erfolgreicher sich eine Bank hierdurch vor Ausfällen schützen kann, desto weniger droht die Gefahr, in Zukunft das Kreditgeschäft mit privaten Haushalten einschränken zu müssen. Tritt dennoch ein Ausfall auf – empirisch kann nachgewiesen werden, dass dies bei rund der Hälfte aller Fälle insbesondere in den ersten zwei Jahren der Kreditlaufzeit der Fall ist – so ist bemerkenswert, dass der Prozess von einer ursprünglichen Verschuldung hin zur Überschuldung nahezu fließend ist. In der Regel folgt dieser Prozess stets ein und demselben Ablaufschema, das sich grob in fünf Phasen gliedern lässt:

- *Phase 1:* Kreditaufnahme im Rahmen eines frei verfügbaren Einkommens
- *Phase 2:* Eintritt eines unerwarteten Ereignisses mit der Folge zusätzlicher dauerhafter finanzieller Belastung (zum Beispiel Verlust des Arbeitsplatzes, Arbeitsunfähigkeit etc.)
- *Phase 3:* Versuch, die finanziellen Schwierigkeiten mit eigenen Mitteln zu bekämpfen (zum Beispiel Ausgabenreduzierung, Einkommenserhöhung, usw.)
- *Phase 4:* Zahlungsverzug mit neuen Kosten
- *Phase 5:* Kumulation von Schulden, da weitere Verbindlichkeiten nicht mehr bedient werden können (zum Beispiel Miete, Rechnungen usw.)

---

3 Quelle: Creditreform 12/02

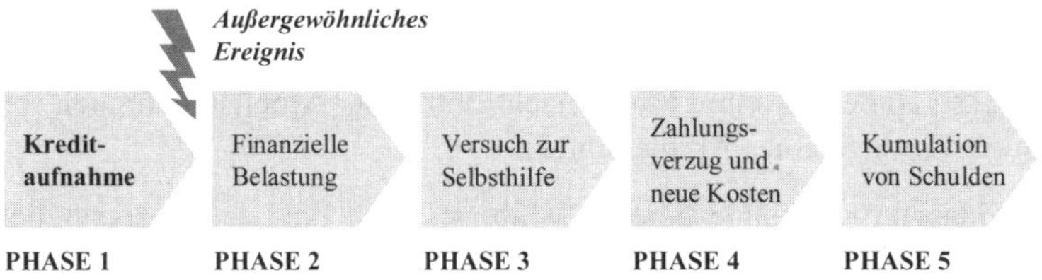


**Abb. 5:** Von der Verschuldung zur Überschuldung – die fünf typischen Phasen dieses Wegs

Die Erfahrung und Kenntnis dieses Prozesses kann helfen, Indikatoren für einen drohenden Ausfall rechtzeitig zu identifizieren, um dann geeignete Maßnahmen einzuleiten. Immerhin beläuft sich bundesweit der Ausfall im Konsumentenkreditgeschäft auf Basis verschiedener Quellen auf 2-3% des Bestandvolumens pro Jahr. Dies bedeutet, dass jedes Jahr bereits heute Abschreibungen in Höhe von bis zu 4 Mrd. EUR auf die Gläubiger zukommen.

# 4 Die Bedeutung der Restschuldversicherung für das Privatkundengeschäft

Eine Möglichkeit, die für den Kreditnehmer im Falle des Eintritts bestimmter unvorhersehbarer Ereignisse von großem Nutzen sein kann, ist der Abschluss einer Restschuldversicherung (RSV). Typischerweise wählt der Kreditnehmer gleich bei der Unterzeichnung des Kreditvertrags eine RSV für die Vertragslaufzeit, die von den Banken vertrieben bzw. vermittelt wird. Mit einer solchen Police sichert der Kreditnehmer grundsätzlich seine aus einem Darlehens- oder Finanzierungsvertrag bestehenden Zahlungsverpflichtungen ab und schützt sich und seine Angehörigen somit vor der oben in Phase 2 beschriebenen Situation dauerhafter finanzieller Belastungen auf Grund des Eintritts eines oder auch mehrerer unerwarteter Ereignisse. Die Prämie für die RSV wird dann in der Regel mit der monatlichen Zins- und Tilgungsrate an das Kreditinstitut bezahlt.

Zur Illustration ein Beispiel: Zur Finanzierung eines Fahrzeugs wird ein Kredit in Höhe von 20.822 EUR aufgenommen. Der Effektivzins beträgt 3,9% p.a. bei einer Laufzeit von 36 Monaten. Wird auf das Fahrzeug gleich zu Vertragabschluss durch den Käufer (Alter 40 Jahre) eine Anzahlung von 4.880 EUR bezahlt, so kostet eine RSV für diesen Vertrag pro Monat 11,83 EUR. Dieser Betrag wird mit der Darlehensrate vom Kreditnehmer monatlich eingezogen.

Ein Kunde der DaimlerChrysler Bank AG beispielsweise profitiert dann auf Grund seines Restschuldversicherungsvertrags von den folgenden Leistungen: Die Versicherung übernimmt im Todesfall des Kreditnehmers den verbleibenden

Restkredit komplett (Vorlage einer Sterbeurkunde und eines ärztlichen Zeugnisses über die Todesursache); bei Arbeitsunfähigkeit des Kreditnehmers setzt sie die monatlichen Raten ab dem zweiten Monat nach Eintritt der Arbeitsunfähigkeit fort (Nachweis durch Vorlage eines Arztberichtes).[4]

Schließt ein Finanzierungskunde eine RSV ab, so stellt dies selbstverständlich auch einen erheblichen Vorteil für den Gläubiger dar, der im Notfall bezugsberichtigt ist und die Versicherungsleistung erhält. Die Versicherungsleistung wird dann durch den Gläubiger dem Darlehenskonto des Versicherungsnehmers gutgeschrieben. Ein Ausfallrisiko auf Grund eines Todesfalls des Kreditnehmers oder durch dessen Arbeitsunfähigkeit kann damit begrenzt oder sogar ausgeschlossen werden. Die Bank wird deshalb vor dem Hintergrund der steigenden Zahl an Insolvenzen privater Haushalte verständlicherweise nicht nur aus Ertragsgesichtspunkten ein starkes Interesse haben, ihren Kunden bei Abschluss eines Finanzierungsvertrags eine RSV mit anzubieten.

## 4.1 Mögliche Gestaltung rechtlicher Rahmenbedingungen für eine Restschuldversicherung

Zum Abschluss einer RSV berechtigt ist jede natürliche Person, die über die DaimlerChrysler Bank AG einen Finanzierungsvertrag zur privaten Nutzung abschließt. Weiterhin abschlussberechtigt sind Freiberufler (Ärzte, Apotheker, etc.), Inhaber von Handels- und Handwerksbetrieben sowie Inhaber von offenen Handelsgesellschaften, Komplementäre von KGs, Gesellschafter und Geschäftsführer von GmbHs, solange eine namentliche Angabe der zu versichernden Person vorgelegt wird.

Dabei ist zu beachten, dass die Versicherung im Falle der DaimlerChrysler Bank auf eine Höchstsumme von zum Beispiel 75.000 EUR begrenzt ist und bei Abschluss des Finanzierungsvertrags, genauer am Tag der Auszahlung der Darlehenssumme, in Kraft tritt. Damit kann die Prämie für die RSV gleich mit der ersten monatlichen Rate bezahlt werden. Die Versicherungsdauer orientiert sich sinnvoller Weise an der Laufzeit des Darlehensvertrags. Durch die DaimlerChrysler Bank wird kein separater Versicherungsschein ausgestellt. Der Darlehensvertrag ist zugleich auch Versicherungsschein, wenn der Abschluss einer RSV vom Kreditnehmer auf dem Vertrag angekreuzt wird und die kalkulierte Versicherungsprämie auf dem Vertrag ausgewiesen ist. Da einerseits der Abschluss einer Fahrzeugfinanzierung versichert wird und andererseits eine Leistung im Todesfall des Versicherungsnehmers garantiert wird, ist das Eintrittsalter für den Versiche-

---

[4] Die hier beschriebenen Leistungen entsprechen in genau dieser Ausprägung dem derzeitigen Leistungsumfang einer RSV im Fahrzeugfinanzierungsgeschäft bei der DaimlerChrysler Bank AG (Stand 12/2003).

rungsnehmer auf die Spanne von 18 bis 60 Jahren begrenzt. Der Abschluss einer RSV für Rentner ist dabei nicht vorgesehen.

Abbildung 6 zeigt weitere Kosten je 1.000 EUR Versicherungssumme, die zusätzlich zur RSV-Prämie anfallen würden, wenn auch das Risiko der Arbeitslosigkeit oder der Todesfall bei Rentnern mitversichert werden sollte. Man erkennt sehr leicht, dass eine Erweiterung der RSV-Leistungen jeweils um eine dieser beiden Risikofälle zu extrem hohen monatlichen Prämien führen würde, die dem Kunden nur sehr schwer vermittelt werden könnten. Zu beachten ist, dass für jede Laufzeit jeweils die zweiten bzw. dritten Balken summarisch zu den jeweils ersten Balken hinzugerechnet werden müssen.

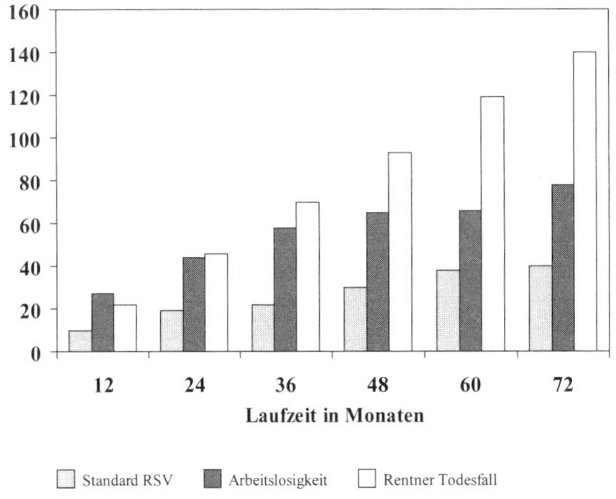


**Abb. 6:** Prämienkalkulation[5]

Die Restschuldversicherung leistet die in der Regel nicht,

- falls Sucht- und Alkoholkrankheiten vorliegen,
- bei Freitod innerhalb der ersten 24 Monate nach Abschluss der RSV,
- bei Arbeitsunfähigkeit auf Grund von Schwangerschaften,
- bei Erkrankungen oder Unfallfolgen, wegen derer sich der Versicherungsnehmer innerhalb der letzten zwölf Monate vor Beginn des Versicherungsschutzes in ärztlicher Behandlung befand und der Versicherungsfall mit diesen Erkrankungen/Unfallfolgen in ursächlichem Zusammenhang steht.

---

[5] Quelle: DaimlerChrysler Bank AG, 03/04

Der Versicherungsnehmer kann innerhalb eines Monats nach Versicherungsbeginn vom Vertrag zurücktreten, wenn er aus irgendwelchen Gründen von seinem Rücktrittsrecht Gebrauch machen möchte. Es ist ihm auch möglich, jederzeit schriftlich auf den Zeitpunkt der Ratenfälligkeit beim Darlehen eine Kündigung für die Versicherung auszusprechen. Nach erfolgter Kündigung erhält der Kunde dann den Rückkaufswert der RSV zurück. Dieser besteht - ähnlich der Vorgehensweise bei der Lebensversicherung - aus den nicht für Kosten des Versicherers verbrauchten Rücklagen für das versicherte Risiko einschließlich Verzinsung.

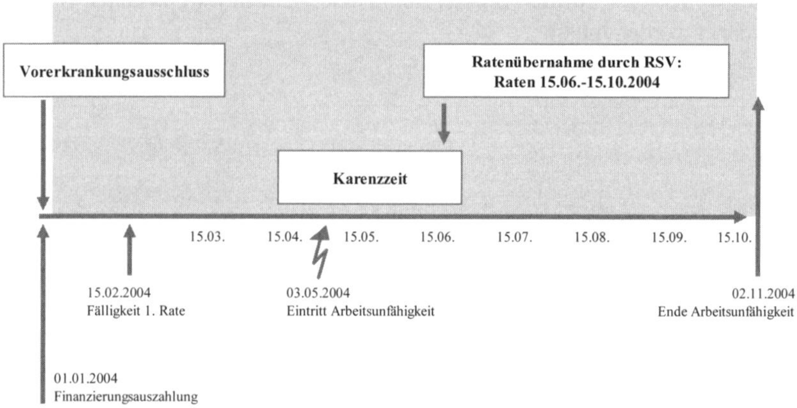


**Abb. 7:** Abschluss und Leistungen der Restschuldversicherung im Zeitablauf

## 4.2 Die RSV trägt als Bestandteil so genannter „Product Bundles“ zur Konzeption innovativer Finanzdienstleistungen bei

Der Abschluss einer RSV ist für den Kreditnehmer sinnvoll, um gemäß obigem Leistungsumfang bei Arbeitsunfähigkeit oder Tod eine finanzielle Notlage abzuwenden. Die Banken sehen ihrerseits in der Vermittlung dieser Versicherung eine Möglichkeit zur Risikominderung ihres Portfolios. Anscheinend gibt es also für beide Vertragspartner nur Vorteile, und man könnte vermuten, dass sich der Verkauf einer RSV als sehr einfach gestaltet.

Die Vertriebspraxis jedoch zeigt ein etwas anderes Bild: Betrachtet man beispielsweise die Finanzierung eines Fahrzeugs, so handelt es sich bei der RSV zunächst neben einem Wartungsvertrag für Verschleißteile, einer automatischen Tankabrechnung, einem Servicevertrag zur Bereitstellung von Winter- und Sommerreifen (um nur einige wenige Beispiele zu nennen) um eine von vielen Zusatzkomponenten, die der Kunde zu seinem Finanzierungsvertrag rund um sein Fahrzeug wählen kann. Ohne gute Beratung ist der Kunde auf sich allein gestellt sehr schnell damit überfordert, den Überblick über alle von ihm wählbaren Dienste und Leistungen zu behalten. Noch schwieriger wird die Lage, wenn neben der attraktiven Monatsrate oder einem niedrigen Effektivzins eine Vielzahl von Nebenkosten auf Grund der zugewählten Dienstleistungen entstehen. Auf Grund der geltenden Rechtslage sind Banken beispielsweise nur dann verpflichtet, die Kosten für eine Zusatzpolice zur Sicherung von Ratenkrediten in den Effektivzins des Vertrags einzubeziehen, wenn die Bank auf den Abschluss der Police pocht. So lässt sich die Leasing- oder Finanzierungsrate auf den ersten Blick recht niedrig halten.

Durch die Höhe der Zusatzkosten geschockt, entscheidet sich der Kunde oft sehr schnell, für eine günstige monatliche Belastung auf das eine oder andere „Dienstleistungsextra" zu verzichten, auch wenn es sich dabei um so wichtige Aspekte wie den Abschluss einer RSV handelt. Dieses Verhalten ihrer Klientel haben die Autobanken erkannt und bieten ihren Kunden daher als innovative Finanzdienstleistung sinnvoll zusammengestellte „Product Bundles" (Produktbündel) an. So wird der Autokauf für den Kunden zum One-Stop-Shopping: Neben dem Fahrzeug wird gleich ein nahezu maßgeschneidertes Finanzdienstleistungspaket angeboten, wobei möglichst viele Komponenten in einer einzigen Monatsrate zusammengefasst werden. Die RSV stellt also eine der Komponenten dar, die in solchen Produktbündeln mit angeboten werden. Im Automobilumfeld kann der Kunde sich selbst jetzt sehr schnell eine sehr wichtige Frage beantworten: Wie viel Fahrzeug kann ich mir im Monat leisten? (Vgl. Abbildung 8) Ausgehend von einer tragbaren vorgegebenen monatlichen Belastung für den Kunden können die Banken dem Kunden jetzt entsprechende Fahrzeuge einschließlich passender Finanzdienstleistungen empfehlen.

## 4.3 Erfolgsfaktoren für den Vertrieb innovativer Finanzdienstleistungspakete im Umfeld der Autobanken

Welche sind nun die entscheidenden Voraussetzungen auf Seiten der Banken für den erfolgreichen Vertrieb der so genannten Product Bundles als innovative Finanzdienstleistungen? Für Autobanken hat die DaimlerChrysler Bank fünf wesentliche Erfolgsfaktoren identifiziert, die sich weitgehend auch auf andere Banken übertragen lassen: Marke, Organisation, Produkte, Vertriebskanäle, Mitarbeiter.

### 4.3.1 Erfolgsfaktor Marke

Eine gewöhnliche Universalbank stützt den Absatzerfolg ihrer Produkte im Wesentlichen auf die Ausstattung und Gestaltung ihrer Finanzprodukte. Durch den Einsatz ihres Markennamens kann sie in der Regel nur wenig zusätzlichen emotionalen Nutzen mobilisieren. Ein solcher emotionaler Zusatznutzen beim Fahrzeuggeschäft basiert zum Beispiel auf der Verwirklichung des Autotraums eines Kunden. Dieser entsteht, wenn ein Kunde mit Hilfe einer Finanzierung sein Wunschfahrzeug fahren kann.

Die Exklusivität der Automarke selbst und die professionelle Markenkommunikation (siehe Beispiel in Abbildung 8) der Fahrzeughersteller spielen nun die zentrale Rolle. Die Werte des Automobils werden dabei auf die Finanzdienstleistungen übertragen. Die Autobank kann so – anders als die Universalbank – mit ihren Finanzprodukten durch eine enge Verbindung mit dem Hersteller und dessen erfolgreichen Fahrzeugen einen nicht zu vernachlässigenden emotionalen Mehrwert schaffen.

### 4.3.2 Erfolgsfaktor Organisation

Autobanken ordnen sich für den Fall, dass sie auch im Direkt-Banking-Passiv- und Versicherungsvermittlungsgeschäft aktiv sind, auf Grund ihres Produktangebots im Spannungsdreieck zwischen klassischen Kreditinstituten, Direktbanken und Spezialanbietern (wie zum Beispiel Versicherungen oder Flottendienstleister) ein. Eine entsprechende organisatorische Ausrichtung auf diese Geschäftssegmente, wie zum Beispiel eine Trennung zwischen Fahrzeuggeschäft, Direktbankgeschäft, Flottengeschäft und Versicherungsgeschäft, liegt daher nahe.

Alternativ richtet sich die Organisationsstruktur nicht an den Geschäftssegmenten und Produkten aus, sondern am Kunden. Je nachdem, ob es sich dann um einen Privat- oder Firmenkunden oder eventuell einen Flottenkunden handelt, leiten sich gewisse Zuständigkeiten in der Beratung und im Service sowie in der Abwicklung ab.

### 4.3.3 Erfolgsfaktor Produkte

Hohe Erfolgschancen beim Vertrieb von Bankprodukten sichern sich Autobanken, wenn sie bereits bei der Konzeption ihrer Finanzprodukte die für die Fahrzeuge des Herstellers typischen und allgemein bekannten Werte und Eigenschaften berücksichtigen. Dem Kunden fällt die Wahl und die Entscheidung für ein Bankprodukt verständlicherweise leichter, wenn er die charakteristischen Werte des Automobils auch bei den von der Bank angebotenen Produkten wiedererkennt. Typische Charakteristika der Marke DaimlerChrysler, die bei der DaimlerChrysler Bank bei der Konzeption ihrer Bankprodukte sowohl im Leasing- und Finanzierungsgeschäft als auch bei den Direktbankprodukten Berücksichtigung gefunden haben, sind zum Beispiel Sicherheit, Zuverlässigkeit, Wertstabilität und Innovation. Diese Transformation der Werte des Automobils auf die Produkte der Bank liefert auch dem Verkaufsberater schließlich wertvolle Argumente, die ihn beim Vertrieb der Finanzdienstleistungen im Autohaus bei einem Kundengespräch unterstützen.

### 4.3.4 Erfolgfaktor Vertriebskanäle

Die DaimlerChrysler Bank profitiert beim Absatz ihrer Finanzdienstleistungsprodukte von der Vernetzung der drei Vertriebskanäle Point of Sale (Autohäuser und Niederlassungen der Mercedes Benz AG, Chrysler und Jeep, sowie Smart, Maybach und Setra auf dem deutschen Markt), dem Internet und ihrem Kunden Service Center.

Am Point of Sale erfolgt in erster Linie der Vertrieb von Leasing-, Finanzierungs- und Versicherungsprodukten über den Automobilverkäufer. Dieser spielt dabei die Rolle eines Absatzmittlers. Sehr vorteilhaft erweist sich dabei das breit ausgebaute Vertriebsnetz von Mercedes Benz mit 35 größeren Niederlassungen, rund 100 Vertragspartnern und rund 500 Vertragswerkstätten. Chrysler/Jeep verfügen über weitere 240 Händlerstützpunkte und Smart über 40 Smart-Center, sowie 68 Zweig- und Satellitenbetriebe.

Mit Hilfe des Internets versorgt die DaimlerChrysler Bank ihre Kunden mit Information und Verkaufsvorbereitungen für ihre automobilen Finanzdienstleistungen. Durch einen Online-Rechner lassen sich zum Beispiel bequem die Monatsraten für einen Finanzierungsvertrag für ein vorkonfiguriertes Fahrzeug berechnen. Der Kunde bestimmt die Laufzeit des Vertrags und die Höhe der Anzahlung. Neben diesen Funktionen dient das Internet auch als Vertriebs- und Transaktionskanal für die Direktbankprodukte der Bank.

Durch das Kundenservice Center unterstützt die DaimlerChrylser Bank in erster Linie den Kundenakquisitionsprozess sowie die Betreuung ihrer Privatkunden. Mit einem möglichst hohen Servicelevel, der sich zum Beispiel über eine hohe telefonische Erreichbarkeit oder auch kompetente Mitarbeiter als Ansprechpartner definiert, betreut das Service Center alle den Privatkunden angebotenen Produkte und Dienstleistungen.

### 4.3.5 Erfolgfaktor Mitarbeiter

Die Konzeption und der erfolgreiche Vertrieb von hochwertigen Finanzdienstleistungen erfordern selbstverständlich auch hoch motivierte und qualifizierte Mitarbeiter. Um sich im Vergleich zu Wettbewerbern in Sachen Kompetenz und Kundenservice hervorragende Mitarbeiter zu sichern, sind regelmäßige Investitionen in die Fort- und Weiterbildung, aber auch in die Spezialausbildung von Mitarbeitern notwendig. Einen attraktiven Arbeitgeber zeichnen nicht zuletzt neben einem entsprechenden Gehaltsgefüge auch Möglichkeiten zur Weiterentwicklung, anspruchsvolle Aufgabenstellungen für die Mitarbeiter und klar aufgezeigte Karriereperspektiven aus.

## 4.4 Gefahren aus einer zweckentfremdeten Nutzung der Restschuldversicherung

Über den Verbraucherschutz sowie in der Presse ist der Einsatz bzw. die Vermittlung von Restschuldversicherungen bei einigen Instituten in einzelnen Fällen auch negativ in die Schlagzeilen geraten. Dabei wurde in der Regel kritisiert, dass einige Institute ihren Kunden Kredite zu sehr günstige Konditionen, d.h. mit niedrigen Effektivzinsen, angeboten hatten – allerdings gepaart mit einer RSV zu überteuerten Raten. Die Prämien für die RSV standen dabei in keinem Verhältnis zum abgedeckten Risiko. Hätte man die monatlichen Prämien im Effektivzinssatz des Kredits mitberücksichtigt, so wäre das augenscheinlich günstige Darlehen ein sehr teures geworden.

# Literaturverzeichnis

Bretz, Michael: Private Insolvenz: Entschuldung zu Lasten der Gläubiger, Bank und Markt. Heft 2, 02/2004.

Krämer, Hans-Peter: Kreditausfälle: Konstruktiver Dialog bringt mehr als Mahnwesen, Bank und Markt, Heft 2, 02/2004.

Reimann, Rainer-J.: Privatinsolvenzen aus Bankensicht: schriftliches Verfahren stärken. Bank und Markt, Heft 2, 02/2004.

# Ein tief greifender Wandel – die Entwicklung der Lebensversicherungsbranche in den USA

**Werner Bonadurer**

*Zusammenfassung:*
*Die zunehmende Konvergenz des Finanzsektors sowie die Globalisierung der Versicherungsmärkte führten zu einer deutlich verschärften Konkurrenzsituation in der U.S.-Lebensversicherungsbranche. Der Trend zur Fokussierung und Spezialisierung führte zu grundsätzlich verschiedenen Geschäftsstrategien auf den Produkteachsen Lebensversicherungen, Annuitätsprodukte, Asset-Management-Dienstleistungen und „Mutual-fund"-Produkte. Damit einher ging eine Veränderung der Distributionsformen sowie der damit verbundenen Kostenstrukturen. Die Notwendigkeit, sich der Disziplin der Kapitalmärkte zu unterwerfen, führte bei zahlreichen Lebensversicherungsgesellschaften zur Umwandlung der Rechtsform: Aus vielen traditionell als „mutual companies" etablierten Versicherungsinstituten wurden Aktiengesellschaften. Erfolg versprechende Strategien im zunehmenden Wettbewerb verlangen nach Produktinnovation, verbesserten Distributionssystemen, erhöhter Kosteneffizienz im operationellen Bereich, effektiver Nutzung von IT-Ressourcen sowie nach einer deutlich erhöhten Kapitalbasis. Der Konsolidierungsprozess in der U.S.-Lebensversicherungsbranche wird sich fortsetzen und damit auch die Erfordernis einer kritischen Unternehmensgröße. Insofern ist damit zu rechnen, dass der Trend zur „Demutualization" und weiteren M&A-Aktivitäten anhält. Der eingeleitete Prozess der Disaggregierung von Produktherstellung und -distribution wird noch an Dynamik zunehmen.*

*Schlüsselwörter: Demutualization, Konsolidierungsprozess, Mutual Companies, Mutual-Fund-Produkte, U.S.-Lebensversicherungsbranche.*

## 1 Einführung

Die „Life-Insurance"-Industrie in den Vereinigten Staaten von Amerika hat sich in den letzten zehn Jahren fundamental verändert. Es ist davon auszugehen, dass die Dynamik des Transformationsprozesses weiterhin anhält. Marktumfeldbedingungen, Kundenbedürfnisse und Produktinnovationen unterlagen einer rasanten, evolutionären Entwicklung. Im Wesentlichen haben drei Faktoren dazu beigetragen:

1. Die technologische Revolution, welche den gesamten Finanzsektor nachhaltig verändert hat,

2. die signifikanten demografischen Veränderungen im Zusammenhang mit dem Alterungsprozess der so genannten Baby-Boom-Generation,

3. die grundlegende Neuorientierung im Konkurrenzverhalten, bedingt durch den Eintritt von neuen Marktanbietern, sowie die damit verbundene Liberalisierung von regulatorischen Rahmenbedingungen.

Jede Branche im Umbruch offeriert Chancen. Die Wahl von vorteilhaften und klar definierten strategischen Optionen wird in Zukunft für das Management der Life-Insurance-Gesellschaften wichtiger sein als die Weiterführung von Geschäftsmodellen, die auf allgemeinen wirtschaftlichen oder industriespezifischen Wachstumstrends basieren. Bereits in den letzten Jahren zeichnete sich ein Aufbrechen der einst homogenen Angebotsstruktur ab. Der Trend zur Fokussierung und Spezialisierung führte zu grundsätzlich verschiedenen Geschäftsstrategien. Einzelne Life-Insurance-Gesellschaften konzentrierten sich zunehmend auf das Health-Coverage-Segment; andere vertrieben vor allem traditionelle Lebensversicherungspolicen; dritte hingegen beschränkten sich primär auf allgemeine Vermögensaufbau- und Asset-Management-Geschäfte. Damit veränderten sich auch die gewählten Distributions- und Verkaufsorganisationen, sowie die damit verbundenen Kostenstrukturen. Die Entwicklung in den 90er-Jahren führte aber auch zu einer weitgehenden Konvergenz des Produktangebotes und der Marketingformen innerhalb des ganzen Finanzsektors, d.h. in den Bereichen Lebensversicherungsgeschäft, Wertschriften- und Investment-Broker-Aktivitäten, sowie dem traditionellen, auf die Vermögensverwaltung bezogenen Bankgeschäft. Nicht nur die Life-Insurance-Industrie, sondern auch die Full-Service-Investmentbanken orientierten ihre Geschäftspolitik zunehmend auf Wachstumsgeschäftsfelder wie das Asset-Management und die so genannten „Retirement-Savings"-Produkte.[1] Der Trend von den „Defined-Benefit"-Vorsorgeplänen zu den „defined contribution plans" und anderen Annuitätsprodukten hat diese Entwicklung stark unterstützt.[2]

In den folgenden Abschnitten wird auf einige der wesentlichsten Trends eingegangen, die die U.S.-Lebensversicherungsbranche in den letzten 15 Jahren geprägt haben. Diese Ausführungen sind wie folgt gegliedert: Abschnitt 2 erörtert Grundzüge des Konvergenz- und Konsolidierungsprozesses in der Finanz- und Lebensversicherungsindustrie. Die nächsten beiden Abschnitte 3 und 4 diskutieren Entwicklungen im Produkteangebot und in den Distributionsformen. Abschnitt 5

---

[1] Vgl. Santomero (1999), S. 1-6.

[2] Der Anteil klassischer Life-Insurance-Prämien am gesamten Prämienvolumen lag 1985 bei 38,6%, 1995 bei 29,2%. Annuitätsprodukte verzeichneten 1985 einen Prämienanteil von 34,6% (der übrige Teil wurde durch Health-Insurance-Prämien generiert), 1995 von 47,1%; vgl. Cummins/Santomero 1999, S. 7.

beschreibt den so genannten „De-Mutualization"-Prozesses und führt damit direkt in den nächsten Abschnitt 6, der sich mit der Dynamik der M&A-Aktivitäten in der Lebensversicherungsbranche beschäftigt. Abschnitt 7 diskutiert einige Aspekte der sich rasch wandelnden Anforderungen an das Risikomanagement. Schließlich unternimmt der letzte Abschnitt 8 den Versuch eines Ausblicks, respektive der Auflistung von verschiedenen Herausforderungen und Prioritäten der Industrie.

# 2 Konsolidierungsprozess

In den letzten zehn Jahren entstanden zahlreiche Konzerne, die die ursprünglich separat auftretenden Sparten wie „Life Insurance", „Securities Brokerage", „Investment Management" und „Banking" als eigene Divisionen unter einem Dach vereinigten. Bis in die 90er-Jahre konzentrierten sich die Lebensversicherungsgesellschaften darauf, klassische Lebensversicherungs- und Annuitätsprodukte mit einem „Mass-Marketing"-Konzept durch eigene oder dritte Agentensysteme zu vermarkten. Der komparative Vorteil war dabei eng mit dem standardisierten Produkt, aber auch mit der Beziehung zwischen dem Kunden und Agenten verbunden. Demgegenüber beschränkten sich die traditionellen Banken auf das Anbieten von transaktionsorientierten Sparprodukten wie „Deposit Accounts" und „Certificates of Deposits". Vereinfacht betrachtet profitieren dabei die Banken von ihrer Kreditwürdigkeit, respektive Sicherheit (unter anderem wegen der „Deposit Insurance") und den geografisch protektionierten Marktgebieten. Der dritte Sektor, nämlich die Wertschriften- und Broker-Häuser, verkauften ihre Dienstleistungen ausschließlich über ihr internes Broker-System. Neben der Kundennähe spielte dabei die Produktekompetenz (unter anderem der Investment-Research) und die effiziente Transaktionsabwicklung eine zentrale Rolle. Ab Mitte der 90er-Jahre begannen jedoch zunehmend integrierte Finanzdienstleistungsunternehmen den Markt zu dominieren, die ein breites Spektrum von den so genannten „High-value Packaged Products" bis zu den vollständig standardisierten Dienstleistungen abdeckten. Diese neuen „Financial Service Retailers" agierten als Bank- und Versicherungsinstitut wie auch als Wertschriftenhaus und Mutual-Fund-Gesellschaft in einem. Charakteristisch für die neu gewählten Vertriebssysteme war die Vielzahl von kundenzentrierten, direkten und indirekten Kanälen, d.h. eine so genannte „multi-channel"-Distributionsorganisation. Der komparative Vorteil dieser neuen Gebilde lag, beziehungsweise liegt, in der breiten Produktpalette, in einer auf die Nachfragesituation ausgerichteten Preispolitik, in der effizienten Anwendung von IT- und Kommunikationssystemen und in der Möglichkeit, verschiedene strategische Allianzen auf der Produktherstellungs-, Abwicklungs- und Vertriebsseite einzugehen.

Nicht zuletzt wegen des damit einhergehenden, tief greifenden Restrukturierungsprozesses im Banken-/Wertschriftensektor erhöhte sich auch der Bedarf nach grundlegenden Änderungen in der Lebensversicherungsbranche. Die Konsolidierung im Life-Insurance-Geschäft in den U.S. beschleunigte sich aber vor allem wegen der Kombination aus langsamem Ertragswachstum, bestehenden Überkapazitäten, einer relativ hohen Kostenbasis und der Notwendigkeit, deutliche Fortschritte in der Erreichung und Ausnützung von Economies of Scale zu erzielen. Verschiedene Studien bestätigten, dass die Kosteneffizienz der meisten Lebensversicherungsgesellschaften verglichen mit Unternehmen anderer Segmente des Finanzsektors (inklusive Gesellschaften im „Property-Liability"-Versicherungsgeschäft) deutlich schlechter war. Die Ineffizienzen zeigten sich primär in der Ausgestaltung der Distributionssysteme und dem Einsatz der Informationstechnologie. Dieser Nachholbedarf dürfte unter anderem ein Abbild einer über Jahre geschützten Marktsituation gewesen sein. „Growing stronger by growing larger" wurde zum Imperativ für viele Gesellschaften. Um allerdings Wachstumsstrategien mittels M&A-Transaktionen durchführen zu können, war oftmals die Umwandlung der in der Branche traditionellen Rechtsform, nämlich derjenigen einer „Mutual Company", in eine Aktiengesellschaft notwendig. Im Weiteren wurde klar, dass ein erfolgreiches Fortbestehen nur gesichert werden kann, falls differenzierte Kernkompetenzen in Bereichen wie Produktentwicklung, Asset-Management, Distributionssysteme, Technologie etc. etabliert und verteidigt werden können. In diesem Zusammenhang spielte auch die Gestaltung von Geschäftsmodellen mit eindeutig komplementären und synergistischen Produktlinien und das Erzielen einer vernünftigen Risikodiversifikation eine bedeutende Rolle. Letztlich muss dieser dynamische Konsolidierungsprozess in der gesamten Finanzbranche auch vor dem Hintergrund eines sich rasch ändernden regulatorischen Umfeldes betrachtet werden (unter anderem dem Wegfall des Glass-Steagall Act). Das vielleicht offensichtlichste Beispiel des tief greifenden Veränderungsprozesses war der Zusammenschluss von Citicorp und Travelers zu CitiGroup. Es war nahe liegend, dass der stattfindende Prozess letztlich zu einer deutlichen Verschärfung der Konkurrenzsituation führte. Traditionelle und nicht-traditionelle Finanzmarktanbieter konkurrierten um neue Vormachtstellungen auf den Produkteachsen Lebensversicherungen, Annuitätspolicen, Asset-Management-Dienstleistungen und Mutual-Fund-Produkte. Eine völlig neue Konkurrenzsituation ergab sich vor allem im Segment der so genannten „Asset-Accumulation"-Produkte. In diesem rasch wachsenden Bereich verloren die Lebensversicherungsgesellschaften signifikante Marktanteile an Banken und Mutual-Funds-Anbieter.[3] Primär war dies auf das oftmals wenig differenzierte Dienstleistungsangebot der Life-Insurance-Gesellschaften zurückzuführen.

---

3 Siehe Tuohy (1999), S. 332-335.

# 3 Produktentwicklung

In den vergangenen Jahren veränderte sich die „balance of power" in der Financial Service Industry der USA tief greifend. Gemessen am Marktanteil der gesamten privaten Vermögenswerte wurden vor allem die Sparkassen und Geschäftsbanken zu Opfern der fortschreitenden Disintermediation. Im Gegensatz dazu gewann die Gruppe der „Mutual" und „Money Market Funds" gewaltig an Boden. Der Anteil der Lebensversicherungsgesellschaften am breit gefassten Vermögensverwaltungsmarkt schwankte zwischen 1970 bis Ende der 90er-Jahre im Bereich von 10% bis 20%. Dieser Marktanteil bestand allerdings aus zwei Komponenten: zum einen dem Volumen der klassischen Lebensversicherungspolicen, zum anderen den verschiedenen Annuitätsprodukten. Hauptsächlich Letztere waren dafür verantwortlich, dass der Marktanteil der Lebensversicherungsgesellschaften insgesamt recht stabil gehalten werden konnte. Demgegenüber ging der Verkauf der traditionellen, individuellen Lebensversicherungspolicen seit 1975 um mehr als ein Drittel zurück. Diese Produktumschichtungen reflektierten die rasch wachsenden, selbstständigen Investitionen der amerikanischen Haushalte in die nationalen und teilweise internationalen Wertpapiermärkte und die damit einhergehende erhöhte Risikobereitschaft. Eine andere Ausprägung dieser Entwicklung war die zunehmende Verlagerung von so genannten „Defined Benefits" zu „Defined Contribution Plans". Letztere erlaubten eine direkte Partizipation in den insgesamt prosperierenden Aktienmärkten während der 90er-Jahren. Gemäß einer Studie des Federal Reserve Board verzeichneten klassische Lebensversicherungsreserven in dieser Zeit eine jährliche Zunahme von lediglich 7%; diese lag nur marginal über den schwachen Wachstumsraten der traditionellen Banksparprodukte. Demgegenüber verzeichneten festverzinsliche Anlagen, Aktieninvestitionen und „defined contribution plans" Zunahmen im Bereich von 12% bis 15% pro Jahr. Hauptgewinner in den letzten 15 Jahren war aber die Kategorie der „Retail Mutual Funds" mit einem jährlichen Wachstum von über 26%. Ähnlich wie in den 90er-Jahren werden auch in Zukunft demografische Entwicklungen dazu führen, dass die Nachfrage nach „Investment-orientierten" Lebensversicherungsprodukten nicht nachlassen wird – weiterhin zu Lasten traditioneller Lebensversicherungspolicen.[4]

Schließlich sollte jedoch darauf hingewiesen werden, dass sich die Nachfrage nach einzelnen Produktgruppen, in Abhängigkeit der relativen Attraktivität der Kapitalmärkte, rasch verändern kann. So hat die negative Entwicklung der Aktienmärkte seit 2001 zu einer raschen Verlagerung von „Variable Annuity" in „Fixed Annuity"-Produkte geführt.

---

4 Siehe Tuohy (1999), S. 332-335.

# 4 Entwicklung der Distributionssysteme

Im Versicherungsgeschäft ist die Effizienz der Produktdistribution eine wichtige Erfolgsgröße. In den letzten drei Jahrzehnten haben sich die Form und das System der Distribution grundlegend verändert. Bis in die 80er-Jahre basierte der Verkauf von Lebensversicherungsprodukten ausschließlich auf dem traditionellen „agency distribution system". Dabei erzielten die Gesellschaften mit den meisten Verkaufsagenten in der Regel den höchsten Marktanteil und Umsatz. Die Distributionskosten konnten zuverlässig geschätzt und vollständig in die Preiskalkulation mit einbezogen werden. Eine weitere Phase bis zu Beginn der 90er-Jahre war gekennzeichnet durch zunehmenden Konkurrenzdruck von Seiten der „Money Market Funds"; diese generierten in der vorherrschenden Hochzinsphase starkes Wachstum im Bereich der investitionsbezogenen Produkte. Während in dieser Zeit die so genannten „career agency systems" nach wie vor die Distribution von Lebensversicherungspolicen dominierten, änderte sich der Produktemix aber deutlich. Insbesondere die „whole life insurance products" verloren zunehmend Marktanteile zu Gunsten der „universal life" und „variable life products".[5] Ein nachteiliger und entscheidender Punkt war dabei das Inkaufnehmen von deutlich erhöhten Vertriebs- und Administrationskosten, die durch die erwähnte Verschiebung im Produktemix entstanden. Signifikant geschmälerte Gewinnmargen in den Erfolgrechnungen der traditionellen Lebensversicherungsgesellschaften war die logische Folge dieser Umschichtung. In der dritten Phase, nämlich ab den 90er-Jahren, wurde offensichtlich, dass die gewählte Distributionspolitik einen absolut entscheidenden Erfolgsfaktor darstellt. Die zunehmende Fokussierung auf Kernkompetenzen, die Notwendigkeit einer stark verbesserten Kostenbewirtschaftung und die Dringlichkeit eines effizienten Kapitalmanagements verlangten nach einer eingehenden Überprüfung der Distributionsstrategie. In den letzten Jahren wurde klar, dass die Produktdistribution der Lebensversicherungsgesellschaften einen vollständig integrierten Faktor in der gesamten „customer value proposition" darstellen muss. Die Kundenorientierung, das Verständnis der „distribution econo-

---

[5] Die „whole life insurance" entspricht einer Police, die vom Versicherten bis zu seinem Ableben bzw. bis zu einem bestimmten Zeitpunkt eine – in der Regel – jährliche Prämie verlangt. Als Gegenleistung erfolgt eine Kapitalabfindung im Todesfall bzw. nach Ablauf einer vertraglich fixierten Zeitspanne. Eine „universal life"-Police entspricht in etwa einem „flexible-premium deposit fund": Der Versicherte bezahlt jährlich eine festgelegte Prämie, von der Rückstellungs- und Administrationskosten abgezogen werden. Der verbleibende Saldo wird festverzinslich angelegt. Die „variable life insurance" ist ähnlich wie eine permanente, traditionelle Lebensversicherungspolice ausgestaltet – allerdings mit dem entscheidenden Unterschied, dass der Barwert der Police nicht garantiert wird. Dieser Wert ist in einem frei wählbaren „mutual fund" investiert und schwankt damit je nach Marktsituation.

mies“ und das Kennen der Profitabilität der zahlreichen Kundensegmente entschieden, respektive entscheiden, oftmals über Erfolg oder Misserfolg.[6]

# 5 De-Mutualization

Die tief greifenden Veränderungen des Marktumfelds und die zunehmende Notwendigkeit, sich der Disziplin der Kapitalmärkte zu unterwerfen, löste bei zahlreichen Lebensversicherungsgesellschaften einen Prozess zur Umwandlung der Rechtsform aus.[7] Gemeint ist damit die Umwandlung der traditionell als „Mutual Companies“ etablierten Versicherungsinstitute in Aktiengesellschaften.[8] Diese neue Rechtsform vereinfachte die notwendige Kapitalaufnahme und ermöglichte es, bei Firmenkäufen die eigenen Aktien als „currency“ einzusetzen. Dies war ohne Zweifel das Hauptmotiv der dominierenden Rechtskleidkonversionen. Ein anderer Vorteil lag in der Möglichkeit, Aktien bzw. Aktienoptionen als eine Variante von Mitarbeitervergütung einzusetzen. Dies erleichterte die Abwerbung von „High Potentials“ aus der übrigen Finanzbranche erheblich. Die „De-Mutualization“ erleichterte nicht nur den potenziellen Firmenkäufern den Zugang zu M&A-Transaktionen, sondern machte die rechtlich neu formierten Unternehmen ihrerseits – zu oftmals unfreiwilligen – Akquisitionskandidaten.[9] Der Umwandlungsprozess der Rechtsform wurde auf zwei Arten vollzogen: entweder in der Form einer „full de-mutualization“, d.h. einer völligen Umwandlung in eine Aktiengesellschaft, oder als Formierung einer „mutual holding company“, die ihrerseits eine Tochterfirma in der Form einer Aktiengesellschaft etablierte. Selbstverständlich waren auch weitere Unterformen dieses Reorganisationsvorganges zu beobachten. Die Zielsetzung war aber dieselbe. Mit dem verbesserten Zugang zum Kapitalmarkt konnten die dringend notwendigen Kapitalerhöhungen oder Firmenzusammenschlüsse vorgenommen werden.[10] Einhergehend mit der „De-Mutualization“ entwickelten sich auch moderne Systeme zur optimalen Kapitalbewirtschaftung und zur Fokussierung auf Wertschöpfung zu Gunsten der

---

6 Siehe Tuohy (1999), S. 335-338.

7 Die Liste dieser Gesellschaften umfasst führende Namen wie MetLife, Prudential, John Hancock und Phoenix.

8 Auch in den USA wird eine Mutual Company typischerweise von den Policeninhabern und nicht von den Aktionären gehalten.

9 In einigen US-Staaten waren Firmenübernahmen in den ersten zwei Jahren nach der „de-mutualization“ nicht möglich. Durch diese „protection period“ konnten sich die neu formierten Unternehmen in einem geschützten Rahmen der neuen Gesellschaftsform anpassen.

10 Vgl. Tuohy (1999), S. 339-342.

Kapitalgeber. Dabei ging es aber auch darum, die zum Teil unterschiedlichen Interessen der Aktionäre mit denjenigen der Policeninhaber in Einklang zu bringen. Letztere waren, respektive sind, primär an der finanziellen Solidität des Versicherungsgebers und weniger an Kapitalrenditen interessiert. Ein aktives Bewirtschaften der Fremd- und Eigenkapitalbasis sowie das Vorhandensein interner Kapitalallokationssysteme gehörten in der Vergangenheit eher zu den Ausnahmesituationen. Interessanterweise hat aber der erwähnte Umwandlungsprozess – im Zusammenspiel mit einem verbesserten finanziellen Management – häufig nicht zu einer Verbesserung des Kredit-Ratings geführt. Im Gegenteil – nach einer Studie von Moody's (2003) erreichte der Rating-Unterschied im Jahre 2003 zwischen „Mutual Companies" und Lebensversicherungen in der Form von Aktiengesellschaften einen Höchststand; mit anderen Worten: der erstgenannten Kategorie wurde im Durchschnitt eine deutlich höhere Kreditwürdigkeit attestiert.[11]

Der Trend in Richtung „De-Mutualization" dürfte sich auch in Zukunft fortsetzen. Im Jahre 2003 kontrollierten die traditionellen „Mutual Companies" nur noch 30% der gesamten Vermögenswerte der U.S.-Lebensversicherungsgesellschaften.[12]

# 6 M&A-Aktivitäten

Die zunehmende Konvergenz und Integration des Finanzsektors sowie die Globalisierung der Versicherungsmärkte haben die Konkurrenzsituation deutlich verstärkt. Eine erfolgreiche Unternehmungsstrategie verlangte nach Produktinnovationen, verbesserten Distributionssystemen, erhöhter Kosteneffizienz im operativen Bereich, einer effektiven Nutzung von IT-Ressourcen sowie einer deutlich erhöhten Kapitalbasis. Oftmals war bei der Erfüllung dieser komplexen strategischen Erfordernisse die Variante „Alleingang" keine Erfolg versprechende Option. Die vergangene Dekade verzeichnete eine Rekordzahl von M&A-Transaktionen in der „Life Insurance Industry". Gemäß einer Darstellung von Conning and Company wurden in den 90er-Jahren weit über 500 Unternehmungskäufe bzw. -verkäufe getätigt. Der überwiegende Teil der Transaktionen wurde von inländischen Käufern und Verkäufern durchgeführt. Im oben erwähnten Zeitraum verringerte sich die Anzahl der eigenständigen Gesellschaften um rund 10%; demgegenüber stieg das Prämienvolumen insgesamt um weit über 50% an.[13] Diese Zahlen spiegeln den eingeleiteten Konzentrationsprozess wider. Zusätzlich zu den bereits erwähnten Kriterien galten die Notwendigkeit, eine kritische Unternehmungsgröße

---

11 Siehe Moody's: Credit issues and trends for US life insurers (2003), S. 4.

12 Siehe Standard & Poor's (2003), S. 2.

13 Das weitaus größte Wachstum im Prämienvolumen wurde durch die Annuitäts- und die so genannten „asset accumulation"-Produkte erzielt.

– und damit ausreichende „scale economies“ – zu erreichen und eine starke Präsenz in ausgewählten Marktsegmenten als wesentliche Motive für Fusionen und Akquisitionen. Generell betrachtet operierten die meisten Lebensversicherungsgesellschaften mit einem relativ hohen Fixkostenanteil. Daher kam der Ausschöpfung potenzieller Skalenerträge große Bedeutung zu. Es zeigte sich daher auch, dass Firmen mit konstanten oder wachsenden „returns to scale“ zu den begehrtesten Akquisitionskandidaten gehörten. Des Weiteren dürfte auch die Einführung eines fortschrittlicheren „risk-based capital system“ (1993), und damit in der Regel erhöhte Kapitalanforderungen durch die regulatorischen Behörden als Katalysator gewirkt haben.

Die nachstehenden Ausführungen beschäftigen sich schließlich kurz mit der Frage, inwieweit einzelne Ziele erfüllt wurden, die den Akquisitionen zu Grunde lagen.[14] Wie in einer detaillierten Untersuchung von Cummins, Tennyson, und Weiss (1999) dargestellt, kann die Zielerreichung mit der Messung der „economic efficieny“ überprüft werden. Insbesondere geht es darum, diese „efficiency“ in eine Kosten- und Ertragseffizienz aufzugliedern und diese einem „best practice“ Benchmark gegenüberzustellen. Damit kann der Frage nach dem ökonomischen Erfolg einer zurückliegenden M&A-Transaktion nachgegangen werden. Zusammenfassend kommen Cummins, Tennyson und Weiss in ihrer eingehenden Untersuchung zu dem Schluss, dass die Unternehmungszusammenschlüsse und Neuorganisationen auf Gruppenebene in der letzten Dekade insgesamt zu positiven Resultaten in Bezug auf die Effizienz der Lebensversicherungsbranche in den Vereinigten Staaten geführt haben. Die Resultate zeigten insbesondere bei den übernommenen Firmen eindrucksvolle Fortschritte in der operativen Effizienz wie auch, dank Cross-Selling-Tätigkeiten, hinsichtlich der Ertragsgewinne.[15]

Es muss davon ausgegangen werden, dass der Konsolidierungsprozess – nach einem gewissen Zwischenstopp während der Börsenbaisse in den Jahren nach 2000 – bei weitem noch nicht abgeschlossen ist. Die Lebensversicherungsbranche in den USA ist nach wie vor erheblich fragmentiert. Mitte 2003 waren in den Vereinigten Staaten noch über 50 größere Lebensversicherungsgruppierungen tätig – hingegen existieren zum Beispiel in Kanada zu diesem Zeitpunkt nur noch drei große Firmen. Insbesondere kleinere und mittlere Gesellschaften werden kaum eine andere Wahl haben als sich in irgendeiner Form am Konsolidierungsprozess zu beteiligen. Die Bedeutung der Etablierung einer kritischen Größe zeigt sich besonders in den Geschäftssparten des Asset-Management und bei den vielfältigen Vorsorgeprodukten. Gesamthaft braucht die Lebensversicherungsbranche eine weiter rationalisierte operative Plattform, um Effizienzen zu erzielen, die langfristig die Konkurrenzfähigkeit mit traditionellen und nicht-traditionellen

---

14 Hier dient vor allem eine Studie von Cummins/Tennyson/Weiss (1998) als Grundlage; die Studie untersucht M&A-Transaktionen von 1988 bis 1995.

15 Siehe Cummins/Tennyson/Weiss (1998), S. 29-30.

Anbietern sicherstellen.[16] Um dieses Ziel zu erreichen, dürften nicht nur Käufe und Verkäufe von ganzen Firmen im Zentrum stehen, sondern vielmehr der Spin-off und Transfer von einzelnen Geschäftssparten und Produktlinien. Zudem dürften auch potenziell wegfallende Privilegien hinsichtlich steuerlicher Behandlung von Zinserträgen auf zahlreichen Versicherungsprodukten den Restrukturierungsprozess beeinflussen. Damit wird ein „level playing field" innerhalb des Finanzsektors etabliert, was nicht ohne Folgen auf die verschärfte Konkurrenzsituation bleiben wird.

# 7 Risikomanagement

Im Lebensversicherungsgeschäft wurden in den vergangenen Jahren tief greifende Anpassungsentscheidungen im Bereich des Asset-Liability-Managements unumgänglich. Im Wesentlichen betraf dies eine verbesserte, integrierte Betrachtung und Steuerung von Vermögenswerten und Verbindlichkeiten in den Bilanzen. Während eine „mark-to-market"-Bewertungspolitik auf der Aktivseite bereits sehr weit gehend implementiert war, bestanden in Bezug auf die „faire" Darstellung der Verpflichtungen große Divergenzen und Unzulänglichkeiten. Insgesamt war die Lebensversicherungsbranche kaum in der Lage, eine moderne, uniforme Bewertungsmethodik zu applizieren. Insbesondere hat das geänderte Marktumfeld, mit der Kombination von volatilen Aktienmärkten und tendenziell sinkenden Zinsen, gravierende Versäumnisse aufgedeckt.[17] Generell haben die Lebensversicherungsgesellschaften in den letzten zehn Jahren das Investment-Portfolio-Risiko deutlich erhöht; dies manifestierte sich durch ein verstärktes Investieren in so genannte „lower quality" festverzinsliche Produkte. Die damit verbundenen Finanzanlagerisiken lassen sich grundsätzlich als Zins-, Kredit-, Markt- und Währungsrisiken darstellen. Seit dem Jahre 2000 hat sich, im Einklang mit der allgemeinen wirtschaftlichen Situation, die Qualität der auf der Aktivseite gehaltenen „Corporate Bonds" tendenziell verschlechtert.[18] Neue regulatorische Bestimmungen begannen damit, die sofortige Darstellung allfälliger „impairment losses" in den Erfolgsrechnungen der Lebensversicherungsgesellschaften zu fordern. Die in den letzten Jahren in den Vereinigten Staaten deutlich zurückgestuften Zinsen beeinflussten die Profitabilität des bestehenden Geschäftes maßgeblich; hinzu kam die negative Entwicklung der Kreditqualität. Gemäß einer Studie von Moody's (2003) verzeichnete die U.S.-Lebensversicherungsbranche 2002 (Brutto-)Kreditverluste in Höhe von rund 15 Mrd. USD (dies entspricht etwa 74 Basispunkten auf

---

16 Siehe Cummins/Tennyson/Weiss (1999), S. 159-174.

17 Gemeint ist damit der Zeitraum ab Mitte der 90er-Jahre.

18 Gemäß Standard & Poor's stieg die „default rate" im Segment „Investment-Grade"-Investitionen im Jahr 2002 auf 0,5% (2001: 0,24%; 2000: 0,16%).

die investierten Anlagen).[19] Zweifellos markierte dieser Wert einen historischen Höchststand. Ebenso sicher ist, dass diese effektiven Verluste nicht vollständig in die früheren Produktpreiskalkulationen eingeflossen sind. Des Weiteren zeigte sich, dass ein übermäßiger „duration mis-match" häufig die Regel statt der Ausnahme in den Bilanzen darstellte. Zum Teil wurde dieses Problem noch durch das Bestehen von staatlich festgelegten, in jüngster Vergangenheit nicht mehr marktkonformen, Mindestzinssätzen auf die Verpflichtungen verschärft. Einhergehend mit der Produktentwicklung und der zunehmenden Nachfrage nach flexiblen Annuitätsprodukten erhöhte sich auch das „operating leverage" der meisten Firmen.

Generell sind Lebensversicherungsgesellschaften einer Vielzahl von komplexen Zinsänderungs- und Cashflow-Risiken ausgesetzt. Die Komplexität ist unter anderem durch die Vielzahl von so genannten „embedded options" auf der Asset- wie auch auf der Liability-Seite begründet. Insbesondere Lebensversicherungspolicen entsprechen oftmals einem „package of options". Einerseits führen solche, an die Versicherungsnehmer verkauften, „eingebetteten" Optionen wie „surrender options", „withdrawal options" oder „policy loan privileges" in den Bilanzen zu positiver Konvexität auf der „Liability"-Seite. Anderseits kreieren die auf der Anlageseite aufgeführten Investitionen in Produkte wie „mortgage-backed securities" oder in „callable corporate bonds" eine negative Konvexität. Die konsolidierte Betrachtung entspricht oftmals einer „short straddle"-Position und stellt hohe Anforderungen in Bezug auf das Risikomanagement.[20] In den vergangenen Jahren wurden enorme Anstrengungen unternommen, um die Bewertungsmodelle von Anlagen und Verpflichtungen in den Bilanzen von Lebensversicherungsgesellschaften exakter und zeitgerechter zu gestalten.[21] Der Trend zu einer einheitlichen, auf modernen finanzwissenschaftlichen Erkenntnissen basierenden Bewertungsmethodik hat sich verstärkt.

Zunehmend hat sich die Meinung durchgesetzt, dass Bewertungsmodelle sich primär auf die Berechnung des Gegenwartswertes aller Verpflichtungen (PVL), inklusive der Darstellung der dazugehörenden Marktrisikosensivitäten, zu konzentrieren haben. Vereinfacht betrachtet bestimmt dieser errechnete PVL im Wesentlichen die jederzeit notwendige finanzielle Größe, die auf einer probabilistischen Basis und unter Betrachtung verschiedener Marktszenarien für die vollständige Abgeltung aller Engagements notwendig ist.

In den letzten Jahren hat sich in der U.S.-Lebensversicherungsbranche der Trend zu einer eher einheitlichen und integrierten Risikobewertungsmethodik durchge-

---

19 Vgl. Moody's (2003), S. 1.

20 Siehe Babbel und Santomero (1999), S. 612.

21 In diesem Zusammenhang wurde 1994 durch die American Academy of Actuaries eine „Fair Valuation of Liabilities Task Force" etabliert. FASB and IASB haben sich ebenfalls intensiv mit diesen Bewertungsfragen auseinandergesetzt.

setzt. Waren in der Vergangenheit noch eine Vielzahl von fragmentierten Modellen im Einsatz, die zumindest teilweise nur auf deterministische Cashflows oder deterministische Zinsen aufbauten, wurden in der jüngsten Vergangenheit mehrheitlich komplexere Methoden angewandt, die richtigerweise sowohl von stochastischen Cashflows als auch von stochastischen Zinsen ausgehen. Da die meisten Verpflichtungen der Lebensversicherungsgesellschaften genau durch diese unterliegenden Gegebenheiten charakterisiert sind, wurde damit eine weit bessere Bewertungsgenauigkeit erzielt. Diese neueren Modelle werden an der Wall Street seit geraumer Zeit mit Erfolg eingesetzt (unter anderem im Bereich der Bewertung von „mortgage-backed securities", also von Produkten, die über sehr ähnliche Cashflow-Unsicherheiten und Optionselemente wie Lebensversicherungsprodukte verfügen). Diese Modelle sind allerdings deutlich komplexer als die ursprünglichen Bewertungsmethoden. Sie offerieren aber neben stark verbesserter Genauigkeit Vorteile in Bezug auf die einfachere Kalibrierung mit beobachtbaren Marktpreisen und erlauben ein einfacheres Auditing für interne und regulatorische Zwecke. Die Lebensversicherungsbranche hat diesbezüglich in den letzten Jahren den Rückstand zur übrigen Finanzbranche in weiten Teilen verringert.[22]

Erwähnenswert sind schließlich auch die kürzlich eingeführten Änderungen in Bezug auf die regulatorische und buchhaltungsmäßige Erfassung von Vorgängen in der Bilanz und Erfolgsrechnung. Dennoch, die gegenwärtig gültige Rechnungslegungspraxis gemäß „Generally Accepted Accounting Principles" (GAAP) erlaubt noch immer außerordentlich zahlreiche und intransparente Verrechnungsmöglichkeiten von Verlusten (zum Beispiel auf festverzinslichen Anlagen) mit Gewinnen aus Zinsgeschäften. Der Druck hinsichtlich mehr Transparenz sowie einer zeit- und marktgerechten Darstellung der Vermögens- und Risikosituation wird anhalten. Mit dem Übergang zu einem „full fair value based accounting" wird die Volatilität in den Bilanzen und Gewinn- und Erfolgsrechnungen jedoch zunehmen. Dies dürfte das Investitionsverhalten der Lebensversicherungsgesellschaften beeinflussen, indem Produkte und Methoden gewählt werden, die diese „reporting volatility" minimieren.

# 8 Herausforderungen und Prioritäten

In den letzten Jahren fand im gesamten Finanzsektor in den Vereinigten Staaten, und damit auch in der Lebensversicherungsbranche, eine massive Restrukturierung statt. Die erwähnten veränderten regulatorischen Rahmenbedingungen, die verstärkte Konkurrenzsituation durch nicht-traditionelle Produktanbieter, ein verändertes Kundenverhalten, die anhaltenden Produktinnovationen und die Etablierung neuer Distributionskanäle sind nur einige der damit verbundenen Stichworte.

---

[22] Siehe Babbel/Merrill (1999), S. 245-273.

Im Folgenden werden einige der heute – und vermutlich auch in Zukunft – beobachtbaren Trends näher beschrieben.[23]

Die Herausforderungen der U.S.-Lebensversicherungsgesellschaften konzentrieren sich auf drei Bereiche: die nachhaltige Verbesserung der Produktivität der Distributionskanäle, das erfolgreiche Meistern der sich weiter verschärfenden Konkurrenzsituation und die effektive Reaktion auf die tief greifenden Veränderungen im Produktangebot und im Kundenverhalten. Diese Punkte sind nicht neu. Gemäß einer repräsentativen Umfrage von Tillinghast-Towers/Perrin gehörten die erwähnten Herausforderungen bereits 1997 zu den wesentlichen „critical issues" der Führungsverantwortlichen.[24] Insbesondere wurde erkannt, dass es nicht genügt, sich ausschließlich auf das Kurieren der Symptome wie hohe Kostenbasis, ungenügende Produktivität, ineffiziente Rekrutierung sowie Ausbildung und „retention" der Vertriebsagenten zu konzentrieren. Es gilt vielmehr, das Übel an der Wurzel des Problems zu packen. In Bezug auf die Distributionspolitik ist diese Problematik weitestgehend eine Frage des optimalen Abstimmens der Interessen von Kunden, Vertriebsagenten und Unternehmen sowie des damit verbundenen Etablierens von kompatiblen Anreizsystemen. Des Weiteren erweist es sich als notwendig, alternative Distributionskanäle aufzubauen. Letztere umfassen Netzwerke via Banken, Broker-Dealers, andere Dritt-Vertreiber, das Direct Mailing und Telemarketing sowie Internetplattformen. Hinsichtlich der Herausforderungen auf Grund des veränderten Kundenverhaltens geht es vor allem darum, den Kundenservice zu verbessern, Produkte zu vereinfachen, „multiple points of access" zu etablieren und die sich rasch entwickelnde Technologie beim Produktverkauf besser einzusetzen, die vorhandenen umfassenden Informationen an Kundendaten und Nachfragesensivitäten besser auszunutzen, und damit verbunden, die Kundenbeziehungen für das Cross Selling und den Verkauf von „asset accumulation" und Investment-orientierten Produkten besser zu explorieren.

Es ist davon auszugehen, dass die Konsolidierung in der Lebensversicherungsbranche auch in Zukunft anhalten wird. Die Erfordernis einer kritischen Unternehmungsgröße wird dringlicher. Der Trend zu „De-Mutualization" wird sich fortsetzen, und damit dürften auch die M&A-Tätigkeiten weiter zunehmen. Der eingeleitete Prozess der Disaggregierung von Produktherstellung und Produktdistribution wird weiter an Dynamik gewinnen. Die Distributionsseite dürfte in Zukunft zunehmend einer „Open Architecture" entsprechen, die dem inhärenten Konfliktpotenzial zwischen der Vermarktung von Eigenprodukten und Drittprodukten entgegenwirken kann. Idealerweise werden die zukünftigen Distributionsformen eine stufenartige Gestaltung der individuellen Beratung zulassen. In dieser

---

23 Siehe Tuohy (1999), S. 328.

24 Befragung von CEO's von etwa 300 der größten Lebensversicherungsgesellschaften in den USA und Kanada.

Hinsicht werden sowohl Modelle zum Einsatz kommen, die denjenigen eines Discount-Brokers ähneln, als auch solche Modelle, die ein qualitativ hochwertiges Beratungsgespräch vorsehen. Bei der Distributionseffizienz kommt dem optimalen Einsatz der Informationstechnologie eine große Bedeutung zu. Eine Herausforderung für die Lebensversicherungsgesellschaft dürfte darin bestehen, die diesbezüglich deutlichen Rückstände gegenüber den großen Investment-Management- und Broker-Firmen aufzuholen. Aus Kundensicht wird einer möglichst unabhängigen Beratung, insbesondere im Bereich von anlageorientierten Produkten, zunehmend mehr Beachtung geschenkt werden. Die Distributionspolitik wird sich nicht mehr auf einige wenige, universale Modelle beschränken, sondern auf einer Palette von maßgeschneiderten, „Multi-Channel"-Systemen aufgebaut sein, die den einzelnen Markt- bzw. Produktsegmenten angepasst sind. Die Beratung wird im Distributionsprozess auch in Zukunft eine Schlüsselrolle spielen. Trotz der in zunehmendem Maße angewandten Direktvertriebsmethoden (Internet, Mail Telephone, ATM etc.) wird der Zugang zu qualitativ hochwertigen Beratungsinformationen den Wert des Produktes wesentlich beeinflussen. Das heißt aber nicht, dass davon auszugehen ist, dass das (teure) Agentenvertriebssystem zukunftsträchtig sein wird. Die Distribution wird sich eher an Modellen orientieren, die Direct Mailing, Verkauf und Beratung über das Telefon sowie Internet und – als gleichwertige Option – „Face-to-Face"-Beratung kombinieren. Der in der Vergangenheit oft angewandte „Push-the-Product"-Prozess wird einem kundenzentrierten Vorgehen weichen. Dabei wird es essenziell sein, die Bedürfnisse der fein gegliederten Kundensegmente richtig zu erfassen und zu bedienen. Es ist davon auszugehen, dass die Möglichkeiten nachlassen werden, nachhaltige und dauerhafte Vorteile auf Grund von reinen Produkt-, Technologie- oder Investment-Management-Differenzierungen zu erzielen. Dagegen ist anzunehmen, dass sich Vorteile in Bezug auf den „brand value" der Unternehmung, die Kenntnisse der einzelnen Kundensegmente und die Fähigkeit, profitable Produkt-Service-Distributionskonzepte zu etablieren, in wichtige komparative Strategien umsetzen lassen. Wie mehrfach erwähnt, wird sich die Nachfrage nach Investment-orientierten Produkten weiter erhöhen, nicht zuletzt auf Grund demografischer Entwicklungen. Reine „protection products", wie fixe Lebensversicherungspolicen oder auch „wealth preservation products", werden deutlich kleinere Wachstumsraten aufweisen. Der Produktmix innerhalb der Wachstumskategorie der so genannten „asset accumulation"-Produkte wird sich auch in Zukunft rasant verändern und sich in Richtung einer gewissen Abhängigkeit zur Entwicklung der Aktienmärkte bewegen. Sämtliche Produkte werden auch zukünftig nachhaltig von sich ändernden steuerlichen und regulatorischen Rahmenbedingungen beeinflusst werden. Bislang profitierten die Lebensversicherungsgesellschaften von inhärenten Steuervorteilen der von ihnen angebotenen Produkte. Diesen Vorteil konnten die „non-insurance financial service providers" meistens nicht bieten. Mit dem laufenden Konvergenzprozess dürfte dieser Wettbewerbsvorteil aber über kurz oder lang wegfallen. Es wird entscheidend sein, bei der Produktinnovation rasch auf diese Veränderungen zu reagieren. Dennoch wird es ein entscheidendes Erfordernis sein, die angebotenen (komplexen) Produkte möglichst einfach und transparent darzustellen und diese weitestgehend maßgeschneidert anzubieten. Im zukünftigen Produktangebot wird den Fragen des individuellen, integrierten Risikomanagements weit höhere Beachtung geschenkt werden. Die Kunden werden die angebotenen Lösungen kritischer beurteilen; dies geht einher mit dem Trend der zunehmenden Eigenverantwortung für die individuelle Finanzplanung und Vorsorge. Produkte mit zahlreichen Änderungsoptionen im Verlaufe der Versicherungsdauer werden die Regel und nicht mehr die Ausnahme darstellen. Die Konsumenten stehen vor einer zunehmend komplexeren Produktwahl; dies wird außerdem gefördert durch die zunehmende Selbstverantwortung der Kunden in Bezug auf das Akkumulieren und Bewirtschaften ihrer Vermögensteile sowie beeinflusst durch Tatbestände der Steuergesetzgebung und der Gesundheitsvorsorge. Des Weiteren ist davon auszugehen, dass der Prozess des Outsourcing von verschiedenen Tätigkeiten nicht zum Stillstand kommen wird. Die Lebensversicherungsgesellschaften müssen sich ständig ihrer (engen) kompetitiven Kernkompetenzen bewusst sein und sich von Aktivitäten trennen, die Dritte effizienter ausführen können. Dieses Outsourcing wird nicht auf Funktionen wie Marketing und Distribution beschränkt bleiben, sondern potenziell auch Tätigkeiten wie Administration, Underwriting, Asset-Management, Investment-Research etc. beinhalten. Wie mehrfach erwähnt, dürfte auch der Trend zur Schaffung von so genannten „financial conglomerates" nicht zurückgehen; vermutlich wird diese Entwicklung aber eher evolutionär als revolutionär verlaufen. Schließlich ist auch zu prognostizieren, dass neben nicht-traditonellen nationalen und internationalen Anbietern zahlreiche ausländische Versicherungsgesellschaften immer stärker im U.S.-Markt Fuß fassen werden. Wie immer wird es auch in Zukunft nicht nur eine, sondern mehrere strategische Geschäftsoptionen für die Lebensversicherungsgesellschaften geben. Entscheidend ist in jedem Fall, eine Strategie zu verfolgen, die fokussiert ist und auf den individuellen Stärken der einzelnen Gesellschaft aufbaut. Strategische Alternativen sind zum Beispiel eine „low-cost, product manufacturing-oriented"-Strategie oder, falls spezielles Know-how vorhanden ist, eine so genannte „deep multi-product customer relationship"-Politik zu applizieren. Letztere „adding-value"-Retail-Strategie verlangt offensichtlich andere Kernkompetenzen. Schließlich wird es zwingend sein, eine Geschäftsorientierung zu verfolgen, die ein integriertes Business-Modell mit hoher „brand awareness" darstellt, d.h. Produktegestaltung, Administration, Distribution usw. optimal abstimmt und synergetisch ergänzt.[25] Auch in Zukunft wird es für die Lebensversicherungsgesellschaften entscheidend sein, die zum Teil unterschiedlichen Interessen der verschiedenen Stakeholder wie Policeninhaber, Produktdistributoren, regulatorische Instanzen, Rating-Agenturen, Kredit- und Eigenkapitalgeber optimal in der Balance zu halten.

---

[25] Siehe Tuohy (1999), S. 352-358.

Schließlich wird auch in der Zukunft die Prosperität der Lebensversicherungsbranche nicht nur von firmenspezifischen Gegebenheiten abhängen; auch die gesamtwirtschaftlichen Rahmenbedingen und Konjunkturzyklen, makroökonomische Größen wie Inflations- und Zinssätze, die Entwicklung auf den Aktienmärkten sowie regulatorische und steuerliche Voraussetzungen werden die Entwicklung dieser Branche nachhaltig beeinflussen.

## Literaturverzeichnis


Babbel, David F./Merrill, Craig: Toward a unified valuation model for life insurers. The Wharton School, University of Pennsylvania. Financial Institutions Center. Working Paper.

Cummins, David J./Tennyson, Sharon/Weiss, Mary A. (1998): Consolidation and efficiency in the U.S. life incurance industry. Financial Institutions Center. The Wharton School, University of Pennsylvania. Philadelphia.

Cummins, David J./Tennyson, Sharon/Weiss, Mary A. (1999): Life insurance mergers and acquisitions. Changes in the life insurance industry: Efficiency, technology and risk management. Boston/Dordrecht/London: Kluwer Academic Publishers.

Moody's Investors Service (2003): Credit issues and trends for US life insurers. Special Comment.

Moody's Investors Service (2003): The real truth: Bond credit losses of US life insurers. Special Comment.

Santomero, Anthony M. (1999): Life insurance – The state of the industry. Changes in the life insurance industry: Efficiency, technology and risk management. Boston/Dordrecht/London: Kluwer Academic Publishers.

Standard & Poor's (2003): Quest for scale drives consolidation in life insurance industry. Standard & Poor's, Insurance. Reprinted from RatingsDirect.

Standard & Poor's (2003): Industry report card: North American life insurers. Standard & Poor's, Insurance. Reprinted from RatingsDirect.

Tuohy, Michael R. (1999): Challenges and issues for growth in the life industry. Changes in the life industry: Efficiency, technology and risk management. Boston/Dordrecht/London: Kluwer Academic Publishers.

Viswanathan, Krupa/Cummins, K. S./David, J.: Ownership structure changes in the insurance industry: an analysis of demutualization. Journal of Risk and Insurance. Nr. 401, Volume 70, Issue 3.

# Teil V: Ideengeschichte

# Zur Entwicklung des finanz- und risikowirtschaftlichen Denkens

**Klaus Schredelseker**

*Zusammenfassung:*
*Die Finanz- und Risikolehre gehört zu den dynamischsten Teildisziplinen der Wirtschaftswissenschaften. Sie stellt die zentrale Klammer zwischen der Volkswirtschaftslehre und Betriebswirtschaftslehre dar. Die Finanz- und Risikolehre erhebt einerseits den Anspruch, unmittelbar anwendbares und praktisch nützliches Wissen bereitzustellen. Andererseits ist sie bestrebt, komplexe Phänomene der Realität auf der Basis individuell rationaler Entscheidungen zu erklären. Der Beitrag zeichnet die Geschichte finanzwirtschaftlicher Ideen nach und beschreibt dabei jeweils ausführlich die Eckpfeiler des finanzwirtschaftlichen Denkens.*

*Schlüsselwörter: Arbitragefreiheit, Effizienz, Finanzwirtschaftliches Denken, Ganzheitlichkeit, Gleichgewicht, Informationsökonomik, Marktorientierung, Zahlungsstrom.*

## 1 Markt statt Hierarchie

Finanz- und risikowirtschaftliches Denken ist gekennzeichnet durch die drei zentralen Begriffe *Entscheidung*, *Risiko* und *Markt*. Lange vor dem Paradigmenwechsel zur entscheidungsorientierten Betriebswirtschaftslehre in den Sechziger Jahren war die Finanztheorie *entscheidungsorientiert* in einem zweifachen Sinne: Zum einen war und ist Gegenstand ihrer Überlegungen ein zukunftsgerichteter Zahlungsstrom, eine Abfolge von Zahlungen heute sowie in näherer und weiterer Zukunft und nicht, wie etwa der Gewinn im klassischen betriebswirtschaftlichen Rechnungswesen, eine Größe, die klar vergangenheitsorientiert ist. Zum anderen bedeutet „entscheidungsorientiert" aber auch ein klares Bekenntnis zum methodischen Individualismus, wie er vor allem von der österreichischen Schule der Nationalökonomie vertreten wird: Alles, was wir in der wirtschaftlichen Realität beobachten können, muss sich als das Ergebnis individueller und absichtsvoller (nicht notwendigerweise rationaler) Wahlakte einzelner Wirtschaftssubjekte erklären lassen. Mit der Zukunftsorientierung notwendigerweise eng verbunden ist der *Unsicherheitsaspekt*, denn Zukunft ist per se unsicher und/oder risikobehaftet. Messung und Steuerung wirtschaftlicher Risiken stellen daher auch den Kernbereich des modernen Finanz- und Versicherungsmanagements dar: Mit Hilfe einer

Fülle von Instrumenten, die zum großen Teil in der Ideenwerkstatt der akademischen Finanz- und Versicherungstheorie entwickelt wurden, ist es gelungen, das Instrumentarium des Risikomanagements mehr und mehr zu verfeinern und zu einem eigenständigen Bereich des betriebswirtschaftlichen Rechnungswesens zu entwickeln – nicht nur in Banken und Versicherungen, sondern in Unternehmen aller Art.[1] Worin sich die moderne Finanz- und Risikolehre von anderen Teildisziplinen der Betriebswirtschaftslehre am deutlichsten unterscheidet, ist aber die geradezu radikale *Marktorientierung*.

Die klassische Betriebswirtschaftslehre war und ist zu großen Teilen bis heute planwirtschaftlich orientiert. Im Sinne der von Williamson vorgeschlagenen Unterscheidung zwischen Märkten und Hierarchien befasst sie sich eindeutig mit letzteren. Das klassisch betriebswirtschaftliche Bild eines Unternehmens geht von einem Unternehmer aus, der plant, kontrolliert, kalkuliert, beschafft, produziert, optimiert, anweist, organisiert, führt, gestaltet, verändert, formt etc. Dem stellt die moderne Finanzlehre das Bild eines Unternehmers entgegen, der sich bewusst ist, nur einkleines Rad in einem umfassenden marktwirtschaftlichen Gefüge zu sein, auf das er zu reagieren hat, das ihm Signale liefert, die er bei seinen Entscheidungen in Betracht ziehen muss; das Bild eines Unternehmers, der weiß, dass er nur dann eine Chance hat, wenn es ihm gelingt, die kleinen Fehler, die das immer perfekter werdende marktwirtschaftliche System offen lässt, zu erkennen und für sich auszunutzen; das Bild eines Unternehmers, der weiß, dass es eigentlich keine „free lunches" gibt und der dennoch alles daran setzt, solche zu finden und für sich nutzbar zu machen.

Die Orientierung an den Begriffen Entscheidung, Risiko und Markt hat mehr als alles andere das betriebswirtschaftliche Denken der letzten zwei Jahrzehnte geprägt und dazu beigetragen, dass die Betriebswirtschaftslehre, von der man in den Siebziger Jahren den Eindruck hätte gewinnen können, sie bewege sich in Richtung auf eine angewandte Soziologie, zumindest zum Teil wieder zu einer Wirtschaftswissenschaft im Sinne einer rationalen Theorie der Wahlhandlungen geworden ist. Die enorme wissenschaftliche Dynamik finanzwirtschaftlichen Denkens manifestiert sich nicht zuletzt in der Vergabe der Nobelpreise für Wirtschaftswissenschaft in den Neunziger Jahren: Keine andere Teildisziplin der Volks- und Betriebswirtschaftslehre kann auf so viele Auszeichnungen zurückblicken wie die Finanz- und Risikolehre. Im vorliegenden Beitrag soll versucht werden, zehn Eckpfeiler des modernen finanzwirtschaftlichen Denkens herauszu-

---

[1] Sehr schön kommt die Gegenüberstellung von klassisch vergangenheitsorientierter Betriebswirtschaftslehre und moderner, zukunftsorientierter Finanzwirtschaftslehre in der Arbeit von Walter Schwaiger zum Ausdruck, der in Anlehnung an die klassische Dreiteilung der Kostenarten-, Kostenträger- und Kostenstellenrechnung eine gleichermaßen dreigeteilte Risikorechnung entwickelt hat. Vgl. Schwaiger, Walter: Finanzwirtschaftlich basierte Unternehmenssteuerung, Deutscher Universitäts-Verlag 2001.

arbeiten und ihren Einfluss auf andere Wissensgebiete unseres Fachs deutlich zu machen.

# 2 Eckpfeiler finanzwirtschaftlichen Denkens

## 2.1 Zahlungsstromorientiertes Denken: Discounted Cashflows

Weltweit beginnt praktisch jedes ernst zu nehmende Lehrbuch der Finanzierungstheorie mit dem so genannten *Fisher*-Theorem, mit dem die Studierenden sowohl mit einem praktisch handhabbaren Bewertungskalkül, dem Barwertansatz, konfrontiert werden, als auch das grundlegende Instrumentarium der Finanzwirtschaftslehre kennen lernen: das Denken in Zahlungsströmen. Dieter Schneider sagte einmal zu Recht, dass ein korrektes betriebswirtschaftliches Denken entlang der Zahlungsströme und nur entlang der Zahlungsströme zu erfolgen habe (Schneider 1992, 172). Das sich in diesem Denken konkretisierende Barwertkonzept (present value approach) wird bei Fisher aus einigen wenigen Annahmen, insbesondere der des vollkommenen Kapitalmarkts, abgeleitet und als logisch zwingendes Prinzip konstituiert. Insoweit unterscheidet es sich fundamental von vielen anderen Investitionsrechnungskalkülen, die bis heute in den Lehrbüchern der Betriebswirtschaftslehre vorzufinden sind und allzu häufig den Eindruck vermitteln, als gehe es im Wesentlichen darum, Seiten zu füllen und Lernstoff für Studenten bereitzustellen: Weder das Gewinnvergleichsverfahren noch das Kostenvergleichsverfahren, die Pay-off-Methode, das MAPI-Modell etc. lassen sich wirtschaftstheoretisch oder sonst wie logisch fundieren; sie sind alle mehr oder minder dezisionistisch gesetzte, mehr oder minder plausibel erscheinende Ad-hoc-Techniken, deren Gültigkeit sich ausschließlich auf ihre praktische Akzeptanz gründet. Man mag die Annahmen, die Fisher zur Ableitung seines Modells machen musste, als fragwürdig und empirisch nicht unbedingt gültig abtun. Ein logisch aus Annahmen, auch wenn deren Gültigkeit nicht einwandfrei gegeben ist, zwingend abgeleitetes Konzept ist aber allemal wertvoller als jedes bloße Für-Wahr-Halten. Auch in der Physik sind die Gesetze der Mechanik aus einer Annahme abgeleitet, deren faktische Gültigkeit zweifelsfrei nicht gegeben ist: der Annahme friktionsfreier Kraftübertragungen in den Gelenken und Achsen. Gleichwohl ist das Parallelogramm der Kräfte eine bessere Annäherung an die Realität als jede noch so gut ausgedachte Alternative.

Mit dem *Fisher*-Theorem lernen die Studierenden der ersten Semester aber weit mehr als ein bloßes Investitionsrechnungskalkül. Aus der Annahme, dass jedermann zu jeder Zeit zu einem gegebenen Zinssatz Geld anlegen beziehungsweise

Geld aufnehmen kann (vollkommener Kapitalmarkt)[2], folgt die Unabhängigkeit von Investitions- und Finanzierungsentscheidungen und damit ein Separationssatz, dem eine enorme heuristische Kraft zukommt und der für die weitere Theorieentwicklung unschätzbare Dienste leistet. In einer Welt, in der in aller Regel alles mit allem zusammenhängt, ist es sehr hilfreich, ein Problem in einzelne Teilprobleme zerlegen zu können, ohne ihm damit Gewalt anzutun; genau das leisten Separationstheoreme, wie sie in der Finanztheorie häufiger anzutreffen sind.

Irving Fisher war ein Pionier des Faches. Seine wegbereitenden und später von Jack Hirshleifer weiterentwickelten Arbeiten entstammen einer Zeit, als die Ökonomie noch um ihre Anerkennung als Wissenschaft ringen musste und weit davon entfernt war, Nobel-Preis-würdig zu sein. Hätte Alfred Nobel bereits bei der Stiftung die Ökonomie in den Kreis der auszuzeichnenden Wissenschaften aufgenommen, so hätte Fisher sicherlich im Kreis der Preisträger zu finden sein müssen.

## 2.2 Marktbezogenes Denken: die Modigliani-Miller-Theoreme

Als sich im Jahr 1958 Franco Modigliani und Merton Miller in ihrem richtungsweisenden Aufsatz „The Cost of Capital" der Frage annahmen, in welchem Verhältnis sinnvollerweise Eigen- und Fremdkapital zu einander stehen sollten (Kapitalstrukturproblem), haben sie insofern wissenschaftliches Neuland betreten, als sie erstmals in einer rein betriebswirtschaftlichen Problemlösung den Bezug zum Kapitalmarkt hergestellt haben. Sie konnten zeigen, dass der Wert eines Unternehmens in einem funktionierenden Markt nicht von der Kapitalstruktur, sondern ausschließlich von der erwirtschafteten Rendite auf das eingesetzte Gesamtkapital abhängt; da dieselben Effekte, die die Unternehmensleitung durch Veränderung in der Verschuldung des Unternehmens auf die Risiko-Renditen-Position der Aktionäre bewirken kann, auch von den Aktionären kostenlos im Rahmen ihrer privaten Veranlagungen erwirkt werden können, sind sie ohne Einfluss auf ihre Wohlfahrtsposition. Die in der Betriebswirtschaftslehre lange diskutierte Frage nach der optimalen Kapitalstruktur stellt somit überhaupt kein Problem dar: Für die Bewertung eines Unternehmens ist die Kapitalstruktur irrelevant. Damit ist auch jede andere Annahme über die vom Markt geforderte Eigenkapitalrendite als die, dass sie linear mit steigender Verschuldung zu wachsen habe, nicht mit grundlegenden Prinzipien einer marktwirtschaftlichen Ordnung (law of one price) vereinbar.

Wenige Jahre später haben dieselben Autoren in ähnlicher Weise den Nachweis erbracht, dass ein anderes viel diskutiertes Problem der Betriebswirtschaftslehre,

---

2 Die Annahme eines vollkommenen Kapitalmarktes stößt insbesondere bei Studierenden häufig auf Ablehnung, da sie diese Aussage mit ihrer persönlichen Situation vergleichen, in der die Differenz zwischen dem Sparbuchzins und den Zinsen für einen etwaigen Konsumentenkredit natürlich enorm ist. Ein bonitätsmäßig einwandfreies Unternehmen mit einem guten Cash-Management ist hingegen mit einer Zinsspanne konfrontiert, die sich in Basispunkten messen lässt.

nämlich das der optimalen Dividendenpolitik, gar keines ist: Da die Aktionäre durch Reinvestition der Dividendenerträge bzw. durch Teilverkauf ihrer Aktien jeden Dividendenstrom, den das Unternehmen ihnen liefern könnte, selbst zu erzeugen in der Lage sind, ist auch die Dividendenpolitik für die Bewertung des Unternehmens irrelevant. Auch hier erfolgte der Nachweis durch einen expliziten Bezug zu Entscheidungen, die die Wirtschaftssubjekte am organisierten Kapitalmarkt treffen können.

Selbstverständlich wurde sowohl die Irrelevanz der Kapitalstruktur als auch die Irrelevanz der Dividendenpolitik auf der Basis von Annahmen begründet, die im realen Wirtschaftsleben so nicht gegeben sind; bis heute ist es daher höchst umstritten, inwiefern die Irrelevanzaussagen praktische Gültigkeit beanspruchen können. Nicht mehr umstritten ist allerdings die Tatsache, dass betriebswirtschaftliche Entscheidungen an der Elle der Marktrationalität zu messen sind, wenn ihnen ökonomische Bedeutung zukommen soll.

Dabei zeigt sich der Marktbezug bis hin in die Begrifflichkeiten. Selbstverständlich beziehen sich Indikatoren wie „Verschuldungsgrad“ oder „Kapitalstruktur“ bei Modigliani und Miller auf Marktpreise: Das Eigenkapital berechnet sich als die Summe der ausgegebenen Aktien mal ihrem Aktienkurs und nicht, wie in der klassisch betriebswirtschaftlichen Sicht, als die Summe der Eigenkapitalpositionen auf der Passivseite der Bilanz. Nicht Buchhalter entscheiden also über den Wert eines Unternehmens, sondern der Markt! Dennoch antworten im deutschsprachigen Raum noch immer die meisten auf die Frage, wie man die Eigenkapitalquote oder den Verschuldungsgrad eines Unternehmens ermitteln solle, mit den Worten: „Man nehme die Passivseite der Bilanz und setze in Beziehung...“.

Franco Modigliani erhielt im Jahre 1985 und Merton Miller im Jahre 1990 den Nobelpreis für ökonomische Wissenschaften, der allerdings nicht direkt auf Alfred Nobel zurückgeht, sondern in seinem Gedenken seit 1969 von der schwedischen Reichsbank verliehen wird.

## 2.3 Ganzheitliches Denken: die normative Portefeuilletheorie

Die Forderung, an wirtschaftliche und gesellschaftliche Problemstellungen „ganzheitlich“ heranzugehen und nicht bei der isolierten Betrachtung einzelner Phänomene stehen zu bleiben, wird allenthalben erhoben, wenngleich nur ansatzweise umgesetzt. Angesichts der enormen Komplexität der meisten sich stellenden Probleme wären wir nämlich mit unserem begrenzten kognitiven System sehr schnell überfordert, wenn wir es wirklich versuchen wollten – es sei denn, wir begnügen uns damit, lediglich auf der Oberfläche der Phänomene zu verbleiben. Ein finanzwirtschaftlicher Ansatz, dem es erstmals gelungen ist, gleichermaßen ganzheitlich zu denken und die Probleme in ihrer Tiefe auszuloten, ist die Portfoliotheorie, die erstmals 1952 von Harry Markowitz in einem genialen, nur vierzehn Seiten umfassenden Aufsatz präsentiert wurde. Zwar stellt sie letztlich nur die Synthese zweier jahrhundertealter Regeln dar, nämlich „Wer nichts wagt, der nichts gewinnt“ und „Setze nicht alles auf eine Karte“; indem Markowitz diese Prinzipien in seinem Zwei-Parameter-Ansatz formalisierte, konnte er aber zeigen, dass der Wert einer Sache (eines Wertpapiers) sinnvollerweise nicht aus sich selbst heraus zu bewerten ist, sondern nur vor dem Hintergrund des Portefeuilles, in das sie eingefügt wird. Seit Markowitz wissen wir, dass in einer Welt, in der die Wirtschaftssubjekte hohe Erträge niedrigen vorziehen und niedrige Risiken gegenüber hohen bevorzugen, die wichtigste Größe, mit der ein Wirtschaftsgut zu beurteilen ist, die Kovarianz (oder Korrelation) seiner erwarteten Erträge mit jenen anderen Gütern ist, in deren Kontext es steht.

Relativ bald hat die Portfoliotheorie auch Eingang in die allgemeine wirtschaftstheoretische und wirtschaftspolitische Diskussion gefunden. So konnte mit ihrer Hilfe die Geldnachfrage in makroökonomischen Modellen erklärt und damit endogenisiert werden – was Keynes mit seinem Liquidity-Preference-Konzept nur unzureichend gelungen ist. James Tobin, einer der wenigen Keynesianer in der Chicago-dominierten amerikanischen Ökonomenzunft der fünfziger Jahre, integrierte die normative Theorie von Markowitz in seine makroökonomischen Modelle und leistete dabei – ohne es eigentlich zu beabsichtigen – eine erhebliche Weiterentwicklung der normativen Portefeuilletheorie. Sein Separationsmodell besagt, dass die Zusammensetzung des risikobehafteten Teils des Vermögens eines Investors von seiner individuellen Risikoneigung unabhängig ist, denn die Risikopräferenz wirkt sich nur auf die Aufteilung des Vermögens auf eine risikolose Anlage einerseits und auf risikobehaftete Titel andererseits aus. Dies sollte sich als ein Milliardengeschenk an die Investment Industry erweisen, die sich gleichermaßen auf das Management eines gut diversifizierten Portefeuilles beschränken wie den Anspruch erheben konnte, den individuellen Bedürfnissen ihrer Kunden in vollem Umfang gerecht zu werden.

Die enorme heuristische Kraft, die der Portefeuilletheorie sowohl in der klassisch Markowitz'schen Version als auch in der Tobin'schen Variante innewohnt, hat dazu geführt, dass das ganzheitliche, an Portefeuilles orientierte Denken in sehr vielen Bereichen der Betriebswirtschaftslehre Fuß gefasst hat: Nicht nur in der strategischen Unternehmensführung, sondern auch im Marketing, in der Beschaffung, in der Personalwirtschaft und in vielen anderen Bereichen ist von Portfolios, von Portfoliomatrizen, von Portfolioplanung und Ähnlichem die Rede. Nur an Markowitz denken die wenigsten dabei.

Harry Markowitz erhielt im Jahre 1990 und James Tobin im Jahre 1981 den Nobelpreis für ökonomische Wissenschaften.

## 2.4 Gleichgewichtsdenken: die positive Portefeuilletheorie

Ein Schüler von Markowitz, William Sharpe, hat sich Anfang der Sechziger Jahre die Frage gestellt, wie ein Kapitalmarkt beschaffen sein muss, wenn alle Beteiligten sich exakt so verhalten, wie es ihnen die normative Portefeuilletheorie als rational vorschlägt. Damit vollzog er den Schritt von der normativen zur positiven Portefeuilletheorie: Es ging nicht mehr darum, einzelnen Investoren zu empfehlen, wie sie sich bei ihren Anlageentscheidungen verhalten *sollten*, sondern Erklärungen dafür zu liefern, wie der Markt funktioniert und nach welchen Regeln die Preise für Wertpapiere *tatsächlich* gebildet werden müssten, wenn sich der Markt im Gleichgewicht befinden sollte. Mit dem Capital Asset Pricing Model (CAPM) gelang Sharpe das erste in sich geschlossene und auf rationalen Entscheidungen einzelner Wirtschaftssubjekte basierende Erklärungsmodell für einen effizient bewertenden Kapitalmarkt. Zugleich ist das CAPM ein Bewertungsmodell, das es Investoren, die von der allokativen Leistungsfähigkeit des Marktes und von der Notwendigkeit einer umfassenden Risikodiversifikation überzeugt sind, erlaubt, einzelne Wertpapiere zu bewerten. Das CAPM ist das Kernstück dessen, was sich seit dieser Zeit als „Kapitalmarkttheorie" entwickelt hat. Es hat binnen weniger Jahre nicht nur in den Hörsälen der Universitäten und Business Schools, sondern auch in der Praxis der Broker-Häuser und anderer institutioneller Investoren Einzug gehalten. Bis heute ist Beta der prominenteste Parameter zur Einschätzung möglicher Aktienrenditen, der von nahezu allen professionellen Informationsdiensten errechnet und publiziert wird; Beta ist aber auch ein wichtiger Parameter zur Bestimmung von Kapitalkosten und Abzinsungsfaktoren in der Investitionsrechnung, der Unternehmensbewertung, der Konzernsteuerung und hat somit ebenfalls in vielen Bereichen der Betriebswirtschaftslehre Einzug gehalten.

Daran hat sich bis heute kaum etwas Wesentliches geändert: Weder die Tatsache, dass Roll nachgewiesen hat, dass das CAPM weitestgehend gegen empirische Überprüfungen immunisiert ist, noch die Tatsache, dass konkurrierende Modelle wie die Arbitrage Pricing Theory in den Ring getreten sind (zu ihrer Ableitung waren sogar wesentlich weniger strenge Annahmen erforderlich als für das CAPM), noch die Tatsache, dass in empirischen Untersuchungen nachgewiesen werden konnte, dass Beta nur einen verschwindend kleinen Erklärungsbeitrag für die Unterschiedlichkeit von Renditen liefert. Die Robustheit und Akzeptanz des Modells wurde am besten im Titel eines fast zwanzig Jahre zurückliegenden Beitrags von Jason MacQueen (1986) verdeutlicht: „Beta is Dead! Long Live Beta." Was sich in der Finanzwirtschaft immer wieder feststellen lässt: Letztlich kümmert sich die Praxis dann nicht um die Empirie, wenn sie ein Instrument einfach braucht oder wenn ihr ein lieb gewonnenes Instrument, und sei es empirisch noch so fragwürdig, für die Bewältigung ihrer tagtäglichen Aufgaben als nützlich erscheint. Beta ist zweifelsohne ein solches Instrument.

Spätestens mit dem CAPM vollzog sich der Übergang von der älteren Finanzwirtschaftslehre zum modernen Financial-Economics-Denken. Der herkömmlichen betriebswirtschaftlichen Finanzierungslehre ging es ganz praktisch darum, unmittelbar umsetzbare Empfehlungen zu geben: Welche Kreditformen sind günstiger und wie erwirtschaftet man bessere Renditen als andere? Das war auch letztlich noch Markowitz' Ziel: Was er betrieb, war Schmalenbachs „Kunstlehre" at its best. Mit der Hinwendung zum mikroökonomischen Gleichgewichtsdenken wurde die morsch gewordene Brücke zwischen den Schwesterdisziplinen Volkswirtschaftslehre (Economics) und Betriebswirtschaftslehre (Business Administration) wieder etwas gefestigt. Peter Bernstein, der Begründer der Theorie-Praxis-Zeitschrift „The Journal of Portfolio Management" schreibt, dass sich zu Zeiten von Markowitz die Kollegen von der Business School und des Economics Department nicht einmal mehr auf der Straße grüßten, es sei denn, man sei in Chicago oder in Boston beim MIT gewesen (Bernstein 1992, 46). An diesen Universitäten kooperierten Betriebs- und Volkswirte sehr eng miteinander und sie haben damit Wissenschaftsgeschichte geschrieben. Auch die Tatsache, dass 1990 der Verband der Hochschullehrer für Betriebswirtschaftslehre seine Jahrestagung unter dem Titel „Betriebswirtschaftslehre und ökonomische Theorie" durchgeführt hat, zeugt von dem Bewusstsein, dass die Aufrechterhaltung der klaren Trennlinie zwischen den beiden Disziplinen beiden nur zum Schaden gereichen kann: Ohne gegenseitige Befruchtung läuft die BWL Gefahr, zu einer reinen Sozialtechnologie (mit gleichsam aufgestülptem „Theorie-Sahnehäubchen") zu verkommen, während die VWL sich immer mehr zu einem intellektuellen Bodybuilding ohne praktische Relevanz entwickelt. Heute kann man allerdings feststellen, dass es auf den finanzwirtschaftlichen Tagungen, seien sie von der American Finance Association, der European Financial Management Association, der European Finance Association oder der Deutschen Gesellschaft für Finanzwirtschaft organisiert, kaum mehr möglich ist, die klassischen und in der deutschsprachigen Tradition früher besonders ausgeprägten Zuordnungen zu erkennen. Mehr und mehr ist dies auch in anderen Teildisziplinen unseres Fach wahrzunehmen; auch das ist ein Schritt in Richtung hin zu mehr „Ganzheitlichkeit" in den Wirtschaftswissenschaften. Ansätze wie das CAPM haben dazu beigetragen.

William Sharpe erhielt (zusammen mit Markowitz und Miller) im Jahre 1990 den Nobelpreis für ökonomische Wissenschaften.

## 2.5 Der Random-Walk: das Zufallsteufelchen in Aktion

Als im Jahre 1900 Louis Bachelier, ein französischer Mathematiker und Schüler von Henri Poincaré, seine Dissertation „Théorie de la Spéculation" an der ehrwürdigen Sorbonne vorlegte, nahm dies niemand so recht wahr. Wie viele andere auch, verschwand seine Arbeit alsbald im Staub der Archive, bis sie der Mathematiker und Entscheidungstheoretiker Savage mehr als fünfzig Jahre später wieder ausgrub. Bachelier untersuchte die Pariser Aktienkurse des ausgehenden neunzehnten Jahrhunderts auf statistische Regelmäßigkeiten und konnte solche nicht finden. Seine Schlussfolgerung: da Aktienkurse so verlaufen, als wären sie zufällig erzeugt worden, ist der Erwartungsgewinn eines jeden Spekulanten gleich null! Die Arbeit wurde von Wirtschaftswissenschaftlern seiner Zeit ebenso wenig zur Kenntnis genommen wie Untersuchungen, die in den dreißiger Jahren von amerikanischen Forschern, insbesondere von Alfred Cowles, durchgeführt wurden und durchwegs zu ähnlichen Ergebnissen führten. Erst als Maurice Kendall auf der Jahrestagung der Royal Statistical Society 1953 die These aufstellte und anhand umfangreichen statistischen Materials belegte, dass alle Versuche, in Börsenkursen systematische Bewegungen feststellen und daraus Vorteile ziehen zu wollen, zum Scheitern verurteilt seien, war die Random-Walk-These nicht mehr wegzudiskutieren. Nach den Worten von Kendall glichen die Aktienkurse einem Prozess, bei dem jede Woche einmal das Zufallsteufelchen (demon of chance) eine Zufallszahl ziehen und sie dem Kurs der Vorwoche hinzufügen würde. Allerdings traute er seinen eigenen Ergebnissen nicht und bekundete seine volle Sympathie für diejenigen Ökonomen, die sie für abwegig hielten.

Dennoch wurde es unter Finanzwirtschaftlern auf einmal hoffähig, sich ernsthaft mit der These vom Zufallsverlauf der Aktienkurse zu beschäftigen. Binnen weniger Jahre wurde das Phänomen weltweit, anhand der verschiedensten Daten, in den verschiedensten Märkten und mit den verschiedensten Methoden empirisch überprüft. Dabei war der Random-Walk bis zu Beginn der sechziger Jahre noch immer eine „These" und keine „Theorie". Er war eine Behauptung über die reale Beschaffenheit der Finanzmärkte, aber es gab keine befriedigende Antwort auf die Frage nach dem „warum?". Der Zufallspfad war empirisch gut belegt, aber seine Gültigkeit konnte nicht zwingend aus allgemeinen Aussagen über die Finanzmärkte abgeleitet werden. Diese Theorielosigkeit war Stärke und Schwäche zugleich: Sie war Stärke, da man das Phänomen des Zufallsverlaufs nicht so einfach als Hirngespinst weltfremder Theoretiker zurückweisen konnte; sie war Schwäche, da es nun mal nicht nach dem Geschmack von Wirtschaftstheoretikern ist, Phänomene in der realen Welt zur Kenntnis nehmen zu müssen, für die sie keine überzeugende Theorie vorzuweisen haben.

Erst Samuelson ist es in einem Aufsatz mit dem ambitionierten Titel „Proof that Properly Anticipated Stock Prices Fluctuate Randomly" gelungen, die Theorie quasi nachzuliefern. Samuelsons Beweis mutet zwar anfangs kompliziert an, erweist sich aber dann als so einfach und das Problem als so offenkundig, dass er bekennen musste, lange gezögert zu haben, eine derartige Trivialität überhaupt zu veröffentlichen. Im Grunde hat er nur die von Bachelier bereits formulierte Überlegung formalisiert, dass, wenn die Marktteilnehmer alles, was man heute wissen kann, in den Marktpreisen verarbeitet haben, nichts mehr übrig ist, was es uns erlauben würde, Prognosen über zukünftige Preisentwicklungen abzugeben. Der Unterschied zwischen dem heutigen und dem morgigen Preis kann dann nur auf Informationen zurückgeführt werden, die zwischen heute und morgen bekannt werden. Solche Informationen sind aber notwendigerweise zufälliger Natur, denn alles, was nicht zufällig und damit prognostizierbar wäre, ist ja heutiges Wissen!

Das bessere Verständnis des Phänomens „Random Walk" gab der empirischen Forschung enorme Impulse, wobei man immer mehr von der ursprünglichem Fassung mit identisch normalverteilen Veränderungstermen Abstand nahm: An ihre Stelle traten zunächst die recht einfachen Martingalmodelle, im weiteren Verlauf dann komplexere Zeitreihenmodelle mit Nichtstationaritäten und zeitabhängigen Volatilitäten. Die von Engle für die Kapitalmarktforschung entwickelten ARCH-Modelle (autoregressive conditional heteroskedasticity) und ihre Erweiterungen sind nicht mehr wegzudenken – weder aus der modernen Ökonometrie noch aus dem immer bedeutsamer werdenden betriebswirtschaftlichen Risikomanagement.

Für Benoît Mandelbrot, den Begründer der modernen Chaostheorie, war Bachelier ein verkanntes Genie, dessen Schicksal es gewesen ist, seiner Zeit viel zu weit voraus gewesen zu sein; schließlich war er ein Zeitgenosse von Alfred Nobel. Paul Samuelson erhielt im Jahre 1970, Robert Engle im Jahre 2003 den von der schwedischen Reichsbank gestifteten Nobelpreis für ökonomische Wissenschaften.

## 2.6 Effizienzdenken: der Markt als Informationsverarbeiter

Zunächst wurde der Random-Walk von vielen Finanzwirtschaftlern nur als Gegenthese zu den Bemühungen der technischen Wertpapieranalyse angesehen, aus der Beobachtung vergangener Kursverläufe Wahrscheinlichkeitsaussagen über künftige Kursverläufe ableiten zu wollen. Denn es gilt: Entweder verlaufen die Aktienkurse zufällig; dann sind alle Versuche, ihren Verlauf aus vergangenen Realisierungen prognostizieren zu wollen, ebenso zum Scheitern verurteilt wie Roulettesysteme und andere Techniken, die hinter das „Geheimnis der Zahlen" kommen wollen; oder es gilt, dass technische Analyse (Chartanalyse) möglich ist; dann allerdings können die Kurse nicht einem Zufallspfad folgen.

Samuelsons Beweis ging hingegen weit darüber hinaus: Wenn der Zufallsverlauf die Folge davon ist, dass die Marktteilnehmer ihr gesamtes Wissen in die Kursbildung einbringen, so gilt dies selbstverständlich für jegliches Wissen, auch für solches, wie es üblicherweise von der Fundamentalanalyse bereitgestellt wird. Recht bald hat sich daher die empirische Kapitalmarktforschung ganz generell der Frage gewidmet, ob alle verfügbaren Informationen in die Kursbildung Eingang gefunden haben oder ob dies nicht der Fall ist und daher die Auswertung von Informationen, welcher Art auch immer, geeignet sein kann, systematisch bessere als durchschnittliche Renditen zu erzielen. Die Befunde waren, von kleinen Ausnahmen einmal abgesehen, eindeutig: In so genannten Event-Studies wurden die verschiedensten Informationen (Dividendenerhöhungen, Stock Splits, Take-overs, Gewinnprognosen etc.) daraufhin untersucht, ob nach ihrem Bekanntwerden noch nennenswerte Kursreaktionen zu verzeichnen waren: Dies war regelmäßig nicht der Fall. Auch die in nahezu allen entwickelten Kapitalmärkten der Welt durchgeführten Performance-Tests der Investmentfonds zeigten, dass selbst hoch qualifizierte, bestinformierte und bestbezahlte Portfoliomanager nicht nachhaltig in der Lage sind, Ergebnisse zu erzielen, die besser wären als die jeweiligen Aktienindices und damit als die Erwartungsergebnisse einer völlig uninformierten Person.

Im Jahre 1970 hat Eugene Fama in seinem Aufsatz „Efficient Capital Markets: A Review of Theory and Empirical Work" nicht nur einen Überblick über die wesentlichsten bis dahin veröffentlichten empirischen Studien vorgelegt, sondern auch das theoretisch-begriffliche Instrumentarium geschaffen, das bis heute die finanzwirtschaftliche Diskussion prägt: Ein Markt gilt nach Fama dann als informationseffizient, wenn die Kurse zu jedem Zeitpunkt alle verfügbaren Informationen in vollem Umfang widerspiegeln (Fama 1970, 383). Dabei wird danach unterschieden, ob unter dem Terminus „alle verfügbaren Informationen" nur solche verstanden werden sollen, die sich aus vergangenen Kursverläufen ableiten lassen (schwache Form der Effizienzthese), oder alle Informationen, die öffentlich zugänglich sind (mittelstrenge Form), oder sogar alle Informationen, die es gibt und zu denen nur etwaige Insider Zugang haben (strenge Form).

Die Efficient Markets Hypothesis (EMH) hat wie kaum etwas anderes die Finanzwirtschaftslehre und darüber hinaus weite Teile der modernen Betriebswirtschaftslehre geprägt. An ihr entzündeten sich erbitterte Grundsatzdebatten, wobei sich insbesondere die Praktiker vehement gegen ein Denkmodell wandten, das ihnen die Fähigkeit absprach, systematisch bessere Marktprognosen abzugeben als eine zufällig geworfene Münze. Gleichwohl, die Fakten waren erdrückend. Paul Samuelson hat einmal die Finanzökonomie als die Kronjuwelen der modernen Sozial- und Wirtschaftswissenschaften bezeichnet und Lo ergänzte, dass dabei der EMH wohl die Hälfte des Ruhms zufallen müsse (Lo 1997, xix).

Im Grunde ist die EMH allerdings lediglich eine etwas präzisere Fassung eines Prinzips, das bereits im Jahre 1945 von Friedrich Hayek formuliert wurde. In seinem richtungweisenden Beitrag „Use of Knowledge in Society" zeigte Hayek, dass die wesentliche Eigenschaft, die Märkte vor anderen Allokationsmechanismen auszeichne, die Tatsache sei, dass sie Information in äußerst effizienter Weise verarbeiten. Über den Marktpreis signalisieren die Marktteilnehmer einander und insbesondere den Produzenten ihre Bedürfnisse, über die Marktpreise wird über relative Knappheiten informiert, über die Marktpreise werden Forschungs- und Entwicklungsaktivitäten gesteuert etc. Der Markt erweise sich dabei, so Hayek, als effizienter als jeder andere jemals von Menschen geschaffene Mechanismus, um ungeordnete Information zu verarbeiten.

Die in den achtziger Jahren begonnene und bis heute fortwirkende Renaissance des Wertpapiers, insbesondere der Aktie, hat ihren Ursprung nicht zuletzt in der Einsicht in die hohe allokative Effizienz des Kapitalmarkts. Die Aktie wird heute nicht mehr nur als Finanzierungsinstrument, sondern auch als Organisationsinstrument mit direkter Auswirkung auf die Führung von Unternehmen gesehen (Schredelseker 2003):

- Über die Kursberichterstattung wird dem Management eine tägliche Evaluierung seiner Leistungen ins Haus geliefert; sie ist kostenlos, weist ein sehr hohes Maß an Objektivität auf und genießt deswegen hohe gesellschaftliche Anerkennung.
- Der Markt für Mergers & Acquisitions sorgt dafür, dass die Unternehmensleiter alles daran setzen werden, nicht Opfer einer feindlichen Über-

nahme zu werden; nur wenn sie ihr Bestes zu geben, ist ihr Unternehmen für potenzielle Übernehmer ohne Interesse und somit ihre Position ungefährdet.

- Mit dem vom Kapitalmarkt auferlegten Shareholder-Value-Denken wird der diskretionäre Handlungsspielraum des Managements massiv eingeschränkt.
- Die Bezahlung der Manager mit Call-Optionen auf Aktien des eigenen Unternehmens stellt das kostengünstigstes Mittel zur Senkung von Agency-Kosten dar.
- Die Präsenz im Kapitalmarkt zwingt die Unternehmen zu einem hohen Maß an Offenheit, Transparenz und Publizität; das in den letzten Jahren zu verzeichnende Umdenken in der Informationspolitik der Unternehmen zeigt, dass man zunehmend von der Ansicht abrückt, das Publikum sei durch Bilanzpolitik (elegant ist der angelsächsische Ausdruck des creative accounting) leicht zu instrumentalisieren.
- Die Diversifikation von Risiken wird vom Kapitalmarkt viel effizienter bewerkstelligt als von den Unternehmen selbst; die M&A-Praxis ist von den in den 60er- und 70er-Jahren üblichen konglomeraten Unternehmenszusammenschlüssen abgerückt und konzentriert sich heute auf die Kernkompetenzen der Unternehmen; die Risikodiversifikation erfolgt nämlich wesentlich kostengünstiger im jeweiligen Portefeuille der Investoren.

Ein Verständnis der Informationsverarbeitungsmechanismen von Kapitalmärkten ist eine Conditio sine qua non für ein modernes, marktorientiertes Managementdenken.

Der intellektuelle Wegbereiter der EMH und Exponent der österreichischen Schule der Nationalökonomie, Friedrich Hayek, erhielt im Jahre 1974 den Nobelpreis für ökonomische Wissenschaften.

## 2.7 Arbitragefreiheitsdenken: die Bewertung von Optionen

Das Arbitragefreiheitsprinzip, die Vorstellung, dass es in Märkten keine risikolosen Sofortgewinne gibt, geht auf die bereits erwähnten Arbeiten von Modigliani und Miller zurück: beide waren überzeugt, dass es in den realen Kapitalmärkten eine Unmenge Leute geben müsse, die derartige „free lunches“ ausfindig zu machen suchen, um sich daran zu bereichern. Indem sie dies tun, sorgen sie dafür, dass es solche nicht oder allenfalls nur sehr kurzfristig geben kann. Die Leistungsfähigkeit des Arbitragefreiheitsprinzips wurde jedoch erst ein Vierteljahrhundert später so richtig erkannt, als es den drei amerikanischen Forschern Fischer Black, Robert Merton und Myron Scholes gelang, ein lange Zeit ungelöstes Problem unter Verwendung des Arbitragefreiheitsgedankens zu lösen: das Problem der rationalen Bewertung von Optionen. Noch nie ist in den Wirtschaftswissenschaften etwas Vergleichbares passiert: Wenige Monate nach der Veröffentlichung eines rein theoretischen Beitrags im Journal of Political Economy (1973) haben

Finanzpraktiker allenthalben die Idee aufgegriffen und umgesetzt. Wenn jemals das Credo der Grundlagenforscher aller Disziplinen, das „There is no applied science without science to apply“ Gültigkeit beanspruchen kann, so war es hier: Die Ergebnisse einer reinen Grundlagenforschung erwiesen sich als unmittelbar umsetzbar und als ungemein praktisch. Heute werden weltweit Optionen und optionsgleiche Rechte nach der schon legendären Black/Scholes-Formel bewertet und vieles, was uns die Investment Industry heute in Form von neuartigen Finanztiteln (strukturierte Produkte) anbietet, wäre ohne die Arbeiten der Herren Black, Merton und Scholes nicht vorstellbar gewesen.

Wie so oft in der Wissenschaftsgeschichte erscheint dem späteren Betrachter allerdings das, was seinerzeit eine ungeheuer mutige, innovative und geniale Idee war, doch als eher trivial und selbstverständlich. Nicht anders ist es auch mit der Optionsbewertung: im Grunde stand lediglich die Überlegung Pate, dass dann, wenn es gelingt, ein Portefeuille aus Aktien und Optionen zu bilden, bei dem die Gewinne/Verluste der einen jeweils die Verluste/Gewinne der anderen kompensieren, so etwas wie eine risikolose Finanzposition entstanden ist, deren Erwartungsrendite notwendigerweise gleich der anderer risikoloser Positionen (= Geldmarktsatz) sein muss. Dennoch war die Entwicklung der Optionspreisformel alles andere als trivial: Sie erforderte nicht nur die Beherrschung eines höchst anspruchsvollen mathematischen Instrumentariums, sondern – vielleicht noch wichtiger – eine kompromisslose Bereitschaft, eingefahrene Denkgleise zu verlassen und mentale Blockaden zu überwinden. Das Ergebnis nämlich, dass die Bewertung von Optionen nichts zu tun hat mit den Zukunftserwartungen der Einzelnen und nichts mit ihren individuellen Risikopräferenzen, war alles andere als selbstverständlich! Die geradezu kindliche Freude und Begeisterung, die zum Beispiel Black für die Eleganz in sich geschlossener theoretischer Modelle wie des CAPM äußerte, zeugen jedoch von dem ungeheuren Enthusiasmus, mit dem die damaligen Protagonisten der Finanztheorie ans Werk gingen: Sie wollten Mauern durchbrechen und zweifelsohne ist ihnen das gelungen.

Wie so häufig mussten sie allerdings zunächst einmal an die Grenzen des etablierten Wissenschaftsbetriebs stoßen: Die Veröffentlichung des Beitrags von Black und Scholes wurde erst nach längeren Verhandlungen und durch eine massive Intervention von Miller möglich, nachdem zuvor ihr Papier von renommierten Zeitschriften (darunter auch dem Chicagoer Journal of Political Economy, das es letztlich veröffentlichte) abgelehnt wurde. Besonders skurril war, dass Black und Scholes gut ein Jahr bevor ihr theoretischer Beitrag erschien, bereits die ersten empirischen Befunde, die ihre Theorie stützten, im Journal of Finance veröffentlichen konnten, und dass der Beitrag von Merton, der auf Black und Scholes Bezug nahm und ihre Gedanken weiterentwickelte, nun doch und entgegen der Absicht des Verfassers zeitgleich der „scientific community“ präsentiert wurde.

Die Tragweite des nunmehr gelösten Optionsbewertungsproblems wurde erst in den folgenden Jahren deutlich: Immer mehr wurde man sich dessen bewusst, dass es im Wirtschaftsleben eine Fülle von Handlungswahlrechten und Handlungsmöglichkeiten gibt, die als Optionen interpretiert und somit mit dem neuen Instrumentarium beurteilt und gegeneinander abgewogen werden können (vgl. Laux, 1993). Forschungs- und Entwicklungsleistungen, die in der Vergangenheit erbracht wurden, schlagen sich als „Realoptionen“ in der Bewertung des Unternehmens nieder; der Besitz einer Marke stellt eine Option im Rahmen des Marketings dar, in bestimmte Märkte eintreten zu können oder nicht; unterschiedliche Selbstbehalte bei Versicherungen sind nichts anderes als unterschiedliche Basispreise einer Option und somit preisbestimmend für die jeweilige Versicherungsprämie; die unterschiedlichen Optionsrechte, über die Arbeitgeber und Arbeitnehmer bezüglich der Weiterführung oder Aufkündigung eines Dienstverhältnisses verfügen, schlagen sich in den Löhnen und Gehältern nieder; im Rahmen der ökonomischen Analyse des Rechts sind staatliche Regulierungsmaßnahmen als Zwangsverkäufe von Optionsrechten zu interpretieren, die es den Beteiligten verunmöglichen, qua Vertrag wirtschaftlich effiziente Allokationen zu vereinbaren. Grenzen für die Anwendung des Optionsgedankens sind kaum in Sicht.

Myron Scholes und Robert Merton erhielten im Jahre 1997 den Nobelpreis für ökonomische Wissenschaften; Fischer Black war bereits 1995 verstorben und konnte so nicht mehr mit der Ehrung bedacht werden.

## 2.8 Die Herausforderung – das Informationsparadox

Die Theorie gleichgewichtiger Kapitalmärkte (CAPM), die These effizienter Märkte, das der Optionspreistheorie zu Grunde liegende Arbitragefreiheitsprinzip – alle diese Ansätze sind zwar Grundpfeiler der Finanztheorie und weisen ein enormes heuristisches Potenzial auf, sie bilden jedoch Idealwelten ab, die es realiter in dieser Form nicht gibt. Dies liegt nicht daran, dass die Praxis nun mal nicht immer so perfekt ist wie die Theorie, sondern weil Märkte, wenn sie ihre Dynamik behalten sollen, immer nur zum Gleichgewicht hinstreben, dieses aber niemals erreichen können. Die Imperfektionen sind somit nicht dysfunktional, sondern für einen funktionierenden Markt systemnotwendig. Hayek hat 1968 in seiner berühmten Kieler Rede über den Wettbewerb als Entdeckungsverfahren deutlich gemacht, dass die Gleichgewichtsökonomik stets mit dem Mangel behaftet ist, Zustände zu beschreiben, die, wären sie Realität, für die Wirtschaftssubjekte keinerlei Anreiz mehr lieferten, den Zustand erreichen oder sichern zu wollen. Genau dies gilt auch für die Effizienzmarktthese: wäre nämlich der Finanzmarkt tatsächlich informationseffizient, so wäre jeder Versuch, mit Hilfe von Informationen bessere als durchschnittliche Ergebnisse zu erzielen, zum Scheitern verurteilt. Rationale Investoren würden folglich auf jedwede Form von Informationsverarbeitung verzichten, und es gäbe keinen Grund mehr dafür, dass die Marktpreise alle verfügbaren Informationen widerspiegeln könnten. Im Titel eines vielbeachteten Beitrags von Grossman und Stiglitz (1980) kommt dies sehr klar zum Ausdruck: „On the Impossibility of Informationally Efficient Markets“. Mit verschiedensten Ansätzen wurde versucht, diesen als „Informationsparadoxon" in die

Literatur eingegangenen Widerspruch zu lösen und ein gleichgewichtiges Maß an Marktungleichgewicht zu finden; eine überzeugende Theorie über den Zusammenhang zwischen Informationsstand und zu erwartender Rendite an den Finanzmärkten steht aber bis heute aus. Unbestritten ist lediglich, dass es Investoren geben muss, die sich mit unterdurchschnittlichen Renditen begnügen, um anderen Investoren den Anreiz zu belassen, in aufwendiger Weise Informationen zu beschaffen: Schließlich muss die zu erwartende Rendite der informierten Investoren mindestens um so viel über der der Uninformierten liegen, dass die ihnen entstandenen Kosten für Informationen abgegolten werden.

Da die Lösung dieses Problems ein Maß an Komplexität erreicht hat, das mit herkömmlichen Mitteln der Gleichgewichtsökonomik kaum zu bewältigen sein dürfte, hat der Verfasser Simulationsstudien eines geschlossenen Marktes mit heterogen informierten Marktteilnehmern durchgeführt und auf diese Weise versucht, das Problem einer Lösung näher zu bringen (Schredelseker 2002, 480-538). Die Ergebnisse sind zum Teil durchaus überraschend: Wenn Investoren mit unterschiedlichen Informationsständen in einem Markt agieren, sind es nicht diejenigen, die den geringsten Informationsstand haben, sondern eher durchschnittlich informierte Investoren, die sich mit den kleinsten Renditen zufrieden geben müssen. Auch lässt sich zeigen, dass Gleichgewichtszustände möglich sind, in denen alle Beteiligten die für sie optimale Art der Entscheidungsfindung wählen. Allerdings sind diese Zustände dadurch gekennzeichnet, dass ein Großteil der Investoren auf jegliche Informationsverarbeitung verzichtet, wobei zunehmender Verzicht auf Information durchaus mit einer Verbesserung der Bewertungseffizienz des Marktes einhergehen kann.

Auf jeden Fall hat die intensive Beschäftigung mit informationsökonomischen Problemen dazu geführt, dass man von der traditionellen Annahme, die Qualität einer Entscheidung sei umso besser, je besser der Entscheider informiert sei, mehr und mehr abgerückt ist. Einen Grund dafür mag die folgende Überlegung zeigen: Würde ein Männchen vom Mars ein Aktienportefeuille zusammenstellen müssen, so würde es die Titel mangels Information zufällig auswählen und dabei durchschnittlich mit der Marktrendite rechnen können, da es mit gleicher Wahrscheinlichkeit die guten (outperformenden) wie die schlechten (underperformenden) Aktien in sein Portefeuille nimmt. Würden nun alle, die mehr wissen als nichts, bessere Ergebnisse erzielen, so hätte dies zur Folge, dass alle über den Durchschnitt aber keiner unter den Durchschnitt zu liegen kommt. Dass dies ökonomischen Unsinn darstellt, liegt auf der Hand.

Joseph E. Stiglitz erhielt im Jahre 2001 für die Mitbegründung der modernen informationsökonomischen Forschung den Nobelpreis für ökonomische Wissenschaften.

## 2.9 Adverse Selektion oder der Markt für Zitronen

Ende der sechziger Jahre arbeitete auch der junge Assistenzprofessor George Akerlof an immer interessanter werdenden informationsökonomischen Fragestellungen, insbesondere an dem Problem, wie sich asymmetrische Information auf Märkte auswirkt. Seine Arbeit über den Gebrauchtwagenmarkt (im amerikanischen werden schlechte Autos als „Zitronen" bezeichnet) wurde zunächst von mehreren wissenschaftlichen Zeitschriften auf Grund ihrer Trivialität nicht zur Veröffentlichung angenommen. Erst das Quarterly Journal of Economics veröffentlichte im Jahr 1970 die Arbeit unter dem Titel „The Market for ‚Lemons': Quality Uncertainty and the Market Mechanism". Behandelt wird ein Markt, auf dem Käufer und Verkäufer die Qualität zwar in gleicher Weise beurteilen, aber in unterschiedlicher Weise über die Qualität eines speziellen Gutes informiert sind: der Verkäufer eines Gebrauchtwagens kennt das Fahrzeug bestens, während der Käufer allenfalls Informationen über die durchschnittliche Qualität der auf dem Markt gehandelten Autos hat. Da es den Verkäufern qualitativ guter Fahrzeuge nicht gelingt, dies den Käufern gegenüber glaubhaft zu machen, müssen sie sich mit den Preisen zufrieden geben, die die Käufer zu zahlen bereit sind: Und diese Preise orientieren sich bestenfalls an der durchschnittlichen Qualität oder aber liegen wahrscheinlich sogar noch darunter, denn der Käufer muss argwöhnen, dass das Auto nur deswegen verkauft wird, weil es von mangelnder Qualität ist. Angesichts dessen werden nur noch Fahrzeuge angeboten werden, die tatsächlich von schlechter Qualität sind, was zu einem weiteren Nachgeben der Preise führt. Am Ende dieses Prozesses der „adversen Selektion" kommt der Markt vollständig zum Erliegen. Wir haben es nicht, wie es die Wettbewerbstheorie postuliert, mit einem „survival of the fittest", sondern mit seinem Gegenteil, einem „survival of the weakest" zu tun.

Zweifelsohne hat Akerlof mit seinem Beitrag, der mit dreizehn Seiten sogar noch etwas kürzer als der von Markowitz ausgefallen war, Wissenschaftsgeschichte geschrieben. Er war insofern methodisch neu, als er zweckrationale und verhaltenswissenschaftliche Elemente menschlichen Entscheidens zueinander in Beziehung setzte; in seiner Rede anlässlich der Verleihung des Nobelpreises bekannte Akerlof, dass es für ihn immer ein Traum gewesen sei, verhaltenswissenschaftliches und ökonomisches Denken integrieren zu können. Entscheidender allerdings war, dass sich das Konzept der adversen Selektion für die Erklärung und Bewältigung vielfältiger Formen von Marktversagen als enorm fruchtbar erwies. Stiglitz und Weiß übertrugen 1981 das Konzept auf die Kreditvergabeentscheidung von Banken: Auch hier liegt asymmetrische Information vor, da die Kreditnehmer i.d.R. über ihre wirtschaftliche Situation und damit über die mögliche Gefährdung ihrer Kredite besser informiert sind als der potenzielle Kreditgeber. Die Kreditinstitute, die sich in einer ökonomisch ähnlichen Situation befinden wie die Käufer von Gebrauchtwagen, werden ihre Kreditkonditionen zunächst am durchschnittlichen Kreditrisiko ausrichten. Dies hat zur Konsequenz, dass die guten Schuldner mit einer für sie zu hohen Risikoprämie belastet werden und versuchen, in einen für sie günstigeren Markt (zum Beispiel den für Eigenkapital) überzuwechseln. Indem sie das tun, wird das Durchschnittsrisiko im verbleibenden Kreditportefeuille immer höher, und es kommt zu einem ähnlichen Marktversagen wie im Akerlof'schen market for lemons.

Vergleichbare Prozesse lassen sich im Rahmen des Personalmanagements beobachten. Hier sind es in der Regel die Arbeitnehmer, die über ihre Fähigkeiten besser informiert sind als der jeweilige Arbeitgeber. Wie in den vorgenannten Fällen sind es wieder die besser Informierten, die auf Grund ihres vermeintlichen Vorteils benachteiligt sind: dem besonders hoch qualifizierten und leistungsfähigen Bewerber um einen Arbeitsplatz gelingt es nicht, den Arbeitgeber davon zu überzeugen, dass er bessere Konditionen erhalten sollte, als sie allgemein üblich sind. Genau dieses Problem war es, das Michael Spence veranlasst hat, in Erweiterung des Akerlof'schen Ansatzes seine Signaltheorie zu entwickeln. Seine Frage lautete: Welche Eigenschaften müssen Signale aufweisen, um geeignet zu sein, den schlechter Informierten von den überdurchschnittlichen Qualitäten des besser Informierten glaubhaft zu überzeugen? Ein typischer Anwendungsfall für ein wirksames Signal im Sinne von Spence ist die Dividendenpolitik: Ob ein Unternehmen Dividende zahlt oder nicht, mag zwar unter idealen Marktbedingungen irrelevant sein (so das Modigliani/Miller-Theorem), kann aber als Signal gegenüber dem Kapitalmarkt durchaus seine Bedeutung haben. Mehr als mit guten Bilanzzahlen und mehr als mit noch so vielen Worten kann ein Unternehmen den Markt damit von seiner wirtschaftlichen Kraft überzeugen, dass es sich als in der Lage erweist, seine Aktionäre mit Dividende zu bedienen.

Das zentrale Anwendungsfeld des Adverse-Selektion-Ansatzes liegt allerdings im Bereich der Versicherungstheorie. Jeder Versicherer ist mit dem Problem konfrontiert, dass primär diejenigen Versicherungsschutz erwerben wollen, für die die verlangte Prämie besonders günstig erscheint; dies sind Personen mit besonders ausgeprägter Risikoscheu, aber auch Personen, deren individuelles Risiko besonders hoch ist, was ihnen selbst, nicht aber dem Versicherer bekannt ist. Hingegen werden Personen mit guten Risiken, wenn sie nicht gerade extrem risikoavers sind, die Versicherung meiden, da sie ihnen zu teuer ist. Zusammen mit dem „moral hazard", der Tatsache, dass sich Versicherte grundsätzlich unachtsamer verhalten als nicht versicherte Personen, sorgt die adverse Selektion dafür, dass die Schadenshäufigkeit im Versicherungsportefeuille deutlich höher ist als sie wäre, wenn es die jeweilige Versicherung nicht gäbe. Dass der Staat in vielen Fällen die Bürger zum Abschluss von Versicherungen zwingt, hat seine Ursache darin, dass ansonsten auf Grund fortschreitender adverser Selektion viele davon Abstand nähmen sich zu versichern; dies wiederum hätte in vielfältiger Weise negative gesellschaftliche Konsequenzen zur Folge.

Zusammen mit Joseph Stiglitz erhielten George Akerlof und Michael Spence im Jahre 2001 den Nobelpreis für ökonomische Wissenschaften.

## 2.10 Die Seele des Investors: Behavioral Finance

Das lange Zeit herrschende Paradigma der Finanztheorie, die These informationseffizienter Märkte, befindet sich seit geraumer Zeit unter doppeltem Beschuss. Auf der einen Seite stehen die oben erwähnten informationstheoretischen Arbeiten, die das Informationsparadox aufzulösen versuchen. Methodisch bedienen sie sich des klassisch-mikroökonomischen oder spieltheoretischen Instrumentariums, d.h. sie gehen von der uneingeschränkten Rationalität der Akteure aus und sind auf der Suche nach jenem gleichgewichtigen Maß an Marktineffizienz, das den Investoren sinnvolle Handlungsmöglichkeiten offen lässt und somit dem Markt seine Dynamik bewahrt.

Einen völlig anderen Ansatz verfolgt die relativ junge Forschungsrichtung der *Behavioral Finance.* Sie verbindet herkömmliche wirtschaftswissenschaftliche Methodik mit verhaltenstheoretischen sowie psychologischen Ansätzen und versucht so, Phänomene zu erklären, die sich in den Kapitalmärkten nachweisen lassen, die aber im Rahmen des rein rationalen Entscheidungsparadigmas nicht erklärt werden können. So konnte gezeigt werden, dass die Marktteilnehmer ihrer eigenen Urteilskraft zu viel Gewicht beimessen (Overconfidence), dass sie sich vom schönen Glanz der in aller Munde befindlichen Wachstumsaktien blenden lassen, dass sie zu einem ausgeprägten Herdenverhalten neigen und das tun, was alle anderen auch tun, dass sie identische Dinge je nach Verpackung (Rahmen), in dem sie dargeboten werden, unterschiedlich beurteilen, dass sie Informationen in selektiver Weise wahrnehmen und verarbeiten u.v.m. Die Behavioral-Finance-Schule ähnelt in mancher Weise der aus den fünfziger Jahren bekannten Börsenpsychologie und orientiert sich teilweise an der verhaltenswissenschaftlichen Betriebswirtschaftslehre in der Tradition von Herbert Simon. Sehr wesentlich geht sie aber auf Arbeiten zurück, die von Daniel Kahneman und Amos Tversky stammen und die großteils bereits in den siebziger Jahre entstanden. Die beiden Autoren konnten zeigen, dass das menschliche Entscheidungsverhalten durch typische kognitive Muster geprägt ist und von den üblichen Annahmen eines rationalen Entscheidens nicht nur zufällig sondern systematisch abweicht. Mit der Prospekttheorie ist es Kahneman und Tversky gelungen, der auch in der Finanzwirtschaft dominierenden Erwartungsnutzentheorie von Bernoulli eine ernst zu nehmende Alternative entgegenzustellen.

Die Diskussion über diese neue Denkrichtung in der Finanzwirtschaft ist voll im Fluss, und zum gegebenen Zeitpunkt ist es kaum möglich, ein abschließendes Urteil abzugeben. Zu unterschiedlich sind die Ansprüche, die von den Vertretern des Behavioral Finance selbst geltend gemacht werden. Aus der Tatsache, dass sich die Anleger bei ihren Entscheidungen oftmals von irrationalen und unbewussten Motiven leiten lassen, folgern die einen, dass das Entscheidungsproblem, dem sich ein Investor gegenüber sieht, wesentlich komplizierter ist, als es von der fundamentalanalytischen Logik angenommen wird, und somit die Vorstellung völlig naiv sei, als Privatanleger den Markt schlagen zu wollen. Andere Vertreter der Behavioral-Finance-Schule gehen hingegen davon aus, dass das irrationale Verhalten der anderen durch intensive Beobachtung erkannt und somit ausgenutzt werden könne, um sich überdurchschnittliche Renditen zu sichern.

Zusammen mit dem Begründer der modernen experimentellen Ökonomik Vernon Smith erhielt Daniel Kahneman im Jahre 2002 den Nobelpreis für ökonomische Wissenschaften; Amos Tversky ist bereits im Jahre 1996 verstorben.

# 3 Finance Is Fun

Nach wie vor ist die Finanz- und Risikolehre einer der dynamischsten Teildisziplinen der Wirtschaftswissenschaften. Nach wie vor stellt sie die zentrale Klammer zwischen Volkswirtschaftslehre und Betriebswirtschaftslehre dar. Nach wie vor erhebt sie sowohl den Anspruch, leistungsfähige Theorie bereitzustellen als auch unmittelbar praktische Antworten auf Probleme der Finanzierungspraxis liefern zu können. Nach wie vor macht sie Spaß. Nichts spricht dafür, dass dies nicht auch in den nächsten Jahren so sein wird. Für sehr viele, so auch für den Verfasser dieses Beitrags, hat die Finanz- und Risikotheorie nichts von ihrer Faszination verloren. Finance is challenging and finance is fun.

# Literaturverzeichnis

Akerlof, George A.: The Market for ‚Lemons': Quality Uncertainty and the Market Mechanism. QJE 1970, S. 488-500.

Bachelier, Louis (1900): Théorie de la Spéculation. Annales de l'École Normale Supérieure, Paris.

Bernstein, Peter L. (1992): Capital Ideas – The Improbable Origins of Modern Wall Street. New York: Free Press/Macmillan.

Black, Fischer/Scholes, Myron S.: The Pricing of Options and Corporate Liabilities. JPE 1973, S. 637-654.

Black, Fischer/Scholes, Myron S.: The Valuation of Option Contracts and a Test of Market Efficiency. JoF 1972, S. 399-418.

Fama, Eugene F.: Efficient Capital Markets: A Review of Theory and Empirical Work. JoF 1970, S. 383-417.

Fisher, Irving (1930): The Theory of Interest. New York: Macmillan.

Grossman, Sanford/Stiglitz, Joseph: On the Impossibility of Informationally Efficient Markets. AER 1980, S. 393-408.

Hayek, Friedrich von: Rechtsordnung und Handelsordnung – Aufsätze zur Ordnungsökonomik. Hrsg. von Manfred E. Streit. Tübingen 2003: Mohr-Siebeck.

Kahneman, Daniel/Tversky, Amos: Prospect Theory: An Analysis of Decisions Under Risk. Econometrica 1979, S. 313-327.

Kendall, Maurice G.: The Analysis of Time Series, Part I: Prices. Journal of the Royal Statistical Society 1953, S. 11-25.

Laux, Christian: Handlungsspielräume im Leistungsbereich des Unternehmens: Eine Anwendung der Optionspreistheorie. zfbf 1993, S. 933-958.

Lo, Andrew W. (1997): Introduction. In: Lo, Andrew W. (Hrsg.): Market Efficiency: Stock Market Behaviour in Theory and Practice, Vol. I. Cheltenham: Edward Elgar.

MacQueen, Jason (1986): Beta is Dead! Long Live Beta. In: Stern/Chew (Hrsg.): The Revolution in Corporate Finance, S. 52-68. Oxford: Basil Blackwell.

Markowitz, Harry: Portfolio Selection. JoF 1952, S. 77-91.

Merton, Robert C.: Theory of Rational Option Pricing. BellJ 173, S. 141-183.

Modigliani, Franco/Miller, Merton H.: The Cost of Capital, Corporation Finance, and the Theory of Investment. AER 1958, S. 655-669.

Samuelson, Paul: Proof that Properly Anticipated Stock Prices Fluctuate Randomly. Industrial Management Review 1965, S. 41-49.

Schneider, Dieter (1992): Investition, Finanzierung und Besteuerung. 7. Aufl., Wiesbaden: Gabler.

Schredelseker, Klaus (2002): Grundlagen der Finanzwirtschaft. München, Wien: Oldenbourg.

Schredelseker, Klaus (2003): Zwölf Missverständnisse zum Shareholder Value aus finanzwirtschaftlicher Sicht. In: Matzler/Pechlaner/Renzl (Hrsg.): Werte schaffen, S. 99-123. Wiesbaden: Gabler.

Sharpe, William F.: Capital Asset Prices: A theory of Market Equilibrium Under Conditions of Risk. JoF 1964, S. 425-442.

Spence, Michael: Job Market Signalling, QJE 1973, 355-379.

Stiglitz, Joseph; Weiss, Andrew: Credit Rationing in Markets with Imperfect Information, AER 1981, 393-410.

Tobin, James: Liquidity Preference as Behavior Toward Risk, RES 1958, 65-86.

Tversky, Amos/Kahneman, Daniel: Rational Choice and the Framing of Decisions, JoB 1986, 251-278.

# Autorenverzeichnis

**Bamberg**, Günter, Prof. Dr., Jahrgang 1940, hat von 1960 bis 1966 Mathematik in Saarbrücken und in Bonn studiert. Es folgten 1968 die Promotion zum Dr. rer. nat. (Saarbrücken) und 1970 die Habilitation für Ökonometrie und Statistik (Karlsruhe). Seit 1970 ist Bamberg Ordinarius für Statistik an der Universität Augsburg. In den Jahren 1983 bis 1999 war er Mitherausgeber der Statistical Papers; seit 2000 ist er Mitherausgeber des OR Spectrums. Mitgliedschaften: Deutsche Statistische Gesellschaft, Deutsche Gesellschaft für Finanzwirtschaft, Verein für Socialpolitik, Gesellschaft für Operations Research, Internationale J. A. Schumpeter Gesellschaft.

**Adresse:**
Universität Augsburg, Institut für Statistik und Mathematische Wirtschaftstheorie, 86135 Augsburg
guenter.bamberg@wiwi.uni-augsburg.de

**Bernet**, Beat, Prof. Dr., Jahrgang 1954, hat in Zürich Betriebswirtschaftslehre studiert und dort 1982 zum Dr. oec. publ. promoviert. Er arbeitete 15 Jahre in der Bank- und Finanzpraxis und leitete eine auf Finanzinstitutionen ausgerichtete internationale Beratungsorganisation. Bernet habilitierte sich an der Universität St. Gallen, wo er seit 1996 als Ordinarius für Bankbetriebslehre und Direktor des Schweizerischen Instituts für Banken und Finanzen wirkt. Er ist Aufsichtsratsmitglied in verschiedenen börsenkotierten Finanzinstitutionen.

**Adresse:**
Schweizerisches Institut für Banken und Finanzen, Universität St. Gallen, Rosenbergstr. 52, 9000 St. Gallen, Schweiz
beat.bernet@unisg.ch

**Bonadurer**, Werner, Jahrgang 1954, studierte an der Wharton School, University of Pennsylvania, Philadelphia, USA. Von 1983 bis 1999 war er in verschiedenen internationalen Funktionen für die UBS tätig. Von 1996 bis 1998 leitete er den weltweiten Handel und Verkauf von Aktien, Zins- und Währungsprodukten, Risikomanagementinstrumenten sowie Rohstoffen und war dabei Mitglied der Konzernleitung der UBS. In der ersten Hälfte der 90er-Jahre war Bonadurer der CEO der UBS in Hong Kong und mit dem Aufbau des Investmentbanking-Geschäfts in Asien befasst. Weitere berufliche Tätigkeiten beinhalteten verschiedene Verwaltungsratsmandate wie diejenigen der Swiss Stock Exchange und der Swiss Options and Futures Exchange. Neben der Ausübung von Privatmandaten ist er seit 2003 Doktorand an der Universität St. Gallen, Institut für Banken und Finanzen.

**Adresse:**
Residenz Sunnaplatz, 7050 Arosa, Schweiz
Wbonadurer@cs.com

**Brück**, Marco, Dr., Jahrgang 1968, studierte an der Universität St. Gallen und der Norwegian School of Management mit den Schwerpunkten Finance und Accounting. Forschungsassistent am Schweizerischen Institut für Banken und Finanzen (s/bf-HSG), Promotion und Lehrauftrag an der Universität St. Gallen. Berufliche Tätigkeiten für IBM Schweiz, Price Waterhouse und als Leiter Controlling der Neuen Aargauer Bank. Seit 2001 ist Brück als Mitglied der Geschäftsleitung und Leiter Operations der Bâloise Asset Management verantwortlich für die Wertschriftenverwaltung inklusive der zu erstellenden Abschlüsse für die Einheiten der Basler Gruppe sowie Middle Office und Systeme.

**Adresse:**
Bâloise Asset Management, Lautengartenstr. 6, Postfach 4002 Basel, Schweiz
marco.brueck@baloise.ch

**Dichtl**, Hubert, Dr., Jahrgang 1968, ist Partner der alpha portfolio advisors GmbH, einem unabhängigen Beratungsunternehmen für institutionelle Kapitalanleger mit Sitz in Bad Soden/Taunus. Die Schwerpunkte seiner Tätigkeit liegen in den Bereichen Strategische und Dynamische Asset Allocation sowie Hedge Funds. Nach den Studienabschlüssen als Diplom-Kaufmann und Diplom-Informatiker war Dichtl von 1997 bis 2000 wissenschaftlicher Mitarbeiter am Lehrstuhl für Finanzwirtschaft der Universität Bremen bei Prof. Dr. Thorsten Poddig. Dichtl ist unter anderem Mitherausgeber des Standardwerkes „Handbuch Asset Allocation", Autor des Buches „Ganzheitliche Gestaltung von Investmentprozessen" sowie Mitautor des Lehrbuches „Statistik, Ökonometrie, Optimierung".

**Adresse:**
alpha portfolio advisors GmbH, Wiesbadener Weg 2a, 65812 Bad Soden/Taunus
dichtl@alphaport.de

**Dorfleitner**, Gregor, Prof. Dr., Jahrgang 1967, hat von 1988 bis 1990 Elektrotechnik an der Berufsakademie Ravensburg studiert. Abschluss als Diplom-Ingenieur (BA), anschließend Studium der Mathematik an der Universität Augsburg, 1995 Diplom-Mathematiker. Seitdem war er Mitarbeiter am Lehrstuhl von Professor Günter Bamberg. Im Jahr 1998 Promotion (Dr. rer. pol.), 2003 Habilitation in Betriebswirtschaftslehre. Seit April 2004 ist Dorfleitner Professor für Finanzierung an der Wirtschaftsuniversität Wien.

**Adresse:**
Universität Augsburg, Institut für Statistik und Mathematische Wirtschaftstheorie,

86135 Augsburg
gregor.dorfleitner@wu-wien.ac.at

**Eichelmann**, Thomas, Jahrgang 1965, ist Mitglied des Executive Committee von Roland Berger Strategy Consultants und Leiter des Competence Center Financial Services. Seine Beraterlaufbahn begann er bei der Boston Consulting Group in Frankfurt. Nach einer Zwischenstation als Seniormanager bei Bain & Company wurde er im Jahr 2000 Partner bei Roland Berger Strategy Consultants in München und Leiter des Competence Center Financial Services. Seit Juli 2003 gehört Eichelmann dem Executive Committee von Roland Berger Strategy Consultants an und ist in dieser Funktion auch für das Asiengeschäft verantwortlich. Er berät Finanzdienstleistungsunternehmen in allen strategischen Fragen sowie beim Post Merger Management, Organisation, Projektmanagement, Business Process Reengineering und E-Commerce.

**Adresse:**
Roland Berger Strategy Consultants, Arabellastr. 33, 81925 München
thomas_eichelmann@de.rolandberger.com

**Faulhaber**, Markus, Dr., Jahrgang 1953, trat nach dem Studium der Mathematik und Physik an der Universität Stuttgart und der Promotion 1981 in die Mathematische Abteilung der *Allianz Lebensversicherung* ein. Seit 1998 ist er Leiter des Fachbereichs Mathematik und Produktentwicklung sowie Verantwortlicher Aktuar der Allianz Lebensversicherung und der Deutschen Lebensversicherung. Zudem ist er Mitglied des Vorstands und Verantwortlicher Aktuar der Allianz Dresdner Pensionsfonds AG. Faulhaber ist Mitglied des Vorstands der *Deutschen Aktuarvereinigung* (DAV) und Vorsitzender des Ausschusses „Lebensversicherung“ der DAV.

**Adresse:**
Allianz Lebensversicherungs-AG, Reinsburgstr. 19, 70178 Stuttgart
markus.faulhaber@allianz.de

**Folz**, Roland, Dr., Jahrgang 1964, hat von 1983 bis 1990 Wirtschaftsmathematik an der Universität Ulm studiert. Dazwischen hat er von 1987 bis 1989 den Master of Business Administration (MBA) an der University of Illinois at Chicago, USA, abgeschlossen. Von 1990 bis 1994 folgte die Promotion zum Dr. rer. pol. bei Professor Gessner an der Universität Ulm. Von 1990 bis 2001 war er innerhalb der HypoVereinsbank Gruppe in Deutschland und England in unterschiedlichen Aufgaben tätig, zuletzt von 1997 bis 2001 als Vorstand bei der Direkt Anlage Bank AG in München. Seit 2002 ist er Vorstandsvorsitzender der DaimlerChrysler Bank AG in Stuttgart.

**Adresse:**
DaimlerChrysler Bank AG, Siemensstr. 7, 70469 Stuttgart
roland.folz@daimlerchrysler-bank.com

**Gantenbein**, Pascal, Prof. Dr., Jahrgang 1970, ist Dozent für Finanzwirtschaft am Schweizerischen Institut für Banken und Finanzen der Universität St. Gallen. Er graduierte 1995 an der Universität St. Gallen mit dem Lizentiat in Betriebswirtschaftslehre. Während des Studiums war er im Versicherungswesen tätig und arbeitete danach in der Entwicklung persönlicher Vorsorgelösungen sowie als Assistent am Lehrstuhl von Prof. Dr. Klaus Spremann am Schweizerischen Institut für Banken und Finanzen. Die Promotion erfolgte 1999 an der Universität St. Gallen. Nach einem Forschungsaufenthalt an der University of Southern California (USC) in Los Angeles habilitierte er sich 2004 an der Universität St. Gallen. Zu seinen Arbeitsgebieten zählen Corporate Finance, Portfoliomanagement, Valuation und Finanzanalyse, Risikomanagement, International Finance sowie Immobilien Finance.

**Adresse:**
Schweizerisches Institut für Banken und Finanzen, Universität St. Gallen, Rosenbergstr. 52, 9000 St. Gallen, Schweiz
pascal.gantenbein@unisg.ch

**Garschhammer**, Claudia, Jahrgang 1979, hat von 1998 bis 2003 Finanz- und Wirtschaftsmathematik an der Technischen Universität München studiert. Ihre Diplomarbeit „Ein stochastisches Modell zur Ertragsoptimierung eines Sachversicherers" schrieb sie am HVB Stiftungsinstitut für Finanzmathematik von Prof. Dr. Zagst. Seit Dezember 2003 arbeitet sie bei einer Lebensversicherung in München.

**Adresse:**
Bahnhofstr. 34, 83410 Laufen
cgarschhammer@web.de

**Glaab**, Holger, Dr., Jahrgang 1969, hat ab 1990 Wirtschaftsmathematik an der Universität in Augsburg studiert, Diplom 1996. Anschließend war er Mitarbeiter am Lehrstuhl für Diskrete Mathematik, Optimierung und Operations Research. Promotion (Dr. rer. nat.) im Jahr 2000. Seit 2001 ist Glaab bei der Münchener Rückversicherungs-Gesellschaft, München, in den Bereichen Corporate Actuarial Functions/Integrated Risk Management tätig.

**Adresse:**
Münchner Rückversicherungs-Gesellschaft, 80791 München

**Henne**, Antje, Jahrgang 1974, ist seit 1999 Wissenschaftliche Mitarbeiterin am Lehrstuhl von Prof. Dr. Peter Reichling für Finanzierung und Banken der Otto-von-Guericke-Universität Magdeburg. Henne studierte in Magdeburg Betriebswirtschaftslehre (Diplom-Kauffrau) und Mathematik (Diplom-Mathematikerin). Ihr Hauptarbeitsgebiet ist der Einsatz der Optionspreistheorie im finanzwirtschaftlichen Bereich.

**Adresse:**
Otto-von-Guericke-Universität, Fakultät für Wirtschaftswissenschaft, Lehrstuhl für Finanzierung und Banken, Am Universitätsplatz 2, 39106 Magdeburg
antje.henne@ww.uni-magdeburg.de

**Kassberger**, Stefan, Dr., PhD, Jahrgang 1972, studierte Wirtschaftsmathematik und Wirtschaftswissenschaften in Ulm und in St. Gallen. An das Diplom in Wirtschaftsmathematik schloss sich ein Promotionsstudium im Bereich Mathematical Finance an der London School of Economics an. Kassberger forscht auf den Gebieten stochastische und lokale Volatilität und im Bereich der Zinsstrukturmodellierung.

**Adresse:**
Universität Ulm, Abteilung Finanzmathematik, 89069 Ulm
s.m.kassberger@ise.ac.uk

**Kiesel**, Rüdiger, Prof. Dr., Jahrgang 1962, studierte von 1983 bis 1988 Wirtschaftsmathematik und Mathematik in Ulm und Syracuse (NY). Es folgten 1990 die Promotion zum Dr. rer. nat. und 1995 die Habilitation in Mathematik (jeweils in Ulm). Seit 2002 ist Kiesel Professor für Finanzmathematik an der Universität Ulm und Leiter der gleichnamigen Abteilung. Vor Übernahme des Lehrstuhls arbeitete er als Lecturer und Reader für Financial Mathematics and Acturarial Science sechs Jahre in London, zunächst am Birkbeck College und dann an der London School of Economics, wo er auch heute noch als Visiting Professor tätig ist. Praxiserfahrung erwarb Kiesel durch eine einjährige Tätigkeit für die Kölnische Rückversicherungsgesellschaft. In den letzten Jahren war er Managing Director der Londoner Beratungsfirma Risk Control Ltd., mit der er auch jetzt noch im Rahmen seiner Beratungstätigkeiten zusammenarbeitet. Seine Forschungstätigkeit konzentriert sich auf die Gestaltung und Analyse von Modellen zum Management von Kreditrisiken, dem Design komplexer Finanzprodukte (zum Beispiel Kreditderivate), Methoden des Risikotransfers und der Risikostrukturierung (Securitization) und der Anwendung finanzmathematischer Bewertungsmethoden auf Fragen der Versicherungsökonomie.

**Adresse:**
Universität Ulm, Abteilung Finanzmathematik, 89069 Ulm
r.t.kiesel@ise.ac.uk

**Pfeil**, Oliver P., Dr., Jahrgang 1974, studierte an der Universität in St. Gallen und der ESADE, Barcelona, Wirtschaftswissenschaften mit den Schwerpunkten Finance, Accounting und International Management (CEMS Master). Er war dann Forschungsassistent am Schweizerischen Institut für Banken und Finanzen und als Stipendiat des Schweizerischen Nationalfonds Visiting Scholar an der Sloan School of Management, Massachusetts Institute of Technology, Cambridge. Promotion an der Universität St. Gallen über „Earnings from Intellectual Capital as a Driver of Shareholder Value". Seit 2003 ist Pfeil für die Deutsche Bank AG, Frankfurt/Main, tätig.

**Adresse:**
Deutsche Bank AG, 60262 Frankfurt
oliver.pfeil@db.com

**Rapp**, Stefan, Dr., Jahrgang 1964, ist Leiter Insurance International I in Group Planning und Controlling der Allianz AG (München). In dieser Funktion verantwortet er das Performance-Controlling der europäischen Versicherungseinheiten (außer Deutschland) sowie die Managementrechnung der gesamten Allianz Gruppe. Von 1995 bis 1998 war Rapp Berater bei A.T. Kearney Management Consultants, München; Schwerpunkt der Beratungstätigkeit waren Projekte zur Neuausrichtung von Unternehmen. Zuvor studierte er von 1988 bis 1995 Volkswirtschaftslehre an der Universität Fribourg (Schweiz) und war dort als Wissenschaftlicher Mitarbeiter am Lehrstuhl für Kooperation und Distribution tätig. Vor dem Studium begann er seine berufliche Laufbahn beim Schweizerischen Bankverein (heute USB).

**Adresse:**
Stahlstr. 10, 81247 München
stefan.rapp@allianz.de

**Rederer**, Erik, Dr., Jahrgang 1971, studierte Wirtschaftswissenschaften an der Universität St. Gallen und promovierte am Schweizerischen Institut für Banken und Finanzen (s/bf) derselben Universität. In seiner Dissertation befasste er sich mit der Bewertung von diversifizierten Unternehmen. Derzeit nimmt Rederer am Fast-Track-Management-Development-Program der Allianz AG teil.

**Adresse:**
Dahlienweg 22, 89233 Neu-Ulm
erik.rederer@unisg.ch)

**Reichling**, Peter, Prof. Dr., Jahrgang 1962, hat seit 1999 den Lehrstuhl für Finanzierung und Banken an der Otto-von-Guericke-Universität Magdeburg inne. Er hat nach einer Banklehre Wirtschaftsmathematik in Ulm studiert, dort 1991 über

Hedging mit Commodity-Futures promoviert und sich 1998 mit einer Arbeit über ausfallorientiertes Portfoliomanagement in Mainz habilitiert. Reichling hatte Gastprofessuren an den Universitäten Bozen, Innsbruck und Ulm inne. Seine Forschungsgebiete umfassen Performance-Messung und Risikomanagement.

**Adresse:**
Otto-von-Guericke-Universität, Fakultät für Wirtschaftswissenschaft, Lehrstuhl für Finanzierung und Banken, Am Universitätsplatz 2, 39106 Magdeburg
peter.reichling@wirtschafts-w.uni-magdeburg.de

**Scheuenstuhl**, Gerhard, Dr., Jahrgang 1960, ist Managing Director der risklab germany GmbH. Seine Forschungsinteressen liegen im Bereich der Portfoliooptimierung bei komplexen Renditestrukturen und dem Einsatz strukturierter Finanzinstrumente in Unternehmen. Er war vollamtlicher Dozent für Finanzmanagement am Schweizerischen Institut für Banken und Versicherungen (s/bf) der Universität St. Gallen. Durch Gastaufenthalte an der University of Hong Kong und an der Tiau Tong University in Shanghai sowie als Visiting Scholar an der University of California at Los Angeles (UCLA) hat er seine internationalen Studien und Kontakte vertieft. 1999 wechselte Scheuenstuhl als Direktor zur RiskLab GmbH nach München und war dort als Geschäftsführer tätig. Scheuenstuhl studierte Wirtschaftsmathematik an der Universität Ulm und angewandte Mathematik an der University of Southern California (USC) in Los Angeles. Anschließend promovierte er an der Universität Ulm in Finance über Hedging-Strategien zum Management von Preisänderungsrisiken.

**Adresse:**
risklab germany GmbH, Nymphenburger Str. 112-116, 80636 München
Gerhard.Scheuenstuhl@risklab.de

**Schlenger**, Christian, Dr., Jahrgang 1966, ist geschäftsführender Gesellschafter der alpha portfolio advisors GmbH, einem unabhängigen Beratungsunternehmen für institutionelle Kapitalanleger mit Sitz in Bad Soden/Taunus. Zuvor war er seit 1994 im Spezialfondsgeschäft der Oppenheim Kapitalanlagegesellschaft mbH in Köln tätig. Nach einem Studium der Betriebswirtschaftslehre an der Universität Frankfurt am Main promovierte Schlenger 1998 an der Universität München bei Prof. Dr. Bernd Rudolph mit einer Arbeit zum Aktienportfoliomanagement. Schlenger ist Mitherausgeber der Handbücher „Asset Allocation“ (2003) und „Spezialfonds“ (2000) sowie Autor des Buches „Aktives Management von Aktienportfolios“. Außerdem ist er Mitglied der Association for Investment Management and Research (AIMR).

**Adresse:**
alpha portfolio advisors GmbH, Wiesbadener Weg 2a, 65812 Bad Soden/Taunus
schlenger@alphaport.de

**Schredelseker**, Klaus, Jahrgang 1943, ist ordentlicher Professor der Universität Innsbruck. Er stammt aus Mannheim, hat von 1962 bis 1967 Betriebswirtschaftslehre und Jura in Paris, Mannheim, München, Berlin und Mailand studiert und war von 1969 bis 1976 Wissenschaftlicher Assistent bei Prof. Dr. Klaus von Wysocki. Die erste Berufung führte Schredelseker von 1976 bis 1986 an die Bergische Universität Wuppertal. Seit 1986 ist er Vorstand des Instituts für Betriebliche Finanzwirtschaft an der Universität Innsbruck. Es folgten Gastprofessuren in Bergamo, Florenz, Poznan, Siena, Straßburg, Trient. Zudem wirkte er von 1998 bis 2002 als Mitglied des Gründungsrats der Universität Bozen/Bolzano.

**Adresse:**
Universität Innsbruck, Universitätsstr. 15, 6020 Innsbruck, Österreich
klaus.schredelseker@uibk.ac.at

**Schwenker**, Burkhard, Dr., Jahrgang 1958, ist Sprecher des Executive Committee von Roland Berger Strategy Consultants. Nach dem Studium der Mathematik und Betriebswirtschaftslehre an der Universität Bielefeld war er von 1982 bis 1985 bei der PWA Papierwerke Waldhof-Aschaffenburg AG tätig. 1985 begann Schwenker seine Beraterkarriere bei Roland Berger Strategy Consultants. 1989 wurde er in die Geschäftsleitung der Strategieberatung berufen und 1992 zum Partner ernannt. Im Jahr 1994 hat er die Leitung des Kompetenzzentrums Corporate Strategy & Organization übernommen und wurde 1998 ins Executive Committee gewählt. Im Juli 2003 trat Schwenker als Sprecher des Executive Committee die Nachfolge des Firmengründers Roland Berger an.

**Adresse:**
Roland Berger Strategy Consultants, Stadthausbrücke 7, 20355 Hamburg
Burkhard_Schwenker@de.rolandberger.com

**Siemßen**, Sönke Jost, Dr., Jahrgang 1965, ist bei der WestLB Asset Management KAG (WestAM) als Asset Manager für den Euroland-Duration-Prozess zuständig. Nach dem Studium der Volkswirtschaft an der Christian-Albrechts-Universität zu Kiel und der Indiana University in Bloomington (USA) arbeitete er von 1994 bis 1998 im Bond Research der WestLB Research GmbH. 1998 wechselte er in das Asset Management Research der WestAM, wo er maßgeblich an der Entwicklung der Investmentprozesse für European und Global Fixed Income mitwirkte. Neben dieser Tätigkeit verfasste Siemßen seine Dissertation am Institut für Statistik und Ökonometrie der Universität Kiel. Im Januar 2000 wechselte Siemßen zum Euroland Fixed Income Team der WestAM, dem er heute als Asset Manager angehört.

**Adresse:**
WestLB Asset Management KAG, Friedrichstr. 62-80, 40217 Düsseldorf
soenke.siemssen@westam.com

**Spremann**, Klaus, Prof. Dr., Jahrgang 1947, lehrt im Bereich Finance an der Universität St. Gallen – HSG (seit 1990) und ist Direktor am Schweizerischen Institut für Banken und Finanzen. Spremann studierte Mathematik an der Technischen Universität München (1972 Diplom-Mathematiker, 1973 Dr. rer. nat.) und habilitierte sich 1975 an der wirtschaftswissenschaftlichen Fakultät der Universität Karlsruhe. Von 1977 bis 1990 war er Professor für Wirtschaftswissenschaften im Studiengang Wirtschaftsmathematik an der Universität Ulm und von 1993 bis 1994 hatte er die Hongkong Bank Professur of International Finance an der University of Hong Kong inne. Gastprofessuren führten ihn an die University of British Columbia in Vancouver B.C. (1982), an die National Taiwan University in Taipeh (1987) sowie an die Universität Innsbruck (2003/04). Die Publikationen von Spremann behandeln Themen aus den Bereichen Finanzwirtschaft, Portfoliomanagement, Entscheidungstheorie, Informationsökonomie, die früheren Arbeiten fallen in das Operations Research und die Angewandte Mathematik.

**Adresse:**
Schweizerisches Institut für Banken und Finanzen, Universität St. Gallen, Rosenbergstr. 52, 9000 St. Gallen, Schweiz
klaus.spremann@unisg.ch

**Sutor**, Jochen, Dr., Jahrgang 1973, hat von 1993 bis 1998 Wirtschaftsmathematik in Ulm studiert. Einen einjährigen Studienaufenthalt in College Station, Texas, USA schloss er 1998 mit dem Master of Science Degree ab. Anschließend war Sutor bis Anfang 2000 wissenschaftlicher Mitarbeiter am Lehrstuhl für Operations Research der Universität Ulm. Es folgte 2004 die Promotion zum Dr. rer. nat. (Ulm). Seine berufliche Laufbahn startete er 2000 als Mitarbeiter im Risikomanagement der DaimlerChrysler Bank AG. Zudem ist er Koautor des Kurses für Finanzmathematik beim Institut für Finanz- und Aktuarwissenschaften Ulm.

**Adresse:**
DaimlerChrysler Bank AG, Siemensstr. 7, 70469 Stuttgart
jochen.sutor@daimlerchrysler-bank.com

**Wagner**, Niklas, Dr. rer. pol., Jahrgang 1969, studierte 1989 bis 1994 Wirtschafts- und Sozialwissenschaften mit quantitativem Schwerpunkt in Augsburg. Anschließend Promotion zum Dr. rer. pol. (Augsburg) sowie 1998 bis 2000 Post-Doc in den USA (Berkeley und Stanford). 2004 Eröffnung des Habilitationsverfahrens für das Fach Betriebswirtschaftslehre (München). Veröffentlichungen unter anderem in: Journal of Banking and Finance, Journal of Empirical Finance, Statistical Papers, OR Spectrum. Gutachter für internationale Fachzeitschriften. Mitgliedschaften unter anderem: American Finance Association, Deutsche Gesellschaft für Finanzwirtschaft, Gesellschaft für Operations Research.

**Adresse:**
Technische Universität München, Lehrstuhl für Finanzmanagement und Kapitalmärkte, 80290 München
niklas.wagner@wi.tum.de

**Winter**, Christoph, Jahrgang 1973, ist Projektleiter im Competence Center Financial Services bei Roland Berger Strategy Consultants. Seine mehrjährige Beraterlaufbahn begann im Jahr 1998. Winter berät Finanzdienstleistungsunternehmen in allen strategischen Fragen sowie in Post- und Pre-Merger-Management, Organisation, Business Process Reengineering und Vertriebsoptimierung.

**Adresse:**
Roland Berger Strategy Consultants, Arabellastr. 33, 81925 München
christoph_winter@de.rolandberger.com

**Zagst**, Rudi, Prof. Dr., Jahrgang 1961, hat Wirtschaftsmathematik an der Universität Ulm studiert. Nach seiner Dissertation im Bereich der stochastischen dynamischen Optimierung ging er zur HypoVereinsbank AG. Hier war er als Leiter der Abteilung Produktneuentwicklung im Institutional Investment Management tätig und wechselte dann als Leiter Consulting zur Allfonds International Asset Management GmbH. Im Jahr 1997 wurde er Geschäftsführer der RiskLab GmbH – Private Research Institute for Financial Studies. Ab 1992 nahm er verschiedene Lehraufträge der Universitäten Ulm, St. Gallen und Augsburg wahr. Nach seiner Habilitation im Jahr 2000 an der Universität Ulm nahm er im Jahr 2001 einen Ruf an die Technische Universität München als Professor für Finanzmathematik an und ist dort seit 2002 Direktor des Zentrums Mathematik und Leiter des HVB-Stiftungsinstituts für Finanzmathematik. Im Jahr 2003 wurde Zagst Zweitmitglied der Fakultät für Wirtschaftswissenschaften. Der Schwerpunkt seiner Forschungstätigkeit liegt in den Bereichen Financial Engineering, Risiko- und Asset-Management.

**Adresse:**
Technische Universität München, HVB-Stiftungsinstitut für Finanzmathematik, Zentrum Mathematik, Boltzmannstr. 3, 85748 München
zagst@ma.tum.de

**Zietsch**, Dietmar, Prof. Dr., Jahrgang 1954, ist Vorsitzender des Vorstandes der SCOR Deutschland Rückversicherungs-AG, Hannover. Auf das Studium an der Universität zu Münster mit dem Diplomexamen Mathematik 1980 folgte ein Promotionsstudium an der Universität zu Köln und 1985 die Promotion zum Dr. rer. pol. Von 1980 bis 1985 war Zietsch bei der RheinLand-Versicherungs-AG, Neuss und von 1985 bis 1992 beim HDI Haftpflichtverband der Deutschen Industrie-

VVaG tätig. Parallel dazu lehrte er als Honorarprofessor an der Universität Ulm im Fachbereich Mathematik und Wirtschaftswissenschaften. 1992 wurde er Mitglied des Vorstands der SCOR Deutschland mit Verantwortung für die Ressorts Rechnungswesen, Kapitalanlagen und Lebensrückversicherung. Seit 2003 ist Zietsch Vorsitzender des Vorstandes der SCOR Deutschland sowie der SCOR Deutschland Rückversicherungs-AG.

**Adresse:**
SCOR Deutschland Rückversicherungs-Actien-Gesellschaft, Seelhorststr. 3,
30175 Hannover
dzietsch@scor.com

**Zwiesler**, Hans-Joachim, Prof. Dr., Jahrgang 1957, ist Vorsitzender des Kuratoriums am Institut für Finanz- und Aktuarwissenschaften GmbH in Ulm und Professor an der Universität Ulm. Dort ist er maßgeblich am Forschungs- und Studienschwerpunkt Versicherungen/Finanzdienstleistungen im Rahmen des Studiengangs Wirtschaftsmathematik beteiligt. Darüber hinaus hatte er in den USA Professuren in Syracuse und San Diego inne.

**Adresse:**
Universität Ulm, Sektion Aktuarwissenschaften, 89069 Ulm
h.zwiesler@ifa-ulm.de

Druck: betz-druck GmbH, D-64291 Darmstadt
Verarbeitung: Buchbinderei Schäffer, D-67269 Grünstadt